BANGES UNTERRICHTSHILFEN

Klaus Sczyrba

Lebensnahe Diktate

mit zahlreichen Übungsmöglichkeiten
für das 5. bis 10. Schuljahr

mit Beiheft zur Selbstkontrolle

C. Bange Verlag · Hollfeld

ISBN 3-8044-0612-2
© 1984 by C. Bange Verlag, 8607 Hollfeld/Ofr.
Alle Rechte vorbehalten, auch das Recht der Vervielfältigung nur nach
vorheriger Genehmigung durch den Verlag
Druck: Lorenz Ellwanger, 8580 Bayreuth, Maximilianstraße 58/60

VORWORT

Dieses Übungsbuch ist aus der Erfahrung langjähriger Unterrichtspraxis entstanden und soll Jungen und Mädchen der Sekundarstufe helfen, ihre Rechtschreibleistungen zu verbessern. Dazu werden 250 Diktate geboten, die in Ausmaß und Schwierigkeitsgrad dem Alter der Schüler entsprechen. Bei der Gestaltung der Diktate wurde besonders darauf geachtet, daß sie Jungen und Mädchen, Stadt- und Landkindern in gleicher Weise zusagen, daß sie auf den Sprachbereich der Schüler abgestimmt und lustbetont sind, da Freude noch immer der beste Motor für erfolgreiche Arbeit ist. Außerdem sollen Diktate auch vom Inhalt her schreibenswert sein. Sie sind den Lebensbereichen der Schüler entnommen und jahreszeitlich geordnet. Bewußt wurden hierbei größere Rechtschreibschwierigkeiten vermieden, damit leistungsschwächere Schüler angesichts hoher Fehlerzahlen nicht mutlos werden. Daher ist es empfehlenswert, die Texte je nach Leistungsstand einer Klasse, einer Gruppe oder eines Schülers zu verändern, notfalls sinnvoll zu kürzen oder sogar nur auszugsweise zu diktieren. Bei schwachen Schülern sollte das Abschreiben von Texten oder auch nur Teilen davon dem Diktieren unbedingt vorausgehen. Je einfacher und kürzer die Übung für den Schüler ist, desto geringer werden die Fehler sein und desto eher bekommen gerade rechtschreibschwache Schüler das Gefühl einer gewissen Rechtschreibsicherheit und das so notwendige Erfolgserlebnis. Zur vertiefenden Behandlung aller Rechtschreibbereiche sind jedem Diktat eine Reihe Übungsmöglichkeiten beigefügt, die Hilfen für die Arbeit im Klassenverband, aber auch für die Stillbeschäftigung einzelner bieten sollen. Jedoch wollen diese Übungen nur Beispiel und Anregung für eine abwechslungsreiche Rechtschreibarbeit geben. Sie können für systematisches Üben, aber auch zur Bekämpfung individueller Fehlerarten verwendet und dabei beliebig verändert oder erweitert werden.
So ist dieses Buch nicht nur für die Arbeit in der Schule gedacht, sondern auch ein bewährtes Hilfsmittel für Eltern, um die Rechtschreibfertigkeit ihrer Kinder durch kurzes, aber möglichst häufiges Üben zu erhöhen.

Klaus Sczyrba

INHALT

Zur Einführung 5
A. Die gegenwärtige Rechtschreibsituation 5
B. Wege zur Leistungssteigerung in der Rechtschreibung 6
   I. Fehlerkontrollhefte 6

   II. Abwechslungsreiche Kurzübungen 7
      1. Lückentexte 8
      2. Fehlertexte 8
      3. Rechtschreibwettbewerbe 8
      4. Wortkarten 8
      5. Legekärtchen (Unterscheidung von *ent* und *end*) 10
      6. Wettschreiben (Beispiel: der X-Laut) 10
      7. Reihen fortsetzen (Beispiel: tod-, tot-) 10
      8. Reimwörter suchen (Beispiel: d und t im Auslaut) 10
      9. Silbenrätsel (Beispiel: ch - g - k im Auslaut) 11
     10. Arbeit mit Wörterbüchern (Beispiel: Groß- und
          Kleinschreibung) 12

C. Lebensbezogener Rechtschreibunterricht 12
   50 Diktate für das 5. Schuljahr 14
   50 Diktate für das 6. Schuljahr 70
   50 Diktate für das 7. Schuljahr 136
   50 Diktate für das 8. Schuljahr 213
   50 Diktate für das 9. und 10. Schuljahr 290

Tabelle der Rechtschreibschwierigkeiten für das 5. Schuljahr 393
Tabelle der Rechtschreibschwierigkeiten für das 6. Schuljahr 395
Tabelle der Rechtschreibschwierigkeiten für das 7. Schuljahr 397
Tabelle der Rechtschreibschwierigkeiten für das 8. Schuljahr 399
Tabelle der Rechtschreibschwierigkeiten für das 9. und 10. Schuljahr . 402

Verzeichnis der Diktate für das 5. Schuljahr 406
Verzeichnis der Diktate für das 6. Schuljahr 406
Verzeichnis der Diktate für das 7. Schuljahr 407
Verzeichnis der Diktate für das 8. Schuljahr 408
Verzeichnis der Diktate für das 9. und 10. Schuljahr 408

ZUR EINFÜHRUNG

A. Die gegenwärtige Rechtschreibsituation

Übung macht den Meister! Dieses zeitlose Sprichwort hat sich in allen Lebensbereichen als richtig erwiesen. So kann auch die Sicherheit in der Rechtschreibung nur in vielseitiger Übung erworben werden, denn trotz Schulreformen und vieler erfolgversprechender Lehrmethoden ist die mangelhafte Rechtschreibfertigkeit das leidige Schulkreuz unserer Tage. Es wird niemand behaupten wollen, daß alle Reformpläne der letzten 50 Jahre die Probleme auf dem Gebiet der Rechtschreibung übersehen hätten. Alle Mühen erfahrener, pflichtbewußter Lehrer und Lehrerinnen in ungezählten Stunden geduldiger Kleinarbeit scheinen oft erfolglos geblieben zu sein. Mancher alte Schulmann wird im Vergleich mit seiner Arbeit vor Jahrzehnten resigniert feststellen, daß damals die durchschnittliche Fehlerzahl bei Klassendiktaten niedriger war als heute.

Besonders in den Klassen der Hauptschulen wird dies offensichtlich, wenn nach den Übergängen zu weiterführenden Schulen der Prozentsatz der rechtschreibschwachen Kinder in den einzelnen Klassen sprunghaft angestiegen ist. Die Lehrpersonen dieser Jahrgänge haben die schwere Aufgabe, alle bei der Hauptschule verbliebenen Kinder – das sind meist die leistungsmäßig Schwächeren – so auszubilden, daß sie später den immer größer werdenden Anforderungen des öffentlichen Lebens gewachsen sind. Dabei erscheint es oft problematisch, wie die großen Lücken, die sich besonders in der Rechtschreibung noch bei vielen Kindern zeigen, in den letzten Schuljahren geschlossen werden sollen.

Die Ursachen für diese Mängel sind Zeiterscheinungen und vielfältig. Lern- und erziehungsfeindlich ist unsere Zeit geworden. Die Turbulenz des heutigen Lebens, das stets zunehmende Verkehrsgewoge, das Überangebot von spannungsgeladener Unterhaltung und Sensationen in Film, Fernsehen und Broschüre, die Unruhe des Alltags, die auch mehr und mehr das Elternhaus erfüllt, die politischen Spannungen des Zeitgeschehens, das sexuell geschwängerte Klima, alles das sind Gegebenheiten, die unseren Kindern die für das Lernen erforderliche Konzentration rauben. Hinzu kommt, daß Kinder vergangener Jahrzehnte in ihrer Freiheit mehr lasen, so daß heute ein zusätzliches, wenn auch unbewußtes Einprägen von Schriftbildern durch das Buch weitgehend entfällt. Außerdem können Eltern rechtschreibschwacher Kinder oft nicht die notwendigen häuslichen Hilfen und Anleitungen geben, da sie im Gebrauch der Muttersprache selbst erschreckend unsicher sind. Falsches Sprechen und Schreiben in der Umgebung der Kinder werden häufig zu einer zusätzlichen Fehlerquelle.

Wenn wir auch nicht die für das Lernen ungünstigen Einflüsse abstellen können, so besteht dennoch kein Anlaß zur Resignation. Allerdings müssen alle Möglichkeiten genutzt werden, um die gegenwärtigen Leistungen im Rechtschreiben zu verbessern.

B. Wege zur Leistungssteigerung in der Rechtschreibung

I. Fehlerkontrollhefte

Zunächst ist es erforderlich, genau festzustellen, welche Fehlerarten gehäuft vorkommen. Die Erfahrung lehrt, daß sich bei rechtschreibschwachen Schülern Fehler derselben Art oft wiederholen und sich bis in die letzten Schuljahre hinein hartnäckig halten. Noch in den oberen Jahrgängen gibt es Schüler, denen beispielsweise die Dehnung große Schwierigkeiten bereitet. Einigen unterlaufen besonders beim S-Laut Fehler, anderen hauptsächlich bei der Zeichensetzung oder bei der Groß- und Kleinschreibung. Einem Schüler fällt noch im Entlaßjahr die Unterscheidung von *sch* und *ch* sehr schwer, ein anderer schreibt immer wieder zusammengesetzte Zeitwörter getrennt. Bei vielen lassen sich derartige individuelle Hauptfehler in der Rechtschreibung feststellen.

Um einen besseren Überblick über die gehäuft vorkommenden Fehlerarten zu erhalten, empfiehlt es sich, ein Fehlerkontrollheft anzulegen, in das bei ersichtlicher Fehlerhäufung die Nummer der schriftlichen Arbeit in die entsprechende Fehlerspalte eingetragen wird. Folgendes Beispiel soll die Anlage eines Fehlerkontrollheftes zeigen:

Name	Fehlerarten					
	F-Laut	Z-Laut	X-Laut	S-Laut	das-daß	sch-ch
Schüler A				1,2,3,5	1,2,4,5	
Schüler B	1,3,4		2			
Schüler C					2,4,5	1,2,3,4
Schüler D		1,3	2	1,2,3	1,2	
Schüler E					1	
Schüler F	1,3			1,2,3,5	1,2,4	

(Stand nach 5 Klassenarbeiten. Die eingetragenen Ziffern sind die Nummern der Arbeiten.)

Außer den im Beispiel angegebenen Fehlerarten enthält die Tabelle noch weitere Spalten (Unterscheidung von *ä* und *e*, von *äu* und *eu*, von *d*, *t* und *dt*, von *b* und *p*, von *g* und *k*, von *-ig*, *-lich* und *-isch*, Dehnung, Schärfung,

Groß- und Kleinschreibung, zusammengesetzte Verben oder Adjektive, Silbentrennung, Zeichensetzung). Mit Ausnahme des Schülers E sind bei den anderen wiederkehrende Fehlerarten festgestellt worden. Bei diesen Schülern werden vom Lehrer kurze Übungshinweise unter die Klassenarbeiten geschrieben. Bei Schüler B steht beispielsweise unter dem 3. Diktat folgender Vermerk: Suche Wörter mit *f, pf* und *v*! Nötigenfalls werden mehrere solcher Arbeitsaufträge erteilt: Übe Silbentrennung! Sammle Wörter mit *g* oder *k* im Auslaut! – Jedoch sollte man nicht mehr als 2 oder 3 Fehlerarten aus einer Arbeit herausgreifen.

Die rechtschreibschwachen Schüler werden angewiesen, täglich diese kleinen individuellen Übungen als Teil der Hausarbeit durchzuführen, und zwar so lange, bis in den schriftlichen Arbeiten die betreffende Fehlerart nicht mehr auftritt. Diese sinnvolle Übung sollte täglich nur aus wenigen Zeilen bestehen, denn der Schüler darf einen solchen Arbeitsauftrag nicht als Strafe empfinden. Jedoch ist es sehr wichtig, daß diese Schreibarbeit täglich durchgeführt wird, denn allein im steten, zielstrebigen Üben liegt der spätere Erfolg begründet.

Es ist ratsam, diese Schreibübungen öfter zu überprüfen, um notfalls weitere Hinweise zu geben. Zu Beginn des Unterrichts, wenn die übrigen Schüler bereits eine Arbeitsanweisung erhalten haben, kann diese Kontrolle in wenigen Minuten erfolgen. Gelegentlich können auch Schüler bei der Überprüfung der Rechtschreibübungen Hilfe leisten. Häufig mag auch die gemeinsame Besprechung einer solchen Übung eine willkommene Wiederholung für die gesamte Klasse bedeuten. Das Vorlesen von Wortreihen, das Anschreiben einer Übung an die Wandtafel, ein begonnenes Wortfeld oder ein Lückentext werden der Klasse Impulse zur Weiterarbeit geben. Möglichkeiten gibt es genug, die individuellen Übungen auch zu einem Gewinn für alle werden zu lassen. Fehlerkontrollhefte sollten zu Beginn eines Schuljahres eingerichtet werden. Bei einem Lehrerwechsel werden sie dem Nachfolger übergeben, der damit über die Rechtschreibschwächen seiner neuen Schützlinge orientiert wird und die zielgerichtete Arbeit seines Vorgängers sogleich weiterführen kann.

II. Abwechslungsreiche Kurzübungen

Das Einprägen von Rechtschreibregeln hat oft nur geringen Wert, denn wir wissen nur zu gut, daß die gelernten Rechtschreibregeln selten zur gegebenen Zeit angewandt werden. Nur durch vielfältiges Üben wird die Fertigkeit in der Rechtschreibung erworben. Schreiben lernt man nur durch Schreiben! Das ist eine alte Binsenwahrheit. Nur auf das Wie kommt es an. Kurze, aber häufige Übungen sind erfolgversprechender als gelegentliche, lange Zeit erfordernde Schreibarbeiten. Tägliche Kurzübungen, beim Rechnen als 10-Minuten-Übungen längst üblich, werden auch im Bereich der Muttersprache eine gute Wirkung haben. Zweckmäßig ist es, mit aller Intensität die Übungen zunächst auf die Fehlerarten zu beschränken, die am häufigsten auftreten. Je abwechslungsreicher diese Übungen sind, desto besser werden die Erfolge sein. Denn erst, wenn das Interesse der Schüler geweckt wird, sind sie innerlich dabei, und die mangelhafte Konzentrationsfähigkeit, das Hauptübel schulischer Arbeit in der Gegenwart, wird wesentlich verbessert. Für die täglichen Kurzübungen gibt es viele lustbetonte, die Schüler ansprechende Möglichkeiten. Dafür hier einige Beispiele:

1. Lückentexte

Ein zur übrigen Unterrichtsarbeit passender oder aus dem Deutschunterricht erwachsener Lückentext steht an der Wandtafel. Als Stillbeschäftigung oder in gemeinsamer Arbeit (in Gruppenarbeit oder im Frontalunterricht) werden die Lücken geschlossen. In jedem Falle sollten wenigstens einige Begründungen für die richtige Schreibweise gegeben werden.

2. Fehlertexte

Freude macht es den Kindern, aus einem Tafeltext Fehler auszusuchen. Man muß aber darauf achten, daß die Korrektur sorgsam, sauber und auffällig erfolgt, damit sich keine Unrichtigkeit einprägt. Ein wiederholendes Schreiben aller Korrekturwörter als Stillbeschäftigung für alle Schüler beendet die Übung.

3. Rechtschreibwettbewerbe

Macht die Klasse einen abgespannten, müden Eindruck, bringt ein Schreibwettbewerb schnell wieder reges Leben. Bestehen Arbeitsgruppen in der Klasse, läßt der Lehrer von jeder Gruppe ein Kind gleichzeitig zur Tafel kommen. Ist das nicht der Fall, werden nach anderen Gesichtspunkten Mannschaften gebildet (Bankreihen, gewählte Gruppen, Knaben gegen Mädchen). Je einer von ihnen schreibt ohne Einsichtmöglichkeit die diktierten Wörter oder Sätze an die Tafelflächen. Durch Zählen der aufgetretenen Fehler wird die Siegergruppe ermittelt, der man eine kleine Vergünstigung als Preis und Ansporn gewähren kann. In dieser Art sind auch Einzelwettkämpfe möglich, etwa unter dem Motto „Hättest du's gewußt?". Ebenso können Lücken- oder Fehlertexte wettkampfmäßig gelöst werden.

4. Wortkarten

Wortkartenserien, auch leicht selbst hergestellt, können als Arbeitsmittel bei allen möglichen Fehlerarten eingesetzt werden.

Beispiel: Groß- oder Kleinschreibung?

Die Karten (halbe Postkartengröße) werden verteilt. Die Kinder schreiben die vollständigen Wörter in ihre Hefte. Zur Zeitersparnis ist Selbstkontrollmöglichkeit auf den Rückseiten der Karten vorhanden. Zusätzliche Aufgaben können sich anschließen. (Forme aus Hauptwörtern Eigenschafts- und Zeitwörter und umgekehrt! – Bilde Sätze!)

Wortkarten mit unterschiedlichen Schwierigkeitsgraden

G oder g	-erechtigkeit -iftig -latteis -eheimnis -rasgrün -allebitter -rößenwahn -ärtnerisch -estalt -eistreich -rausamkeit -ruß -estern -emeinschaftlich
	7 Großschreibungen

B oder b	-ayerische Alpen -elgische Stadt am -esten das -illigste Kleid nichts -untes
G oder g	ins -rüne das -raue Tuch viel -utes alle -uten -aben im -unklen
D oder d	im -unklen Zimmer -onnerstags -anziger Bucht -änische Butter
	8 Kleinschreibungen

Beispiel: Zusammengesetzte Eigenschaftswörter
Auch in weiterführenden Schulen werden Wortbildungsübungen (z. B. Bildung von zusammengesetzten Eigenschaftswörtern) noch von großem Nutzen sein können. Die auf den Wortkarten stehenden Arbeitsaufträge werden von den Schülern in wenigen Minuten schriftlich durchgeführt. An diese Übung lassen sich leicht weitere Aufgabenstellungen anhängen. Man kann Sätze bilden, Gegenstände suchen oder Eigenschaftswörter mit allen möglichen Hauptwörtern verbinden lassen. (Beispiel: hoch – mannshoch, haushoch, kniehoch, fußhoch, baumhoch, meterhoch ...) Je öfter diese kleinen Übungen in der Klasse oder auch als Hausaufgabe geschrieben werden, desto seltener werden zusammengesetzte Eigenschaftswörter Anlaß zu fehlerhafter Großschreibung.

Beispiel: Wortkarte für 5. Schuljahr

Bilde 12 zusammengesetzte Eigenschaftswörter aus
Abgrund, Blitz, Eis, Eisen, Feder, Feuer, Kirsch, Kristall, Pech, See, Turm, Zentner,   fest, grün, hart, hoch, kalt, klar, leicht, rot, schwer, schnell, schwarz, tief.

5. Legekärtchen (Unterscheidung von *ent* und *end*)

Jeder Schüler erhält einen Satz selbsthergestellter Legekärtchen mit dem Auftrag, die auf der Grundkarte befindlichen Lücken durch die Abdeckkärtchen auszufüllen.

Fußball [end] spiel	sing—
hoff—lich	wöch—lich
beruhig—	voll—s
—gültig	—stehen
Geld [ent] wertung	—mutig—

6. Wettschreiben (Beispiel: Der X-Laut)

Die Schüler sollen möglichst viele Wörter mit dem X-Laut (chs, cks, ks, gs, x) innerhalb von 5 Minuten aufschreiben. Wer die meisten Wörter fehlerfrei geschrieben hat, ist Sieger. Diese Übung ist als Gruppen- oder Einzelarbeit durchführbar. Hierbei ist vorteilhaft, daß gleichzeitig das im öffentlichen Leben erforderliche Schnellschreiben geübt wird.

7. Reihen fortsetzen (Beispiel: *tod-, tot-*)

Wenige Wörter an der Wandtafel sind Impulse, die begonnenen Reihen fortzusetzen:

        totschießen   todmüde
        tottreten   todsicher

Das verschiedenfarbige Unterstreichen der Zeit- und Eigenschaftswörter ist ausreichende Hilfe zu selbsttätiger Arbeit der Schüler. Eine vertiefende Besprechung kann sich anschließen.

8. Reimwörter suchen (Beispiel: *d* und *t* im Anlaut)

Zu einem gegebenen Wort sollen in Gemeinschafts-, Gruppen- oder Einzelarbeit Reimwörter gefunden werden. Wer die meisten Wörter gefunden hat, wird zum Klassendichter ernannt.

Beispiel: *Hand* – Band, Stand, Brand, verbrannt, Land, verwandt, Wand, Gewand, gewandt, genannt, Verstand, Rand, Pfand, niemand, bekannt, Sand, Strand

Wer diese Übung noch fülliger gestalten will, kann in gemeinsamer Arbeit ein Wandtafelschema ergänzen lassen. An der Tafel sind die 5 Selbstlaute und ein Ausgangswort (im folgenden Beispiel unterstrichen) angeschrieben. Die Schüler suchen Reime und außerdem auch durch den Vokal unterschiedene Wörter, so daß gleichzeitig fünf Reimreihen entstehen.

A	E	I	O	U
Wart	Wert	Wirt	<u>Wort</u>	
Art	geehrt	geirrt	Ort	
			Sport	Spurt
Fahrt			fort	Furt
hart	Herd	Hirt	Hort	
			dort	
Bart	Bert		Bord	Geburt
			Mord	

9. Silbenrätsel (Beispiel: ch – g – k im Auslaut)

Damit die Übungen recht abwechslungsreich verlaufen, kann gelegentlich ein Rätsel in den Dienst der Rechtschreibung gestellt werden.

Aus den Silben bar - bot - dank - der - ein - es - fäng - ge - ge - keit - lenk - neh - nis - nung - pflan - ret - rin - rung - schling - seg - sig - talg - tich - tich - un - ze - sollen 10 Wörter gebildet werden, die folgende Bedeutung haben:

1. Tierisches Fett
2. Kirchliche Handlung
3. Strafanstalt
4. Saures Würzmittel
5. Landstreifen zwischen Haff und Meer.
6. Zimmergewächs
7. Großer Behälter
8. Schlechte Handlungsart
9. Eßbare Wurzel
10. Bewegliches Verbindungsstück

Die Anfangsbuchstaben ergeben den Namen einer süddeutschen Stadt. Alle Lösungswörter haben *ch, g* und *k* im Auslaut und werden in ihrem Schriftbild durch das Rätsel stark eingeprägt (Rindertalg, Einsegnung, Gefängnis, Essig, Nehrung, Schlingpflanze, Bottich, Undankbarkeit, Rettich, Gelenk; Regensburg). Gegebenenfalls können sich weitere Übungen mit den Lösungswörtern anschließen (Verwandte Wörter suchen, Wortfamilien aufstellen, Sätze bilden).

10. Arbeit mit Wörterbüchern (Beispiel: Groß- und Kleinschreibung)

Aus Duden oder anderen Wörterbüchern sollen die Schüler Wörter, die in Groß- und Kleinschreibung vorkommen (Recht – recht, Leid – leid, Angst – angst...) aufschlagen, die Angaben des Wörterbuches herausschreiben und die Schreibweise zu begründen versuchen. Hierbei wird außerdem der Gebrauch des Wörterbuches geübt.

Die hier geschilderten Möglichkeiten sollen Anregung bieten, so abwechslungsreich zu üben, daß die Schüler mit Freude und innerer Anteilnahme arbeiten und gar nicht den Eindruck bekommen, daß „nur geübt" wird. Wenn diese Kurzübungen recht oft durchgeführt werden, wenn zusätzlich der Lehrer bei sich und den Schülern auf deutliches Sprechen und sauberes Schreiben achtet, wird eine erhebliche Leistungsverbesserung nicht ausbleiben.

C. Lebensbezogener Rechtschreibunterricht

Im Laufe der Jahre ändern sich die Anforderungen, die das Leben an die Schule stellt. So muß auch der Rechtschreibunterricht, wenn er lebensnah sein und bleiben soll, immer wieder auf die Bedürfnisse des Lebens abgestimmt werden. In jeder lebenden Sprache ändert und erweitert sich der Wortschatz. Dieser Wandlungsprozeß ist in unserer Zeit besonders stark spürbar. Bisher galt zum Beispiel der Grundsatz, Fremdwörter werden von der Volksschule ferngehalten. Diese Auffassung mag in vergangener Zeit richtig gewesen sein, da Fremdwörter früher nur in der Fachsprache auftauchten oder als Merkmal „Höherer Bildung" galten. Ein grundlegender Wandel hat sich hier durch das Näherrücken der Völker und durch die Internationalisierung der verschiedensten Bereiche des öffentlichen Lebens in den letzten Jahren vollzogen. Die Politik, die Entwicklung der Technik, der Sport, ja das gesamte Zeitgeschehen bringt eine Fülle von Fremdwörtern in unseren Alltag, und auch die Heranwachsenden müssen sich mit diesem Wortbereich befassen und ihn – so erfordert es die Lebenstüchtigkeit – auch schriftlich meistern. Aufgabe besonders des 8. bis 10. Schuljahres wird es sein, die Voraussetzungen dafür zu schaffen.

Außerdem muß in den letzten beiden Schuljahren das Tempo beim Diktieren allmählich, aber erheblich gesteigert werden, denn im Leben kommt es mehr auf schnelle Schreibfertigkeit als auf Schönheit der Schrift an. Diesen Tatsachen müssen wir in der Schule Rechnung tragen, ob uns das gefällt oder nicht. Nur bei erhöhter Schreibsicherheit werden sich bei schnellerem Diktieren keine zusätzlichen Fehler einschleichen. Diese Fertigkeit wird aber nur durch Ausnutzung aller sich bietenden Gelegenheiten zum Üben erreicht werden können. Kaum eine Unterrichtsstunde dürfte vergehen, ohne daß wenigstens einige Zeilen geschrieben werden, die anschließend stichprobenartig überprüft werden. Die dafür verwandte Zeit ist doppelt sinnvoll genutzt, denn nicht nur die Rechtschreibfertigkeit wird verbessert, sondern gleichzeitig der Stoff des Sachunterrichts gefestigt. Je unterschiedlicher die Sachgebiete, die für die Schreibtexte verwendet werden, desto umfassender ist der Wortbereich, der geübt wird.

Lebensbezogene Rechtschreibarbeit verlangt außerdem, daß ganzheitlich geübt wird. Das lebendige Sprachganze muß in jedem Rechtschreibunterricht Ausgang und Abschluß sein. Bei rechtschreibschwachen Schülern ist es ratsam, nach den einzelnen Übungen das vorausgegangene Diktat zu wiederholen, bei den übrigen wird man ein anderes passendes Sprachstück wählen können. Jedoch sollen alle Texte lebensecht und nicht durch hineingepackte Rechtschreibschwierigkeiten zusammengekünstelt sein. Nur in veralteten Rechtschreibbüchern begegnen uns noch derart seltsam anmutende Diktate, die nur geschrieben wurden, um Wörter eines Rechtschreibbereiches gehäuft zu üben. Alle Sprachstücke dürfen nicht nach Rechtschreibregeln konstruiert, sondern müssen vom Leben her gestaltet sein, denn Sprache ist Leben.

5. SCHULJAHR

1

Die Silvesternacht

Nun hat wieder ein neues Jahr begonnen. Ulrich dachte noch oft an die Silvesternacht zurück, in der er zum ersten Male den Jahreswechsel miterleben durfte. War das ein Lärm, als es zur Mitternacht zwölf Uhr schlug! Auf den Straßen platzten unzählige Knallfrösche. Raketen zischten durch die Luft und ließen rote, grüne oder weiße Sternchen hoch über den Dächern erstrahlen. Von allen Kirchtürmen läuteten Glocken das neue Jahr ein. Aus der Ferne hörte Ulrich manchmal, wenn der Krach draußen zeitweise etwas abebbte, Teile eines Chorales, den irgendwo Männer mit Trompeten bliesen. Im Wohnzimmer hatten sich Ulrichs Eltern und seine Geschwister erhoben und wünschten sich Glück und Gesundheit für das bevorstehende Jahr. Auf den Straßen wurde es allmählich ruhiger. Ulrich war froh, daß er nun zu Bett gehen konnte.

Übungsmöglichkeiten:
1. **Dehnung durch äh:** unzählig, allmählich, Mähne, Ähre, Erzählung, wählen, stählern, gefährlich, Eisenbahnfähre, Ernährung, bewähren ...
   Setze in die Lücken folgender Wörter *äh* oder *ä* ein: Hobelsp–ne, Tr–ne, erw–nen, M–maschine, sch–men, Kan–le, Fuchsf–rte, w–rend, N– seide, –nlichkeit, Versp–tung, qu–len, gez–mt, zehnj–rig, M–rchen, Erkl–rung, Verr–ter, absch–len, d–mlich, Eisenpf–le, n–mlich!
   (Arbeitshilfe: 9 Wörter werden mit *äh* geschrieben. Siehe Beiheft L 1!)
2. **ß nach Doppelselbstlauten:** weiß, Fleiß, Strauß, scheußlich, äußerlich, dreißig, beißen, heiß, Reißzwecke, schweißen, fleißig, abreißen, Äußerung, Abreißkalender, heißen, Schweiß, geißeln, verschleißen, Meißel
   Ordne nach Wortarten und beachte: Nach Doppelselbstlauten steht niemals *ss!*
3. **Schärfung mit bb:** abebben, krabbeln, Schrubber, Robbe, kribbeln, Kribbe (Buhne), Ebbe, schrubben, strubblig, robben, Krabbe
   Ordne die zusammengehörigen Wörter und bilde Sätze!
4. **mal – Male:** einmal, manchmal, paarmal, dreimal, jedesmal, keinmal, abermals, mehrmals, oftmals, einmalig – zum ersten Male, beim vorletzten Male, mit einem Male, alle Male, unzählige Male, ein paar Dutzend Male, zu wiederholten Malen
   Begründe die Großschreibung und bilde Sätze!

2

Beim Schiffsmodellbau

Zu Weihnachten hat Johannes einen Schiffsbaukasten bekommen. Auf der Tischplatte liegt eine Menge leicht zerbrechlicher Einzelteile. Johannes will sie bunt anstreichen und danach zuammenleimen. Viel Geduld wird er aufbieten müssen, um das Modell eines mittelalterlichen Segelschiffes fertigzustellen. Es soll eine Kogge werden, die früher der Stolz der Hanse war. Sein älterer Bruder hilft ihm dabei. Doch es ist manchmal recht mühselig, die Plastikteilchen zusammenzufügen. Johannes will gerade das Schiffswappen am bauchigen Rumpf aufkleben. Dabei entgleitet es seinen Fingern und fällt auf den Teppich. Beide Jungen rutschen nun auf allen vieren über den Fußboden, um das verlorene Teilchen wiederzufinden. Aber alle Mühe scheint vergeblich. Plötzlich entdeckt Johannes das Schiffswappen an der Schuhsohle seines Bruders. Nun können beide das Werk vollenden.

1. **Schärfung durch gg:** Kogge, schmuggeln, Bagger, Flagge, Egge, Waggon, Dogge, flügge, Schmuggler
   Es gibt nur wenige Wörter mit *gg*. Präge sie dir ein und schreibe zusammengesetzte und abgeleitete Wörter hinzu (Hansekogge, Schmuggelware...)!

2. **Schärfung mit pp:** Teppich, Wappen, rappeln, Klippe, Lappen, Rippe, stoppen, Grippe, klappern, verdoppeln, galoppieren, ...
   Setze in folgende Wörter *pp* oder *p* ein: schna–en, Tre–engeländer, Ka–sel, Schli–s, Trom–ete, Li–e, Pa–e, behau–ten, tram–eln, Gru–e, umki–en, Wim–ern, Schu–en, za–elig, Gi–s, Ka–itän, wi–en, Ta–ete, Musikka–elle, kna–, Pa–ier, Geri–e, Schna–s, ho–eln, Siru–!
   (Arbeitshilfe: 12 Wörter werden mit *pp* geschrieben. Siehe Beiheft L 2!)

3. **Vorsilbe ent-:** entdecken, entgleiten, Entführung, unentbehrlich, entwickeln, entstehen, Entscheidung, entwischen, entzwei, entkleiden, Entlassung, entsetzlich...
   Setze die Vorsilbe ent- vor folgende Wörter: täuschen, fliehen, reißen, Zündung, fallen, laufen, Faltung, halten, Schädigung, gegen, Spannung, weichen, Wurf, Rüstung, kommen, Ladung, erben!

4. **Wortfeld „fallen":** fallen, entgleiten, abrutschen (herunter-, aus-), stürzen (ab-, hin-, herunter-), herunterkippen, absacken, hinschlagen, heruntertaumeln, abtrudeln, plumpsen (herunter-, auf-), aufprallen, auf die Nase fliegen, der Länge nach hinfallen, ausgleiten

3

Die Futterstelle am Fenster

Eine dicke Schneeschicht bedeckt die Erde, und noch immer schneit es. Udo will gleich mit seinem Schlitten auf die Straße. Plötzlich klopft es an der Fensterscheibe. Udo schaut erschrocken auf und erblickt am Fensterbrett eine Kohlmeise, die mit dem Schnabel an die Scheibe pickt. „Sie kann kein Futter mehr finden und hat Hunger", denkt Udo. Die Körner und Krumen, die er auch heute wieder für die Vögel ans Fenster gestreut hat, sind verschneit. Doch die Meise kennt diesen Futterplatz schon. Wieder klopft der Vogel an die Glasscheibe und bittet um Nahrung. Udo steht sacht auf, um den Schnee vom Fenster zu fegen und neues Futter hinzustreuen. Statt am Nachmittag zu rodeln, will nun Udo ein Futterhäuschen bauen, in dem die Vögel auch im Schnee Nahrung finden können.

Übungsmöglichkeiten:

1. **Dehnung durch ee:** Schnee, Meer, Tee, Klee, Teer, Erdbeeren, See, leer, Kaffee, Fee, entleeren, Seele, Beet
   Ordne nach Reimen und bilde zusammengesetzte oder verwandte Wörter!

2. **Dehnung durch oh:** Kohlmeise, bewohnen, Bohne, hohl, belohnen, Fohlen, wohl, bohnern, Schuhsohle, ohnmächtig, Dohle, Enkelsohn
   Ordne nach Wortarten! Bilde dazu neue Wörter (Rotkohl, Kohlweißling...)!

3. **eu – äu:** streuen, Futterhäuschen, neu, Beule, Gemäuer, Beleuchtung, verräuchert, Gebäude, läuten, Seufzer, Abenteuer, verscheuchen, bereuen, Häuptling, betäuben, keuchen, sträuben, Wollknäuel, scheu, vergeuden, säuerlich, Spreu, Versäumnis, äußerlich, häufig, Eule, meutern, Säugling, Zigeuner, enthäuten, heute, treu, kräuseln, neulich, unverkäuflich, eingezäunt, erbeuten, Bräutigam
   Ordne die Wörter nach ihrer Schreibweise (eu – äu)!

4. **Wörter mit ck:** erschrecken, picken, decken, Brücke, hacken, flicken, Schnecke, verstecken, Krücke, Jacke, Lücke, zwicken, Hecke, packen, bücken, Hacke, backen, Rücken, erblicken, Ecke, schmecken, drücken, Lack, beflecken, Geschmack, aufwecken, schlucken, Locke, drucken, Flocke, lecken, Strecke, Sack, jucken, Nacken, ausstrecken, Becken, stricken, knacken, sticken, Zacken
   Ordne die Wörter nach Reimen (erschrecken, decken, verstecken...)!
   Trenne die mehrsilbigen Wörter (pik-ken, Brük-ke, Jak-ke...)!

4
Drei Tauben

Gerd schaut von seinen Schularbeiten auf. An einem Fenster des gegenüberliegenden Hauses streut eine Frau Futter hin. Kaum hat sie das Fenster geschlossen, kommen drei Tauben herbeigeflogen, landen auf dem Mauersims und trippeln eilig mit nickenden Köpfen zur Futterstelle. Eine schwarzgraue Taube, die größte von ihnen, möchte aber das Futter für sich allein haben. Daher versucht sie, eine der beiden anderen wegzuhakken. Verfolgt von der großen Taube, flüchtet sie eilig den Mauervorsprung entlang. Unterdessen kann die dritte Taube ungestört fressen. Doch schon ist die dunkle Taube am Futterplatz und verjagt das andere Tier. Nun fliegt die zuerst verdrängte Taube heran und beginnt zu picken, bis auch sie wieder verscheucht wird. Noch lange ist die streitsüchtige Taube damit beschäftigt, eine der anderen zu vertreiben. Daher bekommt sie weniger Futter als die anderen beiden Tauben.

Übungsmöglichkeiten:
1. **Unbezeichnete Dehnung bei ö:** ungestört, König, Öl, strömen, schön, verzögern, löten, Erlösung, möglich, Flöte, nötig, Bösewicht, Hörfehler, trösten, Kröte, erröten, tödlich, Öse, königlich, Brötchen, verschönern, grölen, bösartig, spröde, schwören, empören, Krönung
Ordne nach Wortarten!
2. **Wortfeld „verjagen":** verjagen, vertreiben, verstoßen, verscheuchen, hinauswerfen, fortschicken, verbannen, verdrängen, zurückschlagen, hinausekeln, hinausschmeißen, zurückweisen, jemandem die Tür weisen, ausquartieren, jemandem Beine machen, jemandem auf die Sprünge helfen, jemanden in Trab bringen, jemanden an die Luft setzen, zum Teufel jagen
3. **Wortfamilie „hacken":** hacken, ab-, auf-, aus-, an-, be-, los-, zer-, um-; Hacke (Werkzeug, Teil des Fußes), Eisen-, Kreuz-, Spitz-, Kartoffel-; Hacker, Holz-; Hackfrucht, -bau, -brett, -beil, -bank, -braten; Häcksel
4. **Wortfamilie „Futter":** Futter, -stelle, -platz, -suche, -neid, -rübe, -wechsel, -luke, -mittel, -kartoffel, -trog, -napf, -stoff, -kammer, Vogel-, Grün-, Hunde-, Kraft-, Trocken-, Fisch-, Mantel-, Ärmel-, Jacken-; Fütterung, Wild-, Ab-, Raubtier-; Fütterungszeiten; füttern, ab-, groß-, fett-, auf-; futtern; futterneidisch

5
Eine Maske für die Karnevalstage

Bald ist Karneval. Auch Hildegard freut sich auf diese Tage, denn sie möchte sich als Hexe verkleiden. Da sie ein geschicktes Mädchen ist, will sie sich selbst eine passende Maske anfertigen. In einer Schüssel hat sie bereits Tapetenkleister aufgelöst und klebt nun Papierstücke zu einer dicken, biegsamen Schicht übereinander. Diese Maske preßt sie fest an ihr Gesicht, dessen Formen sich nun darin einprägen. Damit ein hexenartiger Ausdruck entsteht, formt sie eine lange, krumme Nase und drückt die Mundvertiefung schief in die noch weiche Maskenform. Wenn das Kleisterpapier hart und trocken ist, wird sie Öffnungen für Mund und Augen herausschneiden und mit dem Anmalen der Maske beginnen. Haare eines alten Besens will sie zu struppigen Augenbrauen verwenden. Diese Arbeiten bereiten Hildegard viel Vergnügen.

Übungsmöglichkeiten:

1. **Wörter mit x:** Hexe, boxen, Axt, Lexikon, Taxe, fix, Nixe, Felix, Max, Text, verhext, Alexander, Mixer, Boxkampf
Ordne die Wörter alphabetisch!
2. **v – w:** Karneval, Vase, Villa, Veronika, Klavier, Violine, Ventil, ...
waagerecht, Slawen, Karawane, Bienenwabe, Möwe, ...
Beachte, *v* wird manchmal wie *w* gesprochen!
Setze in die Lücken der folgenden Wörter *v* oder *w* ein: Blumen–ase, –inzer, Skla –e, Kra–atte, Seemö–e, Ner–en, –alburga, –ulkan, La–ine, E–angelium, Lö–e, –entilator, Wit–e, –atte, –iolinsaite, Kra–all, Schiffs––rack, Öli–enöl, La–a!
(Arbeitshilfe: 9 Wörter werden mit *v* geschrieben! Siehe Beiheft L 3!)
3. **fertig – ver...:** fertigbringen, Anfertigung, abfertigen, Fertigkeit, Fertigware, Fertigteile, fertigmachen, reisefertig, Rechtfertigung, unfertig, Zollabfertigung, ...
Verbinde folgende Wörter mit „fertig": Kleidung, schreiben, stellen, kochen, nähen, Stellung, rechnen, Haus, bringen!
verschwinden, Verlust, verdoppeln, Verrat, verständnislos, Versuchung, verräuchert, Vergebung, verteidigen, Verlobung, zuverlässig, ...
Setze die Vorsilbe *ver-* vor folgende Wörter: suchen, tauschen, lassen, schlafen, Kauf, Haftung, Führer, Fall, binden, arbeiten, schreiben, drehen, Wandlung, schließen!
4. **ss – ß:** passen, verläßlich, pressen, Maß, zuverlässig, blaß, vergessen, flüssig, messen reißen, essen, Flußufer, Paß, Eßbesteck, hassen, zerrissen, Haß, massenhaft, Meßbecher, gepreßt, verblassen, wissen, Gefäß, Gewißheit, fassen, Blässe, meßbar, vergeßlich, fließen, Faß, Reißzwecke, verpaßt, eßbar, Fließband, Reisepässe, verhaßt, Windmesser, Weinfässer, Wissenschaft, Riß, Mittagessen
Ordne die Wörter nach ihrer Zugehörigkeit (passen, Paß, Reisepässe, ...)!

6
Weidenkätzchen

Die Frühlingssonne lockte die Menschen hinaus ins Freie. Auch Herr Bachmann war mit seinem Sohn zu einem kurzen Spaziergang unterwegs, um sich an der erwachenden Pflanzenwelt zu erfreuen. Am liebsten hätte Rudi ein paar mit Blütenkätzchen besetzte Haselnußzweige abgeschnitten. Doch Vater erlaubte es nicht und sagte: „Die Kätzchen sind jetzt zu Beginn des Frühjahrs die einzige Nahrung der Bienen und stehen unter Naturschutz." Kurz danach sahen sie einige abgerissene und achtlos fortgeworfene Haselnußzweige. Rudi hob sie auf und nahm sie mit. Er stellte sie in einer mit Wasser gefüllten Vase auf ein Tischchen. Am nächsten Tage sah er auf der polierten Tischplatte gelben Staub. Wenn er die Kätzchen an den Zweigen antippte, entstanden kleine Staubwolken. „Das ist Blütenstaub", sagte der Vater, „von dem sich die Bienen ernähren."

Übungsmöglichkeiten:
1. **Schärfung mit tt:** Tischplatte, geschnitten, bitter, zerknittert, Erschütterung, Drahtgitter, Stiefmutter, Brett, Bettler, schütteln, Gewitter, Trittbrett, Schlittschuhe, zersplittert, schattig, flattern, verspotten, göttlich, Rettungsboote, Bett, stottern, ...
Ordne die Wörter nach ihrer Silbenzahl (Brett, ... Rettungsboote)!
2. **Wortfamilie „spazieren":** spazieren, -gehen, -fahren, -reiten; Spaziergang, -weg, -stock, -fahrt, -gänger
3. **Großschreibung von Eigenschaftswörtern (Adjektiven):** Die Menschen zogen ins Freie. Sie fuhren ins Blaue. Wir wandern ins Grüne. – in die Fremde ziehen – das Gute erstreben – ins Trockene flüchten – ins Helle kommen – im Dunkeln sitzen – vom leuchtenden Weiß geblendet – im Kalten schlafen – das Schlimmste befürchten
Bilde Sätze!
4. **Dehnung durch ah:** Frühjahr, Nahrung, Gefahr, bezahlen, zahm, Naht, Fahne, Schlagsahne, Backenzahn, Draht, kahl, Pfahl, Kahnfahrt, zermahlen, Ahnung, ermahnen, zahllos, wahrhaft, Truthahn, lahm, einrahmen, Wahl, prahlerisch, Wahrheit, Einbahnstraße, ahnungslos, Wasserstrahl, gefahrvoll, Mahlzeit
Ordne nach Wortarten (Hauptwörter, Zeitwörter, Eigenschaftswörter)!

7
Ostervorbereitung

Das Osterfest war in greifbare Nähe gerückt. Anneliese und Franz wollten diesmal ihren Eltern eine Osterüberraschung bereiten. Von ihrem Taschengeld kauften sie zwei dicke Gänseeier, die sie heimlich zu Hause kochten. Die Geschwister beabsichtigten, mit Wachsstiften lustige Gesichter darauf zu malen. Anneliese gab sich viel Mühe, eins der Gänseeier in einen Frauenkopf zu verwandeln. Gleichzeitig bastelte ihr Bruder aus schwarzem Umschlagpapier einen Zylinderhut, den er auf das andere Ei setzen wollte, auf das er bereits ein bärtiges Männergesicht gemalt hatte. Auf dem Tisch lag auch schon dünne, hellbraune Pappe bereit. Daraus wollte Franz zwei Ringe herstellen, die als Hälse den Eierköpfen Stütze und Halt geben sollten. Anneliese wollte anschließend in Mutters Lumpensack nach einem geeigneten Seidenläppchen suchen, um daraus ein kleines Kopftuch zu schneiden. „Bestimmt werden sich die Eltern über diese lustigen Köpfe freuen", meinte Franz zuversichtlich.

Übungsmöglichkeiten:

1. **malen – mahlen:** malen, ab-, auf-, aus-, an-, be-, nach-, über-, unter-, vor-; Maler, Kunst-, Landschafts-, -meister, -innung, -werkstatt, -beruf; Malerei, Kirchen-, Glas-; Mal, Denk-, Grab-, Schand-, Merk-, Brand-, -heft, -buch, -stifte; Gemälde, Öl-, Decken-, Wand-, -ausstellung, -handlung; malerisch
mahlen, aus-, zer-; Mahl, Abend-, Gast-, Fest-, Mittags-, Hochzeits-, -werk, -zeit, -gang, -gut; Gemahl, -in; Mehl, Weizen-, Roggen-, Brot-, -sack, -suppe; Mühle, Wind-, Wasser-, Kaffee-; Mühlrad, -stein, -graben; Windmühlenflügel; Müller, -bursche, -in

2. **Wörter mit chs:** Wachs, Fuchs, Achse, wechseln, Deichsel, Ochse, Büchse, Wichse, wachsen, Drechsler, Achsel, Dachs, sechs, Lachs, Eidechse
Bilde davon zusammengesetzte und verwandte Wörter!

3. **Zusammensetzungen mit dem Wort „Papier":** Papier, Umschlag-, Zeichen-, Wert-, Schreib-, Brief-, Zeitungs-, Seiden-, Pack-, Zigaretten-, Bunt-, Sand-, Schmirgel-, Butterbrot-, Pergament-, Schrank-, Silber-, Paus-, Gold-, -fabrik, -händler, -geld, -korb, -waren

4. **Schärfung durch pp:** Pappe, Sippe, Rappen, Kappe, Schippe, wippen, Suppe, Rippe, nippen, Wappen, Wippe, klappen, Gerippe, Lappen, Puppe, schnappen, Lippe, Gruppe, Knappe, Truppe, plappern, Mappe, klappern, tappen, Happen, Steppe, Strippe, Treppe, Krippe, Schleppe, tippen, knapp, schippen, schlapp, Klappe
Ordne die Wörter nach Reimen! Bilde zusammengesetzte Wörter!

An der Baustelle

8

Ein Grundstück, bisher beliebtes Spielgelände der Jungen aus der Nachbarschaft, war seit Tagen von einem hohen Bretterzaun umgeben. In kur-

zen Abständen fuhren Lastkraftwagen Schutt und Erde fort. Neugierig versuchten Thomas und Stephan, durch die Ritzen der absperrenden Holzwand auf den Bauplatz zu blicken. Außer einer tief ausgeschachteten Grube war nichts zu erspähen. Nur hören konnten sie das Rumpeln der Betonmischmaschine jenseits des Bretterverschlages. Doch seit heute erhebt sich über der Baustelle der stählerne Turm eines Drehkrans. Sein langer Ausleger schwenkt soeben schweres Baumaterial durch die Luft.
„Merkwürdig, daß der Kran bei dieser Belastung nicht umkippt", meint Stephan auf dem Wege zur Schule. Thomas zeigt ihm das große Gegengewicht, das auf dem Sockel des Krans lagert. Nach dem Unterricht wollen beide länger an der Baustelle zuschauen.

Übungsmöglichkeiten:
1. **fort – vor:** fort, fortgehen, fortfahren, Fortsetzung, fortwährend, fortschrittlich, fortlaufend, fortfliegen, fortschwimmen, Fortfall, sofort, immerfort, fortjagen, forttreiben, ...
vor, vorkommen, vorrechnen, vorlesen, vortragen, Vorstand, vorbeten, hervor, Vorsilbe, vorläufig, vorwärts, vorsichtig, Vorteil, vorturnen, vorhin, vorgestern, hervorkriechen, Vorgang, ...
Setze die Reihen fort! Beachte aber folgende Wörter: fordern, forschen, formen, Forst!
2. **Langes a mit unbezeichneter Dehnung:** Nachbar, Schale, Wagen, Kran, Material, lagern, Schwan, schmal, tragen, Kabel, Taler, Star, Banane, Kanal, Schal, Made, Plan, Altar, Span, Tran, Tal, Qual, Gabel, Salat, Tomate, Krater, Schnabel, Pate, Orkan, Reklame, Marmelade
Bilde verwandte oder zusammengesetzte Wörter!
Beachte: Dehnungs-h steht nur vor *l, m, n, r* aber fast nie nach mehreren Mitlauten, nicht nach *sch, sp* und *qu* (Kran, Schale, sparen, Qual).
3. **Wortfeld „Abgrenzungen":** Zaun (Bretter-, Holz-, Eisen-, Draht-, Latten-), Wand (Trenn-, Holz-, Zimmer-, Haus-), Bretterverschlag, Gatter, Gitter, Grenze, Schlagbaum, Hindernis, Grenzsperre, Sperrkette, Wassergraben, Drahtverhau, Grenzlinie, Rain, Mauer, Wall, Umrandung, Geländer, Hecke, Leitplanke, Bordsteinkante
4. **Wortfamilie „sehen":** sehen, ab-, an-, auf-, aus-, durch-, be-, ein-, entgegen-, er-, fort-, her-, hin-, nach-, über-, um-, ver-, vor-, voraus-, weg-, wieder-, zu-, zurück-; Sehkraft, -vermögen, -nerv, -winkel, -rohr, Fern--gerät; Fernsehen, Auf-, An-, Aus-, Wieder-, Ver-; Sehenswürdigkeit; Vorsehung; Seher, Hell-, Schwarz-, Auf-; sehenswert, -würdig; zusehends; absehbar, über-; unansehnlich; unvorhergesehen; sichten; besichtigen, beauf-, beab-; Sicht, Weit-, Aus-, Auf-, Ab-, Nach-, An-, Über-, Um-, Vor-, Zuver-, Hin-, Rück-, Fern-, -verhältnisse, -weite, -vermerk; Gesicht, Mond-, Kinder-, An-, Verbrecher-; Gesichtsfarbe,

21

-feld, -kreis, -punkt, -maske, -ausdruck, -wasser, -krem; Besichtigung, Beauf-; Nachsichtigkeit, Um-, Durch-; Übersichtlichkeit; vorsichtig, durch-, ein-, nach-, um-, kurz-, weit-; sichtbar, un-; offensichtlich, er-, hin-, über-, zuver-, unnach-, ab-; rücksichtslos, -voll; aussichtsreich, -los

9
Die gelbe Wiese

„Hast du schon einmal eine gelbe Wiese gesehen?" fragte Irmgard ihre jüngere Schwester Eva. Als sie verneinte, führte Irmgard sie zum nahen Bach. Schon von weitem leuchtete die angrenzende Wiese in kräftigem Gelb. „So eine Menge Butterblumen!" rief Eva erfreut. Irmgard hatte im Biologieunterricht bereits die richtige Bezeichnung für die in der Sonne so herrlich glänzenden Blumen gelernt und belehrte Eva: „Das ist Hahnenfuß." Die kleinere Schwester lächelte über den lustigen Namen und schüttelte ungläubig den Kopf. Da pflückte Irmgard eine der großen Blumen und deutete auf eines der feingliedrigen Blätter am Pflanzenstengel. „Ähnelt das Blatt nicht der Form eines Hühnerfußes!" „Tatsächlich!" stimmte jetzt Eva zu. „Nach oben zu werden die Blätter immer kleiner, damit die unteren genügend Licht bekommen", erklärte Irmgard zusätzlich. Dann pflückten beide Mädchen vom Wiesenrand einen gelben Strauß und gingen froh nach Hause.

Übungsmöglichkeiten:

Dehnung durch ie: Wiese, feingliedrig, Ziellinie, Kiefer, Betrieb, vielleicht, riechen, Gefrierpunkt, liederlich, ziemlich, schwierig, Gebiet, Lederriemen, erniedrigen, ...
Setze in die Lücken folgender Wörter *ie* oder *i* ein: Gumm–ball, Fl–ge, B–bel, Zw–back, M–te, Schm–rfink, L–ter, bed–nen, n–drig, Pr–mel, Kan–nchen, Apfels–ne, Z–gelstein, Eisenbahnsch–ne, Zw–bel, verr–geln, L–ferwagen, K–lometer, Sch–fer, Augenl–d, f–berhaft, K–no, V–h, –gel!
(Arbeitshilfe: 14 Wörter werden mit *ie* geschrieben. Siehe Beiheft L. 4!)

2. **Dehnung durch üh:** führen, Hühnerfuß, Frühling, Gefühl, Mühle, berühmt, Stühlchen, Bühne, wühlen, kühl, rühren
Ordne die Wörter alphabetisch und schreibe verwandte Wörter hinzu!

3. **lehren – leeren:** lehren, belehren, Lehrer, Lehrerin, Lehrgang, Lehrzeit, Lehrling, Lehrmeister, Lehrwerkstatt, gelehrig, lehrreich, Gelehrter, Belehrung
leeren, entleeren, ausleeren, leer, Leerlauf, Briefkastenleerung, Entleerung

Ergänze folgende Wörter und ordne sie in die richtige Wortreihe ein:
Le–rmädchen, Le–rgut, gele–rte Leute, ein le–rer Teller, Hauptschullerer, Schreinerle–re, unbele–rbar, ein völlig gele–rtes Faß, Le–rerschaft, Le–rzug, Le–rjunge, Le–rjahr, Le–rungszeiten, Le–rsatz!
(Arbeitshilfe: In 9 Wörtern fehlt *h*. Siehe Beiheft L. 5!)
4. **Wortfamilie „Herr":** Herr, Haus-, Landes-, Bau-, Rats-, Grund-, Pfarr-, Guts-, -gott, -lichkeit, -schaft; Herrenhaus, -bekleidung, -pilz, -schnitt; Herrscher, Be-, -macht; Herrschsucht; herrenlos; herrlich, -isch; herrschen, be-, mit-; vorherrschend

10

Heilpflanzen für Großmutter

Ilses Großmutter war trotz ihrer siebzig Jahre noch recht rüstig. Sie behauptete, daß sie ihre Gesundheit den Heilkräutern verdankte, die sie jährlich zur Blütezeit sammelte, trocknen ließ und in luftdichten Blechbüchsen aufbewahrte. Fast täglich bereitete sich Großmutter Tee von selbst gepflückten Pfefferminzblättern oder anderen Heilpflanzen. Wenn vor Großmutters Haus die Linde duftete, erntete Ilse die hellgelben Blüten von den unteren Zweigen. Bei gemeinsamen Spaziergängen lernte sie von Großmutter viele Heilkräuter kennen und konnte sogar die echte von der Hundskamille unterscheiden. Manchmal ging Ilse auch allein auf die Wiesen und zu den Feldrändern, um Nachschub für Großmutters Teevorräte zu holen. Sie sammelte Blütenköpfe der Kamille gegen Entzündungen, Schafgarbe gegen Schlaflosigkeit und Salbei zum Gurgeln. Derartige Kräuter fehlten früher in keinem Haushalt.

Übungsmöglichkeiten:
1. **Schärfung mit ff:** Pfefferminz, treffen, Felsenriff, gaffen, Stoff, affenartig, schlaff, offen, Waffel, straff, Handgriff, Koffer, entziffern, Löffel, Kaffee, schiffbar, Offizier, bewaffnen, unverhofft, Pantoffel, Kartoffel, anschaffen, treffsicher, Giraffe, öffnen
Ordne nach Wortarten!
2. **Schärfung mit ll:** Kamille, mutwillig, allmählich, gefällig, knallen, Gebrüll, Bestellung, erfüllen, Kapelle, Helligkeit, ellenlang, völlig, Zollstelle, wollig, Erdwall, Gesellschaft, Wallfahrtsorte, Stall, grell
Ordne nach Silbenzahl und setze in die folgenden Wörter *ll* oder *l* ein:
Gewa–t, vielfä–tig, Mi–ion, Ka–ender, Verwa–tung, Que–e, So–daten, Bri–e, Ze–t, Gebe–, abschna–en, Suppenke–e, Meta–, Mu–binden, Mo–kerei, To–kirsche, we–ig, Wa–nüsse, Schi–d, schi–ern, Behä–ter, Ze–e!
(Arbeitshilfe: 12 Wörter werden mit *ll* geschrieben. Siehe Beiheft L 6!)

3. **Wortfamilie „pflanzen":** pflanzen, an-, auf-, aus-, ein-, fort-, nach-, nebeneinander-, zwischen-; Pflanze, Wasser-, Blatt-, Trocken-, Garten-, Sumpf-, Schatten-, Zwiebel-, Nutz-, Zier-, Balkon-, Gemüse-, Heil-, Salat-...; Pflanzenkost, -nahrung, -reich, -kleid, -fasern, -schutzmittel, -züchtung, -fett, -kunde; Pflanzstock, -garten; Pflanzung, Bananen-, Kaffee-; Pflanzer, Tabak-; pflanzlich
4. **Wortfamilie „schieben":** schieben, ab-, an-, auf-, ein-, fort-, unter-, nach-, vorwärts-, ver-, vor-, zu-, zurück-; Schieber, Kamin-; Schiebung, Auf-; Schiebetür, -dach, -fenster; Schub, Auf-, Vor-. -karre, -lade, -fach; Schubs, schubsen

11

Gartenschnecken

Nach einigen Regentagen dringt endlich die Sonne durch die Wolken. Noch sind Straßen und Wege mit Pfützen bedeckt, da drängt es die Kinder wieder ins Freie. Ilse und Gerda sind zum Garten gegangen, um nach reifen Erdbeeren zu schauen. „Hier ist wohl eine Schneckenversammlung?" ruft Ilse erstaunt. Fast an allen Sträuchern sieht man gelbe, hellbraune oder lachsfarbene Schneckenhäuschen. Die meisten haben dunkelbraune Längsstreifen. Einige Schnecken kriechen mitten über die Gartenwege und hinterlassen eine silbrig glänzende Gleitspur. Diese Tiere lieben die Feuchtigkeit und sind bei regnerischem Wetter recht unternehmungslustig. „Wir veranstalten ein Schneckenwettrennen", schlägt Gerda vor. Aber als die Mädchen einige Schnecken zum Start nebeneinandersetzen wollen, verkriechen sie sich in ihre kunstvoll gebauten Kalkgehäuse. Es dauert lange, bis die erste ihre Fühler hervorstreckt und sich auf ihrem schleimigen Muskelfuß langsam in Bewegung setzt.

Übungsmöglichkeiten:
1. **d – t:** endlich, Gleitspur, erstaunt, Start, Jagd, Fundament, blind, Pfad, unermüdlich, gemütlich, Gewalt, Wald, Brand, Branntwein, schädlich, entscheiden. Schiedsrichter, Strand, . . .
Ordne die Wörter nach ihrer Schreibweise und setze in die nachfolgenden Lücken d oder t ein: Abschie–, Schil–kröte, win–geschützt, har–, nör–lich, Glu–, Gedul–, brei–, lei–voll, Pfun–, Hir–, Spor–platz, Mu–probe, Brau–, Zei–ung, Verstan–, Bin–faden, Sturmflu–, Schlüsselbun–, Unterschie–, Gehal–, Blu–, no–falls, Gewan–!
(Arbeitshilfe: In 12 Wörtern fehlt d. Siehe Beiheft L 7!)
2. **k – ck:** Gartenschnecke, Wolken, strecken, Getränk, Brücke, Werkzeug, Imker, Blick, bedrückend, geschmackvoll, Balken, flink, flicken, verankern, Schluck, Zacken, zanken, Wecker, welken, Winkel, wickeln, Dak-

kel, dankbar, Stärke, Stockwerk, zwinkern, zwicken, Gebäck, Gebälk, Molkerei, trocknen, packen, pauken, Schlacke, schalkhaft
Suche dazugehörige Wörter (Gartenschnecke, Schneckenhaus, Wolke, bewölkt ...)!
Beachte: Nach *l, m, n, r* steht nie *ck.*

3. **Zusammengesetzte Eigenschaftswörter (Adjektive):** hellbraun, unternehmungslustig, kunstvoll, schwefelgelb, bleischwer, weitsichtig, dunkelrot, dreieckig, scharfkantig, haarscharf, zweiseitig, bärenstark, einarmig, gelbgrün, schnittfest, zuckersüß, gallebitter, freiwillig, pechschwarz, vierblättrig
Ordne die zusammengesetzten Eigenschaftswörter (Adjektive) nach der Art ihrer Bestimmungswörter (Haupt-, Eigenschafts- und Zahlwörter)!

4. **Komma bei Aufzählungen:** Man sieht gelbe, hellbraune und lachsfarbene Schneckenhäuser. – Inge, Gerda und Elfriede spielen im Garten. – Auf dem Beet blühen Stiefmütterchen, Vergißmeinnicht, Maiglöckchen und noch andere Blumenarten. – Die Schnecken krochen über den Weg, an den Baumstämmen und auf den Sträuchern.
Bilde ähnliche Sätze mit Aufzählungen aus dem Sachgebiet „Garten"!

Das Wunder der Verwandlung   12

An einer Brennesselstaude entdeckt Gisela einige dunkle, borstenhaarige Raupen mit kleinen, weißen Punkten. Auch Giselas Mutter betrachtet die kohlschwarzen Tierchen und sagt dann: „Das sind Raupen des Tagpfauenauges, eines unserer schönsten Schmetterlinge." Das Mädchen wundert sich, daß sich ein solch häßliches Tier in einen herrlichen Falter verwandeln kann. Doch Mutter erklärt es ihr: „Zunächst hat ein Pfauenauge Eier auf den Brennesselblättern abgelegt. Infolge der Sonnenwärme kriechen daraus bald winzige Raupen hervor. Ihre einzige Lebensaufgabe scheint es zu sein, massenhaft Blätter zu fressen. Daher wachsen sie so rasch, daß sie einige Male aus der zu eng gewordenen Haut schlüpfen müssen. Schließlich verpuppen sich die Raupen. Ohne Nahrungsaufnahme, in scheinbarer Totenstarre vollzieht sich das Wunder, daß aus dieser unansehnlichen Hülle ein zarter Schmetterlingskörper hervorbricht und seine braunen, bunt verzierten Flügel entfaltet.

Übungsmöglichkeiten:

1. **Mitlauthäufung (Konsonantenhäufung)** (Der dritte von drei gleichen Mitlauten wird nur bei Silbentrennung geschrieben): Brennessel (Brenn-nessel), Schiffahrt, Stillegung, Bettuch, Schnellauf, Fußballänderspiel, Wollappen, Fettopf, Rolladen, Schwimmeisterschaften, Sperr-

riegel, Wetturnen, Stilleben, Bestelliste, Metalleiste, Kreppapier, volllaufen, Stoffalte, Schrittempo, Ballettanz, Kontrollampe
Bei den Wörtern „Mittag, dennoch" schreibt man auch im Falle der Silbentrennung nur zweimal den gleichen Mitlaut (Konsonant).
Nach *ck* fällt ein nachfolgendes *k* nicht fort: Rückkehr, Druckknopf, Dickkopf, Rockkragen, Stickkörbchen

2. **Wörter mit pf:** Tagpfauenauge, entschlüpfen, empfehlen, pfeifen, Pfeffer, Tropfen, Zopf, verdampfen, Pflasterstein, Pfingsten, Pfarrer, Strümpfe, Gipfel ... Füge noch andere Wörter mit *pf* hinzu!
Setze in folgende Wörter *pf* oder *f* ein: schim–en, –au, Zaun–ahl, Sa–t, –irsich, ver–ehlen, sto–en, –annkuchen, –undamt, Rhein–alz, –ilzhut, –ütze, san–t, Ge–ängnis, Kar–en, Eisen–eile, –eucht, –ennig, –lücken!
(Arbeitshilfe: 11 Wörter werden mit *pf* geschrieben. Siehe Beiheft L 8!)

3. **Dehnung durch eh:** unansehnlich, Lehm, benehmen, Rotkehlchen, Befehl, Lehrer, abwehren, ehrlich, ausdehnen, Stuhllehne, verkehrt, mehlig, Mehrzahl, stehlen, Fehler
Bilde davon abzuleitende Wörter (unansehnlich, ansehen, Sehschärfe, ...)!

4. **Wörter mit aa:** borstenhaarig, Staat, Saat, Paar, paar, Aas, Waage, Aachen, Saar, Maas, Saale, Saarbrücken
Schreibe zu den Wörtern (borstenhaarig – Waage) abgeleitet oder zusammengesetzte hinzu (borstenhaarig, Haar, Härchen ...)!

Katzenbesuch in der Klasse

13

In der letzten Biologiestunde sprach der Lehrer vom Körperbau der Katze. Daher erlaubte er Horst, am nächsten Tage seine Katze zur Schule mitzubringen. Horst trug Möhrchen, so nannte er die schwarze Katze, liebevoll auf dem Arm in die Klasse. Zunächst guckte sich Möhrchen neugierig die so ungewohnte Umgebung an. Dann durfte die vierbeinige Besucherin durch die Klasse laufen. Obwohl die Kinder angestrengt lauschten, konnten sie keinen Laut beim Tapsen der Katze hören. „Eine Katze geht auf ihren Ballen wie auf ganz weichen Pantöffelchen", sagte der Lehrer. Als sich das Tierchen in eine dunkle Schrankecke verkroch, konnten die Kinder erkennen, wie sich die Pupillen weiteten. Danach schüttete Horst etwas Milch in ein Schüsselchen, die Möhrchen mit der schmalen, rosigen Zunge rasch aufleckte. Dann konnte die Katze wieder heimgebracht werden.

Übungsmöglichkeiten:
1. **ng – nk:** angestrengt, Schrankecke, verdrängt, Hengst, Angst, Schlingpflanze, Punkt, verjüngt, geschenkt, Zinkeimer, gehinkt, Sperling, Buchfink, angehängt. ...
   Bilde Reimreihen: Schrank, Kl..., Tr..., Zw..., Ges..., schl..., Anf..., Ölt..., Abh..., Z..., D..., b..., Str..., Dr..., kr..., Gartenb..., bl..., Aussch..., l..., (1. Reim: 9 Wörter mit *ng*); eng, str..., Gel..., Gesch..., (2. Reim: 2 Wörter mit *nk*); Fink, Her..., Frühl..., fl..., Zwill..., W..., R..., ger..., (3. Reim: 5 Wörter mit *ng*); jung, Tr..., Spr..., Str..., Schw..., Rundf..., Änder..., Pr..., (4. Reim: 4 Wörter mit *nk*) Siehe Beiheft L 9!
2. **bs – ps, bst – pst:** tapsen, Klaps, Erbse, Papst, hopsen, Raps, Obst, Schlips, Herbst, Kapsel, Stöpsel, schubsen, Krebs, Gips, Propst, Mops, Schnaps, Klops, Knirps
   Ordne die Wörter nach ihrer Schreibweise (*b – p*) und füge zugehörige Wörter hinzu (tapsen, tapsig...)!
3. **Aufeinanderfolgende gleiche Mitlaute (Konsonanten) bei Zusammensetzungen:** Unterricht, Vorrat, lehrreich, Stuhllehne, abbauen, Aufführung, zerreißen, annähen, Ziellinie, aussuchen, enttäuschen, Sprunggrube, gelbbraun, Laubbaum, verreisen, zahllos, Fahrrad, Reittier, hinnehmen, erreichen, ...
   Schreibe ähnliche Zusammensetzungen! Benutze dazu besonders die Vorsilben *er, ver, zer, ent* und die Verhältniswörter *vor, ab, auf, mit, aus!*
4. **Zeitwörter (Verben) werden Hauptwörter (Substantive):** beim Tapsen, beim Sehen, im Laufen, vom langen Wandern, richtiges Rechnen, mühevolles Arbeiten, das Sprechen, während des Turnens, nach dem Spielen, vom lauten Schreien, wegen des fehlerfreien Lesens, fleißiges Lernen
   Bilde Sätze aus dem Bereich der Schule, in denen Zeitwörter (Verben) mit großem Anfangsbuchstaben geschrieben werden!

14

Die verschwundene Eintrittskarte

Ein bedeutendes Zirkusunternehmen war dabei, am Stadtrand seine Zelte aufzuschlagen. An den Kassenwagen kauften schon viele Leute Karten für die ersten Vorstellungen. Auch Erichs Mutter hatte Eintrittskarten im Vorverkauf geholt und sie auf den Wohnzimmertisch gelegt. Doch als sie Erich die Karten zeigen wollte, erschrak sie, denn die roten Zettel waren verschwunden. An sämtlichen Stellen des Wohnzimmers wurde eifrig gesucht. Nur Strolch, dem Dackel, machte das Suchen Spaß. Sichtlich freute er sich, wenn Mutter und Erich auf den Knien durchs Zimmer krochen und unter die Möbelstücke schauten. Aber alle Mühe war vergeblich. Erst abends entdeckte Erich Reste der roten Eintrittskarten in Strolchs Körbchen. Anscheinend hatte der Wind die Zettel vom Tisch geweht, und Strolch hatte sie fast vollständig aufgefressen. Sicherlich hatte der Dackel etwas gegen den Zirkusbesuch.

Übungsmöglichkeiten:

1. **Schwierige Mehrzahlbildungen (Pluralbildungen):** Zirkus – Zirkusse, Lehrerin – Lehrerinnen, Kürbis – Kürbisse, Atlas – Atlanten, Hindernis – Hindernisse
   Bilde von folgenden Wörtern die Mehrzahl: Autobus, Globus, Zeugnis, Künstlerin, Bildnis, Reiterin, Turnerin, Krokus, Gefängnis, Ergebnis, Sportlerin, Iltis, Bündnis, Meisterin, Geständnis, Rheinländerin!
2. **Von Tageszeiten und Tagesnamen abgeleitete Umstandswörter (Adverbien):** abends, mittags, vormittags, nachmittags, nachts, morgens; sonntags, werktags, montags, mittwochs
   Bilde Sätze!
3. **Einzelne Selbstlaute (Vokale) werden nicht abgetrennt:** Folgende Wörter sind untrennbar: Erich, abends, oben, Treue, Uhu, Eva, Igel, Esel, Reue, Ehe, Ufer, Ida, Kleie, eben, Ostern, Adam, Emil, Übung, Adel, Ofen, Efeu, edel, Aster, Ute
   Trenne folgende mehrsilbige Wörter: Abendessen, Ebene, Elefant, Irene, Ahornblätter, Akazie, Eberesche, Efeuranke, Arabien, Edelstahl, Italien, Osterfest, übersetzen, Oberleitung, Amerika, abenteuerlich, Adele!
4. **Komma vor „wenn":** Strolch freute sich, wenn Erich auf den Knien durchs Zimmer kroch. – Wir schauen zu, wenn der Zirkus seine Zelte aufschlägt. – Es wäre schön, wenn du bald kämst.
   Bilde ähnliche Sätze!

15

Der Dackel als Friedensstifter

Helga und Waltraud schienen unzertrennliche Freundinnen zu sein. Täglich sah man sie gemeinsam auf dem Schulweg. Nachmittags spielten sie bei günstiger Witterung fast regelmäßig im Garten. Am ausgelassensten war dann jedesmal Axel, Helgas langhaariger Dackel. Er freute sich sichtlich, der Dritte im Bunde zu sein und mit den beiden Mädchen herumzutoben. Doch eines Tages hatten sich Helga und Waltraud heftig gezankt und gingen sich seitdem aus dem Wege. Monate waren vergangen. Wieder einmal lief Helga zum Einkaufen in die Stadt. Wie üblich hatte sie Axel mitgenommen. Plötzlich zerrte der Hund an der Leine, bellte und jaulte. Er hatte auf der Straße Waltraud entdeckt, sprang an ihr hoch und wedelte vor lauter Wiedersehensfreude mit dem Schwanz. Nun mußten beide Mädchen lachen. Der anhängliche, krummbeinige Dackel hatte sie wieder versöhnt.

Übungsmöglichkeiten:
1. **Schärfung mit mm:** zusammen, krummbeinig, stramm, jammern, verschimmelt, Klammer, kummervoll, kämmen, Stimme, sommerlich, ...
Setze in die Lücken folgender Wörter *mm* oder *m* ein: tra–peln, Ha–er, Tro–pete, Ka–eradschaft, Bodenka–er, Bahnda–, Da–hirsch, versa–eln, Sa–t, Sa–stag, Ko– paß, Ko–ode, Absta–ung, sta–pfen, wi–ern, Wi–pel, Ru–, du–, Tu–elplatz, Tü– pel!
(Arbeitshilfe: 9 Wörter werden mit *mm* geschrieben. Siehe Beiheft L 10!)
2. **e – ä:** regelmäßig, anhänglich, eng, ängstlich, Schärpe, Stengel, derb, schmelzen, kentern, Geländer, Sperber, Gerste, Getreideähre, März, Verspätung, umkrempeln, Glasscherben, Anstrengung, abwärts, ...
Setze *ä* oder *e* in die folgenden Wortlücken ein: Tr–ne, Tr–nnung, H–ft, H–ftling, Erk–ltung, Suppenk–lle, Z–hlung, Z–ltplatz, abgegr–nzt, bekr–nzt, verl–tzt, L–tzchen, H–nne, H–ndler, Sch–llengeläute, abschr–len, dickf–llig, Gef–lligkeit, schr–g, Schr–ck, abs–gen, s–gensreich, p–chschwarz, P–chter, Feldl–rche, L–rchenzweige, Gest–nge, Blütenst–ngel, qu–len, Qu–lle!
(Arbeitshilfe: In 15 Wörtern fehlt *ä*. Siehe Beiheft L 11!)
3. **Weibliche Standes- oder Berufsbezeichnungen mit der Nachsilbe -in:** Freundin, Lehrerin, Schülerin, Kellnerin, Verkäuferin, Schneiderin, Schauspielerin, Meisterin, Läuferin, Künstlerin, Arbeiterin, ...
Setze die Reihe fort und bilde davon die Mehrzahl (Freundin – Freundinnen, Lehrerin – Lehrerinnen, ...)!
4. **seid – seit:** ihr seid – Seid ihr allein gekommen? – Ihr seid sicherlich hungrig. – Seid alle willkommen! (Hier werden Personen angesprochen.)
seitdem, seither, seit vorgestern, seit Sonntag, seit vielen Jahren, seit Weihnachten (Hier handelt es sich um Zeitangaben.)

Rehkitz in Pflege

Eines Tages fand Revierförster Hartmann ein verendetes Reh in einer Drahtschlinge, die gewissenlose Wilderer gelegt hatten. Zitternd und halbverhungert stand ein Kitz neben dem toten Muttertier. Behutsam näherte sich der Förster dem verwaisten Jungtier. Als er wie eine Ricke durch Fiepen das Rehkind heranlockte, nahm er es liebevoll auf den Arm und trug es ins Forsthaus. Obwohl ein Kitz sehr schwer aufzuziehen ist, schaffte es der Revierförster. Ute, seine Tochter, half ihm täglich gewissenhaft bei der Tierpflege. Bald hatte sich das Rehlein so an Ute gewöhnt, daß es ihr freudig entgegensprang und an ihrer Seite blieb. Auch während der Mahlzeiten wich das Rehkitz nicht von Utes Stuhl und erhielt allerhand Leckerbissen. Im Laufe der Zeit war das Reh so groß und kräftig geworden, daß der Förster es wieder in die Freiheit seiner Waldheimat entließ.

Übungsmöglichkeiten:
1. **Dehnung durch uh:** Stuhl, Fuhre, Ruhm, Uhr, Huhn, Ruhr
   Setze in die Lücken folgender Wörter *uh* oder *u* ein: Sp–le, –rwald, Armband–r, Meeresfl–t, Tr–bel, Fl–gzeug, j–beln, F–rwerk, Lehnst–l, H–feisen, R–derboot, R–gebiet, P–del, r–mvoll, Feldh–n, Hausfl–r, –rlaub, –rwerk, m–tig!
   (Arbeitshilfe: In 7 Wörtern fehlt *uh*. Siehe Beiheft L. 12!)
   Dehnungs-h steht nur vor *l, m, n, r*.
2. **Eigenschaftswörter (Adjektive) mit der Nachsilbe -haft:** gewissenhaft, boshaft, jungenhaft, traumhaft, zauberhaft, sündhaft, schmackhaft, ...
   Verbinde folgende Wörter mit der Nachsilbe *-haft*: Schmerz, krank, naschen, glauben, Fehler, zagen, Scham, ernst, Spaß, Namen, lachen, Sprung, wohnen, Meister, Vorteil, leben, Mann, Tugend, Schuld!
3. **ai – ei:** verwaist, Freizeit, Heimat, Mai, seitwärts, Violinsaite, Schleier, Blei, Hain, Eiter, Kaiser, Rainfarn, heilig, Haifisch, steinig, Heidekraut, Trauerweide, Waisenhaus, Rheinwein, entleihen, Mais, Reisbrei, Main, Verzeihung, heidnisch
   Ordne die Wörter nach ihrer Schreibweise (*ai – ei*) und füge zugehörige Wörter hinzu (verwaist, Waisenkinder, Vollwaise, ...)!
4. **Kommas beim Beisatz:** Ute, seine Tochter, half tüchtig. – Herr Hartmann, unser Revierförster, fand ein verendetes Reh. – Franz, ein gewissenloser Wilderer, hatte Schlingen gelegt. – Gerda und Helga, meine Mitschülerinnen, haben viele Steinpilze gefunden.
   Schreibe ähnliche Sätze aus dem Bereich des Waldes!

17

Marienkäfer

Nur wenige Tiere sind bei allen Menschen so beliebt wie die Marienkäfer. Niemand wird diesen kleinen, hübschen Gesellen etwas zuleide tun. Außerdem sind Marienkäfer sehr nützlich, denn sie und ihre Larven ernähren sich ausschließlich von schädlichen Blattläusen. Es sieht spaßig aus, wenn diese fast halbkugelförmigen Insekten mit ihren dünnen Beinchen vorwärtstrippeln oder munter an Halmen und anderen Pflanzenteilen emporklettern. Wegen der roten, mit schwarzen Punkten verzierten Flügeldecken fallen die Marienkäfer auf Gräsern oder Blättern leicht auf. Auch Brigitte hat auf einem Stachelbeerstrauch einen rotbefrackten Käfer entdeckt und setzt ihn liebevoll auf die Hand. Doch der kleine Kerl stellt sich tot. Dann eilt er plötzlich über die Handfläche bis zu den Fingerspitzen. Hier spreizt er seine Flügeldecken, entfaltet die Hautflügel und fliegt ein kurzes Stück bis zum nächsten Strauch.

Übungsmöglichkeiten:
1. e – ä: Marienkäfer, Geselle, ernähren, schädlich, Insekt, vorwärts, klettern, Handfläche, Flügeldecke, stellen, Erbschaft, Änderung, sterblich, Verspätung, trennen, Träne, ...
Bilde davon zusammengesetzte und abgeleitete Wörter!
Vervollständige die folgenden Wörter zu Reimreihen und vergleiche dann im Beiheft L 13!
Geselle, B..., Flutw..., Hühnerst..., Baust..., Schw..., K..., Wasserf..., Kap..., Sch..., For... (1. Reimreihe: 3 Wörter mit *ä*); – behende, W..., Sp..., Arbeitsh..., Lebens..., Gel..., St..., Verb..., Leg..., Bl..., Br... (2. Reimreihe: 6 Wörter mit *ä*)

2. z – tz: nützlich, Pflanzen, schwarz, setzen, plötzlich, Fingerspitzen, heizen, Blitz, schmerzlich, Salz, Weizen, Spritze, Pelzmantel, glänzen, Wurzel, Dutzend, Schmalz, kitzeln, schwitzen, schmutzig, Panzer, hetzen, Hustenreiz, witzig, Waldkauz, scherzen, blinzeln, Spaziergang, geizig, Tatze, Schnauze, kratzen, Sülze, Gewürz, Facharzt, Hausputz, Sitzplatz, Schnitzel, stolzieren, Wachskerze, bekränzt, Verletzung, spreizen.
Ordne die Wörter nach der Schreibweise ihres Z-Lautes und beachte den jeweils davorstehenden Buchstaben!

3. f – v: Marienkäfer, Larven, fast, vorwärts, verziert, Flügel, fallen, Frack, entfalten, fliegen, Vieh, er fiel hin, vielleicht, folgen, vollständig, fortlaufen, Frost, Vetter, ...
Setze in die Lücken folgender Wörter *f* oder *v* ein: ge–ährlich, –ollmond, Schnee–locken, Groß–ater, –ertig, –ergißmeinnicht, –lüssigkeit, –olk, bra–, bestra–en, Haarschlei–e, –ordergrund, –orderung, Ner–, stei–, –ierzig, –eilchen, –eilen, Gusta–, Gedicht–ers, –er–olgung, –orläu –ig, –orscher, Rind–ieh, Kie–ernwäldchen, –ohlen, Sing–ogel, –rüh-stück
(Arbeitshilfe: In 15 Lücken muß *v* eingesetzt werden. Siehe Beiheft L 14!)

4. **Wortfamilie „Form"**: Form, Kuchen-, Back-, Blüten-, Blatt-, Hut-, Kugel-, Lebens-, Guß-, Körper-, Holz-, -sache, -schönheit; Former;

Formung; formen, aus-, ab-, durch-, nach-, vor-; formschön, -los; formenreich; kugelförmig, stern-, tropfen-, ei-, kasten-, luft-, kegel-, un-, kreis-; förmlich

18
Hansi ist für Körperpflege

Hansi ist ein munterer, singefreudiger Kanarienvogel. Täglich sorgt Johannes für den gefiederten Sänger und schüttet frisches Futter und sauberes Wasser in die Porzellannäpfchen. Gelegentlich reizt es Hansi, das Trinkgefäß als Waschschüssel zu benutzen. Dann pickt er mit dem Schnabel ins Wasser, daß sein Federkleid benetzt wird. Eines Tages hängt Johannes ihm ein gläsernes Badehäuschen an das Drahtgestänge des Vogelbauers. Schon nach wenigen Sekunden hüpft Hansi auf den Rand seiner neuen Badeanstalt, beäugt das Glashäuschen und ist sogleich mitten im Wasser. Nun veranstaltet Hansi einen Freudentanz, taucht den Schnabel ein und flattert mit den Flügeln, daß das Wasser nach allen Seiten spritzt. Endlich hüpft er auf eine Sitzstange, plustert die Federn auf und streicht sie mit dem Schnabel glatt. Nun fühlt sich Hansi doppelt wohl.

Übungsmöglichkeiten:
1. **t als Gleitelaut vor der Nachsilbe -lich:** gelegentlich, eigentlich, öffentlich, wöchentlich, versehentlich, ordentlich, namentlich, wesentlich, hoffentlich, unkenntlich
aber: morgendlich, abendlich, jugendlich, endlich
Ordne die Wörter alphabetisch und bilde damit Sätze!
2. **Wortreihe „Draht":** Drahtgestänge, -korb, -glas, -seil, -rolle, -geflecht, -zaun, Stachel-, Leitungs-, Blumen-, Eisen-, Kupfer-, Maschen-, Telegraphen-
3. **Zusammengesetzte Eigenschaftswörter** (Das Bestimmungswort ist ein Zeitwort): singefreudig, schwimmfähig, redegewandt, lesehungrig, wißbegierig, schreibfaul, schaffensfroh, sterbenskrank, denkfaul, lebensmüde, rauflustig, sehenswert, gehbehindert, fahruntüchtig, gleitfähig, rutschfest, wanderfroh, lernwillig
Füge zu den Eigenschaftswörtern (Adjektiven) passende Hauptwörter (Substantive) hinzu (singefreudige Kinder, ...)!
4. **Komma vor „daß":** Er pickt mit dem Schnabel ins Wasser, daß sein Federkleid benetzt wird. – Er flattert mit den Flügeln, daß das Wasser nach allen Seiten spritzt. – Hansi freut sich, daß er jetzt ein schönes Badehäuschen hat.
Bilde ähnliche Sätze mit dem Bindewort „*daß*" (Johannes wartet darauf, daß ... – Der Vogel sieht, daß ...)!

Fliegende Laternchen   **19**

An einem wolkenlosen Junisonntag sind Wolfgang und Inge mit den Eltern durch die mit jungem Grün belaubten Wälder gewandert. Sie sind auf dem Heimweg. Rasch ist die Dämmerung angebrochen, und die Rotfärbung des Himmels wechselt ganz allmählich ins Violette. Unter dem Blätterdach des Waldes dunkelt es bereits. Da schweben plötzlich zwei hellgelbe Lichtlein vor ihnen her, sinken herab und heben sich wieder. „Was ist das?" fragt Inge etwas ängstlich. „Glühwürmchen!" rufen die Eltern fast gleichzeitig. Wolfgang gelingt es, eins der leuchtenden Tierchen zu erhaschen. Vorsichtig schaut er nach seinem seltsamen Gefangenen. Es ist ein dunkler, geflügelter Käfer, der mit einem Leuchtorgan am Hinterleib Wolfgangs Handfläche ein wenig erhellt. Mit zunehmender Dunkelheit sehen sie noch mehr Laternchen durch die Luft fliegen. Da entläßt auch Wolfgang seinen Leuchtkäfer zum munteren Lichterreigen der Artgenossen.

Übungsmöglichkeiten:
1. **Eigenschaftswörter (Adjektive) mit der Nachsilbe -sam:** seltsam, sparsam, einsam, gemeinsam, gehorsam, langsam, geruhsam, ...
   Verbinde folgende Wörter mit der Nachsilbe *-sam:* wachen, Wunder, achten, biegen, Mühe, kleiden, fügen, streben, Sitte, arbeiten, schweigen, Furcht, bedeuten!
2. **Hauptwörter (Substantive) mit der Nachsilbe -heit:** Dunkelheit, Gemeinheit, Einheit, Schönheit, Torheit, Kindheit, Schlauheit, Christenheit, ...
   Verbinde folgende Wörter mit der Nachsilbe *-heit:* frei, Mensch, Gott, selten, halb, Narr, sicher, klug, dumm, frech, gesund, krank, schwach, lau, rein, gewiß, bestimmt, grob!
   Beachte: Wörter mit der Nachsilbe *-heit* sind Hauptwörter!
3. **Kleinschreibung von Mengenbezeichnungen:** ein wenig, ein bißchen, ein paar Kinder (aber: ein Paar Handschuhe, ein Paar Strümpfe – je zwei gehören zusammen)
   Bilde Sätze mit den angegebenen Mengenbezeichnungen (Wir wollen ein wenig zuschauen. – Darf ich ein bißchen spielen?)
4. **Wortfamilie „Angst":** Angst, Todes-, Prüfungs-, -hase, -gefühl, -schweiß, -schrei; Ängstlichkeit; Ängstigung; ängstlich; verängstigt; sich ängstigen
   Wortfeld „ängstlich": ängstlich, bange, feige, mutlos, furchtsam, verzagt, kleinmütig, schreckhaft, scheu, schüchtern, zaghaft, übervorsichtig, angstvoll, beklommen

Die Schwanenburg in Kleve **20**

Wer zum Niederrhein fährt, wird nicht versäumen, sich die noch immer trutzig anmutende Schwanenburg am Steilhang des Klever Höhenzuges anzuschauen. Besonders wuchtig wirken die von Zinnen umgebenen Türme. Der höchste von ihnen trägt als Wetterfahne über seiner achteckigen Turmhaube das Wahrzeichen der Burg, einen Schwan. Er soll an den sagenhaften Schwanenritter erinnern, den die Grafen von Kleve als ihren Ahnherrn betrachten. Wenn man durch das breite Tor den Innenhof der Burg betritt, schaut man auf einen ehemals bedeutsamen Platz mittelalterlichen Lebens. Vor Jahrhunderten fanden hier farbenprächtige Ritterspiele statt, Minnesänger schritten über den Burghof, und Ritter zogen zur Jagd in den nahen Reichswald. Später weilte der Große Kurfürst oft und gern auf der Schwanenburg. Höhenburgen sind in Nordwestdeutschland eine Seltenheit. Daher ist es besonders schön, daß uns die Klever Burg erhalten blieb.

Übungsmöglichkeiten:
1. **Schärfung mit nn:** Zinnen, erinnern, Minnesänger, brennbar, spinnen, Innenraum, anspannen, dünn, Pfennig, Brunnen, Gewinn, Erkennungszeichen, sonnig, Pfannkuchen, sinnlos, Antenne, Kaffeekanne, wonnig, ...
Ordne nach Wortarten und setze in die Lücken folgender Wörter *nn* oder *n* ein: gü-stig, gö-en, Erke-tnis, spi-deldürr, Spi-weben, Tre-ung, Trä-e, Kü-stler, kö-en, Dachri-e, Baumri-de, Ma-schaft, jema-d, ma-chmal, Ka-te, beka-t, Ki-, Ki-o, Holzspa-, Spa-ung
(Arbeitshilfe: 10 Wörter werden mit *nn* geschrieben. Siehe Beiheft L 15!)
2. **Von Städtenamen abgeleitete Eigenschaftswörter (Adjektive):** a) Gebäude- und Gebietsbezeichnungen: die Klever Burg, der Klever Höhenzug, der Kölner Dom, der Düsseldorfer Hauptbahnhof, die Münchner Frauenkirche, im Bonner Bundeshaus, ...
b) Bezeichnungen für Nahrungs- und Genußmittel: Lübecker Marzipan, Königsberger Klopse, Frankfurter Würstchen, Rüdesheimer Wein, Dortmunder Biere, Kieler Sprotten, Wiener Schnitzel, ...
Setze die Reihen fort!
3. Wortfamilie „jagen": jagen, ab-, auf-, fort-, weg-, ver-, hinein-, entlang-, vorbei-; Jagd, Hasen-, Fuchs-, Treib-, Hubertus-, Verfolgungs-, Verbrecher-, Enten-, -aufseher, -schein, -revier, -hund, -gewehr, -horn, -pächter, -haus, -wagen, -frevel, -beute, -flugzeug, -staffel, -springen, -hütte, -recht; Jäger, Sonntags-, -hütchen, -latein; Jagen (forstwirtschaftl. Gebiet); jagdbar

4. **Wortfamilie „wahr":** wahr, un-, ver-lost, -haft, -haftig, -scheinlich, -nehmbar, -heitsliebend, -heitsgemäß, -heitsgetreu, -lich, -nehmen, -sagen, ver-losen, be-en, aufbe-en, ver-en, be-heiten; gewähren, ver-; Wahrsagerin, -zeichen, -haftigkeit, -heit, -scheinlichkeit; Währung, Gold-; Währungsreform; Bewährung; Bewährungsfrist, -helfer
aber: Ware, Warenhaus, Fleischwaren; ich war, wir waren, ihr wart

Städte im Ruhrgebiet   21

Wer heutzutage mit Eisenbahn oder Auto von Duisburg nach Dortmund fährt, wird fast ständig an Häuserreihen oder Fabrikgebäuden vorüberkommen. Dabei entsteht der Eindruck, als durchquere man eine einzige Stadt von riesenhaften Ausmaßen. Niemand wird bei dieser Fahrt genau angeben können, wie weit jeder einzelne Stadtbezirk reicht, durch den sein Weg führt. Noch am Ende des vorigen Jahrhunderts gab es hier nur unbedeutende Orte mit wenigen tausend Einwohnern. Damals bewohnte ein wesentlicher Teil der Menschen des Ruhrgebietes Dörfer, bearbeitete Felder und trieb Viehwirtschaft. Die Kohle wurde in immer größerem Umfang für die sich rasch entfaltende Industrie benötigt. Daher mußten hier überall Wiesen und Äcker für die Errichtung von Wohn- und Arbeitsstätten Platz machen. Innerhalb weniger Jahrzehnte dehnten sich diese Orte zu Großstädten aus, die ihre heutige Bedeutung der Steinkohle verdanken.

Übungsmöglichkeiten:

1. **Hauptwörter (Substantive) mit der Nachsilbe -schaft:** Viehwirtschaft, Landwirtschaft, Gemeinschaft, Gesellschaft, Gewerkschaft, Mannschaft, Patenschaft, Schülerschaft, Eigenschaft, Freundschaft, Kameradschaft, Landschaft, Gefangenschaft, Arbeiterschaft, Lehrerschaft, Bauernschaft, Knechtschaft, Schulpflegschaft, Dienerschaft
Ordne die Wörter alphabetisch!
2. **Wörter mit qu:** durchqueren, Quelle, Qual, quietschen, quaken, Quark, quieken, Qualm, bequem, quetschen, Quader, Quartier, Quarz
Bilde davon abgeleitete Wörter (durchqueren, quer, Querbalken, ...)!
Beachte: In Wörtern mit *qu* gibt es kein Dehnungs-h!
3. **Wortreihe „Industrie":** Industrie, Schwer-, Textil-, Nahrungsmittel-, Leder-, Schuh-, Glas-, Tabak-, Papier-, Auto-, Eisen-, Holz-, -gebiet, -stadt, -erzeugung, -arbeiter
Schreibe eine Wirtschaftsübersicht deines Heimatbezirks (Textilindustrie in ...; Eisenindustrie in ...)!
4. **Städte – Stätte:** Arbeitsstätte, Großstädte, Wohnstätte, Handelsstädte, Industriestädte, Heimstätte, ...

Setze folgende Wörter mit „Städte" oder „Stätte" zusammen: Werk, klein, Lager, Regierung, Kreis, Grab, Brand, Hafen, Ruhe, Gast, Haupt, schlafen, Feuer, pflegen, Grenze, Industrie, Kampf, Sport! Vergleiche mit der Lösung im Beiheft L 16!

22

Vor dem Kölner Dom

Die Kinder des 5. Schuljahres sitzen frohgemut im Eisenbahnabteil. Sie fahren mit ihrer Lehrerin ins Siebengebirge. Der Zug nähert sich Köln. Deutlich sind schon die Umrisse des Domes zu sehen. Am Hauptbahnhof müssen die Kinder umsteigen. Da haben sie etwas Zeit, sich den Dom anzusehen. Nur Käthe war schon einmal mit den Eltern in Köln. Die anderen staunen gewaltig, als sie die Bahnhofshalle verlassen und das berühmte Gotteshaus in voller Größe erblicken. „Der Dom ist bestimmt doppelt so hoch wie unsere Pfarrkirche", meint Erika. „160 Meter sind hier die Türme hoch", erklärt die Lehrerin. „Da haben die Bauleute aber viele Jahrzehnte schaffen müssen!" denkt Peter. Am Chor des Domes steht ein Gerüst. Häufig müssen Ausbesserungsarbeiten vorgenommen werden, denn der Sandstein verwittert leicht. Bei der Rückfahrt haben die Kinder Zeit, auch das Kircheninnere zu besichtigen.

1. **Schärfung mit rr:** Pfarrkirche, herrlich, Irrtum, schnurren, Geschirr, schwirren, starr, Zigarre, knurrig, surren, Schubkarre, närrisch, knarren, Absperrung, anstarren, Gitarre, klirren, irrtümlich, Schnurrbart, beherrschen, wirr, störrisch, scharren, dürr, Herrscher, zerren, Verwirrung, verdorren
Ordne nach Wortarten!
2. **Schärfung mit ss:** Ausbesserungsarbeiten, Umrisse, verlassen, müssen, aufessen, vermissen, hassen, Messe, Genossenschaft, Wissenschaft, lässig, fesseln, ...
Setze in die Lücken folgender Wörter ss oder s ein: Mu–kel, gewi–enhaft, Wei–heit, Bela–tung, Entla–ung, verpa–en, rie–ig, ri–ig, erfa–en, Pflanzenfa–ern, Se–el, E–ig, Ma–ke, Ma–e, Rö–chen, Ra–e, flü–tern, flü–ig!
(Arbeitshilfe: 10 Wörter werden mit ss geschrieben. Siehe im Beiheft L 17!)
3. **Dehnung durch ah:** Fahrt, Jahrhundert, Zahlung, Stahl, Kahn, ermahnen, Wahrheit, zahm, Draht, Prahlhans, Mahlzeit, ahnungsvoll, Pfahlbau, Dahlien, Bilderrahmen, Gefangennahme
Bilde Reimreihen: Gefahr, St..., P..., J..., unw..., kl..., Sch..., H..., S..., g..., r..., (1. Reim: 5 Wörter mit a, 3 Wörter mit aa);

Aal, schm..., Str..., k..., Z..., Sch..., St..., Merkm..., Mittagsm..., Kan..., S..., Pf..., Schicks..., Sign..., T..., Landtagsw..., Qu..., (2. Reim: 8 Wörter mit *a*, 1 Wort mit *aa*); Zahn, Schw..., B..., K..., Ork..., Fas..., H..., Kr..., Pl..., Lebertr..., W..., Holzsp..., (3. Reim: 7 Wörter mit *a*)
Beachte: Die Dehnung *ah* steht nicht hinter mehreren Mitlauten. Allerdings gibt es ein paar Ausnahmen (Strahl, prahlen, Draht). *St* und *pf* gelten nur als ein Mitlaut (Stahl, Pfahl). Vergleiche mit L 18 im Beiheft!

4. **Langes o ohne Dehnungszeichen:** Dom, Probe, Mode, Motorrad, Schote, Zone, Erholung, betonen, Schmorbraten, Königsthron, Nordpol, erfroren, Montag, hobeln, Strom, Bienenhonig, ...
   Setze in die Lücken folgender Wörter *o, oo* oder *oh* ein: b–ren, Kr–ne, abh–len, H–lweg, verb–gen, M–nkuchen, R–twein, M–nat, Patr–ne, M–s, –ne, M–t–rb–t, Kan–ne, Verl–bung, bew–nen, Ziehharm–nika, M–rland, Gummis–le, versch–nen, Z–, F–len
   (Arbeitshilfe: 12 Lücken müssen mit *o*, 7 mit *oh* und 4 mit *oo* ausgefüllt werden. Vergleiche mit L 19 im Beiheft!)
   Beachte: Dehnungs-h steht nur vor *l, m, n* und *r*.

23
Blick vom Drachenfels

Nach einer schönen Wanderung ist die 6. Klasse soeben auf dem Drachenfels angekommen. Geschwind suchen sich alle Kinder an der Begrenzungsmauer einen guten Aussichtsplatz. Alle freuen sich, daß sie eine so klare Sicht haben. „Oh, geht das steil hinunter!" ruft Erika. Wie eine Spielzeuglandschaft sieht das Rheintal aus. Der breite Strom erscheint wie ein graues, in der Sonne silbern funkelndes Seidenband. Motorschiffe und Schleppkähne sind so klein, daß man sie hauptsächlich durch ihr Kielwasser bemerkt. Nur ein Ausflugsdampfer fällt wegen seiner weißen Farbe besser auf. „Da, ein Zug!" ruft Hans und zeigt auf das jenseitige Ufer. „Der kriecht wie eine Raupe", entgegnet Irmgard lachend. Auf der Rheinuferstraße erkennen die Kinder lange Autoschlangen. „Schaut einmal, dort hinten sieht man den Kölner Dom!" ruft Helga. Immer wieder entdecken die Kinder etwas Neues.

Übungsmöglichkeiten:
1. **Langes u ohne Dehnungsbezeichnung:** Ausflug, Rheinufer, Schnur, Spule, Eigentum, Figur, Frisur, Hausflur, Wasserfluten, mutwillig, Badekur, verurteilen, Trubel, Hauptschule, Puter, ...
   Setze in die Lücken folgender Wörter *u* oder *uh* ein: N–del, –rmacher, K–rhaus, Treppenst–fen, Apfelm–s, Christent–m, j–beln, Schw–r,

bl–tig, –rbar, Heldenm–t, Schloßr–ine, Dress–r, Polsterst–l, r–mreich, R–ne, Zwergh–n, Tr–thahn, F–rmann!
(Arbeitshilfe: Nur 5 Wörter werden mit *uh* geschrieben. Vergleiche mit L 20 im Beiheft!)

2. **Zusammensetzungen mit Bindungs-s:** Begrenzungsmauer, Ausflugsdampfer, Aussichtsturm, Arbeitszeit, Wirtshaus, Gesellschaftsfahrt, Bahnhofsvorplatz, mannshoch, ehrfurchtslos, Lieblingsbeschäftigung, ...
Setze die Reihe fort!
Setze folgende Wortpaare zusammen und prüfe, wo das Bindungs-s eingefügt werden muß: Unterricht – Stunde; Gericht – Sitzung; Rat – Haus; Volk – Tanz; Frühling – Anfang; Arbeit – eifrig; Geburt – Stunde; Hering – Salat; Blut – Wurst; Fabrik – Arbeiter; Schmetterling – Raupe; Alter – schwach; Abschied – Geschenk; Leben – froh; Sport – Fest; Rind – Fleisch; Vorrat – Lager; Burg – Ruine; Geduld – Probe; Hand – breit!
(Siehe Beiheft L 21!)

3. **Großschreibung von Eigenschaftswörtern (Adjektiven) nach Mengenbezeichnungen:** etwas Neues, nichts Warmes, viel Erfreuliches, wenig Gutes, eine Menge Süßes, alles Gute, ...
Setze andere Eigenschaftswörter (Adjektive) hinter Mengenbezeichnungen und bilde Sätze!

4. **Wortfamilie „Haupt":** Haupt, Ober-, -mann, -sache, -straße, -stadt, -leute, -bahnhof, -post, -schule, -lehrer, -eingang, -buch, -satz, -wort, -fehler, -wache, -merkmal, -mahlzeit, Be-ung, Ent-ung; Häuptling, Stammes-; behaupten, ent-; hauptsächlich

24

Zum ersten Male in einer Jugendherberge

Mit Taschen, Rucksäcken und Koffern bepackt, standen die Kinder des 5. Schuljahres zum ersten Male vor einer Jugendherberge. Von hier aus wollten sie einige Tage lang einen Teil der Eifel erwandern. Der Lehrer stellte soeben seiner Klasse den Herbergsvater vor, der seine neuen Gäste mit spaßigen Worten begrüßte und sie in einen Tagesraum führte. Sauber und gemütlich sah es hier aus. Nachdem die Kinder das Gepäck abgestellt hatten, erklärte der Herbergsvater die Hausordnung und zeigte ihnen die Schlafsäle. Die Kinder staunten über die vielen paarweise übereinanderstehenden Betten. Einige Jungen freuten sich, in den oberen Betten schlafen zu dürfen. Das war etwas ganz Neues für sie. „Gibt es hier auch Einzelzimmer?" fragte Horst den Herbergsvater. Der lachte und antwortete: „Eine Jugendherberge ist doch kein Hotel!"

Übungsmöglichkeiten:
1. **Umlautbildung bei verdoppelten Selbstlauten (Vokalen):** Schlafsaal – Schlafsäle, Haar – Härchen, Boot – Bötchen, Paar – Pärchen
Bilde Sätze!
2. **Zusammensetzungen mit „-weise" und „Weise":** paarweise, ruckweise, stoßweise, unglücklicherweise, ausnahmsweise, ...
Redeweise, Lebensweise, Spielweise, Fahrweise, Ausdrucksweise, ...
Verbinde folgende Wörter mit „-weise" oder „Weise": Dutzend, Arbeit, klug, Bau, schreiben, Stunde, Tag, Kampf, sprechen, leihen, Teil, Schritt, Stelle, Probe, Massen, Satz! (Siehe Beiheft L 22!)
3. **Die wörtliche Rede** (Der Ansagesatz vor oder nach dem Sprechsatz):
„Gibt es hier auch Einzelzimmer?" fragte Horst den Herbergsvater. – Horst fragte den Herbergsvater: „Gibt es hier auch Einzelzimmer?"
Der Herbergsvater antwortete: „Die Jugendherberge ist doch kein Hotel!" – „Die Jugendherberge ist doch kein Hotel!" antwortete der Herbergsvater.
„Euer Gepäck könnt ihr in den Tagesraum stellen", sagte der Lehrer – Der Lehrer sagte: „Euer Gepäck könnt ihr in den Tagesraum stellen."
Bilde ähnliche Sprechsätze aus dem Gebiet des Schulwanderns!
Schreibe ein Zwiegespräch (Herbergsvater – Schüler)!
Beachte dabei das Schema der Zeichensetzung! A: „S." – A: „S?" – A: „S!" – „S" A. – „S?" A. – „S!" A. (A = Ansagesatz, S = Sprechsatz)
4. **Komma bei Aufzählungen:** Mit Taschen, Rucksäcken und Koffern bepackt, standen die Kinder vor der Herberge. – Die Räume machten einen sauberen, freundlichen Eindruck. – Peter, Gerd, Heinz und Horst hatten am ersten Tage Küchendienst. – Neben der Herberge standen einige Buchen, Birken und Kastanienbäume.
Bilde andere Sätze von Wandertagen und Schulfahrten, die Aufzählungen enthalten!

25

Die schwere Arbeit der Winzer

Wer durch die Weinbaugebiete von Rhein, Mosel, Ahr, Nahe oder Neckar fährt, wird Winzer bei ihrer schweren Arbeit beobachten können. Bereits im Frühjahr beginnen die Weinbauern mit dem Umgraben und dem Behacken des steinigen Bodens. Jedoch können landwirtschaftliche Maschinen, die dem Bauern in der Ebene wesentliche Hilfe leisten, zur Erleichterung dieser schweren Arbeit kaum benutzt werden. Dünger und alles, was im Weinberg benötigt wird, muß in Kiepen hinaufgetragen werden. Damit der mühsam bearbeitete Boden nicht vom Regenwasser heruntergespült wird, müssen die stufenartig angelegten Steinmauern stellenweise ausgebessert werden. Bis zur Weinlese müssen die Winzer die Rebstöcke unablässig pflegen. Sie binden die Reben an Pfählen fest, schneiden überflüssige Triebe fort und spritzen die Pflanzen gegen allerlei Schädlinge. Das ist bei sonnigem Wetter eine mühselige Arbeit.

Übungsmöglichkeiten:
1. **Langes e ohne Dehnungsbezeichnung:** Ebene, Reben, Weinlese, bequem, Schemel, überqueren, Schere, Krem, Vertreter, strebsam, verpflegen, Ferien, wenig, Sekunde, Telefon, ...
Setze in die Lücken folgender Wörter *e, eh* oder *ee* ein: Abendgeb–t, Blumenb–t, S–gelboot, S–bad, S–rohr, Märchenf–, Hühnerf–der, F–ler, Kriegsh–r, H–rkunft, Schafh–rde, Stachelb–ren, entb–ren, Sp–rber, Sp–r, kl–ben, Kl–feld, L–rgangsleiter, L–rchengesang, entl–ren, Kam–l, Weizenm–l, S–le, S–ligkeit, Rak–te, Rotk–lchen, S–ne, Sir–ne!
(Arbeitshilfe: 12 Wörter werden mit *e*, 9 mit *ee* und 7 mit *eh* geschrieben. Siehe Beiheft L 23!)
2. **Hauptwörter (Substantive) mit der Nachsilbe -ling:** Schädling, Feigling, Frühling, Säugling, Sonderling, Schwächling, Zwilling, Nachkömmling, Sprößling, Häftling, Zögling, Weichling, Firmling, Täufling, Wüstling, Häuptling, Eindringling, Pfifferling, Kohlweißling, Schmetterling, Prüfling, Lehrling, Findling, Liebling
Ordne die Wörter alphabetisch!
3. **Eigenschaftswörter (Adjektive) mit der Nachsilbe -ig:** steinig, stufenartig, unablässig, überflüssig, billig, ölig, mehlig, wollig, schmierig, heilig, gutwillig, eilig, haarig, madig, bergig, sonnig, mühselig, ...
Setze *-ig* oder *-lich* an folgende Wörter: nebl–, wolk–, vergeb–, gefäll–, wind–, brüder–, hügel–, moll–, reich–, kugel–, adel–, gier–, unzähl–, schwerfäll–, vielfält–, einmal–, zweistell–, pünkt–, droll–!
(Arbeitshilfe: Nur 4 Wörter erfordern die Nachsilbe *-lich*. Siehe Beiheft L 24!)
4. **Zeitwörter (Verben) werden Hauptwörter (Substantive):** Die Winzer beginnen mit dem Umgraben und dem Behacken des steinigen Bodens.
Sammle die Tätigkeiten des Winzers (das Bearbeiten des Bodens, das Ausbessern der Steinmauern, das Festbinden der Reben, das Spritzen gegen Schädlinge, ...) und schreibe davon Satzpaare! (Die Winzer müssen den Boden sorgfältig bearbeiten. – Das Bearbeiten des Bodens erfordert viel Sorgfalt.)

26

An der Rurtalsperre

Rektor Schneider ist mit seiner Klasse in die Eifel gefahren und wandert nun am Rande der Rurtalsperre entlang. Durch den Ausbau der Staumauer wurde vor Jahren der Wasserspiegel so gehoben, daß hier zur Zeit die Talsperre mit dem größten Fassungsvermögen in Westdeutschland ist. Unterwegs erzählt der Rektor allerlei Wissenswertes: „Der Weg, den ich früher mit Schulklassen gegangen bin, ist längst überspült. Die ursprüngliche Gaststätte liegt jetzt tief unter Wasser. In höherer Lage wurde ein größerer, neuzeitlicher Bau errichtet. Jede Talsperre ist von vielseitiger Bedeutung. Sie dient der Trinkwasserversorgung, bannt die Hochwassergefahr und ermöglicht die Ausnutzung der Wasserkraft für die Stromgewinnung." Vom Staudamm aus sehen die Kinder am Fuße der Mauer das Kraftwerk, in dem Turbinen den elektrischen Strom erzeugen. Im schmalen Tal fließt die Rur in Richtung Heimbach weiter.

Übungsmöglichkeiten:

1. **g – k:** Rektor, entlang, Kraftwerk, längst, ursprünglich, elektrisch, Pfingsten, versenkt, schwungvoll, undankbar, karg, schräg, Koks, links, rücklings, Hengst, Strunk, Andrang, Zwang, Gelenk, Ehering, flink, blank, Zweigstelle, Blinklicht, Klugheit, Parkplatz, Schlingpflanze, Plastik, genug, Unfug, anfangs
Ordne die Wörter nach ihrer Schreibweise und setze *g* oder *k* in die Lücken folgender Wörter ein: Buchfin–, Bratherin–, en–herzig, An–st, Ke–s, Tro–, schlan–, Öltan–, eingeren–t, Gelen–, verdrän–t, Geträn–, Zin–, Bezir–, Schwächlin–, Quar–!
(Arbeitshilfe: 10 Wörter werden mit *k* geschrieben, 6 mit *g*. Siehe Beiheft L 25!)

2. **Hauptwörter (Substantive) mit der Nachsilbe -ung:** Fassung, Bedeutung, Trinkwasserversorgung, Ausnutzung, Stromgewinnung, Richtung, Erzeugung, Behinderung, Erfahrung, Erbauung, Absperrung, Prüfung, . . .
Bilde aus folgenden Zeitwörtern (Verben) mit Hilfe der Nachsilbe *-ung* Hauptwörter: errichten, strömen, erzählen, wandern, überspülen, führen, erklären, erweitern, erheben, pflanzen, verbannen, entstehen, behindern, bearbeiten, beruhigen, beseitigen, beobachten, beschreiben, zerlegen, unterhalten, ausbessern, erfinden!

3. **Aufeinanderfolge gleicher Mitlaute (Konsonanten) bei Zusammensetzungen:** Gaststätte, überraschen, hinnehmen, Aufführung, Unterricht, abbeißen, aussuchen, Mitteilung, Schulleiter, Burggraben, Raddampfer, ziellos, errichten, . . .
Schreibe ähnliche Wörter und ordne sie nach der Art der zusammentreffenden Mitlaute (Konsonanten)!

4. **Wortfamilie „sperren":** sperren, ab-, aus-, auf-, ein-, ver-, zu-; Sperrgebiet, -müll, -gut, -ballon, -sitz, -gitter- -mauer, -riegel, -frist, -holz, -ket-

te; Sperre, Weg-, Straßen-, Stacheldraht-, Tal-, Strom-, Urlaubs-, Hunde-, Liefer-; Sperrung, Ab-, Aus-; sperrig; sperrangelweit

27
Eine westfälische Wasserburg

In letzter Zeit hat Rolf im Geschichtsunterricht viel von Burganlagen gehört. Daher beabsichtigt sein Vater, ihn bei einer Fahrt zu Verwandten ins Münsterland mitzunehmen. „Dann zeige ich dir auch einmal eine Wasserburg", verspricht der Vater. Nach einer Fahrt vorbei an Weiden und Feldern, an Eichenwäldern und vereinzelten Bauernhöfen, entdeckt Rolf über dichten Baumkronen einen grünlichen, geschwungenen Turmhelm. Bald darauf steht Rolf mit seinem Vater an einem breiten Wassergraben, der die Burg von ihnen trennt. Nur über eine Steinbrücke gelangt man auf den von Gebäuden fast ganz eingeschlossenen Burghof. Lediglich der mächtige Turm und die kleinen Fenster an den Außenmauern machen einen wehrhaften Eindruck. Ruhig und friedlich ist es hier. „Wie ein Märchenschloß", denkt Rolf. Gern würde er hier noch etwas bleiben, aber der Vater drängt zur Weiterfahrt.

Übungsmöglichkeiten:

1. **Eigenschaftswörter (Adjektive) mit der Endung -isch:** westfälisch, regnerisch, himmlisch, betrügerisch, katholisch, europäisch, ...
Wandle folgende Wörter mit Hilfe der Nachsilbe *-isch* in Eigenschaftswörter (Adjektive) um: zanken, Kind, Teufel, Räuber, Herr, Mörder, Sturm, England, verführen, Tier, gebieten, verraten, Italien, Seele!

2. **Langes ü ohne Dehnungsbezeichnung:** grünlich, Hüne, betrübt, zerkrümeln, Geflügel, müde, belügen, spüren, gefügig, schwül, Übung, verprügeln, Schüler, Obstbaumblüte, verschnüren, südlich, Übelkeit, wütend, Gemüse, pflügen, Prüfung, Bügeleisen, hügelig, Geschwür
Ordne nach Wortarten und füge abgeleitete oder zusammengesetzte Wörter hinzu!

3. **Wörter mit dt:** Verwandte, Stadt, gewandt, Gesandter, Gewandtheit, beredt – aber: Wand, Gewand, Staat, Sand, bereden
Bilde Sätze!

4. **ßt – st:** fast, gefaßt, bewußtlos, geistreich, westlich, verhaßt, rastlos, rüstig, entblößt, köstlich, meistens, versüßt, meisterhaft, Verlust, ausgepreßt, husten, Kleister, gegrüßt, Äste, Mast, verbüßt, verpaßt, Quaste, flüstern, verrußt, Rost, verblaßt, fristlos, zerreißt
Ordne die Wörter nach ihrer Schreibweise (ßt – st) und füge bei den Wörtern mit *ßt* die Herkunftswörter hinzu (gefaßt – fassen, ...)!

28

Ein Kartengruß vom Teutoburger Wald

Vor einiger Zeit hatten die Mädchen und Jungen viel vom Teutoburger Wald gehört. Danach war Ilse mit ihren Eltern nach Paderborn verzogen. Nun erhielten Lehrer und Kinder in Ilses ehemaliger Klasse eine Ansichtskarte. Darauf war das Hermannsdenkmal abgebildet. Erfreut zeigte der Lehrer die Postkarte und las sie vor.
Liebe Mitschülerinnen! Weil Ihr im letzten Monat im Unterricht den Teutoburger Wald kennengelernt habt, werdet Ihr Euch freuen, eine Karte aus meiner neuen Heimat zu erhalten. Mir gefällt es hier sehr gut. Heute bin ich am Nachmittag mit meinen Eltern zum Hermannsdenkmal gewandert. Auf dem Wege dorthin, der durch einen alten Eichenwald führt, habe ich auch ein Hünengrab gesehen. Gleich will ich das Denkmal, das gleichzeitig Aussichtsturm ist, besteigen und in der Richtung, in der Eure Stadt liegt, winken. Seid herzlich gegrüßt von Eurer Mitschülerin Ilse.

Übungsmöglichkeiten:
1. **mit – Mitte:** Mitschülerinnen, mitteilen, Mitglieder, mitunter, bemitleiden, Mitgefühl, mitarbeiten, . . . Mitte, Mittwoch, Nachmittag, Mitternacht, Mittelwelle, Mittelpunkt, ermitteln, inmitten, mittlerweile, Mittelmeer, mittelmäßig, Heilmittel, Waschmittel, . . .
2. **ß – ss:** Kartengruß, Klasse, zuverlässig, verläßlich, hassen, Reisepässe, Rasse, Spaß, flüssig, Fluß, bewußtlos, unwissend, Gewißheit, Mittagessen, Eßbesteck, Floß, Flosse, Maß, Masse, rissig, reißend, blaß, verblassen, unvergessen, vergeßlich, ein bißchen, bissig, Mißverständnis, Missetat, fassen, verfaßt, Schlosser, Entschluß, abmessen, Meßband, . . .
Ordne die Wörter nach der Schreibung des *S-Lautes* und bilde die Mehrzahl von folgenden Hauptwörtern: Strauß, Fluß, Fuß, Faß, Gruß, Schluß, Schoß, Riß, Schuß, Paß, Spaß, Maß, Guß, Kuß, Biß, Genuß, Stoß, Gefäß, Kloß, Spieß, Baß! (Siehe Beiheft L 26!)
(Arbeitshilfe: 10 Mehrzahlformen werden mit *ß*, 11 mit *ss* geschrieben.)
3. **Großschreibung der Anredefürwörter im Brief:** Sicherlich werdet Ihr Euch freuen, eine Karte aus meiner neuen Heimat zu erhalten. – Seid herzlich gegrüßt von Eurer Mitschülerin Ilse.
Beachte: In Briefen werden die Anredefürwörter *du, dir dich, dein, ihr, euch, eure,* . . . mit großem Anfangsbuchstaben geschrieben.
4. **Wortfamilie „hören":** hören, an-, ab-, auf-, er-, hin-, her-, mit-, ver-, zu- ; Hörspiel, -rohr, -saal, -fehler, Ge-, Ver-; hörbar, un-; horchen, auf-, hin-; Horchgerät, -posten; gehorchen; gehorsam; hörig, schwer-; gehörig, un-, zu-, an-; Angehörige; Hörer, Zu-, Schwarz-, Rundfunk-

Unverhofft kommt oft   29

An einem heißen Sommertag ging Georg mit seinen Eltern zum Schwimmbad ihres in den Alpen gelegenen Ferienortes. Da das kühle Wasser lockte, beeilten sie sich mit dem Umziehen. Plötzlich hörte Georg ein fernes Donnern. Unheilvoll schoben sich schwarzgraue Wolkenmassen über den Gebirgskamm. Ängstlich schauten einige Badegäste zum Himmel. Doch Georg sprang sorglos kopfüber ins Wasser. Freudig winkte er seinen Eltern, die noch unentschlossen am Beckenrand standen. Geschwind und drohend breiteten sich die Wolkenballen aus, und das Rumpeln wurde unheimlicher. Ein jäher Sturm fegte Sandkörnchen und Papier durch die Luft. Mehr und mehr Leute rafften ihre Sachen zusammen und verschwanden in den Umkleidekabinen. „Schnell anziehen!" rief Georgs Vater. Kurz danach setzte ein wolkenbruchartiger Gewitterschauer ein. „In den Bergen ist das Wetter unberechenbar", meinte der Vater.

Übungsmöglichkeiten:
1. **Zusammensetzungen mit „los":** sorglos, kampflos, arbeitslos, gefahrlos, gewissenlos, ehelos, kinderlos, verständnislos, wolkenlos, selbstlos, ...
   Verbinde folgende Wörter mit „los": Führer, leben, Bewegung, Sieg, Ende, Schatten, Freude, Lust, Furcht, Wahl, Ziel, Hoffnung, glauben, Treue, Draht, Tadel, Fett, Laut, Spur, Blatt, Scham, Gott, Rettung, Hemmung, Macht, schaden, Geruch, Frieden, Ehre! (Siehe Beiheft L 27!)
2. **d – t:** geschwind, Sand, bunt, Spalt, rund, Gehalt, bald, Rind, Schlund, Strand, Rand, Ort, Wäldchen, Zeltlager, Branntwein, Blinddarm, Furt, drohend, Brandstelle, weltlich, ...
   Stelle Reimreihen auf: Bad, Gemeindera–, Drah–, Nah–, Rückgra–, Sala–, Staa–, Maa–, Pfa–, Fahrra–, Winkelgra– (1. Reim: 7 Wörter mit *t*); verbannt, Wan–, Ran–, bekann–, Han–, Ban–, Stan–, Bran–, verbrann–, Auslan–, verwan–, Stran–, Gewan–, gewan–, genann–, Verstan–, Elefan–, Pfan–, nieman–, San–, gesan– (2. Reim: 13 Wörter mit *d*, 3 Wörter mit *dt*); Laubwald, al–, kal–, bal–, Spal–, Gestal–, hal– (3. Reim: 5 Wörter mit *t*); bunt, Grun–, gesun–, wun–, run–, Mun–, Schlüsselbun–, Pfun– (4. Reim: 7 Wörter mit *d*); Mord, Or–, for–, Spor–, Hor–, dor–, Bor–, Wor– (5. Reim: 6 Wörter mit *t*. Siehe Beiheft L 28!)
3. **ß nach Doppelselbstlauten:** heiß, Strauß, Fleiß, abreißen, äußerlich, Preußen, Schweiß, dreißig, scheußlich, weiß, außerordentlich, ...
   Beachte: Nach Doppelselbstlauten schreibt man niemals *ss*.
   Setze in die Lücken folgender Wörter *ß* oder *s* ein: Rei–suppe, Reizwecke, Gei– lein, Grei–, Wei–brot, Wei–heit, Streu–elkuchen, Blu-

mensträu–chen, drau–en, herau–lassen, Mei–el, Mei–terschaft, bei–en, drei–t, Au–ter, au–en, flei–ig, Begei– terung!
(Arbeitshilfe: 9 Wörter erfordern ß. Siehe Beiheft L 29!)
4. **Hauptwörter (Substantive) mit der Nachsilbe -nis:** Besorgnis, Ergebnis, Hindernis, Verständnis, Zeugnis, Bildnis, Ersparnis, Verhältnis, Wagnis, Fäulnis, Begräbnis, Geständnis, Finsternis
Schreibe die Wörter mit ihren Mehrzahlformen in alphabetischer Ordnung (Begräbnis – Begräbnisse, . . . Zeugnis – Zeugnisse)

30
Im Wattenmeer

Von einem Erholungsheim nahe der Nordseeküste ist eine Kindergruppe mit ihren Pflegerinnen unterwegs, um ein Stück durchs Wattenmeer zu laufen. Für die Jungen und Mädchen, die alle aus verschiedenen Gebieten des Binnenlandes stammen, ist eine Wattwanderung etwas völlig Neues. Dort, wo sie erst gestern lustig in den Wellen herumgesprungen sind, ist heute nichts als feuchter, weißlicher Sand. Es ist Ebbezeit und das Wasser hat sich verzogen. Doch gut, daß alle Kinder barfuß laufen, denn in Bodenvertiefungen steht noch zurückgebliebenes Seewasser. Eine Betreuerin erzählt den Kindern, daß der Wasserspiegel täglich je zweimal steigt und fällt, daß Ebbe und Flut alle sechs Stunden abwechseln. Die Kinder sammeln nun schöne Muscheln in ihre bunten Eimerchen und suchen Seesterne. Dann ziehen sie wieder heimwärts, denn niemand möchte im Watt von der Flut überrascht werden.

Übungsmöglichkeiten:
1. **sch – ch:** feucht, täglich, überrascht, Gericht, gemischt, flechten, reichlich, Muscheln, bleich, flüchten, marschieren, deutsch, Waschschüssel, Kaffeemischung, Enttäuschung, Verpflichtung, Erfrischung, . . .
Setze in die Lücken folgender Wörter *sch* oder *ch* ein: He–t, Haarbü–el, unterstrei–en, Nähma–ine, Waldli–tung, lau–en, Knö–el, Feuerlö–er, du–en, stürmi–, Ei– eln, Fi–tei–, dur–lö–ern, schwä–li–, Kir–baum, e–t, verrü–ert, ra–eln, gere–t, A–enbe–er, Pfirsi–, Hir–, Wun–zettel, fre–, Fri–flei–, hu–en, Gesträu–!
(Arbeitshilfe: In 15 Wörtern muß *sch*, in 17 *ch* eingesetzt werden. Siehe Beiheft L 30!)
2. **Wortfeld „Gewässer":** Meer, See, Teich, Bach, Fluß, Strom, Wildwasser, Rinnsal, Wasserfall, Ozean, Tümpel, Weiher, Haff, Bucht, Golf, Meeresstraße, Stausee, Baggerloch, Wasserstelle, Pfütze, Gerinnsel, Kanal, Wasserstraße, Quelle, Nebenfluß
Ordne die Wörter (stehende Gewässer – fließende Gewässer)!

3. **Großschreibung von Eigenschaftswörtern (Adjektiven):** etwas völlig Neues, das kühle Naß, im Seichten, ein helles Blau, auf dem Trockenen, ins Tiefe, etwas sehr Schönes, das frische Grün, die Armen und die Reichen, das Gute und das Böse, der Kluge, viele Fremde
Bilde Sätze!
4. **Komma vor „denn":** Die Kinder laufen barfuß, denn in Bodenvertiefungen steht noch das Wasser. – Sie ziehen wieder heimwärts, denn niemand möchte im Watt von der Flut überrascht werden. – Alle freuen sich auf das Mittagessen, denn die Seeluft macht hungrig.
Verbinde folgende Satzpaare mit „denn": Erika kann noch nicht schwimmen. Sie ist noch sehr klein. – Die Kinder sammeln Muscheln. Sie wollen damit spielen. – Die Kindergruppe wandert ein Stück durchs Wattenmeer. Es ist Ebbe. – Die Kinder baden und schwimmen fast täglich. Bewegung im Wasser ist gesund. – Peter und Willi bauen am Strand Burgen. Es macht ihnen viel Freude. – Nur Gerda hat etwas Heimweh. Sie ist das erste Mal von ihren Eltern fort.

31

Mit dem Wagen auf den Dachboden

„Mutter, kannst du dir vorstellen, daß man mit einem Wagen auf den Dachboden eines Wohnhauses fahren kann?" fragt Ilse, als sie aus der Schule heimkehrt. Die Mutter, die gerade das Mittagessen vorbereitet, glaubt zunächst an einen Scherz ihrer Tochter. Doch Ilse erzählt ihr, was sie im Erdkundeunterricht Wissenswertes vom Schwarzwald gehört hat: „Dort sind die fast ganz aus Holz errichteten, großen Häuser so an den Berghang gebaut, daß die Bauern auf einer breiten Rampe den mit Heu beladenen Wagen in den geräumigen Dachboden fahren können. Hier lagern sie die Futtervorräte, die sie während des langen Winters für Rinder, Pferde und Ziegen benötigen." – „Wir können ja einen Teil der nächsten Sommerferien in einem Schwarzwaldhaus verleben", schlägt Mutter vor. „Oh, das wäre fein!" ruft Ilse erfreut.

Übungsmöglichkeiten:
1. **s oder z im Auslaut:** ganz, Schwarzwald, Scherz, bereits, Schmalz, Fels, Filz, Puls, Zins, Hans, Franz, Prinz, Hals, Erzbergwerk, Kranz, links, März, nachts, vergebens, schmerzlich, Gips, Salzfaß, anfangs, mittags, Schweiz, Gans, Sturz, als, morgens, stolz, Pfefferminz, Klaps, herzhaft, rechts, Pelzmantel, abends
Ordne die Wörter nach ihrer Schreibweise (*s* oder *z*) und versuche sie so zu verlängern, daß der *S*- oder *Z-Laut* hörbar wird (ganz – ergänzen, Fels – Felsen, ...). Umstandswörter (Adverbien), die nicht verlängert werden können, schreibt man mit *s* (bereits, abseits, ...).

2. **Komma hinter Ausrufen:** Oh, das wäre fein! – Hu, wie ist das Wasser kalt! – Ah, das wird schön! – Au, ich habe mich gestoßen! – Pfui, schäme dich! – Ach, wie schade! – O weh, das geht schief! – Hoppla, fall nicht! – O nein, das darf nicht sein!
Schreibe noch andere Ausrufesätze mit „hallo! ei! hui! patsch! pst! aha! juchhu! ätsch!"
Beachte: oh! (alleinstehend mit *h*) aber: O weh! – O ja! – O nein!
3. **Komma vor „als":** Ilse fragt, als sie aus der Schule heimkehrt. – Es begann zu regnen, als wir mitten im freien Feld waren. – War das eine Freude, als wir uns trafen! – Es war schon spät, als die Eltern zurückkehrten.
Der mit „als" eingeleitete Nebensatz steht oft am Anfang: Als der Regen nachließ, gingen wir weiter. – Als die Ferien näherrückten, schmiedeten wir Reisepläne.
Bilde ähnliche Sätze!
4. **Wortfeld „fahren":** fahren, rollen, vorüberdröhnen, vorbeibrausen, rattern, rasseln, kutschieren, gondeln, rudern, kreuzen, segeln, paddeln, staken, treiben, abdampfen, in See stechen, fliegen, aufsteigen, kurven, schweben, trudeln, gleiten, sausen, radeln

Fahrt in die Bayerischen Alpen

Horst stand am Abteilfenster des Schnellzuges, der ihn mit seinen Eltern und den älteren Geschwistern in die Bayerischen Alpen bringen sollte. Für ihn war es die erste Fahrt ins Hochgebirge. Daher war Horst neugierig, wann endlich die erwarteten Bergriesen sichtbar würden. Schon hatten sie Münchens Häusermeer durchfahren, und noch immer hielt Horst vergeblich nach den Alpengipfeln Ausschau. „Man sieht die Berge noch immer nicht!" klagte er ungeduldig. Nun schaute Peter, sein Bruder, aus dem halbgeöffneten Schiebefenster in die Fahrtrichtung. Der vordere Teil des Zuges bog gerade in eine Kurve. Plötzlich rief Peter: „Ich kann die Zugspitze sehen!" In der Hoffnung, nun Deutschlands höchsten Gipfel zu erblicken, sprang Horst ans Fenster. Enttäuscht merkte er, daß Peter ihn angeführt hatte. Sein Bruder hatte die Spitze des Zuges gemeint. Doch bald danach tauchte die Alpenkette im Morgendunst auf.

Übungsmöglichkeiten:
1. **Schärfung mit tz:** Zugspitze, plötzlich, kitzeln, abhetzen, Tatze, Platz, Versetzung, Schlitz, Hausputz, glitzern, Hitze, Mützchen, Unterstützung, schmutzig, Bodenschätze, kratzen (*tz* steht nie nach *l, m, n, r*)
Setze in die Lücken folgender Wörter *tz* oder *z* ein: schwa–haft,

bekrän–t, Kinderar–t, schwi–en, Bli–ableiter, nü–lich, Wei–enfeld, schmer–haft, Besi–, Küchenschür–e, wi–ig, Gewür–, tro–ig, versal–en, ungeschü –t, Dampfwal–e, Fuchsschwan–, kri–eln, schni–en, zerfe–en, glän–end, Gese–, Käu–chen, Verle–ung, schma–en, Kreu–, Fil–hut, Pfü–e!
(Arbeitshilfe: 15 Wörter werden mit *tz* geschrieben. Siehe Beiheft L 31!)

2. **b – p:** Abteilfenster, vergeblich, Rezept, zerlumpt, Halbjahr, Apotheke, Republik, Häuptling, Klopse, Schnaps, Rebhühner, ...
Setze in die Lücken folgender Wörter *b* oder *p* ein: Pro–eller, Stau–, Lau–frosch, ha–gierig, Mo–s, O–stkuchen, Siru–, Ka–lan, Schli–s, ho–sen, Er–schaft, Trei–stoff, Hau–tmann, tau–stumm, Schu–karre, einstö–seln, Rau–tierkäfig, Gräu–chen, Lei–schmerzen, ta–sen, der–, hau–tsächlich, Spitzenhäu–chen, Kre–s, tram–eln, Schräu–chen, Industriebetrie–, kla–sen, A–teilung, zerscha–t, Nachttischläm–chen!
(Arbeitshilfe: In 17 Lücken fehlt *b*. Siehe Beiheft L 32!)

3. **Wörter mit v:** vergeblich, vorn, Kurve, viel, Villa, vollständig, Volk, Vase, vorlaufen, Veranda, Lokomotive, Vater, Ventil, Vers, Larve, Viehhändler, Klavier, Adventszeit, Provinz, Singvogel, November, Veilchen, Olive, vierzig, violett, Vergißmeinnicht, Violinkonzert, Vetter, nervös, vielleicht, Evangelium, Vorrat
Ordne die Wörter nach der Aussprache des V ($v = f; v = w$)!

4. **Wortfamilie „Ende":** Ende, Lebens–, Monats–, Jahres–, Wochen–, Ferien–, Orts–, Welt–, Kriegs–, Wurst–, Spiel–, Weg–; Endpunkt, -silbe, -buchstabe, -station, -kampf, -runde, -spurt, -lauf, -reim, -zweck; Unendlichkeit; enden, be-, ver-; endlich, -los, -gültig, un-lich

33
Im Fährschiff auf dem Bodensee

Viele Ferienreisende fahren während der Sommermonate mit Dampfern und Booten über den Bodensee. Auch Peter sitzt auf dem Deck einer Autofähre und schaut zu, wie Fahrzeuge aus den verschiedensten Staaten Europas in den Bauch des Fährschiffes rollen. Peter will mit seinen Angehörigen zur Insel Mainau fahren, um sich dort den berühmten Schloßpark anzuschauen, wo infolge des günstigen Klimas sogar Zitronen und Apfelsinen im Freien reifen. Im Innern des Dampfers stampfen die Maschinen, und langsam entfernt sich das Schiff vom Ufer. Auffallend warm ist es hier auf dem von Höhen umgebenen und geschützten Bodensee. Von einem entgegenkommenden Fährschiff winken frohgestimmte Menschen. Am Horizont schimmern schneebedeckte Gipfel der Schweizer Alpen. Inzwischen haben sie sich der Insel Mainau genähert, und der Dampfer nimmt Kurs auf den Landungssteg.

Übungsmöglichkeiten:
1. **Wörter mit oo:** Boot, Moos, Moor, Zoo
   Verbinde folgende Wörter mit den vier genannten: Motor, Ruder, Polster, Segel, Paddel, Land, Gebiet, Tiere, Wärter, Anlegestelle, Direktor. Beachte die Umlautbildung (Ruderbötchen, Paddelbötchen, ...)!
2. **Wörter mit mpf:** Dampfer, stampfen, sumpfig, Empfänger, stumpf, Impfung, unempfindlich, Strumpffabrik, krampfartig, empfehlen, dumpf, verdampfen, Krämpfe, rümpfen, Kartoffelstampfer, Klampfe, empfinden, Empfehlung, Stümpfe, Ringkämpfer, Trümpfe
   Ordne nach Wortarten und trenne die mehrsilbigen Wörter (Damp-fer, stamp- fen, ...)!
3. **Langes i ohne Dehnungsbezeichnung:** Zitronen, Apfelsinen, Maschine, Horizont, Musik, Igel, Bibel, Benzin, Margarine, Kamin, Kilo, Lid, Liter, Primel, Lilie, Anis, Kaninchen, Krokodil, Tiger, Biber, Klima, Mine, Rosine, Marine, Gardine, Benzin, Linie, Mandarine, Familie
   Bilde davon zusammengesetzte Hauptwörter (Zitronensaft, Blutapfelsinen, ...)!
4. **Wortfeld „Wasserfahrzeuge":** Fährschiff, Dampfer, Boot, Kahn, Floß, Schlepper, Frachter, Gondel, Einbaum, Nachen, Kreuzer, Kanu, Zerstörer, Flugzeugträger, Jacht, Galeere, Tanker, Zweimaster, Unterseeboot, Kajak, Surfbrett
   Schreibe noch andere Wasserfahrzeuge durch Zusammensetzungen mit „Schiff, Boot, Dampfer, Kahn"!

34

Steigungsregen am Harz

Rings um den Wohnzimmertisch sitzt Familie Baumann und schmiedet Ferienpläne. Von Verwandten aus Goslar haben sie eine Einladung bekommen, die Ferien im Harz zu verbringen. Die beiden Kinder sind über dieses Angebot sehr erfreut und möchten das waldreiche Mittelgebirge gern kennenlernen. Auch Frau Baumann ist wegen der verhältnismäßig kurzen Fahrstrecke für dieses Reiseziel. Doch ihr Mann hat Bedenken und sagt: „Wißt ihr, daß der Harz Deutschlands regenreichstes Gebiet ist? Die Nordwestwinde wehen über die Norddeutsche Tiefebene viele feuchtigkeitsgesättigte Wolken, die am Harz erstmalig höher steigen müssen. Dabei kühlt sich diese Luftschicht ab und kann die mitgeführte Feuchtigkeitsmenge nicht mehr halten. So kommt es besonders an der dem Meer zugewandten Seite des Harzes häufig zu Steigungsregen." Baumanns werden ihre Pläne noch gründlich durchdenken und sich bald entscheiden.

Übungsmöglichkeiten:

1. **Wörter mit ie:** schmieden, Reiseziel, Gebiet, tief, verzieren, Betrieb, fieberhaft, Priester, Eisenbahnschiene, Blütenstiel, Stiefel, Mietpreis, Erziehung, beliefern, siegreich, liederlich, Kiefer, Flieder, Verdienst, Zwiebel, niedrig, Ziegelei, Briefpapier
   Bilde davon abgeleitete oder zusammengesetzte Wörter (Schmied, Schmiedeeisen. . . .)!
2. **Wörter mit der Vorsilbe ver-:** verbringen, verhältnismäßig, Vertrag, verlieren, vergeblich, verwenden, Verbot, Verständnis, vertreiben, Verlobung, verbergen, vermögend, verstaubt, Verdacht, verlassen, Versicherung, Verrat, versuchen, verletzt, verzögern, verantwortlich, vergeßlich, vergleichen, verkehrswidrig, Vergrößerung, vernichten, Verteidiger, verwendbar, verurteilt, verstellbar
   Wandle in andere Wortarten um!
3. **Hauptwörter (Substantive) mit der Endsilbe -keit:** Feuchtigkeit, Bequemlichkeit, Ewigkeit, Gefälligkeit, Schnelligkeit, Geschwindigkeit, Helligkeit, Deutlichkeit, . . .
   Setze die Nachsilbe -*keit* an folgende Wörter: ehrlich, tapfer, gründlich, sauber, großzügig, strebsam, freigebig, ritterlich, übel, hoffnungslos, gemütlich, traurig, müde, fähig, eitel, unpünktlich, sparsam, dankbar!
4. **Eigenschaftswörter (Adjektive) in erdkundlichen Namen:** Norddeutsche Tiefebene, Hohe Acht, Kahler Asten, Bayerischer Wald, Fränkischer Jura, Oberrheinische Tiefebene, Westfälische Pforte, Roter Main, Kurisches Haff, Thüringer Wald, Hessisches Bergland, . . .
   Schreibe noch andere erdkundliche Namen, die Eigenschaftswörter (Adjektive) enthalten, aus dem Atlas heraus!

35

Im Schnellzug nach Berlin

Der Zug auf der Strecke von Köln nach Görlitz schlängelt sich dicht an den buchtenreichen, waldumsäumten Havelseen vorbei und nähert sich Berlin. In einem Abteil sitzen sich zwei gebürtige Berliner gegenüber, die seit Kriegsende ihre Heimatstadt nicht mehr gesehen haben. Nun schauen sie sinnend in die Landschaft und denken an die Jahre zurück, in denen sie in diesem Seengebiet Erholung fanden. In kurzen, regelmäßigen Abständen rollen die gelben Wagen der Stadtbahnzüge vorüber. Sie sehen noch genau so aus wie damals, als beide Männer hier wohnten. Endlich bricht einer von ihnen das Schweigen und sagt: „Keine Stadt hat im letzten Kriegsjahr so gelitten wie Berlin. Im Bombenhagel und nach erbitterten Straßenkämpfen versank die deutsche Reichshauptstadt in Schutt und Asche. Es ist fast ein Wunder, daß Berlin trotz Zonengrenze und Sperrmauer zu neuem Leben erwacht ist."

Übungsmöglichkeiten:

1. **Trennen von zusammengesetzten Wörtern nach ihren Bestandteilen:** vorüber (vor-über), darauf (dar-auf), hinunter (hin-unter), voraussichtlich (vor-aussichtlich), darum (dar-um), enterben (ent-erben), Dienstag (Diens-tag), Beobachtung (Beob-achtung)
Trenne folgende Wörter: hinein, warum, samstags, Vollendung, forteilen, übereilen, heraus, hinüber, daran, nebeneinander, Eberesche, Donnerstag, darauf, herunter!
2. **Wortfamilie „Stadt":** Stadt, Heimat-, Geburts-, Groß-, Welt-, Klein-, Kreis-, Alt-, Hanse-, Handels-, Industrie-, Vor-, Innen-, Haupt-, -teil, -bezirk, -kreis, -rat, -halle, -theater, -grenze, -rand, -park, -verkehr, -plan, -bad, -bahn, -direktor; städtisch; verstädtern; Städteplanung
3. **Langes o ohne Dehnungsbezeichnung:** Zonengrenze, Erholung, betonen, Probe, gefroren, Strom, Solbad, Fronarbeit, Alkohol, katholisch, Motorrad, Honig, Ziehharmonika, Schote, telefonieren, Postbote, ...
Bilde Reimreihen aus: Ton, sch–, S–, Telef–, H–, L–, M–, Thr– (1. Reim: 4 Wörter mit *oh*); Zone, Zitr–, B–, Kan–, Dr–, Kr–, Patr– (2. Reim: 2 Wörter mit *oh*); Poren, b–, schm–, geg–, gefr–, geb–, gesch–, Sp–, verl– (3. Reim: 1 Wort mit *oh*); Trauerflor, T–, R–, Ch–, Mot–, Schweins–, emp–, Ten–, Chl– (4. Reim: 2 Wörter mit *oh*. Vergleiche im Beiheft L 33!)
4. **Zusammengesetzte Eigenschaftswörter** (Das Bestimmungswort ist ein Hauptwort): buchtenreich, kaffeebraun, waldumsäumt, windgeschützt, bleischwer, gallebitter, handbreit, turmhoch, mausgrau, zuckersüß, schnurgerade, strohgelb, ...
Verwende folgende Hauptwörter (Substantive) zur Bildung zusammengesetzter Eigenschaftswörter (Adjektive): Tod, Essig, Feuer, Knie, Tinte, Eis, Baum, Meter, Wasser, Brühe, Finger, Stein, Feder, Glut, Schwefel! (todtraurig, todkrank, ...)

Dampferfahrt ins Elbsandsteingebirge

36

Während der Sommerferien besuchte Gerd seine Großeltern in Dresden. Eines Tages fuhren sie gemeinsam in einem Ausflugsdampfer zum Elbsandsteingebirge. Allmählich wurden die Hänge beiderseits der Elbe steiler und felsiger. Wie Burgruinen sahen die rötlichen Sandsteinfelsen aus, die den dichten Bergwald überragen. Nach jeder Flußschleife wurden andere Felsen und Berge sichtbar. Großvater nannte die Namen all der so unterschiedlich geformten Erhebungen und machte Gerd auf einige Bergsteiger aufmerksam, die an einer senkrechten Felswand mit Hilfe von Seilen versuchten, den Gipfel zu erklimmen. An der nächsten Dampferanlegestelle verließen Gerd und seine Angehörigen das Schiff, um auf steilem Pfad eine der Felskuppen zu erreichen. Weit konnte Gerd von hier aus das schmale, kurvenreiche Elbtal überblicken. Doch er merkte, daß er hier auf einer Hochfläche stand, durch die der Fluß sich tief eingesägt hatte.

Übungsmöglichkeiten:
1. **Langes ö ohne Dehnungszeichen:** rötlich, Angehörige, Störenfried, Unmöglichkeit, zögern, schwören, königlich, römisch, Öl, unnötig, veröden, grölen, höflich, persönlich, zuhören, Likör, Öse, Auflösung, Gehör, löten, bösartig
Ordne nach Wortarten!
2. **f – v:** Dampferfahrt, Sommerferien, Ausflugsdampfer, felsig, Flußschleife, geformt, tief, seufzen, Fersenbein, Zofe, häufig, anfertigen, ... kurvenreich, versuchen, vollständig, vorwärts, olivgrün, vielleicht, Vikar, Vordergebäude, Viehhändler, Stativ, ...
Fülle die Lücken folgender Wörter durch Einsetzen von *f* oder *v*: –olk, –olgen, –orderung, –orstellung, –rühstück, Detekti–, Kali–, bra–, Ner–, stra– bar, Lar–e, Har–e, –ertig, –ertilgen, –orm, –ormittag, –eilen, –eilchen, – orgehen, –ortgehen, –etter, –ettigkeit, –ollmilch, –licken!
(Arbeitshilfe: 12 Wörter werden mit *v*, 12 mit *f* geschrieben. Siehe Beiheft L 34!)
3. **Langes ä ohne Dehnungszeichen:** eingesägt, schmäler, Träne, nämlich, abschälen, spärlich, gären, Verspätung, Rätsel, Gerät, jäten, Sämann, träge, spärlich, dämlich, quälen, Fischgräte, Schädel!
Ordne nach Wortarten und füge abgeleitete Wörter hinzu!
4. **Wortfamilie „nennen":** nennen, be-, er-; Nenner; Nennung, Er-, Be-; nennenswert; Namen, Vor-, Familien-, Ruf-, Spitz-, Orts-, Straßen-, Tauf-, Pflanzen-, Tier-, Länder-, Firmen-, Haus-, -schild; Namenstag, -fest; namentlich
aber: Aufnahme, Annahme, Übernahme, Ausnahme, ... Bilde zusammengesetzte Hauptwörter (Schulaufnahme, Filmaufnahme, ...)!

Rübezahl

Großvater Müller stammt aus dem Riesengebirge. Oft erzählte er seinen Enkelkindern von der ihm unvergeßlichen Heimat. Heute fragte ihn

Erika: „Wie mögen die vielen Sagen vom Rübezahl im Riesengebirge entstanden sein?" Der Großvater überlegte und antwortete dann. „Früher war das Gebirge fast menschenleer. Nur einige Händler, Weber oder Glasbläser überstiegen den Gebirgskamm, um ihre Waren in den gegenüberliegenden Tälern zu verkaufen. In Kammhöhe war der Nebel so dicht, daß sie nur meterweit sehen konnten. Plötzlich tauchten Umrisse vereinzelter Bergfichten oder Krüppelkiefern gespensterhaft auf. Starker Wind pfiff durch die Zweige und bewegte sie, daß es aussah, als drohe oder winke dort ein unheimlicher, höhnischer Bergriese. So entstand in der Einbildung einsamer Wanderer die Gestalt des Rübezahls. Von diesem Berggeist erzählten sie in den Riesengebirgsdörfern allerlei seltsame Geschichten, in denen Rübezahl bis zur Gegenwart weiterlebt."

Übungsmöglichkeiten

1. **Dehnung durch öh:** höhnisch, Höhle, Tagelöhner, Möhre, ungewöhnlich, Nadelöhr, dröhnen, Tonröhren, Köhler, versöhnen, stöhnen, Föhnwind, Böhmen, verwöhnt
Bilde davon abgeleitete oder zusammengesetzte Wörter (verhöhnen, aushöhlen,...)!

2. **Wörter mit ee:** menschenleer, Teer, Beet, Klee, Schnee, See, Heer, Tee, Kaffee, Reederei, Beere, Meer,...
Setze in die Lücken folgender Wörter *ee, eh* oder *e* ein: M–rschweinchen, pr–digen, l–mig, erl–digen, Gemüseb–t, Nachtgeb–t, H–bel, schn–weiß, Spr–wald, Nords–bäder, L–rmeister, entl–ren, Kam–l, Mittelm–r, M–rzahl, Erdb–reis, Entb–rung, Weißkl–, kl–brig, K–le, verh–ren, S–le, f–lerhaft, dah–r!
(Arbeitshilfe: In 11 Wörtern fehlt *ee,* in 7 *e* und in 6 Wörtern *eh.* Siehe Beiheft L 35!)

3. **Die Vorsilbe un-:** unvergeßlich, unheimlich, Unruhe, unfreundlich, verunehren, ungemütlich, Undankbarkeit,...
Bilde mit Hilfe der Vorsilbe un- das Gegenteil von: Glück, treu, günstig, Wahrheit, Glaube, wirksam, ehrlich, Recht, aufmerksam, Friede, Sinn, gültig, sicher, Geschicklichkeit, zuverlässig, Pünktlichkeit, frei, deutlich, Gnade!

4. **Komma vor „daß":** Der Nebel war so dicht, daß man nur meterweit sehen konnte. – Ich befürchte, daß das Wetter umschlägt. – Der Regen wurde so stark, daß wir umkehren mußten.
In folgenden Sätzen soll „*daß*" oder „*das*" eingesetzt werden: Wir hoffen,... die Sonne scheint. – Das Gewitter,... gestern über unserem Land tobte, verursachte erhebliche Schäden. – Das Riesengebirge,... Höhen von mehr als 1600 Meter hat, liegt in Schlesien. – Erika freut sich,... der Großvater ihr vom Rübezahl erzählt. – Es ist unwahr-

scheinlich, ... die Geschichten vom Rübezahl in Vergessenheit geraten.
– Früher war es selten, ...Menschen den Gebirgskamm überquerten.
(Arbeitshilfe: In 4 Lücken muß „*daß*" eingesetzt werden. Siehe Beiheft L 36!)
Bilde ähnliche Sätze mit dem Bindewort „*daß*"!

38
Bernstein aus Ostpreußen

Zum Geburtstag erhielt Peters Mutter eine geschmackvolle Halskette mit einem schönen Anhänger aus geschliffenem Bernstein. „Der funkelt und strahlt wie ein durchsichtiges Goldstück!" rief die Mutter beglückt. „Wie wird denn eigentlich Bernstein hergestellt?" fragte Peter. „Bernstein findet man an der ostpreußischen Küste", erklärte der Vater. „Es ist verhärtetes Harz urzeitlicher Bäume, die längst unter der Erdoberfläche versunken sind. Bei Sturm wühlt das Wasser die ursprünglichen Harzbrocken vom Ostseegrund auf, und die Wellen schwemmen sie an den flachen Strand. Bereits in vorchristlicher Zeit hat man in Ostpreußen Bernstein gefunden. Er wurde zu Knöpfen, Broschen, Ketten und anderem Zierat verarbeitet und auf dem Tauschwege sogar bis in die Mittelmeerländer gebracht. Seit einigen Jahrzehnten wird der größte Teil des Bernsteins mit riesenhaften Baggern aus der Erde geholt."

Übungsmöglichkeiten:
1. **Wörter mit der Vorsilbe ur-:** urzeitlich, Ursache, Urwald, Urgroßeltern, Uraufführung, urbar, Ursprung, verurteilen, Urkunde, Urlaub, Urtier, Urahnen, uralt, Urschrift, Urtext, Urzustand, Ureinwohner, Urheberrecht
   Ordne nach Silbenzahl!
2. **t vor der Nachsilbe -lich:** eigentlich, gelegentlich, wissentlich, öffentlich, wesentlich, wöchentlich, ordentlich, namentlich, hoffentlich
   Bilde damit Sätze!
3. **Die wörtliche Rede** (Der Ansagesatz wird vom Sprechsatz eingeschlossen): „Bernstein findet man an der ostpreußischen Küste", erklärte der Vater. „Es ist verhärtetes Harz von Bäumen der Urzeit." – „Oh", rief die Mutter, „der Bernsteinanhänger funkelt wie durchsichtiges Gold!" – „Wie ist es denn möglich", fragte Peter, „daß sich im Bernsteinschmuck manchmal kleine Insekten befinden?"
   Bilde selbst Sätze der angegebenen Art, und beachte dabei das Schema der Zeichensetzung („Sprechsatz", Ankündigung, „Sprechsatz.")!
4. **Mann – man:** Mann, Kaufmann, Tormann, Sportsmann, Schneemann, Fährmann, Bootsmann, Schutzmann, Feuerwehrmann, Seemann,

Hauptmann, Mannschaft, bemannen, mannhaft, jedermann, männlich, ... Setze die Wortreihe fort!
man, jemand, niemand, manchmal, mancher – Bilde Sätze!

Der Freiballon 39

Auf einem Stoppelfeld wollen Rudi und Walter ihren Drachen soeben auf eine Luftreise schicken. Da entdeckt Rudi plötzlich über dem Wald eine silberglänzende Kugel, die er unablässig beobachtet. „Da schwebt ein Freiballon! Ich glaube, er kommt näher!" jubelt Rudi. Nun hat auch Walter die graue Hülle am Himmel erspäht. Beide können jetzt sogar den Korb erkennen, in dem sich die Ballonbesatzung befindet. „Da möchte ich mitfliegen", meint Walter. „Aber ich hätte doch etwas Angst, denn in einem Freiballon ist man ganz dem Wind ausgeliefert." – „So schlimm ist es nicht", entgegnet Rudi, der ältere von beiden. „Das Ballongewicht läßt sich verändern. Durch Abwerfen von mitgeführtem Sand erhält das motorlose Luftfahrzeug Auftrieb. Wollen sie landen, lassen sie aus der Ballonhülle Gas entweichen." Zur Begrüßung des sich nähernden Ballons lassen die Jungen jetzt ihren Drachen aufsteigen.

Übungsmöglichkeiten:
1. **Wörter mit der Vorsilbe ent-:** entdecken, entgegnen, entweichen, Entscheidung, entsetzlich, Entstehung, entzwei, entsenden, entwickeln, unentbehrlich, Entzündung, unentschuldigt, Entwurf, entgleisen, entmutigt
   Füge verwandte Wörter hinzu (entdecken – Entdeckung, ...)!
2. **Schärfung mit ll:** Freiballon, wollen, Hülle, Wallfahrtsort, Geselligkeit, Milliarde, unerfüllbar, böswillig, Gefälligkeit, Millimeter, allmächtig, Porzellan, Propeller, Zwilling, Kellner, ...
   Schreibe Reimreihen aus: Marschall, F–, Kn–, Fußb–, über–, Anpr–, W–, Karnev–, Nachtig–, Krist–, Pferdest–, Wiederh–, Met–, Sch– (1. Reim: Ein Wort wird nur mit einem *l* geschrieben); Elle, K–, Stromschn–, Z–, St–, Wurstp–, W–, Türschw–, D–, Gaz–, Lib–, For–, Qu–, Kap–, Ges–, Sard–, Nov– (2. Reim: Alle Wörter werden mit *ll* geschrieben); Fell, gr–, Hot–, schn–, Geb–, Tunn–, Gest–, h–, Karuss–, Pantoff– (3. Reim: 3 Wörter werden nur mit einem *l* geschrieben)
   Siehe Beiheft L 37!
3. **ä – e:** unablässig, glänzend, schwäbisch, näher, erspäht, verändern, beschädigen, Träne, Erklärung, Verspätung, sämtlich, verständlich, ...
   entdecken, schweben, entgegnen, abwerfen, Hering, schwer, Wachskerze, Jugendherberge, Dornenhecke, zwecklos, Gletscher, gerecht, Eltern, ...

Setze in die Lücken folgender Wörter *ä* oder *e* ein: K–rkerhaft, k–rglich, –rgerlich, m–rken, –ng, –ngstlich, qu–r, qu–len, Anstr–ngung, Gedr–nge, Ankl–ger, K–gel, St–ngel, Gest–nge, l–rmen, l–rnen, z–nkisch, Wasserk–ssel, Schmuckk–stchen, pr–chtig, gebr–chlich, verg– ßlich, h–ßlich, pr–ssen, pr–digen, bek–hren, Begr–bnis, besch–mt, Z–ntner, Tr–nnung, Tr–ne, Untersch–nkel, Schnürs–nkel, z–hmen (Arbeitshilfe: 16 Wörter werden mit *ä*, 18 mit *e* geschrieben. Siehe Beiheft L 38!)

4. **Wortfamilie „lassen":** lassen, ab-, an-, auf-, aus-, be-, ein-, er-, ent-, fort-, herab-, herein-, hinunter-, los-, nach-, nieder-, offen-, sitzen-, stehen-, liegen-, vor-, ver-, weg-, über-, übrig-, unter-, zu-, zurück-; Ablaß, An-, Er-, Nach-, Ein-karte; Ver-; Anlasser; Unterlassung, Ent-, Nieder-, Zu-; Verlassenheit; Hinterlassenschaft; lässig, nach-, fahr-, zu-, zuver-; läßlich, an-, ver-; Lässigkeit, Nach-, Zuver-, Fahr-
Setze die Zeitwörter (Verben) in die Du- oder Ihr-Form der Gegenwart und Vergangenheit (Präsens und Perfekt)!

40

Im Herbstwald

Jürgen und seinen Kameraden bereitete es großen Spaß, bei günstiger Witterung durch den bunt gefärbten Herbstwald zu pirschen. In dieser Jahreszeit konnte man hier allerlei Schönes finden. Am Waldrand hingen an dichten, dornigen Ranken schwarze, saftige Brombeeren zur Auswahl. Die dunkelsten und dicksten stopften die Jungen in den Mund. Plötzlich erschraken sie heftig. Ein Hase hatte unter einer Brombeerhecke sein Versteck und flüchtete nun in mächtigen Sätzen. Mit lautem Gelächter zogen die Jungen weiter. Jürgen wußte eine Stelle, wo es viele reife Haselnüsse gab. Auf dem Wege dorthin sammelten sie vom laubbedeckten Waldboden einige Eicheln zum Basteln. Beim Bücken entdeckte Gerd hinter einem strohigen Grasbüschel einen großen, braunkappigen Pilz mit dickem Stiel. „Ich habe einen prächtigen Steinpilz gefunden!" rief er. Doch seine Gefährten waren schon ein Stück weitergegangen.

Übungsmöglichkeiten:

1. **ck – k:** Brombeerhecke, bedeckt, bücken, Stück, Versteck, fleckig, Gepäck, vertrocknet, Schicksal, Druckerei, Jacke, Strick, ...
Ranken, dunkel, Verstärkung, blinken, zwinkern, Fabrik, Werkzeug, schlank, Paket, Linkshänder, streiken, ...
Beachte: In Fremdwörtern und nach *l, m, n, r* steht nie *ck!*
Setze in die Lücken folgender Wörter *ck* oder *k:* zwi–en, Pä–chen, An–er, erschro–en, Scho–olade, Taba–, stri–en, Wollso–en, pün–tlich,

Bä–erei, Tra–tor, rü–wärts, verlo–end, Techni–, Geni–, He–toliter, Schne–e, me–ern, glü–lich, Klini–, verschlu–en, Schau–el, O–tober, Haferflo–en!
(Arbeitshilfe: 14 Wörter werden mit *ck*, 10 mit *k* geschrieben. Siehe Beiheft L 39!)

2. **sch – ch:** dicht, Grasbüschel, Eichel, Gelächter, pirschen, flüchtig, zeichnen, Muschel, richtig, bleich, tauschen, Löschblatt, feucht, rascheln, gleich, Erfrischung, huschen, Schwächling, Bierflasche, echt, Becher, fürchterlich, herrisch, leicht, rutschen, schlicht, Habicht, naschhaft, Frösche, Storch, stürmisch, Brecheisen, Blindschleiche
Ordne die Wörter nach ihrer Schreibweise (*sch – ch*) und ergänze die Reihen durch verwandte oder zusammengesetzte Wörter (dicht, Dichtung, verdichten, . . .)!

3. **Komma vor „wo":** Jürgen wußte eine Stelle, wo es viele reife Haselnüsse gab. – Gerd schaute, wo seine Gefährten geblieben waren. – Am Waldrand, wo schöne Brombeeren wuchsen, hielten sich die Jungen lange auf. – Wo ein Pilz steht, findet man oft noch andere. – Wo das Unterholz am dichtesten ist, fühlen sich Hasen und Kaninchen am sichersten.
Bilde ähnliche Sätze vom Wald, in denen vor „*wo*" ein Komma gesetzt wird. Der mit „*wo*" eingeleitete Nebensatz kann auch am Anfang stehen. (Siehe die letzten beiden Beispiele!)

4. **Eigenschaftswörter (Adjektive) mit den Nachsilben -ig, -lich und -isch:** herbstlich, günstig, dornig, saftig, heftig, mächtig, regnerisch, gefährlich, strohig, stürmisch, prächtig, . . .
Ändere folgende Wörter durch Hinzufügen der Nachsilben *-ig, -lich* und *-isch* in Eigenschaftswörter (Adjektive) um: Gott, Wald, Mensch, Teufel, verändern, Schatten, Himmel, Wolke, Schwaben, Wolle, Verführer, gewöhnen, höhnen, lächeln, Räuber, Ruhe, Holz, bewegen, glauben, Tier, Berg, Gras, Angst, flüchten, Stachel, Öl, Neid, Wind, Sommer, Westfalen, Spaß, Glück!
(Arbeitshilfe: An 14 Wörtern wird *-ig*, an je 9 Wörtern *-lich* und *-isch* angehängt. Siehe Beiheft L 40!)

41

Hubertusjagd

Am letzten Oktobersonntag freuen sich Hans, Jochen und ihr Vater bei einem Waldspaziergang über die Farbenpracht des Herbstlaubes. Schon eine Zeitlang hören sie Schüsse, denen sie immer näherkommen. Ein Hase hetzt mit mächtigen Sprüngen über den Weg. „Heute ist Hubertusjagd", sagt der Vater. Bald danach erblicken sie auf einem schnurgeraden Querweg eine größere Anzahl Jäger in gleichmäßigen Abständen. Aus dem nahen Unterholz dringen laute Rufe und Hundegebell. „Anscheinend ist die Jagd zu Ende, denn da tauchen schon die Treiber auf", meint Hans und deutet nach dem Dickicht, das ein paar Männer durchdringen. Im jenseitigen Waldstück ruft ein Hornsignal die Jagdteilnehmer zum Sammeln. Vor einer Waldhütte werden die erlegten Hasen, Kaninchen, Fasane und Wildtauben von einem gummibereiften Flachwagen abgeladen und in Zehnerreihen übersichtlich geordnet. „Das ist aber eine reiche Beute", denkt Jochen.

Übungsmöglichkeiten:
1. **Wörter mit tzt:** zuletzt, gehetzt, verletzt, geschützt, abgenützt, erhitzt, zerplatzt, abgekratzt, jetzt, besetzt, ...
   Bilde von folgenden Zeitwörtern (Verben) die 2. Person Einzahl (Singular): putzen, sitzen, schmatzen, spritzen, zerfetzen, beschmutzen, stützen, schwitzen, ritzen, besetzen, schätzen, erhitzen, benützen (du putzt, du sitzt, ...)!

2. **Langes a mit unbezeichneter Dehnung:** Fasan, Signal, Hasen, Kanal, Holzspan, Lebertran, Salat, Kabel, Kranich, Marmelade, klar, abladen, ...
   Setze in die Lücken folgender Wörter *a* oder *ah* ein: Wasserstr–l, Kr–n, Denkm–l, Tom–te, St–l, Erf–rung, Bestr–fung, Dromed–r, T–l, Pf–l, Dr–t, schm–l, Blumens–men, z–m, H–gel, Schokol–de, Pok–l, k–l, W–lfang, N–t, B–re, Schicks–l, Gr–n–te, Chor–l, unheilb–r, mühs–m, M–nung, W–rheit!
   (Arbeitshilfe: In 18 Lücken muß *a*, in 11 *ah* eingesetzt werden. Siehe Beiheft L 41!)

3. **g – k:** Jagd, Hornsignal, rücklings, Hengst, Burg, Angst, Pfingsten, Flugzeug, Talg, Zwerg, Klugheit, Magd, Zweigstelle, ...
   Oktober, denkbar, Merkheft, Kork, verwelkt, Marktplatz, Republik, Gelenk, Werkstatt, Buchfink, Kekse, Kontakt, ...
   Bilde Reimreihen: Spaziergang, Zw–, Ges–, Schr–, Empf–, D–, l–, B–, kr–, R–, schl–, Kl–, Gest–, Str–, Abh–, bl–, Andr–, Fischf–, Tr–, Ölt–, Z–, Aussch– (1. Reim: 11 Wörter mit *k*); Buchfink, Zwill–, fl–, Schwächl–, ger–, W–, Feigl–, Frühl–, Z–, Eisenr–, Mess–, Her– (2. Reim: 8 Wörter mit *g*); arg–, st–, Qu–, S–, k–, M–, Stadtp– (3. Reim: 4 Wörter mit *k*); Strunk, j–, Schw–, Üb–, Tr–, Nahr–, Rundf–, Spr–, Erfahr–, Pr–, Verzier– (4. Reim: 7 Wörter mit *g*) Siehe Beiheft L 42!

4. **paar – Paar:** ein paar Männer, ein paar Jäger, ein paar Tage, ein paar Sträucher, ...

ein Paar Handschuhe, ein Paar Pantoffel, ein Paar Socken, ein Paar Stiefel, ...
Setze die Reihen fort und bilde Sätze!

42
Erstmals Menschen auf dem Mond

Nachmittags geht Uwe oft zur Stadtbücherei, um sich neuen Lesestoff zu beschaffen. Er hat sich dort schon viele Bücher ausgeliehen. Wenn er etwas Spannendes gefunden hat, liest er manchmal von früh bis abends. Diesmal hat er sich einen Bericht von der ersten Mondlandung geholt. Dieses Buch enthält auch zahlreiche farbige Aufnahmen vom Flug des amerikanischen Raumschiffes und der Landung der zwei Astronauten auf dem Mond. Bei den Bildern erinnert sich Uwe an die Fernsehübertragung vor mehreren Jahren. Damals sah er auf dem Bildschirm, wie erstmals Menschen zaghaft und vorsichtig aus der Lukenöffnung der Landefähre die Mondoberfläche betraten. Obwohl Uwe damals noch ein kleiner Junge war, hatte er gespürt, daß er Zeuge eines bedeutsamen Ereignisses geworden war. Mit Hilfe des Buches wollte er sich jetzt darüber genauer unterrichten.

Übungsmöglichkeiten:
1. **Wörter mit üh:** früh, durchgeführt, Gefühl, wühlen, Führung, berühmt, kühl, Bühnenvorhang, Hühnchen, Kaffeemühle, ...
   Setze in die Lücken folgender Wörter *üh* oder *ü* ein: Gänsebl–mchen, W–lmaus, Kirschbl–te, sp–ren, Erm–dung, bel–gen, M–lrad, K–lschrank, –bungsweise, H–nerfuß, feinf–lig, Schulgest–l, –bel, betr–bt, Gr–nspecht, umr–ren, r–pelhaft, Sch–ler, Drehb–ne, Gem–se!
   Beachte: Nur vor *l, m, n,* und *r* steht ein Dehnungs-h, aber nicht in Wörtern, die mit *sch, sp, qu* oder mehreren Mitlauten beginnen!
   (Arbeitshilfe: 8 Wörter werden mit *üh* geschrieben, 12 mit *ü*. Siehe Beiheft L 43!)
2. **Dehnung durch eh:** Fernsehgerät, Unternehmen, bekehren, ehrlich, Lehnstuhl, ausdehnen, benehmen, fehlerhaft, Feuerwehr, Lehrling, Sehnsucht, stehlen, Kehle, lehmig, mehlig
   Bilde davon verwandte oder zusammengesetzte Wörter (zusehen, Sehfehler, ...)!
3. **Von Tagesnamen und Tageszeiten abgeleitete Umstandswörter** (Adverbien): frühmorgens, abends, nachmittags, heute mittag, werktags, seit gestern nacht, donnerstags
   Wandle folgende Hauptwörter (Substantive) in Umstandswörter (Adverbien) um und bilde davon Sätze: Sonntag, Freitag, Nacht, Morgen, Vormittag, Feiertag, Mittwoch!

4. **Schärfung mit ff:** Raumschiff, hoffen, Lukenöffnung, Griff, Stoff, Koffer, klaffen, raffen, straff, Giraffe, ... Setze in die Lücken folgender Wörter *ff* oder *f* ein: Klu–t, Ka–eelö–el, geschli–en, Gru–t, Beschri–tung, Gesellscha–t, bescha–t, ö–entlich, anga–en, sa–tig, tre– en, Eiswa–el, Pfi–, Karto–el, Zi–erblatt, Ha–t, du–ten, Bewa–nung, Pfe– erminztee, he–tig, O–izier!
(Arbeitshilfe: In 14 Lücken fehlt *ff.* Siehe Beiheft L 44!)

43

Die wertvolle Fundsache

Zur Zeit ist es morgens ziemlich dunkel, wenn die Kinder zur Schule gehen. Überall in der Stadt sind die Straßenlaternen noch eingeschaltet. Da sieht Erika im Schein einer Lampe auf dem Pflaster etwas funkeln. Dicht an der Hauswand liegt eine goldene Damenarmbanduhr, die jemand verloren hat. Erika hebt sie rasch auf und betrachtet wohlgefällig die sicherlich recht kostbare Uhr mit dem feingliedrigen Armband. Kein Mensch hat beachtet, daß Erika etwas aufgehoben hat. „Niemand wird mich verdächtigen, wenn ich diese hübsche Uhr behalte", denkt sie. Aber Erika hat bereits anders entschieden. Gleich nach dem Unterricht geht sie zum Rathaus, um die Uhr beim Fundamt abzugeben. Dort hat sich die rechtmäßige Besitzerin der Armbanduhr schon gemeldet und für den ehrlichen Finder zwanzig Mark hinterlegt. Gegen eine Quittung darf Erika das Geld als Belohnung einstecken.

Übungsmöglichkeiten:

1. **d – t:** Fundsache, Hauswand, Armband, jemand, niemand, Geld, blond, Bestand, neidvoll, Mord, bald, Geduld, geschwind, ...
wertvoll, dort, amtlich, Kinderhort, Wirtschaft, Diamant, Gestalt, hoffentlich, Gemütlichkeit, Rückgrat, ...
Setze *d* oder *t* in die Lücken folgender Wörter: Schlun–, Spor–, Kobol–, grün–lich, Spal–, A–ven–, unermü–lich, gemü–lich, mün–lich, stün–lich, Heima–, jugen–lich, Gehal–, Blu–wurst, Kun–schaft, Regierungsra–, Wagenra–, kin–lich, Brann–wein, Bekann–schaft, lei–voll, Gelei–!
(Arbeitshilfe: In 12 Lücken muß *d* eingesetzt werden. Siehe Beiheft L 45!)
2. **Wortfeld „Beleuchtungskörper":** Lampe (Taschen-, Küchen-, Nacht-, Flur-, Gruben-, Bogen-, Glüh-, Fahrrad-, Petroleum-, Steh-, Hänge-, Schreibtisch-, ...), Laterne (Straßen-, Gas-, Stall-, ...), Leuchter (Kron-, Kerzen-), Ampel, Scheinwerfer, Kerze (Talg-, Wachs-), Kienspan, Fackel, Glühbirne, Neonröhre, Leuchtfeuer, Streichholz
3. **Dehnung durch oh:** wohlgefällig, Belohnung, Schnittbohnen, Ohnmacht, Steinkohlenbergwerk, Bohnerwachs, Fohlen, hohl, Hohn, ...

Setze in die Lücken folgender Wörter *oh* oder *o* ein: Pr–be, H–nig, M–natsl–n, D–le, Schm–rbraten, emp–r, –rmuschel, B–rturm, Patr–ne, Verl–bung, W–nzimmer, R–tk–l, Leders–le, H–lraum, Erh–lungsurlaub, Makkar–ni, M–nblumen, erfr–ren, Kaiserkr–ne, L–rbeerblatt, T–n!
(Arbeitshilfe: In 14 Lücken fehlt *o*. Siehe Beiheft L 46!)
4. **Schärfung mit tt:** Quittung, Schritt, zittern, Schlitten, Mutter, Watte, Rettung, Fett, Tritt, flattern, klettern, zerknittern, Brett, Zaunlatte, bitten, zerschmettern, Schnitt, Natter, Motte, Zigarette, vergittert, Felsengrotte, verbittert, Ritter Kleeblatt, Fischotter, Wette, Kittel, Gewitter, glatt, Eidotter, Tablette, Lebensmittel
Suche dazu zusammengesetzte oder abgeleitete Wörter (Quittung, Quittungsblock, quittieren. . . .)!

44

Suppenknochen für die Frau Bürgermeister

Großmutter Schulte war die Frau des Bürgermeisters und überall im Dorf gut angesehen. Kinder und Erwachsene hatten sie gern und grüßten sie stets freundlich. Neulich war Frau Schulte beim Metzger und wollte außer Fleisch und Wurst auch Suppenknochen einkaufen. Die Metzgerin hatte für sie besonders gute Markknochen herausgesucht. Damit Frau Schulte daraus eine kräftige Brühe kochen konnte, sollten die Knochen mit dem Beil zerkleinert werden. Doch diese Arbeit überließ die Metzgersfrau lieber ihrem Mann. Sie wollte unterdessen die anderen Kunden bedienen, die soeben in den Laden gekommen waren. Daher rief sie ihrem Mann zu: „Franz, komm schnell, und schlag der Frau Bürgermeister die Knochen entzwei!" – „Na, das wird ja lebensgefährlich", sagte Frau Schulte und lachte.

Übungsmöglichkeiten:
1. **Das silbentrennende h:** Brühe, drehen, verstehen, Kuhstall, fröhlich, Nähseide, Frühling, einweihen, Stroh, Drohung, Rehbock, Schuh, Ehe, krähen, rauh, ziehen, verblüht, Leihbücherei, Nachtruhe, glühen, Truhe, bemühen, Floh
Schreibe davon verwandte und zusammengesetzte Wörter (verbrühen, Fleischbrühe, Brühwürstchen. . . .)! Beachte besonders die Schreibweise von Glut und Blüte!
2. **Dehnung durch äh:** lebensgefährlich, erzählen, Mähne, ernähren, Ähre, Lastkähne, allmählich, Ähnlichkeit, Bewährung, . . .
Setze *äh* oder *ä* in die Lücken folgender Wörter: Erkl–rung, ausw–len,

n–mlich, Tr–ne, F–rte, z–lbar, sp–rlich, –sen, Ern–rung, sch–len, w–rend, Backenz–ne, F–nchen, Verm–lung, sch–dlich!
(Arbeitshilfe: 8 Wörter werden mit *äh* geschrieben. Siehe Beiheft L 47!)

3. **Wortfeld „zerkleinern":** entzweischlagen, zerhacken, zersägen, zerdrücken, zerreiben, zerkrümeln, zerbrechen, verrühren, verquirlen, zerreißen, zerfetzen, zerklopfen, zerbeißen, zerteilen, zerschneiden, zersplittern, zerfasern, mahlen, zertrümmern, spalten, abtrennen
Schreibe zu den Zeitwörtern (Verben) passende Gegenstände oder Stoffe (entzweischlagen – Porzellan, Fensterscheibe; zerhacken – Holz, Klotz; . . .)!

4. **Die Anrede wird durch Komma getrennt:** Franz, komm schnell! – Was möchten Sie, Frau Schulte? – Kinder, paßt auf! – Vater, können wir heute spielen?
Bilde ähnliche Sätze!

45

Ein übler Scherz

Scharenweise strömen die Kinder aus dem Schultor und freuen sich, daß der Unterricht beendet ist. Aber nicht alle gehen auf dem kürzesten Wege nach Hause. Besonders Hans, Gerd und Erich sind nach der Schule oft zu einem Schabernack aufgelegt. Nun überlegen sie, was sie heute für Streiche spielen sollen. Plötzlich drückt Hans auf den obersten Klingelknopf an der nächsten Haustür und flüchtet in die danebenliegende Toreinfahrt. Auch seine beiden Klassenkameraden rennen hinterher, um sich dort zu verstecken. Inzwischen müht sich die gehbehinderte, alte Frau Schneider, die vielen Treppen herunterzusteigen, um die Haustür zu öffnen. Die drei Jungen lugen um die Mauerecke und sehen die auf einen Stock gestützte Frau enttäuscht die Straße entlangschauen. Vorwurfsvoll flüstert Gerd: „Du, das war gemein." Schuldbewußt und schamvoll blickt Hans zu Boden.

Übungsmöglichkeiten:

1. **s – z:** Scherz, Hans, bereits, abwärts, Steinpilz, Filzhut, ebenfalls, Glanz, schmerzhaft, Pelzkragen, Halsentzündung, ...
Setze in die Lücken folgender Wörter *s* oder *z*: abseit–, Pfeffermin–tee, Mal–kaffee, Geburt–tag, Fel–vorsprung, vergeben–, Gip–abdruck, stol–, Zin–betrag, Pul–ader, Eisener–, aufwärt–, anfang–, Klap–, Schwan–, Rheinpfal–, morgen–, recht–, nirgend–, Schweineschmal–, Her–schlag, Prin–, ring–, Waldkau–, Blütenkran–, Wal–werk, nacht–!
(Arbeitshilfe: 15 Wörter werden mit *s*, 12 mit *z* geschrieben. Siehe Beiheft L 48!)

2. **Wortfamilie „fahren":** fahren, an-, ab-, auf-, aus-, be-, dazwischen-, durch-, ein-, er-, fort-, heim-, nach-, um-, über-, ver-, vor-, zurück-; Fahrbahn, -gast, -geld, -plan, -geschwindigkeit, -gelegenheit, -karte, -rad, -schein, -schule, -stuhl, -zeit, -zeug; Fahrer, Auto-, Bus-, Kraft-, Renn-, Sonntags-; Fahrt, Ab-, Auf-, An-, Durch-, Ein-, Über-, Rück-, Vor-, Frei-, Heim-, Himmel-, Auto-, Bus-, Irr-, Bahn-, Kreuz-, Wall-, Probe-, Sonder-, Ballon-; -dauer, -richtung, Fahrtenbuch, -schreiber, -messer; fahrbar, -bereit, -lässig, -tüchtig; fahrig; Verfahren; Erfahrung; Fähre, Eisenbahn-, Auto-, Rhein-; Fährmann, -schiff; Fährte, Fuchs-; Gefährte, Spiel-, Lebens-, Leidens-; Fuhre, Fuhrlohn, -mann, -park, -werk, Aus-, Ein-, Müllab-, Nahrungszu-; Furt

3. **Komma vor „was":** Nun überlegen sie, was sie heute für Streiche beginnen sollen. – Peter weiß nicht, was er schreiben soll. – Peter wiederholt, was sein Vater gesagt hat. Hans schämt sich über das, was er getan hat. Bilde ähnliche Sätze!

4. **Wortfeld „Spaß":** Spaß, Schabernack, Scherz, Ulk, Streich, Vergnügen, Witz, Frohsinn, Blödsinn, Heiterkeit, Narretei, Quatsch, Posse, Jux, Unfug

46
Ehrlichkeit ist wichtiger

Gegen Ende der Sportstunde spielen die Mädchen in der geräumigen Turnhalle Völkerball. Nur zwei Kinder sind noch nicht abgeworfen. Wenn eines der Mädchen mit dem Ball getroffen wird, ist das Spiel entschieden. Doch sie sind beide sehr geschickt, weichen mit flinken Bewegungen den gezielten Würfen aus oder fangen den harten Lederball. Schon einige Minuten dauert das Spiel, ohne daß einer Partei der entscheidende Treffer gelingt. Heidi, eine der beiden Feldspielerinnen, kämpft besonders ehrgeizig um den Sieg. Ihre Gegenpartei ist im Ballbesitz und zielt pausenlos auf das schon arg abgehetzte Mädchen. Manchmal saust der Ball haarscharf an Heidi vorbei. Doch da ertönt ein Freudengeheul. Heidi ist am Bein getroffen, das haben alle deutlich gesehen. Aber sie streitet heftig ab und will ihr Mißgeschick nicht zugeben. Da geht die Lehrerin auf Heidi zu und sagt: „Ehrlichkeit ist wichtiger als ein Sieg."

Übungsmöglichkeiten:

1. **Wörter mit der Vorsilbe miß-:** Mißgeschick, mißgestimmt, mißfallen, Mißhandlung, Mißbrauch, mißtrauisch, mißlingen, Mißachtung
Setze vor folgende Wörter die Silbe miß-: Ernte, Erfolg, glücken, Vergnügen, günstig, Geburt, deuten, Stand, Ton, mutig, Stimmung, Verständnis, Verhältnis, handeln, Bildung

2. **„als" und „wie" bei Vergleichen:** Ehrlichkeit ist wichtiger als ein Sieg. – Heidi spielt genausogut wie Irene. – Die Mädchen spielen Völkerball lieber als Korbball. – Der Völkerball ist schwerer als ein Handball.
Beachte: Die Grundform des Eigenschaftswortes steht in Verbindung mit „so ... wie", wenn sich Personen oder Gegenstände gleichen. Gleichen sie sich nicht, so steht das Eigenschaftswort in der 1. Steigerungsstufe mit dem Wörtchen „als"! (so gut wie – besser als; so schnell wie – schneller als, ...)
Bilde ähnliche Sätze mit Vergleichen!

3. **Wortfamilie „Ehre":** Ehre, Un-, Menschen-; Ehrenamt, -sache, -mal, -dienst, -tag, -platz, -verletzung, -pforte, -erklärung, -wache; ehrenhaft, -rührig, -voll, -wert, -amtlich, -halber; Ehrlichkeit, -furcht, -geiz, -gefühl, -erbietung, -losigkeit; ehrlich, un-lich, -geizig, -würdig, -sam, -los, -furchtsvoll, -fürchtig, -bar; Ehrung, Ver-, Gefallenen-, Toten-; verehrungswürdig, -voll; Verehrer; ehren, ver-, be-, verun-, ent-
Schreibe die Wörter vollständig ab!

4. **Wortfeld „Wurfgegenstände":** Ball (Völker-, Hand-, Medizin-, Tennis-, Schnee-, Gymnastik-, Leder-, Hohl-, Gummi-, Wasser-, Schlag-, Voll-), Kugel (Eisen-, Hohl-, Papier-, Holz-), Speer, Wurfspieß, Lanze, Pfeil, Handgranate (Stiel-, Eier-), Wurfkeule, Stein
Ordne die Wörter in alphabetischer Reihenfolge!

47

Leichtsinniger Gedanke

Ilse und Monika haben einen ziemlich weiten Schulweg. Dabei müssen sie täglich einige stark belebte Hauptstraßen der Innenstadt überqueren. An den meisten Straßenkreuzungen ist den Fußgängern das Überschreiten der Fahrbahnen durch Zebrastreifen erleichtert. Auch Ilse und Monika wurden beim Verkehrsunterricht angewiesen, nur an diesen Stellen zur gegenüberliegenden Straßenseite hinüberzugehen. „Auf den Zebrastreifen haben Fußgänger Vorfahrt", hat die Lehrerin spaßhaft gesagt. Als heute die beiden Mädchen nach Schulschluß wieder die Bahnhofstraße überqueren wollen, sagt Ilse zu ihrer Mitschülerin: „Ich habe eine tadellose Idee! Wir laufen jetzt ein paarmal über den Zebrastreifen von einem Bürgersteig zum anderen. Dann müssen die Fahrzeuge kurz vor uns bremsen. Das wird lustig." Doch Monika ist entschieden gegen diesen Vorschlag. „Meinst du", sagt sie, „ich wollte mein Leben und das anderer leichtsinnig gefährden?"

Übungsmöglichkeiten:

1. **Schärfung mit nn:** leichtsinnig, Erkenntnis, entrinnen, ausspannen, Trennung, brennbar, dünn, Pfennig, sonnig, Mannschaft, Nennform,

Erinnerung, Bekanntschaft, Autopanne, Spinngewebe, innerlich, Kinnlade, verbannen, Hauptgewinn
Schreibe zu diesen die abgeleiteten und verwandten Wörter (leichtsinnig, Besinnung, sinnlos, ...)!
2. **Zusammengesetzte Zeitwörter (Verben) in der Grundform (Infinitiv) mit „zu":** hinüberzugehen, aufzubauen, anzukommen, fortzulaufen, aufzupassen, herunterzufallen, anzuhalten, vorzustellen, abzuwaschen, hineinzuspringen, nachzuschauen, zusammenzustoßen
Bilde Sätze! (Wir müssen versuchen, auf die andere Straßenseite hinüberzugehen.)
3. **Wortfeld „leichtsinnig":** leichtsinnig, oberflächlich, sorglos, tollkühn, liederlich, leichtfertig, bedenkenlos, flatterhaft, gedankenlos, übermütig, leichtlebig, hemmungslos, unbeschwert, ungezügelt, flott, locker
Ordne die Wörter alphabetisch!
4. **Die wörtliche Rede** (Die verschiedene Stellung des Ansagesatzes): Monika sagt: „Meinst du, ich wollte mein Leben leichtsinnig gefährden?" – „Meinst du, ich wollte mein Leben leichtsinnig gefährden?" sagt Monika. – „Meinst du", sagt Monika, „ich wollte mein Leben leichtsinnig gefährden?" – Die Lehrerin sprach: „Kinder, ihr könnt am sichersten die Straße auf dem Zebrastreifen überqueren." – „Kinder, ihr könnt am sichersten die Straße auf dem Zebrastreifen überqueren", sprach die Lehrerin. – „Kinder", sprach die Lehrerin, „ihr könnt am sichersten die Straße auf dem Zebrastreifen überqueren."
Bilde ähnliche Sprechsätze, die in die drei verschiedenen Satzstellungen gesetzt werden können!

48

In der Straßenbahn

Während der Schulzeit müssen einige Kinder täglich Autobusse oder Straßenbahnen benutzen, um pünktlich zum Unterricht zu kommen. Da gleichzeitig viele Berufstätige ihre Arbeitsstätte erreichen wollen, herrscht in öffentlichen Verkehrsmitteln morgens oft ein beängstigendes Gedränge. Auch Karl und Willi sind an jedem Schultag Fahrgäste der Straßenbahnlinie 7. Da sie immer an der Endstation einsteigen, können sie sich regelmäßig einen Sitzplatz im noch leeren Wagenzug aussuchen. Doch nach einigen Haltestellen sind alle Sitzplätze besetzt, und nachfolgende Fahrgäste müssen im Gang eng zusammenrücken. Auch Willi steht dann in der Menschenschlange, da er seinen Sitzplatz täglich einem älteren Erwachsenen überläßt. Karl ist längst nicht so höflich und zuvorkommend. Meist hat er sein Gesicht hinter Büchern und Heften verschanzt und gibt nur nach wiederholter Aufforderung widerwillig seinen Sitzplatz ab. Kein Wunder, daß Karl unbeliebt ist!

Übungsmöglichkeiten:

1. **ss – ß:** Straßenbahn, regelmäßig, müssen, überlassen, spaßig, blaß, Genossenschaft, Verfassung, Gefäß, abmessen, Metermaß, ...
Setze in die Lücken folgender Wörter *ss* oder *ß* ein: ma–enhaft, Ma–, Flu–ufer, Flü–igkeit, zuverlä–ig, verlä–lich, Gewi–heit, gewi–enhaft, Schmelzwa–er, wä–rig, pre–en, eingepre–t, Mi–geschick, Mi–etat, hä–lich, ha–en, Vorhängeschlo–, Schlo–erei, ri–ig, Ri–, unverge–en, Verge–lichkeit, wi–begierig, Wi–enschaftler!
(Arbeitshilfe: 12 Wörter werden mit *ss* geschrieben. Siehe Beiheft L 49!)

2. **tz – z:** Sitzplatz, besetzt, verschanzt, Schmalz, witzig, Schmutz, plötzlich, schmerzlich, winzig, Schlitz, abschätzen, trotzig, Glanz, Wurzel, spitz, hetzen, Weizen, Kauz, glitzern, Herzlichkeit, Lanze, versalzen, schmelzen, Heizer, Schnauze, Walzer, verputzen, reizvoll, Kanzler, holzig, Verletzung, Bolzen, abbeizen, Schlingpflanze, Metzger, Pilzsuppe, Schnitzel, zerkratzt, begrenzt, jetzt, Schweiz, Sülze, Kerzenwachs, schwitzen, Pelz, abkürzen, Blitzlicht, Sturz
Ordne die Wörter nach dem vor dem *Z-Laut* stehenden Buchstaben!

3. **wieder – wider:** wiederholen, Wiederwahl, Tonwiedergabe, wiedersehen, wiederbringen, Wiedervereinigung, Wiederkäuer, ...
widerwillig, erwidern, Widerstand, widerrechtlich, widerstreben, Widerhall, widersprechen, widerlich, anwidern, Widerhaken, widersinnig, Widerspruch, Widersacher, widerspenstig, ...
Setze die Reihen fort und ordne dann nach Wortarten!

4. **Wortfeld „höflich":** höflich, zuvorkommend, ritterlich, anständig, sittsam, gesittet, bescheiden, taktvoll, gefällig, manierlich, wohlerzogen, freundlich, hilfsbereit, entgegenkommend, rücksichtsvoll
Ordne die Wörter alphabetisch!

49

Der Brötchenwecker

Während der Wintermonate ist es morgens noch recht dunkel, wenn die Kinder aufstehen müssen, um pünktlich die Schule zu erreichen. Wie andere Jungen und Mädchen wird auch Willi von selbst nicht rechtzeitig

Beiheft zur Selbstkontrolle C. BANGE VERLAG + Hollfeld
zu LEBENSNAHE DIKTATE von Klaus Sczyrba
5. bis 10. Schuljahr

Übungsmöglichkeiten für das 5. Schuljahr

Zu Diktat 1 L 1

äh oder ä: Hobelspäne, Träne, erwähnen, Mähmaschine, schämen, Kanäle, Fuchsfährte, während, Nähseide, Ähnlichkeit, Verspätung, quälen, gezähmt, zehnjährig, Märchen, Erklärung, Verräter, abschälen, dämlich, Eisenpfähle, nämlich

Zu Diktat 2 L 2

pp oder p: schnappen, Treppengeländer, Kapsel, Schlips, Trompete, Lippe, Pappe, behaupten, trampeln, Gruppe, umkippen, Wimpern, Schuppen, zappelig, Gips, Kapitän, wippen, Tapete, Musikkapelle, knapp, Papier, Gerippe, Schnaps, hoppeln, Sirup

Zu Diktat 5 L 3

v oder w: Blumenvase, Winzer, Sklave, Krawatte, Seemöwe, Nerven, Walburga, Vulkan, Lawine, Evangelium, Löwe, Ventilator, Witwe, Watte, Violinsaite, Krawall, Schiffswrack, Olivenöl, Lava

Zu Diktat 9 L 4

ie oder i: Gummiball, Fliege, Bibel, Zwieback, Miete, Schmierfink, Liter, bedienen, niedrig, Primel, Kaninchen, Apfelsine, Ziegelstein, Eisenbahnschiene, Zwiebel, verriegeln, Lieferwagen, Kilometer, Schiefer, Augenlid, fieberhaft, Kino, Vieh, Igel

L 5

lehren oder leeren: Lehrmädchen, gelehrte Leute, Hauptschullehrer, Schreinerlehre, unbelehrbar, Lehrerschaft, Lehrjunge, Lehrjahr, Lehrsatz – Leergut, ein leerer Teller, ein völlig geleertes Faß, Leerzug, Leerungszeiten

Zu Diktat 1o L 6

l oder ll: Gewalt, vielfältig, Million, Kalender, Verwaltung, Quelle, Soldaten, Brille, Zelt, Gebell, abschnallen, Suppenkelle, Metall, Mullbinden, Molkerei, Tollkirsche, wellig, Walnüsse, Schild, schillern, Behälter, Zelle

Zu Diktat 11 L 7

d oder t: Abschied, Schildkröte, windgeschützt, hart, nördlich, Glut, Geduld, breit, leidvoll, Pfund, Hirt, Sportplatz, Mutprobe, Braut, Zeitung, Verstand, Bindfaden, Sturmflut, Schlüsselbund, Unterschied, Gehalt, Blut, notfalls, Gewand

Zu Diktat 12 — L 8

pf oder f: schimpfen, Pfau, Zaunpfahl, Saft, Pfirsich, verfehlen, stopfen, Pfannkuchen, Fundamt, Rheinpfalz, Filzhut, Pfütze, sanft, Gefängnis, Karpfen, Eisenfeile, feucht, Pfennig, pflücken

Zu Diktat 13 — L 9

ng oder nk: Schrank, Klang, Trank, Zwang, Gesang, schlank, Anfang, Öltank, Abhang, Zank, Dank, bang, Strang, Drang, krank, Gartenbank, blank, Ausschank, lang – eng, streng, Gelenk, Geschenk – Fink, Hering, Frühling, flink, Zwilling, Wink, Ring, gering – jung, Trunk, Sprung, Strunk, Schwung, Rundfunk, Änderung, Prunk

Zu Diktat 15 — L 1o

mm oder m: trampeln, Hammer, Trompete, Kameradschaft, Bodenkammer, Bahndamm, Damhirsch, versammeln, Samt, Samstag, Kompaß, Kommode, Abstammung, stampfen, wimmern, Wimpel, Rum, dumm, Tummelplatz, Tümpel

L 11

e oder ä: Träne, Trennung, Heft, Häftling, Erkältung, Suppenkelle, Zählung, Zeltplatz, abgegrenzt, bekränzt, verletzt, Lätzchen, Henne, Händler, Schellengeläute, abschälen, dickfellig, Gefälligkeit, schräg, Schreck, absägen, segensreich, pechschwarz, Pächter, Feldlerche, Lärchenzweige, Gestänge, Blütenstengel, quälen, Quelle

Zu Diktat 16 — L 12

uh oder u: Spule, Urwald, Armbanduhr, Meeresflut, Trubel, Flugzeug, jubeln, Fuhrwerk, Lehnstuhl, Hufeisen, Ruderboot, Ruhrgebiet, Pudel, ruhmvoll, Feldhuhn, Hausflur, Urlaub, Uhrwerk, mutig

Zu Diktat 17 — L 13

e oder ä: Geselle, Bälle, Flutwelle, Hühnerställe, Baustelle, Schwelle, Kelle, Wasserfälle, Kapelle, Schelle, Forelle – behende, Wände, Spende, Arbeitshände, Lebensende, Gelände, Stände, Verbände, Legende, Blende, Brände,

L 14

f oder v: gefährlich, Vollmond, Schneeflocken, Großvater, fertig, Vergißmeinnicht, Flüssigkeit, Volk, brav, bestrafen, Haarschleife, Vordergrund, Forderung, Nerv, steif, vierzig, Veilchen, feilen, Gustav, Gedichtvers, Verfolgung, vorläufig, Forscher, Rindvieh, Kiefernwäldchen, Fohlen, Singvogel, Frühstück

Zu Diktat 2o   L 15

nn oder n: günstig, gönnen, Erkenntnis, spindeldürr, Spinnweben, Trennung, Träne, Künstler, können, Dachrinne, Baumrinde, Mannschaft, jemand, manchmal, Kante, bekannt, Kinn, Kino, Holzspan, Spannung

Zu Diktat 21   L 16

Städte - Stätte: Werkstätte, Kleinstädte, Lagerstätte, Regierungsstädte, Kreisstädte, Grabstätte, Brandstätte, Hafenstädte, Ruhestätte, Gaststätte, Hauptstädte, Schlafstätte, Feuerstätte, Pflegestätte, Grenzstädte, Industriestädte, Kampfstätte, Sportstätte

Zu Diktat 22   L 17

ss oder s: Muskel, gewissenhaft, Weisheit, Belastung, Entlassung, verpassen, riesig, rissig, erfassen, Pflanzenfasern, Sessel, Essig, Maske, Masse, Röschen, Rasse, flüstern, flüssig

                                                                L 18

a, ah oder aa: Gefahr, Star, Paar, Jahr, unwahr, klar, Schar, Haar, Saar, gar, rar - Aal, schmal, Strahl, kahl, Zahl, Schal, Stahl, Merkmal, Mittagsmahl, Kanal, Saal, Pfahl, Schicksal, Signal, Tal, Landtagswahl, Qual - Zahn, Schwan, Bahn, Kahn, Orkan, Fasan, Hahn, Kran, Plan, Lebertran, Wahn, Holzspan

                                                                L 19

o, oo oder oh: bohren, Krone, abholen, Hohlweg, verbogen, Mohnkuchen, Rotwein, Monat, Patrone, Moos, ohne, Motorboot, Kanone, Verlobung, bewohnen, Ziehharmonika, Moorland, Gummisohle, verschonen, Zoo, Fohlen

Zu Diktat 23   L 2o

u oder uh: Nudel, Uhrmacher, Kurhaus, Treppenstufen, Apfelmus, Christentum, jubeln, Schwur, blutig, urbar, Heldenmut, Schloßruine, Dressur, Polsterstuhl, ruhmreich, Rune, Zwerghuhn, Truthahn, Fuhrmann

                                                                L 21

Zusammensetzungen mit und ohne Bindungs-s: Unterrichtsstunde, Gerichtssitzung, Rathaus, Volkstanz, Frühlingsanfang, arbeitseifrig, Geburtsstunde, Heringssalat, Blutwurst, Fabrikarbeiter, Schmetterlingsraupe, altersschwach, Abschiedsgeschenk, lebensfroh, Sportfest, Rindfleisch, Vorratslager, Burgruine, Geduldsprobe, handbreit

Zu Diktat 24   L 22

Zusammensetzungen mit "-weise" und "Weise": dutzendweise, Arbeitsweise, klugerweise, Bauweise, Schreibweise, stundenweise, tageweise,

Kampfweise, Sprechweise, leihweise, teilweise, schrittweise, stellenweise, probeweise, massenweise, satzweise

Zu Diktat 25

L 23

e, eh oder ee: Abendgebet, Blumenbeet, Segelboot, Seebad, Sehrohr, Märchenfee, Hühnerfeder, Fehler, Kriegsheer, Herkunft, Schafherde, Stachelbeeren, entbehren, Sperber, Speer, kleben, Kleefeld, Lehrgangsleiter, Lerchengesang, entleeren, Kamel, Weizenmehl, Seele, Seligkeit, Rakete, Rotkehlchen, Sehne, Sirene

L 24

Nachsilben -ig oder -lich: neblig, wolkig, vergeblich, gefällig, windig, brüderlich, hügelig, mollig, reichlich, kugelig, adelig, gierig, unzählig, schwerfällig, vielfältig, einmalig, zweistellig, pünktlich, drollig,

Zu Diktat 26

L 25

g oder k: Buchfink, Brathering, engherzig, Angst, Keks, Trog, schlank, Öltank, eingerenkt, Gelenk, verdrängt, Getränk, Zink, Bezirk, Schwächling, Quark

Zu Diktat 28

L 26

Mehrzahlbildung der Wörter mit ß: Sträuße, Flüsse, Füße, Fässer, Grüße, Schlüsse, Schöße, Risse, Schüsse, Pässe, Späße, Maße, Güsse, Küsse, Bisse, Genüsse, Stöße, Gefäße, Klöße, Spieße, Bässe

Zu Diktat 29

L 27

Zusammensetzungen mit "los": führerlos, leblos, bewegungslos, sieglos, endlos, schattenlos, freudlos, lustlos, furchtlos, wahllos, ziellos, hoffnungslos, glaubenslos, treulos, drahtlos, tadellos, fettlos, lautlos, spurlos, blattlos, schamlos, gottlos, rettungslos, hemmungslos, machtlos, schadlos, geruchlos, friedlos, ehrlos

L 28

d oder t: Bad, Gemeinderat, Draht, Naht, Rückgrat, Salat, Staat, Maat, Pfad, Fahrrad, Winkelgrad – verbannt, Wand, Rand, bekannt, Hand, Band, Stand, Brand, verbrannt, Ausland, verwandt, Strand, Gewand, gewandt, genannt, Verstand, Elefant, Pfand, niemand, Sand, gesandt – Laubwald, alt, kalt, bald, Spalt, Gestalt, halt – bunt, Grund, gesund, wund, rund, Mund, Schlüsselbund, Pfund – Mord, Ort, fort, Sport, Hort, dort, Bord, Wort

L 29

ß oder s: Reissuppe, Reißwecke, Geißlein, Greis, Weißbrot, Weisheit, Streuselkuchen, Blumensträußchen, draußen, herauslassen,

Meißel, Meisterschaft, beißen, dreist, Auster, außen, fleißig, Begeisterung

Zu Diktat 3o
L 3o

<u>sch oder ch:</u> Hecht, Haarbüschel, unterstreichen, Nähmaschine, Waldlichtung, lauschen, Knöchel, Feuerlöscher, duschen, stürmisch, Eicheln, Fischteich, durchlöchern, schwächlich, Kirschbaum, echt, verräuchert, rascheln, gerecht, Aschenbecher, Pfirsich, Hirsch, Wunschzettel, frech, Frischfleisch, huschen, Gesträuch

Zu Diktat 32
L 31

<u>tz oder z:</u> schwatzhaft, bekränzt, Kinderarzt, schwitzen, Blitzableiter, nützlich, Weizenfeld, schmerzhaft, Besitz, Küchenschürze, witzig, Gewürz, trotzig, versalzen, ungeschützt, Dampfwalze, Fuchsschwanz, kritzeln, schnitzen, zerfetzen, glänzend, Gesetz, Käuzchen, Verletzung, schmatzen, Kreuz, Filzhut, Pfütze

L 32

<u>b oder p:</u> Propeller, Staub, Laubfrosch, habgierig, Mops, Obstkuchen, Sirup, Kaplan, Schlips, hopsen, Erbschaft, Treibstoff, Hauptmann, taubstumm, Schubkarre, einstöpseln, Raubtierkäfig, Gräupchen, Leibschmerzen, tapsen, derb, hauptsächlich, Spitzenhäubchen, Krebs, trampeln, Schräubchen, Industriebetrieb, klapsen, Abteilung, zerschabt, **Nachttischlämpchen**

Zu Diktat 35
L 33

<u>o oder oh:</u> Ton, schon, Sohn, Telefon, Hohn, Lohn, Mohn, Thron – Zone, Zitrone, Bohne, Kanone, Drohne, Krone, Patrone – Poren, bohren, schmoren, gegoren, gefroren, geboren, geschoren, Sporen, verloren – Trauerflor, Tor, Rohr, Chor, Motor, Schweinsohr, empor, Tenor, Chlor

Zu Diktat 36
L 34

<u>f oder v:</u> Volk, folgen, Forderung, Vorstellung, Frühstück, Detektiv, Kalif, brav, Nerv, strafbar, Larve, Harfe, fertig, vertilgen, Form, Vormittag, feilen, Veilchen, vorgehen, fortgehen, Vetter, Fettigkeit, Vollmilch, flicken

Zu Diktat 37
L 35

<u>ee, eh oder e:</u> Meerschweinchen, predigen, lehmig, erledigen, Gemüsebeet, Nachtgebet, Hebel, schneeweiß, Spreewald, Nordseebäder, Lehrmeister, entleeren, Kamel, Mittelmeer, Mehrzahl, Erdbeereis, Entbehrung, Weißklee, klebrig, Kehle, verheeren, Seele, fehlerhaft, daher

L 36

<u>daß – das:</u> Wir hoffen, daß die Sonne scheint.– Das Gewitter, das gestern über unserm Land tobte, verursachte erhebliche

Schäden.- Das Riesengebirge, das Höhen von mehr als 1600 Metern hat, liegt in Schlesien.- Erika freut sich, daß der Großvater ihr vom Rübezahl erzählt.- Es ist unwahrscheinlich, daß die Geschichten vom Rübezahl in Vergessenheit geraten.- Früher war es selten, daß Menschen den Gebirgskamm überquerten.

Zu Diktat 39 — L 37

ll oder l: Marschall, Fall, Knall, Fußball, überall, Anprall, Wall, Karneval, Nachtigall, Kristall, Pferdestall, Widerhall, Metall, Schall – Elle, Kelle, Stromschnelle, Zelle, Stelle, Wurstpelle, Welle, Türschwelle, Delle, Gazelle, Libelle, Forelle, Quelle, Kapelle, Geselle, Sardelle, Novelle – Fell, grell, Hotel, schnell, Gebell, Tunnel, Gestell, hell, Karussell, Pantoffel

ä oder e: Kerkerhaft, kärglich, ärgerlich, merken, eng, ängstlich, quer, quälen, Anstrengung, Gedränge, Ankläger, Kegel, Stengel, Gestänge, lärmen, lernen, zänkisch, Wasserkessel, Schmuckkästchen, prächtig, gebrechlich, vergeßlich, häßlich, pressen, predigen, bekehren, Begräbnis, beschämt, Zentner, Trennung, Träne, Unterschenkel, Schnürsenkel, zähmen

Zu Diktat 40 — L 39

ck oder k: zwicken, Päckchen, Anker, erschrocken, Schokolade, Tabak, stricken, Wollsocken, pünktlich, Bäckerei, Traktor, rückwärts, verlockend, Technik, Genick, Hektoliter, Schnecke, meckern, glücklich, Klinik, verschlucken, Schaukel, Oktober, Haferflocken

L 40

Nachsilben -ig, -lich, -isch: göttlich, waldig, menschlich, teuflisch, veränderlich, schattig, himmlisch, wolkig, schwäbisch, wollig, verführerisch, gewöhnlich, höhnisch, lächerlich, räuberisch, ruhig, holzig, beweglich, gläubig, tierisch, bergig, grasig, ängstlich, flüchtig, stachlig, ölig, neidisch, windig, sommerlich, westfälisch, spaßig, glücklich

Zu Diktat 41 — L 41

a oder ah: Wasserstrahl, Kran, Denkmal, Tomate, Stahl, Erfahrung, Bestrafung, Dromedar, Tal, Pfahl, Draht, schmal, Blumensamen, zahm, Hagel, Schokolade, Pokal, kahl, Walfang, Naht, Bahre, Schicksal, Granate, Choral, unheilbar, mühsam, Mahnung, Wahrheit

L 42

g oder k: Spaziergang, Zwang, Gesang, Schrank, Empfang, Dank, lang, Bank, krank, Rang, schlank, Klang, Gestank, Strang, Abhang, blank, Andrang, Fischfang, Trank, Öltank, Zank, Ausschank – Buchfink, Zwilling, flink, Schwächling, gering, Wink, Feigling, Frühling, Zink, Eisenring, Messing, Hering

— arg, stark, Quark, Sarg, karg, Mark, Stadtpark — Strunk, jung, Schwung, Übung, Trunk, Nahrung, Rundfunk, Sprung, Erfahrung, Prunk, Verzierung

Zu Diktat 42 L 43

üh oder ü: Gänseblümchen, Wühlmaus, Kirschblüte, spüren, Ermüdung, belügen, Mühlrad, Kühlschrank, übungsweise, Hühnerfuß, feinfühlig, Schulgestühl, Übel, betrübt, Grünspecht, umrühren, rüpelhaft, Schüler, Drehbühne, Gemüse

L 44

ff oder f: Kluft, Kaffeelöffel, geschliffen, Gruft, Beschriftung, Gesellschaft, beschafft, öffentlich, angaffen, saftig, treffen, Eiswaffel, Pfiff, Kartoffel, Zifferblatt, Haft, duften, Bewaffnung, Pfefferminztee, heftig, Offizier

Zu Diktat 43 L 45

d oder t: Schlund, Sport, Kobold, gründlich, Spalt, Advent, unermüdlich, gemütlich, mündlich, stündlich, Heimat, jugendlich, Gehalt, Blutwurst, Kundschaft, Regierungsrat, Wagenrad, kindlich, Branntwein, Bekanntschaft, leidvoll, Geleit

L 46

oh oder o: Probe, Honig, Monatslohn, Dohle, Schmorbraten, empor, Ohrmuschel, Bohrturm, Patrone, Verlobung, Wohnzimmer, Rotkohl, Ledersohle, Hohlraum, Erholungsurlaub, Makkaroni, Mohnblumen, erfroren, Kaiserkrone, Lorbeerblatt, Ton

Zu Diktat 44 L 47

äh oder ä: Erklärung, auswählen, nämlich, Träne, Fährte, zählbar, spärlich, äsen, Ernährung, schälen, während, Backenzähne, Fähnchen, Vermählung, schädlich

Zu Diktat 45 L 48

s oder z: abseits, Pfefferminz, Malzkaffee, Geburtstag, Felsvorsprung, vergebens, Gipsabdruck, stolz, Zinsbetrag, Pulsader, Eisenerz, aufwärts, anfangs, Klaps, Schwanz, Rheinpfalz, morgens, rechts, nirgends, Schweineschmalz, Herzschlag, Prinz, rings, Waldkauz, Blütenkranz, Walzwerk, nachts

Zu Diktat 48 L 49

ss oder ß: massenhaft, Maß, Flußufer, Flüssigkeit, zuverlässig, verläßlich, Gewißheit, gewissenhaft, Schmelzwasser, wäßrig, (aber: wässerig), pressen, eingepreßt, Mißgeschick, Missetat, häßlich, hassen, Vorhängeschloß, Schlosserei, rissig, Riß, unvergessen, Vergeßlichkeit, wißbegierig, Wissenschaftler

Zu Diktat 49 L 5o

äu oder eu: Beutel, schleudern, Bräutigam, abhäuten, bläulich, Zigeuner, abenteuerlich, läuten, Grundsteuer, Scheusal, Geräusch, ohrenbetäubend, Holzkeule, äußerlich, Täuschung, Spreu, säuerlich, scheu, geräuchert, Bedeutung, kräuseln, Gesträuch

Zu Diktat 50 L 51

<u>üh oder ü:</u> Geschwür, Bühne, berühmt, zerkrümeln, ausbrüten, Flügeltür, abspülen, verblüht, Kühltruhe, Gemüse, Kleiderbügel, Hühnerstall, mühsam, Frühlingsblüten, Mühlrad, Übung, umrühren

<u>Übungsmöglichkeiten für das 6. Schuljahr</u>

Zu Diktat 56 L 52

<u>Stadt - Statt - Staat:</u>Großstadt, Bundesstaat, Staatspräsident, stattfinden, Kreisstadt, Grenzstadt, Staatsgrenze, Staatsanwalt, Lagerstatt, Staatsvertrag, Stadttheater, Staatstheater, Staatsbürger, Stadtdirektor, Freistaat, Freistatt, Hafenstadt, stattgeben, Stadtpark, Nachbarstadt, Nachbarstaat, Staatsfeiertag, Altstadt

L 53

<u>äu oder eu:</u>versäumen, Bedeutung, Leuchter, Säugling, Verleumder, räuspern, heucheln, Meuterei, Säure, Täuschung, verstreuen, Häuptling, ohrenbetäubend, Keuchhusten, Schleuder, Wollknäuel, verscheuchen, Räuber, Gesträuch, anfeuern, Seufzer, Kräuter, Kreuzer, säubern, deutlich

L 54

<u>d oder t:</u> Geduld, Spalt, Welt, Breitengrad, Schwindsucht, Bord, Branntwein, Gebirgsgrat, **Schuld**, Brandstelle, Eid, Bussard, Gestalt, Kamerad, blond, Leittier, grundlos, Ort, Held, Zelt, Gerät, Zahnrad, südlich, Geburt, Gewand, gesund, Witwe, Mitleid

Zu Diktat 58 L 55

<u>Nachsilbe -nis:</u> Besorgnis, Gleichnis, Begräbnis, Erlebnis, Ersparnis, Verhältnis, Bündnis, Gefängnis, Betrübnis, Fäulnis, Verständnis, Vorkommnis, Versäumnis, Gelöbnis (Bei der Mehrzahlbildung verdoppelt sich das s: Besorgnisse, Gleichnisse,...)

Zu Diktat 59 L 56

<u>x oder chs:</u>Export, Sachsen, längst, Mixer, Taxe, Ochse, ängstlich, Lachs, Axt, Keks, Arztpraxis, explodieren, links, drechseln, Hengst, Gewächshaus, allerdings, Blechbüchse, anfangs, Fuchs, Wagenachse, Textbuch, verwechseln, hinterrücks, Experiment, Knicks, Wachskerzen, Deichsel

L 57

<u>üh oder ü:</u> ungestüm, zerkrümeln, Gefühl, Ungetüm, gemütlich, Hünengräber, Kühlschrank, ermüdet, Geschwür, Kirschblüte,

Windmühle, Vorübung, schwül, Gemüse, Gewühl, Dünen, mühsam, natürlich, Spürhund, Gebühr, Lügner

Zu Diktat 6o   L 58

__tzt oder zt:__ gekratzt, jetzt, geblitzt, gemünzt, gebeizt, geschwitzt, geheizt, eingeritzt, gekreuzt, zerplatzt, gewälzt, gekürzt, unterschätzt, abgestürzt, genützt, gewürzt, gesalzt, gegrunzt, abgeholzt, zugespitzt

Zu Diktat 61   L 59

__e, eh oder ee:__ Verheerung, Verehrung, seelisch, Seligkeit, entbehrlich, bequem, Gebet, Beetumrandung, Erdbeere, feenhaft, Fehde, Schemel, Lehm, Thema, Kamillentee, belehren, entleeren, Seelenheil, glückselig, Tapete, Lehrling, Sehnsucht

L 6o

__Zusammengesetzte Eigenschaftswörter:__ mausgrau, stockdunkel, meterlang, grasgrün, zentnerschwer, stahlhart, steinreich, steinalt, essigsauer, pflaumenweich, gallebitter, taghell (als Beispiele)

Zu Diktat 62   L 61

__o oder oh:__ schmoren, erholen, Kohl, Patrone, loten, Schoten, Hohn, erproben, verchromt, modern, Schlot, Thron, Bohne, Alkohol, Hohlweg, Person, bewohnen, Strom, Enkelsohn, belohnt, Frondienst, Matrose, Zonengrenze, Südpol, bohren, Poren, Spion

Zu Diktat 63   L 62

__Schreibweisen des S-Lautes:__ Kassierer, Briefkasten, Abschluß, Schlüsselbund, Pastor, Paßkontrolle, massenhaft, Maßarbeit, außen, Ausweis, schneeweiß, anfassen, Bierfaß, Fasan, Mißgeschick, Missetäter, geheimnisvoll, Zeugnisse, Kuß, Zirkus, Mittagessen, eßbar, Flüssigkeit, flüstern, Nebenfluß

L 63

__ö oder öh:__ Vermögen, vertrödeln, beschönigen, Verzögerung, aushöhlen, Köder, Nadelöhr, Tagelöhner, Königin, vertrösten, böse, Rätsellösung, ungehörig, Frisör, Bötchen, Töne, Möhre, unnötig, löten, Röhre

Zu Diktat 66   L 64

__g oder k:__ Bergwerk, Schlingpflanze, Getränk, Buchfink, Sarg, stark, Angst, Anfang, Trinkwasser, Messing, Schwung, Hengst, Blinklicht, Essig, Markt, Bug, Geisterspuk, Unfug, Flugzeug, arg

Zu Diktat 67   L 65

__a, ah oder aa:__ Saal, Star, Naht, Pate, Draht, Krater, Vorrat, einrahmen, Stahl, Reklame, Schwan, wahnsinnig, Gefahr, waagerecht,

Warenlager, Nahrungsmittel, Bananenschale, prahlen, Staat, zahm, Saat, Merkmal, Mahlzeit, Vorname, Aufnahme, paarweise, Karwoche, madig, Fasan, Sahne

Zu Diktat 72

L 66

<u>r oder rr:</u> Herzog, Sperling, Sperre, herrisch, Barrikade, dürr, Zigarette, Herberge, heraus, Terror, Beherrschung, verirrt, abgeschwirrt, Wirtschaft, Hermann, schärfen, schnurren, Kerker, Gerber, surren, Sperber, Hirt

L 67

<u>ch oder sch:</u> Bottich, rasch, Teich, heucheln, himmlisch, Kranich, schlicht, Gebüsch, Fichte, Gedicht, Tasche, flechten, Chef, Duschraum, Muschel, seelisch, dreschen, Dorsch, Dolch, Hecht, Pfirsich, falsch, getäuscht, vielleicht, berechnen, marschieren, leuchten, Pflicht, furchtlos, Sauerkirsche, Pfarrkirche

L 68

<u>n oder nn:</u> blind, Zinn, Gewinde, Tunnel, günstig, Beginn, Bekenntnis, garantieren, Binnenstaat, Flunder, Brandstelle, jemand, grundlos, Verbannung, blond, Kolonne, Antenne, benannt, Hannelore, Talent, Pfand, Verschwendung, Kante

Zu Diktat 73

L 69

<u>e oder ä:</u> ärgerlich, Begräbnis, werben, Währung, Sänfte, quer, träge, gefährlich, Fähre, Eltern, Gerte, fertig, Lärm, häßlich, Geländer, Scherben, Schleppe, Käfig, Ägypten, Mexiko, rückwärts, lästig, schwänzeln, Militär, bedächtig, Kapitän, Träne, Schemel, meckern, Präsident, bewerten

Zu Diktat 74

L 7o

<u>ie oder i:</u> Biber, Zwiebel, Maschine, radieren, Klima, Niete, Kilometer, Ventil, Kantine, verlieren, Liter, Olive, Portugiese, Giebel

Zu Diktat 75

L 71

<u>end oder ent:</u> namentlich, entschlossen, helfend, Endgeschwindigkeit, unentschieden, flehentlich, betend, Endstufe, kämpfend, freventlich, schleichend, Entstehung, unendlich, spielend, ordentlich, entlassen, Enttäuschung, Fußballendspiel, umfassend, entspannt, Präsident

Zu Diktat 76

L 72

<u>o, oh oder oo:</u> Ton, Orakel, Monat, Strom, Moos, Probe, Botin, Spion, Fron, loben, Zoo, Moorgebiet, Domchor, Dohle, Hohn, Hohlraum, Motorboot, empor, verbogen, Fohlen, bohnern, Lohn, Wiederholung, Kommode, Kohlrabi, Hektoliter, lodern, Schlote

Zu Diktat 76 L 73

-ig oder -lich: nebelig, herbstlich, kugelig, windig, hügelig, feindlich, ekelig, winklig, hungerig, zappelig, wolkig, lieblich, mehlig, wackelig, mutig, schimmelig, zufällig, staubig, schwindlig, verständlich, eilig, wendig, menschlich, würdig, herrlich, wörtlich, dienlich, gefährlich, handwerklich, buckelig, zornig

Zu Diktat 78 L 74

k oder ck: Baracke, Insekt, Sekt, Dickicht, Diktat, Frack, Nacken, Klecks, Keks, Kautschuk, Quecksilber, Krücke, Fabrik, Direktor, Besteck, Wrack, Kontakt, Strick, Architekt, elektrisch, Politiker

Zu Diktat 79 L 75

ch oder sch: gebrechlich, bleich, Bücher, reich, Muschel, dreschen, Pächter, Esche, Dickicht, Gebüsch, Deich, Dolch, räuchern, Pflicht, täuschen, gerecht, Kirschblüte, Kirchturm, Pech, Fläche

Zu Diktat 80 L 76

Hauptwörter mit der Nachsilbe -ung und ihre Silbentrennung: Le-sung, Rei-bung, Rech-nung, Hal-tung, Stel-lung, Mes-sung, Schät-zung, Pflan-zung, Span-nung, Wit-te-rung, Spal-tung, Sit-zung, Zah-lung, Rü-stung, Schlie-ßung, Öff-nung, Be-loh-nung

Zu Diktat 81 L 76a

oh oder o: Betonung, verchromt, unwohl, Petroleum, Solbad, Frondienst, Kommode, Lodenmantel, proben, Kronleuchter, Spion, lohnenswert, abholen, Chorprobe, Hauptperson, Kanton, Bohrturm, Borsalbe, Wirsingkohl, verschonen, alkoholisch, empor

Zu Diktat 81 L 76b

eh oder e: unversehrt, Kamel, Komet, Bescherung, Abwehr, Wertgegenstand, Schemel, Mehltau, sehnig, Seligkeit, Benehmen, bequem, Arena, unentbehrlich, Brezel, Klebstoff, Segelboot, Hebel, Trompete, Mehrzahl, Schlesien, Telefon

Zu Diktat 83 L 77

-ig, -isch oder -lich: erblich, westfälisch, windig, wollig, versöhnlich, begreiflich, italienisch, räuberisch, paradiesisch, herbstlich, mäßig, kantig, zänkisch, tierisch, diebisch, zornig, festlich, willig, faltig, schmutzig, asiatisch, russisch, bildlich, mächtig, englisch, flüssig, sportlich

Zu Diktat 84 L 78

Hauptwörter mit der Nachsilbe -nis: Begräbnis-Begräbnisse, Verständnis-Verständnisse, Hindernis-Hindernisse, Gefängnis-Gefängnisse,

Ärgernis- Ärgernisse, Ereignis-Ereignisse, Geschehnis-Geschehnisse, Verzeichnis-Verzeichnisse, Versäumnis-Versäumnisse

L 79

Von Ländernamen abgeleitete Eigenschaftswörter: französisch, englisch, dänisch, ungarisch, thüringisch, afrikanisch, westfälisch, europäisch, spanisch, mexikanisch, chinesisch, indisch

Zu Diktat 85
L 8o

äu oder eu: Hasenkeule, Kräuter, verträumt, erneuern, überschäumen, Beleuchtung, Glockengeläut, Leutnant, Bedeutung, verstreut, seufzen, Betäubung, Spreu, Beschleunigung, Schleuse, Feuerwehr, Euter, meutern, äußerlich, Vergnügungssteuer, erbeuten, gläubig, Versäumnis

Zu Diktat 86
L 81

ss oder ß: russisch, sprießen, Leitersprosse, einflößen, Eßbesteck, Klöße, verblassen, Genuß, Walnüsse, Gefäß, häßlich, hassen, Metermaß, massenhaft, unverdrossen, Missetat, dreißig, Mißverständnis, bissig, rissig, vergeßlich, verbessern, rußig

L 82

u oder uh: Sprudel, Rebhuhn, Flur, Uhrmacher, Eigentum, Schafschur, Glut, Stuhl, Fuhrlohn, Fußspur, Ruhrgebiet, Glasur, schnurgerade, Minute, ruhmlos, Pudel, urbar, Rune, Kuhle, Spuk, Strudel, Betrug, Ruine, Musik

Zu Diktat 87
L 83

l oder ll: Gefälle, Zelt, Zellstoff, Mullbinde, parallel, Porzellan, Geschwulst, Grille, anschwellen, Held, Geselle, verzollt, Silber, grell, gefällig, Kristall, Ellipse, ungeduldig, Aluminium, anhalten, Vorhalle, gerillt, Alkohol, allmählich, Tollkirsche, Molkerei, Melodie, zerknüllt

Zu Diktat 89
L 84

Mit Hauptwörtern zusammengesetzte Eigenschaftswörter: riesengroß, blutrot, turmhoch, essigsauer, schokoladenbraun, gallebitter, zuckersüß, himmelblau, federleicht, messerscharf, kristallklar, fingerbreit

Zu Diktat 9o
L 85

e oder ä: Lärm, Pech, Gerät, Herbst, Träne, träge, werben, Geständnis, erben, verschwenden, mäßig, schmächtig, rächen, ärgerlich, lästig, schlecht, bemerken, Gelenk, Lärchenbaum, fertig, gären, behende, Wert, zärtlich, Säbel, Schenkel, Sperber, Märchen, Rätsel, Gerber

Zu Diktat 91

L 86

<u>ts oder ds:</u> Rindsleder, Lotse, rechts, Ratsherr, rückwärts, abends, abseits, Wirtshaus, eilends, Rätsel, nichts, Abschiedsstunde, Amtsgericht, Geduldsprobe, nachts, arbeitslos, stets, aussichtslos

Zu Diktat 92

L 87

<u>Mehrzahlbildung der Wörter mit ß:</u> Füße, Flüsse, Schüsse, Fässer, Bisse, Schlösser, Grüße, Gefäße, Klöße, Pässe, Schöße, Rosse, Risse, Späße, Prozesse, Maße, Stöße, Flöße, Bässe, Güsse, Sträuße, Nüsse, Spieße,

Zu Diktat 93

L 88

<u>tz oder z:</u> Pelz, schwitzen, glitzern, Schweiz, Blitz, Arzt, Heizung, März, witzig, Kanzler, trotzig, ritzen, nützlich, Klotz, Pfefferminz, Tatze, Kerze, Kauz, zerplatzt, flitzen, Grütze, Matratze, abbeizen, gekratzt, glänzend, beherzt

L 89

<u>p oder pp:</u> Tapete, struppig, Klapper, Sirup, Grippe, Stoppuhr, Kapsel, hoppeln, Kapelle, wippen, Läppchen, Trompete, operieren, Kapitän, Käppchen, Kapuze, schippen, Rippe, Papier, schnappen, Raps, Steppdecke, Pappel, Gips, Pappdeckel, Haupt, Lippe, Gruppe

L 9o

<u>wieder oder wider:</u> Wiederbelebung, Widerschein, widersetzen, Wiederwahl, Wiedergabe, widerborstig, widerlegen, Wiederkäuer, Widerhaken, widerstehen, widersinnig, Wiederaufbau, Widerspruch, Wiederholung, Widerhall, widerwillig, Wiederkehr, Widersacher, Widerstand, wiedererkennen

Zu Diktat 94

L 91

<u>p oder pp:</u> Klippe, Gips, Püppchen, zerlumpt, klappern, verdoppeln, zappeln, Stöpsel, Truppen, Trompeter, Schuppen, Häuptling, umkippen, abgeschleppt, Kaplan, Papst, Treppchen, Pappdeckel, verkrüppelt, Kupplung, Leipzig, stolpern, Zeppelin, strampeln, Operation, Koppel, Raps

Zu Diktat 95

L 92

<u>b oder p:</u> sterblich, Gips, verderblich, Rebhuhn, hübsch, Raps, Erbse, betäubt, Sieb, Hauptmann, Gelübde, Schubkarre, Obdach, Probst, Optiker, Schwäbische Alb, Republik, Zepter, Terpentin, Klaps, belaubt, gesträubt, schubsen

L 93

<u>n oder nn:</u> Rennbahn, Rentner, Finnland, Flinte, Verband, verbannen, Gewinn, Gewinde, man, jedermann, Inland, Innenseite,

13

Spind, spinnen, gönnen, Gunst, Kante, erkannt, Brand, Branntwein, Pfannen, Pfand, Manöver, mannhaft, Zinn, entrinnen, Rinde

Zu Diktat 96

a, ah oder aa: schmal, kahl, Kadaver, Paar, Schale, Dahlie, verstaatlichen, Kran, mager, Maat, Naht, Tat, waten, behaart, Fasan, Vorname, Annahme, Banane, Mineral, Mehrzahl, Pfahl, waagerecht, ermahnen, Plan, Blumensamen, Taufpaten, Flußaal, Wahrheit, Saarbrücken, Wahlzettel, Saatbeet, Walfang, Mahlzeit

tz, z oder s: abseits, Blitzableiter, ergänzen, ärztlich, Kreuzung, morgens, witzig, schmerzvoll, zuletzt, Tatze, Provinz, Hans, Halsband, Arbeitsamt, Lazarett, März, geschwitzt, Spaziergang, Spatzen, Erzbergwerk, grunzen, Malzbier, Gans, gesetzlich, Felsspalte, Walze, gespitzt, eilends

Zu Diktat 97

d oder t: jugendlich, Entlassung, seltsam, Leittier, Unhold, Faltboot, Zeltbahn, unwissend, blind, Abschied, wöchentlich, todkrank, jenseits, mild, Endkampf, Kobold, Rückgrat, Konzert, Spalt, Meeresgrund, Wundfieber, Gewand, Gurt, heidnisch, Gewalt, grundlos, Quadrat

s, ss oder ß: Genossenschaft, Genuß, Gerüst, Rüssel, Gas, Gäßchen, Fleiß, Gleis, fließen, Griesgram, Grießbrei, bißchen, Bissen, Kürbis, Flossen, Blasmusik, blaß, Maß, massenweise, zerrissen, Riß, Lasttier, verlassen, hastig, Haß, Reisfelder, Reißwecke, zuverlässig, anläßlich, Kohlengrus, Abschiedsgruß, fesseln, Festung, fast, gefaßt, Messe, mästen, Fasan, Bierfaß, Dornröschen, Rösselsprung, vergeßlich, vorgestern

Zu Diktat 99

a oder ah: Karawane, Wahnsinn, Tran, Talar, Annahme, Ortsname, Samen, Fahnenmast, Kanal, Apfelschale, erreichbar, Blauwal, Orkan, Stahlwerk, auskramen, Vorratslager, verladen, Anzahl, Straftat, zahm, Spaten, waten, Schlagsahne, Ahnung, Afrikaner, Karneval, Schleppkahn, Kranich, Pokal, Truthahn, Spinat, Qual, nahrhaft, Faden, Naht, Schwan, Holzspan

Nachsilbe -bar: unbesiegbar, furchtbar, unbelehrbar, fahrbar, erkennbar, unlesbar, greifbar, unteilbar, überbrückbar, bewohnbar, heizbar, unerreichbar, drehbar, unzählbar, dehnbar, verstellbar, überschaubar, unverlierbar

Zu Diktat 1oo

L 1oo

<u>k oder ck:</u> Hektar, Block, erschreckt, Frikadelle, Schokolade, zwinkern Takt, nackt, Scheckbuch, vertrocknet, lackieren, Wrack, Zink, bedrückend, Doktor, elektrisch, diktieren, verschluckt, Schicksal, Tabak, Sekt, zwecklos

Übungsmöglichkeiten für das 7. Schuljahr

Zu Diktat 101

L 101

<u>Der X-Laut:</u> rücklings, Mixer, Pfingsten, Klecks, Textilien, explodieren, sächsisch, Export, Knicks, Examen, Wagendeichsel, Zwillingsschwester, Blechbüchse, Axtstiel, Bohnerwachs, Lachshering, blindlings, verhext, Taxi, Keks, flugs, Verwechslung, schnurstracks, Luxemburg, Achsel, Drechslerwerkstatt, allerdings, hinterrücks, Vorderachse, Schuhwichse, Praxis, Ochsenschwanzsuppe, Flachs, Mexiko, anfangs, Fuchsbau, Luxus, Wachstum, Boxkampf

L 1o2

<u>v oder w:</u> Linkskurve, Ventilator, slawisch, Vase, Ewigkeit, Witwe, Revolution, Universität, Venenentzündung, Wrack, Wattenmeer, Violine, nervös, Sklave, Wallfahrt, Waggonfabrik, Konservendose, Krawattennadel, Olivenöl, Evangelium, Krawall, Provinz, November, Winzer, Pelzweste

Zu Diktat 102

L 103

<u>eu oder äu:</u> Zigeuner, räuberisch, Beleuchtung, Erzeugnis, Umzäunung, Beutel, Gebäude, Geläute, Leutnant, anfeuern, Fäulnis, Enttäuschung, Teuerung, Schleuderhonig, Schläuche, Säugling, Schleuse, Abscheu, Heuchler, Schneckengehäuse, seufzen, Spreu, Steuer, Versäumnis, vergeuden, Bräutigam, Zitronensäure, säubern, Keuchhusten, Jagdbeute, unverkäuflich, verscheuchen, Zeugnis, Bedeutung

L 104

<u>ö oder öh:</u> Gehör, Flöte, verhöhnen, Königreich, Strömung, ölig, erröten, außergewöhnlich, Störung, Kröte, stöhnen, Felsenhöhle, Empörung, töricht, Versöhnung, töten, zögernd, Likör, ertönen, Grönland, Schuhöse, auflösen, Röhricht, Köhler

Zu Diktat 1o7

L 1o5

<u>k oder ck:</u> Technik, Geschicklichkeit, Zwieback, Paket, Verpackung, Mechaniker, Schock, Direktor, Bergwerk, viereckig, Traktor, Lokomotive, Frack, Kontakt, geschmacklos, Diktator, fleckig, Architekt, Scheckheft, Lektion, verzinkt, Wrack

Zu Diktat 108
L 106

pp oder p: Stoppelfeld, struppig, Lupe, trampeln, Gerippe, zappeln, Schlips, verdoppeln, Apotheke, Zeppelin, Sirup, knapp, September, Pappschachtel, tippen, Stadtwappen, Trompete, operieren, klappern, verschleppt

L 107

Farbbezeichnungen: schokoladenbraun, grasgrün, weinrot, rabenschwarz, ziegelrot, mausgrau, dottergelb, tintenblau, giftgrün, veilchenblau, blutrot, schiefergrau, schneeweiß, zitronengelb, rubinrot, taubenblau, erdgrau, kastanienbraun, himmelblau, schwefelgelb, kaffeebraun, lachsrot, olivgrün, scharlachrot

Zu Diktat 109
L 108

a, ah oder aa: Kriegsbemalung, Mittagsmahl, Zahnrad, Bauplan, Schikane, Reklame, rothaarig, Ruderkahn, Orkan, Paar, Eisenpfahl, oval, Dromedar, Aasgeier, schmal, Tragbahre, Edelstahl, Talweg, Choral, sahnig, Thronsaal, Anzahlung, Kastanie, Truthahn, Maat, Schal, Wahnsinn, Qual, kahl, Lokal, Bilderrahmen, Kanal, Naht

Zu Diktat 110
L 109

g oder k: linkshändig, blank, Haarstrang, seitlings, Buchfink, eng, Schlankheitskur, Parkanlagen, Sarg, Trugschluß, Spuk, Andrang, Funkhaus, Rang, flink, Geschenkkarton, arglistig, längs, Messing, Senkfüße, Öltank, schwungvoll, verwelkt, Schlingpflanze, verzinkt

Zu Diktat 111
L 110

ä oder e: Gerechtigkeit, rächen, Stengel, Handgemenge, Glasscherben, Rätsellösung, rechnen, Pächter, Pech, Türschelle, Beschädigung, schmählich, strähnig, zäh, Erklärung, Fahrradfelge, Schiffswerft, schräg, quer, quälen, quellen, drängeln, einkerben, hoffärtig, anfertigen, Fährte

L 111

Der S-Laut am Wort- oder Silbenende: Eis, heiß, Fleiß, naseweis, Geiß, Reis, Preis, Kreis, Beweis, weiß, Greis, Bahngleis, Verschleiß, Schweiß – Haus, kraus, Strauß, Schmaus, Maus, Laus, Graus, Klaus – Autobus, Zirkus, Kohlengrus, Fluß, Schuß, Schluß, Fuß, Apfelmus, Nuß, Kuß, Ruß – Kürbis, Gebiß, Biß, gewiß, Kenntnis, Riß – Moos, Floß, groß, Stoß, Freilos, bloß, Amboß, Kloß, mutlos, Roß, Schloß, Sproß, Troß, Gros – Aas, Spaß, Gras, Gas, Fraß, Glas, Faß, Paß, Baß, blaß, Verlaß, Haß, naß – Burgverlies, Grieß, Paradies, Spieß, Kies, Fries

L 112

f oder v: Frevel, Schwefel, Harfe, Larve, Landvogt, Efeuranken, befehden, Sofa, Golfplatz, Forderung, Vorderhaus, Bibelvers,

Fortbildung, Vorstellung, Vertilgung, fertig, Flachs, Volkslied, Vollmilch, Filzhut, vierzig, flink

Zu Diktat 112   L 113

<u>ä oder äh:</u> Hobelspäne, nämlich, Erzählung, Träne, gefährlich, hoffärtig, abschälen, Roggenähre, stählern, grämen, Ähnlichkeit, gären, Währung, Unfähigkeit, Fähre, allmählich, Verspätung, Lebensgefährtin

Zu Diktat 113   L 114

<u>d oder t:</u> Leitstern, grundlos, hoffentlich, endgültig, Geduld, Brandstätte, schädlich, **gehaltvoll**, Schildkröte, wertlos, blindlings, entstehen, blond, Zündhölzer, Kinderhort, Elektroherd, Weitsprung, Weidmann, weltlich, Wäldchen, Gewalt, Elend, Rückgrat, Gradzahl, unermüdlich, gemütlich, lautlos, Schaltjahr, bald, amtlich

L 115

<u>ch oder sch:</u> dreschen, Rechen, Pächter, Muschel, Fächer, Blech, Fläschchen, krächzen, riechen, Rüsche, Habicht, Pritsche, Hecht, zwitschern, Kutscher, Technik, Gletscher, lächerlich, gerecht, rascheln, Kachel, morsch, Fläche, Froschlaich, Trichter, hübsch, frech

Zu Diktat 114   L 116

<u>ll oder l:</u> Kalender, allmächtig, Porzellan, schalkhaft, erschallen, Ulme, Tunnel, Tüllkleid, Alarm, Fußball, **Balken**, schillern, Schilf, Kohlenhalde, Bahnhofshalle, grell, Suppenkelle, Erkältung, Millimeter, Kontrolle, Blütendolde, Schellfisch, schelmisch, vielfältig, gefällig, Spalte, zerknallt, Tagfalter, Wasserfall, drollig, wolkig, Militär, Milligramm

Zu Diktat 115   L 117

<u>Der F-Laut:</u> Volk, Ankunft, triumphieren, Efeu, Bedürftigkeit, empfindlich, Finderlohn, Pflege, flegelhaft, Asphalt, dumpfig, fertig, vernünftig, Häftling, Impfung, Veilchenblatt, Prophet, brav, schimpfen, Larve

L 118

<u>end oder ent:</u> wesentlich, Endkampf, entweichen, jugendlich, lachend, endgültig, unentdeckt, wissentlich, Entscheidung, Endsilbe, entzwei, entgegnen, eigentlich, enträtseln, Straßenbahnendstation, schwimmend

L 119

<u>-ig, - lich oder -isch:</u> zornig, höllisch, gründlich, gebieterisch, geduldig, mehlig, kräftig, gläubig, spielerisch, reichlich, mächtig, sicherlich, ölig, adelig, süßlich, fettig, heidnisch,

rauchig, himmlisch, räuberisch, diebisch, wolkig, stürmisch, reinlich, westfälisch, bläulich, künstlich, weltlich

Zu Diktat 116 L 12o

<u>ai oder ei:</u> Maisfeld, Eifersucht, Getreide, Maibaum, Freizeit, Laie, Leichnam, Heimat, Hai, Gemeinde, Mainfranken, seitwärts, Violinsaite, Kaiserreich, Trauerweide, Weideplätze, Kaimauer, Waisenhaus, Beweis, gestreift, Heidekraut, heidnisch, Laienspiel, Leim

Zu Diktat 117 L 121

<u>ü oder üh:</u> Prüfung, Gestühl, Gestüt, Blütezeit, Kuchenkrümel, Berühmtheit, Hühnerbrühe, Unterführung, gebührenpflichtig, südlich, gefühllos, Spültuch, Rührei, betrügen, kühn, schwül, Wühlmaus, Kostümjacke, Düsenflugzeug, Schnürschuhe, berühren

L 122

<u>Umstandswörter mit "weise" zusammengesetzt:</u> probeweise, dankbarerweise, ausnahmsweise, paarweise, dutzendweise, gerechterweise, zeitweise, massenweise, sprungweise, klugerweise, beziehungsweise, kistenweise, literweise, tropfenweise, tageweise, zentnerweise, dummerweise, glücklicherweise, stückweise, stapelweise, meterweise, schluckweise, boshafterweise, strafbarerweise, straßenweise, stundenweise

Zu Diktat 122 L 123

<u>sch oder ch:</u> westfälisch, Esche, tüchtig, Gewicht, Sauerkirschen, beichten, lächeln, Frechheit, Froschlaich, flüchtig, Erfrischung, schwächlich, schwäbisch, Hechtsprung, verräuchert, feucht, Hirschgeweih, zischen, vielleicht, gerecht, Aschenbecher, Muschel, einpferchen, Blütenkelch, watscheln, Trichter, marschieren, morsch, dreschen

Zu Diktat 123 L 124

<u>Vorsilbe ent-:</u> Mit Ausnahme von <u>Endsieg, Endkampf</u> und <u>Endpunkt</u> können, alle Wörter mit der Vorsilbe ent- verbunden werden.

Zu Diktat 124 L 125

<u>ä oder e:</u> jäten, Predigt, Feuerwehr, Währung, schämen, Schemel, Schädel, Staubwedel, prägen, pressen, Scherbe, Schärpe, März, Merkbuch, Kapitän, Henne, hämmern, hemmen, stämmig, stemmen, Schwebebahn, schwäbisch, Quecke, quäken, Altersrente, umrändert, längs, Gelenk, Gedränge, Meerenge

L 126

<u>Der Z-Laut:</u> abwärts, Witz, Kerze, Dutzend, vergebens, Aktien, Schmalz, Kapuze, Felsblock, salzig, Spedition, glitzernd, Halsschmerzen, Entzündung, geschützt, beherzt, glänzen, Zinssatz, Kanzel,

Portion, unnütz, Matratze, kitzelig, Gans, ganz, morgens, Heizung, Station, Quarz, schnitzen

L 127

<u>Die Vorsilbe ver-:</u> verursachen, vergeblich, Vernunft, Verzeichnis, Verlaß, Vergnügen, vergeßlich, verwandt, verdrießlich, verunglücken, Verkehr, verderben, vergeuden, versehentlich

Zu Diktat 125

L 128

<u>mm oder m:</u> plumpsen, Limonade, Nummer, numerieren, kummervoll, Kompaß, kommandieren, Grimasse, grimmig, Kameradschaft, Bodenkammer, Brombeeren, fromm, Himbeersaft, himmlisch, Schemel, Schimmel, Trommel, Dromedar, Schimmer, Schimpanse, Gesamtbetrag, Zusammenstellung

Zu Diktat 126

L 129

<u>i oder ie:</u> tapezieren, erwidern, Wiederholung, Riegel, Bibel, siegreich, Unterkiefer, Ruine, Bisamratte, Königstiger, Rosine, Ziegelstein, Flieder, Stiefmütterchen, Petersilie, Gummi, linieren, Kino, schwierig, Gefieder, Benzin, Sardine, Klima, Sieb, Melodie, Augenlid, Volkslied, Hektoliter, Primel, zielen, Olive, zierlich, Margarine, Industrie, portugiesisch, Ungeziefer, Stativ, Vertiefung

Zu Diktat 128

L 130

<u>nn oder n:</u> jemand, Innenminister, Geschwindigkeit, Kolonie, Kolonne, jedermann, unbekannt, Zündhölzer, Zinn, Brandstätte, Holzspan, Handspanne, Mißgunst, gönnen, Student, Antenne, können, Kunst, Weberinnen, Schülerin, Spinngewebe, Spindfach, Eichenrinde, gerinnen

Zu Diktat 129

L 131

<u>eu oder äu:</u> beschleunigen, verträumt, treu, Fahrradschläuche, Bräutigam, Leutnant, läuten, abhäuten, heutzutage, Scheusal, schäumen, keuchen, Häuptling, Heuernte, säuerlich, Säugling, meutern, Gemäuer, neugierig, äußerlich, Eule, streuen, Sträucher

Zu Diktat 131

L 132

<u>e, eh oder ee:</u> Fledermaus, Lehmboden, Schneeflocken, Kamel, Meerrettich, Seele, Spreewald, Segelboot, Bequemlichkeit, Hebel, Kehle, Kamillentee, Lehrmeister, Befehl, unentbehrlich, armselig, Gemüsebeet, Sehnsucht, Seeufer, Gelee, Wermut, Jagdgewehr, Wassermelone, Vene, Schlehdorn, Kleeblatt, verzehren, Predigt

Zu Diktat 132

L 133

<u>rr oder r:</u> beherrschen, Jugendherberge, Zigarette, Gitarre, Perücke, Absperrung, Sellerie, einkerkern, närrisch, Herzogtum,

herausgehen, Sperling, Gewirr, Wirt, Karaffe, Handkarre, Arrest, Artisten, Hornisse, klirren, Hermann, Herrgott, Barren

L 134

<u>Von Ländernamen abgeleitete Eigenschaftswörter:</u> Schwäbischer Jura, westfälischer Schinken, Britische Inseln, französischer Rotwein, Bayerische Alpen, spanische Hauptstadt, rumänische Erdölfelder, Ungarische Tiefebene, europäische Staaten, kanadischer Weizen, brasilianische Urwälder, afrikanische Steppe, Arabisches Meer, Indischer Ozean, Chinesische Mauer, japanische Studenten

Zu Diktat 133 L 135

<u>Der S-Laut:</u> Mußestunde, Muskel, massenhaft, Eßbesteck, Genossenschaft, musterhaft, naß, wohlweislich, Weißlack, flüstern, flüssig, Verfassung, Fastnacht, eingefaßt, Kessel, Kästchen, verrostet, Walroß, Rosmarin, Reißzwecke, Reisig, Essig, Gewißheit, gewissenhaft, Geschwister, bißchen, bissig, Bläschen, blaß, verblassen, unverdrossen, verdrießlich, rissig, riesig, Gäßchen, Leuchtgas, unvergeßlich, gestern, unentschlossen, Schloßtor

Zu Diktat 135 L 136

<u>Der X-Laut:</u> Gewächshaus, Export, blindlings, Koks, klecksen, Verwechslung, Knicks, Nixe, Buchsbaum, anfangs, Eidechse, Luxemburg, Sachsen, Axt, Weichsel, Keks, flugs, links, Achse, Textilien, Lachsforelle, Fleischextrakt, Taxi, Flachs, rings, Expreßzug, hinterrücks, Kruzifix, schnurstracks, Häcksel, Dachs, Knacks

Zu Diktat 136 L 137

<u>v oder f :</u> Transformator, Jagdrevier, vollständig, Gefolgschaft, entvölkert, Stativ, tief, Larve, Harfe, Havel, Vordermann, Forderung, brav, Graf, fertig, vertilgen, Frevel, Schwefel

Zu Diktat 137 L 138

<u>o, oh oder oo:</u> Thron, Melone, Ohnmacht, Chrom, Alkohol, Hohlweg, Erholung, Hohn, Honig, Solbad, Schuhsohle, Person, Enkelsohn, Botenlohn, Bootsfahrt, Krone, Bohne, Mohn, Moorgebiet, Mohrenkopf, Bohnerwachs, Zoo, Kanone, ohne, Kohlpflanzen, Wohltäter, Moos, Rohr, empor, Domchor, Zone, bohren, Poren

Zu Diktat 138 L 139

<u>t oder th:</u> Edith, Rätsel, Eiter, Tornister, Thermosflasche, Zitherspieler, Thomas, Theologe, Gräten, Prozent, Panther, mutlos, Kathedrale, Geleit, Marterpfahl, Datum, Thüringen, Lothringen, Korinthen, tapezieren

Zu Diktat 139 — L 140

ss, ß oder s: Gewißheit, Terrasse, mißtrauisch, Gros, massenweise, Masern, Bandmaß, bißchen, Gebiß, Bissen, Muskel, Apfelmus, russisch, rußig, Rußland, wäßrig, bewässern, Fässer, Gefäße, Verfasser, angefaßt, fast, Greis, Reißbrett, zerreißen, Rüstung, Rüssel, vergeßlich, gestern, zuverlässig, Laster, Verlassenheit, mästen, abmessen, meßbar, wißbegierig, Wissenschaftler, Weisheit, Wegweiser, Zeugnisse, Kürbis

Zu Diktat 140 — L 141

rr oder r: schwirren, irdisch, verirrt, sperren, Sperling, beherrschen, beherbergen, verwirren, bewirtschaften, Barrikade, Bargeld, starrsinnig, Starkasten, Herrgott, Hering, herüber, Herzog, Erinnerung, Pfarrer, Radfahrer

Zu Diktat 141 — L 142

Der F-Laut: Harfe, Philipp, Fertigkeit, Rheinpfalz, gefleckt, Triumph, Morphium, Gustav, Senf, Nerv, schimpfen, Fersenbein, auftrumpfen, Strophe, Seufzer, Asphalt, Efeu, filtern, Fanfare, Physiker, sumpfig, Veilchenblüten, Eisenfeile, Frevel, Pfandhaus, Motiv, Cuxhaven, Hafenbecken, Hefe, brav

Zu Diktat 142 — L 143

Die Nachsilben -ig, -lich und -isch: freundschaftlich, ruhig, betrügerisch, neblig, schrecklich, verführerisch, wollig, himmlisch, nebensächlich, bildlich, europäisch, ölig, gefährlich, kriegerisch, friedlich, gärtnerisch, mäßig, schulisch, inhaltlich, mehlig, eckig, fürsorglich, gnädig, erfinderisch, fleißig, schwäbisch, persönlich, schriftlich, technisch, herbstlich, gläubig, mutig, mütterlich, bayerisch, neugierig

Zu Diktat 143 — L 144

d oder t: Notstand, Windstärke, Branntwein, Schlund, Schaltjahr, tödlich, Schulrat, Bordfunker, Ortschaft, wertlos, Grundstück, scheintot, Endsilbe, Bekenntnis, Gold, Schild, Jagdhaus, niemand, Diamant, Schlüsselbund, Buntspecht, Atlas, Gewand

Zu Diktat 144 — L 145

st oder ßt: gegrüßt, gefaßt, entgleist, verpaßt, gereist, gehißt, gehaust, gewußt, gefirnißt, gehaßt, gemorst, gepreßt, gebraust, vermißt, gelöst, aufgespießt, gebüßt, verblaßt, geküßt, zerzaust, eingekreist, versüßt, verglast, gefräst, gemußt, geniest, gerast, durchpaust, gerußt, gegrast, geschmaust

er reist, er frißt, er gießt, er zerreißt, er ißt, er läßt, er liest, er mißt, er heißt, er preist, er saust, es fließt, er schweißt, er lost, du beweist, du schließt, du schleust hindurch, er genießt

L 146

t oder tt: Mittwoch, Mitleid, Gewitter, Witwe, Trittbrett, Wildbret, Splint, zersplittern, Appetit, Krawatte, Hängematte, Maat, Karotten, Stafette, gestatten, Stativ, flott, Großbritannien, Ballett, Tablett, kritisch, Liter, Bottich, etwas

L 147

ä oder äh: Späne, Vermählung, Gemälde, während, wir wären, Mähne, Ähnlichkeit, Märchen, Ernährung, Baupläne, Gerät, Rätsel, unzählbar, Währung, zärtlich, gären, Fähnchen, Nähseide, gelähmt, nämlich, erklären, Schädel, Tränen, ungefährlich, Dänemark, Drähte, Kapitän

Zu Diktat 145

L 148

s, ss oder ß: Presse, lästig, zuverlässig, verhaßt, hastig, naseweis, kreideweiß, Wissenschaftler, ungewiß, Gras, kraß, Flüssigkeit, flüstern, Floß, Flosse, unverschlossen, schließlich, Schlüssel, Schloß, Vergrößerung, niesen, genießen, Reisfelder, Reißbrett, Haselnüsse, Gemüse, müßig, müssen, blasen, blaß, verblassen, vergessen, vorgestern, unvergeßlich, bißchen, bissig, Imbißstube

Zu Diktat 146

L 149

ee, e oder eh: Rotkehlchen, Seele, Seligkeit, Segelboot, seeklar, Mehrzahl, Mittelmeer, Wermutwein, Abwehr, Wertarbeit, Lehrmeister, Leerlauf, Bescherung, Scherenschnitt, Kriegsheer, hinterher, Kaffee, Märchenfee, fehlerhaft, Sehschärfe, Seegang, Sehne, entbehrlich, Erdbeerbeet, Morgengebet, Klebstoff, Klee, lehmig, Lee, ledig, Leber, Geestland, Armee, mehlig, Rückkehr, Keramik

L 15o

ä oder e: spärlich, Sperber, Speck, Gepäck, Wecker, Wächter, engstirnig, ängstlich, verdreht, Drähte, Blütenstengel, Eisengestänge, Legende, ergänzen, Mängel, Volksmenge, Schärpe, Tonscherben, hoffärtig, reisefertig, Gärtnerei, Gerte, dickfellig, schwerfällig, Bewährung, Wertung, Bundeswehr, Geländer, Kalender, bekränzt, Abgrenzung

Zu Diktat 147

L 151

Zusammengesetzte Eigenschaftswörter: butterweich, fingerbreit, fuchsschlau, grundehrlich, kirschrot, kristallklar, kugelrund, marineblau, schriftkundig, schokoladenbraun, steinhart, stockfinster

Zu Diktat 148 L 152

nn oder n: Brandstelle, Branntwein, angebrannt, Rente, rennen, gönnen, günstig, Gewinde, gewinnen, verwenden, Nachbarinnen, Baumrinde, Läuferin, gerinnen, Runzel, Dachrinnen, Finderlohn, Finnland, verbannen, Bande, spinnen, Spindel, Industrie, Innenseite, Bratpfanne, Ginster, Beginn, Kinnspitze, kindlich, Badewanne, Verwandtschaft

Übungsmöglichkeiten für das 8. Schuljahr

Zu Diktat 151 L 153

Die Nachsilben -heit und -keit: Männlichkeit, Kühnheit, Gesundheit, Mutwilligkeit, Seltenheit, Gemütlichkeit, Annehmlichkeit, Mühseligkeit, Dankbarkeit, Reichhaltigkeit, Flüssigkeit, Trübheit, Seligkeit, Beschränktheit, Schuldigkeit, Wählbarkeit, Freundlichkeit, Geschwindigkeit, Hoheit, Bequemlichkeit, Helligkeit, Dunkelheit, Kleinlichkeit, Zähigkeit, Fröhlichkeit

L 154

Zusammengesetzte Eigenschaftswörter mit "voll" und "reich": leidvoll, siegreich, gramvoll, jammervoll, kinderreich, ehrenvoll, angstvoll, unheilvoll, ideenreich, geschmackvoll, prachtvoll, verlustreich, schmachvoll, waldreich, maßvoll, schwungvoll, freudenreich, wildreich, zahlreich, zuchtvoll, trostreich, klangvoll, gefühlvoll

Zu Diktat 155 L 155

Die Nachsilbe -ung: Ein-rich-tung, Un-ter-stüt-zung, Er-hal-tung, Un-ter-ord-nung, Rei-ni-gung, Emp-feh-lung, Stel-lung, Be-ob-ach-tung, Über-trei-bung, Genehmigung, Besorgung, Störung, Beachtung, Leistung, Bereicherung, Bemühung, Verheiratung, Begrüßung, Anfertigung, Bearbeitung, Segnung, Bestrebung, Nahrung, Kleidung, Verzögerung, Erklärung, Heilung, Erfindung, Belohnung

L 156

Die Nachsilben -ig, -isch und -lich: eigentümlich, italienisch, eckig, erfinderisch, säuberlich, afrikanisch, sterblich, wellig, französisch, genießerisch, barfüßig, windig, stürmisch, schmeichlerisch, artig, göttlich, fleißig, kränklich, vergeblich, bäuerisch, bäuerlich, neblig, ölig, teuflisch, winklig, spanisch, kindlich, kindisch, schriftlich, wohnlich

L 157

Die Nachsilbe -heit: Dummheit, Kindheit, Beliebtheit, Halbheit, Gewandtheit, Gleichheit, Wahrheit, Kühnheit, Gesundheit, Trägheit, Faulheit, Dunkelheit, Schwachheit, Trockenheit, Sicherheit

Zu Diktat 156 L 158

ä oder e: Gelände, wertlos, verstärken, quälen, Terpentin, ehrlich, Getreideähren, zuverlässig, Verletzung, beschädigen, Heringe, Pächter, mächtig, Unterschenkel, Verschwendung, Kniegelenk, quer, schwerfällig, Verständnis, Vertretung, Gedränge, Geschenk, herbstlich, ärztlich, glänzend, Pech, schwächlich

L 159

<u>Paar oder paar:</u> ein paar Kilometer, ein Paar Fußballschuhe, ein paar Briefmarken, ein paar Bleistifte, ein Paar Trauringe, ein Paar Socken, ein paar Kirschen, ein paar Steine, ein Paar Strümpfe, ein Paar Skier, ein paar Aufnahmen, ein Paar Stiefeln, ein paar Wochen, ein Paar Sandalen, ein paar Streichhölzer

L 160

<u>Komma bei erweiterter Grundform</u> (Die erweiternden Satzteile sind unterstrichen.): Er glaubt, <u>fest</u> zu träumen. - Sie versuchte, <u>gegen den Strom</u> zu schwimmen. - Wir hoffen, <u>noch heute</u> zu kommen.- Die Eltern beabsichtigen, <u>bald nach Österreich</u> zu verreisen.- Es gelang ihnen, <u>gegen die Favoriten</u> zu siegen.

Zu Diktat 157

L 161

<u>Die Nachsilben - bar, -haft und -sam:</u> furchtbar, furchtsam, glaubhaft, schamhaft, eßbar, heldenhaft, heilbar, heilsam, wunderbar, wundersam, arbeitsam, haftbar, flatterhaft, standhaft, verschließbar, greifbar, kostbar, boshaft, hörbar, kleidsam, gewaltsam, dankbar, fruchtbar, schadhaft, wirksam, erreichbar, schmackhaft, streberhaft, strebsam, trinkbar, lachhaft, schuldhaft, mannbar, mannhaft, faßbar, greisenhaft

Zu Diktat 16o

L 162

<u>ä oder e (Stammwörter auf a):</u> Jahr, Pfahl, schaffen, Wasser, Kraft, Schaden, stark, Kamm, Stange, Trank, Haß, klar, lachen, Pracht, fahren, Stand, lange

L 163

<u>d oder t:</u> Unterschied, Weltrekord, grundlos, Gewalt, ungemütlich, Schlüsselbund, Buntstift, Elektroherd, Kinderhort, blind, tödlich, scheintot, Rathaus, Fahrrad, Monat, Brandstelle, Branntwein, endgültig, Verständnis, zärtlich, Kundschaft, bald, nirgends, wöchentlich, abends, Gehalt, Verband, Steuerbord

Zu Diktat 161

L 164

<u>Silbentrennung:</u> Ade-le, Eli-sa-beth, Aga-the, Ele-fant, Ale-xan-der, Eberesche, Oran-gen, Aben-teu-er, Ufer-bö-schung, Amei-se, Ita-lien, Ori-ent, Ope-ret-te, Ägyp-ten, Are-na, Äqua-tor, Ukrai-ne, Edel-weiß, (Nur so konnte getrennt werden.)

Zu Diktat 162

L 165

<u>ss oder die Stammwörter mit ß:</u> Verlaß, blaß, Kuß, Fluß, Verdruß, vergeßlich, Riß, Rußland, Schloß, Biß, Faß, Sproß, Verlaß, Genuß, Paß, Nuß, Schuß, Biß, Faß, Entschluß, Haß, Guß

Zu Diktat 163

ai oder ei: Kaiserreich, Eifersucht, Laienspiel, Maisfeld, Reisig, Maikäfer, eitrig, Waisenhaus, beweisen, Grießbrei, Rainfarn, Rheinufer, schweißen, Hainbuche, langweilig, Violinsaiten, Blaumeise

Zu Diktat 164

wider oder wieder: wiederkommen, Widerschein, wiederherstellen, widerwillig, Wiedergabe, wiedererzählen, Widerstand, Wiederaufbau, widerborstig, widerlegen, wiedererlangen, wiederkauen, Wiedervergeltung, widerspiegeln, widersinnig, Wiederaufnahme, Widerschlag, Widerruf, wiederbringen, Wiederherstellung, widernatürlich, wiederholen, Widerhaken, Widerspruch, Wiederbelebung, Widerrede

Zu Diktat 165

g oder k: Geschenk, Reaktor, Bauwerk, versenkt, Angst, Betrug, anfangs, Markt, Buchfink, Unfug, schräg, Messing, Volkstanz, Pfingsten, Quark, Teig, rings, links, Birke, langweilig, Sekt, winklig, versengt, Bang, Takt

Zu Diktat 166

Die Nachsilbe -schaft: Grafschaft, Freundschaft, Feindschaft, Elternschaft, Sippschaft, Bürgerschaft, Mannschaft, Kameradschaft, Bürgschaft, Landschaft, Botschaft, Verwandtschaft, Gesandtschaft, Beamtenschaft, Belegschaft, Arbeiterschaft, Kundschaft, Turnerschaft, Bauernschaft, Lehrerschaft, Pflegschaft, Genossenschaft, Patenschaft

Zusammengesetzte Eigenschaftswörter mit -los: brotlos, wohnungslos, fehlerlos, rücksichtslos, spurlos, geschmacklos, ehrlos, sorglos, rechtlos, gefühllos, konzentrationslos, schmachlos, schuldlos, witzlos, glaubenslos, zahnlos, verlustlos, bargeldlos, ziellos, ahnungslos, widerstandslos, arbeitslos, schamlos, lustlos, wolkenlos, farblos, vorurteilslos

Zu Diktat 167

Die Nachsilbe -nis: Hindernis-Hindernisse, Ersparnis-Ersparnisse, Verhältnis-Verhältnisse, Gefängnis-Gefängnisse, Gleichnis-Gleichnisse, Bündnis-Bündnisse, Geständnis-Geständnisse, Vorkommnis-Vorkommnisse, Begräbnis-Begräbnisse, Betrübnis-Betrübnisse, Besorgnis-Besorgnisse, Wagnis-Wagnisse, Erlaubnis-Erlaubnisse, Fäulnis-Fäulnisse, Gelöbnis-Gelöbnisse

Zu Diktat 168

Großschreibung von Eigenschaftswörtern nach Mengenangaben: etwas Besonderes, gar nichts Gutes, viel Nützliches, wenig Erfreuliches, nichts Kaltes, mancherlei Neues, etwas Billiges, eine Menge Wertvolles, alles Liebe und Schöne, - Er hatte nichts Warmes anzuziehen.- Sie ließen an ihm nichts Gutes.- Ich muß auf alles Süße verzichten.- In der Ausstellung sahen wir eine Menge Schönes und Neues.- Sie redeten von ihr allerlei Schlechtes.- Sie bemerkte nur wenig Hoffnungsvolles.

Zu Diktat 169 — L 173

k oder ck: Werkzeug, verschlucken, Stöcke, verdeckt, Rückkehr, wickeln, wanken, Getränk, ausgestreckt, eckig, gezackt, Birke, geschickt, Oberschenkel, Heckenschere, blank, Versteck, bücken, verwelken, nackt, Quark, Lücke, locker

Zu Diktat 17o — L 174

Mit Hauptwörtern zusammengesetzte Eigenschaftswörter: aalglatt, bärenstark, blütenweiß, butterweich, essigsauer, federleicht, glasklar, karminrot, kugelrund, marineblau, mausgrau, messerscharf, orangegelb, pechschwarz, rehbraun, riesengroß, spindeldürr, stahlhart, stockfinster, wieselflink

L 175

Die Nachsilbe -sam: folgsam, wachsam, sparsam, achtsam, furchtsam, mitteilsam, empfindsam, gehorsam, fügsam, bedeutsam, duldsam, wirksam, heilsam, schweigsam, enthaltsam, strebsam, arbeitsam, aufmerksam, biegsam

L 176

k oder ck: Hektar, Block, erschreckt, Frikadelle, Schokolade, zwinkern, Takt, nackt, Scheckbuch, vertrocknet, lackieren, Wrack, Zink, bedrückend, Doktor, elektrisch, diktieren, verschluckt, Schicksal, Tabak, Sekt, zwecklos, Schock, Reck, Rekord, Hektik, fleckig

Zu Diktat 171 — L 177

r oder rr: Herzog, Sperling, Sperre, herrisch, Barrikade, dürr, Zigarette, Herberge, heraus, Terror, Beherrschung, verirrt, abgeschwirrt, Wirtschaft, Hermann, schärfen, schnurren, Kerker, Gerber, surren, Sperber, Hirt

Zu Diktat 173 — L 178

t vor der Nachsilbe -lich: wissentlich, flehentlich, hoffentlich, wöchentlich, gelegentlich, öffentlich, versehentlich, namentlich

L 179

Schwierige Mehrzahlbildungen: Autobusse, Verliese, Atlanten, Zirkusse, Zeugnisse, Kürbisse, Globen, Disken, Radien, Hindernisse, Kurse, Gleise, Paradiese, Geständnisse

Zu Diktat 174   L 180

<u>ü oder üh</u>: ungestüm, zerkrümeln, Gefühl, Ungetüm, gemütlich, Hünengräber, Kühlschrank, ermüdet, Geschwür, Kirschblüte, Windmühle, Vorübung, schwül, Gemüse, Gewühl, Dünen, mühsam, natürlich, Spürhund, Gebühr, Lügner

Zu Diktat 175   L 181

<u>Von Städtenamen abgeleitete Eigenschaftswörter</u>: Dresdner Zwinger, Offenbacher Lederwaren, Dortmunder Bier, Münchner Frauenkirche, Wuppertaler Schwebebahn, Pariser Eiffelturm, Königsberger Marzipan, Bremer Roland, Frankfurter Apfelwein, Jenaer Glas, Danziger Bucht, Heidelberger Schloß, Lüneburger Heide, Kieler Bücklinge, Nürnberger Lebkuchen, Leipziger Messe, Mailänder Opernhaus, Berliner Mauer, Ulmer Münster, Duisburger Rheinhafen

Zu Diktat 176   L 182

<u>g oder k im Auslaut</u>: Bergwerk, Schlingpflanze, Getränk, Buchfink, Sarg, stark, Angst, Anfang, Trinkwasser, Messing, Schwung, Hengst, Blinklicht, Essig, Markt, Bug, Geisterspuk, Unfug, Flugzeug, arg

    L 183

<u>mm oder m</u>: Brombeeren, Kommandant, Dachkammer, Kameradschaft, verdampfen, Damm, Limonade, Himbeere, Gewimmel, numerieren, Rum, Tümpel, sammeln, Gerümpel, Kamille, Kommentar, Kamera, Komödie, vermummen, Kompott, Kommission

Zu Diktat 177   L 184

<u>leeren - lehren</u>: Lehrmeister, entleeren, Lehrgeld, Briefkastenleerung, Lehrvertrag, menschenleer, Lehrsatz, Lehrerstelle, leere Stelle, Lehrjunge, Belehrung, Luftleere, Schreinerlehre, Lehrwerkstätten, Lehrauftrag, leerer Stuhl, Lehrstuhl, gelehrig

Zu Diktat 178   L 185

<u>ent-, -ent, end-, -end</u>: namentlich, entschlossen, helfend, Endgeschwindigkeit, unentschieden, flehentlich, Endstufe, kämpfend, freventlich, schleichend, Entstehung, unendlich, spielend, ordentlich, entlassen, Enttäuschung, Fußballendspiel, umfassend, entspannt, Präsident, Endsilbe, Testament

Zu Diktat 182   L 186

<u>Bindungs -s</u>: Schiffsjunge, Heringssalat, Zwillingsschwester, Lieblingssport, Gehaltszahlung, Schönheitsfehler, Urlaubsstimmung, Kalbszunge, Lebenslauf, Königsschloß, Wohnungstür, Schädlingsbekämpfung, Windstille, Gewichtsabnahme, Eigenschaftswort, Mannschaftssport, Frühlingswetter, Rathaus, Gesellschaftszimmer

Zu Diktat 185

d oder t im Auslaut: jugendlich, Entlassung, seltsam, Leittier, Unhold, Faltboot, Zeltbahn, unwissend, blind, Abschied, wöchentlich, monatlich, todkrank, jenseits, mild, Endkampf, Kobold, Rückgrat, Konzert, Spalt, Gerhard, Wundfieber, Gewand, Gurt, heidnisch, Gewalt, grundlos, Quadrat

Zu Diktat 186

a, ah oder aa: schmal, kahl, Kadaver, Paar, Schale, Dahlie, verstaatlichen, Kran, mager, Maat, Naht, Tat, waten, behaart, Fasan, Vorname, Annahme, Banane, Mineral, Mehrzahl, Pfahl, waagerecht, ermahnen, Plan, Blumensamen, Taufpaten, Flußaal, Wahrheit, Saarbrücken, Wahlzettel, Saatbeet, Walfang, Mahlzeit

Zu Diktat 187

Die Nachsilbe -ling: Neuling, Steckling, Prüfling, Säugling, Feigling, Günstling, Impfling, Liebling, Flüchtling, Findling, Eindringling, Rundling, Wildling, Häuptling, Zwilling, Rohling, Weichling

Silbentrennung: Amei-se, Eber-hard, Ire-ne, Ori-ent, Ofen-rohr, Abend-rot, Übel-keit, Aschen-be-cher, Aga-the, Aber-glau-ben, Aben-teu-er, Edel-weiß, Evan-ge-li-um, Asi-en, ide-en-reich, Ober-kell-ner

Zu Diktat 188

i oder ie: Detektiv, Verzierung, marschieren, appetitlich, ziemlich, Krise, Baustil, Blattstiel, Melodie, Gummi, liefern, Maschine, Schiene, Gardine, Kino, Flieder, klimatisch, triefend, Wiederholung, widerlich, Benzin, Garantie

ö oder öh: unhörbar, Kröte, Höhle, Krönung, stören, dröhnen, gewöhnlich, töricht, löten, Möhre, Öse, stöhnen, versöhnen, grölen, Nadelöhr, Vermögen, Zögling, Pöbel, Manöver, Köhler, strömen

Zu Diktat 189

ß am Wort- oder Silbenende: Windstoß, Spaß, Strauß, weiß, Fuß, Kloß, Spieß, Ruß, Gefäß, Gruß, Fleiß, Gießkanne, Grieß

Zu Diktat 190

b oder p: Rezept, Sieb, Oberhaupt, Raubtier, Schnaps, Kaplan, Schwäbische Alb, derb, Laubbaum, taub, Klaps, Republik, Klempner, grob, Rollmops

Zu Diktat 191 L 195

<u>mm oder m</u>: Kameradschaft, Kammer, Gerümpel, schimmlig, Kamin, Gesamtheit, Himbeeren, Kamera, kümmerlich, stammeln, Samt, Dromedar, Autogramm, stumm, trampeln, Kommentar, verschlimmern, Zimt, Nummer, jammervoll

Zu Diktat 193 L 196

<u>nn oder n</u>: Erinnerung, Inn, inhaltlich, Innenseite, Indien, finster, Finnland, Verband, verbannen, manchmal, mannhaft, jemand, Fußballmannschaft, Kante, erkannt, Milchkanne, können, Künstler, Baumrinde, Wasserrinne, verbrennen, Brandstiftung, Spinne, Gespenst

L 197

<u>i oder ie</u>: Kilometer, Betrieb, Kaninchen, Violine, garnieren, Niete, Flieder, verlieren, Ölsardinen, schmieren, Tarif, Benzin, Zwiebel, erwidern, Sieb, Juwelier, dir, Primzahl, Radieschen, Phantasie, Ventil

Zu Diktat 195 L 198

<u>Tod – tot</u>: Todsünde, tot, tödlich, totfahren, todmüde, totschlagen, todgeweiht, totquetschen, totstechen, scheintot, todmatt, Totschläger, totgetreten, todbereit, todbleich, Herztod, todwund, totgesagt, totarbeiten

L 199

<u>Die Nachsilben –ig, –isch und –lich</u>: reichlich, teuflisch, höllisch, sündig, weltlich, menschlich, göttlich, väterlich, traurig, tödlich, sterblich, gefährlich, heilig, grünlich, gewaltig, majestätisch, herrisch, herrlich, kränklich, kirchlich, irdisch, erdig, stürmisch

Zu Diktat 196 L 200

<u>s oder z im Auslaut</u>: Prinz, vergebens, Fels, Konkurrenz, Gips, Quarz, Pilz, Klaps, Harz, Schnaps, rechts, Wirtshaus, Gewürz, Raps, kurz, Sturz, zeitlebens, Transport, Scherz, Gans, ergänzt, Malz, Glanz, als

L 201

<u>pp oder p</u>: Wappen, Raps, Klippen, Lappland, Tempel, Schlips, umklappen, struppig, knapp, Pupille, Kapelle, Apotheke, Kapitän, Viehkoppel, Klumpen, schnappen, operieren, Propeller, Stöpsel, Kappe, Kapsel, stoppelig, Kapital

Zu Diktat 197

äu oder eu: Hasenkeule, Kräuter, verträumt, erneuern, überschäumen, Beleuchtung, Glockengeläut, Leutnant, Bedeutung, verstreut, seufzen, Betäubung, Spreu, Beschleunigung, Schleuse, Feuerwehr, Euter, meutern, äußerlich, Vergnügungssteuer, erbeuten, gläubig, Versäumnis, bereuen, teuer

Die Nachsilbe -ung bei der Silbentrennung: Rei-fung, Füh-rung, Schal-tung, Ver-su-chung, Ver-än-de-rung, Grün-dung, Be-klei-dung, Wendung, Pflan-zung, Stel-lung, Er-he-bung, Rech-nung, Tei-lung, Sen-dung, Spal-tung, Stär-kung, Be-schäf-ti-gung, Schwä-chung, Ver-grö-ße-rung, Be-ru-fung, Fal-tung, Be-ach-tung, Säu-berung, Prü-fung, Ge-fähr-dung, Er-hit-zung, Be-la-stung

Zu Diktat 198

x, chs, cks, ks oder gs: Keks, verwechseln, Existenz, Hexe, Schicksal, Xylophon, Eidechse, Ochse, Lachs, kraxeln, unterwegs, boxen, Deichsel, Plexiglas, Drechsler, Axt, rücklings, zwangsweise, Sachsen, Maximum, Achse, Knicks, Linkskurve

Zu Diktat 199

k, ck oder kk: Diktat, Balkon, Flickzeug, ungeschickt, Akkordeon, Likör, Rakete, Politik, ticken, Technik, Genick, Sakko, Fabrik, Plakat, geschmackvoll, fleckig, Akkordarbeiter, Gepäck, Schlacke, Marokko, Rektor, musikalisch, akkurat

Zu Diktat 2oo

pp oder p: Komponist, Kapital, tappen, verdoppelt, Gruppe, humpeln, Aprikose, zerlumpt, Tapete, Truppen, Kuppel, Schnaps, Kapelle, Appetit, Lippe, Kapital, appelieren, ankoppeln, abstoppen, rappeln, tapsen, Steppdecke

ä oder äh: allmählich, während, Kapitän, hämisch, Ähre, Geräte, Gärung, Ähnlichkeit, gähnen, schämen, Mähne, Träne, Fährte, schälen, zähmen, strähnig, Währung, Schädel, nämlich, Sämann, Äther, Gefährten, Gebärde, Märchen, Schläfe, unfähig, Sägespäne, Verräter, Affäre, Rheinfähre, Fontäne, Prämie

Übungsmöglichkeiten für das 9. und 1o. Schuljahr

Zu Diktat 2o1

s, ss oder ß: Pastete, Pastor, Alpenpaß, verpaßt, Fassade, Weinfaß, Verfassung, fast, gefaßt, Fastnacht, wißbegierig, bewußtlos, Unwissenheit, Weisheit, Karosserie, rostig, russisch, rußig, Rußland, Genossenschaft, genießen, Genuß, Pußta, pusten, Kürbis, bißchen, Imbiß, Krokus, Küster, Dressur, Sportdreß, Dresden, griesgrämig, Grießbrei, Gros, Größenwahn, fristgemäß, gemästet, Messing, Meßopfer

L 2o9

nn oder n (Die berichtigten Fehler): niemand, Kanister, Feuersbrunst

L 21o

tt, th, dt oder t: Gitarre, Brutto, Mathematik, Industriestadt, Gesandter, Klarinette, Nougat, kritisch, ermitteln, Rettich, Hagebutte, Schlittschuh, Kabarett, Wildbret, Attest, Literatur, Parkettfußboden, Witwe, verwandt, Werkstatt, Drittel, Zitherspieler, Kapitel, Katharina, Schottland, Kilowatt, Edith, Gewandtheit, Jütland

Zu Diktat 2o3   **L 211**

d oder t vor der Nachsilbe -lich: abendlich, wissentlich, jugendlich, namentlich, flehentlich, unvermeidlich, öffentlich, befremdlich, endlich, vermeintlich, stündlich, gründlich, verständlich, wesentlich

L 212

d oder t im Auslaut: Spind, leidlich, Branntwein, Geduld, endgültig, Hort, Gewalt, Brandstelle, Entfernung, jugendlich, niemand, blind, bald, Splint, öffentlich, seitlich, Endspurt, blond, seltsam

Zu Diktat 2o4   **L 213**

Tod - tot: totschlagen, todmatt, Totgeburt, todkrank, todgeweiht, tödlich, scheintot, totlachen, totgeglaubt, mausetot, totarbeiten

L 214

Städte - Stätte: Kleinstädte, Ruhestätte, Sportstätte, Schulungsstätte, Hafenstädte, Industriestädte, Kampfstätte, Gaststätte, Brandstätte, Handelsstädte, Geburtsstätte, Geburtsstädte, Pflegestätte, Opferstätte, Kreisstädte, Lagerstätte, Grenzstädte, Schlafstätte, Grabstätte, Hauptstädte, Garnisonstädte

L 215

s, ss oder ß: fesseln, Festung, flüssig, flüstern, Flosse, fließend, Streuselkuchen, Preußen, Rüssel, Gerüst, Weißblech, Verweis, Interesse, restlos, wäßrig (aber: wässerig), vergeßlich, Meßgesang, Mesner, Vermessenheit, unablässig, Kreisel, rissig, verblassen, Süßigkeiten, meistens, Prisma, Meißel, kurzfristig, Kompasse

Zu Diktat 2o5

ö oder öh (Die berichtigten Fehler): löten, Felsenhöhle, ölig, ungehörig

Zu Diktat 2o6

Schreibweisen des Z-Lautes: vorwärts, Heizung, Operation, zinslos, Puls, Matrize, nirgends, seufzen, Schweiz, Matratze, erhitzt, Kapuze, bereits, schluchzen, Aktionär, Brezel, Konkurrenz, vergebens, kritzeln, Portion, gereizt, glitzern, Ration, abseits, Halsschmerzen

Zu Diktat 2o7

k oder ck (Die berichtigten Fehler): Paket, Sekt, Hektoliter, Kontakt

Zu Diktat 2o8

a oder ah: kahl, Lokal, Scham, ideal, Granate, Quadrat, Limonade, Schal, Pfahl, schmal, oval, Drama, Plage, Signal, klar, Parade, Mahlzeit, Porzellan, Orakel, planlos, Kathedrale, Stahl, Vornamen, fahl, Abnahme, Banane, Tran, Ornat, Lineal

Zu Diktat 21o

th oder t: Therese, Portal, Thermosflasche, Terminkalender, Korinthen, Komet, Ruth, Hypothek, Prozent, Thüringen, Nikotin, Lothringen, Thomas, mutig, Zither, Methode, Patient, Edith, atmen, katholisch

Schreibweisen des langen u (Die berichtigten Fehler): Spule, Kurfürst, Roulade

Schreibweisen des langen o: Bohnerwachs, Probe, Anemone, Solbad, Schonung, Briefbote, Moorgebiet, Bohrer, Koog, Pol, Eichenbohle, Pfirsichbowle, Weißkohl, Harmonium, ohnmächtig, Moos, Patrone, Ohr, Orakel, Chlor, Drohne, Choral, Mohnblumen, Tontopf, Zoo, Segelboot, unbewohnt, Telefon

Zu Diktat 211

ßt oder st: Kanister, restlos, verpaßt, vermißt, Verlust, verblaßt, Pflaster, belästigen, entblößt, verbüßt, Quaste, Rastplatz, bewußtlos, flüstern

ö oder öh: Verhör, aushöhlen, Flöte, Tagelöhner, trösten, spröde, Blödsinn, töricht, verhöhnen, strömen, Versöhnung, gewöhnlich, Köder, römisch, Nadelöhr, fröhlich, tödlich, ungehörig, Föhnwind, löten, Vermögen

Zu Diktat 212

L 225

<u>ll oder l:</u> Karussell, Kolonie, Helmut, Holstein, Kristall, Aluminium, Kastell, Ellipse, Porzellan, Wallfahrt, Medaille, Protokoll, industriell, Alkohol, Tunnel, Politur, Schatulle, Sellerie, Altar, Satellit

L 226

<u>Schreibweisen des Z-Lautes:</u> ärztlich, Zinssatz, Schwitzpackung, Matratze, Finanzminister, Kapuze, nachts, Medizin, glitzern, vergebens, Seufzer, Munition, seitwärts, Schwätzer, Marzipan, verdutzt, Akazie, Prozeß, Metzgerei, Matrize, Revolutionär, Brezel, geizig, Portion

L 227

<u>mm oder m (Die berichtigten Fehler):</u> gesamt, Damhirsch, Promenade, Kamerad

Zu Diktat 213

L 228

<u>Eigenschaftswörter als Teile von Eigennamen:</u> Britische Inseln, Westfälischer Frieden, Bayerische Alpen, polnische Hauptstadt, Sächsische Schweiz, französischer Botschafter, Europäische Wirtschaftsgemeinschaft, Deutsches Rotes Kreuz, Grüner Plan, westfälischer Schinken, italienische Regierungsvertreter, Burgundische Pforte, amerikanische Flugzeuge

L 229

<u>d, -dt, -t, -th:</u> Kobold, Bewandtnis, Atmosphäre, Rückgrat, Panther, rhythmisch, unermüdlich, Industriestadt, Gemütlichkeit, zusehends, wissentlich, Gewandtheit, Hypothek, Gesandter, Wildnis, Labyrinth, gewandt, Zither, scheintot, Weidmann, städtisch, Bordstein, Branntwein, Kathedrale

Zu Diktat 215

L 230

<u>eu oder äu:</u> Beschleunigung, Läutewerk, Beule, haarsträubend, träufeln, Scheusal, Erläuterung, leutselig, Seufzer, Spreu, ohrenbetäubend, Keule, bereuen, kräuseln, Versäumnis, neulich, geläufig, getreulich, räuspern, Enttäuschung

L 231

<u>Schreibweisen des langen e:</u> seelisch, Lehne, Zebra, Frikassee, Sehnenzerrung, Thema, Livree, Kehlkopf, Allee, poetisch, Semikolon, Seelilie, Sehstärke, Klischee, Schema, lehrreich, Galeere, Pegel, Mehrheit, Meerrettich, Krem, Meteor, Weizenmehl, Bekehrung, stehlen, Klee, Frotteetuch, lehmig, Schiffsreeder, Abwehr, Wermut, Lorbeerblätter

L 231a

Schreibweisen des langen o (Die berichtigten Fehler): Alkohol, verchromt, Mohnblumen

L 232

k, ck oder kk: Makkaroni, Quecksilber, Brikett, Fabrikdirektor, Baracke, Barrikade, dickfellig, Physik, Wrack, winkelig, zwicken, Makko, Akustik, Akazie, Keramik, Zwieback, Marokko, Biskuit, Likör, versickern, Akkord, Imker, Akkumulator, flackern, Akrobat, elektrisch, Nervenschock, Aktion

Zu Diktat 216

L 233

t oder th: Kathedrale, Optik, Thermalbad, Elisabeth, Thüringen, Katheder, Platin, Tibet, Lothringen, Phantasie, Theodor, katholisch, Kinderhort, Rhythmus, Äther, Kröte, Panther, Theke, Sympathie, Granit, Apotheke, Hyazinthe, Tragödie, Termin, Korinthen, Literatur, Königsthron, Diphtherie, Asthma, ethisch, Tresor

Zu Diktat 217

L 234

mpf oder nf: Klampfe, unempfindlich, Hanf, abstumpfen, Sinfonie, empfehlenswert, Infanterie, Konferenz, Zukunft, schrumpfen, Sänfte, glimpflich, verkrampft, schimpfen

L 235

ent oder end: Endrunde, entgegnen, hoffentlich, eilends, eigentlich, endgültig, rufend, Enderfolg, Entscheidung, endlos, ergreifend, Endsilbe, entführen, wöchentlich, Entschuldigung, Endergebnis, bildend, Entlastung, Fußballendspiel, wissentlich, vollends, Wochenendfahrt, wesentlich, Entstehung, Endsieg

Zu Diktat 219

L 236

Die Schreibweisen des langen ü (Die berichtigten Fehler): Kostüm, sympathisch, Geschwür, Wanderdüne

L 237

g oder ch: Wüterich, Reisig, Essig, mehlig, weiblich, Habicht, verständigt, Kehricht, Predigt, beruhigt, ölig, Zwerchfell, Treibjagd, Segeljacht, Pfirsichbaum, Kranich, Pfennig, Teppich, Röhricht, Fittich, Bienenhonig, Plantage, bescheinigt, Manege, Enterich, Reportage, Rettich

L 238

Der F-Laut: Paragraph, Flieder, Ankunft, geimpft, brav, Levkoje, zusammenschrumpfen, passiv, Fjord, Archiv, Kalif, Forderung, Vorstand, Typhus, Versform, Fersenbein, Empfehlung, Atomsphäre, Frevel, Katastrophe, Eisenfeile, verpulvern, Krampf, Vetternwirtschaft, sumpfig, Philosoph, Nerv, Baumstumpf, Larve, Efeu, Flanke, Cuxhaven, Pfarramt, Phosphor

Zu Diktat 224

L 239

tz oder z (Die berichtigten Fehler): reizvoll, Spaziergang, ärztlich

Zu Diktat 225 — L 240

<u>Der F-Laut:</u> triumphieren, Stativ, Vers, krampfhaft, Empfehlung, Forderung, Mikrophon, Fertigkeit, brav, Senf, Tropfen, fahlhell, Katastrophe, völlig, Vogt, Asphalt, Cuxhaven, Friedrichshafen, Trumpf, Prophet, Larve, Paragraph, abfeilen, Frevel, Gefieder, Philipp, Fehde, gepflegt

L 241

<u>b oder p:</u> Klops, Rebhuhn, Republik, Alptraum, Raubtier, Raps, Probst, Manuskript, Hauptmann, Kapsel, Obdach, Duplikat, Rezept, erwerbstätig, Schnaps, Schublade, Klempner, Gelübde, leblos, Rebstock, Stöpsel, Schraubstock, Gips, derb, Papst, Trabrennen, Schlips, gewölbt, Häubchen

Zu Diktat 226 — L 242

<u>e oder ä:</u> Krempe, vormerken, Dämmerung, brenzlig, Kalender, Schärpe, Terpentin, einkerkern, widerspenstig, rückwärts, Hermelin, gerben, Schelle, ansässig, vielfältig, Glasscherben, verderblich, schwätzen

L 243

<u>Der S-Laut:</u> preiswert, nachlässig, Reißbrett, Kürbis, Karussell, Passierschein, Quaste, wißbegierig, meistens, griesgrämig, Grießpudding, Nutznießung, Kohlengrus, Fliesenleger, Streuselkuchen, verpassen, Bussard, Muskeln, Firnis, Bistum, Preiselbeeren, Professor, russisch, rußig

Zu Diktat 227 — L 244

<u>Schreibweisen des langen a:</u> Paar, klar, Haar, Maar, Star, Notar, Jahr, Honorar, Gefahr, Bar, Saar, rar (Talar, Zar, sogar, Seminar, Jubilar, Januar, Dromedar, Exemplar, sogar, Kommissar, Inventar, Altar, sonderbar, Kaviar, Ar, wahr, er war, Mobilar)- Tal, Aal, kahl, Pokal, Pfahl, Strahl, Merkmal, Zahl, Festmahl, Kanal, Portal, Karneval (Kapital, sozial, oval, Qual, Schal, Signal, Stahl, Wahl, Wal, Vokal, Mineral, Material, neutral, Kardinal, Choral, Admiral, General, ideal, national) - Staat, Draht, Ornat, Naht, Salat, Zitronat (Akrobat, Format, Maat, Grad, Rückgrat, Magistrat, Fahrrad, Schulrat, Quadrat, Fabrikat, Apparat, Internat, Soldat, Diplomat, Diktat, Referat, Mandat) - Wahn, Tran, Orkan, Marzipan, Holzspan, Bahn, Kran, Porzellan, Fasan (Plan, Ozean, Organ, Baldrian, Dekan, Cellophan, Enzian, Kaplan, Pavian, Roman, Sopran, Lebertran, Uran, Vatikan, Zahn) - zahm, Scham (Kram, Rahm, arbeitssam, ehrsam) - Sandale, Ahle, Pedale, Saale, Kathedrale (Diagonale, Filiale, Finale, Kannibale, Orientale, Rivale, Schale, Spirale, Zentrale) - Fahne, Sahne, Banane, Urahne, Liane, Karawane, (Germane, Membrane, Platane, Schikane)

L 244a

Schärfung mit pp (Die berichtigten Fehler): Krabbe, Tapete, Sirup

L 245

tt oder t: Kapitel, spöttisch, Tablett, Schnittlauch, Natur, Erstattung, Gitarre, Kilowatt, Attentat, Kritik, Zigarette, Batterie, Attrappe, Atoll, Karotten, Konfetti, Material, Quittung, Metall, Kutsche, Kutte, Etage

Zu Diktat 228

L 246

b oder p: sterblich, Gips, verderblich, Rebhuhn, hübsch, Raps, Erbse, betäubt, Sieb, Häuptling, Gelübde, Schubkarre, Obdach, Polyp, Optiker, Schwäbische Alb, Republik, Zepter, Terpentin, Klaps, belaubt, gesträubt, schubsen

L 247

ff oder f: Infektion, offensiv, Beschäftigung, Erschaffung, Geschäft, Treffpunkt, Öffnung, Pfefferkörner, Angriff, vergreifen, Eiswaffeln, Giraffen

Zu Diktat 229

L 248

äu oder eu: versäumen, Bedeutung, Leuchter, Säugling, Verleumder, räuspern, heucheln, Meuterei, Säure, Täuschung, verstreuen, Häuptling, ohrenbetäubend, Keuchhusten, Schleuder , Wollknäul, verscheuchen, Räuber, Gesträuch, anfeuern, Seufzer, Kräuter, Kreuzer, säubern, deutlich

Zu Diktat 231

L 249

ll oder l: Aluminium, Kristall, Walnuß, Gesellschaft, Geschwulst, Melodie, Nachtigall, Gefälligkeit, Kolonie, Alkohol, Gorilla, Alarm, Tunnel, Modell, Schellfisch, Almosen, Molkerei, grell, Politik, Helmut, Militär, Milligramm

Zu Diktat 233

L 25o

i oder ie: Kompanie, erwidern, Wiederholung, Mediziner, Blütenstiel, Baustil, Primel, Detektiv, Vertiefung, Kamin, Gesichtsmiene, Bleistiftmine, Kaliber, Augenlid, Reptil, Fibel, Ventil, Gardine

Zu Diktat 234

L 251

pp oder p: Teppich, Lappland, Krepp, Tapete, Häppchen, zappelig, Appetit, Kapsel, Appell, verdoppeln, Raps, Pappel, Mops, Gerippe, üppig, Apotheke, hypnotisieren, Attrappe, Optiker, Apostel, stoppelig, Propeller, Trupp

L 252

d oder t (Die berichtigten Fehler): Branntwein, todwund, wöchentlich, endgültig, unermüdlich

Zu Diktat 235

Schreibweisen des langen ä: während, spärlich, Mähre, Märchen, Verspätung, Kapitän, Gefährdung, Ähnlichkeit, Vermählung, hämisch, säen, auswählen, gähnen, strähnig, erwähnen, Fontäne, Lähmung, Träne, quälen

Zu Diktat 236

Schreibung des X-Lautes: Textilien, Häcksel, Drechsler, rücklings, schnurstracks, Fixstern, Blechbüchse, Koks, existieren, Knicks, Deichsel, flugs, kraxeln, rings, Export, glucksen, Gewächs, Lexikon, Eidechse, Achse, Axtstiel, Hengst, Plexiglas, Buchsbaum, taxieren, sächsisch, links

ei oder ai: Kaimauer, Heidenmission, vereidigen, Maisfelder, kaiserlich, Wegweiser, beizen, Rainfarn, Blaumeise, Violinsaite, seitwärts, Laienspielschar, keimen, aufspeichern, Froschlaich, Leichnam, Korbweide, Weizenkleie, Reisig, Vollwaise, Weissagungen, Lakai, Heidelerche, Hainbuche, teilweise, Weidmann, Reisezeit, Bai, Weihrauch, Brotlaib, Eingeweide, Hai, Meineid, Versteigerung, Maischbottich, Rheinwein, Verteidigung, eifersüchtig, maigrün

Zu Diktat 238

Fremdwörter mit der Endung -on (Pluralformen): Luftballons, Balkons, Waggons, Kokons, Kanons, Bonbons, Kantone, Elektronen, Patrone, Personen, Barone, Garnisonen, Kartons, Hormone, Saxophone, Pavillons

Zu Diktat 239

Mal - Mahl: Erkennungsmal, Malbuch, Gastmahl, Grabmal, Mittagsmahl, Merkmal, Festmahl, Mahlwerk, Schandmal, Brandmal, Malstifte, Hochzeitsmahl

Zu Diktat 240

wieder - wider: Wiederbelebung, Widerstand, Widerhall, Wiederaufnahme, wiederholen, widerborstig, Widerhaken, wiedergeben, Widerspruch, Wiederwahl, Widerruf

Zu Diktat 242

mm oder m: Kommode, Amboß, Trommler, Komet, Bräutigam, Versammlung, Gesamtheit, Zimt, Kommandant, Himbeere, gekrümmt, Kameradschaft, trampeln, Brombeere, Rampe, rumoren, Emigrant, Bumerang, Kumpan, schimmlig, Krempe, komponieren, Kompott

Zu Diktat 245

e oder ä: krächzen, englisch, heftig, gären, Gerte, Verhängnis, abspenstig, Dämmerung, kentern, Sänfte, Gebärde, hartnäckig, merkwürdig, Krempel, träge, vergällen, verächtlich, Schneeschmelze, Felge, Schnürsenkel, verhärmt, Schwengel, ansässig, fächeln, Äquator, hebräisch, behende

Zu Diktat 246 L 261

rr oder r: Konkurrenz, beherbergen, Verwirrung, heraus, Barrikade, Baracke, Hermann, Terrasse, Zigarette, Zigarre, Karawane, Orient, Katarrh, unbeherrscht, verdorrt, Korridor, Karussell, närrisch, Irland, irrtümlich, Firnis, mürrisch, Terror, Herzog, Morast, korrigieren, starrsinnig, Porree, Karosserie, Konkurs

L 262

v oder w: Universität, Pavian, Juwelen, eingravieren, Adventszeit, Witwe, Lawine, Veranda, Ventilator, Forsteleve, Möwe, Olivenöl, nervös, Wrack, violett, Kurve, Diwan, Vulkan, Volontär, Pavillon, Slawen, Iwan, Vagabund, Revue, Villa, Vatikan, Eisenbahnwaggon, Silvesternacht, Videofilme, Sowjetrußland

L 263

Schreibweisen des langen a (Die berichtigten Fehler): Gärung, während, Haarsträhne, spärlich

Zu Diktat 247 L 264

z oder tz: Pelz, schwitzen, glitzern, Schweiz, Blitz, Arzt, Heizung, März, witzig, Kanzler, trotzig, ritzen, nützlich, Klotz, Pfefferminz, Tatze, Kerze, Kauz, zerplatzt, flitzen, Grütze, Matratze, abbeizen, gekratzt, glänzend, beherzt

L 265

Schreibweisen des langen e: Herzog, Problem, Zebra, Armeeführer, selig, Himbeersaft, Schiffsreeder, Rebe, Gelee, Lehrling, Schemel, Fehde, Beschwerde, Lorbeerblätter, Klischee, unbequem, predigen, Geestland, Entbehrung, Leeseite, Briefkastenleerung, Ausdehnung, Wehrdienst, scheel, Empfehlung, Sehne, Teleobjektiv, Lehrmeister

L 266

s oder z im Auslaut: Bestandsaufnahme, Glanz, Schmalz, nachts, bereits, Gips, Schwanz, Konsequenz, Filzhut, Sturzhelm, Arbeitstag, anfangs

Zu Diktat 249 L 267

Schreibweisen des langen a: Aasgeier, Rauchschwaden, Abendmahl, Kaplan, Portal, Saatbeet, Orkan, gefahrvoll, Holzspan, Draht, Maat, Tomate, fahl, Kran, Sklave, waagerecht, wagemutig, prahlerisch, qualvoll, Kapital, Karfreitag, Wahnsinn, haarig, ahnungslos

L 268

rr oder r (Die berichtigten Fehler): Korrektur, Zigarette, Karabiner, Garage, Korridor

Nachhilfebücher für Schule und Haus im BANGE - VERLAG

Robert Hippe

Der Unter- und der Mittelstufenaufsatz

6. Auflage   Best.Nr.: 0519-3

Anleitungen - Ausarbeitungen - Gliederungen - Themenvorschläge u.v.a. jeweils mit Lösungsschlüssel

Edgar Neis

Das neue große Aufsatzbuch

5. erneuerte Ausgabe   Best. Nr.: 0636-X

Methoden und Beispiele des Aufsatzunterrichts für die Sekundarstufen I und II

Zur Technik des Aufsatzschreibens - Stoffsammlung und Disposition - Wie schreibe ich eine Charakteristik? - Wie schreibe ich eine Erörterung? - Der dialektische Besinnungsaufsatz - - Themen und Aufsätze zu Problemen unserer Zeit - Aufsätze zur Literatur - Wege der Texterschließung - Interpretationshinweise - Fachbegriffe der Aufsatzlehre - Vorschläge für Aufsatzthemen u.v.a.

Edgar Neis

Deutsche Diktatstoffe

Unterstufe 3. bis 7. Jahrgangsstufe

5. erweiterte Auflage - Best.Nr.: 0524-X

Mittel- und Oberstufe 8. bis 13. Jahrgangsstufe

4. erweiterte Auflage - Best.Nr.: 0525-8

Beide Bände sollen der Einübung und Wiederholung der Rechtschreibung und Zeichensetzung dienen.
Jeder Band gliedert sich in zwei Teile, einen systematischen Teil, der zielbewußter Einübung von Wörtern, deren Schreibung Schwierigkeiten bereitet, dient und einen allgemeinen Teil. Dieser bringt zusammenhängende Diktatstoffe aus dem deutschen Schrifttum. Die Namen der Verfasser bürgen für die Stilhöhe der einzelnen Texte.

Klaus Sczyra

Komm, wir schreiben!

Rechtschreibübungsheft für das 2. und 3. Schuljahr

Format: DIN A4 - 40 farbige Illustrationen

Best.Nr.: 0614-9

Freude ist der Motor zum Erfolg. Nach diesem Grundsatz will der Autor den Kindern durch die lustbetonte, sehr abwechslungsreiche Art dieses Heftess den Weg zur Rechtschreibsicherung leicht machen.
In frohem Tun werden fast unauffällig fundamentale Kenntnisse der Rechtschreibung angeeignet, ohne daß die Kinder dabei den Eindruck des Übens haben.

Dichtung in Theorie und Praxis

Texte für den Unterricht

Jeder Band zwischen 120 und 196 Seiten, kart.Taschenbuchformat

Mit dieser neuen Serie von Einzelheften legt der BANGE Verlag Längs- und Querschnitte durch Dichtungs-(Literatur-)Gattungen für die Hand des Schülers der Sekundarstufen vor.

Jeder Band ist – wie der Reihentitel bereits aussagt – in die Teile THEORIE und PRAXIS gegliedert; darüber hinaus werden jeweils zahlreiche Texte geboten, die den Gliederungsteilen zugeordnet sind. Ein Teil ARBEITSANWEISUNGEN schließt sich an, der entweder Leitfragen für die einzelnen Abschnitte oder übergeordnete oder beides bringt. Lösungen oder Lösungsmöglichkeiten werden nicht angeboten.

Wir hoffen bei der Auswahl der Texte eine „ausgewogene Linie" eingehalten und die Bände für die Benutzer wirklich brauchbar gestaltet zu haben.

Es handelt sich um **Arbeits**bücher, die durch**gearbeitet** sein wollen; dem, der die Texte nur flüchtig „überliest", erschließt sich nichts.

Bei der Gestaltung der Reihe wird und wurde darauf geachtet, daß sie breit einsetzbar im Unterricht ist.

450	Die Lyrik	457	Die Fabel
451	Die Ballade	458	Der Gebrauchstext
452	Das Drama	459	Das Hörspiel
453	Kriminalliteratur	460	Trivialliteratur
454	Die Novelle	461	Die Parabel
455	Der Roman	462	Die politische Rede
456	Kurzprosa (Kurzgeschichte, Kalendergeschichte/ Skizze/Anekdote)	463	Deutsche Lustspiele und Komödien weitere Bände in Vorbereitung

C. Bange Verlag Tel. 09274/372 **8607 Hollfeld**

wach. Im vergangenen Monat hatte sich seine Mutter einmal verschlafen, weil der Wecker stehengeblieben war. Da hatte sich Willi tüchtig beeilen müssen, um nicht zu spät zum Unterricht zu kommen. Das kann nun aber nicht mehr geschehen. Neuerdings hat Mutter beim Bäcker Brötchen bestellt, die jeden Morgen geliefert werden. Fast auf die Minute genau schellt jetzt morgens der Bäckerlehrling und stellt die Brötchentüte neben die Haustür. Vom Schellen wird Willi jedesmal wach, reibt sich verträumt die Augen und blickt zur Uhr. Es ist Zeit zum Aufstehen. „Wir haben jetzt einen Brötchenwecker", sagt Willi lachend.

Übungsmöglichkeiten:
1. **äu – eu:** neuerdings, verträumt, seufzen, sträuben, verscheuchen, Säule, verleumden, vergeuden, Wollknäuel, sich schneuzen, räuspern, meutern, scheußlich, Greuel, Reue, Erläuterung, Beule, keuchen, versäumen, Schleuder
Ordne die Wörter nach ihrer Schreibweise (*äu* oder *eu*) und fülle die Lücken folgender Wörter durch Einsetzen von *äu* oder *eu*: B–tel, schl–dern, Br–tigam, abh–ten, bl–lich, Zig–ner, abent–erlich, l–ten, Grundst–er, Sch–sal, Ger–sch, ohrenbet–bend, Holzk–le, –ßerlich, T–schung, Spr–, s–erlich, sch–, ger–chert, Bed–tung, kr–seln, Gestr–ch!
(Arbeitshilfe: 12 Wörter werden mit *äu* geschrieben. Siehe Beiheft L 50!)
2. **fast – faßt:** fast = beinahe (fast verschlafen, fast gestürzt, fast verloren, fast verunglückt, fast stündlich, fast ein Kilogramm, ...)
er faßt mich, ihr habt angefaßt, er befaßt sich mit etwas, hart zugefaßt, schnell aufgefaßt, eingefaßt, verfaßt, eine vorgefaßte Meinung, untergefaßt
Bilde Sätze! (Es war fast unmöglich zu kommen. – Der Saal faßt vierhundert Personen.)
3. **Zusammengesetzte Zeitwörter (Verben):** aufstehen, stehenbleiben, radfahren, vorwärtskommen, mitlaufen, abwerfen, bewirten, zerreißen, unterhalten, mitteilen, entstehen, übereilen, vorsingen, verschlafen, hinüberschauen, hinterlassen, nebeneinanderlegen, einpflanzen, herausziehen, begreifen, durchkriechen, widersetzen, umschauen, teilnehmen, zurückgeben, fortschicken, haushalten, verrechnen, entziehen, ausstellen, zerstören, bekleben, wiedersehen, vollenden, rückwärtslaufen
Ordne nach trennbar und untrennbar zusammengesetzten Zeitwörtern (aufstehen, stehenbleiben, ... bewirten, zerreißen, ...)!
Setze dazu persönliche Fürwörter (Pronomen) (sie bewirten, er zerreißt, es entsteht, ... sie stehen auf, wir bleiben stehen, er fährt Rad, ...)!

4. **Komma vor „weil":** Mutter hatte sich einmal verschlafen, weil der Wekker stehengeblieben war. – Willi mußte aufstehen, weil er pünktlich in der Schule sein wollte. – Er war aber noch müde, weil er gestern spät eingeschlafen war.
Bilde ähnliche Sätze! Der mit „weil" eingeleitete Nebensatz kann auch am Anfang stehen. (Weil der Bäckerjunge schellte, erwachte Willi.)

50

Ein Weihnachtspaket für Großvater

Hans und Ilse wollen auch ihrem Großvater zu Weihnachten eine Freude bereiten. Schon seit vielen Tagen hat Hans mit Laubsäge, Feile, Pinsel und Lackfarben gearbeitet und einen Briefständer für Großvater fertiggestellt. Ilse hat für ihn in ihrer Freizeit einen Wollschal gestrickt, der auch ins Weihnachtspaket hineingelegt werden soll. Nun dürfen beide Kinder helfen, die Pakete zu packen. Mit Eifer wickeln sie alle Gaben, die für Großvater bestimmt sind, in buntes, glitzerndes Weihnachtspapier und verschnüren sie mit silberner Kordel. Behutsam verstaut Mutter die schön verpackten Geschenke in einen festen Pappkarton. Obenauf legt Ilse einen kleinen Tannenzweig mit einem Strohstern, den sie selbst gebastelt hat. Hans holt Packpapier und Bindfaden für das Paket. Bei dieser Beschäftigung spüren die Kinder, daß nicht nur das Empfangen von Geschenken erfreut, sondern daß auch das Geben glücklich macht.

Übungsmöglichkeiten:

1. **Langes ü ohne Dehnungsbezeichnung:** verschnüren, spüren, für, Vergütung, Zügel, prüfen, ermüdet, Blütezeit, trübe, Hünengräber, schwül, ...
Setze *ü* oder *üh* in die Lücken folgender Wörter: Geschw–r, B–ne, ber–mt, zerkr–meln, ausbr–ten, Fl–gelt–r, absp–len, verbl–t, K–ltruhe, Gem–se, Kleiderb–gel, H–nerstall, m–sam, Fr–lingsbl–ten, M–lrad, –bung, umr–ren!
(Arbeitshilfe: 10 Wörter werden mit *ü* geschrieben. Siehe Beiheft L 51!)

2. **Großschreibung von Zeitwörtern (Verben):** das Empfangen, das Geben, das Zuschauen, das Laufen, das Turnen, ...
Setze vor andere Zeitwörter (Verben) das Geschlechtswort (Artikel) und bilde damit Sätze! (Auch das Geben macht glücklich.)

3. **Wortfamilie „packen":** packen, an-, aus-, auf-, ein-, be-, ver-, zu-, zusammen-; Packpapier, -esel, -eis, -tasche, -raum; Packung, Schwitz-, Probe-, Schau-, Geschenk-, Ver-, Schutz-; Packer, Möbel-; Gepäck, Reise-, Hand-, Sturm-, -träger, -stück, -wagen, -raum, -abfertigung,

-marsch, -aufbewahrung, -versicherung, -netz; Päckchen, Geburtstags-aber: Paket, Wert-, Schnell-, Lebensmittel-, Weihnachts-, -karte, -zustellung, -beförderung, -zettel, -lage, -tisch, -wagen
Schreibe die Wörter vollständig ab!

4. **Wortfeld „Weihnachtsschmuck":** Tannenzweig, Christbaum, Strohsterne, Silberlametta, Christbaumkugeln, Weihnachtspapier, Christrosen, Rauschgoldengel, Weihnachtspyramide, Christbaumkerzen, Wunderkerzen, Engelhaar

6. SCHULJAHR

51

Der 32. Januar

Fritz läuft schmunzelnd mit dem neuen Abreißkalender zur Küche. „Mutter, sieh einmal! Der Januar hat in diesem Jahre zweiunddreißig Tage!" ruft Fritz. Die Mutter schaut ihn ungläubig an. „Zeig einmal!" bittet Inge, seine kleinere Schwester. Fritz blättert in dem Kalenderblock. „Schau! Da steht eine große Zweiunddreißig!" sagt er. Inge macht ein erstauntes Gesicht. „Mutter, das stimmt!" ruft sie aufgeregt. Nun blickt auch Mutter von ihrer Arbeit auf, um nach dem seltsamen Kalender zu sehen. „Vielleicht ist dieses Jahr ein Schaltjahr", meint Inge. „Das ist unmöglich", sagt Mutter, „denn kein Monat hat mehr als einunddreißig Tage. Vielleicht ist es ein Druckfehler." Nun schaut sich Mutter den merkwürdigen Kalenderzettel genau an und gibt ihn lachend Fritz zurück. „So schnell laß ich mich nicht anführen!" sagt sie. Auch Inge betrachtet den Kalender eingehend. Aber es dauert eine Zeit, bis sie merkt, daß Fritz von einem anderen Kalenderblatt eine Zwei herausgeschnitten und auf den letzten Zettel des Januar aufgeklebt hat.

Übungsmöglichkeiten:
1. **Großschreibung von Zahlwörtern (Numeralien):** eine große Zweiunddreißig, eine Eins im Zeugnis, ein Viertel, das Zehnfache, das Erste und das Letzte, Tausende von Menschen, Heinrich der Vierte, Viertel vor neun, sie ist Mitte Vierzig, der Dritte im Bunde, die Zahl Zwölf, ein halbes Hundert, eine Million.
   Ordne: 1. Zahlwörter, die als Hauptwörter (Substantive) besonders hervorgehoben werden (das Gehalt am Ersten, Anfang der Fünfzig, ...)
   2. Zahlwörter als Namen von Ziffern (die Acht, eine Zwei, ...)
   3. Zahlwörter, die Zahleinheiten bezeichnen (ein Drittel, Hunderte, ...)
   4. Zahlwörter in Titeln und Eigennamen (Friedrich der Erste, die Hohe Acht in der Eifel, ...)
2. **Wortfamilie „reißen":** reißen, ab- auf-, aus-, an-, ein-, herein-, mit-, herunter-, zer-, zusammen-, nieder-, entzwei-, heraus-, los-; reißend; reißerisch; Reißzwecke, -brett, -verschluß, -leine, -zeug, -schiene; Reißen, Glieder-; Riß, Mauer-, Seiten-, Auf-, Grund-; rissig Abreißkalender, Einreißhaken, Ausreißversuch, Zerreißprobe
3. **Komma trennt Anreden:** Mutter, das stimmt! – Hans, kommst du jetzt? – Gerda, deine Eltern fragten nach dir. – Hast du Geld verloren, Peter? – Ich weiß nicht, Inge, ob wir dir helfen können.

Bilde ähnliche Sätze, bei denen Anreden am Anfang, am Ende oder in der Mitte eines Satzes vorkommen!
4. **Wortfeld „laufen":** eilen, schreiten, jagen, gehen, wandern, marschieren, schlendern, stapfen, huschen, torkeln, strolchen, hinken, schleichen, flitzen, rasen, waten, bummeln, hetzen, stolzieren, wandeln, tippeln, humpeln, tappen, sausen, hoppeln, preschen, pilgern, spazieren, nachsetzen, trotten, pendeln, staken, stampfen, traben, rennen
Ordne die Wörter (langsame Bewegungen – schnelle Bewegungen)!
5. **Zusammengesetzte Mittelwörter der Vergangenheit (Partizipien im Perfekt):** aufgeregt, herausgeschnitten, längsgestreift, eisgekühlt, ferngesteuert, selbstgebaut, hervorgeholt, fettgedruckt, windgeschützt, weitgereist, welterfahren, altüberliefert, handgearbeitet, zusammengestellt, schneebedeckt, schuldbeladen, leidgewohnt, vorübergegangen, schmerzverzerrt, gutgelaunt, ausgefallen
In Zweifelsfällen achte auf die Betonung! (Das Kleid ist längs **gestreift**.
– Das **längs**gestreifte Kleid ist verhältnismäßig preisgünstig.)
Ordne die Mittelwörter nach der Art ihrer Bestimmungswörter (Verhältniswörter, Eigenschaftswörter, Hauptwörter)!

Auf der Rodelbahn

52

Am schönsten ist es jetzt auf der Rodelbahn. Die meisten Jungen und Mädchen haben einen Schlitten und ziehen damit zum Hang. Peter und seine Freunde sind schon seit dem frühen Nachmittag dort und veranstalten ein Wettrodeln. Sieger ist, wer am weitesten den Hang herunterrodelt. Außerdem muß jeder zwischen zwei Stöcken hindurchfahren, die sie als Tore in den Schnee gesteckt haben. Das macht ihnen viel Spaß. Bisher ist Gerd am weitesten gekommen. Nun ist Peter an der Reihe. „Paßt auf, wie man das macht!" ruft er seinen Kameraden zu. In sausender Fahrt steuert er auf die Stöcke zu. Doch durch die hohe Geschwindigkeit ist sein Schlitten etwas von der Bahn abgekommen. Mit aller Kraft will Peter ihn zwischen den Stöcken hindurchlenken. Fest hackt er mit dem rechten Absatz in die glatte, harte Schneedecke. Der Schlitten macht einen Ruck, dreht sich zwischen den Stöcken hindurch, und Peter landet in hohem Bogen im Schnee.

Übungsmöglichkeiten:
1. **Wörter mit tt:** Schlitten, Nachmittag, glatt, blättern, schattig, splittern, Gewitter, nett, Brett, Schutt, Rabatt, Quittung, Rettich, Bettler, Ritter, Mitte, Sattler, gestatten, zittern, Lazarett, Quartett, Werkstatt, violett, stattlich, zerknittert, Brikett, Zigarette, Stafette, Bottich, stottern, Zettel, flattern, Gitter, schnattern, Dotter, Matte

Bilde davon neue Wörter: (Schlittenfahrt, nachmittags, ...)
Begründe die Schreibweise und ordne die Wörter!

2. **ng oder nk:** Hang, Gelenk, blank, Schlingpflanze, Buchfink, Hering, Messing, Getränk, Rundfunk, schlank, Trinkgeld, Sprungbrett, Andrang, flink, langsam, Tankwagen, Zwang, Getränk, Wink, Meerestang, Ausschank, Zink, Gesang, Rang, gerankt, längst, Pfingsten, rücklings, Geschenk, eingerenkt, Gefängnis, Schwingachse, gering, Wildfang
Begründe die Schreibweise und ordne die Wörter (*ng – nk*)!

3. **Wortfamilie „Schnee":** Schnee, -ball, -decke, -mann, -flocken, -schuhe, -wetter, -schieber, -pflug, -glöckchen, -grenze, -schmelze, -hase, -verwehung, -höhe, -gestöber, -sturm, Neu-, Pulver-; schneeblind, -weiß, -kalt, -ig; schneien, ein-, ver-, zu-

4. **Hauptwörter (Substantive) mit der Nachsilbe -keit:** Geschwindigkeit, Nachlässigkeit, Einigkeit, Höflichkeit, Gültigkeit, Neuigkeit, Mattigkeit
Verbinde folgende Wörter mit der Nachsilbe *-keit*: herzlich, fähig, undankbar, ehrlich, unachtsam, zuverlässig, schnell, deutlich, schurkenhaft, fröhlich, pünktlich, feucht, haltbar, Streit, freundlich, gewissenhaft, einsam, bedürftig!

Vater kann alles!

53

Soeben hat Vater an seinem freien Samstag das Wohnzimmer fachmännisch tapeziert. Nun sieht der Raum wieder wie neu aus. Vater möchte jetzt Feierabend machen. Zufrieden mit seinem Werk, hat er sich in seinen Sessel gesetzt und liest die Tageszeitung. Da öffnet sich die Tür und neben ihm steht Peter, der den zerbrochenen Flügel seines Modellflugzeuges in der Hand hält. „Vater, mir ist beim Spielen das Flugzeug an der Hofmauer zerschellt. Hilf mir bitte, das Flugzeug wieder zusammenzubauen!" sagt Peter. „Hoffentlich gelingt uns das!" meint der Vater und sieht mit bedenklicher Miene auf das beschädigte Spielzeug. „Oh, du kannst doch alles!" ruft Peter mit überzeugtem Ton. Tatsächlich schafft es Vater mit geschicktem Basteln und in geduldiger Arbeit, den Schaden zu beheben. Peters Freude ist offensichtlich. Unterdessen ist Gerda mit ihrem Rechenheft hinzugekommen. Vergeblich hat sie sich bisher bemüht, einige Aufgaben der Prozentrechnung zu lösen. Sie weiß, Vater wird auch hier helfen.

Übungsmöglichkeiten:

1. **Wörter mit ll:** alles, zerschellen, Kelle, Stall, Kralle, schillern, wollig, Grille, hell, Brille, Stollen, Gebrüll, fällen, Bollwerk, Hölle, Gebell,

schellen, Schall, rollen, Müll, Knolle, Keller, stellen, Groll, füllen, Wille, verschollen, knallen, schnell, drollig, Kamille, ...
Bilde Reime! (Falle, Schnalle, ... Elle, Welle, ... Ball, Krawall, ...)
Schreibe zusammengesetzte Hauptwörter (Substantive)! (Bärenfell, Maurerkelle, ... aber: Stallaterne, Schalloch, Fußballänderspiel, Wollappen, Rolladen, stillegen, Schnellauf, Kontrollampe)

2. **t als Gleitelaut vor der Nachsilbe -lich:** hoffentlich, flehentlich, wissentlich, gelegentlich, wöchentlich, eigentlich, öffentlich, wesentlich, versehentlich, freventlich, namentlich, kenntlich, verschiedentlich, ordentlich, geflissentlich, erkenntlich; aber: morgendlich, abendlich, verständlich, jugendlich, endlich

3. **Zeitwörter (Verben) mit der Nachsilbe -ieren:** tapezieren, studieren, radieren, rasieren, halbieren, addieren, planieren, dividieren, ...

4. **Unterscheiden der Wörter „Miene" und „Mine":** Gesichtsmiene, Mienenspiel, gute Miene zum bösen Spiel machen, freundliche, düstere, heitere, ... Miene – Bleistiftmine, Sprengmine, Kohlenmine, Minensuchboot, Minenleger, vermint, unterminieren
Bilde Sätze!

5. **Bildung von zusammengesetzten Zeitwörtern (Verben) mit „zusammen":** zusammenbauen, -setzen, -legen, -stellen, -kommen, -laufen, -stoßen, -leimen, -klappen, -nageln, ...
Setze die Reihe fort!

54

In der Buchhandlung

Erika wollte ihrer Freundin zum Geburtstag eine Freude bereiten. „Ein Buch ist ein passendes Geschenk!" sagte sich Erika und ging zur nächsten Buchhandlung. Im Schaufenster entdeckte sie eine beträchtliche Anzahl von Jugendbüchern, von denen sie einige selbst kannte. Erika betrat kurz entschlossen das Geschäft, denn sie wußte, daß hier eine noch größere Auswahl zu finden war. Bis an die Decke waren die hohen Regale mit Büchern gefüllt. Auf schiebbaren Leitern konnten die Verkäuferinnen leicht auch das oberste Regal erreichen. Erika ließ sich Tierbücher zeigen. Ihr war bekannt, daß ihre Freundin diese von allen Bücherarten am liebsten las. Aus verschiedenen Regalen hatte die Verkäuferin Jugendbücher mit Tiergeschichten geholt und vor Erika aufgestapelt. Eins nach dem andern schaute sie sich an. „Wer die Wahl hat, hat die Qual", dachte Erika. Zuletzt entschied sie sich für eine spaßige Hundegeschichte, die Ute sicherlich gern lesen würde.

Übungsmöglichkeiten:
1. **d als Endlaut:** Handlung, Jugend, blind, Wand, blond, Spind, wund, Herd, Band, wild, Schuld, Grund, Geduld, Bord, Abschied, Ludwig, niedlich, Ordnung, Elend, Brandstelle, Rekord, schädlich, Magd, redlich, Leid, Dutzend, Bussard, Admiral, Schlund, Advent, Verstand, Jod, Pfand, Held, gesund, Abend, Widmung, Schwindsucht, Schild, Jagd, Versand, Gold, Rand, Tod, Unterschied, bald, Strand
Versuche zu beweisen, daß diese Wörter mit *d* geschrieben werden!
(Handlung – handeln, blind – erblinden, ...)
2. **Langes a mit unbezeichneter Dehnung:** Geburtstag, sie betrat, Regale, schiebbar, sie las, aufstapeln, Qual, Braten, waten, Tal, Tafel, Taler, Grad, Schwan, Orkan, Tran, Vorname, Kanal, Heilbad, Pfad, schmal, Ader, brav, Maler, Ware, Bargeld, Same, schadhaft, Gram, Schale, Graben, Wade, Schal, Drama, Schar, Lama, Zebra, Star, Rathaus, Spaten, Salat, Altar, traben, Denkmal, Hafen, madig, Sago, Bienenwabe, Holzspan, Leichnam, klar, Faden, Kran
Bilde davon neue Wörter! (vertragen, Bücherregal, ...)
3. **Wörter mit ts:** Geburtstag, bereits, abseits, stets, abwärts, Amtsgericht, arbeitslos, rechts, Lotse, Nichtsnutz, Rückgratsverletzung, Wirtshaus, einsichtsvoll, Weihnachtsfeier, Geschichtsunterricht, Habichtsfeder, Rechtsanwalt, Freiheitsfeuer, Rätsel, jenseits, Gehaltsvorschuß, gemütskrank, Gutsbesitzer, blutsverwandt, Krankheitsursache, Staatsmann, Gesellschaftszimmer, Gesichtswasser, nachts
Suche zu folgenden Wörtern ein Grundwort und bilde zusammengesetzte Hauptwörter (Substantive): Ort, Advent, Landschaft, Arbeit, Boot, Mannschaft, Hochzeit, Leutnant, Gewicht, Heiterkeit, Amt, Gelegenheit, Elektrizität, Sehnsucht, Gewohnheit! (Ortsschild, Adventszeit, ...)
4. **Eigenschaftswörter (Adjektive) mit der Nachsilbe -lich:** beträchtlich, sicherlich, namentlich, kindlich, herrlich, weiblich, grünlich, stattlich, leserlich, redlich, unverbesserlich, säuerlich, wohnlich, liederlich
Bilde aus folgenden Wörtern mit Hilfe der Nachsilbe *-lich* Eigenschaftswörter (Adjektive): Raum, Geld, Bild, Farbe, Abscheu, Haus, Jahr, Tag, Schaden, Gemüt, Hand, Land, Schrift, Mund, Punkt, Grund, Süden, Bau, Gefahr, Welt, Geist, Beruf, Amt, Mensch, Fürsorge, Gott, Fest, Weihnachten, Sommer, Norden, Herbst!
5. **Wortfamilie „schließen":** an-, ab-, auf-, aus-, be-, er-, ent-, zu-, zusammen-, ver-; schließbar, ab-, ver-; Schließfach; Schließung; Türschließer; Schluß, Ver-, Ab-, Aus-, An-, Be-, Ent-, Sommer-verkauf, -punkt, -licht, -strich; Schlüssel, Haus-, Zimmer-, Himmel-, Schrank-, -bein, -brett, -stellung, -loch, -übergabe; Schloß, -herr, -hof, -park, -wache;

Türschloß, Königs-, Sicherheits-; Schlosser, Kunst-, -werkstatt, -meister, -handwerk; Schlosserei
Schreibe die Wörter vollständig ab und ordne sie dabei nach der Schreibweise des S-Landes (*ß – ss*)!

55
Ein feiger Indianer

Hans hatte sich für die Fastnachtstage als Indianer verkleidet. Längs der Hosennaht waren rote Fransen befestigt, und als Kopfschmuck trug er große, bunte Federn. Gesicht und Hals hatte er mit rotbrauner Farbe beschmiert und vor die Augen eine Maske gebunden. Nun konnten ihn selbst seine befreundeten Kameraden kaum noch erkennen. Anstelle einer Streitaxt schwang Hans eine Fastnachtspritsche und rannte laut johlend über die Straße. Vor ihm liefen zwei kleine Mädchen, die sich über ihre farbenfrohen Kostüme freuten. Hans schlug beiden die Pritsche um die Ohren, daß die Mädchen laut weinend fortliefen. Genauso trieb er es mit einer Gruppe kleiner Jungen, die Luftschlangen lustig im Winde wehen ließen. Vor Übermut schlug er sogar einer alten, gehbehinderten Frau mit seiner Pritsche auf den Rücken. Plötzlich faßte ihn jemand an der Schulter und sagte: „Das ist aber ein feiger Indianer, der nur kleine Kinder und alte Leute angreift!" Beschämt schlich Hans fort.

Übungsmöglichkeiten:

1. **s oder z im Auslaut:** Hans, Fastnachtspritsche, Hals, Schmalz, Prinz, Gans, Pilz, Glanz, Filz, Reiz, Schwanz, Fels, Tanz, bereits, Pelz, Salz, Geiz, ebenfalls, Kranz, Puls, vergebens, Malz, Lenz, Milz, Franz, Falz, morgens, abends, Zins, stolz, eigens, Holz, Herz, Geburtstag, Pfalz
Begründe die Schreibweise und ordne die Wörter a) nach ihrer Schreibweise, b) nach Reimen! Bilde nach Möglichkeit die Mehrzahl (Plural)!

2. **Komma zwischen gleichwertigen Beifügungen (hier: Eigenschaftswörter):** große, bunte Federn; eine alte, gehbehinderte Frau; schöne, neue Schuhe; lange, bunte Luftschlangen, ...
Schreibe zum Sachgebiet „Karneval" andere derartige Zusammenstellungen!

3. **Wörter mit x:** Axt, Text, Max, Hexe, Alexander, boxen, fix, Nixe, feixen, Export, Felix, Lexikon, Taxe, Xaver
Ordne die Wörter alphabetisch!

4. **Wörter mit tsch:** Pritsche, Kutsche, rutschen, Latschen, Peitsche, quetschen, verhätscheln, lutschen, Tratsch, quietschen, zwitschern, watscheln, Bratsche, quatschen, patschen, klatschen, fletschen, ratschen
Bilde neue Wörter! (Holzpritsche, Hochzeitskutsche, ausrutschen, ...)

5. **Zusammengesetzte Zeitwörter (Verben) mit „fort":** fortlaufen, fortgehen, fortjagen, fortführen, ...
Bilde zusammengesetzte Zeitwörter (Verben) aus: werfen, fahren, stoßen, stellen, schwimmen, kriechen, fliegen, wandern, reiten, schreiten, ziehen, pflanzen, setzen, kommen, fallen!
Schreibe davon die Mittelwörter der Vergangenheit (Partizipien im Perfekt: fortgeworfen ...)!

56
Die alte Stadt

Fast tausend Jahre besteht sie schon, die alte Stadt. Zwar sind viele Städte unseres Landes im Laufe der Jahrhunderte viel größer und bedeutungsvoller geworden, aber nur wenige haben eine so reiche Geschichte hinter sich. Einige historische Häuser sind noch stumme Zeugen längst vergangener Zeit. Besonders schöne mittelalterliche Bauten stehen am Marktplatz. Es sind Handelshäuser, die wohlhabenden Kaufleuten gehörten. Hier auf dem Markt kreuzten früher zwei Handelsstraßen, die der Stadt schnelles Aufblühen und Wohlstand bescherten. Durch den Fleiß der Handwerker und Kaufleute wurde die Stadt bald zu einem bedeutenden Handelsplatz. Eine prächtige Kirche mit vielen Kostbarkeiten wurde zur Ehre Gottes errichtet. Noch heute grüßt uns schon von weitem der mit Grünspan bedeckte Turmhelm. Auch ein Teil der alten Stadtmauer mit einem der vier Tortürme hat die Jahrhunderte trotz Krieg und Brand überdauert. Doch die Bedeutung dieser Stadt ist einer beschaulichen Ruhe gewichen, denn der Hauptverkehr zieht nun über andere Straßen.

Übungsmöglichkeiten:
1. *Stadt – Statt – Staat:* Stadtmauer, Industriestadt, staatlich, stattlich, städtisch, anstatt, Staatsdienst, stadtbekannt, Statthalter, Stadtplan, statthaft, Staatenbund, Kleinstadt, gestatten, Werkstatt
Ordne die Wörter und füge andere hinzu!
Verbinde folgende Wörter mit *Stadt, Staat* oder *Statt*: groß, Bund, Präsident, finden, Kreis, Grenze, Anwalt, Lager, Vertrag, Theater, Bürger, Direktor, frei, Hafen, geben, Park, Nachbar, Feiertag, alt!
Siehe Beiheft L. 52!
2. **äu – eu:** bedeutungsvoll, Handelshäuser, Kaufleute, kreuzen, heute, verträumt, säuerlich, beschleunigen, Gebäude, Scheune, verräuchert, läuten, keuchen, Geräusch, Zigeuner, Spreu, betäubt, häufig, Beule, kräuseln, meutern, bläulich, neulich, heulen, träufeln, Knäuel, seufzen, scheu, säuseln, vergeuden, Säule, erläutern, scheußlich, sträuben, steuern, Greueltat, häuten, schäumen, ungläubig

Ordne die Wörter nach ihrer Schreibweise (*äu – eu*)!
Ergänze folgende Wörter: vers–men, Bed–tung, L–chter, S–gling, Verl–mder, r–spern, h–cheln, M–terei, S–re, T–schung, verstr–en, H–ptling, ohrenbet–bend, K–chhusten, Schl–der, Wollkn–el, versch–chen, R–ber, Gestr–ch, anf– ern, S–fzer, Kr–ter, Kr–zer, s–bern, d–tlich!
(Arbeitshilfe: 13 Wörter werden mit *eu* geschrieben. Siehe Beiheft L. 53!)

3. **d oder t im Auslaut:** tausend, Jahrhundert, Wohlstand, Zeit, Markt, bald, Haupt, Brand, Hirt, Schlüsselbund, Buntstift, Leopard, Dutzend, Jagd, blind, zart, Schild, Gurt, jemand, Wirt, Rückgrat, Längengrad, Schlund, Schulrat, Fahrrad, Kleingeld, hart, Landschaft, Atlas, Abschied, Advent, Geleit, Heimat, grundlos, mutwillig
Ordne die Wörter nach ihrer Schreibweise (*d – t*)!
Ergänze in folgenden Wörtern *d* oder *t*: Gedul–, Spal–, Wel–, Breitengra–, Schwin–such–, Bor–, Brann–wein, Gebirgsgra–, Schul–, Bran–stelle, Ei–, Bussar–, Gestal–, Kamera–, blon–, Lei–tier, grun–los, Or–, Hel–, Zel–, Gerä–, Zahnra–, sü–lich, Gebur–, Gewan–, gesun–, Wi–we, Mitlei–!
(Arbeitshilfe: Bei 12 Wörtern muß *t* eingesetzt werden. Siehe Beiheft L. 54!)

4. **Langes a ohne Dehnungszeichen:** Grünspan, schmal, Adel, Kram, Schwan, Same, Tran, Bad, Leichnam, Bargeld, Qual, Kanal, Quadrat, Ar, Schal, Star, Schale, schamhaft, Name, Grabmal, Hafer, gramvoll, einmal, Orkan, Choral, Schicksal, klar, wagen, Krater, Schaden, Uran, Ware, rar, Faden, Karfreitag, gar, abgeschabt, Plakat, Zitronat, Karneval, Signal, Taler, Reklame
Bilde davon neue Wörter! (Holzspan, Schmalspur, ...)

57
Ein Haus für einen Fremden

In den letzten Jahren wurde auch in den Dörfern tüchtig gebaut. Besonders an den Dorfrändern wurde ein Neubau nach dem anderen errichtet und trug erheblich zur Veränderung des Dorfbildes bei. So entstanden bald neue Straßenzüge oder sogar ganze Ortsteile. Viele Städter wußten eine ruhige Wohnlage zu schätzen und siedelten gern in die Dörfer über. Jedoch waren viele Bauern mit dieser Entwicklung nicht immer einverstanden. Eines Morgens stand wieder ein Bagger in einem Dorf und begann seine Arbeit. Anscheinend wurde wieder Erde für einen Neubau ausgeschachtet. Ein alter Bauer aus der Nachbarschaft, der an der neuen Arbeitsstelle vorüberkam, erkundigte sich nach dem Bauvorhaben. „Für wen wird denn hier schon wieder gebaut?" fragte er mißmutig. „Wir bauen ein Haus für den Transformator!" erwiderte der Angeredete. „Den kenne ich nicht", sagte der Bauer, „das ist schon wieder so ein Fremder!"

Übungsmöglichkeiten:
1. **Wörter mit der Vorsilbe miß-:** mißmutig, Mißverständnis, mißlingen, Mißgeschick, mißbilligen, Mißernte, Mißverhältnis, mißtrauisch, Mißgunst, mißfallen, mißhandeln, Mißbrauch
   Gib folgenden Wörtern mit Hilfe der Vorsilbe *miß-* eine gegenteilige Bedeutung: Erfolg, Verständnis, glücken, vergnügt, vertrauen, Klang, Wuchs, Bildung, Stimmung, geraten, gönnen, Handlung, achten!
2. **Wörter mit gg:** Bagger, Egge, Dogge, Flagge, schmuggeln, Waggon, Roggen, flügge, Doggerbank (Sandbank in der Nordsee), Brügge (Stadt in Belgien)
   Ordne die Wörter nach dem Alphabet und bilde neue Wörter (baggern, eggen, . . .)!
3. **Schreibung der Tageszeiten:** eines Morgens, am Morgen, der Morgen, heute morgen, frühmorgens, morgens früh, Sonntag morgen, am Sonntagmorgen
   Schreibe ähnliche Reihen mit anderen Tageszeiten!
4. **Wortfeld „sprechen":** sagen, erwidern, erkundigen, fragen, vortragen, antworten, entgegnen, schimpfen, schreien, rufen, flüstern, tuscheln, jammern, beteuern, bemerken, klagen, plaudern, erzählen, berichten, stottern, meinen, schwatzen, schelten, murren, jubeln, einwenden, prahlen, erwähnen, reden, äußern, lallen, babbeln, lispeln, schluchzen, zetern, behaupten, erklären, schwören, stammeln, mahnen, bitten, lügen, murmeln, danken, gröhlen, betteln
5. **Großschreibung von Eigenschaftswörtern (Adjektiven):** fremd, der Fremde, in die Fremde; gut, das Gute, Gutes tun; arm, die Armen, Arme und Reiche; blau, das Blau des Himmels, zum Blau des Kleides, die Blauen (Mannschaft in blauer Kleidung); warm, etwas Warmes zum Trinken, im Warmen
   Verwende folgende Eigenschaftswörter (Adjektive) als Hauptwörter (Substantive): böse, dunkel, hell, schlimm, krank, kalt, schwarz, klug! Bilde damit Sätze!

58

Der Großvater erzählt

Großvater zählt zu den ältesten Bewohnern des Dorfes. Er war hier groß geworden und wohnte in der Schmiede, die seinem Vater gehörte. Schon als Schuljunge half er, Hufeisen zu schmieden, Ackergeräte zu reparieren oder Pferde zu beschlagen. Wir hören ihm gern zu, wenn er von seiner Jugendzeit erzählt. – „Ja," sagt Großvater, „damals gab es im Dorf noch keine Motorfahrzeuge und Maschinen. Sogar Fahrräder waren selten, nur die Reichsten besaßen eins. Die Mehrzahl der Leute war arm. Mit großen Tragkörben gingen sie viele Kilometer bis zur Stadt, um dort Eier, Butter, Obst und Gemüse zu verkaufen. Manchmal konnten sie ihre Erzeugnisse nicht absetzen. Dann mußten sie den langen Weg mit den Lasten wieder zurückgehen. Auch die Kinder arbeiteten schon tüchtig mit. Während der Wintermonate wurde das Getreide gedroschen oder Heimarbeit gemacht. Da gab es Beschäftigung für alle das ganze Jahr hindurch."

Übungsmöglichkeiten:

1. **Hauptwörter (Substantive) mit der Nachsilbe -nis:** Erzeugnis – Erzeugnisse, Hindernis – Hindernisse, Ereignis – Ereignisse, Bildnis – Bildnisse

   Bilde aus folgenden Zeitwörtern (Verben) mit Hilfe der Nachsilbe *-nis* Hauptwörter (Substantive) und setze sie in die Mehrzahl (Plural): besorgen, gleichen, begraben, erleben, ersparen, verhalten, verbünden, fangen, betrüben, faulen, verstehen, vorkommen, versäumen, geloben!
   Siehe Beiheft L 55!

2. **Wörter mit äh:** erzählen, während, zähmen, bewähren, ähnlich, ungefähr, Ähre, erspäht, gähnen, allmählich, Mähre, gezähmt, Nähseide, Ernährung, Fährte, gewähren, strähnig, gelähmt, Währung, erwähnen, Fähre, wählen, gefährlich, Mähne
   Leite von diesen andere Wörter ab!

3. **Wortfeld „arbeiten":** schaffen, sich plagen, werken, sich betätigen, handeln, sich anstrengen, leisten, sich regen, schuften, sich bemühen, sich beschäftigen, seine Kräfte zusammennehmen, sich schinden, wirken, seiner Arbeit nachgehen, sein Brot verdienen, herstellen, erzeugen, sich abrackern, sich abquälen
   Verwende die Wörter in Sätzen!

4. **Langes i ohne Dehnungszeichen:** Kilometer, Linie, Maschine, Igel, Tiger, Primel, Kaninchen, Bibel, Petersilie, Medizin, Ruine, Krokodil, Rosine, Liter, Fibel, Apfelsine, Benzin, Biber, Kino, erwidern, Lilie, Lokomotive, Familie, Gardine, Giraffe, Kamin, Margarine, Lineal
   Bilde davon neue Wörter! (kilometerlang, liniert, ...)

Textilfasern 59

Bereits vor Jahrtausenden haben sich die Menschen aus tierischen oder pflanzlichen Fasern Kleidungsstücke hergestellt. Spindel und Webstühle waren schon in der jüngeren Steinzeit bekannt. Aus Leinen und Schafwolle entstanden kleidsame Gewänder. Auch Seide wurde bereits vor fünftausend Jahren verarbeitet. Auf der berühmten Seidenstraße brachten chinesische Kaufleute sie bis nach Europa. Aber sie war früher so wertvoll, daß sie sogar mit Gold aufgewogen wurde. Im vorigen Jahrhundert gelang Wissenschaftlern die Herstellung seidenähnlicher Fäden. Da die künstliche Seide billiger hergestellt werden konnte, war die Vormachtstellung der Naturseide gebrochen. Vor einigen Jahren schufen deutsche Forscher aus Steinkohlenteer und Kalk die äußerst haltbare Perlonfaser. In Verbindung mit anderen Fasern hat Perlon eine sehr vielseitige Verwendungsmöglichkeit. Aber noch immer ist Baumwolle die am meisten gefragte und verarbeitete Textilfaser der Welt.

Übungsmöglichkeiten:

1. **Der X-Laut in seiner verschiedenartigen Schreibung:** Textilien, Häcksel, rings, Koks, Dachs, Abwechslung, Text, Klecks, rücklings, sechs, Hexe, Eidechse, flugs, boxen, Achsel, unterwegs, wachsen, ...
   Ergänze folgende Wörter: E–port, Sa–en, län–t, Mi–er, Ta–e, O–se, än–tlich, La–, A–t, Ke–, Arztpra–is, e–plodieren, lin–, dre–eln, Hen–t, Gewä–haus, allerdin–, Blechbü–e, anfan–, Fu–, Wagena–e, Te–tbuch, verwe–eln, hinterrü–, E–periment, Kni–, Wa–kerzen, Dei–el!
   (Arbeitshilfe: In 11 Wörtern muß *chs*, in 8 *x*, in 5 *gs* und in je 2 *ks* und *cks* eingesetzt werden. Siehe Beiheft L 56!)

2. **Eigenschaftswörter (Adjektive) mit der Nachsilbe -isch:** tierisch, chinesisch, betrügerisch, mörderisch, himmlisch, rumänisch, katholisch, herrisch, europäisch, gotisch, regnerisch, gebieterisch, neckisch, englisch, ...
   Wandle die folgenden Wörter mit Hilfe der Nachsilbe *-isch* in Eigenschaftswörter (Adjektive) um: erfinden, Kind, Hölle, Dieb, Sturm, verraten, Amerika, trügen, Weib, Räuber, Teufel, Rhein, Bauer, verführen, Tücke, Schlesien, zanken, Westfalen, Seele!

3. **Langes u ohne Dehnungszeichen:** Naturseide, Schule, Schwur, Frisur, Wut, Flut, Krume, Fuder, verludern, Schnute, verbluten, Kurbad, Rute, umspulen, Urenkel, Rune, Glut, Ruine, Brut, Spur, Ursprung, Jubel, Knute, Kanu, hupen, Nute, Tube
   Schreibe die Wörter in alphabetischer Reihenfolge ab!

4. **Wörter mit ll:** billig, Herstellung, Schafwolle, wertvoll, schellen, Weltall, Elle, gefällig, Roller, gutwillig, Schnalle, Stall, grollen, Porzellan, Wallfahrer, kristallklar, vielleicht, Parallele, Millimeter, Tollkirsche, gleichfalls, Ellipse, Grille, Karussell, Pullover, Quelle, grell, Gesellschaft, Ballon, Knall, Metall, Pellkartoffel, tollen, Scholle, verzollen, allmächtig, Grill

aber: Walnuß, Holunder, Almosen
Ordne nach Wortarten!
Beachte: Eisschnellauf, Fußballänderspiel, Fallinie, Schalluke, Stallaterne, Wollappen, Stilleben, Rolladen, Metalleiste, Kontrollampe!
Bei der Silbentrennung erscheinen wieder drei *l*. (Eis-schnell-lauf, ...)
5. **Wörter mit üh:** berühmt, früher, Fühler, Kühnheit, Bühne, verblüht, Wühlmaus, rühren, Gestühl, ungebührlich, verführen, ...
Fülle die Lücken durch *ü* oder *üh* aus! ungest–m, zerkr–meln, Gef–l, Unget–m, gem–tlich, H–nengräber, K–lschrank, erm–det, Geschw–r, Kirschbl–te, Windm–le, Vor–bung, schw–l, Gem–se, Gew–l, D–nen, m–sam, nat–rlich, Sp–rhund, Geb–r, L–gner
(Arbeitshilfe: 6 Wörter erfordern *üh*. Siehe Beiheft L 57!)

60

Eine Fahrt durch das Industriegebiet

Es ist noch früh am Morgen. In den Abteilen eines Frühzuges sitzen einige Männer, die müde an den Fenstern lehnen. Es sind Bergleute, die von der Nachtschicht kommen. Sie haben ihre gefahrvolle Arbeit unter Tage beendet und sind auf der Heimfahrt. Die Eisenbahnstrecke führt an hohen Eisengerüsten der Fördertürme, an weiträumigen Fabrikhallen und wuchtigen Hochöfen vorüber. An einem Ofen wird soeben rotglühende Schlacke abgelassen. Doch die Männer schauen nicht nach draußen. Einige haben den Kopf in die Hände gestützt und versuchen, ein paar Minuten zu schlafen. Andere benutzen die Fahrt, die neuesten Berichte in den Zeitungen zu lesen. Ihnen allen ist die Industrielandschaft bekannt, durch die sie täglich fahren, mit den rußigen Schloten und den hoch aufgeschichteten Halden in den großen Werksanlagen. Durch ein fast unübersehbares Meer von Häusern geht die Fahrt, denn in vielen Teilen des Industriegebietes grenzt eine Stadt an die andere. Auf allen Bahnhöfen stehen Leute. Sie wollen diesen Frühzug benutzen, um pünktlich an ihrem Arbeitsplatz zu sein.

Übungsmöglichkeiten:
1. **Langes o ohne Dehnungszeichen:** Schlot, verschonen, Alkohol, Krone, Thron, Zone, Betonung, Erholung, Globus, loten, verchromt, Person, Bote, Chor, Schoner, Gebot, Nordpol, Schote, Knoten, schmoren, Poren, modern, Strom, Kanone, Mond, Atom, Probe, geboren, Solbad
Ordne die Wörter nach dem Alphabet!
2. **Wortfamilie „Hand":** Hand, -ball, -stand, -arbeit, -schrift, -tuch, -habe, -schreiben, -umdrehen, -korb, -schlag, -schuh, -werk, -streich, -tasche, -wagen, -schelle, -griff, -langer, -granate, -gemenge, -buch, -gelenk, -voll, Ober-, Kinder-; handgreiflich, -breit, -lich, -fest, aller-, kurzer-,

über-; abhanden, vor-; Händedruck, -klatschen; händeringend; eigenhändig, beid-; behende; Linkshänder; aushändigen; Hantel; Handel; Handelsmann, -haus, -marine, -ware, -vertreter, -kammer, -gesellschaft; Handlung, Möbel-, Groß-, Be-; Handlungsgehilfe, -weise; Händler, Kohlen-, Altwaren-, Unter-, Einzel-; handeln, be-, ver-, ein-, aus-, ab-
Beachte die Schreibweise des Wortes „behende"!

3. **Das silbentrennende h:** Frühschicht, glühen, hohe, übersehbar, gehen, stehen, ziehen, Stroh, Schuhwerk, nähen, Reihe, ruhen, Vieh, fröhlich, krähen, Weihe, verzeihen, Leihbücherei, drohen, Ehe, wehen, drehen, verschmähen, Truhe
Bilde davon neue Wörter! Aber beachte, daß vor der Nachsilbe -heit das *silbentrennende h* wegfällt (Roheit, Hoheit, Rauheit)! Auch beim Trennen der Silben bleibt es fort (Ro-heit).

4. **tzt oder zt:** gestützt, geschwärzt, abgegrenzt, zerfetzt, zuletzt, Arzt, besetzt, beherzt, bekränzt, erhitzt, bespritzt, ergänzt, abgehetzt, gewalzt, angespitzt, verschmutzt, geschnitzt
Ordne die Wörter (*zt – tzt*) und begründe ihre Schreibweise!
Einsetzungsübung: gekra–, je–, gebli–, gemün–, gebei–, geschwi–, gehei–, eingeri–, gekreu–, zerpla–, gewäl–, gekür–, unterschä–, abgestür–, genü–, gewür–, gesal–, gegrun–, abgehol–, zugespi–
(Arbeitshilfe: 11 Wörter werden mit *zt* geschrieben. Siehe Beiheft L 58!)

5. **Zusammengesetzte Mittelwörter der Gegenwart (Partizipien im Präsens):** hochragend, rotglühend, schmerzstillend, hustenlindernd, zusammenhaltend, nachgebend, wegweisend, langanhaltend, hellleuchtend, schmutzlösend, aufregend, tierliebend, furchterregend, weitreichend, hilfesuchend
Bilde Sätze!

61

Eine große Osterüberraschung

Schon tagelang hatten wir uns auf Ostern und ganz besonders auf das Suchen der Ostereier gefreut. Nun suchten mein Bruder und ich bereits länger als eine Stunde in unserem Garten. Auf den Beeten, zwischen den Sträuchern, hinter den Baumstämmen, in Blumenstauden und Grasbüscheln, überall hatten wir schon nachgeguckt und viele bunt gefärbte Eier gefunden. Doch noch immer sagten die Eltern, die uns lachend zuschauten: „Ihr müßt noch weitersuchen, denn die schönste Überraschung habt ihr bisher nicht entdeckt." Verdutzt schauten wir uns gegenseitig an. „Wo sollen wir denn noch suchen?" fragten wir uns völlig ratlos. Plötzlich begannen Vater und Mutter gleichzeitig zu lachen. Erstaunt sahen wir uns um. Zwischen den Johannisbeersträuchern hoppelte gemächlich ein kleines, graubraunes Kaninchen umher. „Nun könnt ihr mit dem Suchen aufhören!" rief der Vater lachend. Vor Freude klatschten wir in die Hände. Nun hatten wir einen lebendigen Osterhasen. Er sollte sich bei uns wohl fühlen!

Übungsmöglichkeiten:

1. **Wörter mit ee:** Beet, Johannisbeerstrauch, Tee, Seele, Gelee, Klee, Fee, Teer, leer, Kaffee, See, Heer, Lorbeer, Reeder, Heer, Armee, verheeren, Schnee, Spree, Idee, Allee, scheel, Meer, Speer
   Setze *e, eh* oder *ee* ein! Verh–rung, Ver–rung, s–lisch, S–ligkeit, entb–rlich, bequ–m, Geb–t, B–tumrandung, Erdb–re, f–nhaft, F–de, Sch–mel, L–m, Th–ma, Kamillent–, bel–ren, entl–ren, S–lenheil, glücks–lig, Tap–te, L–rling, S–nsucht
   (Arbeitshilfe: In 8 Wörter ist *ee*, in 7 *e* und in 7 *eh* einzusetzen. Siehe Beiheft L 59!)

2. **Wörter mit tsch:** klatschen, verrutscht, Kutscher, plätschern, Kitsch, lutschen, quatschen, verhätscheln, quietschen, zwitschern, Peitsche, Bratsche, tratschen, quetschen, Pritsche, Gletscher, Grätsche, patschen
   Schreibe die Wörter ab und trenne sie nach Silben!

3. **Mittelwörter der Vergangenheit (Partizipien im Perfekt) mit der Endung t:** erstaunt, gefärbt, nachgeguckt, abgespannt, zugeschaut, gefreut, gesinnt, beschert, geträumt, verreist
   Bilde von folgenden Zeitwörtern (Verben) die Mittelwörter der Vergangenheit (Partizipien im Perfekt): bestimmen, brennen, holen, lenken, rennen, führen, rühmen, loben, kauen, lehren, untersuchen, entsetzen, überraschen, verheiraten, wiederholen, entbehren, verzaubern, operieren, verkaufen!

4. **Zusammengesetzte Eigenschaftswörter (Adjektive) – Das Bestimmungswort ist ein Hauptwort (Substantiv):** tagelang, schokoladenbraun, turmhoch, scharlachrot, taufrisch, pfeilschnell, wieselflink, strohgelb, federleicht, eiskalt, zentnerschwer, windstill, sternklar
   Setzte passende Hauptwörter (Substantive) vor folgende Eigenschaftswörter (Adjektive): grau, dunkel, lang, grün, schwer, hart, reich, alt, sauer, weich, bitter, hell
   Siehe Beiheft L 60!

5. **Aufeinanderfolge gleicher Mitlaute (Konsonanten) bei Zusammensetzungen:** Überraschung, erreichen, Strohhüte, auffällig, abbürsten, mitteilen, vorrechnen, Aussendung, vielleicht, Unterricht, Aufführung, mittellos, Verrat, Rätsellösung, errichten, Stadttheater
   Schreibe ähnliche Wörter!

62

Tonis Gartenarbeiten

Toni half den Eltern oft und gern bei den Gartenarbeiten. Diesmal durfte er sogar allein Erbsen legen. Das Beet hatte Vater bereits umgegraben. Mit Hilfe der Gartenleine zog Toni Rillen auf dem leeren Beet. Doch so einfach war das gar nicht. Endlich waren die kleinen Furchen gerade und in gleichmäßigem Abstand in den lockeren Boden eingedrückt. Nun streute Toni behutsam die Erbsen in die Rillen und bedeckte sie fingerbreit mit Erde. Jetzt konnten sie wachsen! Aber Tonis Gartenarbeit war damit noch nicht beendet. Aus seiner Hosentasche holte er fünf Kirschensteine. Beim Mittagessen hatte es eingeweckte Kirschen gegeben. Toni hätte gern mehr davon gegessen, so gut hatten sie ihm geschmeckt. Jetzt wollte er die Kerne, die er am Mittagstisch heimlich in die Tasche gestopft hatte, an einer günstigen, sonnigen Stelle in die Erde legen. Zwischen Blumen und Gemüsepflanzen drückte er sie in den feuchten, warmen Boden. Ob sie wohl keimen und wachsen würden?

Übungsmöglichkeiten:
1. **Wortfamilie „essen":** essen, auf-, ab-, aus-, nach-, vor-, über-; eßbar; Essen, Mittag-, Abend-, Fest-, Sonntags-, Fisch-, -träger; Essenszeit; Eßbesteck, -zimmer, -nische, -tisch, -löffel
   Schreibe die Wörter ohne Ergänzungsstriche ab!
2. **Langes o ohne Dehnungszeichen:** Toni, Boden, holen, betonen, Mode, Pol, Schutzpatron, verschonen, Pfote, Lotse, lodern, Probe, verknotet, Bote, Chrom, Atom, Zone
   Ergänze bei folgenden Wörtern *o* oder *oh*: schm–ren, erh–len, K–l, Patr–ne, l–ten, Sch–ten, H–n, erpr–ben, verchr–mt, m–dern, Schl–t, Thr–n, B–ne, Alk–h–l, H–lweg, Pers–n, bew–nen, Str–m, Enkels–n, bel–nt, Fr–ndienst, Matr–se, Z–nengrenze, Südp–l, b–ren, P–ren, Spi–n!
   (Arbeitshilfe: Bei 8 Wörtern muß *oh* ergänzt werden. Siehe Beiheft L 61!)
3. **holen – hohl:** holen, ab-, er-, aus-, nach-, auf-, ein-, herbei-, herauf-, zusammen-; Erholung; Erholungsheim, -aufenthalt, -pause, -urlaub, -zeit; Überholverbot
   hohl; Hohlsaum, -spiegel, -weg, -maß, -raum, -kugel, -bohrer; Höhle, Achsel-, Mund-, Räuber-, Felsen-, Tropfstein-; Höhlenmenschen, -bär, -bewohner, -eingang; Höhlung; aushöhlen, unterhöhlen
   Bilde Sätze!
4. **cht am Wortende:** Frucht, Schacht, Schlucht, Pacht, Hecht, schlicht, Pracht, töricht, Dickicht, verseucht, Licht, Habicht, echt, Gericht,

schlecht, Gesicht, Specht, Sucht, Geschlecht, Verzicht, Zucht, erreicht, Pflicht, leicht, Nacht, acht, Bucht, Schicht, Schlacht, Wicht, feucht, Bericht, Macht, Gewicht, seicht
Ordne die Wörter nach Reimen!

63
Peters Starkasten

Im letzten Sommer hatte Peter einen Starkasten gebastelt. Vater hatte ihm dabei geholfen. Am Stamm der hohen Birke, die die meisten anderen Bäume weit überragt, hatten sie den Nistkasten vor einigen Tagen befestigt. Ganz vorschriftsmäßig wurde er aufgehängt; das Flugloch nach Osten, damit kein Regen eindringen konnte. Seitdem schauten Peter, seine Eltern und Geschwister oft nach dem Kasten am weißen Birkenstamm. Die zarten, hellgrünen Blättchen hatten sich bereits entfaltet und wehten an den langen, dünnen Zweigen im Frühlingswind. Schwalben segelten schon seit einiger Zeit über dem Dorf. Auch beim Nachbarn hatte sich wieder ein Schwalbenpärchen im Kuhstall einquartiert. Zwar hatte Peter schon einige Stare gehört und beobachtet, jedoch sein Starkasten war noch immer leer. Eines Morgens, Peter lag noch im Bett, hörte er ganz in der Nähe einen Star pfeifen. Auf der Sitzstange von Peters Nistkasten hatte er sich niedergelassen. Staunend schaute Peter aus dem Fenster. Sicherlich war der frohe Vogelgesang der Dank für die neue Wohnung.

Übungsmöglichkeiten:
1. **Verdoppelung der Selbstlaute (Vokale) gilt nicht für die Umlaute:** Paar – Pärchen, Saal – Säle – Sälchen, Haar – Härchen, Boot – Bötchen
Bilde davon zusammengesetzte Hauptwörter (Substantive)!
(Schwalbenpaar – Schwalbenpärchen, ...)
2. **Schreibweisen des S-Lautes:** Starkasten, vorschriftsmäßig, weiß, niederlassen, Osten, belästigen, am meisten, Hindernis, Wasserkessel, Vergrößerung, preiswert, bißchen, Muskeln, Autobus, bis gestern, Apfelmus, Reißverschluß, Milchreis, Maske, Grießsuppe, Mißverständnis, Kirmes, zerrissen, lustig
Ordne die Wörter nach der Schreibweise ihres S-Lautes und ergänze die folgenden Wörter: Ka–ierer, Briefka–ten, Abschlu–, Schlü–elbund, Pa–tor, Pa–kontrolle, ma–enhaft, Ma–arbeit, au–en, Au–wei–, schneewei–, anfa–en, Bierfa–, Fa–an, Mi–geschick, Mi–etäter, geheimni–voll, Zeugni–e, Ku–, Zirku–, Mittage–en, e–bar, Flü–igkeit, flü–tern, Nebenflu–
(Arbeitshilfe: 10 Wörter werden mit *ß*, je 8 mit *s* und *ss* geschrieben. Siehe Beiheft L 62!)

85

3. **Wörter mit qu:** einquartieren, Qual, quer, bequem, Quadrat, quälen, quaken, Quader, Quarz, überqueren, Quartett, Qualm
In Wörtern mit *qu* gibt es kein Dehnungs-h! Schreibe zusammengesetzte oder verwandte Wörter!
4. **st oder ßt:** Nistkasten, Geschwister, gefaßt, verwaist, Bewußtsein, verrußt, aufgespießt, Festung, Rüstung, verpaßt, verlustreich, gehaßt, Quaste, Rast, gesüßt, Pußta, belästigen, flüstern, hastig, sie ißt, fast, mästen, verblaßt, kostbar, gegrüßt, Kanister, restlos, entblößt, rösten, bewußtlos, vermißt, Pflaster
Ordne die Wörter nach der Schreibung mit *st* und *ßt* und setze zu den Wörtern mit *ßt* die Herkunftswörter (gefaßt – fassen, ...)!
5. **Schreibweisen des langen ö:** gehören, stöhnen, Öl, Föhn, persönlich, unversöhnlich, Empörung, töricht, Höhle, Krönung, gewöhnlich, verzögern, dröhnen, höhnisch, Likör, nervös, König, strömen, Möglichkeit
Sortiere nach Wortarten!
Fülle die Lücken durch Einsetzen von *ö* oder *öh*!
Verm–gen, vertr–deln, besch–nigen, Verz–gerung, aush–len, K–der, Nadel–r, Tagel–ner, K–nigin, vertr–sten, b–se, Rätsell–sung, ungeh–rig, Fris–r, B–tchen, T–ne, M–re, unn–tig, l–ten, R–re
(Arbeitshilfe: Nur 5 Wörter werden mit *öh* geschrieben. Siehe Beiheft L 63!)

64

Der erste Maikäfer

Es ist ein schwüler Maiabend. Da es auch im Zimmer recht warm ist, hat Franz das Fenster geöffnet. Beim Lampenlicht liest er in seinem Geschichtsbuch. Plötzlich schwirrt ein dicker Brummer ins Zimmer und prallt an die Lampe. Plumpsend fällt der späte Gast mitten auf das Buch. Nun liegt er strampelnd auf dem Rücken. Franz betrachtet ihn aufmerksam. Es ist der erste Maikäfer, den er in diesem Jahr gesehen hat. „Guten Tag, Herr Maikäfer!" ruft Franz lachend. Er hilft dem braunen Gesellen wieder auf die Beine und läßt ihn auf seine Hand krabbeln. Doch dann hebt der Käfer seine Flügeldecken und entfaltet seine hautartigen Flügel. Franz überlegt, ob er ihn in eine Zigarrenkiste stecken soll. Aber er will kein Tierquäler sein. So entweicht der braune Geselle durchs Fenster auf den nahen Kastanienbaum.

Übungsmöglichkeiten:
1. **ai – ei:** Mai, Waise, Froschlaich, Brotlaib, Lakai, Laie, Main, Bai, ...
Getreide, Heiterkeit, leise, verreisen, Meise, ...
Erweitere die beiden Reihen (Kaiser, Waisenhaus, ... reichlich, Schleife, ...) und bilde Sätze!

2. **Langes ü ohne Dehnungs-h:** schwül, Flügel, Schüler, Rübe, betrübt, Übel, Vergnügen, Zügel, Küfer, Bügel, eigentümlich, wütend, Kübel, lügen, Gemüse, behüten, Hüne, spüren, Geschwür
Ordne die Wörter nach dem Alphabet!

3. **Wörter mit qu:** Tierquäler, Quelle, quer, Quaste, quetschen, Quecke, Quartier, Quark, quatschen, Quirl, Quitte, erquicken, bequem, quieken, Kaulquappe, Aquarium, Quadrat, quietschen, Qualm, Quittung, Qualität, Quecksilber, Äquator, quaken, Quader, quicklebendig, Qualle, quadratisch
Ordne nach Wortarten!

4. **Wörter mit bb:** krabbeln, Ebbe, kribbeln, Robbe, schrubben, Kribbe (Buhne), knabbern, Krabbe
Verwende die Wörter in Sätzen!

5. **Wörter mit mm:** Zimmer, Brummer, Lamm, summen, Hammer, Stamm, Kummer, schimmern, Schimmel, Gramm, verschlimmern, Kamm, zimmern, Himmel, Damm, Kammer, Flammen, Schlamm, Schlummer, Kümmel, Jammer, Lümmel, Schwimmer, Nummer, Goldammer, stramm, Hummer, brummen, Trommel, Komma, sammeln, rammen, verstummen, wimmern, krumm, grimmig, Sommer, dumm, verkümmern, flimmern
Suche die Reimwörter heraus! (Lamm, Stamm, ... Zimmer, immer, ...)

Klaus und das Muttertagsgeschenk

65

Klaus war ein munterer, vierjähriger Junge, der seine Mutter über alles gern hatte. So wollte er ihr zum Muttertag eine besondere Freude bereiten. Da er wußte, daß seine Mutter sehr gern eine gute Tasse Kaffee trank, beschloß er, ihr ein Päckchen davon zu kaufen. Seit Wochen hatte er etwas Geld dafür aufgespart. Heimlich, daß es die Mutter nicht merkte, lief er zum Lebensmittelhändler, bei dem er schon häufiger Kleinigkeiten für die Mutter besorgt hatte. Er schüttete sein ganzes Vermögen auf den Ladentisch und sagte: „Ich möchte dafür ein Paket Kaffee!" Die Geschäftsinhaberin schaute auf das Geld und reichte danach aus dem Regal ein Paket Malzkaffee, das Klaus rasch einsteckte. In der Meinung, er habe hochwertigen Bohnenkaffee erstanden, rannte er frohgemut nach Hause. Sorgsam knüpfte er noch ein rotes Bändchen um das Päckchen und übergab es stolz am nächsten Tag der Mutter. Bestimmt hat sich die Mutter darüber genauso wie über echten Bohnenkaffee gefreut.

Übungsmöglichkeiten:
1. **Wörter mit tt:** Muttertag, schütten, Lebensmittel, gestatten, Bettler, schnattern, Parkett, schattig, zottelig, quittieren, verwittern, Trittbrett, Württemberg, Schottland, verspotten, Brandstätte, Brikett
Bilde davon neue Wörter (bemuttern, Schutt, . . .)!
2. **seit – seid:** seit gestern, seitdem, seit einer Woche, seither, seit Ostern, seit langer Zeit (alles Zeitangaben)
ihr seid – Ihr seid zu spät gekommen. – Seid ihr nicht schon müde? (Hier werden Personen angesprochen.)
Bilde selbst Sätze zur Gegenüberstellung der beiden klanggleichen Wörter!
3. **Wörter mit ff:** Kaffee, klaffen, Riff, Koffer, Treffer, Griff, geschliffen, Pfeffer, schnüffeln, Äffchen, verpuffen, Offizier, gestaffelt, öffentlich, Kartoffeln, aufraffen, Hoffnung, Schöffe, begaffen, Silberlöffel, straff, Schaffner, Ziffer, Haff, Schiffahrt (Schiff-fahrt)
Bilde davon neue Wörter!
4. **Päckchen – Paket:** Päckchen, Geburtstags-, Tabak-, Verbands-; Gepäck, -träger, -stück, Hand-, Reise-; Packwagen, -tasche, -papier, -eis, -esel, -lage; Packung, Waden-, Schwitz-, Schutz-; packen, an-, auf-, aus-, ein-, ver-, zu-, zusammen-, weg-, be-
Paket, -karte, -post, -wagen, -beförderung, -porto, -annahme, -zustellung, -abfertigung, Weihnachts-, Lebensmittel-, Geburtstags-

Gestörte Ruhe   **66**

Waldarbeiter waren gerade dabei, mit ihren Äxten die Äste einer mächtigen gefällten Fichte abzuschlagen. Da bemerkte einer von den Männern mitten zwischen den Zweigen des liegenden Baumes ein Eichhörnchennest mit hilflosen Jungen und sagte: „Da sind junge Eichhörnchen, die müssen wir jetzt in Ruhe lassen. Die Alte wird sie bestimmt gleich holen. Wir nehmen uns vorläufig eine andere Arbeit vor." Die Männer packten ihre Werkzeuge und verschwanden hinter den Bäumen und Sträuchern. Darauf hatte die Eichhörnchenmutter, die ihre Jungen von einem nahen Baum aus beobachtete, nur gewartet. Flink eilte sie den Stamm hinunter und sprang in hastigen Sätzen zu ihren Jungen. Ganz vorsichtig trug sie nun ihre Kleinen mit dem Maul eins nach dem anderen in ein neues Nest. Immer wieder kletterte sie schnell den Fichtenstamm empor und legte die noch blinden Tierchen in die Ersatzwohnung. Wie hatte sie sich beeilt, daß der Fuchs nicht vorher ihre Jungen fand! Gut, daß Eichhörnchen mehrere Nester besitzen!

Übungsmöglichkeiten:
1. **Wörter mit mm:** bestimmt, Stamm, klammern, jammervoll, zertrümmern, verschlammt, trommeln, gekrümmt, Versammlung, Kommunion, grimmig, entflammt, himmelblau, Programm, flimmern, Kilogramm, Kummer, zusammenkommen, Nummer, stramm, Schlamm, Kamm, Kommando, summen, Schwimmeister (Schwimm-meister)
aber: numerieren, sämtlich, Gesamtheit, Kamerad, Himbeere, Damhirsch, Zimt, Samt, Brombeere
Bilde davon neue Wörter! (Bestimmung, stämmig, ...)

2. **g und k im Auslaut:** Werkzeug, flink, Krug, Betrug, welk, Zwerg, Tabak, Talg, schräg, schalkhaft, Zweig, karg, Zink, Georg, Salmiak, Volk, Erfolg, Gebälk, Blasebalg, Rundfunk, Öltank, Zwang
Ergänze *g* oder *k*: Ber–wer–, Schlin–pflanze, Geträn–, Buchfin–, Sar–, star–, An–st, Anfan–, Trin–wasser, Messin–, Schwun–, Hen–st, Blin–licht, Essi–, Mar–t, Bu–, Geisterspu–, Unfu–, Flu–zeu–, ar–!
Ordne die Wörter nach ihrer Schreibweise!
(Arbeitshilfe: In 8 Lücken muß *k* eingesetzt werden. Siehe Beiheft L 64!)

3. **Großschreibung von Eigenschaftswörtern (Adjektiven):** die Alte, ihre Jungen, ihre Kleinen, die Guten, der Reiche, das Weiß, im Grünen, der Kluge, ins Tiefe, das Süße, etwas Neues, nichts Erfreuliches, viel Schönes, im Dunkeln, Eiskaltes, Schweres
Bilde damit Satzpaare (gut: Die guten Leute halfen uns sofort. – Die Guten werden belohnt.)

4. **Eingeschobene Nebensätze:** Darauf hatte die Eichhörnchenmutter, die ihre Jungen von einem nahen Baum aus beobachtete, nur gewartet. – Das Eichhörnchen trug die Kleinen, die noch blind waren, behutsam in ein neues Nest. – Der Fuchs, dessen Geruchsinn sehr ausgeprägt ist, hätte die Tierchen bald gefunden.
Der eingeschobene Nebensatz erfordert zwei Kommas, die ihn vom Hauptsatz trennen. Bilde ähnliche Satzgefüge vom Sachgebiet „Wald" und unterstreiche dabei die eingeschobenen Nebensätze!

5. **Schwierigkeiten beim Trennen zusammengesetzter Wörter:** darauf (dar-auf), hinunter (hin-unter), vollenden (voll-enden), Dienstag (Diens-tag), warum (war- um), herüber (her-über), ...
Trenne folgende Wörter: herum, darin, hinunter, Samstag, beobachten, miteinander, herein, hinaus, wiederum, woran, voraus!

67

Der Löwenzahn

Von allen Wiesen und Feldrändern leuchten uns die goldgelben Blüten des Löwenzahns entgegen. Überall finden wir diese Pflanze. Wir sehen sie auf Bergen, im Tal, an trockenen und nassen Stellen. Sogar auf Schuttplätzen und Mauern wächst und blüht der Löwenzahn. Die Bauern hassen ihn wie kaum eine andere Pflanze, denn sie können ihn wegen seiner langen Pfahlwurzel nur schwer bekämpfen. Aber die meisten Menschen freuen sich, wenn sie den Goldglanz dieser Blumen sehen. Im Licht funkeln und glitzern sie, als seien sie lauter kleine Sonnen. Kein Wunder, daß sie Hermann Löns, ein großer Naturfreund und Dichter, als die allerschönste Blume bezeichnet. Aber besonders die Kinder lieben den Löwenzahn. Die Mädchen pflücken sie und winden daraus Ketten oder Kränzchen, um sich damit zu schmücken. Aber auch als Pusteblume macht uns der Löwenzahn viel Spaß. Wir freuen uns, wenn die unzähligen Samenschirmchen durch die Luft schweben. Überall, wo sie landen, kann ein neues Pflänzchen entstehen.

Übungsmöglichkeiten:
1. **Wörter mit ss:** hassen, Nässe, Schüsse, Gewissen, fesseln, flüssig, aufpassen, Masse, Verfassung, verbessern, kassieren, essen, Schlosser, Bissen, zerrissen, zuverlässig, Genossenschaft, Russen, dressieren, Hindernisse, Autobusse, Gasse, Kaffeetasse, geschossen, Flosse, Kessel, messen, ...
Füge abgeleitete Wörter hinzu! (hassen, Haß, ...)
2. **Wortfamilie „blühen":** blühen, auf-, ver-, er-, aus-; verblüht, aufge-, er-; blühweiß; Frühblüher; Blüte, -zeit, Kirsch-, Baum-, Schmetterlings-; Blütenblatt, -pracht, -honig, -stand, -baum; Korbblütler, Lippen-; blütenrein, -weiß; Blume, Kreuz-, Sonnen-, Wiesen-, Wald-, Feld-, Garten-; Blumenkorb, -geschäft, -zucht, -strauß, -garten, -kohl, -wiese, -schmuck; Blümchen, Gänse-; blumenreich; blumig; geblümt
3. **Wörter mit st:** die meisten, pusten, festlich, restlos, kostbar, Rast, Verlust, Liste, Quaste, Fastenzeit, Pest, lustig, Geist, Kruste, Pflaster, verrostet, Bast, Geschwister, Trost, Pfingsten, Frost, Gerüst, hastig
Bilde davon neue Wörter! (meistens, verpusten, ...)
4. **Komma bei gleichartigen Satzteilen (Umstandsbestimmungen):** Löwenzahn sehen wir auf Bergen, im Tal, an trocknen und nassen Stellen. Er blüht im Frühjahr, im Sommer und noch im Spätherbst. Auf feuchtem Boden sehen die Blätter größer, zarter und nicht so tief eingeschnitten aus.

Bilde ähnliche Sätze aus dem Pflanzenreich, in denen mehrere gleichartige Umstandsbestimmungen (adverbiale Bestimmungen) vorkommen!

5. **Schreibweisen des langen a:** Löwenzahn, Tal, Pfahlwurzel, Samen, Haar, lahm, Kanal, Ehepaar, Karawane, Kahn, Orkan, Ader, schmal, Aasgeier, hageln, sparsam, Tragbahre, haltbar
Fülle die Lücken: S–l, St–r, N–t, P–te, Dr–t, Kr–ter, Vorr–t, einr–men, St–l, Rekl–me, Schw–n, w–nsinnig, Gef–r, w–gerecht, W–renl–ger, N–rungsmittel, B–n–nensch–le, pr–len, St–t, z–m, S–t, Merkm–l, M–lzeit, Vorn–me, Aufn–me, p–rweise, K–rwoche, m–dig, F–s–n, S–ne
(Arbeitshilfe: In 5 Lücken muß *aa*, in 12 *ah* und in 17 a eingesetzt werden. Siehe Beiheft L 65!)

68

Am Vogelfreigehege

Vater hat heute Hans versprochen, mit ihm zum Zoo in die große Stadt zu fahren. Hans kann es kaum erwarten. Endlich ist es soweit. Sie fahren mit einem Omnibus zum Zoo. Während Vater noch die Eintrittskarten löst, hört Hans schon das Geschrei der Vögel und das Geschnatter der Affen. Hans ist ein großer Vogelliebhaber. Zu Hause hat er selbst eine Menge Tauben gezüchtet. So fühlt er sich besonders zum Vogelfreigehege hingezogen. Viele bunte Vögel, Schwäne, Enten und Gänse aus allen Ländern der Erde beleben einen kleinen Teich und seine flachen Ufer. Flamingos stehen fast teilnahmslos auf einem Bein im Wasser. Störche und Marabus stolzieren am Ufer entlang, und wendige Zwergtaucher und Bleßhühner lassen das Wasser aufspritzen. Stolz blickt der vornehme Fischreiher über das lebhafte Treiben. Immer wieder gibt es auf der Vogelwiese und am Teich etwas Neues zu beobachten. Hans möchte noch stundenlang zuschauen. Aber im Zoo sind noch viele andere Tiere zu sehen.

Übungsmöglichkeiten:
1. **Wörter mit v:** Vogel Vater, viel, Advent, vornehm, November, Nerven, brav, Vers, Ventil, Lava, verteilen, Vulkan, Violine, Villa, Sklave, Pulver, Volk, Silvester, Revier, vierzehn, Universität, Vase, Provinz, Vieh, Revolver, Veilchen, Vetter, Larve, Lokomotive, Kurve, servieren, vollenden, Vorderfront, oval, Gustav, Klavier, Evangelium, Eva
Ordne die Wörter nach ihrer Herkunft (Aussprache bei deutschen Wörtern: *v = f,* bei Fremdwörtern: *v = w*)!
2. **Eigenschaftswörter (Adjektive) mit der Nachsilbe -haft:** lebhaft, standhaft, glaubhaft, gewissenhaft, zaghaft, unehrenhaft, namhaft, ...
Verbinde folgende Wörter mit der Nachsilbe *-haft:* krank, Meister, Kind, Sünde, naschen, ernst, träumen, lachen, schmeicheln, Schmerz,

Dauer, schmecken, Mädchen, Fehler, wahr, wohnen, Grauen, böse, Sprung, Scham!

3. **Zusammengesetzte Zeitwörter (Verben) mit dem Verhältniswort (Präposition) „zu":** zuschauen, zuhalten, zugeben, zunähen, zuschließen, zusehen, zubauen, zuklappen, zurufen, zujubeln, zureden

Unterscheide in Sätzen die zusammengesetzten Zeitwörter (Verben) von den durch *zu* erweiterten Nennformen (Infinitiven)! (Die Kinder wollten zuschauen. – Die Frau vergaß, nach dem Essen zu schauen.) Achte auf die Betonungsunterschiede! (**zu**schauen – zu **schauen**)

4. **Schreibweisen des langen o:** Vogel, Zoo, schon, Fohlen, Wohnung, Moos, Krone, Mohn, tropisch, erzogen, Floh, Bohrturm, Zone, Ohr, Moor, Hohn, Dohle, verbogen, Hohlspiegel, Boot, Bohle, Telefon, Bohne, Garnison, Polen, Belohnung, empor, Schuhsohle, Postbote, Solbad, Dom, Verbot, Borwasser, Mohrenkopf, Zofe, aufholen, katholisch, johlen, moorig, Sohn, Schote, Kohl, Trost, Frondienst, Person

Stelle ähnliche Wörter zusammen (Boote – Bote, ...) und ordne die Wörter nach ihrer Schreibweise (*o, oo, oh*)!

5. **Langes e mit unbezeichneter Dehnung:** Gehege, beleben, Nebel, Spinnweben, Thema, Kamel, verfemt, Segen, selig, Pflege, Gerede, Bescherung, Hebel, Wermut, Verlegenheit, bewerten, unredlich, demütig

Bilde davon abgeleitete Wörter!

69

Der Kirschenhagel

Peter darf heute die Kirschen im Garten der Großeltern pflücken. Er ist so hoch in die Baumkrone geklettert, daß nur noch seine Beine zu sehen sind. Ganz dunkelrot und groß sind die Kirschen. Die schönsten pflückt Peter sofort in seinen Mund. Aber auch der große Henkelkorb, den Peter an einem Haken neben sich aufgehängt hat, füllt sich langsam. Unter dem Kirschbaum steht der kleine, dicke Hans und schaut sehnsüchtig nach oben. Er klettert nicht gerne. Ab und zu wirft Peter ihm einige Kirschen zu. Aber immer wieder bettelt Hans: „Wirf doch noch mehr herunter! Da hängen ganz dicke, schwarze!" Peter ist ein gutmütiger Junge und reckt sich, um die Prachtkirschen für Hans zu erreichen. Dabei stößt er plötzlich an den schon schweren, fast gefüllten Korb. Wie ein Hagelschauer prasseln die Kirschen auf Hans herab. „Hast du jetzt genug Kirschen?" ruft Peter lachend herunter.

Übungsmöglichkeiten:

1. **Wörter mit ck:** pflücken, dick, Strecke, verschicken, Rücken, Druckerei, Baracke, lackieren, einwickeln, überzuckert, schlucken, geschmack-

los, trocken, Perücke, Häcksel, gezackt, Steckkontakt, Druckknopf, nackt, Päckchen, Flickzeug, Hecke, Trick, Zicklein, Genick, Block
Beim Zusammentreffen werden *ck* und *k* geschrieben (Dickkopf, Rockkragen, Steckkissen).
Trenne nach Möglichkeit! (pflük-ken, . . .)

2. **b oder p:** Henkelkorb, Haupt, Laub, herb, Sirup, Erbse, Rollmops, Galopp, grob, Rebhuhn, Kaplan, obdachlos, Abtei, Dompteur, Fränkische Alb, Stöpsel, Raubtier, Optik, Kreppapier (Krepp-papier), taub, Rezept, lieb, Sieb, Gelübde, Hubraum, Lump, Trabrennen, Kälbchen, Knirps, Betrieb, Schlips, Raps, Webstuhl, plump, September, Schublade, unerheblich, Stoppuhr, schubsen, Schuppen, Ägypten, gelobt, halb, Papst, Obst, Lebkuchen, Krebs, hübsch
Ordne die Wörter nach ihrer Schreibung (*b – p*)!

3. **Wörter mit pf:** pflücken, Geschöpf, verdampft, Krampf, Rumpf, Kupfer, verpflanzen, Klampfe, stampfen, Schnepfe, Tropfen, abgekämpft, Hopfen, Pfarrkirche, Bratpfanne, Pfropfen, pflegen, dumpf, Sauerampfer, stumpf, klopfen, Pforte, Pfänderspiel, Pflug, tapfer, Pflock, pflastern, verpflichten, Pfütze, Pfifferling, eingepfercht, Pfote, Pfad
Bilde davon abgeleitete Wörter (Pflückobst, schöpfen, . . .)!

4. **Aufeinanderfolge gleicher Mitlaute (Konsonanten) bei Zusammensetzungen:** erreichen, auffangen, Strohhut, mitteilen, annehmen, Abbau, auffällig, unterrichten, verringern, vorrechnen, Erregung, Verrat, aussuchen, abblättern, forttragen, Ausstellung, . . .
Suche ähnliche Wörter!
Bei 3 gleichen Mitlauten (Konsonanten) fällt im allgemeinen einer davon fort:
Bettuch, Schiffahrt, Fußballänderspiel, Kreppapier, Brennessel, Schnellauf, Schwimmeister, Wollappen, Rolladen, vollaufen, stilliegen, Stoffülle, Kontrollampe
Schreibe die Wörter ab und trenne sie anschließend (Bett-tuch, Schiff-fahrt, . . .)!

5. **fast – faßt:** fast stündlich, ein Spiel fast gewinnen, vor fast zehn Jahren, fast blind, fast nichts, seit fast drei Wochen, fast gestürzt – er faßt, er befaßt sich, ihr verfaßt, sie wurden gefaßt, etwas erfaßt haben, angefaßt, kräftig zugefaßt
Bilde Sätze!

70

Freßgierige Hühner

Eine Frau hatte starken Branntwein mit schwarzen Johannisbeeren gemischt und in einer Flasche sorgsam aufbewahrt. Nach einiger Zeit goß sie den Branntwein, der nun dunkelrot gefärbt war, vorsichtig in eine andere Flasche ab. Für die Beeren hatte sie keine Verwendungsmöglichkeit mehr und warf sie auf den Abfallhaufen. Eilends rannten die Hühner herbei und verschlangen die Beeren so hastig, daß man ihnen anmerkte, wie gut ihnen dieses seltene Futter schmeckte. Der Hahn hob mit sichtlichem Vergnügen ein paarmal den Kopf und schüttelte den lappigen, roten Kamm, und die Hühner gackerten sichtlich zufrieden. Jedoch dauerte die Freude nicht lange, denn die Beeren hatten viel von dem Schnaps eingesogen. Der Hühnergesellschaft bekam er ebenso schlecht wie den Menschen. Das Federvieh wurde betrunken, torkelte über den Hofplatz, gackerte jammervoll und verkroch sich. Die Hühner mochten nichts mehr fressen, waren krank und hockten traurig umher. Am folgenden Tage hatten sie die üble Wirkung des Alkohols noch nicht überstanden. Erst allmählich kehrte ihre Gesundheit wieder, und sie waren freßgierig wie zuvor.

Übungsmöglichkeiten:

1. **Wortfamilie „brennen":** brennen, an-, ab-, aus-, nieder-, ver-, durch-; Brennstoff, -glas, -nessel, -holz; brennbar; brenzlig; gebrannt, ver-, abge-, ausge-, durchge-, niederge-; Brand, -stelle, -salbe, -stätte, -meister, -stifter, -bombe, -mauer, -bekämpfung, Wein-, Groß-, Branntwein, -kalk.
Schreibe die Wörter ohne Ergänzungsstriche ab! Beachte dabei: Weinbrand, Branntwein, Brennessel!
2. **Hauptwörter (Substantive) mit der Nachsilbe -schaft:** Gesellschaft, Gemeinschaft, Eigenschaft, Kundschaft, Bereitschaft, ...
Verbinde folgende Wörter mit der Nachsilbe *-schaft*: Land, Mann, Freund, Feind, Arbeiter, verwandt, Eltern, Bürger, Kamerad, Wirt, Lehrer, Schüler, Graf, gesandt, bekannt!
3. **Wortfamilie „rot":** dunkelrot, wein-, hell-, blut-, tief-, zinnober-, scharlach-, rosen-, purpur-, karmin-, lachs-, feuer-, kirsch-, rosa-, ziegel-, krebs-, blau-, matt-, braun-, kupfer-, korallen-, puter-, scham-, -backig; rötlich; Rotbuche, -dorn, -wein, -lauf, -wild, -kraut, -stift, Abend-, Morgen-, Wangen-; Schamröte; Röteln; Rötung; röten, er-
4. **Wörter mit ps:** Schnaps, Gips, Kapseln, Raps, Klaps, Stöpsel, Rips, knipsen, Schlips, Klopse, hopsen, Mops
aber: Erbse, Krebs, schubsen
Bilde davon zusammengesetzte Wörter! (Schnapsflasche, Gipsverband, ...)!
5. **Komma bei Vergleichssätzen:** Der Hühnergesellschaft bekam er ebenso schlecht wie den Menschen. – Der Hühnergesellschaft bekam er ebenso schlecht, wie er den Menschen Schaden bringen kann.

Sie waren freßgierig wie zuvor. – Sie waren freßgierig, wie sie es auch zuvor waren.
Beachte: Bloße Vergleiche mit den Wörtern *wie* und *als* werden nicht mit einem Komma versehen. Nur wenn Vergleiche zu einem Nebensatz erweitert werden, steht ein Komma.
Bilde entsprechende Satzpaare!

Nur Regenwürmer   **71**

Auf dem Schulweg fiel Günter ein älterer Herr auf, der sich zur Erde bückte, etwas aufhob und in den angrenzenden Garten legte. „Warum heben Sie die Regenwürmer auf?" fragte Günter beim Näherkommen. „Sie sind sehr nützlich, und ich kann nicht sehen, daß sie achtlos auf dem Asphalt zertreten werden", bekam er zur Antwort. Dann begann der alte Herr zu erzählen: „Ein amerikanischer Arzt hatte ein Stück Ödland erworben, auf dem nichts wachsen wollte. Da schüttete er an einer Stelle Laub auf und setzte Regenwürmer hinzu. Bald sah er, daß sie das Laub in schwarze Humuserde verwandelt hatten. Nach einigen wiederholten Versuchen konnte der Arzt Blumen und Gemüse ziehen und Bäume anpflanzen. Aus dem unfruchtbaren Boden war Gartenland geworden. Der Arzt schrieb seine Beobachtungen nieder und veröffentlichte sie. So taten andere es ihm nach und hatten den gleichen Erfolg." Nun schaute Günter nicht mehr verständnislos dem Handeln des alten Herrn zu.

Übungsmöglichkeiten:
1. **Zeichensetzung bei reinen und erweiterten Nennformsätzen:** Der alte Herr begann zu erzählen. – Der alte Herr begann, von seinen Erlebnissen zu erzählen. – Der Kranke versuchte zu schlafen. – Der Kranke versuchte, trotz seiner Schmerzen zu schlafen. Es beginnt zu regnen. – Es beginnt, stark zu regnen.
Begründe die Kommas und unterstreiche die Satzteile, die die Nennformen erweitern! Bilde ähnliche Satzpaare!
2. **Eigenschaftswörter (Adjektive) mit der Nachsilbe -bar:** unfruchtbar, sonderbar, achtbar, gangbar, überbrückbar, undurchführbar
Bilde aus folgenden Wörtern mit Hilfe der Nachsilbe *-bar* Eigenschaftswörter (Adjektive): essen, heizen, Furcht, erkennen, ohne Dank, brennen, brauchen, tragen, ohne Sicht, streiten, fahren, Ehre, lehren, spüren, fühlen, halten, nicht zu genießen
3. **Wortfamilie „Arzt":** Arzt, Kinder-, Fach-, Tier-, Zahn-, Nerven-, Amts-, -helfer, -rechnung, -kittel; Ärztin; Ärzteschaft; Arznei, -mittel, -pflanzen; ärztlich, amts-, fach-; verarzten
Schreibe die vollständigen Wörter ab!

4. **Wörter mit ph:** Asphalt, Philipp, Pharao, Strophe, Pharisäer, Prophet, Christoph, Phosphor, Alphabet, photographieren, Phantasie, Typhus
Schreibe die Wörter ab und beachte: *ph* wird nicht getrennt!
5. **Zeitwörter (Verben) werden Hauptwörter (Substantive):** beim Näherkommen, vom Laufen, im Springen, das Rechnen, während des Schreibens, ...
Wandle die im Diktat vorkommenden Zeitwörter (Verben) in Hauptwörter (Substantive) um und bilde Sätze!

72

So ein Pech

Ich sitze bereits gemütlich am Abteilfenster des Zuges und schaue auf den Bahnsteig. Nur wenige Leute stehen noch draußen. „Wann soll unser Zug abfahren?" frage ich meinen Vater, der neben mir sitzt und sich gerade eine Zigarre anzünden wollte. „Vorausgesetzt, daß meine Uhrzeit stimmt", sagt er, indem er auf seine Armbanduhr schaut, „in einer Minute!" – „Bitte, einsteigen! Der Zug nach Münster ist abfahrbereit!" ruft der Beamte mit der roten Mütze. „Gute Fahrt! Schreib sofort, wenn du angekommen bist!" verabschiedet sich noch schnell eine Frau von einem Mädchen. „Guck mal", tippe ich meinen Vater an, „da will noch jemand mitfahren!" Ein junger Mann mit Koffer und wehendem Mantel drängt mit eiligen Schritten durch die Sperre. Ich spüre, wie der Zug bereits anruckt. „Ob er es noch schafft, Vater?" Nun ist der Mann schon dicht an unserem Wagen. Da klappt plötzlich sein Koffer auf. „Ach, du lieber Himmel!" ruft eine alte Dame entsetzt. Fußballschuhe, Sportkleidung und noch andere Dinge purzeln auf das Bahnsteigpflaster. „So ein Pech! Seine Mannschaft wird diesmal ohne ihn spielen müssen!" meint Vater.

Übungsmöglichkeiten:
1. **Komma nach Empfindungswörtern:** „Ach, du Schreck!" ruft eine alte Dame entsetzt. – „Oh, das ist aber eine Überraschung!" – Au, du tust mir weh! – Ah, das schmeckt gut! – O weh, da kommt er schon!
Bilde ähnliche Ausrufesätze mit Empfindungswörtern! Beachte dabei die Schreibung: O ja! O weh! O nein! – Oh! (alleinstehend mit *h*)
2. **Wörter mit rr:** Zigarre, knurrig, geknarrt, versperrt, Verwirrung, Zerrung, Gitarre, herrlich, erstarrt, verscharren, irr, Geschirr, Barren, verdorrt, schwirren, Terrasse, Narr, murren, herrschen, Pfarrkirche
Setze in folgende Wörter *r* oder *rr* ein: He–zog, Spe–ling, Spe–e, he–isch, Ba–ikade, dü–, Ziga–ette, He–berge, he–aus, Te–or, Behe–schung, veri–t, abgeschwi–t, Wi–tschaft, He–mann, schä–fen, schnu–en, Ke–ker, Ge– ber, su–en, Spe–ber, Hi–t!
(Arbeitshilfe: In 10 Wörtern fehlt *rr*. Siehe Beiheft L 66!)

3. **ch – sch:** Pech, mächtig, Specht, fechten, mischen, Büschel, flüchten, Täschchen, Esche, gerecht, Schicht, patschen, manchmal, kreischen, rutschen, verräuchert, Kutsche, frisch, frech, bedächtig, bleich, fleischig, forsch, Storch, teuflisch, Trichter, stürmisch, Furche, Kürschner
Ordne die Wörter nach ihrer Schreibung (*sch – ch*)!
Setze *ch* oder *sch* in folgenden Wörtern ein: Botti–, ra–, Tei–, heu–eln, himmli–, Krani–, schli–t, Gebü–, Fi–te, Gedi–t, Ta–e, fle–ten, –ef, Du––raum, Mu–el, seeli–, dre–en, Dor–, Dol–, He–t, Pfirsi–, fal–, getäu–t, viellei–t, bere–nen, mar–ieren, leu–ten, Pfli–t, fur–tlos, Sauerkir–e, Pfarrkir–e!
(Arbeitshilfe: In 12 Wörtern ist *sch* einzusetzen. Siehe Beiheft L 67!)
4. **mal – Mal:** diesmal, zum ersten Male, manchmal, zu vielen Malen, dreimal, unzählige Male, mehrmals, das dritte Mal, zum anderen Male, keinmal, etliche Male, manches Mal
Beachte: Großschreibung, wenn die Beugungsendungen -e oder -en angehängt werden. In anderen Fällen wird die Kleinschreibung bevorzugt, wenn das Wort „mal" nicht als Hauptwort hervorgehoben wird. (Es schellt schon zum dritten Male. – Es hat dreimal geschellt.)
Bilde Sätze mit den vorstehenden oder ähnlichen Wörtern und Verbindungen!
5. **Wörter mit nn:** Mannschaft, bekannt, Erinnerung, Spinnweben, Finnland, Antenne, Branntwein, Verbannung, Zinkwanne, trennen, Brunnen, jedermann, Rinnsal, Tennis, Schneiderinnen, Gesinnung, Erkenntnis, sinnlos, mißgönnen, Kinn, angespannt
Bilde davon abgeleitete Wörter!
Setze in folgende Wörter *n* oder *nn* ein: bli–d, Zi–, Gewi–de, Tu–el, gü–stig, Begi–, Beke–tnis, gara–tieren, Bi–enstaat, Flu–der, Bra–dstelle, jema–d, gru–dlos, Verba–ung, blo–d, Kolo–e, Ante–e, bena–t, Ha–elore, Tale–t, Pfa–d, Verschwe–dung, Ka–te!
(Arbeitshilfe: Bei 10 Wörtern fehlt *nn*. Siehe Beiheft L 68!)

73
Reisefieber

In sechs Tagen beginnen die Sommerferien. Gleich am ersten Ferientag will Erika zu ihrer Tante verreisen, die in Holstein auf einem Bauernhof wohnt. Die letzten Schultage vor dem Ferienbeginn vergehen viel zu langsam. Erika hat schon Reisefieber. „Na", denkt sie, „ich will schon einmal meinen Koffer packen! Das ist eine schöne Beschäftigung!" Alle Sachen, die sie in die Ferien mitnehmen möchte, holt sie aus dem Schrank und legt alles neben den geöffneten, leeren Koffer. Es ist ein hoher Berg von Wäsche, Kleidern, Strümpfen und allerlei nützlichen Dingen. Sorgsam packt sie alles in den Koffer. So voll ist er, daß sie den Deckel kaum schließen kann. Mit viel Mühe und großer Anstrengung gelingt es ihr doch. Da fällt ihr plötzlich ein, daß sie morgen in der Schule Sport hat. Aber auch das Sportzeug liegt im Koffer. Nun muß Erika alles wieder auspacken, denn es liegt ganz unten im Koffer.

Übungsmöglichkeiten:

1. **Wörter mit mpf:** Strümpfe, empfehlen, schrumpfen, verdampft, kämpfen, impfen, empfinden, Klampfe, Rumpf, Empfang, Krämpfe, stampfen, sumpfig, auftrumpfen, Baumstumpf
Bilde davon neue Wörter! (Strumpffabrik, Empfehlung, . . .)

2. **Schreibweisen des langen i:** Reisefieber, ihr, Ferien, viel, schließen, Fibel, Ventil, Vieh, Igel, Schiene, Maschine, radieren, Glieder, Spalier, Volkslied, Augenlid, Schiefer, widersprechen, Biber, ihnen, Linie, Melodie, Kali, Industrie, wiederholen, Bibel, Tiger, Trieb, Marine, verzieren
Ordne die Wörter nach ihrer Schreibweise (*i, ie, ih*) und bilde neue Wörter!

3. **Wortfeld „Gepäckstücke":** Koffer, Tasche, Korb, Beutel, Rucksack, Paket, Aktentasche, Mappe, Päckchen, Bündel, Sack, Einkaufsnetz, Tragekorb, Tornister, Seesack, Schultertasche, Kiste, Kasten, Brotbeutel, Ranzen, Ränzel
Ordne die Wörter alphabetisch!

4. **Wortfamilie „Hof":** Hof, Bauern-, Bahn-, Schul-, Königs-, Schlacht-, Hinter-, Fried-, Kirch-, Gast-, Vor-, Burg-, Guts-, Kasernen-, -konzert, -lieferant, -trauer, -narr, -ball, -marschall, -staat, -hund; hoffähig; höfisch; höflich; Höflichkeit; Gehöft
Bilde Sätze!

5. **e – ä:** Anstrengung, Beschäftigung, Deckel, Krempe, Schärpe, Terpentin, Kerker, März, spärlich, Erklärung, bemerken, ätzen, hämisch, Käfer, Stengel, lärmen
Schreibe zusammengesetzte oder abgeleitete Wörter!
Setze e oder ä in folgende Wörter ein: –rgerlich, Begr–bnis, w–rben, W–hrung, S–nfte, qu–r, tr–ge, gef–hrlich, F–hre, –ltern, G–rte, f–rtig, L–rm, h–ßlich, Gel–nder, Sch–rben, Schl–ppe, K–fig, –gypten, M–xiko, rückw–rts, l–stig, schw–nzeln, Milit–r, bed–chtig, Kapit–n, Tr–ne, Sch–mel, m–ckern, Pr–sident, bew–rten!
(Arbeitshilfe: In 20 Wörtern ist *ä* zu ergänzen. Siehe Beiheft L 69!)

74
Der Fischreiher

Eine Jugendgruppe ist unterwegs zu einem der am Niederrhein seltenen Hochwälder. Noch vor der Mittagshitze erreichen die Jungen ihr Wanderziel. Von der Marschverpflegung erfrischt und gestärkt, liegen die Jungen auf den schattigen Moospolstern. Große Wanderkarten sind vor ihnen ausgebreitet. Die Jungen haben den Auftrag, ihren Lagerplatz auf der Karte festzustellen. Anschließend wollen sie im Wald ein Geländespiel durchführen. Darauf freuen sie sich jetzt schon. Plötzlich erregt ein rauher Vogelschrei in unmittelbarer Nähe ihre Aufmerksamkeit. Ein grauer, storchenartiger Vogel steigt soeben von einer Waldlichtung auf und streicht mit mächtigem Flügelschlag und angezogenem Hals über die Erlenbüsche und Haselnußsträucher hinweg. Alle beobachten gespannt seinen Flug, der auf einer alten, hochstämmigen Weißbuche endet. „Einer der seltenen Fischreiher, der dort oben seinen Horst hat", sagt der Gruppenleiter. Schnell laufen die Jungen durch das dichte Unterholz zur Buche. In der obersten Spitze der Baumkrone erkennen sie das Nest des Fischreihers. Längst haben die Jungen das geplante Geländespiel vergessen.

Übungsmöglichkeiten:
1. **Wörter mit ie:** friedlich, Niederrhein, Wanderziel, anschließend, Geländespiel, Betrieb, Flieder, schieben, Kiefer, ...
   Setze die Reihe fort!
   Fülle die Lücken in folgenden Wörtern durch Einsetzen von *ie* oder *i*:
   B–ber, Zw–bel, Masch–ne, rad–ren, Kl–ma, N–te, K–lometer, Vent–l, Kant–ne, verl–ren, L–ter, Ol–ve, Portug–se, G–bel!
   (Arbeitshilfe: Nur in 6 Wörtern fehlt *ie*. Siehe Beiheft L 70!)
2. **Wortfeld „Wald":** Hochwald, Busch, Gebüsch, Unterholz, Dickicht, Wäldchen, Forst, Gehölz, Hain, Schonung, Park, Nadelwald, Mischwald, Bergwald, Urwald, Regenwald, Tannenwald, Buchenwald, Bannwald
   Ordne die Wörter alphabetisch!
3. **Wortfamilie „wandern":** wandern, aus-, ein-, ab-, hinaus-, zu-, fort-, vorüber-, mit-; Wanderweg, -falke, -schuhe, -schaft, -karte, -zirkus, -bursche, -stab, -tag, -lied, -vogel, -bühne; Wandersmann, -leute; Wandern, Schul-, Jugend-; Wanderung, Nacht-, Herbst-, Gebirgs-, Sonntags-; Wanderer, Aus-, Ein-, Berg-
4. **Ableiten der Wörter mit ä:** Hochwälder - Hochwald, gestärkt - stark, Gelände - Land, hochstämmig - Stamm, Nähe - nah, längst - lange, Gedränge - Drang, vielfältig - falten, Rätsel - raten, ...
   Setze die Reihe fort!

Präge besonders folgende Wörter ein, da sie nicht ableitbar sind: lärmen, ätzen, plärren, prägen, Lärchenbaum, Schärpe, Lärm, Geplänkel, März, Schädel, Ähre, Schächer, Käfig, Säbel, Säge, Ägypten, fähig, vorwärts, träge, Träne, schräg, Käse!

5. **Bezeichnungen für Tierwohnungen:** Nest, Horst, Nistkasten, Höhle, Bau, Unterschlupf, Kobel (Eichhörnchen), Erdloch, Stall, Käfig, Hütte, Boxe (Reitpferd)
Bilde zusammengesetzte Hauptwörter (Substantive): Bau; Kaninchenbau, Fuchs-, Dachs-, Ameisen-, ... Stall; Pferde-, Schweine-, Schaf-, Kuh-, ...

75

Bergschafe

Die Jungen und Mädchen des 6. Schuljahres waren auf ihrer Bergwanderung schon halbwegs am Ziel. Sie wollten zum Gipfel eines schönen Aussichtsberges. Zunächst rasteten sie auf einer ausgedehnten Bergwiese. Einige Kinder packten ihre Butterbrote aus oder holten ihre Limonadeflaschen aus den Rucksäcken. Plötzlich hörten sie das Blöken von Schafen. Sofort sprangen die Kinder auf, denn weit konnten die Tiere nicht entfernt sein. Bald hatten einige Jungen eine Herde Bergschafe entdeckt. Zur großen Freude der Klasse waren ein paar Tiere recht zutraulich und ließen sich anfassen und streicheln. Dieter gab einem Schaf ein Stück von seinem Wurstbrot, das es mit Wohlbehagen verspeiste. Daraufhin lockten auch andere Kinder mit ihren Butterbroten die übrigen Tiere an. Das Füttern bereitete den Kindern so große Freude, daß die Bergschafe bald die gesamte Tagesverpflegung verzehrt hatten. Ein Schaf schnupperte sogar in Dieters Brotbeutel, da es dort noch mehr Leckerbissen vermutete. Erst allmählich wandten sich die Tiere wieder den Weideflächen zu und zogen endgültig weiter.

Übungsmöglichkeiten:

1. **Wörter mit der Vorsilbe ent-:** entfernt, entdecken, Entscheidung, entwickeln, Entschluß, entsichern, entsetzt, entkleiden, Entwurf, enträtseln, entkommen, Entstellung, entstehen, entschwinden, Entbehrung, entgleisen, Entgegnung, Entdecker, entladen, entziffern, ...
Setze vor folgende Zeitwörter (Verben) die Vorsilbe *ent-*: reißen, ziehen, weihen, scheiden, täuschen, laufen, gehen, schlafen, sprechen, spannen, weichen, zünden, flammen, fliehen, gleiten, fliegen, fallen, nehmen, werfen, schließen, schlüpfen, wenden, führen!

2. **Unterscheiden von end – ent:**
a) **Wortfamilie „Ende":** Ende, Lebens-, Monats-, Jahres-, Kriegs-, Spiel-, Zug-, Wurst-; Endpunkt, -silbe, -kampf, -runde, -station, -lauf,

-spiel, -spurt, -zweck, -ung; Unendlichkeit; Beendigung; Zwölfender; endlich; endlos; endgültig; enden, be-, ver-
Schreibe die Wörter vollständig ab!
b) **Mittelwörter der Gegenwart:** singend, laufend, springend, kämpfend, wissend, ringend, schützend, gestaltend, ...
Setze die Reihe fort!
c) **Vorsilbe ent-:** entfernt, entdeckt, entehrt, entzwei, Entführung, Entscheidung, entreißen, entkommen, unentwegt, unentbehrlich, unterentwickelt, Entstehung, ...
d) **ent vor der Nachsilbe -lich:** versehentlich, hoffentlich, gelegentlich, öffentlich, wesentlich, eigentlich, wöchentlich, ...
e) **ent am Ende der Fremdwörter:** Student, Advent, Zement, Talent, Dozent, Testament, Regiment, Patent, Dirigent, Patient, ...
Setze in folgende Wörter *end* oder *ent* ein: nam–lich, –schlossen, helf–, –geschwindigkeit, un–schieden, fleh–lich, bet–, –stufe, kämpf–, frev–lich, schleich–, –stehung, un–lich, spiel–, ord–lich, –lassen, –täuschung, Fußball–spiel, umfass–, –spannt, Präsid–!
(Arbeitshilfe: 11 Wörter werden mit *ent* geschrieben. Siehe Beiheft L 71!)
3. **Wortfamilie „Berg":** Berg, -schafe, -wiese, -kühe, -land, -rücken, -ahorn, -kiefer, -steiger, -wacht, -hang, -wald, -werk, -mann, -kuppe, -rutsch, -kristall, -bau, -arbeiter, Wein-, Tafel-; Gebirge, Ketten-, Rand-, Hoch- , Grenz-, Scheide-; Gebirgsdorf, -schuhe, -zug, -landschaft, -klima; gebirgig
4. **Der X-Laut in seiner Schreibung mit gs:** halbwegs, längst, allerdings, blindlings, rücklings, neuerdings, anfangs, seitlings, rücklings, unterwegs, flugs, meuchlings, rings, jährlings – aber: links
Bilde Sätze!
5. **Wortfamilie „sammeln":** sammeln, ver-, an-, auf-, ein-; Sammlung, An-, Ver-, Briefmarken-, Kunst-, Geld-, Münzen-, Straßen-, Bilder-; Sammelstelle, -name, -linse; zusammen, -stürzen, -laufen, -stoßen; Zusammenkunft, -hang, -setzung, -bruch
aber: gesamt, insgesamt, samt und sonders, sämtlich, Gesamtheit, -eindruck, -ausgabe
Suche noch andere Wörter mit *zusammen* und bilde Sätze!

Das jährliche Wunder der Brotvermehrung

Da sagte neulich jemand zu mir: „Ich wäre sofort ein gläubiger Christ, wenn ich nur ein Wunder miterleben könnte." An einem schönen, sonnigen Tage holte ich ihn in seiner Wohnung ab und machte mit ihm einen

Spaziergang durch die sommerlichen Felder. Er sprach viel von seinen Arbeiten und Sorgen und schaute kaum auf das Blühen und Reifen ringsum. Auf einem schmalen Weg zwischen weiten Getreidefeldern mußten wir hintereinandergehen, und doch noch berührten uns die ernteschweren Ähren von beiden Seiten. Auch jetzt achtete er nicht auf die Schönheiten der Natur. Da hielt ich meinen Begleiter an: „Hast du es gesehen, das Wunder?" „Welches Wunder?" fragte er erstaunt und etwas unwillig, weil ich ihn in seinem Redefluß und seinem wirtschaftlichen Planen unterbrochen hatte. Ruhig strich ich mit beiden Händen über die sacht wogenden Ähren. „Das da!" sagte ich und deutete auf die bis zum Horizont reichenden Felder. „Hier siehst du das Wunder der Brotvermehrung, das sich Jahr für Jahr wiederholt."

Übungsmöglichkeiten:

1. **Schreibweisen des langen o:** Brotvermehrung, wogen, holen, Wohnung, Moos, Thron, bestohlen, Schonung, Motor, Bohne, Mohn, Boot, Krone, Kanone, Belohnung, Tirol, Rotkohl, betonen, moorig, ...
Ordne die Wörter nach ihrer Schreibweise und erweitere die Reihen!
Ergänze folgende Wörter: T–n, –rakel, M–nat, Str–m, M–s, Pr–be, B–tin, Spi–n, Fr–n, l–ben, Z–, M–rgebiet, D–mch–r, D–le, H–n, H–lraum, M–t–rb–t, emp–r, verb–gen, F–len, b–nern, L–n, Wiederh–lung, Komm–de, K–lrabi, Hekt–liter, l–dern, Schl–te!
(Arbeitshilfe: In 4 Wörtern fehlt *oo* und in 6 *oh*. Siehe Beiheft L 72!)

2. **Die Nachsilben -ig und -lich:** unwillig, wirtschaftlich, ruhig, ölig, beträchtlich, gefällig, wollig, faltig
Bilde aus folgenden Wörtern mit Hilfe der Nachsilben Eigenschaftswörter (Adjektive): Nebel, Herbst, Kugel, Wind, Hügel, Feind, Ekel, Winkel, Hunger, zappeln, Wolke, Liebe, Mehl, wackeln, Mut, Schimmel, Zufall, Staub, Schwindel, Verstand, Eile, wenden, Mensch, Würde, Herr, Wort, dienen, Gefahr, Handwerk, Buckel, Zorn!
(Arbeitshilfe: Bei 10 Wörtern muß die Nachsilbe *-lich* angefügt werden. Siehe Beiheft L 73!)

3. **Die Nachsilbe -heit nach Eigenschaftswörtern (Adjektiven):** Schönheit, Reinheit, Lauheit, Sicherheit, Krankheit, Roheit (vor der Nachsilbe -heit fällt das silbentrennende *h* fort).
Wandle folgende Eigenschaftswörter (Adjektive) in Hauptwörter (Substantive) um: bescheiden, schlau, gesund, blind, falsch, kühn, hoch, taub, fein, wild, feige, träge, faul, schwach, grob, derb, gewandt!

4. **Zeitwörter (Verben) werden Hauptwörter (Substantive):** das Blühen und Reifen, sein Arbeiten und Sorgen, sein wirtschaftliches Planen, vom Reden, beim Ernten, nach dem Säen, ...

Bilde Sätze aus dem Bereich des Pflanzenlebens, in denen folgende Zeitwörter (Verben) als Hauptwörter (Substantive) gebraucht werden: keimen, sprießen, wachsen, ranken, leuchten, entfalten, verbreiten, absterben, vergehen!

5. **Wortfeld „wachsen":** wachsen, sprießen, sich entfalten, wuchern, sich emporranken, sich entwickeln, sich ausbreiten, emporschießen, gedeihen, keimen, aufgehen, Wurzel schlagen, überhandnehmen, sich bestocken (Gras und Getreide), verwurzeln, reifen, hervorbrechen
Bilde Sätze und forme einige Zeitwörter (Verben) in Hauptwörter (Substantive) um! (wachsen, das Wachsen, der Wuchs, das Wachstum, ...)

77
Viele hungern

Wir können glücklich sein, denn wir haben jeden Tag genug zu essen. Das war nicht immer so. In den ersten Nachkriegsjahren mußten viele Menschen hungern. Viele Städter fuhren auf die Dörfer und hofften, dort ein paar Pfund Kartoffeln oder sonstige Lebensmittel zu bekommen. Manche nahmen Schmucksachen oder andere wertvolle Gegenstände mit, um sie gegen ein Stück Butter oder Speck einzutauschen. Andere mühten sich, auf abgeernteten Feldern noch einige übersehene Kartoffeln herauszuhacken. Überglücklich waren sie, wenn sie abends, nach stundenlanger Arbeit, ein Säckchen mit Kartoffeln heimwärtstragen konnten. In dieser Zeit kam es nie vor, daß jemand auch nur einen Bissen Brot fortgeworfen hätte. Doch zu allen Zeiten gibt es Menschen, die nicht satt werden, da sie längst nicht ausreichend Nahrung erhalten. Besonders in einigen Ländern Afrikas, Asiens und Südamerikas verhungern noch immer Kinder und Erwachsene, denn ihnen fehlt das Notwendigste zum Leben. Nur ein Drittel aller Menschen hat genügend Nahrung.

Übungsmöglichkeiten:
1. **Zusammengesetzte Eigenschaftswörter (Adjektive):** wertvoll, überglücklich, lauwarm, sehschwach, feuerrot, gehbehindert, alltäglich, stockdürr, hinterlistig, grauhaarig, kurzatmig, wieselflink, mehrstimmig, achtkantig, rotbraun, wanderfroh, eiskalt, dunkelblau, voreilig, merkwürdig, diensteifrig, vielfarbig, überängstlich, blitzschnell, grasgrün, abschließbar, dreieckig, naßkalt, schreibfaul, unterirdisch, einarmig, schwimmfähig, anschmiegsam
Ordne die Eigenschaftswörter (Adjektive) nach der Art ihrer Bestimmungswörter (Hauptwort, Eigenschaftswort, Zeitwort, Zahlwort, Verhältniswort) und versuche, noch andere zusammengesetzte Eigenschaftswörter (Adjektive) zu jeder der 5 Arten zu schreiben!

2. **ch im Anlaut:** China, Charakter, Chor, Christentum, Chronik, Chile, Chrom, Charlotte, Chiemsee, Chef, Choral, Champignon, Christbaum
Ordne die Wörter nach der unterschiedlichen Aussprache des *ch*!
3. **Wortfeld „entbehren":** hungern, darben, dürsten, entbehren, schmachten, Not leiden, Mangel haben, sich sehr einschränken, mittellos sein, in kargen Verhältnissen leben, erdulden, Leid ertragen, besitzlos sein, auf dem trocknen sitzen, vor dem Nichts stehen, in arger Bedrängnis sein, nichts zu beißen haben
Bilde Sätze!
4. **Wörter mit chs:** Erwachsene, verwechseln, Lachs, Büchse, Sachsen, Achse, drechseln, Luchsaugen, Deichsel, Eidechse, Bienenwachs, Dachs, Weichsel, Fuchsbau, sechs, Flachs, Buchsbaum, Ochse, Gewächs
Bilde davon neue Wörter (aufwachsen, Wechselstelle, ...)!
5. **Wortfamilie „lang":** lang, -mütig, -fristig, -sam, -weilig, -jährig, -stielig, -lebig, -atmig, -wierig, -haarig, tage-, stunden-, jahre-, meter-, seiten-, länge-, ellen-; entlang, -laufen; Langholz, -streckenlauf, -mut, -schläfer, -schäfter; Langeweile; langen, be-, ver-, an-, er-, zu-; längs-, -seits; Längsrichtung, -schnitt, -falte, -achse; längst; längstens; länglich; Länge, Mohn- (Kuchen); Längenmaß, -grad; verlängern; Verlängerung, Spiel-, -slinie

78

Kein Parkplatz

Ulrich und sein Vater waren beide begeisterte Fußballfreunde. Regelmäßig gingen sie daher sonntags zu den Spielen der einheimischen Bundesligamannschaft. Da Vater seit einigen Tagen ein Auto besaß, bat ihn Ulrich diesmal zum Sportplatz zu fahren. Obwohl sie bisher zu Fuß nur eine knappe Viertelstunde bis zum Fußballstadion benötigten, stiegen sie in den vor dem Haus abgestellten Wagen und fuhren in Richtung Sportplatz. Doch je mehr sie sich dem Stadion näherten, desto dichter standen parkende Fahrzeuge an den Straßenrändern. Das bedeutungsvolle Fußballspiel hatte schon so viele Menschen angelockt, daß auch der große Parkplatz neben dem Stadion so dicht besetzt war, daß die beiden keine Parklücke für ihren Wagen entdecken konnten. Schnell mußten sie die Suche nach einer Parkmöglichkeit fortsetzen. Endlich fanden sie in einer Nebenstraße ausreichend Platz, aber hier war Parkverbot. Kurz entschlossen fuhren sie rasch heimwärts, stellten den Wagen vor ihrer Wohnung ab und gingen wie an den vorigen Sonntagen eilends zu Fuß zum Sportplatz. Aber das Spiel hatte schon begonnen.

Übungsmöglichkeiten:
1. **Wortfeld „schnell":** geschwind, rasch, behende, hurtig, flott, blitzartig, eilends, flink, hastig, fließend, flüssig, schnellfüßig, pfeilschnell
2. **Zusammengesetzte Zeitwörter (Verben):** abstellen – abgestellt – abzustellen, fortsetzen – fortgesetzt – fortzusetzen, mitnehmen – mitgenommen – mitzunehmen, zusammenbauen – zusammengebaut – zusammenzubauen, wiederbringen – wiedergebracht – wiederzubringen, abfahren – abgefahren – abzufahren, ...
Bilde von anderen zusammengesetzten Zeitwörtern (Verben) das Mittelwort der Vergangenheit (Partizip Perfekt) und die Grundform (Infinitiv) mit *zu*!
3. **ck – k:** Parklücke, entdecken, Flecken, Ecke, Doktor, Politik, Verdeck, Techniker, Rektor, Inspektor, Oktober, getrocknet, Druckknopf, Paket, zwecklos, Traktor, Reck, Elektriker, Hektar, Takt, Stecknadel, Schreck, blank, Rücksicht, zwinkern, Dackel, Balken
Ordne die Wörter nach ihrer Schreibweise *(ck – k)*!
Beachte: Akkordeon, Akkumulator, Mokka, Makkaroni, Akkord, Marokko!
Setze in folgende Wörter *k* oder *ck* ein: Bara–e, Inse–t, Se–t, Di–icht, Di–tat, Fra–, Na–en, Kle–s, Ke–s, Kautschu–, Que–silber, Krü–e, Fabri–, Dire–tor, Beste–, Wra–, Konta–t, Stri–, Archite–t, ele–trisch, Politi–er!
(Arbeitshilfe: Bei 10 Wörtern fehlt *ck*. Siehe Beiheft L 74!)
4. **Umstandswörter (Adverbien) mit der Nachsilbe -wärts:** heimwärts, rückwärts, auswärts, landeinwärts, westwärts, ...
Ersetze folgende Ausdrücke durch Umstandswörter (Adverbien) mit der Nachsilbe *-wärts*: nach oben, nach unten, nach süden, nach innen, nach vorn, zum Himmel, nach Osten, nach Norden, zur Seite!
5. **Langes i ohne Dehnungszeichen:** Bundesligamannschaft, Terrine, aktiv, Sabine, Biber, Krokodil, Tiger, Kilometer, Maschine, Fibel, Lawine, Elisabeth, Erwiderung, Gardine, Kaninchen, Primel, Baustil, Apfelsine, Liter, Kamin, Linie
Ordne die Wörter in alphabetischer Reihenfolge!

Auf Jagd am Weiher

79

Hans und Peter knien am Ufer des Weihers und beobachten aufmerksam die Wasserfläche. Jeder von ihnen hat ein kleines Fischnetz in der Hand. Neben den Jungen stehen zwei wassergefüllte Marmeladengläser. Hans und Peter wollen nämlich für ihr Aquarium ein paar Wassertiere fangen.

Vergeblich haben sie bisher auf Stichlinge gewartet. Vor ihnen huschen nur einige Wasserläufer mit ihren langen, stelzigen Beinen über die Wasseroberfläche. Da kommt dicht am Ufer ein dicker, dunkler Käfer herangerudert. Peter versucht ihn mit seinem Netz zu fangen. Doch der Käfer ist ein schneller, geschickter Schwimmer und entwischt. Hans ruft: „Du, das war ein Gelbrandkäfer. Den wolltest du doch nicht mitgenommen haben? " „So einen Wasserkäfer habe ich noch nicht in meinem Aquarium", entgegnet Peter. Nun erzählt ihm Hans, daß Gelbrandkäfer ganz gefährliche Räuber sind, die Kaulquappen, Molche, Frösche und auch kleine Fische fressen. Schließlich findet Peter noch eine Wasserschnecke. So ist die Wasserjagd doch nicht ganz ergebnislos verlaufen.

Übungsmöglichkeiten:

1. **Wortfamilie „jagen":** jagen, ab-, nach-, hinterher-, auf-, ver-, er-; Jäger, -hut, Düsen-; Jägersmann; Jagd, -hund, -schein, -flieger, -horn, -stock, Fuchs-, Enten-, Hasen-, Großwild-, Wasser-, Verbrecher-; jagdbar; Jagen (bewirtschaftete Waldfläche)

2. **Wörter mit qu:** Aquarium, Kaulquappe, quetschen, Quark, quer, bequem, Qualle, quietschen, Quitte, Quecke, erquicken, aufquellen, Qual, qualmen, Quaste, Quadrat, quaken, Quader, Quartett, Quarz
Schreibe die Wörter ab!

3. **Das silbentrennende h:** Weiher, rauh, Reiher, Höhe, mähen, Mühe, blühen, früh, Stroh, nähen, Ruhe, froh, lohnen, Floh, ziehen, Reihe, leihen, Truhe, drehen, sehen, glühen, zäh, nah, roh, sprühen, Geweih, Brühe, flehen, verzeihen
Wörter ohne *silbentrennendes h*: Sämann, knien, schreien, schauen, bauen, reuen, steuern, streuen, hauen, vertrauen, Schauer, flau, Treue
Trenne die mehrsilbigen Wörter!

4. **ch – sch:** Fischnetz, Stichling, Oberfläche, entweichen, Molch, Frösche, Nichte, dicht, Streich, löschen, Löcher, Fächer, Esche, frisch, Richtung, prächtig, flüchtig, Furche, Mischung, Kirschbaum
Ordne die Wörter nach ihrer Schreibweise (*ch, sch*) und ergänze folgende Wörter: gebre–lich, blei–, Bü–er, rei–, Mu–el, dre–en, Pä–ter, E–e, Dicki–t, Gebü–, Dei–, Dol–, räu–ern, Pfli–t, täu–en, gere–t, Kir–blüte, Kir–turm, Pe–, Flä–e!
(Arbeitshilfe: In 6 Wörtern fehlt *sch*. Siehe Beiheft L 75!)

5. **Eigenschaftswörter (Adjektive) mit der Nachsilbe -sam:** aufmerksam, geruhsam, heilsam, mitteilsam, bedeutsam, gemeinsam, einsam, sittsam
Bilde aus folgenden Zeitwörtern (Verben) mit Hilfe der Nachsilbe *-sam* Eigenschaftswörter (Adjektive): kleiden, achten, wachen, schweigen, biegen, sparen, empfinden, gehorchen, folgen, arbeiten, streben, enthalten, fügen!

80

Kinderbelustigung

Alle Kinder freuten sich schon auf die Kinderbelustigung, die regelmäßig am Kirmessonntag stattfand. In kurzer Zeit hatten sich viele große und kleine Kinder auf der Kirmeswiese eingefunden. Sackhüpfen, Eierlaufen, Topfschlagen, Rollerrennen, Wettklettern, Ballwerfen und lustige Staffeln sollten wieder durchgeführt werden. Jedes teilnehmende Kind erhielt dabei Süßigkeiten, doch die Sieger wurden immer besonders belohnt. Auch Kurt war zur Kinderbelustigung gekommen. Im Vorjahr war er der Schnellste beim Rollerrennen gewesen. Auch beim Eierlaufen wäre er fast Sieger geworden, doch kurz vor dem Ziel war ihm das Ei vom Löffel gerollt. Damals hatte er sich sehr darüber geärgert. In diesem Jahre sollte ihm das nicht noch einmal geschehen. Er hatte sich eine Tube Klebstoff eingesteckt. Damit wollte er in einem günstigen Augenblick das Ei auf dem Löffel festkleben. Nun war er gleich an der Reihe. Hastig nahm er die Tube zur Hand. Doch da sagte jemand hinter ihm: „Ehrlich währt am längsten!"

Übungsmöglichkeiten:
1. **Eigenschaftswörter (Adjektive) mit st:** lustig, günstig, fest, hastig, geistreich, durstig, rostig, meisterhaft, köstlich, trostreich, gastlich, musterhaft, rastlos, lästig, restlos, verlustreich, rüstig, listig, herbstlich, dunstig, gespensterhaft, östlich, christlich, westlich
Trenne nach Silben und schreibe verwandte Wörter!
2. **Wörter mit ff:** Staffel, Löffel, Griff, Affe, Kaffee, Stoff, Pantoffel, Treffer, Giraffe, Waffel, Griffel, Schaffner, Karaffe, Öffnung, Scheffel, Hoffnung, Schiff, Schöffe, Riff, Koffer, Puffer, Muff, Pfiff, Offizier, Kniff
Bilde zusammengesetzte Hauptwörter (Substantive)!
3. **Schwierige Mehrzahlbildungen (Pluralbildungen):** Kirmes, Kürbis, Iltis, Globus, Autobus, Zirkus, Firnis, Omnibus, Atlas
Achte bei der Mehrzahlbildung (Pluralbildung) auf die Verdoppelung des *s* (Kirmes – Kirmessen, Kürbis – Kürbisse, . . .)!
4. **Wörter mit pf:** Sackhüpfen, Topfschlagen, Pfennig, Pfahl, pflücken, abtupfen, schimpfen, rupfen, . . .
Setze die Reihe fort und bilde aus folgenden Wörtern zusammengesetzte Hauptwörter (Substantive): Apfel, Tropfen, Klopfer, Zapfen, Napf, Zipfel, Karpfen, Zopf, Kampf, Pfarrer, Pflanze, Dampf, Kupfer, Pflock, Strumpf, Kopf, Gipfel, Krampf, Pfosten, Pfand, Empfang, Pfeil, Pfingsten!

5. **Wörter mit der Nachsilbe -ung:** Belustigung, Sammlung, Heizung, Witterung, Beruhigung, ... Wandle folgende Zeitwörter (Verben) durch Anhängen der Nachsilbe *-ung* in Hauptwörter (Substantive) um und trenne sie: lesen, reiben, rechnen, halten, stellen, messen, schätzen, pflanzen, spannen, wittern, spalten, sitzen, zahlen, rüsten, schließen, öffnen, belohnen!
Siehe Beiheft L 76!

81

Die Dohlen und der Wetterhahn

Nachmittags, wenn ich meine Schulaufgaben erledigt habe, gehe ich gern in unseren Garten. Er liegt nicht weit von unserer Kirche entfernt. Am liebsten sitze ich unter dem alten Kirschbaum und schaue zur Kirche hinauf. Auf der Spitze des mächtigen, hohen Turmes dreht sich der eiserne Wetterhahn. Um ihn herum jagen Dohlen in wildem Fluge. Kopf und Schwanzfedern des metallenen Hahnes sind der begehrteste Sitzplatz der krächzenden Gesellen. Kaum hat sich eine Dohle auf dem Kirchturmhahn niedergelassen, so stürzt sich gleich der ganze Dohlenschwarm auf sie, um ihr den höchsten Platz streitig zu machen. Zwar wehrt sie sich tapfer, muß aber doch der Übermacht weichen. Gerade wollen sich drei Vögel gleichzeitig auf dem Hahn niederlassen, da beginnen die Abendglocken zu läuten. Erschrocken fliegen die Dohlen auf und umkreisen aufgeregt die Turmspitze. Mit kreischenden, gellenden Schreien streichen sie ab. Still wird es nun um den Wetterhahn auf seinem hohen Posten.

Übungsmöglichkeiten:

1. **Wörter mit oh:** Dohle, Kohl, Mohn, Ohr, Hohn, hohl, Ledersohle, Bohrer, Fohlen, Rohr, johlen, Argwohn, Wohlstand, belohnen, Pflegesohn, gestohlen, Drohne, Steinkohlen, Schnittbohnen, bohnern
Von den folgenden Wörtern werden nur 4 mit *h* geschrieben: Bet-nung, verchr-mt, unw-l, Petr-leum, S-lbad, Fr-ndienst, Komm-de, L-denmantel, pr-ben, Kr-nleuchter, Spi-n, l-nenswert, abh-len, Ch-rpr-be, Hauptpers-n, Kant-n, B-rturm, B-rsalbe, Wirsingk-l, versch-nen, alk-h-lisch, emp-r
(Siehe Beiheft L 76a!)
2. **igt – icht:** erledigt, dicht, Predigt, Gewicht, Pflicht, beerdigt, Gicht, schlicht, ermöglicht, befehligt, verewigt, verständigt, Berichterstatter, Rücksicht, Habicht, töricht, gereinigt, Dickicht, Kehricht, genehmigt, Verzicht, besänftigt, gesündigt, beschädigt, belichten, beschäftigt
Ordne die Wörter nach der Schreibweise und schreibe die Ausgangsformen der Wörter mit der Endung *-igt* (erledigt – erledigen, ...)!

3. **Trennen zusammengesetzter Wörter nach ihren Bestandteilen:** hinauf (hin- auf), herum (her-um), darüber (dar-über), nebenan (neben-an), einander (ein- ander), vollends (voll-ends), Beobachter (Beob-achter) Trenne folgende Wörter: wiederum, Dienstag, Donnerstag, warum, herüber, Eberesche, hinein, darauf, bergab, Aufenthalt, heraus, Verein, einundachtzig, beieinander, Friedrich, enterben!
4. **Wörter mit eh:** drehen, begehrt, sich wehren, Lehm, Sehnsucht, Verehrung, verkehrt, Fehde, angenehm, Rotkehlchen, verzehren, belehren
Setze in folgende Wörter *e* oder *eh* ein: unvers–rt, Kam–l, Kom–t, Besch–rung, Abw–r, W–rtg–genstand, Sch–mel, M–ltau, s–nig, S–ligkeit, Ben–men, bequ–m, Ar–na, unentb–rlich, Br–zel, Kl–bstoff, S–gelboot, H–bel, Tromp–te, M–rzahl, Schl–sien, T–l–fon!
(Arbeitshilfe: 7 Wörter werden mit *eh* geschrieben. Siehe Beiheft L 76b!)
5. **Wortfeld „fliegen":** schweben, kreisen, fliegen, flattern, trudeln, gleiten, streichen, segeln, rütteln, schwirren, gaukeln, emporsteigen, herunterstoßen, jagen, sich schwingen, wirbeln, ziehen, steigen, sich senken
Suche zu folgenden Wörtern die treffenden Ausdrücke: Mücken, Raubvögel, Schmetterling, Papierfetzen, Blätter, Sperber, Lerche, Bussard, Ballon, Maikäfer, Segelflieger, Staub, Wolken!

82

Gewitter

An einem wolkenlosen Sonntagmorgen waren Gerd und Helga mit ihren Eltern schon frühzeitig unterwegs. Nur Großmutter war diesmal zu Hause geblieben, denn seit einigen Tagen schmerzte ihr wieder das Kniegelenk. „Mir sitzt das Wetter in den Gliedern!" hatte sie beim Abschiednehmen gesagt. Bei herrlichem Sonnenwetter hatte die Familie ihr Wanderziel erreicht, sich an einem schattigen Gartentisch einer Waldgaststätte niedergelassen und das Mittagessen bestellt. Die beiden Kinder vergnügten sich unterdessen auf einer Kinderschaukel. Doch plötzlich schoben sich dicke, blaugraue Gewitterwolken hinter Bäumen hervor und bedeckten bald den ganzen Himmel. Gerade brachte die Kellnerin die Suppe, als ein jäher Windstoß einsetzte, Staub aufwirbelte und einige Decken von den Gartentischen riß. Alle Leute flüchteten sich ins Innere der Gaststätte. Gleichzeitig mit dem ersten Donnerschlag setzte starker Regen ein. „Wo ist das Gewitter so schnell hergekommen?" fragte Gerd. „Von Großmutter! Es hat ihr doch heute morgen schon in den Gliedern gesteckt!" antwortete die fünfjährige Helga.

Übungsmöglichkeiten:
1. **mal – Male:** diesmal, einmal, jedesmal, allemal, manchmal, hundertmal, dutzendmal, unzähligemal; etliche Male, unzählige Male, zum ersten Male, bei den letzten Malen, viele tausend Male, mit einem Male, mehrere Male, einige Male (*e* oder *en* am Ende, dann Großschreibung!)
Bilde Sätze!
2. **Tagesnamen in Verbindung mit Tageszeiten**
    a) mit Geschlechtswort (Artikel): an einem Samstagmorgen, der Samstagmittag, zum Montagabend, am Dienstagmittag, vor dem Mittwochnachmittag
    b) ohne Geschlechtswort (Artikel): Sonntag morgen, Dienstag mittag, Samstag nacht, Montag vormittag, Mittwoch abend
Stelle weitere Verbindungen zusammen!
3. **nk am Wortende:** Kniegelenk, Fink, Bank, Schrank, Trunk, Zank, blank, flink, schlank, Rundfunk, Dank, krank, Geschenk, Strunk, Öltank, Gestank, Getränk, Blinklicht, Denkmal, unsinkbar, Senklot
Verlängere die Wörter (Kniegelenke, Finken, . . .)!
4. **Zeitwörter (Verben) werden Hauptwörter (Substantive):** beim Abschiednehmen, beim Blitzen, vom Regnen, das Donnern, vom Laufen, beim Essen, während des Schaukelns, . . .
Führe noch mehr Beispiele an und bilde Sätze!
5. **Stätte – Städte:** Gaststätte, Brandstätte, Grabstätte, Sportstätte, Lehrwerkstätte, Arbeitsstätte, Ruhestätte, Schlafstätte, Feuerstätte, Schulungsstätte, Opferstätte, Schädelstätte, Lagerstätte, Schlachtstätte, Werkstätte, Kampfstätte, Geburtsstätte; Großstädte, Kreisstädte, Hauptstädte, Industriestädte, Kleinstädte, Landstädte, Handelsstädte, Hafenstädte, Grenzstädte, Universitätsstädte
Ordne die Wörter alphabetisch!

83

Wetterpropheten

Morgen ist Wandertag. Auf der Straße stehen einige Jungen beisammen und schauen besorgt nach den Wolken. Es sieht recht regnerisch aus. „Was meint ihr, was es morgen für Wetter gibt?" fragt Fritz. Mit bedenklichem Gesicht antwortet Ernst: „Mein Laubfrosch sitzt auf der untersten Stufe seiner Leiter. Es regnet bestimmt morgen." „Ach, dein Laubfrosch! Der ist bloß zu faul, nach oben zu klettern!" lacht Günter. Hans hat die letzten Wettermeldungen gehört und sagt zuversichtlich: „Macht euch keine Sorgen! Das Radio hat sonniges, beständiges Wetter gemeldet." „Auf das Radio kann man sich nicht verlassen", meint Fritz. „Die Berge auf der anderen Rheinseite sieht man so deutlich, und der Wind kommt aus westlicher Richtung. Das bedeutet Regen", sagt Ernst. „Wollen wir wetten, daß das Wetter bis morgen trocken bleibt?" schlägt Hans vor. „Die Wette hättest du gründlich verloren!" entgegnet Günter. „Ich habe bereits den ersten Tropfen auf die Nase bekommen."

Übungsmöglichkeiten:
1. **Wörter mit ph:** Wetterprophet, Strophe, pharisäerhaft, Alphabet, Phosphor, Katastrophe, Diphtherie, Triumph, Stratosphäre, Asphalt, Sophie, Philippinen, Pharao
Schreibe die Wörter ab und bilde Sätze!
2. **Eigenschaftswörter (Adjektive) auf -ig, -isch und -lich:** regnerisch, bedenklich, zuversichtlich, sonnig, beständig, deutlich, westlich, gründlich, stürmisch, schwäbisch, lässig, neblig, herrisch, einseitig, ölig, betrügerisch
Ordne die Wörter nach ihren Endsilben!
Wandle in Eigenschaftswörter (Adjektive) um: erben, Westfalen, Wind, Wolle, versöhnen, begreifen, Italien, Räuber, Paradies, Herbst, Maß, Kante, zanken, Tier, Dieb, Zorn, Fest, Wille, Falte, Schmutz, Asien, Russen, Bild, Macht, England, Fluß, Sport!
(Siehe Beiheft L 77!)
3. **Stellung der wörtlichen Rede**

a) **Die Ankündigung steht vor dem Sprechsatz:** Mit bedenklichem Gesicht antwortet Ernst: „Mein Laubfrosch sitzt auf der untersten Stufe seiner Leiter. Es regnet bestimmt morgen." – Hans sagt zuversichtlich: „Macht euch keine Sorgen! Das Radio hat sonniges, beständiges Wetter gemeldet."

b) **Die Ankündigung steht hinter dem Sprechsatz:** „Was meint ihr, was es morgen für Wetter gibt?" fragt Fritz. – „Ach, dein Laubfrosch ist bloß zu faul, nach oben zu klettern!" lacht Günter. – „Auf das Radio kann man sich nicht verlassen", meint Fritz.

c) **Die Ankündigung steht als Zwischensatz:** „Die Wette hättest du gründlich verloren", entgegnet Günter, „denn ich habe bereits den ersten Tropfen auf die Nase bekommen!" – „Das ist ein schlechtes Zeichen", sagt Ernst, „wenn man die Berge so deutlich sieht."
Ordne die Sprechsätze nach ihrer Art (Aussagesatz, Fragesatz, Ausrufe-, Wunsch- oder Befehlssatz)!
Stell ein anderes Gespräch über das Wetter zusammen!
Beachte: Steht die Ankündigung vor dem Sprechsatz, so steht dazwischen ein Doppelpunkt als Vorsignal. (Achtung, jetzt beginnt jemand zu sprechen!)

Satzschlußzeichen stehen vor dem Sprechzeichen, Kommas aber dahinter.
Ist die Ankündigung ein eingeschobener Zwischensatz, so wird sie durch 2 Kommas eingeschlossen.
4. **Rhein – rein:** Rhein, Rheinland, Oberrhein, Rheinfall, rheinisch, Rheinfahrt, Rheinländer, Rheinwein, Rheinisches Schiefergebirge, Rheinpfalz, Rheindampfer, Rheinhafen, Rheinhausen, Rheingau, Rheinprovinz
rein, reinlich, reinigen, bereinigt, reinrassig, Reinfall, Reinhold, Reingewinn, Reinschrift, Reinlichkeit, Reinigung, ins reine bringen
Bilde Sätze!

84

Vorbereitungen für das Schulfest

In wenigen Monaten soll das Schulfest stattfinden. Die meisten Klassen haben schon klare Vorstellungen, wie sie einen guten Beitrag zum Programm leisten können. Einige von ihnen haben mit den Vorbereitungen bereits begonnen. Die einen proben Theaterstücke, Volkstänze oder turnerische Darbietungen. Andere tragen allerlei Gegenstände für einen Trödelmarkt oder für Glücksbuden zusammen. Nur die Mädchen und Jungen aus Manfreds Klasse können sich noch immer nicht für einen bestimmten Beitrag entschließen. Die Jungen wollen ein Fußballspiel gegen die Lehrer oder ein paar lustige Hindernisstaffeln veranstalten. Ein großer Teil der Mädchen möchte eine humoristische Modenschau vorführen, die übrigen von ihnen sind für eine Handarbeitsausstellung. Niemand möchte gern von seinem Plan abrücken. Doch bald müssen sie sich entscheiden, denn die Zeit drängt.

Übungsmöglichkeiten:
1. **Hauptwörter (Substantive) mit der Nachsilbe -nis:** Hindernis, Wagnis, Geständnis, Ersparnis, Erlebnis, Bündnis, Verhältnis, ...
Hindernisse, Wagnisse, Geständnisse, Ersparnisse, Erlebnisse, Bündnisse, Verhältnisse, ...
Bilde aus folgenden Zeitwörtern (Verben) mit Hilfe der Nachsilbe *-nis* Hauptwörter (Substantive) und setze sie in die Mehrzahl (Plural): begraben, verstehen, hindern, fangen, ärgern, ereignen, geschehen, verzeichnen, versäumen!
(Siehe Beiheft L 78!)
2. **Wortfamilie „senden":** senden, ab-, aus-, ent-, über-, nach-, ver-, zurück-, zu-, voraus-; Sender, Ab-, Rundfunk-, Fernseh-; Sendbote, -graf, -ling, -brief; Sendeanlage, -raum; Sendung, Probe-, Reklame-, Rück-;

gesandt, aus-, ab-; Gesandter, Ab-; Gesandtschaft; Versand, -abteilung, -geschäft, -kosten; versandfertig, -bereit; versandt, über-, abge-, ent-; Gesinde; Gesindel
Schreibe kurze Sätze mit den Zeitwörtern (Verben) in den Vergangenheitsformen ab! (Er sandte uns fort. – Wir hatten das Paket zugesandt.)

3. **Wörter mit aa:** Waage, Briefwaage, waagerecht; Haar, Haarschopf, behaart; Saat, Saatfeld, gesät; Saal, Pfarrsaal, Sälchen; Staat, Freistaat, verstaatlicht; Aal, Räucheraal, sich aalen; Paar, Pärchen, ein paarmal; Aas, Aasgeier
Erweitere die Wortreihen (Waagschale, Waagebalken, ...)!
Bilde Sätze mit den Wörtern *paar* und *Paar* (ein paar Volkstänze, ein paar Klassen, ... ein Paar Schuhe, ein Paar Strümpfe, ...)

4. **Von Ländernamen abgeleitete Eigenschaftswörter (Adjektive):** Sachsen – sächsisch, Italien – italienisch, Schlesien – schlesisch, Portugal – portugiesisch, Rußland – russisch, Irland – irisch, ...
Bilde zu folgenden Ländernamen die zugehörigen Eigenschaftswörter (Adjektive): Frankreich, England, Dänemark, Ungarn, Thüringen, Afrika, Westfalen, Europa, Spanien, Mexiko, China, Indien!
(Siehe Beiheft L 79!)

Alarm auf der Feuerwache 85

Aus dem Kellerfenster eines Wohnhauses dringt dicker, beißender Qualm. Daher hat Herr Petermann vor wenigen Sekunden an der Ecke Schillerstraße die Scheibe des Feuermelders eingeschlagen und den schwarzen Knopf gedrückt. Damit ist auf der Feuerwache der Alarm ausgelöst worden. Durch eine ganz bestimmte Folge elektrischer Stromstöße wird dort die Nummer des Feuermelders aufgezeichnet. Unterdessen rennen die Feuerwehrmänner zu ihren Fahrzeugen, bei denen bereits die Motoren laufen. Der Fahrer jedes Einsatzwagens erhält rasch eine Karte mit der Lage des Feuermelders und den günstigsten Zufahrtswegen. Kaum dreißig Sekunden sind seit dem Alarm vergangen, und schon sind die Fahrzeuge des Löschzuges unterwegs. Mit Blaulicht und Glockensignalen sind sie schnell und ungehindert am Feuermelder Schillerstraße. Dort wartet Herr Petermann und weist die Wagen zur Brandstelle. Es geht alles sehr flink, eben, wie bei der Feuerwehr.

Übungsmöglichkeiten:
1. **äu oder eu:** Feuerwache, Schläuche, schleudern, Umzäunung, Bräutigam, verbeult, Knäuel, Säule, vergeuden, abscheulich, streuen, häufig
Ordne nach Schreibweisen und bilde Wortreihen (Feuer, feurig, Feuersbrunst, ...)!

Ergänze folgende Wörter durch *äu* oder *eu*: Hasenk–le, Kr–ter, vertr–mt, ern–ern, übersch–men, Bel–chtung, Glockengel–t, L–tnant, Bed–tung, verstr–t, s–fzen, Bet–bung, Spr–, Beschl–nigung, Schl–se, F–erwehr, –ter, m–tern, –ßerlich, Vergnügungsst–er, erb–ten, gl–big, Vers–mnis!
(Arbeitshilfe: 8 Wörter werden mit *äu* geschrieben. Siehe Beiheft L 80!)

2. **Zeitwörter (Verben) mit der Nachsilbe -ieren:** alarmieren, explodieren, gratulieren, frisieren, marschieren, fotografieren, sortieren,...
Suche noch andere Wörter mit der Nachsilbe *-ieren*, die nur schwer durch deutsche Zeitwörter (Verben) ersetzt werden können!

3. **Eigenschaftswörter (Adjektive) mit der Nachsilbe -bar:** sichtbar, brennbar, spürbar, brauchbar, vernehmbar, sonderbar, ehrbar, fühlbar, heizbar, verstellbar, unerreichbar, dankbar, untragbar, gangbar, unsagbar, erkennbar, unvorstellbar, überschaubar, erziehbar, unzählbar, furchtbar, verwendbar, greifbar, verwertbar, drehbar, fahrbar, dehnbar, unbelehrbar, unlesbar, verwundbar, unerfüllbar, achtbar
Setze passende Hauptwörter (Substantive) hinzu! (sichtbare Erfolge, brennbare Stoffe, . . .)

4. **Wörter mit rr:** zerren, verzerrt; Sperre, Sperrzeit; verirren, Irrtum; herrlich, Herrschaft; starr, angestarrt; dürr, verdorrt; Pfarrer, Pfarrkirche; verwirrt, Wirrwarr
Bilde Wortpaare von folgenden Wörtern: Herr, Narr, surren, Zigarre, knarren, Geschirr, Barren, scharren, Karre!

5. **Als Hauptwörter (Substantive) gebrauchte Mittelwörter (Partizipien):** die Umstehenden, die Überlebenden, der Besiegte, das Gelernte, der Betende, die Geretteten, ein Erschöpfter, viele Anwesende, ein Verwundeter, der Sterbende, das Ungewohnte, der Gesandte, drei Schwerverletzte, das Bedrückende
Ordne die Wörter (Mittelwort der Gegenwart, Mittelwort der Vergangenheit) und bilde Sätze!

86

Berufspläne

„Wenn ich einmal groß bin, möchte ich Straßenarbeiter werden!" sagt Hans zu seiner Mutter, als sie über eine Straße gehen, die zur Hälfte aufgerissen ist. Arbeiter stehen tief in dem offenen Erdschacht und legen neue Wasserrohre. Aufmerksam sieht Hans ihnen zu. Die Mutter denkt: „Ist es das Wühlen im Sand, das ihn so begeistert?" Kurz darauf hat Hans auf einem Dach einen Schornsteinfeger erspäht. „Mutter, der kann über die ganze Stadt sehen!" ruft Hans begeistert. „Ich möchte Schornsteinfeger werden! Das ist ein schöner Beruf. Da brauche ich mich nicht mehr so oft zu waschen!" „Zum Klettern mußt du schwindelfrei sein", meint Mutter. Treuherzig guckt Hans seine Mutter an und sagt: „Ich habe dich doch noch nie beschwindelt!" Mutter lacht. Oft hat Hans schon Berufswünsche geäußert. Gestern wollte er Polizist oder Bäcker werden. Er hat noch keine klare Vorstellung von den verschiedenen Berufen. Noch weiß er nicht, welchen er einmal ausüben wird. Aber daß die Arbeit zum Leben gehört, das hat er schon erfaßt.

Übungsmöglichkeiten:
1. **das (Ersatzwörter „dieses" und „welches") – daß:**
    a) **„das" als Geschlechtswort:** das Wasserrohr – das Wühlen
    b) **„das" als hinweisendes Fürwort:** Das ist ein schöner Beruf. – Willst du das versuchen? – Hans versteht das noch nicht. (Als Ersatzwort für „das" kannst du „dieses" einsetzen.)
    c) **„das" als bezügliches Fürwort:** Das Mädchen, das ich gestern gesprochen habe, will Krankenschwester werden. – Ein Kind, das in der Schule immer fleißig war, wird auch im Beruf tüchtig sein. (Als Ersatzwort für „das" kannst du „welches" einsetzen.)
    d) **das Bindewort „daß":** Hans hat schon erfaßt, daß die Arbeit zum Leben gehört. – Daß sich jeder anstrengt, ist unbedingt notwendig.
    Bilde zu allen 4 Gruppen weitere Beispiele zum Sachgebiet „Berufsleben"! Schreibe die möglichen Ersatzwörter hinter „das"!
2. **Zusammengesetzte Eigenschaftswörter (Adjektive) – Das Bestimmungswort ist ein Hauptwort (Substantiv):** schwindelfrei, arbeitsscheu, grasgrün, herzkrank, glutrot, schlaftrunken, steinhart, ...
    Benutze folgende Hauptwörter (Substantive) zur Bildung von zusammengesetzten Eigenschaftswörtern (Adjektive): Feuer, Glas, Maus, Wind, Tod, Wasser, Kreis, Finger, Schnur, See, Schnee, Essig, Spindel, Fuß, Schokolade, Nadel (feuerfest, feuerrot, ...)!
3. **ss – ß:** Straße, aufgerissen, Wasserrohr, äußern, erfaßt, bißchen, spaßig, zuverlässig, Bewußtsein, flüssig, wäßrig, Verfassung, Fäßchen, unzerreißbar, Bissen, Preisnachlaß, abfließen, Wissenschaft, ...
    Ergänze folgende Wörter durch ss oder ß: ru–isch, sprie–en, Leiterspro–e, einflö–en, E–besteck, Klö–e, verbla–en, Genu–, Walnü–e, Gefä–, hä–lich, ha–en, Meterma–, ma–enhaft, unverdro–en, Mi–etat, drei–ig, Mi–verständnis, bi–ig, ri–ig, verge–lich, verbe–ern, ru–ig!
    (Arbeitshilfe: 12 Wörter werden mit ß geschrieben. Siehe Beiheft L 81!)
4. **Das Binde-s bei Zusammensetzungen:** Berufspläne, Arbeitsfreude, Übungszeit, Hilfsarbeiter, Lehrlingswerkstatt, Handwerksmeister, Ausbildungsstätte, Bewerbungsschreiben, Eingangstür, Lebensweise

Bilde weitere Zusammensetzungen und verwende folgende Wörter als Bestimmungswörter: Arbeit, Beruf, Übung, Lehrling, Ausbildung, Leben, Wohnung! (Arbeitseifer, Arbeitszeit, ...)

5. **Schreibweisen des langen u:** Beruf, Huf, Aufruhr, Kur, Zug, aufspulen, Fuhrmann, Frisur, Urwald, Demut, Rute, Brotkrume, Rudel, ...
Bilde Reimreihen! (Aufruhr, Spur, ... Zug, klug, ... Ruhm, Eigentum, ...)
Setze in die Lücken folgender Wörter *u* oder *uh* ein: Spr–del, Rebh–n, Fl–r, –rmacher, Eigent–m, Schafsch–r, Gl–t, St–l, F–rlohn, Fußsp–r, R–rgebiet, Glas–r, schn–rgerade, Min–te, r–mlos, P–del, –rbar, R–ne, K–le, Sp–k, Str–del, Betr–g, R–ine, M–sik!
(Arbeitshilfe: In 7 Wörter muß *uh* eingesetzt werden. Siehe Beiheft L 82!)

87
Zuerst dienen

Die beiden Brüder Peter und Hans unterhielten sich und überlegten, was sie einmal werden wollten. Hans, der ältere der Jungen, wollte einmal bei einer Bank oder bei einer Sparkasse als Angestellter tätig sein, denn er war ein fixer und sicherer Rechner. Peter sagte: „Ich möchte einmal etwas ganz Hohes werden, Ministerpräsident oder Bundeskanzler. Da kann man machen, was man will. Das Schönste an diesen Berufen ist, daß man niemandem zu gehorchen braucht. Schade, daß es bei uns keine Könige mehr gibt. Immer nur befehlen und kommandieren, das wäre was für mich!" Still blätterte Hans im Geschichtsbuch und reichte es geöffnet seinem Bruder. „Da, lies!" sagte er zu Peter. Es war ein Kapitel von Friedrich dem Großen. Da stand als Überschrift: „Ich bin der erste Diener meines Staates." – „Merkwürdig", dachte Peter, „daß ein ruhmreicher König so etwas gesagt hat." Er konnte noch nicht begreifen, daß vor dem Herrschen das Dienen steht.

Übungsmöglichkeiten:

1. **Eigenschaftswörter (Adjektive) als Teil eines Namens:** Friedrich der Große, die Hohe Acht, der Atlantische Ozean, Ludwig der Fromme, die Oberrheinische Tiefebene, der Fränkische Jura, das Schwarze Meer, der Dreißigjährige Krieg, der Stille Ozean, das Heilige Römische Reich Deutscher Nation, die Französische Revolution, der Rote Main, der Große Kurfürst, der Kahle Asten, der Norddeutsche Bund, das Frische Haff, die Goldene Bulle, das Tote Meer, der Kleine Belt, Karl der Kühne, die Hohen Tauern
Ordne nach geschichtlichen und erdkundlichen Begriffen! Erweitere die Reihen!

2. **Eigenschaftswörter (Adjektive), als Hauptwörter (Substantive) gebraucht:** das Schönste an diesem Beruf, im Grünen lagern, das Schlimmste befürchten, der Klügere sein, auf Angenehmes verzichten, im Freien schlafen, Gleiches mit Gleichem vergelten, aufs Äußerste gefaßt, das Gute wollen, die Ärmsten der Armen, im Finstern sitzen, eine Fahrt ins Blaue, mit der Rechten zupacken, die Gesunden, Arme und Reiche
Bilde Sätze!

3. **l oder ll:** Angestellter, still, Kapitel, Tunnel, einhüllen, Hülse, polieren, Walfang, Schellfisch, Parallele, Gefälligkeit, Almosen, Walnüsse, Porzellan, Wallfahrer, Karussell, Holstein, Militär, Millimeter, Hotel, Modell, Kapelle, Nachtigall, Kolonie, Falltür, Falter, Schwelle, Spalte, gewaltig, quellen, Altar, allmächtig, gewellt, Sultan, Schalter, Pupille, Geröll, Helmut, abbestellt, Zwillinge, Gesellschaft, angeschnallt
Ordne die Wörter nach ihrer Schreibweise (*l – ll*) und ergänze folgende Wörter durch Einfügen von *l* oder *ll*!
Gefä–e, Ze–t, Ze–stoff, Mu–binde, para–el, Porze–an, Geschwu–st, Gri–e, anschwe–en, He–d, Gese–e, verzo–t, Si–ber, gre–, gefä–ig, Krista–, E–ipse, ungedu– dig, A–uminium, anha–ten, Vorha–e, geri–t, A–kohol, a–mählich, To–kirsche, Mo–kerei, Me–odie, zerknü–t
(Arbeitshilfe: 18 Wörter werden mit *ll* geschrieben. Siehe Beiheft L 83!)

4. **das – daß:** Das Schönste daran ist, daß man niemandem zu gehorchen braucht. Schade, daß es bei uns keine Könige gibt! Das wäre etwas für mich! Merkwürdig, daß ein ruhmreicher König so etwas gesagt hat. Er konnte nicht begreifen, daß vor dem Herrschen das Dienen steht.
Begründe die Schreibung von *daß* und *das* und vervollständige die folgenden Sätze! Dreimal muß *daß* eingesetzt werden.
Es ist notwendig, – sich jeder ernstlich bemüht. – sieht jeder ein. In dem Buch, – Hans ihm reichte, standen Berichte aus dem Leben Friedrich des Großen. Dabei erfuhr Peter, – vor dem Herrschen – Dienen steht! Doch – konnte Peter noch nicht begreifen. Später aber wird ihm klar werden, – jeder gehorchen muß.

5. **Komma im Beisatz:** Hans, der ältere der Jungen, war ein fixer Rechner. – Friedrich der Große, der ruhmreiche Preußenkönig, lebte oft sehr bescheiden. – Das Brandenburger Tor, das Wahrzeichen Berlins, steht nahe der Sektorengrenze. (Das Brandenburger Tor, das das Wahrzeichen Berlins ist, steht nahe der Sektorengrenze).
Am letzten Beispielsatz ist aufgezeigt, daß der Beisatz ein verkürzter eingeschobener Nebensatz ist, daher wird auch er durch zwei Kommas eingeschlossen. Bilde ähnliche Sätze!

88

Der Neue

Mit Beginn des Schuljahres kam ein neuer Junge in die Klasse. Er war mit seinen Eltern von auswärts zugezogen und wohnte nun am Rande der Stadt. Franz Weber hieß er. Still und etwas scheu saß er auf dem hintersten Platz in seinem grauen, abgetragenen Anzug. In dem blassen Gesicht fielen die zahlreichen Sommersprossen besonders auf. Während der Pause lehnte er an der Schulhofsmauer. Seine Klassenkameraden wollten nicht mit ihm spielen. Sie nannten ihn nur „der Neue". Es war verständlich, daß sich Franz in seiner neuen Umgebung sehr einsam fühlte. Eines Tages machte die Klasse im Sportunterricht einen Staffellauf. Die Gruppe, zu der Franz gehörte, lag schon ziemlich weit zurück, als er an die Reihe kam. Gegen einen der schnellsten Jungen mußte er starten. Franz, der jedoch ein vielseitiger, guter Sportler war, lief hervorragend und übergab den Staffelstab als erster Läufer. Seine Mitschüler waren sprachlos, daß Franz den Vorsprung der anderen Mannschaft aufgeholt hatte. Nun waren sie stolz, daß er zu ihrer Klasse gehörte.

Übungsmöglichkeiten:

1. **Von Zeitwörtern (Verben) abgeleitete Hauptwörter (Substantive), bei denen kein Geschlechtswort (Artikel) steht:** Mit Beginn des Schuljahres, seit Anfang der Woche, bei Abfahrt des Zuges, ...
Wandle folgende Zeitwörter (Verben) in gleicher Weise um und bilde Sätze: abmarschieren, aufgehen, aufnehmen, übergeben, ankommen, aufgehen, einreisen, durchsehen, vorarbeiten, vorsprechen, auswählen, absagen!
(Bei Abmarsch der Gruppe ... Vor Aufgang der Sonne ...)

2. **Hauptwörtlich gebrauchte Eigenschaftswörter (Adjektive):** der Neue (aber: der neue Schüler), der Blonde (aber: der blonde Junge), ein Helles (aber: ein helles Bier, ...)
Bilde Satzpaare! (Das leuchtende Rot der Geranienblüten ... Die leuchtend rote Farbe der Geranienblüten ...)

3. **Eigenschaftswörter (Adjektive) mit der Nachsilbe -sam:** einsam, furchtsam, langsam, grausam, gemeinsam, seltsam, gehorsam, wachsam, ...
Bilde aus folgenden Wörtern mit Hilfe der Nachsilbe -*sam* Eigenschaftswörter (Adjektive): kleiden, sparen, Heil, streben, Mühe, arbeiten, folgen, Bedeutung, schweigen, empfinden, biegen, Gewalt, aufmerken!

4. **Anführungszeichen zur Hervorhebung einzelner Wörter oder kurzer Aussprüche:** Sie nannten ihn nur „der Neue". Das Wort „bitte" spricht

118

ein höflicher Mensch recht oft aus. Die Grundform des Wortes ist mit „zu" erweitert.
Bilde ähnliche Sätze oder schreibe sie aus Büchern heraus!

5. **Das Bindewort (Konjunktion) „daß" und die Zeichensetzung:** Es war verständlich, daß sich Franz sehr einsam fühlte. – Nun waren sie stolz, daß er zu ihrer Klasse gehörte. – Die Mitschüler waren sprachlos, daß Franz den Vorsprung der anderen Mannschaft aufgeholt hatte.
Vervollständige folgende Sätze: Die Kinder wußten, daß... Franz lief so schnell, daß... Die Jungen merkten, daß... Keiner der Läufer glaubte, daß... Alle hofften, daß... Die Mannschaftskameraden freuten sich, daß... Franz hatte erreicht, daß...
Bilde andere *Daß*-Sätze aus dem Schulleben!

89
Die gelähmte Mitschülerin

Ingrid hatte vor Jahren einmal Kinderlähmung gehabt. Aber noch immer konnte sie ihre Beine nicht gebrauchen. Nun war sie im siebenten Schuljahr. Jeden Morgen wurde sie von der Mutter in einem Krankenstuhl zur Schule gefahren. Ihre Mutter war tagsüber berufstätig. Der Vater war vor einiger Zeit durch einen Autounfall ums Leben gekommen, und Geschwister hatte sie nicht. Trotzdem fühlte sie sich keinen Tag einsam. Die Jungen und Mädchen ihrer Klasse waren alle gute Kameraden. Günter und Gerda, die in der Nachbarschaft wohnten, fuhren sie täglich fürsorglich nach Hause. Wenn am Nachmittag ihre Mutter zur Arbeit mußte, dauerte es nicht lange, bis zwei oder drei Kinder zu ihr kamen. Es verging fast kein Wochentag, an dem sie ausgeblieben wären. Bei günstigem Wetter fuhren sie Ingrid spazieren, bei schlechter Witterung spielten sie oder beschäftigten sich im Hause. Die Kinder hatten sich vorgenommen, Ingrids Lage in jeder Weise zu verbessern.

Übungsmöglichkeiten:
1. **Schreibweisen des langen ä:** gelähmt, berufstätig, täglich, Mädchen, wären, während, Verspätung, Fähre, Träne, unzählig, Säbel, strähnig, Märchen, schälen, Mähne, Sämann, ungefähr, Gräten, Ähnlichkeit, Käfig, gefährlich, Käse, wählen, vermählen, hämisch, gähnen, Kapitän, gären, nämlich, allmählich, Ähre, Gefährten, spärlich, grämen, behäbig, jährlich
Ordne die Wörter nach der Schreibung des Ä-Lautes!
2. **Zusammengesetzte Eigenschaftswörter (Adjektive) – Das Bestimmungswort ist ein Hauptwort (Substantiv):** berufstätig, glückselig, blitzschnell, mausgrau, himmelblau, fingerbreit, fußhoch, herzkrank, dienstbereit,

goldgelb, schnurgerade, baufällig, zentnerschwer, wurmstichig, kilometerlang, steinhart, weinrot, butterweich, seegrün, hauchdünn
Setze passende Hauptwörter (Substantive) vor folgende Eigenschaftswörter (Adjektive): groß, rot, hoch, sauer, braun, bitter, süß, blau, leicht, scharf, klar, breit!
(Beispiele im Beiheft L 84!)

3. **Wortfamilie „Wetter":** Wetter, -wechsel, -front, -vorhersage, -warte, -hahn, -bericht, -karte, -leuchten, -besserung, -seite, -regel, -lage, -mantel, -beobachtung, -meldung, -fahne, -häuschen, Un-, Regen-, April-, Sommer-, Tau-, Donner-, Wander-, Ferien-, Frost-; wettern; wittern, ver-; Gewitter, -schauer, -regen, -wolken, Winter-; Witterung

4. **Zeichensetzung bei erweiterten Grundformsätzen (Infinitivsätzen):** Die Kinder hatten sich vorgenommen, Ingrids Lage zu verbessern. Es war ihr unmöglich, ihre Beine zu gebrauchen. Fast täglich kamen Mitschülerinnen, um ihr zu helfen.
Bilde von der Geschichte andere erweiterte Grundformsätze (Ingrid freute sich, ... Die Klassenkameradinnen bemühten sich, ...) und unterstreiche die Grundformen (Infinitive)!

90

Heimweh

Trudi war vor einigen Wochen mit ihren Eltern nach Düsseldorf gezogen, weil ihr Vater dort eine bessere Arbeitsmöglichkeit erhalten hatte. Über diesen Wechsel hatte sich das Mädchen gar nicht gefreut. Sie war hier im Dorf geboren und hatte viele Freundinnen, die sie verlassen mußte. Als neulich der Möbelwagen vor der Türe stand, hätte Trudi am liebsten gesehen, wenn er wieder leer fortgefahren wäre. Die Kinder, ihre Lehrerin und die Nachbarn hatten sie trösten wollen: „Dir wird es in der großen Stadt bestimmt gefallen!" Beim Abschied versprachen sie einander, recht häufig zu schreiben. Nun wohnt sie schon fast zwei Monate in einer stark belebten Straße der Großstadt. Jeden Tag gibt es dort viel zu sehen. Straßenbahnzüge und eine Menge verschiedener Autos bilden manchmal lange Fahrzeugschlangen. Oft schaut Trudi vom Fenster auf die vielen geschäftig umherlaufenden Menschen. Doch noch immer denkt sie wehmütig zurück an ihre vertraute Dorfheimat inmitten der Wiesen und Felder.

Übungsmöglichkeiten:

1. **Schreibweisen des langen e:** Heimweh, sehen, leer, Lehrerin, belebt, jede, selig, Seele, Befehl, Schnee, bequem, Segel, Meer, anlehnen, vornehm, Tee, Fehler, Kegel, Leber, Lorbeer, Schere, Beere, Mehl, ausdehnen, Lehm, Klee, Kehle, Hebel, pflegen, See, entbehrlich, Heer,

Hefe, ehrlich, quer, Fee, Beet, Mehrzahl, Fehde, verzehren, Kaffee, Herd, Teer, Sehne, Gewebe, Nebel, stehlen, Speer, verwegen, Armee, Frevel, abwehren, weben, Sehnsucht, Kamel, umkehren, Idee, stets
Ordne die Wörter nach der Schreibweise ihres E-Lautes (*ee, eh, e*)!

2. **e oder ä:** Eltern, Wechsel, geschäftig, Schärpe, schräg, quer, Gerte, Erbse, Schädel, Stengel, Kerker, Sänfte, Schleppe, Schlegel, Kerze, Scherben, Teppich, kärglich, Senf, Geländer, versenken, herb, Währung, Haubenlerche, streng, März, Pächter, Stempel, Verräter, Gespenst
Ordne nach der Schreibweise und bilde Wortreihen (Eltern, Großeltern, Elternpaar,...)!
Setze *e* oder *ä* in folgende Wörter ein: L–rm, P–ch, Ger–t, H–rbst, Tr–ne, tr–ge, w–rben, Gest–ndnis, –rben, verschw–nden, m–ßig, schm–chtig, r–chen, –rgerlich, l–stig, schl–cht, bem–rken, Gel–nk, L–rchenbaum, f–rtig, g–ren, beh–nde, W–rt, z–rtlich, S–bel, Sch–nkel, Sp–rber, M–rchen, R–tsel, G–rber!
(Arbeitshilfe: In 16 Wörtern fehlt *ä*. Siehe Beiheft L 85!)

3. **Hauptwörter (Substantive) mit der Nachsilbe -in und ihre Mehrzahlbildung (Pluralbildung):** Freundin – Freundinnen, Lehrerin – Lehrerinnen, Schülerin – Schülerinnen, Läuferin – Läuferinnen, Schwimmerin – Schwimmerinnen, Kundin – Kundinnen, Tänzerin – Tänzerinnen, Turnerin – Turnerinnen, Sängerin – Sängerinnen
Setze die Reihe in der Ein- (Singular) und in der Mehrzahl (Plural) fort!

4. **Wörter mit chs:** Wechsel, Achse, Deichsel, Lachs, Fuchs, Achsel, Wachs, Eidechse, wachsen, drechseln, Ochse, Sachsen, Wichse, Dachs, Büchse, Luchs, Weichsel, Gewächs, verwechseln
Ordne die Wörter nach dem Alphabet!

5. **ch oder sch:** manchmal, Blech, recht, rascheln, Kelch, Täuschung, Kranich, bleich, Rüsche, flüchten, Gebüsch, reich, wischen, Bottich, Knöchel, fleischig, Gerücht, Muschel, forsch, kirchlich, überrascht, verdächtigt, Pech, huschen, flechten, Köchin, duschen, verweichlicht, räuchern, deutsch, Leuchter, Mischung, Fichte, Becher, buschig, Storch, Heuchler
Ordne die Wörter nach ihrer Schreibung (*ch – sch*)!

Im letzten Augenblick

Die letzte Minute im Fußballspiel der Schulmannschaften von Sandberg und Neuhof war angebrochen. Der Schiedsrichter schaute bereits auf die Uhr. Noch immer stand das Spiel unentschieden, denn keiner Partei war es bisher gelungen, ein Tor zu schießen. Da erhielt plötzlich der Linksaußen der Sandberger, der ganz ungedeckt an der Seitenlinie stand, den Ball zugespielt. In geschickter Weise umspielte er zwei Abwehrspieler der Neuhofer Mannschaft und flankte mit genauer Vorlage für seinen Mittelstürmer den Ball nach innen. Dieser bekam den Ball in günstiger Stellung, und mit scharfem, gezieltem Schuß sauste das Leder ins Tor. Vergeblich hatte sich der kleine Tormann der Neuhofer Schule bemüht, den Ball zu fassen. Im letzten Augenblick war das Spiel entschieden. Niemand hatte jetzt noch mit einem Siege der Sandberger Jungen gerechnet. Da pfiff der Schiedsrichter auch schon, und das Spiel war zu Ende.

Übungsmöglichkeiten:

1. **Wörter mit ts und ds:** Schiedsrichter, bereits, jenseits, Geburtsort, vollends, abwärts, rücksichtslos, nirgends, Sportsmann, zusehends, ...
Vervollständige die folgenden Wörter: Rin–leder, Lo–e, rech–, Ra–herr, rückwär–, aben–, absei–, Wir–haus, eilen–, Rä–el, nich–, Abschie–stunde, Am–gericht, Gedul–probe, nach–, arbei–los, ste–, aussich–los
(Arbeitshilfe: In 5 Wörtern fehlt *ds*. Siehe Beiheft L 86!)

2. **Die Vorsilbe -ent:** entscheiden, entwickeln, entreißen, Entstehung, entrinnen, Entlastung, entgegnen, Entdeckung, entziffern, entgleisen
Setze vor folgende Wörter die Vorsilbe *-ent*: kommen, Ladung, kleiden, schärfen, Spannung, wenden, Leerung, laufen, Führung, weichen, Täuschung, sinnen, zwei, zünden, lassen, Wurf, stehen, sprechen – und achte auf die Bedeutung der entstandenen Wörter!

3. **ck – k:** Augenblick, geschickt, Linksaußen, ungedeckt, flanken, Rucksack, Schlacke, Insekten, Diktat, Lack, Lücke, Plakat, Brücke, Werk, flink, zucken, Paket, Genick, Doktor, Kuckuck, Fabrik, Päckchen, Ekel, Rückkehr, Rektor, Balken, Technik, locker, Oktober, Hektar, Hecke, Deckel, häkeln, Politik, welken, Schaukel, fleckig, Schicksal, Laken, elektrisch, Dickicht, Haken, trocknen, Musik, Jäckchen, Dunkelheit
Ordne die Wörter nach ihrer Schreibweise (*ck* nach kurzem Selbstlaut, *k* nach vorangehendem Mitlaut, *k* nach langem Selbstlaut, *k* in Fremdwörtern)!

4. **Komma zwischen 2 Hauptsätzen, die durch „und" verbunden sind:** Der Mittelstürmer bekam den Ball in günstiger Stellung, und mit scharfem Schuß sauste der Ball ins Tor. – Der Schiedsrichter pfiff, und das Spiel war zu Ende. Die Sandberger Jungen hatten gesiegt, und ihr Lehrer freute sich mit ihnen.

5. **Schreibweisen des langen u:** Minute, Uhr, Schule, Schwur, Ruhm, Spule, Huhn, Truhe, Urlaub, Krume, ruhen, Kurort, Ruhr, Nudel,

Blut, Stuhl, Fuder, Fuhrwerk, Natur, Kuhstall, Kuhle, Wut, Rute, Schuhmacher, Flur, Krume, Glut, Christentum, Spur, Aufruhr
Ordne die Wörter nach ihrer Schreibweise!

92
Wolfgang spart

Wolfgang war ein begeisterter Fußballspieler. Leider waren seine Fußballschuhe mit seinen Füßen nicht mitgewachsen. Da seine Eltern nur ein geringes Einkommen hatten, beschloß Wolfgang, für ein Paar neue Fußballschuhe tüchtig zu sparen. Dann wollte er im Sportverein seines Städtchens mitspielen. Fleißig erledigte er kleine Aufträge und half in einem Blumengeschäft, indem er Botengänge übernahm oder bei anderen Arbeiten half. Das verdiente Geld hob er sorgfältig auf. Auch von dem Kirmesgeld, das er von seinen Eltern und von Verwandten erhielt, gab er keinen Pfennig aus. Das kostete allerdings starke Überwindung. Wenn er seine Klassenkameraden mit Eistüten oder an Würstchenbuden auf dem Kirmesplatz sah, fiel es ihm besonders schwer, seinem Vorsatz treu zu bleiben. Er hatte es sich fest vorgenommen, ganz eisern zu sparen. Mit der Zeit bekam Wolfgang einen so starken Willen, daß ihm das Sparen kaum noch schwerfiel. Wie freute er sich, wenn sein Geldbestand immer größer wurde. Nun reichte es bald für die Fußballschuhe. Den fehlenden Rest gaben ihm seine Eltern gern als Anerkennung für seine Sparsamkeit.

Übungsmöglichkeiten:
1. **Wörter mit dt:** Städtchen, Verwandte, gewandt, beredt, Gesandter
Schreibe davon abgeleitete und zusammengesetzte Wörter!
2. **Zusammensetzungen mit der Vorsilbe ver- und mit dem Verhältniswort (Präposition) „vor":** Verein, verdienen, Verwandte, Verhalten, Versuchung, vergänglich, Verrat, vergeblich, Verstand, verlaufen – Vorsatz, vorstellen, vortreten, Vorteil, vorwärts, vorsingen, Vorlage, Vorort, vorspielen, Vorrunde, vorrücken
Schreibe andere Zusammensetzungen mit *ver-* und *vor*!
3. **Wörter mit ß:** Fußballspieler, groß, beschließen, fleißig, Abfluß, grüßen, unbewußt, Riß, durchnäßt, Rußland, heiß, verpaßt, spaßig, mißtrauisch, Floß, Kompaß, blaß, versüßt, Genuß, verblaßt, Faß, Eßbesteck
Ordne die Wörter (*ß* nach langem Selbstlaut, *ß* am Silben- oder Wortende, *ß* vor einem *t*)! Schreibe Reimreihen (groß, Schoß,... – Schloß, Amboß,... – Fuß, Gruß, ... – Fluß, Schuß,...)!
Bilde von folgenden Hauptwörtern (Substantiven) die Mehrzahl (Plural): Fuß, Fluß, Schuß, Faß, Biß, Schloß, Gruß, Gefäß, Kloß, Paß,

Schoß, Roß, Riß, Spaß, Prozeß, Maß, Stoß, Floß, Baß, Guß, Strauß, Nuß, Spieß!
(Siehe Beiheft L 87!)
4. **Hauptwörter (Substantive) mit der Nachsilbe -ung:** Überwindung, Anerkennung, Verwunderung, Erschaffung, Haltung, Verbesserung, Begabung, Versöhnung, Bewegung, Sendung, Lenkung, Rettung...
Trenne diese Wörter nach Silben (Über-win-dung, An-er-ken-nung...)!
Bilde von folgenden Zeitwörtern (Verben) mit Hilfe der Nachsilbe -ung Hauptwörter (Substantive): vergeben, besichtigen, erfüllen, vergrößern, rechnen, überzeugen, erwidern, entzünden, verwenden, entscheiden, erfahren, bestimmen, erfinden, beschleunigen!
5. **Wortreihe „Kirmes":** Kirmes, -platz, -buden, -musik, -kuchen, -tage, -geld, -freude, Dorf-, Früh-, Spät-
(Beachte die Mehrzahl: die Kirmessen!)
Schreibe die Wörter ohne Ergänzungsstriche ab!

93

Erschwerter Hausputz

Mutter hatte immer viel Arbeit, das ganze Haus zu putzen. Als Hildegard zehn Jahre alt war, wollte sie beim Hausputz helfen. Jeden Samstag mußte das Treppenhaus gründlich gereinigt werden. „Hildegard", sagte die Mutter, „du könntest doch einmal das Treppenhaus putzen!" „Gern", erwiderte das Mädchen. Die Mutter stellte ihr einen Eimer voll Wasser hin und einen Schrubber mit Aufnehmer daneben. Hildegard bemühte sich, alles genau nach den Anweisungen der Mutter zu tun. Von oben nach unten wischte sie jede Treppenstufe mit dem nassen Lappen sauber. Hildegard freute sich, daß die Stufen vor Sauberkeit ordentlich blitzten. Sie hatte sich tüchtig bei der Arbeit angestrengt. Da ging die Haustür auf, und der Nachbar kam herauf. Er wollte etwas mit dem Vater bereden. Aber wie sah die Treppe aus! Fast auf allen Stufen schwarze Fußspuren und Schmutz! Der Nachbar hatte vergessen, sich die Schuhe abzuputzen. Hildegard schaute entgeistert auf die Schmutzflecken. Nun mußte sie die Treppe noch einmal putzen.

Übungsmöglichkeiten:
1. **Wörter mit bb:** Schrubber, Ebbe, Robbe, knabbern, krabbeln, Sabbat, verebben, Krabbe
Verwende die Wörter in Sätzen!
2. **tz oder z:** Hausputz, blitzen, schwarz, Schmutz, plötzlich, Schmalz, Schmerz, verletzen, Weizen, Geschütz, ächzen, Dutzend, Filz, Medizin, hölzern, geizig, aufschlitzen, Tänzerin, erhitzt, verkürzen

Ordne nach der Schreibweise und füge verwandte Wörter hinzu (abgeputzt, Putzeimer,...)!
Ergänze folgende Wörter durch *tz* oder *z*: Pel–, schwi–en, gli–ern, Schwei–, Bli–, Ar–t, Hei–ung, Mär–, wi–ig, Kan–ler, tro–ig, ri–en, nü–lich, Klo–, Pfeffermin–, Ta–e, Ker–e, Kau–, zerpla–t, fli–en, Grü–e, Matra–e, abbei–en, gekra–t, glän–end, beher–t!
(Arbeitshilfe: 14 Wörter werden mit *tz* geschrieben. Siehe Beiheft L 88!)

3. **Wörter mit pp:** Treppe, Lappen, Kuppe, doppelt, Rappen, Galopp, Wappen, klappern, Truppe, knapp, Teppich, Gerippe, Pappkarton, schnappen, Klippe, Apparat, stoppen, Trapper, Klappe
Setze in folgende Wörter *p* oder *pp* ein: Ta–ete, stru–ig, Kla–er, Siru–, Gri–e, Sto–uhr, Ka–sel, ho–eln, Ka–elle, wi–en, Lä–chen, Trom–ete, o–erieren, Ka–itän, Kä–chen, Ka–uze, schi–en, Ri–e, Pa–ier, schna–en, Ra–s, Ste–decke, Pa–el, Gi–s, Pa–deckel, Hau–t, Li–e, Gru–e!
(Arbeitshilfe: 16 Wörter werden mit *pp* geschrieben. Siehe Beiheft L 89.)

4. **wider – wieder:** erwidern, wiedergeben, widerlich, Wiederholung, Widerhall, wiederholen, Widerstand, wiederfinden, Widerruf, zuwider
Begründe die Schreibweise des I-Lautes und ordne die Wörter!
Ergänze folgende Wörter: W–derbelebung, W–derschein, w–dersetzen, W–derwahl, W–dergabe, w–derborstig, w–derlegen, W–derkäuer, W–derhaken, w–derstehen, w–dersinnig, W–deraufbau, W–derspruch, W–derholung, W–derhall, w–derwillig, W–derkehr, W–dersacher, W–derstand, w–dererkennen!
(Arbeitshilfe: In 12 Wörtern fehlt *i*. Siehe Beiheft L 90!)

5. **Wortreihe „Nachbar":** Nachbarschaft, nachbarlich, Nachbarin, Nachbarsleute, Nachbarhaus, Nachbarstadt, Nachbarland, Zimmernachbar, Tischnachbar, benachbart

Auf der Straße

94

Irmgard darf mit ihren Eltern im neuen Wagen einen Wochenendausflug machen. Sie wollen Tante Elsbeth im Sauerland besuchen. Nun sind sie bereits eine knappe Stunde unterwegs und haben schon viele Kilometer auf der Autobahn zurückgelegt. „Am Samstagnachmittag ist der Verkehr immer besonders stark. Da kommt man nicht so schnell vorwärts", sagt Vater. Vor ihnen fährt ein hoher Lastzug. Doch Vater ist vorsichtig und überholt nicht. „In einer reichlichen Stunde sind wir am Ziel", meint er. „Tante Elsbeth wird sich freuen, uns wiederzusehen!" sagt Irmgard. „Merkwürdig, es geht ja so langsam", denkt Vater. Der Tachometer pendelt immer mehr zum Nullpunkt. Am vorderen Wagen leuchten die Stopplichter auf. Auch Irmgards Vater muß anhalten. Vor ihnen wartet bereits eine endlose Wagenschlange. „Da vorn ist irgendwo eine Baustelle!" sagt jemand zu Vater. „Hoffentlich stehen wir nicht noch abends hier!" denkt Irmgard.

Übungsmöglichkeiten:

1. **p – pp:** knapp, Stopplichter, Sirup, Gerippe, Klaps, Appetit, Teppich, Kaulquappe, schlapp, Attrappe, September, Rezept, üppig, ...
Schreibe mehr derartige Wörter und ordne sie nach der Schreibweise ihres P-Lautes!
Setze in die folgenden Wörter *p* oder *pp* ein: Kli–e, Gi–s, Pü–chen, zerlum–t, kla–ern, verdo–eln, za–eln, Stö–sel, Tru–en, Trom–eter, Schu–en, Häu–tling, umki–en, abgeschle–t, Ka–lan, Pa–st, Tre–chen, Pa–deckel, verkrü–elt, Ku–lung, Lei–zig, stol–ern, Ze–elin, stram–eln, O–eration, Ko–el, Ra–s!
(Arbeitshilfe: 12 Wörter werden mit *p* geschrieben. Siehe Beiheft L 91!)

2. **t als Gleitelaut vor der Nachsilbe -lich:** hoffentlich, eigentlich, wöchentlich, ordentlich, namentlich, versehentlich, wissentlich, erkenntlich, öffentlich, wesentlich, flehentlich
aber: stündlich, empfindlich, morgendlich, abendlich, verständlich, endlich, gründlich, mündlich

3. **Wortfeld „Wege":** Straße, Weg, Gang, Allee, Gasse, Promenade, Damm, Steig, Stiege, Steg, Serpentine, Pfad, Furt, Paß, Schneise, Passage, Autobahn, Rain
Bilde alle möglichen Wortzusammensetzungen! (Hauptstraße, Prachtstraße, Bundesstraße, ...)

4. **Wörter mit th:** Elsbeth, Theater, Martha, Ruth, Edith, Theodor, Thomas, Thron, Korinthen, Apotheke, Thermosflasche, Leichtathletik, Bibliothek, Lothar, Zither, katholisch, Thüringen, Theke, Therese, Thunfisch, Kathedrale, Lothringen, Käthe, Thermometer
Ordne die Wörter nach ihrer Silbenzahl! Bilde Sätze!

5. **Komma nach verkürztem Hauptsatz:** Merkwürdig, es geht ja jetzt so langsam. (Es ist merkwürdig, es geht ja jetzt so langsam.) – Schade, daß wir zu spät kamen! (Es war schade, daß wir zu spät kamen.) – Vielleicht, daß wir ihn noch treffen. (Vielleicht ist es möglich, daß wir ihn noch treffen.)
Verkürze folgende Hauptsätze: Es ist schön, daß ... Uns war es unmöglich, ... Es erscheint unglaublich, ... Es war schlecht, daß ... Es ist sehr traurig, daß ...

Verdiente Strafe

95

Es ist ein schöner Herbsttag. Auf einem Stoppelfeld am Stadtrand spielen einige Kinder. Sie haben ihre bunten Drachen mitgebracht und lassen sie nun steigen. Ein leichter Wind und die noch warme Herbstsonne sind gute Voraussetzungen dafür. Georgs roter Drachen schwebt am höchsten und hebt sich deutlich vom blauen Himmel ab. Gern möchte Georg seinen Drachen noch höher steigen lassen. Doch seine Schnur ist zu Ende. Neben ihm rennt Peter mit seinem selbstgebauten Drachen über die Stoppeln. Da fällt ihm aus der Hosentasche ein Kordelknäuel, das er als Ersatz eingesteckt hat. „Na, günstig!" denkt Georg. Er schaut sich um, aber niemand beobachtet ihn. Alle Kinder blicken zu ihren Drachen nach oben. Schnell bückt er sich und hebt die Schnur auf. Rasch knotet Georg die Kordelenden zusammen. In diesem Augenblick stürzt sein Drachen fast senkrecht nach unten. Er hat ihn beim Zusammenknüpfen der Kordeln nicht beobachten können. Nun hängt er zerfetzt in einem Obstbaum.

Übungsmöglichkeiten:
1. **b oder p:** Herbsttag, Stoppelfelder, Betrieb, schwebt, Obstbaum, hopsen, zerlumpt, Körbchen, Schlips, Abt, Krebs, Papst, Behauptung ...
Ordne nach der Schreibweise und füge verwandte Wörter hinzu (Herbst, herbstlich, ...)
Fülle die Lücken in den folgenden Wörtern durch Einsetzen von *b* oder *p*: ster–lich, Gi–s, verder–lich, Re–huhn, hü–sch, Ra–s, Er–se, betäu–t, Sie–, Hau–tmann, Gelü–de, Schu–karre, O–dach, Pro–st, O–tiker, Schwäbische Al–, Repu–lik, Ze–ter, Ter–entin, Kla–s, belau–t, gesträu–t, schu–sen!
(Arbeitshilfe: In 8 Wörter muß *p* eingesetzt werden. Siehe Beiheft L 92!)

2. **Wörter mit nn:** Herbstsonne, können, Panne, Gespann, Kinn, kenntlich, Branntwein, Bekanntschaft, Mannschaft, Spinnwebe, Tunnel, Gerinnsel, Verbannung, Arbeiterinnen, Bann, Bekenntnis
Setze in folgende Wörter *n* oder *nn* ein: Re–bahn, Re–tner, Fi–land, Fli–te, Verba–d, verba–en, Gewi–, Gewi–de, ma–, jederma–, I–land, I–enseite, Spi–d, spi–en, gö–en, Gu–st, Ka–te, erka–t, Bra–d, Bra–twein, Pfa–e, Pfa–d, Ma–över, ma–haft, Zi–, entri–en, Ri–de!
(Arbeitshilfe: 12 Wörter werden mit *n* geschrieben. Siehe Beiheft L 93!)

3. **Wortfeld „sehen":** sehen, beobachten, blicken, schauen, spähen, lugen, besichtigen, betrachten, sichten, wahrnehmen, gucken, blinzeln, stieren, starren, gaffen, peilen, glotzen, äugen, entdecken, mustern
Schreibe dazu die zusammengesetzten Zeitwörter (Verben)!
(ansehen, zusehen, besehen, ...)

4. **Komma zwischen Hauptsätzen:** Er schaut sich um, aber niemand beobachtet ihn. Georg hat ihn beim Zusammenknüpfen der Kordel nicht beobachten können, und nun hängt der schöne Drachen zerfetzt auf einem Obstbaum.
Bilde ähnliche Satzverbindungen mit eingefügten Bindewörtern (Konjunktionen)!
5. **Wortfeld „Bindemittel":** Schnur, Kordel, Bindfaden, Seil, Garn, Nähseide, Tau, Band, Gurt, Strick, Sehne, Strippe, Kette, Draht, Bast, Zwirn, Bandage, Mullbinde, Schnürsenkel, Riemen, Bandeisen
Ordne die Wörter nach der Stärke der angegebenen Bindemittel!

96

Erntedank

Am Sonntag war Erntedankfest. Unser Pfarrer hatte den Gottesdienst besonders feierlich gestaltet. Zu beiden Seiten des Altares waren Tische aufgestellt, auf denen auserlesene Früchte aus Gärten und Feldern lagen. Die Bauersfrauen hatten bereits am Vorabend von allen Obst- und Gemüsesorten etwas in schön geschmückten Körbchen zur Kirche getragen. Hinter den Tischen waren je zwei Getreidegarben aufgestellt, und daneben standen bunte Kirchenfähnchen. Feierlich läuteten die Glocken, als eine Gruppe von Jungen und Mädchen in das Gotteshaus einzog. Sie alle trugen kleine Körbe. In jedem lagen eine Flasche Wein, schöne Trauben und ein Weißbrot. Nach dem Gottesdienst sollten die Kinder diese Gaben zu den Kranken und Alten des Dorfes bringen. Am Schluß der Kindergruppe wurde ein großer Erntekranz getragen, der mit Blumen und Bändern bunt geschmückt war. „Der Kinder sein hat Gott gedacht und alle Saaten reif gemacht", sang die Gemeinde aus dankerfülltem Herzen.

Übungsmöglichkeiten:
1. **Zusammengesetzte Mittelwörter (Partizipien) – Das Bestimmungswort ist ein Hauptwort (Substantiv):** dankerfüllt, handgearbeitet, furchterregend, sieggewohnt, prunkliebend, gottverlassen, nervtötend, graswachsen, totgeschwiegen, schreibgewandt, luftgekühlt, sturmerprobt, auswegsuchend, wutschnaubend, glückbringend, zeitraubend, schneebedeckt, fettgedruckt, schmerzverzerrt, blutverschmiert, ohrenbetäubend
Ordne die Wörter nach der Art des Grundwortes (Mittelwort der Gegenwart, Mittelwort der Vergangenheit)!
2. **Schreibweisen des langen a:** Altar, Saaten, Fahnen, Kanal, Draht, Ader, Saal, Gastmahl, Grad, Gefahr, Krater, Verrat, Signal, Nabe, Stahl, ...

Füge noch Wörter hinzu und ordne sie nach der Schreibweise ihres A-Lautes (Bilde Reimreihen: Saal, kahl, Tat,... Star, Gefahr, Haar, Draht, Saat, Tat,...)!
Ergänze folgende Wörter durch Einsetzen von *a, ah* oder *aa*! schm–l, k–l, K–d–ver, P–r, Sch–le, D–lie, verst–tlichen, Kr–n, m–ger, M–t, N–t, T–t, w–ten, beh–rt, F–s–n, Vorn–me, Ann–me, B–n–ne, Miner–l, Mehrz–l, Pf–l, w–gerecht, erm–nen, Pl–n, Blumens–men, Taufp–ten, Fluß–l, W–rheit, S–rbrücken, W–lzettel, S–tbeet, W–lfang, M–lzeit!
(Arbeitshilfe: In 18 Lücken muß *a*, in 10 Wörter *ah* und in 8 Wörter *aa* eingesetzt werden. Siehe Beiheft L 94!)

3. **Wortfeld „Gotteshaus":** Kirche, Kapelle, Dom, Kathedrale, Basilika, Tempel, Münster, Moschee, Synagoge, Krypta – Pfarrkirche, Kloster-, Berg-, Bischofs-, Barock-, Dorf-, Holz-, Wallfahrts-
Ordne die Wörter alphabetisch!

4. **Der Z-Laut:** bereits, Erntekranz, Weizen, verletzt, Glanz, Hals, Schmutz, geheizt, vergebens, Puls, Filzhut, würzig, abends, kitzeln, Dutzend, Käuzchen, eigens, Mediziner, gestützt, Schweiz, Matratze, ...
Ergänze folgende Wörter durch Einsetzen von *tz, z* oder *s*:
abseit–, Bli–ableiter, ergän–en, är–tlich, Kreu–ung, morgen–, wi–ig, schmer–voll, zule–t, Ta–e, Provin–, Han–, Hal–band, Arbeit–amt, La–arett, Mär–, geschwi–t, Spa–iergang, Spa–en, Er–bergwerk, grun–en, Mal–bier, Gan–, gese–lich, Fel–spalte, Wal–e, gespi–t, eilend–!
(Arbeitshilfe: In 8 Wörter muß *tz*, in 12 Wörter *z* und in 8 Wörter *s* eingesetzt werden. Siehe Beiheft L 95!)

5. **Der Ergänzungsstrich:** Obst- und Gemüsesorten; Weiß-, Rot- und Grünkohl; Apfel-, Birnen-, Pflaumen- und Pfirsichbäume; Wein- und Saftflaschen; Weiß- oder Graubrote; Rhein-, Mosel- oder Ahrweine; Lob- und Danklieder – aber: rote und weiße Trauben; große und kleine Körbe
Beachte: Nur bei zusammengesetzten Wörtern wird der wiederkehrende Teil durch einen Ergänzungsstrich ersetzt.
Bilde ähnliche Zusammenstellungen!

97
Die Friedhofsmauer
Außerhalb des Dorfes liegt dicht am Waldrand der alte Friedhof. Von den letzten Häusern ist er noch ein beträchtliches Stück entfernt. Ein breiter Kiesweg führt zum Friedhofseingang, den aber nur der Leichenwagen befahren darf. Da sonst kein Gefährt in die Friedhofsnähe kommt, ist es immer sehr still hier. Zur Sommerzeit verdecken Schlehen, Hundsrosen, Schneeball und Haselsträucher von außen die Friedhofsmauer. Aber jetzt

ist der Blick frei auf das alte, graue Gemäuer, das stellenweise schon arg rissig und verwittert ist. Aber immer noch wirkt diese Mauer wie ein Schutzwall des Friedens, damit niemand die Ruhe der Verstorbenen stören kann. Die vordem so rastlos arbeitenden Bauern, die nimmermüden Mütter und alle die heimattreuen Dörfler, sie sollen jetzt friedlich beieinander ausruhen. Einige von denen, die unter den überwachsenen Grabhügeln liegen, haben diese Mauer errichtet. Doch die steinerne Friedhofsumgrenzung hat sie alle überdauert.

Übungsmöglichkeiten:

1. **Das Binde-s bei Zusammensetzungen:** Friedhofsmauer, Volksschule, ehrfurchtsvoll, Gesundheitszustand, mannshoch, Geduldsprobe, Frühlingsanfang, Friedensfeier, Eingangstor, arbeitseifrig, wirkungsvoll, Ankunftstafel, Inhaltsverzeichnis, Gesellschaftsfahrt, Altersheim, Lieblingsbeschäftigung
Verwende zur Bildung zusammengesetzter Wörter folgende Ausdrücke als Bestimmungswörter: Unterricht, Gemeinschaft, Hering, Nahrung, Wohnung, Urlaub, Schmetterling, Leben, König, Schädling, Namen, Übung, Pudding, Glück, Geburt, Gewicht, Handel (Unterrichtsstunde, Gemeinschaftsarbeit, . . .)!

2. **d oder t im Auslaut:** Friedhof, entfernt, Gefährt, niemand, Heimattreue, wild, Hirt, bald, Kinderhort, Geleit, Endspiel, blond, unbedeutend, Jagd, Ungeduld, Bordstein, Schildkröte, Kundschaft, Geld, Branntwein, Blindheit, Badestrand
Ordne die Wörter nach ihrer Schreibweise!
Setze in folgende Wörter *d* oder *t* ein: jugen–lich, En–lassung, sel–sam, Lei–tier, Unhol–, Fal–boo–, Zel–bahn, unwissen–, blin–, Abschie–, wöchen–lich, to–krank, jensei–s, mil–, En–kampf, Kobol–, Rückgra–, Konzer–, Spal–, Meeresgrun–, Wun–fieber, Gewan–, Gur–, hei–nisch, Gewal–, grun–los, Quadra–!
(Arbeitshilfe: In 14 Wörtern fehlt *d*. Siehe Beiheft L 96!)

3. **Kommas zwischen gleichartigen und gleichwertigen Satzteilen:** Zur Sommerzeit verdecken Schlehen, Hundsrosen, Schneeball und Haselnußsträucher von außen die Friedhofsmauer. Aber jetzt ist der Blick frei auf das alte, graue Gemäuer, das stellenweise schon arg rissig und verwittert ist. Linden, Birken, Buchen und Trauerweiden bedeckten die Gräber mit ihrem Laub. An den Feierabenden, an den Sonntagen, besonders aber am Allerseelentage suchen viele Dorfbewohner den Friedhof auf.
Bilde ähnliche Sätze und unterstreiche die gleichartigen, gleichwertigen Satzteile!

4. **Der S-Laut:** außerhalb, Kiesweg, rissig, Gras, Amboß, Moos, Essig, eßbar, genießen, niesen, Kürbis, Kenntnisse, Atlas, wißbegierig, Verlies, List, Weisheit, Weißlack, Kessel, Gewissen, Reißbrett, Milchreis, Steinfliesen, flüssig, Fließband, Verdruß, Schmaus, Spieß, Gasse
Ordne die Wörter nach der Schreibweise des S-Lautes!
Ergänze die folgenden Wörter durch *s, ss* oder *ß*!
Geno–enschaft, Genu–, Gerü–t, Rü–el, Ga–, Gä–chen, Flei–, Glei–, flie–en, Grie–gram, Grie–brei, bi–chen, Bi–en, Kürbi–, Flo–en, Bla–musik, bla–, Ma–, ma–enweise, zerri–en, Ri–, La–ttier, verla–en, ha–tig, Ha–, Rei–felder, Rei–zwecke, zuverlä–ig, anlä–lich, Kohlengru–, Abschiedsgru–, fe–eln, Fe–tung, fa–t, gefa–t, Me –e, mä–ten, Fa–an, Bierfa–, Dornrö–chen, Rö–elsprung, verge–lich, vorge–tern
(Arbeitshilfe: In 16 Wörtern fehlt *s*, 11 *ss* und 16 *ß*. Siehe Beiheft L 97!)

So fährt kein Auto! **98**

Seit einigen Tagen besaß Winfried einen noch gut erhaltenen Gebrauchtwagen. Peter, sein elfjähriger Bruder, war mächtig stolz auf diese Neuerwerbung, und er begleitete Winfried gern bei seinen ersten Autofahrten. Als sie eines Nachmittags durch eine Ortschaft fuhren, setzte plötzlich der Motor aus. Vergeblich drehte Winfried am Zündschlüssel und trat auf das Gaspedal. Der Motor blieb still. Maßlos enttäuscht stiegen die Jungen aus, öffneten die Motorhaube, hantierten am Keilriemen und überprüften die Zündkerzen. „Na, klappt es nicht?" fragte teilnahmsvoll ein Mann, der seinen Lieferwagen angehalten hatte. Hilfsbereit versuchte der Fremde, den Motor in Gang zu bringen, aber vergeblich. Schließlich sagte er: „Ich schleppe euch den Wagen bis zur nächsten Werkstatt ab." Bald war ein Autoschlosser damit beschäftigt, fachmännisch den Motor auszubauen und zu untersuchen. Doch er fand die Fehlerquelle nicht. Plötzlich rief Peter: „Ist überhaupt Benzin im Tank?" und drehte die Tankverschraubung los. Alle mußten schallend lachen, denn der Tank war vollständig leer.

Übungsmöglichkeiten:
1. **Zusammensetzungen mit „los" und „voll":** maßlos, treulos, fehlerlos, bedeutungslos, mühelos – teilnahmsvoll, friedvoll, rücksichtsvoll, leidvoll, geschmackvoll
Ersetze die folgenden Ausdrücke durch Eigenschaftswörter (Adjektive) mit *los* und *voll*: mit viel Schwung und Kraft, ohne Furcht, mit viel Mühe, ohne Neid, voller Freude, viel Angst, ohne Arbeit, ohne Ruhe,

mit viel Sinn, ohne Salz, voller Vertrauen, ohne Wolken, mit viel Sorgen

2. **e oder ä:** Neuerwerbung, vollständig, Werkstatt, mächtig, vergeblich, elfjährig, fertig, lärmen, Beschäftigung, lächerlich, Ferse, bemerken, Türschelle, prächtig, Pech, Pächter, wertvoll, erwerben, erwärmen, nebensächlich, Holzwände, Verwendung, Beschädigung, Scheckbuch, Gedränge, eng, ängstlich, dickfellig, schwerfällig, Fläche, flechten, jämmerlich, jetzt, schwächlich, Schwert, Trinkbecher, Gebirgsbäche, Hecht, verdächtigen, erschrecken

   Ordne die Wörter nach ihrer Schreibweise (*e* oder *ä*) und füge bei den Wörtern auf *ä* die mit *a* geschriebenen Ursprungswörter hinzu!

3. **Langes e ohne Dehnungszeichen:** Gaspedal, Gebet, jemand, vergebens, General, Bescherung, stets, Seligkeit, Kamel, Dromedar, Hebel, wedeln, verekeln, wenig, demütig, Telefon, Schemel, Leber, Elend, Gewebe, Schlegel, Serenade, Erhebung, Rakete, Emil, Makrele, edel, Hefeteig, schwelen, Vertreter, bequem, quer, Segel, zerfledert, Tapete, Schere, Nebel, schweben

   Ordne nach Wortarten!

4. **Groß- und Kleinschreibung von Tageszeiten:** eines Nachmittags, am Abend, eines Abends, gegen Abend, des Abends, Abend für Abend, jeden Abend, zum Abend, zu Abend essen, es wird Abend, am Sonntagabend, vor Montagabend; abends, heute abend, Samstag abend, Sonntag abends, abends spät, spätabends, von morgens bis abends, von gestern abend bis heute früh, seit vorgestern abend, sonntags abends

   Beachte: Tageszeiten werden groß geschrieben, wenn sie als Hauptwörter (Substantive) gebraucht werden. Meist steht dann ein Geschlechtswort, Verhältniswort, Zahlwort oder Fürwort (Artikel, Präposition, Numerale oder Pronomen) davor.

   Bilde von diesen Zeitangaben kleine Sätze!
   Schreibe ähnliche Verbindungen mit anderen Tageszeiten!

5. **Komma zwischen Hauptsätzen:** Peter war mächtig stolz auf diese Neuerwerbung, und er begleitete Winfried gern bei seinen ersten Autofahrten. – Der Tank war vollständig leer, und alle mußten schallend lachen.

   Beachte: Zwischen Hauptsätzen stehen trotz der Bindewörter (Konjunktionen) Kommas.

   Bilde ähnliche Satzverbindungen!

99

Die erste Mondlandung

Früher war die Geschichte vom Mann im Mond nur ein Kindermärchen, und niemand glaubte, daß je ein Mensch dorthin gelangen könnte. Alle

Himmelskörper waren für uns unerreichbar. Es war wie ein technisches Wunder, daß am 21. Juli 1969 zwei amerikanische Astronauten vom Raumschiff Apollo 11 mit einer Spezialfähre auf dem Mond landeten und daß unzählige Menschen auf den Fernsehgeräten bei diesem Ereignis zusehen konnten. Der Kommandant dieses ersten Landeunternehmens im Weltraum sprach einen bedeutungsvollen Satz, als er die Mondoberfläche zögernd und vorsichtig betrat. Er sagte: „Das ist ein kleiner Schritt für uns, aber ein gewaltiger Sprung für die Menschheit." Schwierige und umfangreiche Berechnungen der Mathematiker haben dieses Weltraumunternehmen vorbereitet. Konstrukteure mußten zuerst Raketen bauen und erproben, bevor man ernsthaft an Raumfahrt denken konnte. Mit unbemannten Satelliten wurden die bemannten Weltraumfahrten vorbereitet. Russen und Amerikaner schickten viele Raketen ins Weltall, bis die erste Mondlandung glückte.

Übungsmöglichkeiten:

1. **Wörter mit ah:** Raumfahrt, Sonnenstrahlen, kahl, Gemahl, fahrbar, Zahnrad, Tragbahre, Dahlien, wahrheitsliebend, einrahmen, Mahnung, prahlen, Landtagswahl, aufbewahren, Pfahl, Gefahr, Nahrung, ...
Prüfe, welche der folgenden Wörter mit *ah* geschrieben werden!
K–r–w–ne, W–nsinn, Tr–n, T–l–r, Ann–me, Ortsn–me, S–men, F–nenmast, K–n–l, Apfelsch–le, erreichb–r, Blauw–l, Ork–n, St–lwerk, auskr–men, Vorr–tslager, verl–den, Anz–l, Str–ft–t, z–m, Sp–ten, w–ten, Schl–gs–ne, –nung, –frik–ner, K–rnev–l, Schleppk–n, Kr–nich, Pok–l, Truth–n, Spin–t, Qu–l, n–rhaft, F–den, N–t, Schw–n, Holzsp–n
(Arbeitshilfe: Nur in 12 Lücken muß *ah* eingesetzt werden. Siehe Beiheft L 98!)

2. **Zeitwörter (Verben) mit dem Verhältniswort (Präposition) „zu":** zusehen, zureden, zugeben, zusagen, zuhalten, zunähen, zusperren, zuwinken, ...
Achte auf die Betonung und unterscheide diese Wörter von den durch *zu* erweiterten Nennformen (Infinitive): zu lächeln, zu reden, zu geben, zu sagen, zu halten, zu nähen, zu sperren, zu winken, ...
Bilde Satzpaare! (Wir freuen uns über das Kind, das uns freundlich <u>zu</u>lächelt. – Er versuchte zu <u>lächeln</u>.)

3. **Schreibweisen des langen ä:** Kindermärchen, Spezialfähre, unzählig, Fernsehgeräte, ernähren, Mähne, beschädigen, Träne, gefährlich, Hähnchen, verspäten, strähnig, betätigen, Drähte, absägen, Kapitän, abschälen, quälen, Ähre, säen
Ordne nach der Schreibweise des Ä-Lautes (*ä – äh*) und füge abgeleitete Wörter hinzu!

133

4. **Zusammensetzungen mit „reich":** umfangreich, regenreich, siegreich
Bilde aus den folgenden Wörtern zusammengesetzte Eigenschaftswörter (Adjektive) und setzte sie vor passende Hauptwörter (Substantive)!
reich an Erfahrungen, an Fischen, an Wasser, an Kindern, an Verlusten, an Arbeit, an Verkehr, an Geist, an Ruhm, an Erfolgen
(eine umfangreiche Arbeit, ein regenreiches Jahr,...)
5. **Die Nachsilbe -bar:** unerreichbar, unsichtbar, tragbar, undankbar, haftbar, verwundbar, fühlbar, sonderbar,...
Häufig kann zusätzlich die Nachsilbe -*keit* angefügt werden: Unsichtbarkeit, Undankbarkeit, Verwundbarkeit, ... Schreibe in kürzerer Form: nicht zu besiegen, zum Fürchten, nicht zu belehren, zum Fahren, zu erkennen, nicht zu lesen, zu greifen, nicht zu teilen, zu überbrücken, zum Bewohnen, zu heizen, nicht zu errreichen, zum Drehen, nicht zu zählen, zu dehnen, zum Verstellen, zu überschauen, nicht zu verlieren.
(Siehe Beiheft L 99!)

100

Weihnachtsbäckerei

Viel Arbeit hat die Mutter, um alle Vorbereitungen für das Weihnachtsfest durchzuführen. Gern helfen ihr die Kinder dabei. Ganz besonders freuen sie sich, wenn sie bei der Weihnachtsbäckerei kleine Handgriffe verrichten dürfen. Mutter hat in der Küche den Kuchenteig dünn ausgerollt, so daß er jetzt fast die ganze Tischplatte bedeckt. Gerda darf mit verschiedenen Förmchen die Plätzchen aus dem Teig ausstechen. Das macht sie sehr sorgfältig. Sie legt die fertigen Teigfiguren vorsichtig auf die eingefetteten Backbleche. Viele Herzen, Sterne, Monde und Männchen liegen bereits nebeneinander. Inzwischen formt Hans aus langen Teigschnüren schöne Brezeln. Aus dem Ofen duftet der Christstollen, den die Mutter mit Rosinen, Mandeln und Nüssen zubereitet hat. Wenn er schön gleichmäßig braun und knusprig gebacken ist, werden die Bleche mit Plätzchen und Brezeln in den Ofen hineingeschoben. Wie wird das zum Weihnachtsfest schmecken!

Übungsmöglichkeiten:
1. **Wortreihe „Weihnachten":** Weihnachten; Weihnachtsfest, -feiertage, -bäckerei, -vorbereitungen, -feier, -überraschung, -geschenke, -baum, -stimmung, -kerzen, -krippe, -freude, -frieden, -botschaft, -schmuck, -arbeit, -dekoration, -gans, -braten, -oratorium, -messe, -engel, -stern, -lied, -zeit, -bescherung, -abend, -spiel, -glocken, -einkauf; Kriegsweihnachten; es weihnachtet; weihnachtlich, vor-

2. **Wortreihe „Christ":** Christ, -fest, -nacht, -stollen, -rose, -baum, -kind, -opherus, -ian, -ine; christlich, un-; Christus, -bild, -dorn, -träger, -statue; Christen, -verfolgung, -lehre, -glaube, -tum, -heit; christianisieren
3. **Hauptwörter (Substantive) mit der Nachsilbe -ine:** Rosine, Apfelsine, Gardine, Mandarine, Vitrine, Lupine, Lawine, Ruine, Sardine, Mandoline, Sabine, Maschine, Violine, Trichine, Kabine, Margarine, Kantine, Gelatine, Christine, Marine, Wilhelmine, Terrine
Bilde mit Ausnahme der Vornamen zusammengesetzte Hauptwörter (Substantive)!
4. **Schwierigkeiten bei der Silbentrennung:**
a) **Einzelbuchstaben werden nicht getrennt** (Untrennbare Wörter): Ofen, Abend, Igel, Eva, Adam, Emil, Ida, Treue, Esel, edel, Oper, Efeu, Öse, Uhu, Asche, Ute, oben, Klaue, Ostern, aber, üben, Eber
b) **Zusammengesetzte Wörter werden nach ihren Bestandteilen getrennt:** nebeneinander (neben-ein-ander), inzwischen (in-zwischen), hinein (hin-ein), herunter (her-unter), Obacht (Ob-acht), voraus (vor-aus), warum (war-um), darüber (dar-über), Donnerstag (Donners-tag), vollends (voll-ends)
c) **Beim Trennen wird der dritte gleiche Buchstabe geschrieben:** Schiff-fahrt, Fußball-länderspiel, Woll-lappen, Brenn-nessel, Stall-laterne, ...
zu a) Bilde zusammengesetzte Hauptwörter (Substantive) und beachte die Trennungsregel! (Ofen-rohr, Abend-vor-stel-lung, ...)
zu b) Trenne zusammengesetzte Zeitwörter (Verben) mit *herunter, hinauf, voraus, hinüber, nebeneinander, herab, ...*!
zu c) Trenne die Wörter Rohstoffaser, Schwimmeister, volladen, Metalleiste, Rolladen, Eisschnellauf, Stilleben, Bestelliste, Sperriegel, Schalloch, Bettuch!
5. **k oder ck:** Bäckerei, bedeckt, schmecken, Rektor, Bracke, Technik, fleckig, Insekten, Werkzeug, lockern, Fabrik, Kuckuck, Traktor, ...
Schreibe noch mehr Wörter und ordne sie nach der Art ihres K-Lautes!
Achtung beim Trennen von ck: Bäk-kerei, bedek-ken, schmek-ken, ...
Setze *k* oder *ck* in die Lücken folgender Wörter ein: He-tar, Blo-, erschre-t, Fri-adelle, Scho-olade, zwin-ern, Ta-t, na-t, Sche-buch, vertro-net, la-ieren, Wra-, Zin-, bedrü-end, Do-tor, ele-trisch, di-tieren, verschlu-t, Schi-sal, Taba-, Se-t, zwe-los!
(Arbeitshilfe: In 11 Lücken muß *ck* eingesetzt werden. Siehe Beiheft L 100!)

7. SCHULJAHR

101
Übler Neujahrsunfug

In der Silvesternacht hatte auch Willi das neue Jahr mit Feuerwerkskörpern und Böllerkrachen begrüßt. Tags darauf fand Willi noch einen Knallkörper in seiner Manteltasche. Da er ihn nicht bis zum nächsten Jahreswechsel aufbewahren wollte, sann er nach, wie er ihn am wirkungsvollsten verwenden könnte. Es reizte Willi, damit einen Streich zu spielen. Auf der anderen Straßenseite wohnte ein älterer Witwer, den Willi nicht leiden konnte, da er ihn mit seinen Spielgefährten einige Male fortgejagt hatte, wenn sie vor dem Haus lärmten. Willi beschloß, sich dafür zu rächen. Bei Anbruch der Dunkelheit lief er zum gegenüberliegenden Haus und warf den gezündeten Knallkörper durch den Briefkastenschlitz. Rasch hatte sich Willi hinter einem Personenwagen versteckt, der dort zufällig parkte. Unterdessen zerbarst der Feuerwerkskörper mit donnerartigem Getöse. Willi grinste verstohlen hinter seinem Versteck und freute sich, daß sein Plan nicht mißlungen war. „Gleich kommt der Alte", dachte Willi. Da trat jemand aus dem Haus und schloß die Autotür auf. Es war ein Arzt, der beim Einsteigen Willi entdeckte und fragte: „Hast du den Höllenlärm veranstaltet? Das war rücksichtslos, denn hier wohnt ein Kranker, der dringend Ruhe benötigt." Beschämt lief Willi nach Hause.

Übungsmöglichkeiten:
1. **Der X-Laut:** Jahreswechsel, tagsüber, Feuerwerkskörper, Text, Koks, Eidechse, Gewächs, Häcksel (gehacktes Stroh), Buchsbaum, links, ...
    Setze in die Wortlücken *x, chs, ks, cks* oder *gs* ein:
    rücklin–, Mi–er, Pfin–ten, Kle–, Te–tilien, e–plodieren, sä–isch, E–port, Kni–, E–amen, Wagendei–el, Zwillin–schwester, Blechbü–e, A–tstiel, Bohnerwa–, La–hering, verhe–t, blindlin–, Ta–i, Ke–, flu–, Verwe–lung, schnurstra–, Lu–emburg, A–el, Dre–lerwerkstatt, allerdin–, hinterrü–, Vordera–e, Schuhwi–e, Pra–is, O–enschwanzsuppe, Fla–, Me–iko, anfan–, Fu–bau, Lu–us, Wa–tum, Bo–kampf
    (Siehe Beiheft L 101!)
2. **Die Vorsilbe miß-:** mißlingen, Mißverständnis, mißtrauisch, mißglücken, Mißbrauch, mißfällig, mißbilligen, ...
    aber: Missetat
    Setze vor folgende Wörter die Vorsilbe miß-: Geschick, mutig, raten, gönnen, Erfolg, Handlung, brauchen, Vergnügen, achten, verständlich,

Verhältnis, trauen, Klang, Bildung, Stimmung, Ton, Griff, deuten, Behagen, Ernte!
3. **v oder w**: Silvester, Vulkan, Revolver, Ventil, Vatikan, reservieren, Lava, Lokomotive – Witwer, Möwe, Sowjetunion, Jugoslawien, Lawine, Karawane, ...
Beachte: In Fremdwörtern wird *v* wie *w* gesprochen.
Setze in die Lücken folgender Wörter *v* oder *w* ein: Linkskur–e, –entilator, sla–isch, –ase, E–igkeit, –it–e, Re–olution, Uni–ersität, –enenentzündung, –rack, –attenmeer, –ioline, ner–ös, Skla–e, –allfahrt, –aggonfabrik, Konser–endose, Kra–attennadel, Oli–enöl. E–angelium, Kra–all, Pro–inz, No–ember, –inzer, Pelz–este!
(Arbeitshilfe: In 14 Wörtern fehlt *v*. Siehe Beiheft L 102!)
4. **Verbindungen mit „los"**: rücksichtslos, leblos, sprachlos, vorurteilslos, lieblos, schlaflos, ...
Verbinde folgende Wörter mit „los": Bedeutung, Ehre, Gefühl, Kinder, Tadel, Arbeit, Furcht, Regung, Bargeld, Hoffnung, Gott, Glauben, Schuld, Schonung, Kraft, Wirkung, Geist, Stellung, Widerstand, Mühe, Ahnung, Hilfe, Salz, Brot, Führung, Anstand, Wert, Mitleid!
(Arbeitshilfe: In 13 Zusammensetzungen wird ein *s* eingeschoben.)
5. **Wortfamilie „Körper"**: Körper, Feuerwerks-, Knall-, Heiz-, Himmels-, Beleuchtungs-, Klang-, Holz-, Glas-, Hohl-, Flug-, Tier-, Ober-, -länge, -pflege, -bau, -kräfte, -gewicht, -größe, -wärme, -teil, -haltung, -schule, -schaft; Verkörperung; verkörpern; körperlich, -los, -behindert; Korpus; Armeekorps

Peter und das hungrige Buchfinkenpärchen

Handbreit bedeckt der Schnee die Erde. Froh ziehen die Kinder mit ihren Schlitten ins Freie. Nur Peter darf wegen einer Erkältung nicht hinaus. Mit einem Wollschal um den Hals lehnt er trübselig am Fenster und schaut den rodelnden Kindern zu. Von der nahen Birke hört er ein eintöniges, traurig klingendes Piepsen. Zwei Vögel mit aufgeplusterten Federn hocken dort auf den Zweigen. „Ihr habt sicherlich Hunger", denkt Peter und holt rasch Vogelfutter aus dem Schrank. Behutsam öffnet er das Fenster, streicht den Schnee vom Sims und streut Körner hin. Kurz danach sitzt einer der beiden Vögel am Fensterbrett und pickt emsig. Peter kann ihn vom Zimmer aus gut beobachten. Es ist ein Buchfinkenmännchen, das der Hunger zur Futterstelle getrieben hat. Bald hat auch das Finkenweibchen die Scheu überwunden, kommt herbeigeflogen und pickt gleichfalls nach den Körnern. Nun scheinen sie gesättigt zu sein. Das

Männchen äugt noch einmal durch die Scheibe ins Zimmer, dann fliegt das Finkenpärchen wieder auf die Birke. Diese Beobachtungen haben Peter sicherlich genausoviel Freude bereitet wie den anderen Kindern das Treiben auf der Rodelbahn.

Übungsmöglichkeiten:
1. **eu oder äu:** Scheu, beäugen, Beule, verräuchert, häufig, meutern, neulich, gekräuselt, läuten, Keule, säuerlich, bereuen, räudig, zerstreuen, sich betäuben, Käuzchen, Eule, Gemäuer, treu, Täubchen, ...
Setze in die folgenden Wörter *äu* oder *eu* ein: Zig–ner, r–berisch, Bel–chtung, Erz–gnis, Umz–nung, B–tel, Geb–de, Gel–te, L–tnant, anf–ern, F–lnis, Entt–schung, T–erung, Schl–derhonig, Schl–che, S–gling, Schl–se, Absch–, H–chler, Schneckengeh–se, s–fzen, Spr–, St–er, Vers–mnis, verg–den, Br–tigam, Zitronens–re, s–bern, K–chhusten, Jagdb–te, unverk–flich, versch–chen, Z–gnis, Bed–tung
(Siehe Beiheft L 103!)
2. **Umlautbildung bei verdoppeltem Selbstlaut (Vokal):** Paar – Pärchen, Saal – Sälchen – Säle, Haar – Härchen, Boot – Bötchen
Bilde davon zusammengesetzte Hauptwörter (Buchfinkenpärchen, ...)!
3. **Schärfung mit tt:** Futter, gesättigt, Fensterbrett, Wettlauf, Brikett, Zigarette, vierblättrig, Stafette, stattlich, ermattet, nachmittags, betteln, Rettich, Quittung, ritterlich, Gewitter, Vermittlung, Schlittschuhe, verhütten, zerknittert, Schnittmuster, Sattler, Schuttplatz, Zitterpappel
Bilde davon neue Wörter! (abfüttern, futterneidisch, Fütterung, Hühnerfutter, ...
4. **Großschreibung von Zeitwörtern (Verben):** ein eintöniges, traurig klingendes Piepsen – das Treiben auf der Rodelbahn – das Füttern der Vögel – das behutsame Öffnen der Fenster – das emsige Picken – das Beobachten der Tiere – ein mühsames Suchen nach Futter
Suche ähnliche Beispiele, in denen durch Vorsetzen von Geschlechtswörtern (Artikel) Zeitwörter (Verben) zu Hauptwörtern (Substantive) werden, und bilde Sätze!
5. **Wörter mit langem ö:** hören, eintönig, fröhlich, unpersönlich, römisch, vertrödeln, Nadelöhr, grölen, Strömung, dröhnen, Bötchen, löten, Möhre, unmöglich, verwöhnen, ...
Setze in die Lücken folgender Wörter *ö* oder *öh*: Geh–r, Fl–te, verh–nen, K–nigreich, Str–mung, –lig, err–ten, außergew–nlich, St–rung, Kr–te, st–nen, Felsenh–le, Emp–rung, t–richt, Vers–nung, t–ten, z–gernd, Lik–r, ert–nen, Gr–nland, Schuh–se, aufl–sen, R–richt, K–ler!
(Arbeitshilfe: In 7 Lücken muß *öh* eingesetzt werden. Siehe Beiheft L 104!)

Schneeglöckchen **103**

Jedes Frühjahr erblickte Ilse im Garten des Nachbarhauses mehrere Büschel blühender Schneeglöckchen. Da ihre Eltern keinen Garten besaßen, steckte sie im Spätherbst vier Schneeglöckchenzwiebeln in einen Blumentopf und deckte sie mit Erde sorgfältig zu. Während des Winters stand der braune Tontopf auf dem Balkon in einer frost- und windgeschützten Ecke. Oft schaute Ilse nach, ob nichts Grünes aus der Blumentopferde hervorguckte. Doch endlich wurde ihre Geduld belohnt. Ende Januar entdeckte sie zunächst eine, bald noch drei weitere grüne Spitzen, die wie Lanzen die harte Erde durchstoßen hatten. Täglich, wenn sie aus der Schule heimkehrte, schaute sie nach ihren Schneeglöckchen und freute sich, daß die Blätter wieder ein Stückchen gewachsen waren. Eines Morgens sah Ilse, daß sich ein Pflänzchen schon so weit entwickelt hatte, daß die Blätter das zarte, weiße Blütenglöckchen freigaben, das sie bisher schützend umhüllt hielten. Wie ein Wunder betrachtete das Mädchen diesen ersten Frühlingsboten. Bereits am Nachmittag hatten sich die drei Blütenblätter geöffnet und standen gespreizt nach außen. Nun war auch das mit einer schmalen, grünen Kante verzierte Blüteninnere sichtbar. Sicherlich würden auch die anderen Schneeglöckchen bald blühen!

Übungsmöglichkeiten:

1. **Die Vorsilbe ent-:** entwickelt, entdecken, entzwei, Entlassung, entscheiden, Enttäuschung, entlang, entsetzlich, Entbehrung, entfernen, ...
Verbinde folgende Wörter mit der Vorsilbe *ent-* und beachte die Bedeutungsänderung: führen, Scheidung, sichern, stellen, reißen, gegen, Wurf, wickeln, laufen, fliehen, Ehrung, kommen, Zündung, laden, Kleidung, Beschuldigung, rinnen!
Unterscheide die Wörter mit der Vorsilbe *ent-* mit den von *Ende* abgeleiteten Wörtern (endlich, Endstation, endgültig, ...)!
2. **Zusammengesetzte Zeitwörter (Verben) – Das Bestimmungswort ist ein Hauptwort (Substantiv):** heimkehren, haushalten, übelnehmen, sich rechtfertigen, notlanden, achtgeben, heimzahlen, hohnsprechen, heimfahren, standhalten, teilnehmen, eislaufen, teilhaben, heimbringen, kopfstehen
Bilde Sätze! Beachte, daß auch bei der Auflösung der zusammengesetzten Zeitwörter (Verben) die ursprünglichen Hauptwörter (Substantive) klein geschrieben werden! (Wir kehren heim. Ich nehme es nicht übel.)
3. **Zusammengesetzte Mittelwörter (Partizipien) – Das Bestimmungswort ist ein Hauptwort (Substantiv):** windgeschützt, moosbewachsen, ohrenbetäubend, blutbespritzt, zeitraubend, sturmerprobt, wutschnaubend,

weltbewegend, gottverlassen, wehklagend, schutzbefohlen, kraftstrotzend, lebensbejahend, luftgekühlt, grundlegend, schneebedeckt, angsterfüllt, wohlwollend
Ordne die Wörter nach Art des Grundwortes (Mittelwort der Gegenwart, Mittelwort der Vergangenheit) und füge passende Hauptwörter (Substantive) hinzu! (ohrenbetäubender Lärm, ... eine windgeschützte Ecke, ...)

4. **Wortfeld „Blütenteile":** Blütenblätter, Blütenboden, Blütenkörbchen, Blütenstiel, Blütenhülle, Kelchblätter, Kronblätter, Staubblätter, Staubbeutel, Staubfäden, Stempel, Griffel, Narbe, Fruchtknoten, Samenanlagen
Ordne alphabetisch!

5. **Der Ergänzungsstrich:** eine frost- und windgeschützte Ecke; Laub-, Nadel- und Mischwald; Eisengewinnung und -verarbeitung; Baum- und Schafwolle; Straßen-, Arbeits- und Hausschuhe, ...
Suche ähnliche Zusammenstellungen und verwende sie in Sätzen!

104
Glück gehabt!

Schnee war im diesjährigen Winter noch eine Seltenheit. Um so größer war der Jubel, als ein dichtes Flockentreiben die ersehnte Schneedecke bescherte. Die Schulkinder konnten das Unterrichtsende kaum erwarten, denn sie befürchteten, daß sich der Schnee infolge des Straßenverkehrs bald in matschiges Grau verwandeln könnte. Dann stürmten die Jungen ins Freie und begannen, Schneebälle zu formen, während sich die Mädchen zunächst scheu zurückhielten. Als Gerd vor dem Schultor noch auf Klassenkameraden wartete, rieb ihm jemand hinterrücks eine Ladung Schnee ins Gesicht, daß er nach Luft schnappte. Bevor Gerd aufschauen konnte, war der Übeltäter, sein Freund Udo, geflüchtet. Auf der gegenüberliegenden Straßenseite blieb er höhnisch lachend stehen. Schnell ballte Gerd Schnee zusammen, um sich mit einem gezielten Wurf zu rächen. „Wirf doch!" rief Udo herausfordernd und stellte sich mitten vor ein Schaufenster. Doch Gerd sah nur Udos grinsendes Gesicht. „Ihm wird das Lachen gleich vergehen", dachte Gerd und warf mit aller Kraft. Aber haarscharf sauste der Schneeball an Udos Kopf vorbei in die Schaufensterscheibe. Zum Glück gab es keine Scherben, doch der Schrecken war Gerd in die Glieder gefahren.

Übungsmöglichkeiten:
1. **Mit Verhältniswörtern (Präpositionen) zusammengesetzte Mittelwörter (Partizipien):** gegenüberliegend, herausfordernd, unvorhergesehen, ab-

geschirmt, aufgescheucht, zurückhaltend, aufbrausend, angebrannt, abgestürzt, abgefahren, überwältigend, unübertroffen, fortgeschickt, aufgepaßt, abseitsstehend, aufgeblüht, zusammengestoßen, ausdauernd, aussterbend, aufgeblasen, mitgebracht, ansteckend, . . .
Ordne nach Mittelwörtern der Gegenwart und der Vergangenheit (Partizipien im Präsens und im Perfekt)!
Setze passende Hauptwörter (Substantive) hinzu (die gegenüberliegenden Häuser, eine herausfordernde Haltung, . . .)!

2. **Wörter mit tsch:** matschig, rutschen, Peitsche, klatschen, Pritsche, zwitschern, quietschen, deutsch, Gletscher, quatschen, lutschen, watscheln, patschen, Kitsch, Zwetschgen, zerquetschen
Schreibe abgeleitete Wörter hinzu (matschig, Matsch, . . .)!

3. **Hauptwörter (Substantive) mit der Nachsilbe -heit:** Seltenheit, Einheit, Gleichheit, Dunkelheit, Klugheit, . . .
Wandle folgende Wörter mit Hilfe der Nachsilbe -*heit* in Hauptwörter (Substantive) um: schwach, grob, schön, träge, blind, weise, gemein, kühn, frech, krank, gesund, rein, taub, sicher, unbescheiden, neu, falsch, uneben, feige, roh, hoch!
Beachte: Vor der Nachsilbe -*heit* fällt ein vorhergehendes *h* fort. (Roheit, Rauheit, Hoheit.)

4. **Kommas beim Beisatz:** Der Übeltäter, sein Freund Udo, war geflüchtet. – Peter und Günter, Udos Klassenkameraden, machten eine Schneeballschlacht. – Bello, Peters Dackel, freute sich sichtlich über den Schnee.
Bilde ähnliche Sätze vom Winter! Beachte, daß der Beisatz durch zwei Kommas eingeschlossen wird!

5. **Wortfamilie „halten":** halten, an-, auf-, aus-, be-, beibe-, er-, ent-, ein-, fest-, frei-, durch-, haus-, her-, nach-, hoch-, unter-, inne-, ver-, vor-, zu-, zurück-, zusammen-; Halt, Rück-, In-, Aufent-, Haus-, Ge-, Lebensunter-, Zusammen-; Haltestelle, -punkt, -platz, -vorrichtung; Halter, Socken-, Feder-, Handtuch-, Statt-, Stamm-, Fahrzeug-, Tier-, Buch-; Haushälterin; Haltung, Körper-, Unter-; Ent-, Vor-; Hand-; Haltungsfehler, Ver-weise; Behälter, Wasser-, Glas-, Brot-; Behältnis; haltbar, -los, ge-voll, in-lich, rück-los; erzhaltig, fett-, nach-, eiweiß-; haltungsvoll, -mäßig; erhältlich
Bilde noch andere zusammengesetzte Wörter (Monatsgehalt, Seifenbehälter, . . .)!

105

Unnützer Streit

Burkhard und Gerd, zwei gleichgesinnte Klassenkameraden, verbrachten ihre Freizeit wegen ihrer vielseitigen sportlichen Veranlagung häufig auf dem Sportplatz. Da der Weg dorthin aber recht zeitraubend war, spielten sie manchmal auf dem Vorplatz ihres Wohnblocks Fußball oder Hockey. Die Stämme einiger junger Ahornbäume dienten ihnen hier als Torpfosten. Heute hatten sich die beiden wieder vor ihren Wohnungen zu frohem Spiel eingefunden. Abwechselnd schossen sie mit ihren Hockeyschlägern einen Tennisball auf das gegenüberliegende Behelfstor. Burkhard hatte bereits zwei Treffer mehr erzielt als Gerd, der soeben bestrebt war, mit einem Bombenschuß das Ergebnis zu verbessern. Doch sein Freund konnte den scharf geschossenen Ball noch mit dem Fuß abwehren. Aber Gerd schrie: „Das war ein Tor! Du hast den Ball erst hinter der Linie gehalten." Energisch widersprach Burkhard, und mit Zanken und Streiten war das Spiel beendet. Verärgert packte Burkhard sein Fahrrad und fuhr ab. Gerd rannte wütend hinterher und hielt seinen Hockeyschläger zwischen die Speichen des Vorderrades. Durch den plötzlichen Ruck stürzte Burkhard kopfüber und fiel mit dem Fahrrad auf das Straßenpflaster. Knie und Ellenbogen bluteten, ein Jackenärmel war zerrissen, Felge und Speichen waren zerbrochen oder verbogen, und die Fahrradlampe war zersplittert. Gerd machte ein bekümmertes Gesicht, denn er wußte, daß er für den Schaden haftbar war.

Übungsmöglichkeiten:
1. **Wörter mit y:** Hockey, Pyramide, Pony, Gymnasium, Zylinder, Hyazinthe, Myrte, hypnotisieren, Dynamit, typisch, Spielsystem, Hydrant, Tyrann, Asyl, Baby, Myrrhe, Synagoge
   Ordne die Wörter nach dem Alphabet!
2. **Die Nachsilbe -bar:** haftbar, spürbar, unüberwindbar, genießbar, brauchbar, sonderbar, unerfüllbar, ...
   Wandle folgende Wörter mit Hilfe der Nachsilbe -bar in Eigenschaftswörter (Adjektive) um: fühlen, Wunder, tragen, erkennen, verstellen, Furcht, lesen, essen, erreichen, erziehen, teilen, Undank, greifen, belehren, fahren, zählen!
3. **Wortfeld „streiten":** streiten, zanken, zürnen, grollen, etwas verübeln, wüten, toben, sich in die Haare geraten, in Wortwechsel geraten, aneinandergeraten, sich raufen, sich prügeln, sich schlagen, in die Wolle geraten, keifen, den Frieden stören, sich bekriegen, sich bekämpfen, beißen, kratzen, sich bedrohen, einen Krieg vom Zaune brechen, sich befehden
   Bilde Sätze!
4. **Wortfamilie „wider":** wider, -lich, -natürlich, -standslos, -spenstig, -willig, -spruchslos, -spruchsvoll, -setzlich, -legbar, -borstig, -sinnig, -rechtlich, -wärtig, un-ruflich, zu-; Widerstand, -hall, -wille, -sinn, -haken, -setzlichkeit, -sacher, -schein, -rede, -spruch; widersetzen, -streben,

-legen, -fahren, -spiegeln, -strahlen, -rufen, -klingen, -schallen, -sprechen; erwidern; Erwiderung; widrig
Schreibe die Wörter vollständig ab!
5. **Ungleichwertige Beifügungen:** eine vielseitige sportliche Veranlagung, das bekannte Brandenburger Tor, einige süße Nürnberger Lebkuchen, der große Düsseldorfer Hauptbahnhof, ein kleines vierblättriges Kleeblatt, der ehrwürdige Kölner Dom, die siegreiche deutsche Mannschaft, neue eingelegte Heringe, alter holländischer Käse, . . .
Beifügungen sind nur dann ungleichwertig, wenn sie nicht durch „und" verbunden oder in ihrer Stellung vertauscht werden können (vielseitige und sportliche Veranlagung – sportliche vielseitige Veranlagung). Zwischen ungleichwertigen Beifügungen steht kein Komma!
Bilde Sätze, in denen ungleich wertige Beifügungen vorkommen!

106
Ohne Fleiß kein Preis

Alle vier Jahre versammeln sich die besten Turner und Sportler fast sämtlicher Nationen in irgendeiner Großstadt zum friedlichen Wettkampf, um olympische Ehren zu erringen. Viele Millionen Sportbegeisterte, die nicht in den Stadien anwesend sein können, verfolgen spannungsgeladen am Rundfunk und vor den Fernsehgeräten die Olympischen Spiele. So mancher Jugendliche sehnt sich danach, auch einmal so erfolgreich zu sein und an einer Olympiade aktiv teilzunehmen. Doch so leicht ist es nicht, Spitzenkönner des Sports zu werden, Meistertitel und olympische Medaillen zu erringen. Hervorragende Veranlagungen zu raschem Laufen, kraftvollem Werfen oder gewandtem Springen allein genügen nicht, Überdurchschnittliches im Sport zu leisten. Wer nicht mit ausdauerndem Fleiß und zäher Zielstrebigkeit täglich zu üben bereit ist, nicht auf Annehmlichkeiten und Freuden des Alltags freiwillig verzichten kann, wird niemals Großes vollbringen. Ein gesundes Maß Ehrgeiz, unerschütterlicher Wille und der Einsatz der ganzen Person lassen Erfolge wie Früchte reifen. Wachsen und Reifen erfordern aber auch Zeit und geduldiges Warten. Nur wer diese vielen Voraussetzungen beachtet, erreicht hochgesteckte Ziele. Das gilt nicht bloß vom Sport, sondern auch von allen anderen Bereichen des Lebens.

Übungsmöglichkeiten:
1. **Wörter mit dt:** gewandt, Stadt, Gesandtschaft, Verwandtschaft, er ist beredt, städtisch, er ist gesandt, Bewandtnis, Stadttheater, Verwandte, sie lädt ein, Gesandter, angewandt, verstädtern

Ordne nach Zusammengehörigkeit der Wörter!
Beachte: Versand, Gewand, Beredsamkeit

2. **Hauptwörter (Substantive) mit der Nachsilbe -keit:** Annehmlichkeit, Genauigkeit, Gefälligkeit, Gewissenhaftigkeit, Dankbarkeit, Pünktlichkeit, Haltbarkeit, Furchtsamkeit, Fröhlichkeit, Heiterkeit, Sparsamkeit, Eitelkeit, Fruchtbarkeit, Übelkeit, Festigkeit, Aufmerksamkeit, ...
Setze die Reihe fort und ordne die Wörter nach den vor *-keit* stehenden Silben (*-lich, -ig, -sam, -bar, ohne eingeschobene Silbe)!*

3. **Verbindungen mit „reich":** erfolgreich, zahlreich, regenreich, ideenreich, waldreich, verlustreich, siegreich, kinderreich, lehrreich, arbeitsreich, liebreich, inhaltsreich, ertragreich, farbenreich, ereignisreich aber: Himmelreich, Erdreich, Tierreich, Weltreich
Füge geeignete Hauptwörter (Substantive) hinzu (ein erfolgreicher Kampf, zahlreiche Besucher, ...)!

4. **Eigenschaftswörter (Adjektive) als Teile von Eigennamen:** Olympische Spiele, Olympisches Feuer – olympische Wettkämpfe, olympischer Sportsgeist; Rotes Meer, Roter Main, das Deutsche Rote Kreuz – roter Sandstein, rote Beeren; der Bayerische Wald, die Bayerischen Alpen, Bayerische Hochebene, Bayerische Staatsbank – die bayerische Landeshauptstadt, bayerisches Bier, bayerische Trachten, die bayerische Grenze; der Große Belt, der Große Ozean, der Große Wagen (Sternbild), Friedrich der Große, der Große Kurfürst, die Großen Seen (die vom Sankt-Lorenz-Strom entwässerten Seen in Nordamerika), der Große Preis von Deutschland; – ein großer Herrscher, ein großer See, der große Dom, ein großer Wagen; Neues Testament, Neue Hebriden (Inseln im Stillen Ozean), Neue Rundschau (Name einer Zeitung) – neue Häuser, neue Mitteilungen, eine neue Zeitung, ...
Bilde ähnliche Gegenüberstellungen aus den Eigenschaftswörtern (Adjektive) schwarz, weiß, deutsch, westfälisch, hoch!

5. **Großschreibung von Zeitwörtern (Verben):** rasches Laufen, kraftvolles Werfen, gewandtes Springen, geduldiges Warten, ruhiges Wachsen und Reifen, ...
Setze die Reihe fort und bilde Sätze!

107

Wilma

Jahrelang krank zu sein, ist besonders für Kinder ein bitteres, niederdrückendes Schicksal. Mitleidsvolle Blicke begegnen den Kindern, die im Rollstuhl durch die Straßen geschoben werden, weil ihre Beine den Körper nicht tragen können. So erging es auch der kleinen, dunkelhäutigen Wilma in Amerika, die bis zu ihrem zehnten Lebensjahr gelähmt war. Immer wieder versuchte sie mit erstaunlicher Energie, ihre kraftlosen Beine zu bewegen. Sie lebte in der Hoffnung, später einmal mit ihren gesunden Altersgenossinnen laufen und froh herumtollen zu können. Täglich sah sie dieses Ziel deutlich und unverrückbar vor Augen. Mit schmerzverzerrtem Gesicht versuchte sie, auf Stöcke gestützt zu stehen und behutsam ein paar Schritte vorwärtszukommen. Nach vielen vergeblichen Bemühungen gelang es ihr schließlich. Daß Wilma es fertigbrachte, mit zähem Willen und unermüdlicher Ausdauer das Laufen zu erlernen, war erstaunlich. Wenige Jahre später wurde dieses Mädchen eine so tüchtige Kurzstreckenläuferin, daß sie für die Vereinigten Staaten an den Olympischen Spielen in Rom teilnehmen durfte, Weltrekorde über 100 und 200 Meter aufstellte und in diesen Laufwettbewerben Olympiasiegerin wurde. Trotz ihrer langen Krankheit hatte sich Wilma Rudolph zur umjubelten, erfolgreichsten Leichtathletin dieser Olympiade emporgearbeitet.

Übungsmöglichkeiten:

1. **k oder ck:** krank, Schicksal, niederdrückend, Blick, dunkelhäutig, Amerika, Stöcke, Kurzstreckenläuferin, Weltrekord, Trockendock, Fabrik, Hektoliter, Gepäck, Barockkirche, elektrisch, ...
   Setze in folgende Wortlücken *k* oder *ck* ein: Techni–, Geschi–lichkeit, Zwieba–, Pa–et, Verpa–ung, Mechani–er, Scho–, Dire–tor, Bergwer–, viere–ig, Tra–tor, Lo–omotive, Fra–, Konta–t, geschma–los, Di–tator, fle–ig, Archite–t, Sche–heft, Le–tion, verzin–t, Wra–!
   (Arbeitshilfe: In 10 Wörtern fehlt *ck*. Siehe Beiheft L 105!)

2. **Die Nachsilbe -sal:** Schicksal, Drangsal, Mühsal, Labsal, Scheusal, Rinnsal
   Unterscheide die Nachsilbe -*sal* vom Hauptwort (Substantiv) *Saal* (Tanzsaal, Pfarrsaal, ...) und ordne die Wörter in alphabetischer Reihenfolge!

3. **Wörter mit th:** Leichtathletik, Theater, Thermometer, Apotheker, Thema, katholisch, Königsthron, Bibliothek, Lothringen, athletisch, Katholik, Thermosflasche, Lothar, Theaterdirektor, Apotheke, Bibliotheksbuch, Aufsatzthema, Thronfolger, Thermalbad, thronen, Schwerathlet
   Ordne die Wörter nach ihrer Zugehörigkeit!

4. **Wortfamilie „Stock":** Stock, Bienen-, Spazier-, Wander-, Schraub-, Rohr-, Opfer-, Hack-, Krück-, Grund-, Wurzel-, Blumen-, Rosen-, Reb-, Wein-, Pflanz-, Mantel- (Garderobenständer), Holz-, Gebirgs-, -werk, -fisch, -ente, -schwamm (Baumpilz), -schlag, -fleck; stockfinster, -dunkel, -taub, -blind, -steif; Stockung, Verkehrs-, Blut-; Stöckel, -absätze, -schuhe; verstockt; stocken, auf-, ab-
   Bilde Sätze!

5. **Zusammengesetzte Zeitwörter (Verben):** herumtollen vorwärtskommen, fertigbringen, teilnehmen, umjubeln, emporarbeiten, versuchen, aufstellen, erringen, radfahren, zerteilen, eislaufen, besiegen, freisprechen, haushalten, achtgeben, wohltun, unterlassen, danksagen, zusammenstoßen, standhalten, sichergehen, aufrufen, klarstellen, heimfahren, verlaufen, übergeben, nebeneinanderstehen, verrechnen, kopfstehen, einteilen
Ordne die Zeitwörter (Verben) nach der Art ihrer Bestimmungswörter (Hauptwort, Eigenschaftswort, Verhältniswort, Vorsilbe)!

108
Heilpflanzen auf dem Schutthaufen

Kalt und rauh pfeift der Märzwind und jagt graue Wolkenfetzen über den düsteren Himmel. Nur ein Mann stapft mit hochgeschlagenem Mantelkragen über den mit Regenpfützen bedeckten Weg. Am Rande einer Kiesgrube haben Stadtrandbewohner Bauschutt und anderen Abfall hingekippt. Mitten in dem Unrat stochern Krähen nach etwas Genießbarem. Obwohl hier draußen das Grünen und Blühen noch nicht auffällig ist, schimmert es goldgelb zwischen dem Grau alter Kalkstücke und dem Braunrot unbrauchbarer Ziegelbrocken. Hier hat sich der Huflattich büschelweise ausgebreitet. Aus jedem Wurzelstock erhebt sich eine Vielzahl kräftiger Triebe, die mit rötlich-grünen Schuppenblättchen und winzigen Härchen bedeckt sind. An den Spitzen dieser dicken Stengel befinden sich die trompetenförmigen Blüten. Bei regnerischer Witterung und zur Abendzeit schließen sie sich und schützen die Staubgefäße im Inneren des Blütenbodens vor Feuchtigkeit. Noch fehlen die großflächigen, stark gerippten, hufeisenförmigen Blätter, die diesen Pflanzen den Namen verliehen haben. Vorläufig lebt der Huflattich aus dem Nährstoffvorrat im unterirdischen Wurzelwerk. Aus den getrockneten Blüten läßt sich ein heilsamer Brusttee bereiten, und auch die Blätter helfen bei vielen Krankheiten. So kann zuweilen das in dürftiger Umgebung Aufgewachsene von beachtlichem Wert sein.

Übungsmöglichkeiten:
1. **Schärfung mit pp:** hingekippt, Schuppenblättchen, gerippt, Klippe, schlapp, klapprig, Stoppuhr, appetitlich, Galopp, Teppich, ...
Setze in die nachfolgenden Wortlücken *pp* oder *p* ein: Sto–elfeld, stru–ig, Lu–e, tram–eln, Geri–e, za–eln, Schli–s, verdo–eln, A–otheke, Ze–elin, Siru–, kna–, Se–tember, Pa–schachtel, ti–en, Stadtwa–en, Trom–ete, o–erieren, kla–ern, verschle–t!
(Arbeitshilfe: In 12 Lücken fehlt *pp*. Siehe Beiheft L 106!)

2. **Großschreibung von Eigenschaftswörtern (Adjektiven) nach Mengenbegriffen:** etwas Genießbares, nichts Erfreuliches, viel Grünes, eine Menge Gutes, wenig Neues, manches Schöne, ...
Ergänze die Beispiele und bilde Sätze!
3. **Zusammengesetzte Eigenschaftswörter (Adjektive) – Farbbezeichnungen:** goldgelb, braunrot, seegrün, hellblau, dunkelgrau, schneeweiß, kornblumenblau, schwarzbraun, silbergrau, pechschwarz, blaugrün, ...
Verwende folgende Hauptwörter (Substantive) für Farbbezeichnungen: Schokolade, Gras, Wein, Rabe, Ziegel, Maus, Dotter, Tinte, Gift, Veilchen, Blut, Schiefer, Schnee, Zitrone, Rubin, Taube, Erde, Kastanie, Himmel, Schwefel, Kaffee, Lachs, Olive, Scharlach!
(Siehe Beiheft L 107!)
4. **Wortfamilie „Stange":** Stange, Bohnen-, Eisen-, Klopf-, Gardinen-, Antennen-, Turn-, Reck-, Fahnen-, Kletter-; Stangenbohne; Stengel, Blüten-, Pflanzen-, -glas; kurzstenglig, stengellos
5. **Wortfeld „Stange":** Stange, Stengel, Stock (Krück-, Spazier-, Rohr-, Pflanz-), Stab (Wander-, Bischofs-, Staffel-, Eisen-), Stiel (Blatt-, Pfannen-, Blüten-, Besen-, Schaufel-), Latte (Zaun-, Dach-, Holz-), Pfahl (Eisen-, Zaun-, Marter-, Baum-, Laternen-, Grenz-), Pfosten (Tür-, Tor-), Stecken, Rohr (Schilf-, Eisen-, Wasser-, Leitungs-), Mast (Schiffs-, Flaggen-, Telegrafen-), Speer, Ger, Leiste (Bilder-, Gardinen-, Holz-), Lanze, Spieß (Brat-, Eisen-), Pfeil, Balken (Kreuz-, Dach-, Schwebe-), Deichsel, Achse (Rad-, Wagen-), Staffelholz

Frühling im Walde

Nicht viele Leute haben sich zu einem Frühlingsspaziergang entschließen können, denn der Wind fegt noch frostig über die saatgrünen Felder. Doch im Wald ist es windstill und die Frühlingssonne spürbarer. Ungehindert dringen die Sonnenstrahlen durch das blattlose Geäst der hohen, glattstämmigen Rotbuchen auf den Waldboden. Kein Wunder, daß hier das frühlingsmäßige Sprießen und Grünen schon ziemlich fortgeschritten ist. Die vielen weißleuchtenden, zarten Blütensterne der Buschwindröschen haben sich geöffnet und schwanken sacht auf ihren dünnen Stengeln. Da sie bereits auf dem Heimweg sind, wollen Jochen und Elke, die mit ihren Eltern durch den noch ziemlich kahlen Wald wandern, einige von diesen Frühblühern pflücken. Als Jochen dabei versehentlich an einen Brombeerstrauch stößt, springt ein Hase hervor und hetzt mit raumgreifenden Sprüngen davon. „Sicherlich hat er unter dem dornigen Gesträuch sein Nest", denkt Jochen und biegt behutsam die Zweige zur Seite. Voller Staunen sehen die Kinder auf drei kleine, niedliche Junghasen, die eng aneinanderhocken und sie furchtsam beäugen. Doch sie brauchen sich nicht zu ängstigen, denn die Geschwister wissen, daß sie Jungtiere des Waldes nicht anfassen oder gar mitnehmen dürfen.

Übungsmöglichkeiten:

1. **Schreibweisen des langen a:** saatgrün, Sonnenstrahlen, einsam, Aal, Kranich, Stacheldraht, sparsam, staatlich, ahnungslos, Mahlzeit, ...
Setze in die Wortlücken: *a, aa* oder *ah*: Kriegsbem–lung, Mittagsm–l, Z–nr–d, Baupl–n, Schik–ne, Rekl–me, roth–rig, Ruderk–n, Ork–n, P–r, Eisenpf–l, ov–l, Dromed–r, –sgeier, schm–l, Tr–gb–re, Edelst–l, T–lweg, Chor–l, s–nig, Throns–l, Anz–lung, Kast–nie, Truth–n, M–t, Sch–l, W–nsinn, Qu–l, k–l, Lok–l, Bilderr–men, K–n–l, N–t!
(Arbeitshilfe: In 18 Lücken fehlt *a*, in 13 *ah* und in 5 *aa*. Siehe Beiheft L 108!)

2. **Schreibweisen des langen ü:** Frühling, grün, spürbar, Blütensterne, Frühblüher, Gemüse, Ermüdung, kühl, führen, Gefühl, umrühren, behütet, eigentümlich, betrübt, ungemütlich, Hünengräber, bemüht, Kostüm, brütend, schwül, Düne, abgebrüht, zerkrümelt, berühmt, Geschwür, parfümiert, Bühnenvorhang, Gebühr, Schweißdrüse, unvergütet, wütend, Brühe, ungesühnt, Gestüt, verblüht, Unterführung, aufgewühlt, fühlbar, Kajüte, abspülen.
Ordne nach Wortarten (Hauptwort, Tätigkeitswort, Mittelwort, Eigenschaftswort)! Sortiere die Wörter nach ihrer Schreibweise (unbezeichnete Dehnung, *hl, hm, hn, hr, ht*)!

3. **t als Gleitelaut vor der Nachsilbe -lich:** versehentlich, ordentlich, gelegentlich, unkenntlich, freventlich, eigentlich, ...
Verbinde folgende Wörter mit der Nachsilbe *-lich*: Woche, hoffen, flehen, offen, Name, Wesen, wissen!
Beachte die Schreibung folgender Wörter: morgendlich, abendlich, jugendlich, unvermeidlich, verständlich!

4. **Wortfamilie „Stamm":** Stamm, Baum-, Volks-, Wort-, Birken-, Eichen-, -baum, -buch, -gast, -tisch, -lokal, -form, -vater, -halter, -holz, -sitz, -haus; Stammeshäuptling, -zugehörigkeit, -zeichen, -kunde; Abstammung; Stämmigkeit; stämmig; stammverwandt; abstammen.

5. **Wortfamilie „Strahl":** Strahl, Wasser-, Licht-, Sonnen-, Röntgen-, Bann-, Wärme-, -triebwerk, -rohr; Strahlenschutz, -pilz, -kranz, -brechung, -bündel; Strahlung, Be-, Aus-; Strahler, Tief-, Richt-; strahlen, an-, aus-, be-, wider-; strahlenförmig; strahlig
Schreibe die Wörter vollständig ab und bilde Sätze!

Österliches Brauchtum aus alter Zeit **110**

Alljährlich ist das Färben, Verstecken und Suchen von Eiern besonders bei den Familien mit Kindern ein bedeutsames Vergnügen der Osterzeit. Obwohl diese Bräuche noch aus der heidnischen Zeit stammen und keinen inneren Zusammenhang mit dem christlichen Auferstehungsglauben haben, sind sie doch nicht mehr aus unserem Leben wegzudenken. Ostereier waren ein Sinnbild bei den Feiern, die unsere Vorfahren anläßlich des Frühlingsfestes veranstalteten. Die Menschen, die früher unter der Kälte und Kargheit des Winters sehr litten, freuten sich, daß sich in der Natur erste Anzeichen neuen, fruchtbaren Lebens zeigten. Die Knospen an Sträuchern und Bäumen, die ersten Blüten, die Märzhasen auf den Feldern und die Vogeleier in den Nestern waren für sie willkommene Frühlingsboten. So wurden Hasen und Eier zu Symbolen des erwachenden Lebens und beendeter, überstandener Zeit der Not und der Finsternis. So gesehen, passen diese Osterbräuche heidnischen Ursprungs recht gut zum Wesen des christlichen Osterfestes. Als Christen glauben wir, daß Christus durch seine Auferstehung am Ostermorgen den Tod besiegte und uns Menschen damit den Zugang zum ewigen Leben ermöglichte.

Übungsmöglichkeiten:

1. **Wörter mit ph:** Triumph, Alphabet, Prophet, Symphonie (oder: Sinfonie), Pharisäer, Stephan, Asphalt, Mikrophon, Katastrophe, Strophe, Philipp, Paragraph
   Ordne die Wörter in alphabetischer Reihenfolge!

2. **g oder k im Auslaut:** Zusammenhang, Kargheit, Kork, Zank, Werkzeug, prunkvoll, Drangsal, rücklings, Getränk, Unfug, . . .
   Fülle die Lücken durch Einsetzen von *g* oder *k* in folgenden Wörtern: lin–shändig, blan–, Haarstran–, seitlin–s, Buchfin–, en–, Schlan–heitskur, Par–anlagen, Sar–, Tru–schluß, Spu–, Andran–, Fun–haus, Ran–, flin–, Geschen–karton, ar–listig, län–s, Messin–, Sen–füße, Öltan–, schwun–voll, verwel–t, Schlin–pflanze, verzin–t!
   (Arbeitshilfe: In 13 Lücken fehlt *k*, in 12 *g*. Siehe Beiheft L 109!)

3. **Die Nachsilbe -nis:** Finsternis, Hindernis, Wagnis, Ereignis, Zeugnis, Begräbnis, Geständnis, Ersparnis, Betrübnis, Gefängnis, Gleichnis, Erkenntnis, Besorgnis, Versäumnis, Bündnis, Geheimnis, Bildnis, Hemmnis, Bedrängnis, Verhängnis
   Bilde davon die Mehrzahl (Hindernis – Hindernisse, . . .)!

4. **Die Nachsilbe -tum:** Brauchtum, Heidentum, Eigentum, Christentum, Wachstum, Besitztum, Papsttum, Bistum, Reichtum, Priestertum, Irr-

tum, Volkstum, Herzogtum, Königtum, Heiligtum, Judentum, Bürgertum, Altertum
Ordne in alphabetischer Reihenfolge!
5. **selig – seelisch:** selig, glückselig, trübselig, mühselig, feindselig, redselig, leutselig, armselig, unselig, Seligkeit, Habseligkeiten, Seligsprechung; seelisch, mutterseelenallein, seelenvoll, seelenlos, seelenruhig, Seelsorger, Seelenfrieden, Seelenruhe, Seelenleben, Seelenwanderung, Seelenamt, Allerseelentag, Schreiberseele
Schreibe die Wörter ab und verwende sie in kurzen Sätzen!

111
Oasen der Großstadt

Ein wolkenloser, klarblauer Frühlingshimmel überspannt nach vielen Regentagen das Land. Besonders die Bewohner der vielstöckigen Großstadthäuser zieht es jetzt aus den baum- und blütenlosen Straßen ins frische Grün naher Parkanlagen, die wie Oasen zwischen den Steinblöcken der Wohnviertel liegen. Begehrter Anziehungspunkt des großen Stadtparkes ist ein kreisförmiger Springbrunnen, dessen Fontänen vielstrahlig auf die Wasserfläche herunterprasseln. Ihn umgibt ein breites Blumenbeet auf dem unzählige rote und gelbe Tulpen ihre Blumenkelche der Sonne entgegenrecken. Dazwischen verdichten Stiefmütterchen den vielfarbenen Blütenteppich. Ein Zitronenfalter gaukelt leicht beschwingt über die Blumenpracht hinweg. In der Nähe leuchten Mandelbäumchen und Magnolien in üppiger Blütenfülle. Auf den kiesbestreuten Parkwegen spielen Kinder. Ihre Angehörigen schauen ihnen von den Bänken aus zu und genießen die Ruhe in der Sonne. Einige Rentner spazieren langsam durch den Park und freuen sich über das vielstimmige Vogelkonzert, das vom ununterbrochenen, hier nur schwach vernehmbaren Motorengedröhn des flutenden Großstadtverkehrs nicht gestört werden kann. Besonders ältere Männer kommen regelmäßig her, um Finken und Meisen zu füttern. Vielen Stadtmenschen ersetzt der Park den fehlenden Garten. Daher sind die Stadtverwaltungen bestrebt, diese grünen Oasen zu erhalten und zu pflegen.

Übungsmöglichkeiten:
1. **ä oder e:** Fontäne, begehrt, unzählig, Blütenteppich, bestrebt, Rentner, gemächlich, vernehmbar, regelmäßig, Gefälligkeit, überschwenglich, veränderlich, behende, verhätscheln, umkrempeln, Schärpe, brenzlig, besänftigen, Scherflein, Eisbär, Terpentin, ...

Ordne die Wörter nach ihrer Schreibweise (ä, e) und fülle die Lücken folgender Wörter durch Einsetzen von ä oder e: Ger–chtigkeit, r–chen, St–ngel, Handgem–nge, M–ngel, Glassch–rbe, R–tsellösung, r–chnen, P–chter, P–ch, Türsch–lle, Besch–digung, schm–hlich, str–hnig, z–h, Erkl –rung, Fahrradf–lge, Schiffsw–rft, schr–g, qu–r, qu–len, qu–llen, dr–ngeln, eink–rben, hoff–rtig, anf–rtigen, F–hrte!
(Arbeitshilfe: In 14 Wörtern fehlt ä, in 13 e. Siehe Beiheft L 110!)

2. **Schreibweisen des langen ö:** dröhnen, kreisförmig, gestört, Angehörige, Möhre, grölen, ungewöhnlich, Röhricht, schwören, fröhlich, löten, ölig, verhöhnt, aushöhlen, grölend, verschönern, Föhre, Schuhöse, töricht, Nadelöhr, stöhnen, gekrönt, unhörbar, Vermögen, unversöhnlich, Köhler, persönlich, unnötig
Ordne nach Wortarten (Hauptwort, Zeitwort, Mittelwort, Eigenschaftswort)!

3. **Der S-Laut am Wort- oder Silbenende:** Großstadt, kreisförmig, kiesbestreut, Fließband, Burgverlies, Weisheit, Reißzwecken, Gros, Autobus, Geiß, Mißverständnis, ...
Schreibe Reimreihen auf: Eis, h–, Fl–, nasew–, G–, R–, Pr–, Kr–, Bew–, w–, Gr–, Bahngl–, Verschl–, Schw– (1. Reimreihe: 6 Wörter mit ß); Haus, kr–, Str–, Schm–, M–, L–, Gr–, Kl– (2. Reimreihe: 1 Wort mit ß); Autobus, Zirk–, Kohlengr–, Fl–, Sch–, Schl–, F–, Apfelm–, N–, K–, R– (3. Reimreihe: 7 Wörter mit ß); Kürbis, Geb–, B–, gew–, Kenntn–, R– (4. Reimreihe: 4 Wörter mit ß); Moos, Fl–, gr –, St–, Freil–, bl–, Amb–, Kl–, mutl–, R–, Schl–, Spr–, Tr–, Gr– (5. Reimreihe: 10 Wörter mit ß); Aas, Sp–, Gr–, G–, Fr–, Gl–, F–, P–, B–, bl–, Verl–, H–, n– (6. Reimreihe: 9 Wörter mit ß); Burgverlies, Gr–, Parad–, Sp–, K–, Fr– (7. Reimreihe: 2 Wörter mit ß)
(Siehe Beiheft L 111!)

4. **f oder v:** vielstimmig, Fontäne, Stiefmütterchen, Vogelkonzert, Stadtverwaltung, vorkommen, fortgehen, ...
Setze in die Lücken folgender Wörter *f* oder *v* ein: Fre–el, Schwe–el, Har–e, Lar–e, Land–ogt, E–euranken, be–ehden, So–a, Gol–platz, –orderung, –orderhaus, Bibel–ers, –ortbildung, –orstellung, –ertilgung, –ertig, –lachs, –olkslied, –ollmilch, –ilzhut, –ierzig, –link
(Arbeitshilfe: 12 Wörter werden mit *f* geschrieben. Siehe Beiheft L 112!)

5. **ie am Wortende:** Magnolie, Familie, Industrie, Lotterie, Geranie, Kastanie, Melodie, Fotografie, Fuchsie, Demokratie, Lilie, Batterie, Linie, Arie, Garantie, Studie, Chemie, Prämie, Dahlie, Geometrie, Mumie, Partie, Folie, Akazie, Aktie, Kolonie
Ordne die Wörter nach Art ihrer Aussprache (*i – i-e*)!

112
Leichtsinn ist kein Beweis von Mut

Am Rande des Sportplatzes nisteten in der Spitze einer Schwarzpappel Krähen, wie Hans aus eigenen Beobachtungen wußte. „Vielleicht sind in dem Nest schon Junge", dachte Hans. Nach dem Fußballspiel sagte er zu seinen Kameraden: „Wer klettert mit mir zum Krähennest hinauf?" Als keiner der Jungen dem Vorschlag zustimmte, brummte Hans verächtlich: „Ihr habt kein bißchen Mut, ihr seid alle Feiglinge." – „Du schaffst das auch nicht", erwiderte Siegfried. Hans war empört, daß jemand an seinen sportlichen Qualitäten und seinen Kletterkünsten zweifelte. „Ich werde es euch beweisen!" rief er voll Ehrgeiz und Überheblichkeit, um kurz darauf barfüßig am Stamm emporzuklimmen. „Hans, sei vorsichtig, daß du nicht abstürzt, denn Pappelholz ist weich", mahnte sein Freund. „Das kann mir gar nicht passieren!" rief er den Untenstehenden protzig zu und kletterte beharrlich und gewandt höher. Doch plötzlich ertönten gellende Schreie, ein Knacken und Splittern in den Zweigen. Reglos und blutend lag Hans am Boden. Statt zum Vogelnest gelangte Hans zum Operationssaal des Krankenhauses. Der rechte Arm war so zertrümmert, daß er amputiert werden mußte.

Übungsmöglichkeiten:

1. **Schärfung mit mm:** brummt, erklimmen, zertrümmert, bestimmt, Autogramm, Klammer, zusammen, stämmig, entflammen, wimmern, Trommler, Kommode, Kommandant, grimmig, schlammig, Schwimmverein, verstummt, Hemmung, Nummernschild, Kümmel, himmlisch, schimmlig, Schlamm
aber: Brombeere, numerieren, Limonade, Kamille, Damwild, Samt, Gesamtheit, Rum, Zimt
Bilde neue Wörter (Brummbär, Klimmzug,...)! Aber beachte, daß niemals drei *m* hintereinander geschrieben werden (Stammutter, Rammaschine, Schwimmeister)!

2. **Wörter mit qu:** Qualität, quer, Quaste, Qualle, quaken, quietschen, Quecke, quälen, Quitte, Quelle, einquartieren, Äquator, quatschen, erquicken, Quader, Quecksilber, Bequemlichkeit, quittieren, zerquetschen, Quark, quieken, Aquarium, quadratisch
Bilde davon neue Wörter (Qualitätsware, Überquerung,...)!
Beachte: In Wörtern, in denen ein *qu* vorkommt, gibt es kein *Dehnungs-h*!

3. **Schreibweisen des langen ä:** Krähennest, Qualität, während, hämisch, schmählich, Vermählung, Gemälde, schäbig, Mähdrescher,...
Setze in die Lücken folgender Wörter *ä* oder *äh* ein: Hobelsp–ne,

n–mlich, Erz–lung, Tr–ne, gef–rlich, hoff–rtig, absch–len, Roggen–re, st–lern, gr–men, –nlichkeit, g–ren, W–rung, Unf–igkeit, F–re, allm–lich, Versp–tung, Lebensgef–rtin!
(Arbeitshilfe: In 10 Wörtern fehlt *äh*, in 8 *ä*. Siehe Beiheft L 113!)

4. **Zeitwörter (Verben) mit der Nachsilbe -ieren:** passieren, amputieren, zensieren, zementieren, betonieren, visieren, reparieren, explodieren, musizieren, trainieren, ondulieren, garnieren, ...
Ändere folgende Wörter mit Hilfe der Nachsilbe *-ieren* in Zeitwörter (Verben) um: Frisur, Ruine, Glasur, Export, Operation, Massage, Infektion, Rasur, Gratulation, Buchstabe, Diktat, Fotograf, Kur, Kontrolle, Transport, Studium, Interesse, Marke, Probe, Marsch, Regierung, Garantie, Telefon, Linie!
Bei „frieren, verzieren, schmieren, anstieren, verlieren" ist *-ieren* nicht Nachsilbe, sondern gehört zum Wortstamm.

5. **Die Nachsilbe -tion:** Operation, Munition, Nation, Dekoration, Spedition, Produktion, Revolution, Expedition, Station, Infektion, Reformation, Fabrikation, Kanalisation, Aktion
Ordne alphabetisch! Beachte die Schreibweise des *Z-Lautes* (Operation)!

113
Sturzkampfflieger Wanderfalke

Mit klatschendem Flügelschlag strebt eine Wildtaube dem nahen, saatgrünen Roggenfeld zu. Plötzlich löst sich von einer einzelstehenden Kiefer ein blaugrauer, krähengroßer Raubvogel, schwingt sich rasch in die Höhe, um dann pfeilschnell, mit schrillem Jagdruf auf die Taube herunterzustoßen. Das verängstigte Tier hat den gefährlichen Feind erkannt und versucht mit aller Anstrengung, das schützende Feldgehölz zu erreichen. Obwohl sie schneller fliegt, als ein Eisenbahnzug fährt, scheint die Taube im Vergleich zur Geschwindigkeit ihres Feindes ein gemächliches Tempo zu haben. Knapp hundert Meter vom rettenden Gesträuch entfernt, hat sie der Falke eingeholt, steht über ihr und stürzt dann mit angewinkelten Flügeln auf die Taube herunter. Die gelben, kräftig bekrallten Fänge greifen zu. Federn stieben, und beide Vögel wirbeln zu Boden. Der Wanderfalke, der erst gestern aus dem Süden in sein Revier heimgekehrt ist, hat seinen ersten Jagdflug erfolgreich beendet. Bewegungslos steht der Raubvogel auf der geschlagenen Wildtaube. Dann beginnt er zu kröpfen. Es dauert nicht sehr lange, dann ist von der Taube nichts mehr übrig als ein Häufchen Federn, ein paar Knöchelchen und die Flügelschwingen. Gesättigt streicht der Wanderfalke seinem Horste zu.

Übungsmöglichkeiten:
1. **Schärfung mit gg:** Roggen, Flagge, schmuggeln, Bagger, Waggon, Dogge, eggen, flügge
Bilde neue Wörter davon (Roggenhalm, Roggenbrote, ...)! Unterscheide durch deutliches Sprechen *gg* von *ck* (Egge – Ecke)!
2. **d oder t:** Wildtaube, Jagdflug, klatschen, Feld, hundert, Feind, Geleit, Leid, Branntwein, Brandstelle, südlich, Abenteuer, abendlich, Endstation, Entscheidung, wesentlich, unentgeltlich, Kleinod, notwendig, Schulrat, Motorrad, Blindschleiche, Bordfunker
Setze in die Lücken folgender Wörter *d* oder *t* ein: Lei–stern, grun–los, hoffen–lich, en–gültig, Geduld–, Bran–stätte, schä–lich, gehal–voll, Schilkröte, wer–los, blin–lings, en–stehen, blon–, Zün–hölzer, Kinderhor–, Elektroher–, Wei–sprung, Wei–mann, wel–lich, Wäl–chen, Gewal–, Elen–, Rückgra–, Gra–zahl, unermü–lich, gemü–lich, lau–los, Schal–jahr, bal–, am–lich!
(Arbeitshilfe: In 16 Wörtern fehlt *d*. Siehe Beiheft L 114!)
3. **ch oder sch:** Gesträuch, Wattebausch, Büschel, Büchlein, Brosche, fürchterlich, englisch, länglich, prächtig, Mauerbresche, Eiche, Esche, Kirschbaum, Kirchturm, Gewicht, aufgewischt, tüchtig, ...
Setze in die Wortlücken *ch* oder *sch* ein! dre–en, Re–en, Pä–ter, Mu–el, Fä–er, Ble–, Flä–chen, krä–zen, rie–en, Rü–e, Habi–t, Prit–e, He–t, zwit–ern, Kut–er, Te–nik, Glet–er, lä–erlich, gere–t, ra–eln, Ka–el, mor–, Flä–e, Fro–lai–, Tri–ter, hüb–, fre–
(Arbeitshilfe: In 12 Lücken fehlt *sch*. Siehe Beiheft L 115!)
4. **Zusammengesetzte Eigenschaftswörter (Adjektive) – Das Bestimmungswort ist ein Hauptwort (Substantiv):** krähengroß, pfeilschnell, todkrank, bleischwer, gallebitter, steinhart, giftgrün, lammfromm, messerscharf, pechschwarz, taghell, brühwarm, feuerheiß, kristallklar, himmelblau, zentnerschwer, federleicht, moosgrün, stahlblau, abgrundtief, vitaminreich, blutleer, wieselflink, turmhoch
Setze passende Hauptwörter (Substantive) hinzu (ein krähengroßer Vogel, ...)!
5. **Wortfamilie „Holz":** Holz, Bau-, Brenn-, Feuer-, Schnitt-, Nutz-, Streich-, Zünd-, Unter-, Knüppel-, Ofen-, Furnier-, Gruben-, Abfall-, Lang-, Nadel-, Stamm-, Kern-, Rinden-, Splint-, Eben-, Hart-, Möbel-, Sperr-, Stangen-, Eichen-, Fichten- ... -verarbeitung, -art, -hammer, -apfel, -kohle, -schraube, -haus, -klotz, -wurm, -bock, -wolle, -stock, -trommel, -feuer, -schuh, -fäller, -weg, -handel, -stoß, -schnitt, -hacker, -lager, -wirtschaft, -gewinnung, -schliff, -vorrat, -zucker, -schnitzer, -pflock, -treppe, -bein, -gas, -leiste, -kugel, -brücke, -waren, -kiste, -nut-

zung, -bohrer, -scheit, -block, -bildhauer; Abholzung; Gehölz; holzen, ab-, ver-, aus-; holzig; hölzern
Schreibe noch andere zusammengesetzte Wörter!

Der Schwarzspecht 114

Die friedliche Ruhe des Hochwaldes wurde plötzlich durch heftiges Pochen unterbrochen, das sich wie das Rattern eines kugelspeienden Maschinengewehrs anhörte. Mit kräftigen Schnabelhieben hämmerte ein Schwarzspecht am rissigen, borkigen Stamm einer alten Kiefer. Er arbeitete mit Millimetergenauigkeit am Einflugloch seiner Nisthöhle. Span für Span wurde dabei aus dem Stamm gemeißelt, so daß es auf den Moospolstern nahe des Baumes wie in einer Schreinerwerkstatt aussah. Ab und zu schnellte die lange Spechtzunge hervor und griff hastig nach einem Insekt oder einer Raupe, die der Schnabel herausgeklopft hatte. Bei der anstrengenden Arbeit empfand der Specht anscheinend Appetit nach seiner Leibspeise, denn er flog zum Fichtenbestand, wo er auf einer Holzabfuhrschneise einen hohen Ameisenhaufen wußte. Ein paarmal stocherte er in dem aus Millionen Fichtennadeln errichteten Bau herum, so daß sofort viele Ameisen aufgeregt durcheinanderkrabbelten, die der rotkappige, schwarze Vogel rasch mit der klebrigen Zunge aufsammelte und verschlang. Anschließend fand er noch einen bläulich schimmernden Bockkäfer, von dem er nur die unverdaulichen Flügeldecken übrigließ. Dann strebte er wieder seiner Arbeitsstätte zu, um den Bau der Nisthöhle zu vollenden, die bei Schwarzspechten fast metertief in den Stamm hineinreicht.

Übungsmöglichkeiten:
1. **Schärfung mit bb:** krabbeln, Schrubber, Ebbe, knabbern, Sabbat, kribbelig, Robbe, Krabbe
   Versuche davon andere Wörter (Gekrabbel, krabbelig, ...) zu bilden und schreibe einige Sätze!
   Unterscheide durch deutliches Sprechen Wörter mit *bb* von denen mit *pp* (Krabbe – Knappe)!

2. **Schärfung mit ll:** hervorschnellen, Million, vollenden, knallen, Kellner, Sellerie, Luftballon, Karussell, Nachtigall, Forelle, ...
   Setze in die Lücken folgender Wörter *ll* oder *l* ein: Ka–ender, a–mächtig, Porze–an, scha–haft, erscha–en, U–me, Tunne–, Tü–kleid, A–arm, Fußba–, Ba–ken, schi–ern, Schi–f, Kohlenha–de, Bahnhofsha–e, gre–, Suppenke–e, Erkä–tung, Mi–imeter, Kontro–e, Blütendo–de, Sche–fisch, sche–misch, vielfä–tig, gefä–ig, Spa–te, zerkna–t, Tagfa–ter, Wasserfa–, dro–ig, wo–ig, Mi–itär, Mi–igramm
   (Arbeitshilfe: In 17 Wörtern fehlt *ll*. Siehe Beiheft L 116!)

3. **Schreibweisen des langen o:** Moospolster, Vogel, Dom, Rotkohl, Hohn, Betonung, Drohne, hobeln, Blütenhonig, Alkohol, Person, Sohle, Boot, bestohlen, Schablone, johlen, Wohnraum, Krone, moorig, hohl, belohnen, unbetont, Schnittbohnen, Motorrad
Ordne nach der Schreibweise (*oo, oh, o*) und bilde dazu neue Wörter (bemoost, moosgrün, Moospolster, ...)!

4. **Statt, Stätte – Stadt, Städte:** Werkstatt, Ruhestatt, Wahlstatt, Gaststätte, Lagerstätte, Brandstätte, Schädelstätte, Grabstätte, Arbeitsstätte, Kampfstätte, Autobahnraststätte, Schlafstätte, Opferstätte, Kultstätte, Kampfstätte, Übungsstätte, Sportstätte
Kreisstadt, Geburtsstadt, Hauptstadt, Weltstadt, Regierungsstadt, Vorstadt, Innenstadt, Grenzstadt; Handelsstädte, Industriestädte, Kleinstädte, Landstädte, Großstädte, Universitätsstädte, Hafenstädte
Bilde Sätze!

5. **Wortfeld „klopfen":** klopfen, pochen, hämmern, trommeln, hacken, tippen, bummern, prasseln, pauken, ballern, schlagen, boxen, stoßen, anstippen, fausten, klicken
Ordne die Wörter in alphabetischer Reihenfolge!

115
Unterricht für Jungfüchse

Die letzten Sonnenstrahlen im Kiefernwald ließen die glatten Stämme kupferfarben aufleuchten. Einige Meter von ihrem Bau entfernt beobachtete eine Füchsin die übermütig tollenden Jungen, für die sie zur Abendmahlzeit einige Mäuse gefangen hatte, die sie wie ein Bündel im Maul hielt. Mit ein paar Sprüngen stand die Fuchsmutter bei ihren Jungen. Sofort begann ein wildes Gebalge um die Beute. Doch die Alte ließ nur eine Maus los. Da das Tierchen noch nicht tot war, wollte es sogleich davonhuschen. Mit einem Satz hatte es die Füchsin wieder eingeholt und hielt es mit ihrer Pfote fest. Dann ließ sie die Maus abermals frei, und das gleiche Spiel wiederholte sich. Beim dritten Male hatte einer der Jungfüchse begriffen, was die Mutter beabsichtigte. Bevor die Füchsin die entwischte Maus wieder einfangen konnte, war er zugesprungen und hatte sie gepackt. Hastig verschlang er den schmackhaften Happen und wehrte sich gegen seine neidischen Brüder und Schwestern mit wütendem Knurren und Keckern. Endlich erhielten auch die anderen Jungfüchse ihre leckere Abendmahlzeit. Schnell waren die Mäuse zwischen den spitzen, schon scharfen Zähnen verschwunden, und der Unterricht über Mäusefang war beendet.

Übungsmöglichkeiten:

1. **Der F-Laut:** Jungfüchse, Kiefernwald, kupferfarben, entfernt, bevor, sofort, davonhuschen, Pfote, frei, verschlingen, Phosphor, verschwinden, Strophe, empfehlen, Sanftmut, Vers, Paragraph, fortlaufen
Ordne die Wörter nach der Schreibweise des F-Lautes und füge noch andere Beispiele hinzu!
Setze in die Lücken folgender Wörter *f, pf, v* oder *ph* ein: –olk, Ankun–t, trium–ieren, E–eu, Bedür–tigkeit, em–indlich, –inderlohn, –lege, –legelhaft, As–alt, dum–ig, –ertig, –ernün–tig, Hä–tling, Im–ung, –eilchenblatt, Pro–et, bra–, schim–en, Lar–e!
(Arbeitshilfe: In 8 Lücken fehlt *f*, in 5 *pf*, in 5 *v* und in 3 Lücken *ph*. Siehe Beiheft L 117!)

2. **Die Nachsilbe -haft:** schmackhaft, gönnerhaft, lachhaft, mädchenhaft, launenhaft, zaghaft, schwunghaft, ...
Verbinde folgende Wörter mit der Nachsilbe *-haft*: Kind, Dauer, glauben, ernst, Traum, böse, Meister, nähren, Fabel, krank, Zauber, Gewissen, naschen, wahr, Schmerz, Scham, schmecken, Sünde, Junge, wohnen, leben, Stand!

3. **end oder ent:** entfernt, abendlich, entwischen, endlich, wütend, beendet, hoffentlich, morgendlich, knurrend, Endsilbe,...
Setze in die Lücken folgender Wörter *end* oder *ent* ein: wes–lich, –kampf, –weichen, jug–lich, lach–, –gültig, un–deckt, wiss–lich, –scheidung, –silbe, –zwei, –gegnen, eig–lich, –rätseln, Straßenbahn–station, schwimm–!
(Arbeitshilfe: In 9 Wörtern fehlt *ent*, in 7 *end*. Siehe Beiheft L 118!)

4. **Eigenschaftswörter (Adjektive) mit den Nachsilben -ig, -isch und -lich:** übermütig, hastig, neidisch, ehrlich, wollig, herrisch, gutwillig, freundlich, regnerisch, schwächlich, mutig, italienisch
Ordne die Wörter nach der Art der Nachsilben und schreibe noch andere hinzu!
Setze jeweils eine der drei Nachsilben an folgende Wörter: Zorn, Hölle, Grund, gebieten, Geduld, Mehl, Kraft, glauben, spielen, reich, Macht, sicher, Öl, Adel, süß, fett, Heide, rauchen, Himmel, rauben, Dieb, Wolke, Sturm, rein, Westfalen, blau, Kunst, Welt!
(Arbeitshilfe: 11 Wörter werden mit *-ig*, 9 mit *-isch* und 8 mit *-lich* verbunden. Siehe Beiheft L 119!)

5. **das gleiche – dasselbe:** das gleiche Spiel – dasselbe Spiel, der gleiche Schrank – derselbe Schrank, die gleiche Uhr – dieselbe Uhr, zur gleichen Stunde – zur selben Stunde, ...
Übe den Gebrauch der beiden Wörter in Sätzen (der gleiche: Mehrere Dinge gleichen sich. – derselbe: Es handelt sich nur um eine Sache)!

Die Blumenfreundin 116

Die zwölfjährige Helga ist schon eine große Naturfreundin. Sicherlich ist das dadurch bedingt, daß sie im Hinterhaus einer Großstadt wohnt und von ihrem Fenster aus nur auf einen asphaltierten, von Wohn- und Fabrikgebäuden eingezwängten Hof blickt. Vater hat ihr einen Blumenkasten beschafft, um den sie sich täglich fürsorglich kümmert. Wenn draußen die Natur noch Winterschlaf hält, ziert sie ihren Kasten mit Fichten- oder Tannenzweigen. Zur Zeit ranken und klettern Wicken, Feuerbohnen und Winden an gespannten Bindfäden empor, so daß lichtes Grün die Fensteröffnung und das gräuliche Mauerwerk belebt. Helgas gesäte Kapuzinerkressen haben sich bereits zu kräftigen Pflanzen entwickelt, die bald mit vielen Blüten über den Kastenrand herabhängen werden. Gelegentlich kauft sie von ihren Spargroschen eine blühende Stiefmütterchen-, Maßliebchen- oder Vergißmeinnichtpflanze. So ist ihr Blumenkasten das ganze Jahr über ein grüner, oft farbenfroher Blickfang des Hinterhauses. Auch in ihrem Zimmer findet man stets frische Blumen. Meist bringt sie von Spazierfahrten ein paar Margeriten, Himmelsschlüsselchen, Kornblumen, Kuckucksnelken oder andere Wiesenblumen mit, die sie sorgfältig mit einigen Gräsern in eine kleine Tonvase ordnet. Ehrfürchtig und liebevoll betrachtet sie still die so oft übersehenen Naturschönheiten an Ackerrainen und Wiesenrändern.

Übungsmöglichkeiten:
1. **ai oder ei:** Ackerrain, Tannenzweige, bereits, Froschlaich, eitrig, Buchenhain, Heinrich, verneigen, ...
   Setze in die Lücken folgender Wörter *ai* oder *ei* ein: M–sfeld, –fersucht, Getr–de, M–baum, Fr–z–t, L–e, L–chnam, H–mat, H–, Gem–nde, M–nfranken, s–twärts, Violins–te, K–serr–ch, Trauerw–de, W–deplätze, K–mauer, W–senhaus, Bew–s, gestr–ft, H–dekraut, h–dnisch, L–enspiel, L–m!
   (Arbeitshilfe: In 10 Lücken muß *ai* eingesetzt werden. Siehe Beiheft L 120!)

2. **Wörter mit ts:** bereits, abseits, blutsverwandt, Sportsmann, Ortsschild, vorwärts, Rechtsanwalt, Gehaltszahlung, nichts, Stadtratssitzung, nachts, stets, Geschäftszeit, Monatslohn, Sicherheitsnadel, Amtsgericht
   Beachte den *Z-Laut* und ordne die Wörter alphabetisch!

3. **Paar – paar:** ein Paar Schlittschuhe (Hausschuhe, Turnschuhe, Stiefel, Sandalen, Strümpfe, Socken, Manschettenknöpfe, Trauringe, Ärmelhalter, Ohrringe, Rollschuhe, Handschuhe)
   Brautpaar, Elternpaar, Zwillingspaar, Paarlauf (Je zwei Dinge oder Personen gehören zusammen.)

ein paar Margeriten, ein paar Tannenzweige, ... (paar bezeichnet eine beliebige Anzahl von Dingen oder Personen. Auch wenn es zufälligerweise nur zwei sind, schreibt man *paar* mit kleinen Anfangsbuchstaben.)
Schreibe Beispiele mit *Paar* und *paar* (ein Paar Ohrringe, ein paar Nelken, ...)!

4. **Wortfamilie „falten":** falten, auf-, ein-, zusammen-; Falte, Haut-, Stirn-, Gesichts-, Rock-, Stoff-, Quer-, Bügel-; Faltboot, -stuhl, -blatt, -schnitt; Faltenrock, -wurf, -gebirge; Falter, Tag-, Nacht-; Faltung, Erd-; faltig, mannig-; einfältig, viel-, sorg-; falzen; Falz, -bein, -ziegel
Schreibe die Wörter vollständig ab!

5. **Komma bei Aufzählungen:** Wicken, Feuerbohnen und Winden ranken empor. – Sie kauft eine blühende Stiefmütterchen-, Maßliebchen- oder Vergißmeinnichtpflanze. – Meist bringt sie ein paar Margeriten, Himmelsschlüsselchen, Kornblumen, Kuckucksnelken oder andere Wiesenblumen mit.
Bilde ähnliche Sätze mit Aufzählungen aus dem Bereich der Pflanzenwelt!
Vor „und" oder „oder" steht zwischen gleichartigen Satzteilen kein Komma.

117

Schlagfertigkeit

Seit ein paar Wochen ist Erich als Lehrling in einer Gärtnerei beschäftigt. Tagsüber kann man ihn mit einer grünen Schürze bei Arbeiten im Freien oder in den Treibhäusern beobachten. Je nach Anweisung seines Meisters jätet, harkt, gräbt oder pflügt er, sät oder pflanzt, erntet Gemüse oder bündelt Schnittblumen zum Verkaufen. Obwohl ihm die Arbeit Freude macht, ist er doch recht oft müde. Besonders heute ist es so heiß, daß ihm Schweißtropfen von der Stirn perlen. Erich soll zwischen den Dahlienstauden, die in langen Beeten reihenweise gepflanzt sind, die Erde umgraben. Als der Meister, der Torfballen vom Güterbahnhof abholen will, nach der Arbeitsanweisung Erich allein zurückläßt, lockt es den Jungen bald, sich im Schatten eines breitkronigen Pfirsichbaumes ein bißchen auszustrecken. Die erfrischende Kühle tut dem erhitzten Körper gut. Doch früher, als Erich es vermutet hat, kehrt der Gärtner zurück. Verärgert ruft er dem Faulenzer zu: „Du bist nicht wert, daß dich die Sonne bescheint!" Erschrocken springt Erich auf. Aber schnell hat er sich gefaßt und entgegnet mit schelmischem Lächeln: „Deshalb habe ich mich ja in den Schatten gelegt." Diese Schlagfertigkeit imponiert dem Meister zwar, doch verlangt er mit Recht, daß auch während seiner Abwesenheit gewissenhaft und zuverlässig gearbeitet wird.

Übungsmöglichkeiten:

1. **Schreibweisen des langen ü:** grün, Gemüse, müde, kühl, Güterbahnhof, hünenhaft, Düne, Sühne, übermütig, aufwühlen, ...
Setze in die Lücken folgender Wörter *ü* oder *üh* ein: Pr–fung, Gest–l, Gest–t, Bl–tezeit, Kuchenkr–mel, Ber–mtheit, H–nerbr–e, Unterf–rung, geb–renpflichtig, s–dlich, gef–llos, Sp–ltuch, R–rei, betr–gen, k–n, schw–l, W–lmaus, Kost–mjacke, D–senflugzeug, Schn–rschuhe, ber– ren!
(Arbeitshilfe: Je 11 Lücken müssen durch *ü* und durch *üh* geschlossen werden. Siehe Beiheft L 121!)

2. **Eigenschaftswörter (Adjektive) mit den Nachsilben -ig, -isch und -lich:** schlagfertig, schelmisch, zuverlässig, gründlich, erzieherisch, beachtlich, verschwenderisch, wellig, gemütlich, gütig, betrügerisch, neblig, schwielig, rechthaberisch, undeutlich, gefährlich, gesellig, herbstlich, herrisch, gefällig, ölig, himmlisch, christlich, kindisch
Ordne die Eigenschaftswörter (Adjektive) nach ihrer Nachsilbe und setze passende Hauptwörter (Substantive) hinzu!

3. **Umstandswörter (Adverbien) mit „weise":** reihenweise, stellenweise, satzweise, streckenweise, schrittweise, ruckweise, stoßweise, ...
Verändere folgende Wörter durch Zusammensetzung mit „weise" in Umstandswörter (Adverbien): Probe, dankbar, Ausnahme, Paar, Dutzend, gerecht, Zeit, Masse, Sprung, klug, Beziehung, Kiste, Liter, Tropfen, Tag, Zentner, dumm, glücklich, Stück, Stapel, Meter, Schluck, boshaft, strafbar, Straße, Stunde!
(Siehe Beiheft L 122!)

4. **Wortfamilie „Tag":** Tag, Reise-, Ferien-, Fest-, Sonn-, Feier-, Werk-, Namens-, Geburts-, Jahres-, Gedenk-, Mit-, Zahl-, Buß-, Spiel-, Wochen-, Sommer-, Herbst-, Wasch-, Arbeits-, Schul-, Regen-, Wander-, Sport-, Bundes-, Land-, Hochzeits-, Kampf-, Sonnen-, Vor-, -falter, -pfauenauge, -lichtnelke; Tagebau, -dieb, -löhner, -werk, -blatt, -reise, -buch, Sechs-rennen; Tageslicht, -zeit, -anbruch, -ordnung, -zeitung, -raum; Tagung, Arbeits-, Lehrer-; Tagungsort, -ablauf, -programm, -bericht, ergebnis; tagen, ver-; betagt; täglich; dreitägig, acht-; tagein, -aus, -hell, -täglich; tags, -über, heutigen-, feier-, sonn-, werk-, halb-, ganz-, nachmit-; tageweise, -lang
Schreibe die Wörter vollständig ab und ordne sie innerhalb der Gruppen alphabetisch!

5. **Die Zeichensetzung in der wörtlichen Rede:** Er rief dem Faulenzer zu: „Du bist nicht wert, daß dich die Sonne bescheint!" – „Du bist nicht wert, daß dich die Sonne bescheint!" rief er dem Faulenzer zu. – „Du bist nicht wert", rief er, „daß dich die Sonne bescheint!"
Bilde ähnliche Sätze und forme sie so um, daß die Ankündigung vor, hinter oder zwischen dem Sprechsatz steht!
Beachte: Steht die Ankündigung vor dem Sprechsatz, so steht ein Doppelpunkt als zusätzliches Vorzeichen vor dem Sprechsatz. Steht die Ankündigung hinter dem Sprechsatz, fällt das Komma vor der Ankündigung fort, wenn der Sprechsatz mit einem Ausrufe- oder Fragezeichen schließt. Ein Punkt steht nur am Ende der Ankündigung. Wenn die Ankündigung zwischen dem Sprechsatz steht, wird sie wie ein eingeschobener Satz durch zwei Kommas eingeschlossen.

118

Die böse Dreizehn

Soeben erhielt Frau Schmitz eine Postkarte vom Verkehrsverein des bayerischen Ortes, in dem sie mit der Familie die diesjährigen Ferien verleben wollte. Es waren Angaben über das von ihnen gewünschte Quartier. Schnell überlas Frau Schmitz die Mitteilungen, dann aber stutzte sie, als sie die Anschrift erblickte. „Waldstraße 13! Unmöglich, daß wir uns dort einquartieren. Die Dreizehn ist eine Unglückszahl!" sagte Frau Schmitz. Noch am selben Tage schrieb sie an den Verkehrsverein und forderte eine andere Ferienunterkunft. – Sicherlich gibt es viele Menschen, die genauso gehandelt hätten. Der Zahlenaberglaube spukt noch immer so stark, daß die meisten Hotels bei Numerierung ihrer Fremdenzimmer die Dreizehn überschlagen. Nach gleichen Gesichtspunkten erfolgt bei vielen Rennen die Ausgabe der Startnummern. Fällt der dreizehnte Tag eines Monats auf einen Freitag, so wittern Abergläubische sofort Unheil. Selbst Napoleon soll die Zahl Dreizehn gefürchtet haben. Dieser Zahlenaberglaube ist genauso töricht und gefährlich wie jeder andere Aberglauben. Er verleitet oft Menschen zu Fehlhandlungen oder auch dazu, sich mehr auf eine Zahl als auf das eigene Können zu verlassen.

Übungsmöglichkeiten:
1. **Wörter mit cht:** töricht, Furcht, Gesichtspunkt, pflichtvergessen, Beleuchtung, Hecht, Röhricht, Pracht, Schlacht, Dickicht, wuchtig, Dichtung, Amtsgericht, Verschlechterung, prächtig, echt, Gewicht, Verdacht, Trichter, schmächtig, geschwächt, verpachten, Knecht, Schlucht, Rücklicht, fechten, verächtlich, Habicht, Meeresbucht, flechten, schichtweise, geschichtlich, Wachtturm
Bilde davon zusammengesetzte oder verwandte Wörter!

2. **Großschreibung von Zahlwörtern (Numeralien):** die böse Dreizehn, eine Eins im Zeugnis, die Elf (Fußballmannschaft), das Dreifache des Einkaufspreises, Tausende von Menschen, vom Hundertsten ins Tausendste kommen, ein Drittel des Besitzes, Heinrich der Vierte, unter Hunderten nicht einer, der Dreißigjährige Krieg
Immer groß geschrieben werden: Million, Milliarde
Bilde Sätze mit diesen und ähnlichen Begriffen!
3. **Wortfamilie „glauben":** glauben; Glaube, Un-, Aber-; Glaubensmut, -zweifel, -bekenntnis, -freiheit, -sache, -satz; Glaubwürdigkeit, Un-lichkeit; Gläubigkeit; Gläubiger; glaubhaft, -würdig, un-lich; abergläubisch; gläubig, un-
Bilde Sätze!
4. **Wortfamilie „Nummer":** Nummer, Haus-, Auto-, Zimmer-, Rücken-, Start-, Telefon-, Vorwähl-, Wagen-, Los-, Ruf-, Zug-, Programm-, Zirkus-; Nummernschild, -tafel, -scheibe; numerieren; Numerierung
Beachte die Schreibweise der letzten beiden Wörter!
5. **Wortfeld „vermuten":** vermuten, wittern, befürchten, ahnen, argwöhnen, glauben, annehmen, bedenken, erwägen, erwarten, voraussetzen, der Meinung sein, eine Ansicht vertreten, sich einbilden, erachten, mutmaßen
Ordne alphabetisch!

119

Mißlungener Gespensterspuk

Die Jungen des siebenten Schuljahres waren für vier Tage in einer westfälischen Jugendherberge einquartiert. Es war das erstemal, daß sie gemeinsam übernachten sollten. Daher freuten sie sich, als sie nach abendlichen Heimspielen in ihre Schlafräume durften, in denen je sechs weiß lackierte Metallbetten standen. Bald waren alle Jungen unter ihre Decken gekrochen, und der Lehrer knipste das Licht in den Schlafräumen aus. Doch es dauerte lange, bis das Reden und Lachen verstummte und die meisten Jungen eingeschlafen waren. Heinz und Werner unterhielten sich noch immer. Wollen wir einmal Gespenster spielen?" fragte Werner leise. „Fein, ich mach' mit!" flüsterte Heinz. Rasch zogen sie ihre Bettlaken über den Kopf und schlichen auf Zehenspitzen ins Nebenzimmer, wo sie ihren Freund Paul tüchtig erschrecken wollten. Beim spärlichen Schein einer Taschenlampe begannen sie, mit schauerlichen Heultönen zu spuken. Schallendes Gelächter setzte ein, denn auch in diesem Raum hatten noch nicht alle geschlafen. Kopfkissen und Pantoffeln wirbelten auf die Gespenster, bis beide auf den Flur flüchteten. Doch hier stand der Lehrer, der ihnen klarmachte, daß man die Nachtruhe in Jugendherbergen aus Rücksichtnahme nicht stören darf.

Übungsmöglichkeiten:
1. **ä oder e:** westfälisch, Gespenst, erschrecken, spärlich, Gelächter, rätselhaft, gemäßigt, Ferien, einkerben, verträglich, merkwürdig, gesprächig, Pächter, häkeln, quer, Hering, schmächtig, Gelenk, ärgern, Flächenmaß, lecken, fleckig, Gefängnis, Hektar, Pech, schleppen, Teppich, Stoßdämpfer, bekränzt, abgegrenzt, Holzfäller, vielfältig, echt, Rente, erkenntlich, streckenweise, Drähte, quälen, quellen, abschälen, Schelle, Sardellen, Tränke, abgehetzt, Fischgräte, Scheck, Erklärung
Ordne nach Schreibweise (*ä* – *e*) und füge bei den Wörtern mit *ä* die Herkunftswörter hinzu! (westfälisch – Westfalen, spärlich – sparen, ...)!

2. **Schärfung mit ff:** Pantoffeln, vortrefflich, Büffel, Erschaffung, offen, klaffen, Handgriff, Schaffner, Pfeffer, Stoff, Hoffnung, entziffern, Waffe, auslöffeln, Segelschiff, Auspuff, Eiswaffel, straff, erraffen, Schnüffelei, Offizier, Handkoffer, Giraffe, Kaffee
Schreibe abgeleitete und zusammengesetzte Wörter hinzu!

3. **Wortfeld „ruhen":** ruhen, schlafen, liegen, sich ausstrecken, lagern, anhalten, innehalten, sich entspannen, rasten, pausieren, sich verschnaufen, sich Ruhe gönnen, es sich bequem machen, ausspannen, auf der Bärenhaut liegen, die Hände in den Schoß legen, nichts tun

4. **Wortfamilie „nehmen":** nehmen, an-, ab-, auf-, aus-, be-, ent-, ein-, entgegen-, durch-, hin-, fort-, vor-, ver-, zu-, zusammen-, zurück-, mit-, zwischen-, herüber-, wahr-, übel-, über-, unter-, fest-, überhand-; Benehmen, Unter-; Unternehmung, Ver-; Aufnehmer, Unter-; Abnahme, An-, Auf-, Aus-, Ein-, Fest-, Nach-, Gefangen-, Über-, Weg-, Maß-, Rücksicht-, Rück-
Schreibe zu jedem Zeitwort (Verb) die zugehörigen Wörter (annehmen – Annahme, Annahmestelle, ...)!

5. **Komma nach verkürzten Hauptsätzen:** Fein, ich mache mit! – Schade, daß wir verloren haben! – Schön, daß die Sonne scheint!
Schreibe ähnliche Satzverbindungen mit verkürztem Hauptsatz, der anschließend ergänzt werden soll. (Fein, ich mache mit! – Das ist fein, ich mache mit!)

Wetterstation auf dem Kahlen Asten

Für einige Tage war Gerhard mit Klassenkameraden in der Jugendherberge nahe des Kahlen Astens, des höchsten Berges des Sauerlandes. Bei einer

Wanderung über die hauptsächlich mit Fichten bewaldeten Höhen trafen sie einen Angestellten der auf dem Astenturm gelegenen Wetterstation. Die Jungen freuten sich, als er sie nach kurzem Gespräch einlud, mit ihm zur Wetterwarte zu gehen. Unterwegs erzählte er ihnen von der Ermittlung der Windgeschwindigkeit und der Bodentemperatur, vom Messen der Wolkenhöhe und von Erlebnissen im Wetterdienst. Unterdessen erreichten sie den Astenturm, auf dessen Plattform Wetterfahne und Schalenkreuz, wichtige Windmeßgeräte, befestigt sind. Auf einer Wendeltreppe gelangten sie in die Räume der Wetterwarte, in denen Meßinstrumente, Tabellen und Pläne den größten Teil der Wandflächen bedecken. Ein Mann war damit beschäftigt, am Schreibtisch geheimnisvolle Zeichen in eine Wetterkarte einzutragen. Die Jungen erfuhren, daß man daraus den Bewölkungsgrad, die Niederschlagsmenge sowie Richtung und Geschwindigkeit des Windes ablesen kann. Gleich mußten neue Messungen durchgeführt und die Ergebnisse der Zentralstelle mitgeteilt werden. Daher konnten sich die Angestellten nicht mehr ihrem Besuch widmen. Freundlich verabschiedeten sie sich von den Jungen und sagten scherzhaft: „Nun wißt ihr, wie das Wetter gemacht wird."

Übungsmöglichkeiten:
1. **Eigenschaftswörter (Adjektive) als Teile erdkundlicher Namen:** Kahler Asten, Hohe Acht, Stiller Ozean, Bayerischer Wald, Roter Main, Schwarzes Meer, Nördliches Eismeer, Große Antillen, Arabische Wüste, Kap der Guten Hoffnung, Britische Inseln, Eisernes Tor, Irische See, Kleiner Belt, Gelbes Meer, ...
Suche im Atlas noch ähnliche erdkundliche Bezeichnungen und ordne sie nach Erdteilen!
2. **gs – ks – cks:** unterwegs, Bewölkungsgrad, links, Angst, ringsum, Klecks, rücklings, allerdings, Keksfabrik, Pfingsten, schnurstracks, flugs, Knicks, seitlings, Häcksel, Koks, Knacks, halbwegs, mucksen, neuerdings
Ordne die Wörter nach ihrer Schreibweise!
3. **Grad – Grat:** Bewölkungsgrad, Steigungsgrad, Gradeinteilung, Gradnetz, Gradmesser, gradweise, hochgradig – Rückgrat, Gebirgsgrat, Gratleiste
Bilde Sätze!
4. **Wörter mit der Nachsilbe -tion:** Wetterstation, Munition, Portion, Spedition, Kanalisation, Nation, Expedition, Produktion, Infektion, Reformation, Operation
Ordne die Wörter alphabetisch und bilde Sätze! Beachte die Aussprache ($t = z$)!

5. **Wortfeld „Wetter":** Sonnenschein, Trockenheit, Eintrübung, Bewölkung, Wolken (Haufen-, Schicht-, Feder-, Schleier-, Schäfchen-, Regen-, Gewitter-), Regen (Sprüh-, Niesel-, Land-, Gewitter-, Platz-, Mai-), Schauer (Hagel-, Regen-, Gewitter-, April-), Niederschlag, Tau, Graupeln, Nebel, Schneefall, Rauhreif, Frost, Tauwetter, Wetterleuchten, Wind (Wirbel-, -stoß, -hose), Sturm (Schnee-, Wirbel-), Föhn, Böe, Orkan, Brise, Wolkenbruch, Regenbogen, Erwärmung, Abkühlung, Frost

heiter, sonnig, warm, trocken, heiß, wolkenlos, schwül, gewittrig, wolkig, bewölkt, bedeckt, freundlich, anhaltend, beständig, veränderlich, wechselhaft, unbeständig, sternklar, aufklärend, kühl, mild, kalt, frostig, eisig, windig, stürmisch, böig, dunstig, trüb, neblig, diesig, feucht, naßkalt, regnerisch, föhnig, drückend

Ordne die beiden Wortgruppen in alphabetischer Reihenfolge!

121

Glück im Unglück

Sechs Tage lang war Rudi mit seinem Fahrrad im Bayerischen Wald. Nun befand er sich zum Ferienende auf dem Heimwege. Vom Rest seines Geldes hatte er sich Süßigkeiten und einen Kilometerzähler gekauft und ihn an der Lenkstange befestigt. Es machte ihm Spaß, die Bewegung der Ziffern im Zählwerk zu beobachten. Plötzlich gab es einen heftigen Ruck. Rudi war versehentlich mitten durch ein Schlagloch gefahren, und das Vorderrad wackelte verdächtig. Beim genauen Hinschauen merkte er, daß sein Stahlroß einen Gabelbruch erlitten hatte. Ratlos stand Rudi an der nur wenig belebten Landstraße und dachte: „Wie soll ich jetzt nach Hause kommen? Wenn ich mit dem beschädigten Rad weiterfahre, breche ich mir bestimmt das Genick. Zu dumm, daß ich weder eine Reparatur noch eine Eisenbahnfahrkarte bezahlen kann!" Mißmutig schob er sein Rad und blickte sorgenvoll zum Himmel, an dem sich drohend dunkle Wolkenberge auftürmten. Kaum hatte Rudi seinen Anorak aus dem Rucksack herausgekramt, platschten schon die ersten dicken Regentropfen auf ihn herunter. „Das hat mir noch gefehlt", schimpfte Rudi vor sich hin, denn die nächste Ortschaft war noch außer Sichtweite. Zum Glück hielt kurz danach ein Lastkraftwagen, der Rudi in Heimatnähe brachte.

Übungsmöglichkeiten:
1. **k oder ck:** Anorak, Glück, Rucksack, Genick, Zählwerk, blicken, dunkel, Fabrik, ungeschickt, Techniker, Flanke, Speck, Traktor, Zink, Rektor, Gebälk, schwanken, Diktat, schalkhaft, dekorieren, Nervenschock, Falke, Schokolade, blinken, zwicken, Getränk, Wrack, Insekt, Tabakspfeife, Kontakt, Knicks, winklig, Schicksal, Sekte, Holzbaracke, punk-

tieren, Borkenkäfer, fränkisch, Höcker, lackieren, versickern, Birke
Ordne die Wörter (*ck* – *lk, nk, rk,* Fremdwörter mit *k*)!
2. **Die Vorsilbe un-:** Unglück, ungeschickt, ungenügend, Unabhängigkeit, unzufrieden, unbestimmt, Undank, unreif, unverdient, unehrlich, ...
Füge je 10 Haupt-, Eigenschafts- und Mittelwörter (Substantive, Adjektive und Partizipien) mit der Vorsilbe *un-* hinzu!
3. **Aufeinanderfolge gleicher Mitlaute (Konsonanten) bei Zusammensetzungen:** Vorderrad, auffüllen, Stadttheater, Fensterrahmen, verrechnen, forttragen, Fischschuppen, Raddampfer, Topfpflanze, Unterricht, aussuchen, enttäuschen, Brotteig, einnehmen, Ziellinie, abbilden, ummelden, Aussicht, erraten
Suche ähnliche Wörter!
Beachte: Bei 3 gleichen Mitlauten (Konsonanten) wird der dritte im allgemeinen nur bei der Silbentrennung geschrieben: Kreppapier – Krepp-papier, Schiffahrt – Schiff-fahrt, Bettuch – Bett-tuch, Sperriegel – Sperr-riegel, ...
Trenne folgende Wörter: Fußballänderspiel, Schwimmannschaft, stilliegen, vollaufen, Brennessel, Wollappen, Schalloch, Rolladen, Schnelläufer, Metalleiste, Stallaterne, Kontrollampe, Fettopf, Stoffalte, Balletttänzerin, Kunststoffolie
4. **Komma zwischen zwei Hauptsätzen trotz Bindewort (Konjunktion):** Rudi war versehentlich mitten durch ein Schlagloch gefahren, und das Vorderrad wackelte verdächtig. – Peter fuhr freihändig auf seinem Fahrrad, und sein Freund wollte es ihm nachmachen. – Ein Auto überquerte den Zebrastreifen in hohem Tempo, und eine Frau hatte Mühe, den Bürgersteig zu erreichen.
Schreibe ähnliche Satzreihen aus dem Bereich des Verkehrs!
5. **Bindewörter (Konjunktionen) zwischen gleichartigen Satzteilen:** Rudi hatte sich Süßigkeiten und einen Kilometerzähler gekauft. – Zu dumm, daß ich weder eine Reparatur noch eine Eisenbahnfahrkarte bezahlen kann. – Rudi war sorgenvoll, aber nicht ängstlich. – Er war nicht nur ein schneller Läufer, sondern auch ein tüchtiger Schwimmer. – Rudi sowie Peter und Günter fuhren mit den Rädern in die Eifel.
Beachte: Stehen zwischen gleichartigen Satzteilen folgende Bindewörter (Konjunktionen), so wird außerdem ein Komma gesetzt: aber, auch, dann, ferner, nicht nur – sondern auch, sondern, sogar, teils – teils
Bilde Sätze mit gleichartigen Satzteilen, die durch die angegebenen Bindewörter (Konjunktionen) verbunden sind!

Ein gefiederter Patient **122**

Beim Herumstrolchen durch den nahen Wald vernehmen Klaus und Jochen ein Rascheln im Dickicht des stark belaubten Unterholzes. Zwischen dem Blattwerk werden Teile eines rehbraunen Gefieders sichtbar. Neugierig schleichen die Jungen behutsam an das Gestrüpp heran. Beim Näherkommen flüchtet ein brauner, etwa taubengroßer Vogel. Er hat einen schwarzen Schwanz und an den Flügeln blaue Federn. Es ist ein Eichelhäher, der aufgeregt krächzt. Die Jungen sehen, daß der Vogel offenbar flugunfähig ist, da die linke Schwinge kraftlos herabhängt. „Du, der Eichelhäher hat einen gebrochenen Flügel. Nun wird er eine leichte Beute für den Fuchs", meint Klaus. Kurz entschlossen versuchen beide, den verletzten Vogel einzufangen, um ihm zu Hause den Flügel zu schienen. Durch dorniges Brombeergestrüpp und buschige Hecken führt die Jagd nach dem verängstigten, aufgeschreckten Vogel. Endlich gelingt es den Jungen, das gehetzte Tierchen zu umzingeln, das durch seinen schmerzenden Flügel stark behindert ist. Vorsichtig und sanft hält Jochen den Eichelhäher umfaßt. Deutlich fühlt er die raschen Herzschläge des Vogels, der sich verzweifelt mit heftigen Schnabelhieben zu befreien sucht. Trotz einiger blutender Wunden an seiner Hand trägt ihn Jochen nach Hause. Sobald der Flügel wieder geheilt ist, will er dem Vogel seine Freiheit wiedergeben.

Übungsmöglichkeiten:

1. **Die Nachsilbe -sam:** behutsam, furchtsam, langsam, bedeutsam, einsam, einprägsam, grausam, seltsam, unaufhaltsam, ...
   Bilde aus folgenden Wörtern mit Hilfe der Nachsilbe -sam Eigenschaftswörter (Adjektive): folgen, schweigen, Ehre, achten, Sitte, streben, arbeiten, Wunder, Gewalt, sorgen, empfinden, enthalten, Mühe, wachen, dulden!

2. **ch oder sch:** herumstrolchen, zwischen, schleichen, Eichelhäher, buschig, flüchten, Richtung, vorsichtig, rasch, ...
   Setze in die Lücken folgender Wörter ch oder sch ein: westfäli–, E–e, tü–tig, Gewi–t, Sauerkir–en, bei–ten, lä–eln, Fre–heit, Fro–lai–, flü–tig, Erfri–ung, schwä–li–, schwäbi–, He–tsprung, verräu–ert, feu–t, Hir–geweih, zi–en, viellei–t, gere–t, A–enbe–er, Mu–el, einpfer–en, Blütenkel–, wat–eln, Tri–ter, mar–ieren, mor–, dre–en!
   (Arbeitshilfe: In 18 Lücken fehlt ch, in 14 sch. Siehe Beiheft L 123!)

3. **gt oder cht:** Dickicht, verängstigt, Kehricht, Predigt, beleidigt, beschädigt, Aufsicht, töricht, beruhigt, genehmigt, Röhricht, verständigt, be-

scheinigt, Habicht, gebändigt, beschleunigt, Gericht, befriedigt, beaufsichtigt, erledigt
Ordne die Wörter nach ihrer Schreibweise und füge nach Möglichkeit die zugehörigen Zeitwörter (Verben) hinzu (verängstigt – verängstigen, Predigt – predigen, . . .)!
4. **Mit Vorsilben und Verhältniswörtern (Präpositionen) verbundene Mittelwörter (Partizipien):** aufgeregt, entschlossen, verängstigt, aufgeschreckt, behindert, umschlungen, verzweifelt, erfüllt, zusammengebrochen, auseinandergefallen, mitgebracht, besiegt, erträumt, entdeckt, besetzt, ausgesucht, angebrannt, hingestürzt, vorgestellt, zurückgerufen, nachgespürt, zugeknöpft, abgestiegen, weggeschwemmt
5. **Wortfamilie „heilen":** heilen, ab-, aus-, ver-, zu-; Heiland, Heilprozeß, -behandlung, -anstalt, -pflanze, -gehilfe, -kunde, -butt, -stätte, -kunst, -mittel, -praktiker, -kraft, -verfahren, -quelle, -kräuter, Un-, Seelen-; Heilsgeschichte, -armee; Heilung, Kranken-, Wunder-; Heiligtum, -keit, -abend, -sprechung; Heiligenbild, -legende, -schein, -verehrung, -schrein; heilig, un-, schein-; heil, -sam, -bar, -froh, -kräftig, -los, un-voll, -bringend, -kundig

123

Eichhörnchen im Stadtpark

In den Parks kann man gelegentlich zahme Eichhörnchen beobachten, die den Vorübergehenden viel Freude bereiten. Wegen ihrer Possierlichkeit sind sie bei jung und alt sehr beliebt. Lockt man sie durch Zurufe an, indem man ihnen gleichzeitig etwas zum Fressen hinhält, nähern sie sich zögernd und etwas mißtrauisch, beschnuppern das hingereichte Futter, nehmen es aus der Hand und springen damit einige Sätze davon. In einiger Entfernung setzen sie sich zu Boden, knabbern die Nuß auf oder vergraben sie, um sich einen Wintervorrat anzulegen. Am liebsten fressen sie Hasel- und Walnüsse. Munter springen sie an den Parkwegen von einem Spaziergänger zum anderen und prüfen, ob ihnen etwas Schmackhaftes angeboten wird. Dabei klettern sie manchmal am Menschen hoch und setzen sich sogar auf dessen Schultern. Voraussetzung hierfür ist, daß man sich äußerst ruhig verhält, sonst sind die niedlichen Tierchen rasch auf den nächsten Baum entsprungen. Es ist erstaunlich, wie behende sie einen Stamm erklettern und wie sie mit geschickten Sprüngen von einem Zweig zum anderen gelangen. Kein Wunder, daß die Eichhörnchen überall, wo sie sich zeigen, zum Liebling der Menschen werden.

Übungsmöglichkeiten:
1. **bb – pp:** beschnuppern, knabbern, Krabbe, abebben, Klippe, Trapper, Schrubber, Galopp, Stoppelfeld, abgeschleppt, krabbeln, Felsklippe,

Kaulquappe, Robbe, tappig, Sabbat, klapprig, Gestrüpp, kribbeln, gerippt, Teppich
Ordne nach der Schreibweise (*bb – pp*) und füge abgeleitete und zusammengesetzte Wörter hinzu (schnuppern, Sternschnuppe, ...)!

2. **Die Vorsilbe miß-:** mißtrauisch, mißverstehen, Mißwirtschaft, mißfallen, mißbräuchlich, mißlingen, Mißgunst, mißverständlich, ...
aber: Missetat, Missetäter
Setze die Silbe *miß-* vor folgende Wörter und beachte den damit hervorgerufenen Bedeutungswandel: Erfolg, günstig, Stimmung, gelaunt, Geschick, Wuchs, Ernte, tönen, vergnügt, Mut, handeln, gönnen, Verständnis, Brauch, trauen, Griff, raten, Deutung!

3. **Die Vorsilbe ent-:** Entfernung, entspringen, entsetzlich, Entscheidung, entzwei, Entschuldigung, entweichen, Entzündung, unentwegt, entrissen, Enttäuschung, entwickeln, Entdeckung, entgleisen, entsichern, ...
Versuche vor folgende Wörter die Vorsilbe *ent-* zu setzen! 3 Wörter können nur mit *end-* (von *Ende*) verbunden werden: fliehen, lassen, Sieg, Spannung, wenden, laden, Führung, Kampf, werfen, Kleidung, scheiden, reißen, falten, Leerung, Punkt, Rüstung, ziehen, springen, Schluß
(Siehe Beiheft L 124!)

4. **Der Ergänzungsstrich:** Hasel- und Walnüsse; Linden-, Eichen- und Birkenblätter; hell-, dunkel- und rotbraun; Laub-, Misch- und Nadelwald; Nage- und Klettertiere; Fußgänger- und Fahrradwege, ...
Zur Vermeidung von Wortwiederholungen wird der Ergänzungsstrich gesetzt. Suche andere Beispiele aus den Bereichen „Park" und „Wald" und verwende sie in Sätzen!

5. **Als Hauptwörter (Substantive) gebrauchte Mittelwörter (Partizipien):**
die Vorübergehenden, ein Reisender, einige Anwesende, etwas Ungewolltes, ein Sterbender, ein paar Leichtverletzte, viele Verwundete, etwas Bestürzendes, die Lebenden und die Verstorbenen, ein Gesandter, ein Gefürchteter, der Besiegte, etwas Geräuchertes, die Getöteten, ein Betender, viel Beglückendes, die Hungernden, die Gefangenen, der Angeklagte
Ordne die Wörter (Mittelwörter der Gegenwart, Mittelwörter der Vergangenheit)!

124

Peters Kampf gegen die Kirschendiebe

Mitten im Garten stand Peter und ärgerte sich maßlos über die Stare, die sich seit Tagen als Kirschendiebe betätigten. Mit Schreien, Händeklatschen und Werfen von Kieselsteinen hatte der Junge immer wieder versucht, die gefiederten Räuber zu verscheuchen. Gern hätte er Vaters Schrotflinte herausgeholt, aber die Eltern erlaubten es nicht und sagten: „Stare sind nützliche Singvögel. Den Schaden, den sie an den Kirschbäumen verursachen, gleichen sie durch Vertilgen von Würmern, Raupen, Engerlingen und Schnecken wieder aus." Kurz entschlossen begann Peter, eine Vogelscheuche zusammenzubauen, um sie dann zwischen die schwarz schimmernden, früchteschweren Kirschbaumzweige zu stecken. Zwei Holzlatten nagelte er kreuzweise übereinander und schaute nach abgetragenen Kleidungsstücken, um das Gestell zu verhüllen. Da das Suchen im Lumpensack erfolglos blieb, brachte Mutter ihm einen schadhaften, altmodischen Mantel und einen großkrempigen Filzhut. Unterdessen futterte bereits wieder eine Menge Stare auf den Spitzen des Baumes. Schnell schleppte Peter die Leiter herbei und stieg mit seiner Vogelscheuche die Sprossen hoch. Laut kreischend stoben die Stare von dannen. Als Abschiedsgruß oder als Racheakt erhielt Peter eine angepickte, besonders große, saftige Kirsche mitten ins Gesicht.

Übungsmöglichkeiten:

1. **Schärfung mit ss:** entschlossen, unterdessen, Sprosse, flüssig, massenhaft, Genossenschaft, gewissenhaft, Rüssel, Fässer, fesseln, unverdrossen, Flosse, verpassen, Messing, Presse, Karussell, Essig, Terrasse, Missetat, verbessern, Hindernisse, verblassen, Reisepässe, prasseln, bissig, zuverlässig, zerrissen, Schlüssel, vergessen
Schreibe die Wörter heraus, deren Ableitungen mit ß geschrieben werden (entschlossen – Entschluß, Sprosse – Sproß, ...)!

2. **ä oder e:** ärgern, Eltern, Engerling, großkrempig, schädlich, Gestell, mäßig, eingeprägt, gerben, Stengel, Gerste, Geräte, ...
Setze in die Lücken folgender Wörter ä oder e ein: j–ten, Pr–digt, Feuerw–hr, W–hrung, sch–men, Sch–mel, Sch–del, Staubw–del, pr–gen, pr–ssen, Sch–rbe, Sch–rpe, M–rz, M–rkbuch, Kapit–n, H–nne, h–mmern, h–mmen, st–mmig, st–mmen, Schw–bebahn, schw–bisch, Qu–cke, qu–ken, Altersr–nte, umr–ndert, l–ngs, Gel–nk, Gedr–nge, Meer–nge!
(Arbeitshilfe: In je 15 Lücken fehlt ä und e. Siehe Beiheft L 125!)

3. **Der Z-Laut:** nützlich, bereits, Abschiedsgruß, Holz, Spitze, kreuzweise, Munition, ärztlich, plötzlich, abseits, ...
Setze in die Lücken z, tz, s oder t ein: abwärt–, Wi–, Ker–e, Du–end, vergeben–, Ak–ien, Schmal–, Kapu–e, Fel–block, sal–ig, Spedi–ion, gli–ernd, Hal–schmer–en, Ent–ündung, geschü–t, beher–t, glän–end, Zin–sa–, Kan–el, Por–ion, unnü–, Matra–e, ki–elig, Gan–, gan–, morgen–, Hei–ung, Sta–ion, Quar–, schni–en

(Arbeitshilfe: In den Lücken fehlen 12 *z*, 9 *tz*, 2 *s* und 4 *t*. Siehe Beiheft L 126!)
4. **Die Vorsilbe ver-:** vertilgen, verursachen, Verstand, vertauschen, Verlust, verbrauchen, Vermögen, vergeblich, verrechnen, Vernunft, verteilen, Verzeichnis, verstauben, Verlaß, verbieten, Vergnügen, Versicherung, verstehen, vergeßlich, Versammlung, verwandt, verführen, Verwarnung, verdrießlich, verbinden, Verbrecher, verunglücken, Verkehr, verräuchert, verderben, Verhandlung, verzögern, Vertretung, vergeuden, versehentlich
Schreibe die Wörter heraus, die ohne die Vorsilbe *ver* nicht bestehen können!
(Siehe Beiheft L 127!)
5. **seid – seit:** Ihr seid unvorsichtig. – Seid ihr im Garten gewesen? – Seid hilfsbereit! (Ableitung von *sein*)
seit Tagen, seit dem 10. August, seitdem, seither, seit Weihnachten, seit vergangenem Jahr (Zeitangaben)
seitlich, seitlings, seitwärts (Ableitungen von *Seite*)
Bilde Sätze!

Freischwimmerin mit Wespenhilfe **125**

Seit fast zwei Jahren kann Bärbel so gut schwimmen, daß sie sich länger als eine Viertelstunde über Wasser zu halten vermag. Aber noch immer besitzt sie als einziges Mädchen der siebenten Klasse kein Freischwimmerzeugnis. Jeden bisher unternommenen Versuch hat sie abbrechen müssen, da sie sich scheute, den abschließenden Sprung vom meterhohen Sprungbrett zu wagen. Ihre Klassenkameradinnen haben sie schon etliche Male wegen ihrer Ängstlichkeit verspottet. Wieder einmal hat Bärbel den Entschluß gefaßt, einen neuen Versuch zu unternehmen. Die erforderliche Zeit hat sie bereits geschwommen und geht nun klopfenden Herzens zum Sprungbrett. Doch auf dem federnden Brett verläßt sie wieder der Mut. Schaudernd blickt sie auf die bläulich schimmernde Wasserfläche. Einige Mädchen rufen ihr vom Beckenrand aufmunternd zu: „Nun spring doch endlich!" Dreimal hat Bärbel schon Schwung zum Absprung genommen, aber im letzten Augenblick zögert sie stets. Mutlos und von sich selbst enttäuscht, will Bärbel kehrtmachen, um das Brett zu verlassen, als sie dicht an ihrem Kopf ein helles Summen hört. „O Schreck, eine Wespe!" ruft sie bestürzt. Nur ein Ausweg bleibt ihr: der Sprung vom Brett. Mit vorgestreckten Armen und Beinen plumpst sie ins Wasser. Als Bärbel wieder auftaucht, jubeln die Kameradinnen der neuen Freischwimmerin lachend zu.

Übungsmöglichkeiten:

1. **Schärfung mit mm:** Freischwimmerin, immer, unternommen, schimmernd, summen, grimmig, Versammlung, verstimmt, Kommode, Programm, jammervoll, krumm, ...
Setze in die Lücken folgender Wörter *mm* oder *m* ein: plu–psen, Li–onade, Nu–er, nu–erieren, ku–ervoll, Ko–paß, ko–andieren, Gri–asse, gri–ig, Ka–eradschaft, Bodenka–er, Bro–beeren, fro–, Hi–beersaft, hi–lisch, Sche–el, Schi–el, Tro–el, Dro–edar, Schi–er, Schi–panse, Gesa–tbetrag, Zusa–enstellung!
(Arbeitshilfe: In 11 Wörtern fehlt *mm*, in 12 *m*. Siehe Beiheft L 128!)

2. **Hauptwörter (Substantive) mit der Nachsilbe -in** (Weibliche Standes- und Berufsbezeichnung): Schwimmerin, Klassenkameradin, Mitschülerin, Sportlerin, Lehrerin, Läuferin, ...
Schreibe weibliche Berufsbezeichnungen mit der Nachsilbe *-in* und setze sie in die Mehrzahl! (Lehrerin – Lehrerinnen, Schneiderin – Schneiderinnen, ...)

3. **Mitlauthäufungen (Konsonantenhäufung) bei Zeitwörtern** (2. und 3. Person Einzahl) **und bei Mittelwörtern der Vergangenheit:** sie plumpst, du verläßt, abgebremst, du kämpfst, sie schwimmt, du wächst, du verletzt, verbrannt, er schwitzt, ...
Schreibe von folgenden Zeitwörtern (Verben) die 2. und 3. Person (Einzahl) und wandle sie in Mittelwörter der Vergangenheit (Partizipien im Perfekt) um: kennen, stampfen, quietschen, verschmutzen, vertauschen, sticken, verstellen, rennen, brummen, brauchen, impfen, trennen, fassen, gewinnen!
Beachte: Endet der Wortstamm mit einem *S-Laut* oder *Z-Laut*, so wird als Personalendung bei der 2. Person (Einzahl) anstelle von *st* nur *t* angefügt (du faßt, du reist, du heizt).

4. **Wortfamilie „schließen":** schließen, auf-, ab-, an-, aus-, be-, ein-, ent-, er-, fort-, kurz-, um-, ver-, weg-, zu-, zusammen-; Schließfach, -muskel; Schließer, Tür-; Schließung, Be-, Ent-, Er-, Ein-, Geschäfts-; Schluß, Be-, Ab-, An-, Aus-, Ver-, Ent-, Satz-zeichen, Sommer-verkauf, -rechnung, Schul-, Kurz-, Zusammen-, Friedens-, Arbeits-, Geschäfts-, Trug-, Rück-, Unterrichts-, -licht, -punkt, -strich, -gebet, -akkord, -strich, -stein, -lied, -satz, -folgerung; Schlüssel, Himmel-, Haus-, Keller-, Tür-, Schrank-, Zimmer-, Fahrrad-, Koffer-, Schul-, Klassen-, Nach-, Flach-, Schrauben-, Noten-, -loch, -bart, -bund, -ring, -blume, -bein, -industrie, -gewalt, -stellung; Schlüsselung, Ver-, Auf-, Ent-; verschlüsseln, ent-; schlüsselfertig; Schloß, Tür-, Vorhänge-, Koffer-, Schrank-, Fahrrad-, Einsteck-, Schnapp-, Sicherheits-; Märchen-, Königs-, Wasser-, -hof, -wache, -herr, -teich, -park, -turm, -garten; Schlos-

ser, Kunst-, Bau-, Auto-, -werkstatt, -meister, -geselle, -lehrling, -innung, -ei; schließbar, ab-, ver-; schließlich, aus-, ein-; unentschlossen, ver-; entschlußlos, be-fähig
Schreibe die Wörter vollständig ab!
5. **Komma nach Empfindungsworten:** O Schreck, eine Wespe! – Au, das tut weh! – Mensch, paß auf! – O weh, das geht schief! – Oh, wie schön! – Pfui, so eine Gemeinheit! – Ach, wie soll das noch klappen?
Bilde ähnliche Sätze mit Empfindungswörtern!
Beachte dabei die Schreibung: Oh! (alleinstehend mit *h*) O Schreck! O weh! O ja! O nein!

126
Ein Ferientag im Hamburger Hafen

Während der Pfingstferien war Frank bei seiner Tante in Hamburg. Täglich zeigte sie ihm einen anderen Teil der großen, schönen Weltstadt. Noch besser als der Nachmittag im Tierpark gefiel Frank eine Motorbootfahrt durch den Hamburger Hafen. Hier herrschte ein geräuschvolles, nie ruhendes Leben. Ständig kreuzten Schlepper oder Motorboote die Hafenbecken und mühten sich, zwischen den großen Dampfern und Frachtern vorbeizukommen. Frank stand am Bug des kleinen Schiffes und blickte auf die zahlreichen Handelsdampfer, die an den Kaimauern festgemacht hatten. Fast jedes dieser Schiffe stammte aus einem anderen Land der Erde, wie Frank an den Flaggen erkennen konnte. Fahrbare Drehkräne griffen immer wieder in die Laderäume und schwenkten die schweren Lasten wie leichtes Spielzeug vor die weiträumigen Lagerhallen. Hinter den Schuppen standen lange Reihen von Güterwagen bereit, einen Teil der Schiffsladungen aufzunehmen. An einer Anlegebrücke wurde der weiße, mächtige Leib eines Ozeanriesen sichtbar. Dunst und Qualm verdeckten am Horizont die Werftanlagen fast vollständig. Nur lautes Hämmern tönte von dort herüber, das häufig durch Schiffs- oder Werkssirenen jäh übertönt wurde. Frank spürte, daß er bei dieser Hafenrundfahrt den tiefsten Eindruck von dieser Weltstadt erhalten hatte.

Übungsmöglichkeiten:
1. **Wörter mit ai:** Kai, Mai, Waisenhaus, laichen, Brotlaib, Main, Bai, Mais, Kaiser, Feldrain, Hai, Laienspielschar, Rainfarn, Violinsaite, Hainbuche, Ukraine, Lakai
Ordne die Wörter alphabetisch!
2. **Schärfung mit ff:** Schiff, Stoff, Koffer, Kaffee, Löffel, Griff, Ziffer, Treffer, Affe, Pfeffer, Waffe, Waffel, Öffnung, Hoffnung, Erschaffung, Kartoffel, Pantoffel, Puffer, Riff

Bilde von diesen Hauptwörtern (Substantiven) abgeleitete oder zusammengesetzte Wörter!
3. **Schreibweisen des langen i:** Tierpark, Spielzeug, Maschine, Ozeanriese, Sirenen, tief, Vieh, Kieselsteine, Kamin, Mandoline, Medizin, ...
Setze in die folgenden Wörter *i* oder *ie* ein: tapez–ren, erw–dern, W–derholung, R–gel, B–bel, s–greich, Unterk–fer, Ru–ne, B–samratte, Königst–ger, Ros–ne, Z–gelstein, Fl–der, St–fmütterchen, Peters–lie, Gumm–, l–n–ren, K–no, schw–rig, Gef–der, Benz–n, Sard–ne, Kl–ma, S–b, Melod–, Augenl–d, Volksl–d, Hektol–ter, Pr–mel, z–len, Ol–ve, z–rlich, Margar–ne, Industr–, portug–sisch, Ungez–fer, Stat–v, Vert–fung
(Arbeitshilfe: In 19 Lücken fehlt *i*. Siehe Beiheft L 129!)
4. **Wörter mit mpf:** Dampfer, impfen, Empfehlung, sumpfig, Klampfe, Krampf, dumpf, Strumpf, schimpfen, Kampf, schrumpfen, Rumpf, Sauerampfer, Trumpf, Stampfer, stumpf, Empfindung
Schreibe davon verwandte Wörter und trenne die mehrsilbigen!
Beachte: *pf* wird getrennt (Damp-fer, emp-find-lich, ...)!
5. **Von Städtenamen abgeleitete Eigenschaftswörter (Adjektive):** Hamburger Hafen, Düsseldorfer Hauptbahnhof, Kölner Dom, Ulmer Münster, Aachener Rathaus, Würzburger Schloß, Kieler Bucht, Magdeburger Börde, Leipziger Messe, Frankfurter Würstchen, Königsberger Klopse, Nürnberger Lebkuchen, Lübecker Marzipan, ...
Führe die Sammlung fort!

127

Auf der Autobahnbrücke

Am Geländer einer Brücke, welche die Autobahn Köln – Frankfurt überspannt, lehnen Klaus und Jochen auf ihren Fahrrädern. Für eine kurze Fahrtunterbrechung ist ihnen dieser Platz sehr willkommen, da es hier viel zu beobachten gibt. Auf den doppelspurigen Fahrbahnen herrscht reger Verkehr. Fast lückenlos eilen Kraftwagen der verschiedensten Arten und Fabrikate in beiden Richtungen unter dem Brückenbogen hindurch. Die beiden Jungen wollen einmal feststellen, wieviel Fahrzeuge innerhalb einer Minute unter ihnen dahinflitzen. Jochen verfolgt den Sekundenzeiger seiner Armbanduhr, und Klaus zählt die Kraftwagen. Plötzlich erfaßt Jochen ein lähmendes Entsetzen. Auf seinem Sattel hockend, hat er versehentlich gegen die am Fahrradrahmen festgeklemmte Luftpumpe gestoßen, die zwischen den Eisenstäben des Brückengeländers hindurch auf die Autobahn fällt. Noch bevor die Jungen irgendeinen Gedanken fassen können, knallt die Luftpumpe dicht neben einem Tankwagen auf die Asphaltdecke und bleibt nahe der Leitplanke auf dem Grünstreifen liegen. Erst allmählich erholen sich die Jungen von ihrem Schrecken. „Nur gut, daß deine Luftpumpe nicht vor die Windschutzscheibe eines Wagens oder auf die Fahrspur gefallen ist! Das hätte sich bei der hohen Geschwindigkeit der Fahrzeuge verhängnisvoll auswirken können", sagt Klaus sichtlich erleichtert.

Übungsmöglichkeiten:

1. **Wörter mit ph:** Asphalt, Katastrophe, Alphabet, Mikrophon, Prophet, Triumph, Physik, Phantasie, Philosoph, Strophe, Pharisäer
   Bei den Wörtern „Telephon, Photographie, Stenographie, Telegraph" setzt sich die Schreibweise mit *f* immer mehr durch.
   Schreibe abgeleitete oder zusammengesetzte Wörter (Asphalt, Asphaltdecke, asphaltieren, ...)!

2. **Leid – Leit-:** Leid, Mitleid, Herzeleid, Beileid, Leidwesen, leidvoll, mitleidlos, leiden, verleiden, Leidenschaft, leidlich, beleidigen
   Leitplanke, Leitstern, Leitspruch, Leitlinie, Leitsatz, Leitgedanke, Leitfaden, Leittier, Leithammel, Leitmotiv, Leitwerk, Leitfähigkeit, Leitartikel, Leiter, Leitung, Geleit, Geleitschutz, Geleitzug, Trauergeleit, leitbar, leiten, ableiten, anleiten, zuleiten, verleiten
   Erkläre den Sinn der Wörter und bilde damit Sätze!

3. **Wortfeld „Straßenfahrzeuge":** Kraftwagen, Lastwagen, Fahrrad, Droschke, Pferdefuhrwerk, Rennauto, Möbelwagen, Tankwagen, Sattelschlepper, Kutsche, Omnibus, Kombiwagen, Fernlastzug, Motorroller, Jagdwagen, Einspänner, Postautobus, Straßenbahn, Krankenwagen, Feuerwehrauto, Moped, Limousine, Kleinbus, Pritschenwagen, Laster, Kastenwagen, Viersitzer, Raupenfahrzeug, Unimog, Heuwagen, Pferdeschlitten, Lieferwagen, Ferntransporter, Polizeiauto, Jeep, Personenkraftwagen, Dreitonner, Viehtransportwagen, Dreiachser, Kranwagen, Beiwagenmaschine, Kastenwagen, Kipper, Rollwagen, Rundfunkübertragungswagen, Mofa
   Ordne die Wörter nach Bezeichnungen für Pferdewagen, Zweiradfahrzeuge, Last- und Personenkraftwagen!

4. **Wortfamilie „Fabrik":** Fabrik, Ton-, Leder-, Textil-, Tuch-, Papier-, Lebensmittel-, Zucker-, Schuh-, ... -besitzer, -betrieb, -arbeiter, -gebäude, -schornstein, -erzeugnis, -tor, -gelände, ... Fabrikat, Elektro-, Auslands-, Fertig-, Halb-; Fabrikation, Schokoladen-, Lampen-, Fahrrad- , ... Fabrikant, Möbel-, Tuch-, Koffer-, ... Fabrikationsart, -fehler, -leistung, -steuer, ... fabrikneu, -lagernd; fabrikationsmäßig; fabrizieren
   Erweitere die Wortfamilie!

5. **Komma nach verkürzten Hauptsätzen:** Gut, daß die Luftpumpe nicht vor die Windschutzscheibe eines Wagens gefallen ist! (Es ist gut, daß

die Luftpumpe nicht vor die Windschutzscheibe eines Wagens gefallen ist!) – Unmöglich, dich noch rechtzeitig zu finden. (Es war unmöglich, dich noch rechtzeitig zu finden). – Vielleicht, daß heute noch die Sonne scheint. (Vielleicht ist es möglich, daß heute noch die Sonne scheint.) Schreibe andere Satzgefüge mit verkürzten Hauptsätzen!

128
Bergstraßen

Es gibt in Europa kein Gebiet, das nicht bereits durch öffentliche Verkehrswege erschlossen ist. Früher waren hohe, gratige Kettengebirge und mächtige Bergmassive für Menschen und Fahrzeuge schwer zu bewältigende oder gar unüberwindliche Hindernisse. Die Folge davon war, daß die Bewohner der Gebirgstäler von der Außenwelt oft völlig abgeschnitten waren. Heutzutage führen sogar über alle Teile der Alpen Eisenbahnlinien und Autostraßen, die Nord- und Mitteleuropa mit dem Süden verbinden. Die Anlage solcher Verkehrswege bereitet begreiflicherweise ein Vielfaches an Kosten und verursacht erheblich größere Schwierigkeiten als der Straßenbau in der Ebene. Oft ist es erforderlich, Brücken auf hohen Pfeilern zu errichten, um Täler und Schluchten zu überspannen. Andernorts müssen Stollen in Felsmassive vorgetrieben werden, um die Straßen durch Tunnels weiterzuführen. Serpentinenreich sind die Bergstraßen, damit man ohne Schwierigkeiten die Paßhöhe erreichen kann. Außerdem muß beachtet werden, daß die Verkehrswege im Gebirge vor Steinschlag und Lawinengefahr gesichert sind. Ferienreisende, die ihre Fahrzeuge auf solchen Straßen über viele Kurven und Kehren dem Urlaubsziel zusteuern, sind immer wieder beglückt von den lohnenden Ausblicken auf liebliche Täler und schroffe Gipfel. Diese Bergstraßen gehören zu den landschaftlich reizvollsten Verkehrswegen, die man sich denken kann.

Übungsmöglichkeiten:
1. **Schärfung mit nn:** Tunnel, spannen, erinnern, Branntwein, Rinnsal, Innung, sinnvoll, Finnland, Mannschaft, Sprachkenntnisse, ...
   Setze in die Lücken folgender Wörter *nn* oder *n* ein: jema–d, I–enmi–ister, Geschwi–digkeit, Kolo–ie, Kolo–e, jederma–, unbeka–t, Zü–dhölzer, Zi–, Bra–dstätte, Holzspa–, Handspa–e, Mißgu–st, gö–en, Stude–t, Ante–e, kö–en, Ku–st, Weberi–en, Schüleri–, Spi–gewebe, Spi–dfach, Eichenri–de, geri–en!
   ·(Arbeitshilfe: In 12 Lücken fehlt *nn*, in 13 *n*. Siehe Beiheft L 130!)
2. **v oder w:** Lawine, Kurve, Bergmassiv, Karawane, oval, Pavillon, Löwe, Karneval, Lokomotive, Slawe, Sklave, Sowjetunion, Nerven, Kilowatt, Klavier, Veranda, Juwelen, Ventil, Wrack, Vase, Olivenöl, Universität,

Vulkan, Provinz, November, Waggon, Revolution, Advent, Witwe, Evangelium, Villa, Konserven, Möwe
Ordne nach der Schreibweise (*v – w*) und bilde zusammengesetzte oder abgeleitete Wörter!
Beachte: In Fremdwörtern wird der *W-Laut* meistens mit *v* geschrieben.

3. **Hauptwörter (Substantive) mit der Nachsilbe -nis:** Hindernis – Hindernisse, Zeugnis – Zeugnisse, Geheimnis – Geheimnisse, . . .
Wandle folgende Wörter mit Hilfe der Nachsilbe *-nis* in Hauptwörter um: sparen, begraben, erzeugen, wagen, ereignen, finster, hemmen, bedrängen, gleich, versäumen, verbünden, kennen, betrübt!

4. **Hauptwörter (Substantive) als Umstandswörter (Adverbien):** heutzutage, andernorts, gleichermaßen, überhaupt, einerseits, alltags, werktags, unterwegs, zuweilen, kopfüber, unverrichteterdinge, rings, jedenfalls, seinerzeit, bergab, mittags, glücklicherweise, keineswegs, jenseits, zeitlebens, allerorts, zehnmal, allerdings
Ordne nach Umstandswörtern (Adverbien) des Ortes (Frage: wo? woher? wohin?), der Zeit (Frage: wann? wie lange? wie oft?), der Art und Weise (Frage: wie? wie sehr?) und des Grundes (Frage: warum?)!

5. **das – daß:** Es gibt in Europa kein Gebiet, das nicht bereits durch Verkehrswege erschlossen ist. – Die Folge war, daß die Bewohner der Gebirgstäler von der Außenwelt völlig abgeschnitten waren.
Schreibe ähnliche Satzgefüge, bei denen der Nebensatz von dem bezüglichen Fürwort (Relativpronomen) *das* (Ersatzwort: welches?) oder vom Bindewort (Konjunktion) *daß* eingeleitet wird!

Auffahrt zur Zugspitze

129

Die letzten Sommerferien verbrachte Wilfried mit seinen Eltern in Garmisch-Partenkirchen. Eines Tages machten sie eine Wanderung zum Eibsee, um mit der Seilbahn auf die Zugspitze, Deutschlands höchsten Berg, zu fahren. Sie waren überzeugt, gute Fernsicht zu haben, denn der Himmel war wolkenlos. Bis zur Abfahrt schaute sich Wilfried in der Wartehalle das Modell des Wettersteingebirges an und beobachtete das Eintreffen der Gondeln. Endlich konnten auch Wilfried und seine Eltern einsteigen. Ein leises Summen setzte ein, und die Seilbahn schwebte aufwärts. Wilfried stand am offenen Fenster und schaute hinunter auf den Eibsee. An jedem Stützpfeiler gab es einen Ruck, und Wilfried bekam ein merkwürdiges Gefühl im Magen. Die rasche Überwindung des Höhenunterschiedes verursachte ein Knistern in den Ohren. Plötzlich war der bisher herrliche Ausblick auf die Bergwelt und das Loisachtal durch aufkommende

Wolken verdeckt. Kalte, feuchte Luft drang in die Kabine. „Wie rasch das Wetter umschlägt", meinte die Mutter enttäuscht. Als sie am Gipfel ausstiegen, entdeckten sie, daß hier oben Neuschnee gefallen war. Schnell zogen sie warme Jacken und Mäntel über. Doch die erhoffte Fernsicht blieb Wilfried und seinen Eltern leider versagt.

Übungsmöglichkeiten:
1. eu oder äu: feucht, enttäuscht, Neuschnee, träufeln, seufzen, Hühnerkeule, erbeuten, Vergeudung, verbeult, Wollknäuel, haarsträubend, ...
   Setze in die Lücken folgender Wörter *eu* oder *äu* ein: beschl–nigen, vertr–, tr–, Fahrradschl–che, Br–tigam, L–tnant, l–ten, abh–ten, h–tzutage, Sch–sal, sch–men, k–chen, H–ptling, H–ernte, s–erlich, S–gling, m–tern, Gem–er, n–gierig, –ßerlich, –le, str–en, Str–cher!
   (Arbeitshilfe: In 11 Lücken fehlt *eu*. Siehe Beiheft L 131!)

2. **Wörter mit der Vorsilbe ur-:** verursachen, Urlaub, uralt, urteilen, urbar, Urzeit, Urwald, ursprünglich, Urkunde, Uraufführung, Urenkel, Urstromtal, beurlauben, Urgroßmutter, Urwelt, Urzustand, urtümlich
   Ordne die Wörter nach der Silbenzahl!

3. **Wörter mit ts und ds:** bereits, aufwärts, diesseits, allerorts, abends, abseits, unterschiedslos, Aussichtsturm, nirgends, rechts, Schiedsrichter, zusehends, nachts, Amtsgericht, Landsmann, rückwärts, stets, vollends, Gehaltszahlung, heimwärts, längsseits, Abschiedsstunde, Ratsherr
   Ordne die Wörter (*ts – ds*)! Schreibe noch andere Wörter mit *-wärts* und *-seits!*
   Beachte: zeitlebens, morgens, vergebens, lebensnah

4. **Hauptwörter (Substantive) mit der Nachsilbe -ine:** Kabine, Maschine, Gardine, Ruine, Mandarine, Sardine, Kantine, Mandoline, Lawine, Marine, Vitrine, Margarine, Violine, Rosine, Lupine
   Bilde davon zusammengesetzte Hauptwörter (Substantive)!
   (Schiffskabine, Umkleidekabine, ...)

5. **Aufeinanderfolge gleicher Laute bei Zusammensetzungen:** Auffahrt, enttäuscht, beendet, abbrechen, verraten, Unterricht, Aussaat, Fahrrad, Gummiindustrie, Stuhllehne, Hörrohr, Schlüsselloch, vorrechnen, ...
   Bilde ähnliche Zusammensetzungen!

130

Auf dem Flughafen

Johannes ist zum ersten Male auf einem Großflughafen, als er seine beiden älteren Geschwister begleiten darf, die von Düsseldorf nach London zu Bekannten fliegen wollen. Auf der Rollbahn stehen bereits zwei viermotorige Verkehrsmaschinen. Johannes wundert sich angesichts der stählernen Rümpfe und der gewaltigen Flügelspannweite, daß sich derart schwere Flugzeuge von der Erde erheben und in der Luft halten können. Eine der Maschinen ist erst vor wenigen Minuten gelandet. Noch immer werden Gepäckstücke entladen. Ein Tankwagen rollt über den asphaltierten Platz und bringt den erforderlichen Treibstoff für den Weiterflug. „In der Halle des Empfangsgebäudes ist ein Betrieb wie in unserem Hauptbahnhof", denkt Johannes. Vor den Schaltern der Fluggesellschaften und besonders an der Gepäckkontrolle warten schon mehrere Gruppen Reisender. Da ertönt aus dem Lautsprecher die Aufforderung für die Reisenden nach London, sich für den Abflug bereitzumachen und zur Paßkontrolle zu kommen. Nun wird es auch für die Geschwister Zeit, sich voneinander zu verabschieden. Hinter dem Ausgang wartet schon der Bus, der die Fluggäste zur startfertigen Maschine befördern soll. Johannes wird noch zuschauen, bis der silberglänzende Riesenvogel zur Startbahn rollt.

Übungsmöglichkeiten:

1. **Die Nachsilbe -schaft:** Gesellschaft, Gemeinschaft, Patenschaft, Arbeiterschaft, Partnerschaft, Feindschaft, Eigenschaft, ...
   Verbinde folgende Wörter mit der Nachsilbe -*schaft*: Bürger, Mann, Freund, Kamerad, verwandt, Wirt, Nachbar, Land, Graf, Herr, bekannt, Kind, Schüler, gesandt, Bote, Eltern, bereit, Vormund, Künstler, Beamten, Kunden, Lehrer, bürgen!

2. **Schärfung mit ll:** Kontrolle, Rollbahn, Halle, wellig, Bestellung, Quelle, gutwillig, Schnalle, Gefälligkeit, Karussell, Knall, allmählich, Gesellschaft, Porzellan, Überschallgeschwindigkeit, Elle, Zellstoff, Müllwagen, Gallwespe, Zoll, verschollen, billig, geballt, Kapelle
   Füge abgeleitete und zusammengesetzte Wörter hinzu (Kontrolle, Paßkontrolle, Kontrolleur, kontrollieren, ...)!

3. **Mit „zu" zusammengesetzte Zeitwörter (Verben):** zuschauen, zumachen, zunageln, zustopfen, zunähen, zuriegeln, zuschließen, zuhalten, zuschnüren, zukleben, zumauern, ...
   Setze diese zusammengesetzten Wörter den mit „*zu*" erweiterten Nennformen (zu schauen, zu machen, ...) gegenüber und bilde Sätze!
   Achte dabei auf die Betonung! (Wir möchten gern *zu*schauen. – Auf dem Flughafen gab es viel zu *schauen*.)

4. **Als Hauptwörter (Substantive) gebrauchte Mittelwörter (Partizipien):** ein Bekannter, die Gesandten, einige Schwerverletzte, die Anwesenden, für die Lebenden und Verstorbenen, die Flüchtenden, einige Unentwegte, ein Verwundeter, der Vorsitzende, ein Vorgesetzter, einige der Verunglückten, das Ungewohnte
   Stelle gegenüber: ein Bekannter – ein bekannter Dichter, die Gesandten – die gesandten Unterhändler, ...

5. **Wortfeld „Luftfahrzeuge":** Flugzeug (Segel-, Verkehrs-, Passagier-, Propeller-, Sturzkampf-, Kriegs-, Bomben-, Transport-, Turbinen-, Düsen-, Wasser-, Windmühlen-, Sport-, Jagd-), Doppeldecker (Ein-, Tief-, Hoch-), Hubschrauber, Düsenjäger, Flugboot, Luftschiff, Ballon (Frei-, Fessel-, Luft-, Heißluft-, Sperr-), Lastensegler, Zeppelin, Lufttaxi, Senkrechtstarter, Jet
Ordne in alphabetischer Reihenfolge!

131
Im Flugzeug über Afrika

Gerd und Hubert haben bei einem Schülerpreisausschreiben eine Fahrt nach Südafrika gewonnen. Nun sitzen sie behaglich in den Polstersesseln eines Passagierflugzeuges, das bereits die Alpen, das Mittelmeer und die Sahara überquert hat. Mit neugierigen Augen schauen die beiden glücklichen Preisträger aus den runden Kabinenfenstern auf das für sie noch unbekannte Land eines fremden Erdteils. Unter ihnen dehnt sich unendlich weit die dürre, gelbliche Steppe, über die der Schatten des Flugzeuges hinweghuscht. Allmählich werden mehr und mehr vereinzelt stehende Bäume sichtbar, die von oben winzigen, grünen Büschen gleichen. „Hier geht die Grassteppe schon in die Savanne über", sagt Gerd. Gebannt blicken beide Jungen nach unten, wo sie einige galoppierende Giraffen entdeckt haben. „Anscheinend sind sie durch das Dröhnen der Motoren aufgescheucht worden", meint Hubert. Ihr braungeflecktes Fell ist so auf die Farbe des Geländes abgestimmt, daß ihnen die Tiere in Ruhestellung auch aus kürzerer Entfernung kaum aufgefallen wären. „Im Krüger-Nationalpark werden wir bestimmt bedeutend mehr Tiere aus der Nähe sehen", erwidert Gerd. Beide fiebern bereits den vielen Eindrücken und Erlebnissen entgegen, die ihnen bei ihrem zehntägigen Afrikaaufenthalt noch bevorstehen.

Übungsmöglichkeiten:
1. **Schreibweisen des langen e:** überqueren, dehnen, Mittelmeer, zehntägig, Umkehr, Speerwurf, Telefon, angenehm, Lorbeerblätter, lehrreich, Leerlauf, ...
Setze in die Lücken folgender Wörter *ee*, *eh* oder *e* ein: Fl–dermaus, L–mboden, Schn–flocken, Kam–l, M–rrettich, S–le, Spr–wald, S–geboot, Bequ–mlichkeit, H–bel, K–le, Kamillent–, L–rmeister, Bef–l, unentb–rlich, arms–lig, Gemüseb–t, S–nsucht, S–ufer, Gel–, W–rmut, Jagdgew–r, Wasserm–lone, V–ne, Schl–dorn, Kl–blatt, verz–ren, Pr–digt!
(Arbeitshilfe: In 10 Lücken fehlt *e*, in je 9 *eh* und *ee*. Siehe Beiheft L 132!)

2. **Schärfung mit pp:** Grassteppe, galoppieren, Pappe, Treppe, Gruppe, Klappe, Gerippe, schnappen, Reissuppe, Lippe, Attrappe, Klippe, Wollappen, knapp, stoppen, Truppe, Schippe, hoppeln, schlapp, Rippe, verdoppeln, plappern, Sippe, struppig, klappern, Schleppe, ruppig, Wappen, umkippen, Kasperpuppe, wippen, Sternschnuppe, Kappe, Krippe, Kaulquappe, tappen, nippen, Aktenmappe, Rappen
Ordne die Wörter nach Reimen (Grassteppe, Schleppe, Treppe, ...)!

3. **Hauptwörter (Substantive) mit der Nachsilbe -ung:** Entfernung, Ruhestellung, Besitzung, Erfahrung, Bedeutung, Beleidigung, Verstärkung, ... Setze die Reihe fort! Trenne dabei die Wörter nach Silben (Ent-fer-nung, ...)!
Bilde aus folgenden Wörtern mit Hilfe der Nachsilbe *-ung* Hauptwörter (Substantive): erinnern, begleiten, einigen, rechnen, prüfen, befreien, bezahlen, unterscheiden, erfüllen, entscheiden, anweisen, bearbeiten, ablehnen, bemühen, zerstreuen!

4. **Mittelwörter der Gegenwart (Partizipien im Präsens):** bedeutend, ruhend, überzeugend, freistehend, frierend, hervorhebend, schlafend, überwachend, ohrenbetäubend, klingend, erschreckend, gegenüberliegend, verachtend, verzweifelnd, erquickend, enttäuschend
Bilde weitere Mittelwörter der Gegenwart (Patizipien im Präsens) und schreibe Sätze, in denen Mittelwörter (Partizipien) als Beifügungen (Attribute), als Teile der Satzaussage (Prädikat) oder als Umstandsbestimmungen (adverbiale Best.) der Art und Weise gebraucht werden!

5. **Wortfamilie „schreiben":** schreiben, ab-, an-, auf-, aus-, be-, bei-, ein-, durch-, hin-, gut-, mit-, nieder-, über-, unter-, ver-, vor-, zu-, zusammen-, auseinander-, blind-, nach-, zurück-; Schreibtisch, -pult, -unterlage, -schrift, -übung, -heft, -block, -tafel, -waren, -mappe, -warengeschäft, -unterricht, -fehler, -vorlage, -art, -feder, -krampf; schreibfaul, -gewandt, -unkundig, recht-lich; Schreiber, Fern-, Ab-, Brief-, Himmels-, Filz-, Kugel-, Gerichts-, Zeitungs-, -ling, -seele; Schreiben, Dank-, An-, Ein-, Beileids-, Glückwunsch-, Fern-, Amts-, Eil-, Rund-, Bewerbungs-, Dienst-, Preisaus-, Mahn-, Hand-, Original-, Geheim-; Schreibung, Recht-, Aus-, Be-, Ein-, Über-, Groß-, Klein-; Schrift, Gut-, Auf-, An-, Durch-, In-, Nieder-, Über-, Unter-, Vor-, Keil-, Bilder-, Morse-, Kurz-, Blinden-, Steil-, Spiegel-, Block-, Werbe-, Herz-, Nach-, Ur-, Zu-, Buchstaben-, Fest-, Laut-, Rein-, Ganz-, Kunst-, Zier-, Kinder-, Druck-, Hand-, -steller, -leiter, -führer, -gelehrter, -sprache, -setzer, -stück, -tum, -verkehr, -leitung, -satz, -probe, -deutsch, -fälschung, -gießer, -zug, -bild, -lesung, -type, -wechsel; beschriften; schriftlich, hand-, unter-, nach-, ur-; vorschriftsmäßig, unter-berechtigt; schriftstellerisch, -mäßig

Ordne die Wörter innerhalb der Gruppen in alphabetischer Reihenfolge!

Der veränderte Erdteil 132

Sichtlich macht es Gerd Freude, in Vaters früherem Schulatlas herumzublättern und ihn mit seinem eigenen zu vergleichen. Bei der Wiedergabe fast aller Erdteile entdeckt er geringfügige oder gar beträchtliche Unterschiede. Am auffälligsten hatte sich das politische Kartenbild Afrikas verändert. In Vaters Atlas sind die größten Gebiete dieses Erdteils noch in hellroter und violetter Farbe als englische oder französische Kolonien angegeben. Andere Gebiete sind als italienische, spanische oder portugiesische Besitzungen und nur kleine Teile Afrikas als selbständige Staaten gekennzeichnet. Ganz anders sieht es in dem erst vor kurzem gedruckten Schulatlas aus. Hier sind Ländernamen eingetragen, die noch vor wenigen Jahren niemand gekannt hat. Der fordernde Ruf der schwarzen Freiheitsführer „Afrika den Afrikanern" hat ein so nachhaltiges Echo gefunden, daß allein 1960 fünfzehn Kolonialgebiete ihre staatliche Selbständigkeit erhielten. Allerdings hat die erlangte Freiheit bei den Eingeborenen nicht nur Freude und Begeisterung hervorgerufen, sondern leider auch Spannungen und Blutvergießen verursacht. Dennoch geht die Entwicklung unbeirrt weiter, die die völlige Unabhängigkeit und die Gleichberechtigung der Farbigen zum Ziele hat. Die Zeiten der Sklaverei und der Kolonialherrschaft sind endgültig vorüber. Afrika ist zu eigenständigem Leben erwacht und will aufwärtsstreben.

Übungsmöglichkeiten:
1. **Schärfung mit rr:** Herrschaft, unbeirrt, knarren, schwirren, Pfarrer, Zigarre, verdorrt, Geschirr, mürrisch, Terrasse, ...
Fülle die Lücken folgender Wörter durch *rr* oder *r* aus: behe–schen, Jugendhe–berge, Ziga–ette, Gita–e, Pe–ücke, Abspe–ung, Selle–ie, einke–kern, nä–isch, He–zogtum, he–ausgehen, Spe–ling, Gewi–, Wi–t, Ka–affe, Handka–e, A–est, A–tisten, Ho–nisse, kli–en, He–mann, He–gott, Ba–en!
(Arbeitshilfe: In 10 Wörtern fehlt *rr*, in 13 *r*. Siehe Beiheft L 133!)
2. **Wörter mit v:** verändert, violett, Sklaverei, Volk, Vase, Ventilator, Veilchen, Vergißmeinnicht, Oliven, Malve, Agave, Veranda, vielleicht, November, Pulver, vollständig, Klavier, Violinkonzert, Vorbereitung, Verse, Advent, Revolver, Lokomotivführer, frevelhaft, Karneval, Larve, Kanarienvogel, Silvester, brav, vierzig, Provinz, Landvogt, Vetter, Universität

Ordne die Wörter je nach Aussprache des *v*! 1. deutsche Wörter (*v* wie *f*: verändert, Volk, ...); 2. Fremdwörter (*v* wie *w*: violett, Sklaverei, ...)

3. **d oder t:** niemand, staatlich, Entwicklung, endgültig, aufwärts, nirgends, Blinddarm, Totschlag, todernst, Rathaus, Radball, schuldbewußt, Schaltung, gründlich, Verstand, öffentlich, Wildnis, unentgeltlich, Furt, Schwertlilie, Rückgrat, Leithammel, Geleit, Sport, Mord, Branntwein, Brandsalbe, Gestalt, wutentbrannt, Dutzend, Not, schädlich, unermüdlich, Gemütlichkeit, ...
Füge abgeleitete oder zusammengesetzte Wörter hinzu (Niemandsland, Bundesstaat, ...) und ordne nach der Schreibweise (*d – t*)!

4. **Von Ländernamen abgeleitete Eigenschaftswörter (Adjektive):** französisch, portugiesisch, afrikanisch, chinesisch, irisch, ...
Ändere folgende Ländernamen in Eigenschaftswörter (Adjektive) um und ordne sie den in Klammern stehenden Begriffen zu: Schwaben (Jura), Westfalen (Schinken), Britannien (Inseln), Frankreich (Rotwein), Bayern (Alpen), Spanien (Haupstadt), Rumänien (Erdölfelder), Ungarn (Tiefebene), Europa (Staaten), Kanada (Weizen), Brasilien (Urwälder), Afrika (Steppe), Arabien (Meer), Indien (Ozean), China (Mauer), Japan (Studenten)!
(Arbeitshilfe: Hierbei werden 7 Eigenschaftswörter (Adjektive) groß geschrieben, da sie Teile von Namen sind. Siehe Beiheft L 134!)

5. **Schwierige Mehrzahlformen (Pluralformen):** Schulatlas – Schulatlanten, Iltis – Iltisse, Globus – Globusse oder Globen, Kaufmann – Kaufleute, Staatsmann – Staatsmänner, Holzblock – Holzblöcke, Notizblock – Notizblocks, Hotel – Hotels, Schraubenmutter – Schraubenmuttern, Kaktus – Kakteen, Zirkus – Zirkusse, Karussell – Karussells oder Karusselle, Trostwort – Trostworte, Zeitwort – Zeitwörter
Ergänze die Reihe mit Hauptwörtern (Substantiven), deren Mehrzahlformen (Pluralformen) dir Schwierigkeiten bereiten!

133
Als Arbeiter beim Bau des Assuan-Staudammes

Fast ein Jahr lang hat Erika ihren Vater nicht gesehen, da er von seiner Firma beauftragt war, bei der Errichtung des Assuan-Staudammes in Ägypten mitzuarbeiten. Dort wurde aus gewaltigen Granitquadern eine hundert Meter hohe Sperrmauer geschaffen, hinter der sich das Nilwasser nach Fertigstellung dieses großzügigen Bauvorhabens in einem zweihundert Kilometer langen See anstauen wird. Damit wird erreicht, daß Ägypten ausreichend mit elektrischer Energie versorgt und die Anbaufläche des Landes nahezu verdoppelt werden kann. Das Niltal, das zwischen der Libyschen und der Arabischen Wüste eine äußerst fruchtbare Flußoase darstellt, wird künftig infolge besserer Bewässerung und voller Ausnutzung der Nilfluten noch bedeutend mehr landwirtschaftliche Erträge liefern. Auf den zu jeder Jahreszeit grünen Feldern werden die Fellachen demnächst größere Mengen Baumwolle, Weizen, Reis, Mais und Gemüse ernten können. Viel weiß Erikas Vater von der nordafrikanischen Baustelle zu erzählen, von riesenhaften, in die Felsen eingehauenen Königsgestalten aus vorchristlichen Jahrhunderten, von alten Tempeln nahe seiner Arbeitsstelle und vom Leben der Eingeborenen. Dann ist Erika ganz stolz auf ihren Vater, der an diesem wichtigen Werk mitgeholfen hat.

Übungsmöglichkeiten:

1. **Schreibweisen des langen u:** Nilfluten, verursachen, Eigentum, Fuhre, Spule, ruhmreich, Demut, Schwur, Pflegekur, Pute, Armbanduhr, Rute, Puderquaste, Ruhrgebiet, Rune, rudern, Truthahn, Figur, Flur, Untugend, Stuhllehne, Schwur, Fuder
Füge abgeleitete oder zusammengesetzte Wörter hinzu und ordne nach der Schreibweise des *U-Lautes* (*uh – u*)!

2. **y, ü oder i:** Ägypten, Granit, Libyen, ungültig, arabisch, Zylinder, Pfefferminz, Silvester, Märtyrer, günstig, Kristall, tückisch, Pony, Tüll, Pyramide, hilfreich, zerkrümeln, Hyäne, Sirup, typisch
Ordne die Wörter nach ihrer Schreibweise (*y, ü, i*) und bilde Sätze!

3. **Der S-Laut:** Reis, Mais, äußerst, großzügig, Bewässerung, weiß, Fels, christlich, Gemüse, kraß, Floß, Grießbrei, griesgrämig, Kiesgrube, . . .
Fülle die Lücken folgender Wörter durch Einsetzen von *s*, *ss* oder *ß*: Mu–estunde, Mu–kel, ma–enhaft, E–besteck, Geno–enschaft, mu–sterhaft, na–, wohlwei–lich, Wei–lack, flü–tern, flü–ig, Verfa–ung, Fa–tnacht, eingefa–t, Ke–el, Kä–tchen, verro–tet, Walro–, Ro–marin, Rei–zwecke, Rei–ig, E–ig, Gewi–heit, gewi–enhaft, Geschwi–ter, bi–chen, bi–ig, Blä–chen, bla–, verbla–en, unverdro–en, verdrie–lich, rie–ig, ri–ig, Gä–chen, Leuchtga–, unverge–lich, ge–tern, unentschlo– en, Schlo–tor!
(Arbeitshilfe: 14 Wörter werden mit *s*, 12 mit *ss* und 14 mit *ß* geschrieben. Siehe Beiheft L 135!)

4. **Der K-Laut in seiner Schreibung mit ch:** christlich, verchromt, Chor, Schulchronik, charaktervoll, Chlorkalk
Schreibe dazu abgeleitete und zusammengesetzte Wörter (christlich, Christenheit, Christus, . . .)!

5. **Komma bei Aufzählungen:** Die Fellachen werden demnächst größere Mengen Baumwolle, Weizen, Reis, Mais und Gemüse ernten können. – Viel weiß Vater von der nordafrikanischen Baustelle zu erzählen, von riesenhaften, in die Felsen eingehauenen Königsgestalten aus vorchristlichen Jahrhunderten, von alten Tempeln und vom Leben der

Eingeborenen. – Der Vater ist sparsam, arbeitsam und geschickt.
Erika, Udo, Peter und Irmgard hörten den Erzählungen ihres Vaters interessiert zu.
Bilde ähnliche Sätze mit gleichartigen Satzteilen!
Beachte: Alle Satzteile können gehäuft vorkommen. Zwischen den gleichartigen Satzteilen steht jedesmal ein Komma, wenn sie nicht durch „und" oder „oder" verbunden sind.

Post aus New York **134**

Da ihre Eltern auf Besuch bei Verwandten in New York weilen, wohnt Hannelore seit einigen Tagen bei der Großmutter. Heute hat sie die erste Post aus den Vereinigten Staaten erhalten, mit der ihr die Eltern mitteilen, daß sie den Atlantik mit dem Flugzeug planmäßig überquert haben und wohlbehalten in Amerika gelandet sind. Aufmerksam betrachtet Hannelore die Ansichtskarte, auf der das von der Sonne angestrahlte Wolkenkratzerviertel der Insel Manhattan farbenprächtig aufgedruckt ist. Es ist eines der typischsten Bilder aus der Neuen Welt. Wie riesenhafte Bauklötze erscheinen die himmelaufstrebenden Hochäuser, die auch die höchsten Kirchtürme weit überragen. Die meisten dieser Wolkenkratzer beherbergen jeweils mehrere tausend Menschen, die in den dort befindlichen Banken und Großhandelsfirmen ihre Arbeitsstätte haben. „In diesem unübersehbaren Häusermeer möchte ich nicht wohnen", denkt Hannelore beim Betrachten der Ansichtskarte. Im Vordergrund dieser Farbfotografie ist der Hudson sichtbar, auf dem großbäuchige Frachtdampfer entlangziehen. Von einer der zahlreichen Kaianlagen leuchtet das Weiß der Deckaufbauten eines Ozeanriesen. Damit die schöne Ansichtskarte nicht beschädigt wird, will Hannelore die Briefmarke, auf der die Freiheitsstatue abgebildet ist, vorsichtig über Wasserdampf ablösen und in ihrem Einsteckalbum aufbewahren.

Übungsmöglichkeiten:
1. **ie am Wortende:** Farbfotografie, Energie, Batterie, Familie, Genie, Kastanie, Fuchsie, Industrie, Melodie, Bakterie, Arie, Demokratie, Mumie, Lotterie, Linie, Tragödie, Garantie, Geranie, Lilie, Menagerie, Eugenie, Pinie, Bestie, Kompanie, Prämie, Sinfonie
Ordne die Wörter nach Art ihrer Aussprache (ie – i)!
Beachte: Kali, Gummi, Ski, Kuli, Makkaroni
2. **Wörter mit dt:** Verwandte, Stadt, gesandt
Bilde abgeleitete und zusammengesetzte Wörter!
3. **Zusammensetzungen mit „mäßig":** planmäßig, gleichmäßig, raummäßig, rechtmäßig, verstandesmäßig, lebensmäßig, ...

Verbinde folgende Wörter mit „*mäßig*": Arbeit, Wohnung, lernen, Übung, Erfahrung, Bild, Verkehr, Zahlen, Menge, Krieg, Frieden, Klang, Verpflegung, Schwein, ungleich, eben, Geld, Qualität, Gewicht, Vorschrift, Volk, Takt, Schule, Leistung!

4. **Die Nachsilbe -bar:** unübersehbar, spürbar, sonderbar, unbezahlbar, fruchtbar, unbesiegbar, verwendbar, unberechenbar, ...
Aus folgenden Wörtern können mit Hilfe der Nachsilbe *-bar* Eigenschaftswörter (Adjektive) werden: fühlen, brennen, Dank, drehen, fahren, einnehmen, Wunder, greifen, überwinden, Schein, genießen, Gang, erkennen, Sicht, heizen, Furcht, fassen

5. **-icht und -igt am Wortende:** beschädigt, Vorsicht, töricht, Schiedsgericht, Predigt, Dickicht, Röhricht, befähigt, Habicht, Kehricht, beseitigt, begünstigt
Bilde von folgenden Wörtern das Mittelwort der Vergangenheit (Partizip im Perfekt) anfertigen, verbilligen, bekräftigen, verheimlichen, beruhigen, belustigen, verherrlichen, bescheinigen, beschuldigen, ermächtigen, beschwichtigen, verdächtigen, verweichlichen, veröffentlichen!
(angefertigt, verbilligt ...)

135

Auf Forschungsfahrt im Amazonasgebiet

Bereits stundenlang sitzt Gerd in einer Sofaecke, ganz in ein Buch vertieft, das abenteuerliche Expeditionsberichte deutscher Forscher aus den Urwäldern des Amazonasgebietes enthält. Er liest soeben, wie sich die Expedition trotz gewaltiger Stromschnellen in einem wasserreichen, unregulierten Nebenfluß des Amazonas mit fünf Booten in noch unerforschte Bereiche vorarbeitet. Unendlich gefährlich und kräfteraubend ist das Vorwärtskommen in den zwischen den Blättermauern des tropischen Mammutwaldes dahintosenden Wildwassern. Oft muß ein Ruhetag eingeschoben werden, der gleichzeitig dazu dient, durch Jagen und Fischen den Nahrungsvorrat aufzufüllen. Plötzlich entsteht am Lagerfeuer ein aufgeregtes Durcheinander. Einige haben an einer Flußkrümmung ein kleines Fahrzeug entdeckt. Der Expeditionsleiter greift ungläubig zum Fernglas. Staunend erkennt er einen Einbaum, an dessen Heck ein wild aussehender, rotbraunhäutiger Indianer mit breitblättrigem Paddel rudert. Gespannt verfolgen alle das Nahen des schlanken Kanus und winken dem Waldmenschen zu, an der Uferböschung anzulegen. Mißtrauisch und zögernd naht er den Weißen, die ihn mit freundlichem Händeschütteln und allerlei Geschenken begrüßen. Wie dieser Waldindianer die Expedition zu seinem Stamm führt, will Gerd im nächsten Kapitel nachlesen. Doch seine Mutter ruft zum Abendessen.

Übungsmöglichkeiten:
1. **Schärfung mit dd:** Paddel, Troddel, Pudding, Widder, Kladde, buddeln
   Schreibe davon zusammengesetzte Wörter!
2. **Wörter mit x:** Expedition, Boxkampf, Text, Mixer, verhext, Lexikon, Fixstern, Mexiko, explodieren, Saxophon, Arztpraxis, Luxus, Faxen,
   Setze in die Lücken folgender Wörer *x, cks, ks, chs* oder *gs* ein: Gewä–haus, E–port, blindlin–, Ko–, kle–en, Verwe–lung, Kni–, Ni–e, Bu–baum, anfan–, Eide–e, Lu–emburg, Sa–en, A–t, Wei–el, Ke–, flu–, lin–, A–e, Te–tilien, La–hering, Fleische–trakt, Ta–i, Fla–, rin–, E–preßzug, hinterrü–, Kruzifi–, schnurstra–, Hä–el, Da–, Kna–!
   (Arbeitshilfe: 9 Wörter werden mit *x*, 10 mit *chs*, 6 mit *cks*, 3 mit *ks* und 4 mit *gs* geschrieben. Siehe Beiheft L 136!)
3. **Großschreibung von Zeitwörtern (Verben):** durch Jagen und Fischen; das Nahen des Kanus; das Vorwärtskommen in den dahintosenden Wildwassern; das Schütteln der Hände; vom langen Rudern; das Auffüllen des Lebensmittelvorrates
   Bilde die restlichen im Diktattext vorhandenen Zeitwörter (Verben) in Hauptwörter (Substantive) um!
4. **Wortfamilie „Abend":** Abend, Feier-, Lebens-, Heilig-, Sommer-, Winter-, Vor-, Heim-, Tanz-, Sonn-, Theater-, Kegel-, Skat-, Herbst-, Nikolaus-, Martins-, Weihnachts-, -messe, -andacht, -gebet, -sonne, -stern, -lied, -schule, -gymnasium, -musik, -stunde, -land, -kleid, -himmel, -wolken, -spaziergang, -stille, -segen, -essen, -mahl, -rot, -ruhe, -mahlzeit, -ständchen, -programm, -vorstellung, -brot, -luft, -schoppen, -stimmung, -zug; abendlich, all-lich, -ländisch; abends, spät-
5. **Wortfamilie „Baum":** Baum, Schlag-, Mast-, Ein-, Stamm-, Hebe-, Weber-, Kett- (am Webstuhl), Lade-, Blüten-, Deichsel-, Heu-, Freiheits- (Franz. Revolution), Christ-, Weihnachts-, Tannen-, Laub-, Nadel-, Kugel-, Gummi-, Mammut-, Obst-, Kirsch-, ... -wurzel, -stamm, -läufer, -wolle, -schule, -blüte, -rinde, -scheibe, -krone, -grenze, -frevel, -form, -schlag, -schere, -sperre, -falle, -haken, -wachs, -stumpf, -säge; bäumen, auf-; baumlang, -stark
   Bilde Sätze!

Hilfe für Indien

136

Nach den Abendnachrichten bat der Ansager des Fernsehens, zur Linderung der Hungersnot in Indien Geldspenden an das Postscheckamt Köln zu überweisen. „Es ist zu befürchten, daß die spärlichen Lebensmittelreserven völlig aufgezehrt werden und diesem Land eine Katastrophe bevorsteht", sprach er. Mit nachdenklichem Gesicht hörten Heinz und Gudrun diese Durchsage. Währenddessen notierte der Vater die Kontonummer, da er sich an der Hilfsmaßnahme beteiligen wollte. „Es ist doch seltsam, daß dort Hungersnot herrscht, obwohl in Indien fast ausschließlich Landwirtschaft betrieben wird. In keinem Staat der Erde gibt es so viele Rinder", wunderte sich Gudrun. „Richtig", entgegnete der Vater, „aber die Bodenbearbeitung geschieht vielerorts noch auf primitive Art mit Hacke und Holzpflug. Außerdem fehlen die notwendigen Düngemittel, so daß die Ernteerträge sehr gering sind und oft Mißernten eintreten. Die Rinder sind hauptsächlich Arbeitstiere, geben daher nur wenig Milch und werden aus religiösen Gründen nicht geschlachtet. Seit Jahren mühen sich viele ausländische Organisationen, Indien zu helfen. Es werden Maschinen und Lebensmittel geliefert, Anleitungen und Mittel zu besserer Bodennutzung gegeben, Bewässerungsanlagen gebaut und Industriebetriebe errichtet. Trotz hoher, alter Kultur kann Indien gegenwärtig ohne fremde Hilfe nicht existieren und braucht Entwicklungshilfe.

Übungsmöglichkeiten:
1. **Wörter mit v:** Lebensmittelreserven, bevorstehen, Vater, primitiv, vielerorts, Ventil, Veilchen, Revolver, Adventszeit, Pavian, olivgrün, Provinz, nervenkrank, verpulvern, Klavierunterricht, vierzig, Violine, aktiv, Bevölkerung, Sklaven
Setze in die Lücken folgender Wörter *v* oder *f* ein: Trans–ormator, Jagdre–ier, –ollständig, Ge–olgschaft, ent–ölkert, Stati–, tie–, Lar–e, Har–e, Ha–el, –ordermann, –orderung, bra–, Gra–, –ertig, –ertilgen, Fre–el, Schwe–el!
(Arbeitshilfe: In 10 Wörtern fehlt *v*, in 8 *f*. Siehe Beiheft L 137!)
2. **Wörter mit der Nachsilbe -schaft:** Landschaft, Wirtschaft, Partnerschaft, Gemeinschaft, Bürgschaft, Bereitschaft, Botschaft, Elternschaft, Gesandtschaft, Nachbarschaft, Kundschaft, Mannschaft, Freundschaft, Leserschaft, Gesellschaft, Eigenschaft, Dienerschaft, Patenschaft, Bruderschaft, Feindschaft, Verwandtschaft, Bekanntschaft
Füge die Ausgangswörter hinzu (Landschaft – Land, . . .)!
3. **Wörter mit der Nachsilbe -ine:** Maschine, Vitrine, Gardine, Mandarine, Violine, Lawine, Mandoline, Kusine, Rosine, Pauline, Marine, Ölsardine, Flugzeugkabine, Ruine, Lupine, Praline, Margarine, Saline
Ordne in alphabetischer Reihenfolge!
4. **Wortfeld „helfen":** helfen, pflegen, retten, bewahren, sorgen, dienen, stützen, führen, opfern, schützen, heilen, stärken, kräftigen, aufrichten, ermutigen, leiten, zeigen, anweisen, schenken, vermitteln, fördern, bedienen, entlasten, unterstützen, beistehen, geben, Beistand leisten, zur Seite stehen, unter die Arme greifen, behilflich sein, zur Hand gehen,

zu Hilfe eilen, sich für andere einsetzen, Hilfe leisten, einspringen, beisteuern, Hilfestellung geben, jemandem Arbeit abnehmen, sekundieren, unter seinen Schutz stellen, zupacken, Abhilfe schaffen, in die Bresche springen, einen Ausweg weisen, jemanden heraushauen, verpflegen
Ordne alphabetisch!
5. **Wortfamilie „Land":** Land, Vater-, Mutter-, Heimat-, Aus-, In-, Öd-, Bauern-, Acker-, Bau-, Berg-, Hügel-, Flach-, Marsch-, Schwemm-, Weide-, Gras-, Tief-, Hoch-, Heide-, Wald-, Märchen-, Kultur-, Grenz-, -schaft, -bevölkerung, -haus, -strich, -brot, -regen, -plage, -sitz, -gericht, -schule, -lehrer, -messer, -karte, -enge, -kreis, -rücken, -pfleger, -straße, -wirt, -wirtschaft, -rat, -zunge, -mann, -arbeiter, -tag, -gut, -recht, -maschinen, -volk, -jugend; Landung, An-, Ver-; Landsmann, -knecht; Landesregierung, -teil, -vater, -farben, -verrat, -trauer, -grenze, -sitte, -steuer, -herr, -kirche, -hoheit, -verteidigung, -jugendplan; Länderspiel, -kampf; Ländler; landen, ver- (das Zuwachsen eines Gewässers); landschaftlich; landesüblich; ländlich; Gelände, Wald-, Industrie-, Bau-, -ritt, -spiel; geländegängig
Bilde Sätze!

Steinzeitmenschen 137

Auf Einladung des Rektors war ein Missionar aus Neuguinea in der Schule, der in der Heimat ein paar Wochen Urlaub verbrachte. Die Jungen und Mädchen des siebenten Schuljahres lauschten gespannt den Erzählungen des Priesters, der jahrelang Umgang mit den primitiv lebenden Papuas hatte. Wenn auch Verwaltungs- und Wirtschaftsstellen mit Hilfe des Flugzeugs versuchen, Neuguinea zu erschließen, so leben doch noch viele der zwei Millionen Eingeborenen wie Steinzeitmenschen. Einige der zahlreichen Stämme, die alle in Sprache und Kultur stark voneinander abweichen, verarbeiten wie zu Beginn der Menschheitsgeschichte Steine zu Waffen und Werkzeugen, schleifen Steinäxte und verwerten das, was die Natur ihnen bietet, zur Herstellung erforderlicher Geräte. Mit erstaunlichem Geschick benutzen die Papuas Lianen für den Bau von Brücken und Hütten, die ihnen aber nur als Schlafstätte dienen. Im Tauschhandel wird alles erworben, was ihnen zum täglichen Bedarf fehlt. Alle Lebensbereiche dieser Menschen erfüllt die Religion. Der Glaube an Geister und Dämonen, die sie sich in Pflanzen und Tieren verkörpert vorstellen, hat sie so verängstigt, daß es Missionaren schwerfällt, sie für das Christentum zu gewinnen.

Übungsmöglichkeiten:
1. **Schreibweisen des langen o:** Rektor, Eingeborene, Dämon, Dohle, Moos, Religion, Belohnung, Motorboot, Betonung, Gewohnheit, ...
Setze in die Lücken *o, oh* oder *oo* ein: Thr–n, Mel–ne, –nmacht, Chr–m, Alk–h–l, H–lweg, Erh–lung, H–n, H–nig, S–lbad, Schuhs–le, Pers–n, Enkels–n, B–tenl–n, B–tsfahrt, Kr–ne, B–ne, M–n, M–rgebiet, M–renkopf, B–nerwachs, Z–, Kan–ne, –ne, K–lpflanzen, W–hltäter, M–s, R–r, emp–r, D–mch–r, Z–ne, b–ren, P–ren.
(Arbeitshilfe: In 17 Lücken fehlt *o*, in 15 *oh* und in 4 *oo*. Siehe Beiheft L 138!)
2. **Schreibweisen des langen i:** primitiv, Lokomotivführer, Stativ, ... Benzin, Kamin, Medizin, ... Praline, Maschine, Sardine, ... (ohne besondere Kennzeichen) Liane, Ventil, Primel, ... Batterie, Melodie, Partie, ... rasieren, marschieren, gratulieren, ...
Setze die Reihe fort!
3. **Die Nachsilbe -ur:** Kultur, Figur, Natur, Zensur, Frisur, Glasur, Reparatur, Politur
Bilde Sätze!
4. **Schreibung des X-Lautes:** Axt, Export, Boxkampf, explodieren, Text; Sachsen, wechseln, Achsel, Ochse, Deichsel; verängstigt, rücklings, neuerdings, anfangs, flugs; mucksen, Klecks, hinterrücks, Knicks, knacksen; Koks, links, Keksfabrik
Füge noch weitere Wörter mit dem X-Laut hinzu und ordne sie nach ihrer Silbenzahl!
5. **Wortfamilie „Arbeit":** Arbeit, Schul-, Berufs-, Haus-, Hand-, Heim-, Fabrik-, Land-, Feld-, Stall-, Kinder-, Garten-, Sonntags-, Nacht-, Vor-, Rechen-, Übungs-, Bau-, Lohn-, Straf-, Prüfungs-, Schreib-, Qualitäts-, Wert-, Kurz-, -geber, -nehmer, -samkeit; Arbeitseifer, -amt, -stelle, -ruhe, -pause, -kamerad, -ergebnis, -kraft, -kleidung, -markt, -platz, -tier, -teilung, -freude, -losigkeit, -mangel, -lager, -raum, -lohn, -vertrag, -lage, -bereich, -buch, -zeit, -vermittlung, -weise, -gemeinschaft, -tag, -schutz, -planung, -dienst, -einsatz; Arbeiter, Kopf-, Hand-, Fabrik-, Land-, Straßen-, Bau-, Schwer-, Mit-, Gelegenheits-, Hilfs-, Vor-, Berg-, Dock-, Hafen-, Gast-, Fremd-, -siedlung, -schaft, -partei, -stand, -verein, -wochenkarte, -schutz, -versammlung; arbeiten, ab-, auf-, aus-, be-, durch-, ein-, er-, empor-, hoch-, mit-, nach-, um-, ver-, vor-, zusammen-; arbeitslos, -scheu, -unfähig, -unwillig, -müde, -eifrig, -freudig, -fähig; arbeitsam

Freiwilliger Sonntagsdienst

Die Mädchen der Oberstufe hörten in der Schule von dem beträchtlichen Schwestern- und Pflegerinnenmangel an den Städtischen Krankenanstalten, der zur Folge hat, daß das Krankenhauspersonal überlastet ist und an Sonn- und Feiertagen kaum Urlaub erhalten kann. Daher wurden Schülerinnen zur Hilfeleistung im Krankendienst aufgerufen. Die Lehrerin sagte: „Es wäre sehr erfreulich, wenn auch einige von euch bereit wären, sonntags einen Teil ihrer Freizeit für den Dienst an hilfsbedürftigen Menschen zu opfern." Unverzüglich erklärten Eva und Vera, zwei Freundinnen, sich damit einverstanden, bereits am nächsten Sonntag im Krankenhaus zu helfen. Am Montagmorgen fragten die Klassenkameradinnen, wie es den beiden als Schwesternersatz gefallen hätte. Beide sprühten förmlich vor Begeisterung. Sie erzählten von ihrer Tätigkeit in der Kinderstation, wie sie Fieberthermometer und Tees verabreicht und die Kleinsten bei den Mahlzeiten abgefüttert hatten. Ein Märchenbuch zum Vorlesen und Veras Kasperpuppen zum Theaterspielen hatten die Mädchen ins Krankenhaus mitgenommen. Damit verschönten sie den kranken Kindern die sonst so langweilige, eintönige Genesungszeit so erheblich, daß sie Eva und Vera baten, am folgenden Sonntag wiederzukommen. Interessiert hatten die Kameradinnen zugehört. Künftig wollten auch sie sich zu freiwilliger Krankenhilfe zur Verfügung stellen.

Übungsmöglichkeiten:
1. **Wörter mit th:** Fieberthermometer, Theater, Thema, Leichtathletik, Thronsaal, katholisch, Bibliothekar, Hyazinthe, Dorothea, Martha, ...
Setze in die Lücken folgender Wörter *th* oder *t* ein: Edi–, Rä–sel, Ei–er, –ornister, –ermosflasche, Zi–erspieler, –omas, –eologe, Grä–en, Prozen–, Pan–er, mu–los, Ka–edrale, Gelei–, Mar–erpfahl, Da–um, –üringen, Lo–ringen, Korin–en, –apezieren!
(Arbeitshilfe: In 10 Wörtern fehlt *th*. Siehe Beiheft L 139!)
2. **Schreibung des Z-Lautes:** bereits, Ersatz, Kinderstation, Mahlzeit, abseits, eilends, vergebens, plötzlich, Munition, Marzipan, Fels, März, putzen, Brezel, geizig, Rheinpfalz, Aktien, Portion, Heizung, schwitzen, abends, Arzt, glitzern, abwärts, rätselhaft, Pelzmantel, bekreuzigen, nirgends, Spaziergang, Vorratslager, Notizblock, stets, vollends, Gewürz, Dutzend, Expedition, schnitzen, scherzhaft, gleichfalls, eingestürzt
Ordne die Wörter nach der Schreibweise des *Z-Lautes* (*z, tz, s, ts, ds, tion*)!
3. **Wortfamilie „krank":** krank, tod-, sterbens-, see-, magen-, fuß-, einbildungs-, nerven-, gemüts-, -haft, -heitshalber, -lachen, -feiern; Kranken-

haus, -pfleger, -bett, -stuhl, -schwester, -kost, -station, -gymnastik, -diät, -kasse, -versicherung, -unterstützung, -geld, -zimmer, -wagen, -träger, -besuch, -wächter, -schein, -transport, -revier, -kost, -woche; Krankheit, Schlaf-, Haut-, Blatt-, Lungen-, Kinder-, Infektions-; Krankheitsdauer, -erreger, -fall, -geschichte, -verlauf, -bild; Erkrankung, Magen-, Darm-; Kränkung; gekränkt; krankenhausreif; kränklich, kränkeln; kränken

4. **Wortfamilie „dienen":** be-, ab-, aus-, nach-, ver-; dienlich, zweck-; Dienst, Hilfs-, Staats-, Kirchen-, Schul-, Militär-, Arbeits-, Wehr-, Kriegs-, Nacht-, Früh-, Spät-, Minne-, Ver-, Liebes-, Boten-, Fernsprech-, Probe-, Sonntags-, Bereitschafts-, Straf-, Polizei-, Ordnungs-, Außen-, Innen-, Kunden-, Gottes-, Nachrichten-, Post-, Fahr-leiter, -bote, -jubiläum, -mädchen, -mann, -barkeit, -eifer, -abteil, -wagen, -stunden, -eid, -vorschrift, -weg, -herr, -leistung, -plan, -magd, -raum, -reise, -sache, -pflicht, -stelle, -siegel, -stempel, -alter, -auszeichnung, -vergehen, -wohnung, -grad, -vertrag, -unfall, -flagge, -bezüge, -marke, -gespräch, -strafe; dienstlich, außer-lich, ver-voll, -bar, -tauglich, -eifrig, wehr-pflichtig, -tuend, -habend, -fähig, -willig, -bereit, -beflissen; Diener, Staats-, Kirchen-, Schul-, Gerichts-, Ver-, -schaft, -tracht; Bediensteter; Bedienung, Geschütz-; Bedienungsanleitung, -vorschrift, -geld; bedienstet

5. **Komma bei Grundformsätzen (Infinitivsätzen):** Sie erklärten sich einverstanden, im Krankenhaus *zu helfen.* – Die Kinder baten die Mädchen, am nächsten Sonntag *wiederzukommen.* – Eva und Vera bemühten sich, den Kindern den Aufenthalt im Krankenhaus *zu verschönern.*

Bilde ähnliche Grundformsätze (Infinitivsätze) und unterstreiche die Grundformen (Infinitive)!

139

Im Edelstahlwerk

Die siebente Klasse ist für einen Vormittag Gast im ortsansässigen Edelstahlwerk. Beim Pförtner erhalten die Besucher für den Besichtigungsgang durch das weiträumige Werksgelände grün lackierte Schutzhelme. Freundlich begrüßt der Leiter der Lehrwerkstatt die Klasse und erzählt allerlei Wissenswertes über Stahlgewinnung und -veredelung. Vorbei an umfangreichen Schrott- und Erzlagern gelangt die Besuchergruppe zur Gießerei, wo in einer düsteren, qualmerfüllten Halle bei Erhitzung von mehr als tausend Grad sich das Rohmaterial in weißglühende Flüssigkeit umwandelt. Infolge gleichzeitigen Mitschmelzens anderer Metalle in den riesenhaften, dickwandigen Kübeln erhält der Stahl eine besondere Beschaffenheit, die ihn härter, elastischer oder nichtrostend macht. In anderen Werkshallen, die fast so groß wie ein Fußballfeld sind, sehen die Schüler die Weiterverarbeitung des veredelten Stahls. Im Walzwerk werden die glühenden, plumpen Blöcke zu langen, geschmeidigen, feurigen Stangen gedrückt, die auf benachbarten Walzenstraßen zu Drähten oder spiegelblanken Blechen umgeformt werden. Andere Stahlblöcke werden unter einer Presse mit tausend Tonnen Druck gehärtet oder an großen Maschinen zu Rohren geformt und durchbohrt. In der Lagerhalle stehen bereits stapelweise Kisten mit Fertig- oder Halbfertigwaren zum Abtransport in Länder aller Erdteile bereit.

Übungsmöglichkeiten:

1. **Schärfung mit ss:** ortsansässig, wissenswert, Klasse, Flüssigkeit, Presse, hassen gewissenhaft, rasseln, Karussell, bissig, ...
Setze in die Lücken folgender Wörter *ss, ß* oder *s* ein: Gewi–heit, Terra–e, mi–trauisch, Gro–, ma–enweise, Ma–ern, Bandma–, bi–chen, Gebi–, Bi–en, Mu–kel, Apfelmu–, ru–isch, ru–ig, Ru–land, wä–rig, bewä–ern, Fä–er, Gefä–e, Verfa–er, angefa–t, fa–t, Grei–, Rei–brett, zerrei–en, Rü–tung, Rü–el, verge–lich, ge–tern, zuverlä–ig, La–ter, Verla–enheit, mä–ten, abme–en, me–bar, wi–begierig, Wi–enschaftler, Wei–heit, Wegwei–er, Zeugni–e, Kürbi–!
(Arbeitshilfe: 13 Wörter werden mit *ss*, 15 mit *ß* und 13 mit *s* geschrieben. Siehe Beiheft L 140!)

2. **Schreibweisen des langen a:** Edelstahlwerk, Draht, stapelweise, Ware, bestrahlen, kanalisieren, schmal, qualvoll, unbezahlbar, Saat, Limonade, eingerahmt, waagerecht, Ehepaar, bemalen, zermahlen, Drama, Roman, abgenagt, Blumensamen, unwahr, haarig, geahndet, Erfahrung, arabisch, schadhaft, Wollschal, nachgeahmt, Sandalen, kahl, Holzpfahl, staatlich, Räucheraal, wagemutig, Vorname, lahm, Paketannahme, wahrnehmen, abgeschabt, waten, Lineal, aufladen, paarweise, Schlagsahne, japanisch, Signal, Aasgeier, Tragbahre, Choral, verzagen, Mühsal, Tanzsaal, bejahen, Wahlergebnis, Walfang, tranig, Saargebiet
Ordne diese Wörter nach der Schreibweise des *A-Lautes (aa, a, ah)*!

3. **Hauptwörter (Substantive) mit der Nachsilbe -heit:** Beschaffenheit, Wahrheit, Einheit, Lauheit, Kühnheit, Unbescheidenheit, Roheit (Vor der Nachsilbe *-heit* fällt ein vorhergehendes *h* fort.), ...
Ändere folgende Eigenschaftswörter (Adjektive) mit Hilfe der Nachsilbe in Hauptwörter (Substantive) um: blind, rauh, neu, selten, krank, hoch, frech, berühmt, schwach, klug, träge, weise, schön, starr, frei, klar, bescheiden, dumm, gesund, dunkel!

4. **Wortfamilie „fertig":** fertig, reise-, marsch-, brat-, koch-, un-, schlag-, schlüssel-, -bringen, -machen, -stellen; fertigen, ab-, an-, aus-, ver-; Fertigware, -bauweise, -fabrikat, -stellung, -kleidung; Fertigkeit,

Hand-, Schlag-, Rechen-, Lese-, Schreib-, Rede-; Fertigung, Ab-, An-
Schreibe die Wörter vollständig ab!
5. **Wortfamilie „Werk"**: Werk, -zeug, -halle, -meister, -stück, -stoff, -unterricht, -student, -spionage, -heft, -tag, -statt, -mann, Ast-, Holz-, Kalk-, Kabel-, Walz-, Zähl-, Bild-, Leit-, Mauer-, Weid-, Schuh-, Boll-, Bildungs-, Läute-, Schöpfungs-, Hand-, Berg-, Fahr-, Stück-, Vor-, Stahl-, Elektrizitäts-, Kraft-, Wasser-, Menschen-, Bau-, Stock-, Uhr-, Feuer-, Kunst-, Pelz-, Gas-, Fach-, Rauch-, Räder-, Fuhr-, Back-, Mahl-, Blatt-, Mund-, Tage-, Lauf-, Teufels-, Strauch-, Busch-, Säge-, Stell-, Laub-, Schalt-, Hammer-, Trieb-, Zucker-; Werksküche, -leiter, -eigentum, -anlage, -gemeinschaft, -kantine, -ausstellung, -bahn, -bücherei; Stadtwerke, Festungs-; werktätig, -tägig, -täglich, -tags, -stellig, hand-lich; wirken, er-, be-, ein-, mit-, aus-, nach-, ver-; Wirkstoff, -samkeit, -lichkeit, -ware; Wirkung, Aus-, Mit-, Ein-, Nach-, Dauer-, Heil-; Wirkungslosigkeit; wirklich, un-; wirksam, un-; wirkungsvoll, -los, -mäßig
Ordne innerhalb der Gruppen alphabetisch!

140

Fremdgewordene Heimat

Herr Krause hatte das Angebot einer Reisegesellschaft aufgegriffen, innerhalb einer Schlesienfahrt seine Heimatstadt Breslau nach Jahrzehnten wiederzusehen. Als nach langer Fahrt der Autobus durch die Breslauer Straßen fuhr, hielt Herr Krause erwartungsvoll und gebannt Ausschau nach bekannten Bauwerken aus seiner Kinderzeit. Aber zwischen Baulücken gewahrte er nur Neubauten und Ruinen. Außerdem erschwerten ihm die fremdsprachigen Aufschriften der Straßenschilder die Orientierung. Selbst die Schweidnitzer Straße, Breslaus Hauptstraße, erkannte er nicht wieder. Erst als er die grünspanbedeckte Helmkappe des Rathausturmes hinter einem Häuserblock hervorgucken sah, klopfte sein Herz vor Aufregung und Freude. Kurz danach hielt der Bus auf dem Ring, dem Platz vor dem gotischen Rathaus. Dieses berühmte Gebäude war völlig unverändert renoviert worden, dennoch haftete ihm etwas Fremdartiges an. Ganz in der Nähe hatte Heinz Krause als Junge gewohnt. Aber so sehr hatte sich seine Heimatstadt verändert, daß er zunächst wie ein Fremder umherirrte. Straßenpassanten konnte er nicht fragen, sie verstanden kein Deutsch. Mit allen Einzelheiten sah er sein Wohnhaus in Gedanken vor sich, doch in Wirklichkeit existierte es nicht mehr. Enttäuscht schaute er auf den modernen Gebäudekoloß, der an dieser Stelle stand. Auch seine Pfarrkirche hatte der Krieg restlos zerstört. Nun gab es Heinz Krause endgültig auf, altvertraute Stätten seiner Kindheit hier wiederzufinden.

Übungsmöglichkeiten:
1. **Schärfung mit rr:** Pfarrkirche, umherirren, erstarrt, Geschirr, Zigarre, Gitarre, närrisch, herrschen, knorrig, ...
Fülle die Lücken folgender Wörter durch Einsetzung von *rr* oder *r*: schwi–en, i–disch, veri–t, spe–en, Spe–ling, behe–schen, behe–bergen, verwi–en, bewi–tschaften, Ba–ikade, Ba–geld, sta–sinnig, Sta–kasten, He–gott, He–ing, he–über, He–zog, E–innerung, Pfa–er, Radfah–er!
(Arbeitshilfe: In 9 Wörtern fehlt *rr*. Siehe Beiheft L 141!)

2. **Zusammensetzungen mit „voll":** erwartungsvoll, prachtvoll, gehaltvoll, einsichtsvoll, gemütvoll, humorvoll, angstvoll, schamvoll, ...
Verbinde folgende Wörter mit *voll*: Kummer, Jammer, Liebe, Prunk, Ehrfurcht, Zucht, Sorge, Rücksicht, Maß, Hoffnung, Wert, Geschmack, Leid, Spannung, Sinn, Unheil, Schrecken, Schmach!

3. **Schreibung von Straßennamen:**

a) **Das Bestimmungswort ist ein gebeugter Orts- oder Ländername:** Schweidnitzer Straße, Berliner Allee, Kölner Straße, Sächsische Straße (aber: Sachsenstraße), ...

b) **Das Bestimmungswort ist ein gebeugtes Eigenschaftswort (Adjektiv):** Hohe Straße, Alter Graben, Schwarze Gasse, Neue Straße (aber: Neustraße), ...

c) **Teil des Straßennamens ist ein Verhältniswort (Präposition):** An der Elisabethkirche, An der Alten Mühle, Hinter der Mauer, Auf dem Grauen Hof, Unter den Linden, ...

d) **Das Bestimmungswort ist ein Hauptwort (Substantiv):** Marktstraße, Südwall, Kirchplatz, Parkstraße, Lindenallee, Webergasse, Klosterstraße, Burgsteg, Bäckerstraße, ...

e) **Das Bestimmungswort ist ein ungebeugter Name:** Schillerstraße, Goetheplatz, Schlesienstraße, Jakobstraße, Philadelphiastraße, Rheinallee, Zugspitzstraße, ...

f) **Das Bestimmungswort ist ein ungebeugtes Eigenschaftswort (Adjektiv):** Hochstraße, Altmarkt, Neugasse, Hellweg, ...

g) **Als Bestimmungswort steht ein mehrteiliger Name:** Friedrich-Wilhelm-Straße, Kaiser-Wilhelm-Ufer, Freiher-vom-Stein-Platz, Friedrich-von-Schiller-Straße, Heinrich-Heine-Weg, ...
Füge zu allen 7 Möglichkeiten (a bis g) andere Beispiele hinzu!

4. **Kommas beim Beisatz (Apposition):** Die Schweidnitzer Straße, Breslaus Hauptstraße, kannte er nicht wieder. – Kurz danach hielt der Bus auf dem Ring, dem Platz vor dem gotischen Rathaus. – Breslau, seine Heimatstadt, war ihm fremd geworden.

141

Herbstkirmes

Nun hat die Herbstkirmes begonnen. Auch Joachim will am Sonntagnachmittag zum Kirmesplatz gehen. Schon von weitem vernimmt er die von Lautsprechern übertragene Musik, die Glockenzeichen der Karusselle, lautes Schreien fröhlicher Menschen und das Rufen der Schausteller. Immer deutlicher hört er das Stimmengewirr und den Kirmeslärm. Hoch über die grauen Zeltplanen der Buden und die Dächer der in buntem Anstrich leuchtenden Wohnwagen ragt das Gestänge der Achterbahn. Von einem Karussell kann er bereits kreisende Flugzeuge erkennen. Zahlreiche Kinder und Erwachsene bevölkern den Platz und drängen sich zwischen die Reihen der Buden und Karussells. Vor einer Schaubude stehen besonders viele Leute und freuen sich an einem bunt gekleideten Äffchen, das auf einem Hochrad Proben seines Könnens gibt, um zum Besuch der Vorstellung aufzufordern. Da erblickt Joachim zwei Klassenkameraden, Gerd und Rolf, die ihm freudig zuwinken. Gerd hält ihm lachend einen hellblauen Plüschbären entgegen, den er an irgendeiner Glücksbude beim zehnten Los gewonnen hat. Doch Joachim hat sich vorgenommen, mit seinem Kirmesgeld recht sparsam umzugehen, da er sich später einen Fußball kaufen möchte.

Übungsmöglichkeiten:
1. **Fremdwörter mit -ik:** Musik, Gymnastik, Politik, Keramik, Leichtathletik, Plastik, Dynamik, Botanik, Fabrik, Akustik, Optik, Mathematik, Physik, Mechanik, Klassik, Romantik, Katholik, Kritik, Statik, Graphik, Tragik, Statistik, Astronautik, Grammatik, Panik, Gotik, Charakteristik
Ordne die Wörter nach dem Alphabet!
2. **Schreibung des F-Lautes:** bevölkern, Rolf, Vorstellung, auffordern, Klampfe, Strophe, sanft, verdampfen, Pflicht, Phosphor, ...
Setze in die Lücken der folgenden Wörter f, pf, ph oder v ein: Har–e, –ilipp, –ertigkeit, Rhein–alz, ge–leckt, Trium–, Mor–ium, Gusta–, Sen–, Ner–, schim–en, –ersenbein, auftrum–en, Stro–e, Seu–zer, As–alt, E–eu, –iltern, –an–are, –ysiker, sum–ig, –eilchenblüten, Eisen–eile, –re–el, –andhaus, Moti–, Cuxha–en, Ha–enbecken, He–e, bra–!
(Arbeitshilfe: In 14 Lücken fehlt f, in 5 pf, in 6 ph und in 7 fehlt v. Siehe Beiheft L 142!)
3. **Schreibweise der Tageszeiten und Tagesnamen:**
a) **Großschreibung:** am Sonntagnachmittag, des Nachmittags, den ganzen Nachmittag lang, zu Mittag essen, zum Samstagmittag, vor dem Mittag, über Nacht, ...

b) **Kleinschreibung:** vormittags, nachts, heute abend, übermorgen mittag, gestern nacht, sonn- und werktags, abends spät, Sonntag morgen, freitags mittags, seit gestern abend, ...
Ergänze die Reihen und bilde Sätze!

4. **Zusammengesetzte Zeitwörter (Verben) mit „zu":** zuwinken, zuschließen, zunähen, zuschauen, zuhören, zugeben, zuhalten, zureden, zukleben, zufassen, zutrauen, ...
Bilde Satzpaare! (Franz wollte seine Schuld nicht *zugeben*. – Wir hatten nichts mehr *zu geben*.)

5. **Wortfeld „Kirmesstände":** Bude, Würfel-, Schau-, Schieß-, Fisch-, Erfrischungs-, Wurst-, Eis-, Pfefferkuchen-, Glücks-; Zelt, Bier-, Zirkus-, Schausteller-; Karussell, Ketten-, Kinder-, Pferdchen-; Schiffsschaukel; Achterbahn, Reit-, Geister-, Skooter-, Turmrutsch-; Riesenrad, Teufels-; Süßwarenstand, Obst-, Bratwurst-, Luftballon-; Lachkabinett, Wachsfiguren-
Ordne in alphabetischer Reihenfolge!

Todesfahrer auf dem Kirmesplatz **142**

Seit Beginn der Kirmeswoche hatten die Kinder während der Pausen auf dem Schulhof ein neues Gesprächsthema. Hauptsächlich die Jungen unterhielten sich jetzt oft über die drei Motorradfahrer, die sich „Todesfahrer" nannten. In einer aus einem Netz von Stahlbändern gebildeten Kugel mit einem Durchmesser von ungefähr fünf Metern sausten diese jungen Leute mit ihren laut knatternden Rennmaschinen und lockten die Kirmesplatzbesucher scharenweise an. Als Symbol für die Gefährlichkeit ihrer Darbietungen hatten die Fahrer auf ihre weißen Sturzhelme schwarze Totenköpfe aufgemalt. Auch viele Schuljungen hatten bereits den Vorführungen zugeschaut und die tollkühnen, oft in senkrechten Kreisen verlaufenden Fahrten an der Innenwand des kugelförmigen Stahlgehäuses bestaunt. „Die Fahrer müßten doch eigentlich von der oberen Hälfte der Stahlkugel abstürzen", meinte Günter nachdenklich. „Das ist kaum möglich", entgegnete Rudi. „Infolge der hohen Geschwindigkeit werden die Maschinen so stark an die eiserne Wandung gedrückt, daß ein Abstürzen fast ausgeschlossen ist. Das ist nämlich die Wirkung der Fliehkraft. Trotzdem möchte ich nicht durch die Kugel sausen, denn zu leicht kann ein menschliches oder technisches Versagen eintreten und schreckliche Folgen haben."

Übungsmöglichkeiten:

1. **Zusammengesetzte Eigenschaftswörter (Adjektive):** tollkühn, kugelförmig, dreieckig, kurzsichtig, ellenlang, dunkelrot, achtkantig, seegrün,

schlagkräftig, offenkundig, neugierig, narrensicher, glasklar, samtweich, zweistimmig, großzügig, eiskalt, lauwarm, doppelzüngig, merkwürdig, dünnschalig, lesehungrig, steinhart, sehtüchtig, mutwillig, singefreudig, einseitig, langhaarig, mehrstellig, zitronengelb
Ordne die Wörter nach ihrer Zusammensetzung (Das Bestimmungswort ist ein Hauptwort, ein Eigenschaftswort, ein Zeitwort oder ein Zahlwort)!

2. **Hauptwörter (Substantive) mit der Nachsilbe -keit:** Gefährlichkeit, Geschwindigkeit, Sparsamkeit, Dankbarkeit, Ähnlichkeit, Reinlichkeit, Unachtsamkeit, Haltbarkeit, Öffentlichkeit, Aufmerksamkeit, Seligkeit, Ritterlichkeit
Ordne die Wörter nach der vor -keit stehenden Silbe (-lich, -ig, -sam, -bar)!

3. **Eigenschaftswörter (Adjektive) mit den Nachsilben -lich, -ig, -isch:**
Bilde mit Hilfe der Nachsilben Eigenschaftswörter aus: Freundschaft, Ruhe, Betrug, Nebel, Schreck, Verführer, Wolle, Himmel, Nebensache, Bild, Europa, Öl, Gefahr, Krieg, Frieden, Garten, Maß, Schule, Inhalt, Mehl, Ecke, Fürsorge, Gnade, Erfinder, Fleiß, Schwaben, Person, Schrift, Technik, Herbst, Glauben, Mut, Mutter, Bayern, Neugierde!
(Siehe Beiheft L 143!)

4. **Großschreibung von Zeitwörtern (Verben):** Ein Abstürzen ist fast ausgeschlossen. – Leicht kann ein technisches oder menschliches Versagen eintreten. – Die Fliehkraft ermöglicht das Fahren an der senkrechten Wand.
Bilde ähnliche Sätze von der Kirmes, in denen hauptwörtlich gebrauchte Zeitwörter (Verben) vorkommen!

5. **Anführungszeichen zur Hervorhebung einzelner Wörter, kurzer Aussprüche, Buchtitel und dergleichen:** Sie nannten sich „Todesfahrer". – Wir sahen Schillers „Räuber". – Der Frachtdampfer „Hanse" wurde gelöscht. – Ich schenkte meinem Bruder das Buch „Rätsel der Urwaldhölle".
Füge andere Beispiele hinzu!

143

Die verunglückte Quarktorte

Frau Schneider, Hildegards Mutter, war seit Jahren bemüht, ihren Angehörigen Sonn- und Feiertage durch eine besondere Überraschung zu verschönen und sie dadurch aus dem alltäglichen Leben herauszuheben. An diesem Wochenende wollte Frau Schneider eine Quarktorte backen. Genau nach Rezept hatte sie alle erforderlichen Zutaten auf dem Küchentisch bereitgestellt und begann, Teig zu kneten, Eiweiß schaumig zu schlagen und im Mixer die Quarkmasse zu bearbeiten. Es war eine anstrengende, zeitraubende Arbeit. Mutter war froh, als sie die Form in das Backfach des Elektroherdes schieben konnte, zumal sie vor dem Sonntag noch allerlei zu tun hatte. Als Frau Schneider das Haus verließ, um noch einige Lebensmittel einzukaufen, sagte sie eindringlich zu ihrer Tochter: „Hildegard, vergiß bitte nicht, in einer Viertelstunde den Backherd auszuschalten. Aber keinesfalls darfst du die Ofentür auch nur ein bißchen öffnen, da sonst die Quarkschicht auf der Torte sofort zusammenfällt." Nach ihrer Rückkehr wollte Mutter den Sonntagskuchen aus dem Herd herausholen. Bestürzt stellte sie fest, daß Hildegard beim Ausschalten des Herdes aus Neugier das Backfach geöffnet hatte. Kleinlaut gestand das Mädchen ihren Ungehorsam.

Übungsmöglichkeiten:

1. **d oder t:** Hildegard, Elektroherd, Waldbestand, todkrank, Brandstelle, schändlich, ... kleinlaut, gutmütig, Leitstern, Rückgrat, tot, wöchentlich, Entstehung, ...
Fülle die Lücken folgender Wörter durch Einsetzen von *d* oder *t*: Notstan–, Win–stärke, Brann–wein, Schlun–, Schal–jahr, tö–lich, Schulra–, Bor–funker, Or–schaft, wer–los, Grun–stück, scheinto–, En–silbe, Bekenn–nis, Gol–, Schil–, Jag–haus, nieman–, Diaman–, Schlüsselbun–, Bun–spech–, A–las, Gewan–!
(Arbeitshilfe: In 13 Lücken fehlt *d*, in 12 *t*. Siehe Beiheft L 144!)

2. **Schreibweisen des langen u:** lugen, spurlos, Kurfürst, Uhrzeit, ruhig, Eigentum, Aufruhr, Rumänien, ruhmvoll, Spule, Fuhrwerk, Kuh, Natur, Ruine, Zwerghuhn, Mumie, Lederschuhe, Hausflur, geruhsam, Schwur, Wäschetruhe, Ruhrgebiet, Rurtalsperre (Eifel), jubeln, Truthahn, Lehnstuhl, Frisur
Ordne die Wörter (Dehnungs-*h*, silbentrennendes *h*, unbezeichnete Dehnung)!

3. **Mittelwörter der Gegenwart und der Vergangenheit (Partizipien im Präsens und im Perfekt):** zeitraubend, anstrengend, hineingelugt, bemüht, verwirrend, gefährdet, aufgescheucht, singend, verhext, sturmerprobt, verstorben, lebenserfahren, gesucht, unerwünscht, freischwebend, bekümmert, ohrenbetäubend, leichtverletzt, schmerzverzerrt, aufbrausend, gelehrt, erschütternd
Ordne die Wörter (Mittelwörter der Gegenwart, Mittelwörter der Vergangenheit) und bilde von folgenden Zeitwörtern (Verben) die zugehörigen Mittelwörter (Partizipien): aufschreiben, vorstellen, rückwärtslaufen, zusammenstoßen, eintragen, vorübergehen, schwimmen, abwerfen, mitsingen, entscheiden, verraten, ersinnen, berichten!

4. **Mitlauthäufung (Konsonantenhäufung) bei Zeitwörtern (Verben) durch Anfügen der Personalendungen:** du darfst, ihr schwimmt, du kommst, es zerrinnt, du versuchst, er entdeckt, du wächst, du fischst, du kennst, du überraschst, du verschenkst, ...
Aber nach einem S- oder Z-Laut wird nur *t* angefügt: du heizt (du heizest), du faßt, du glänzt, du verletzt, du ißt, du verschließt, ...
Erweitere die Zahl der Beispiele!
5. **Zusammengesetzte Zeitwörter (Verben) in der Grundform (Infinitiv) mit „zu" verbunden:** herauszuheben, einzukaufen, auszuschalten, zusammenzukommen, auseinanderzulaufen, hinunterzusteigen, wiederzusehen, aufzupassen, ...
Verwende diese Wörter in Grundformsätzen (Infinitivsätzen)!
(Die Mutter hatte vergessen, den Kuchen aus dem Ofen herauszuheben.)

144

Die Herbstzeitlose

An einem sonnigen Sonntagnachmittag im September begleiteten Herbert und Franz die Eltern auf einem Spaziergang durch die Rheinwiesen. Der wolkenlose Himmel spiegelte sich im Wasser des Stromes wider und ließ ihn ein reines Blau vortäuschen. Herbert beobachtete vom grasigen Ufer aus einige Segelboote, die in der Mitte des Flusses dahinzogen. Plötzlich entdeckte er auf der Wiese ein paar blaßviolette Blütenkelche. Erfreut rief er seinen Eltern zu: „Hier blühen sogar noch Krokusse!" Eben wollten Herbert und Franz einige der vermeintlichen Frühlingsblumen abpflükken, doch der Vater mahnte: „Faßt sie nicht an!" Verwundert schauten die Jungen auf. Nun erfuhren sie, daß es sich bei diesen Blüten um die Herbstzeitlosen handelte, die sie für Krokusse gehalten hatten. Der Vater sprach: „Diese Pflanze hat in allen ihren Teilen ein starkes Gift, das Herzlähmungen verursacht und in schweren Fällen den Tod herbeiführt. Deshalb ist es gefährlich, Pflanzenteile anzufassen oder gar in den Mund zu nehmen. Auch die Bauern achten darauf, daß die Herbstzeitlose nicht auf Weideplätzen wächst oder ins Viehfutter gerät. Dennoch freuen wir uns über das späte Erblühen dieses Zwiebelgewächses, da zu dieser Zeit unsere Wiesen bereits blumenleer sind."

Übungsmöglichkeiten:
1. **st – ßt:** Herbst, meistens, Rost, Rüstung, Kanister, Fastnacht, fristlos, entrüstet, Ballast, verspeist, Quaste, ...
erfaßt, entblößt, verrußt, bewußtlos, ungesüßt, verhaßt, ...
Bilde von folgenden Zeitwörtern (Verben) die Mittelwörter der Vergangenheit (Partizipien im Perfekt): grüßen, fassen, entgleisen, verpassen, reisen, hissen, hausen, wissen, firnissen, hassen, morsen, pressen,

brausen, vermissen, lösen, aufspießen, büßen, verblassen, küssen, zerzausen, einkreisen, versüßen, verglasen, fräsen, müssen, niesen, rasen, durchpausen, rußen, grasen, schmausen!
Bilde die 2. oder 3. Person Einzahl der Gegenwart (Singular im Präsens): reisen, fressen, gießen, zerreißen, essen, lassen, lesen, messen, heißen, preisen, sausen, fließen, schweißen, losen, beweisen, schließen, hindurchschleusen, genießen!
(Siehe Beiheft L 145!)

2. **Schärfung mit tt:** violett, Viehfutter, vierblättrig, gewittrig, spöttisch, zerknittert, Briketts, Attest, ...
Setze in die Lücken folgender Wörter *tt* oder *t* ein: Mi–woch, Mi–leid, Gewi–er, Wi–we, Tri–bre–, Wildbre–, Splin–, zerspli–ern, Appe–i–, Krawa–e, Hängema–e, Maa–, Karo–en, Stafe–e, gesta–en, Sta–iv, flo–, Großbri–annien, Balle–, Table–, kri–isch, Li–er, Bo–ich, e–was!
(Arbeitshilfe: In 14 Lücken fehlt *tt*, in 12 *t*. Siehe Beiheft L 146!)

3. **Schwierige Mehrzahlbildungen (Pluralbildungen):** Krokusse, Kakteen, Themen, Atlanten, Ergebnisse, Firmen, Lehrerinnen, Autobusse, Kurse, Villen, Rektoren, Aquarien, Kaufleute, Gymnasien, Doktoren, Museen
Schreibe die zugehörige Einzahl (Singular) dazu (Krokus – Krokusse, ...)!

4. **Tod – tot:** Tod, -sünde, -feind; Todesfall, -ursache, -stoß, -anzeige, -ahnung, -not, -nachricht, -verachtung, -mut; todmüde, -matt, -krank, -traurig, -ernst, -sicher, -wund, -unglücklich, -blaß, -bleich
tot, -lachen, -schlagen, -treten, -arbeiten, -schießen, -prügeln, -ärgern, -trampeln, -schweigen, -sagen, -stechen, -fahren, -stellen, -machen, mause-, schein-; Totschlag, -geburt, -schläger; Totenhemd, -schädel, -kopf, -bett; totenstill, -bleich, -blaß

5. **Schreibweisen des langen ä:** Herzlähmung, gefährlich, spät, es gerät, während, Sämann, allmählich, Härchen, abschälen, Tränen, ...
Setze in die Lücken *ä* oder *äh*: Sp–ne, Verm–lung, Gem–lde, w–rend, wir w–ren, M–ne, –nlichkeit, M–rchen, Ern–rung, Baupl–ne, Ger–t, R–tsel, unz–lbar, W–rung, z–rtlich, g–ren, F–nchen, N–seide, gel–mt, n–mlich, erkl–ren, Sch–del, Tr–nen, ungef–rlich, D–nemark, Dr–te, Kapit–n!
(Arbeitshilfe: In 12 Lücken fehlt *äh*. Siehe Beiheft L 147!)

Bestrafte Nachlässigkeit **145**

Erika hatte soeben die Schularbeiten fertiggestellt. Besonders für den Hausaufsatz hatte sie diesmal viel Sorgfalt aufgewandt. Das Arbeitsheft lag noch aufgeschlagen auf dem Tisch, ebenfalls Schreibgeräte, Schere und verschiedenartige Dreiecke, die sie für den Mathematikunterricht ausgeschnitten hatte. Während der vorübergehenden Abwesenheit der Eltern sollte sie auf ihr zweijähriges Schwesterchen Brigitte aufpassen. Da die Kleine vorläufig mit ihrer Puppe emsig beschäftigt war, griff Erika zu einem spannenden Roman, den sie im Beisein der Eltern nicht lesen durfte. Bald war sie in das Buch so vertieft, daß sie vergaß, auf ihr Schwesterchen zu achten. Brigitte legte bald ihre Puppe beiseite, da sie die begehrte Schere erspäht hatte. Leise trat sie an den Tisch, damit ihre Aufpasserin nichts merken sollte, nahm lautlos die Schere, Dreiecke und Aufsatzheft und schlich in die Küche, denn hier war sie ungestörter. Nun begann sie, die Dreiecke zu zerschnipseln und auch die Heftseiten zu zerschneiden. Plötzlich schreckte Erika beim Lesen auf. Schritte im Treppenhaus verrieten ihr, daß die Eltern heimgekehrt waren. Schuldbewußt schaute sie nach Brigitte. Schreckensbleich wurde Erika, als sie feststellte, woher die Papierschnitzel stammten, mit denen der Küchentisch übersät war.

Übungsmöglichkeiten:
1. **Einbuchstabige Silben werden nicht abgetrennt:** Erika, über, Amerika, Efeu, Adam, Eva, Esel, Igel, Ofen, Ida, Irene, Eduard, Egon, Erich, Emil, Abend, Italien, Udo, Leo, Öse, Klei, Ebene, oberhalb, Esche, Opernhaus, Uhu, Übung, Klaue, Eberesche, Treue, Maria, Ehepaar, Uferböschung, Oder, Isergebirge, asiatisch, Arabien, Ural
   Trenne so weit wie möglich!
2. **Schreibung des S-Lautes:** Nachlässigkeit, sie vergaß, Aufpasserin, schuldbewußt, feststellen, lautlos, Rüstung, Missetäter, Strauß, ...
   Setze in die Lücken s, ss oder ß ein: Pre–e, lä–tig, zuverlä–ig, verha–t, ha–tig, nasewei–, kreidewei–, Wi–enschaftler, ungewi–, Gra–, kra–, Flü–igkeit, flü–tern, Flo–, Flo–e, unverschlo–en, schlie–lich, Schlü–el, Schlo–, Vergrö–erung, nie–en, genie–en, Rei–felder, Rei–brett, Ha–elnü–e, Gemü–e, mü–ig, mü–en, bla–en, bla–, verbla–en, verge–en, vorge–tern, unverge–lich, bi–chen, bi–ig, Imbi–stube!
   (Arbeitshilfe: In 11 Lücken fehlt s, in 12 ss und in 15 ß. Siehe Beiheft L 148!)
3. **mal – Mal, Male:** diesmal – dieses Mal, manchmal – manches Mal, einmal – mit einem Male, andermal – ein anderes Mal, dutzendmal – ein paar Dutzend Male, vieltausendmal – viele tausend Male, etlichemal – etliche Male – unzähligemal – unzählige Male
   Bilde Sätze!
4. **Wortfeld „nachlässig":** nachlässig, unordentlich, flüchtig, lässig, oberflächlich, unvorsichtig, flatterhaft, leichtfertig, gedankenlos, schlampig, unsauber, leichtsinnig, unbedacht, zerstreut, unüberlegt, fahrlässig, un-

bekümmert, fahrig, liederlich, säumig, schluderig, sorglos, saumselig, denkfaul, tranig
Schreibe zu den Wortfeldteilen passende Zeitwörter (Verben) hinzu (nachlässig arbeiten, unordentlich schreiben, ...)!
5. **Wortfamilie „schneiden":** schneiden, ab-, an-, auf-, aus-, be-, bei-, durch-, ein-, nach-, über-, zu-, zer-, ver-, vor-; schneidern; Schneide, -zähne, -brett, -mühle, -messer, Zu-kursus, Haar-maschine; Schneidbrenner, -eisen; Schneider, -meister, -geselle, -lehrling, -stube, -werkstatt, -tisch, -schere, -ei, -in, -sitz, -handwerk, Zu-, Auf-, Damen-, Maß-ei, -innung; Abschneider, Hals-, Zigarren-; Schneise; Schnitt, Ab-, Auf-, Aus-, Obstbaum-, Ver-, Ein-, Film-, Haar-, Scheren-, Durch-, Holz-, Gold-, -lauch, -blumen, -bohnen, -linie, -punkt, -fläche, -muster, -meister; schnittfest, -weise, -ig; Schnitter, -in; Schnitte, Butter-, Schwarzbrot-; schnitzen; Schnitzmesser, -werk, Holz-kunst; Schnitzer, Bild-, Holz-, -ei; Schnitzel, Kalbs-, Rüben-, Papier-, -jagd

Keiner ist zu klein, Helfer zu sein **146**

An einer schmalen, verkehrsreichen Straße hatte Hans sein Fahrrad an der Bordsteinkante abgestellt, um rasch einige Besorgungen in einem Warenhaus zu erledigen. Plötzlich kippte das Rad mit lautem Geklapper um und lag sperrig auf dem Fahrbahnrand. Einige Kinder, die gemächlich auf dem Bürgersteig entlangschlenderten, freuten sich darüber mit lautem Lachen. Sie schauten interessiert zu, wie besonders Fahrer schwerer Lastwagen sichtlich Mühe hatten, infolge des starken Gegenverkehrs ihre Fahrzeuge an dem Hindernis vorbeizusteuern. Die Fußgänger, meist in Eile oder gedankenversunken, gingen achtlos vorüber. Da näherte sich ein grauhaariger, alter Herr, der den Vorfall beobachtet hatte, und bückte sich nach dem umgestürzten Fahrrad. Man merkte, daß es ihm erhebliche Mühe bereitete, es wieder aufzurichten. Damit es nicht erneut den Verkehr behindern konnte, lehnte er das Fahrrad an einen nahestehenden Baum. „Warum habt ihr es nicht längst von der Fahrbahn aufgehoben?" fragte der alte Herr die mit verschränkten Armen dastehenden Kinder. Mit erstauntem Gesicht erwiderte ein Junge: „Das Rad gehört uns doch nicht. Außerdem haben wir es nicht umgestoßen." Kopfschüttelnd ging der hilfsbereite Alte weiter.

Übungsmöglichkeiten:
1. **Schreibweisen des langen e:** verkehrsreich, erledigen, schwer, erheblich, lehnen, Gelee, verheeren, Telefon, Sehnsucht, ...
Setze in die Lücken folgender Wörter *e, ee* oder *eh* ein: Rotk–lchen, S–le, S–ligkeit, S–gelboot, s–klar, M–rzahl, Mittelm–r, W–rmutwein,

Abw–r, W–rtarbeit. L–rmeister, L–rlauf, Besch–rung, Sch–renschnitt, Kriegsh–r, hinterh–r, Kaff–, Märchenf–, F–lerhaft, S–schärfe, S–gang, S–ne, entb–rlich, Erdb–rb–t, Morgengeb–t, Kl–bstoff, Kl–, l–mig, L–, l–dig, L–ber, G–stland, Arm–, m–lig, Rückk–r, K–ramik!
(Arbeitshilfe: 14 *ee*, 12 *e* und 11 *eh* müssen eingesetzt werden. Siehe Beiheft L 149!)

2. **Silbentrennung nach Wortbestandteilen:** be-ob-ach-ten, war-um, Voll-en-dung, Diens-tag, her-über, hin-auf, hin-ter-ein-an-der, über-all, dar-in, Ver-ein
Schreibe ähnliche Wörter nach Silben getrennt auf (Be-ob-ach-tung,...)!

3. **ä oder e:** längst, sorgfältig, gemächlich, Fußgänger, nähern, verschränkt, Maikäfer,...
Helfer, abgestellt, schlendern, Verkehr, merken, erheblich, Ferien,...
Setze in die Lücken folgender Wörter *ä* oder *e* ein: sp–rlich, Sp–rber, Sp–ck, Gep–ck, W–cker, W–chter, –ngstirnig, –ngstlich, verdr–ht, Dr–hte, Blütenst–ngel, Eisengest–nge, Leg–nde, erg–nzen, M–ngel, Volksm–nge, Sch–rpe, Tonsch–rben, hoff–rtig, reisef–rtig, G–rtnerei, G–rte, dickf–llig, schwerf–llig, Bew–hrung, W–rtung, Bundesw–hr, Gel–nder, Kal–nder, bekr–nzt, Abgr–nzung!
(Arbeitshilfe: 15 Wörter werden mit *ä*, 16 mit *e* geschrieben. Siehe Beiheft L 150!)

4. **Wortfeld „Helfer":** Retter, Befreier, Betreuer, Beschützer, Stütze, Erlöser, Verbündeter, Bundesgenosse, Gefährte, Förderer, Gönner, Stifter, Schirmherr, Hirt, Beschirmer, Patron, Wohltäter, Schutzengel, Sekundant, Pfleger, Hüter, Kamerad, Freund, Gehilfe, Assistent, Mitarbeiter, Hilfskraft, Adjutant, Handlanger, Vertreter, rechte Hand, Sekretär, Spießgeselle, Seelsorger, Lehrer, Krankenschwester, Heilgehilfe, Nonne, Ordensfrau, Diakonissin, Sanitäter, Kindergärtnerin, Hortnerin, Hausgehilfin, Diener, Souffleur
Ordne die Wörter alphabetisch!

5. **Komma vor „und":** Hans wollte einkaufen, und er lehnte sein Fahrrad an einen Baum. – Er war im Warenhaus, und sein Fahrrad lag sperrig auf der Straße. – Da näherte sich ein alter Herr, der den Vorfall beobachtet hatte, und bückte sich nach dem umgestürzten Fahrrad. – Der Mann ging, den Polizeibeamten zu holen, und berichtete den Vorfall.
In den ersten beiden Sätzen steht das Komma zwischen zwei Hauptsätzen. In den anderen Fällen werden eingeschobene Sätze durch Kommas eingeschlossen.
Schreibe zu beiden Möglichkeiten selbst Beispiele!

Übereifer schadet nur

147

Seit ein paar Tagen war Helga Lehrling in einem großen Schuhgeschäft. Oft dachte sie an die Mahnung der Eltern, recht fleißig zu sein. Die Firma hatte noch ein zweites Lehrmädchen eingestellt, und Helga bemühte sich täglich, dieses mit besseren Leistungen zu überbieten. Eines Tages sollten beide Mädchen eine größere Anzahl Schuhe, die paarweise in weißen Kartons lagen, zu einem Lieferwagen bringen, der sie ins Filialgeschäft transportieren sollte. Inge, Helgas gleichaltrige Kollegin, trug jeweils sechs Schachteln zum Fahrzeug. Da Helga sie auch hierbei übertreffen wollte, stapelte sie acht Schuhkartons und balancierte sie zum Wagen. Jedoch beim Absetzen der Last kippte der Schachtelturm, und Schuhe, Deckel und Pappkartons purzelten auf die belebte, asphaltierte Fahrbahn. Schnell bückte sich Helga, um wieder Ordnung in das entstandene Durcheinander zu bringen. Aber es war ziemlich mühselig und zeitraubend, die richtigen Behälter und die Schuhe paarweise zusammenzufinden; denn sie glichen sich in Farbe und Form und unterschieden sich nur in der Größe. Inzwischen war Inge mit dem nächsten Paketstapel hinzugekommen. Aber sie lachte nicht schadenfroh, sondern half beim Einsortieren der herausgefallenen Schuhe. Seitdem waren die beiden Mädchen treue Freundinnen, die sich gegenseitig beistanden.

Übungsmöglichkeiten:
1. **Wortfamilie „zwei":** zwei, ent-, -flüglig, -armig, -seitig, -stufig, -farbig, -gleisig, -spurig, -teilig, -stöckig, -reihig, -spännig, -stellig, -türig, -deutig, -beinig, -händig, -sprachig, -jährig, -stündlich, -wöchig, -schneidig, -fach, -achsig, -rädrig, -zinkig, -zackig, -geteilt, -sitzig, -malig; zweitrangig, -klassig; zwiespältig, -trächtig; Zweikampf, -deutigkeit, -sitzer, -master, -spänner, -händerschwert, -spitz, -rad, -taktmotor, -tonner, -flügler; Zweitschrift; Zwieback, -licht, -gespräch, -tracht, -spalt, -sprache; Zwilling
Setze zu den Eigenschaftswörtern (Adjektiven) passende Hauptwörter (Substantive) (ein zweiflügliges Fenster, ein zweiarmiger Leuchter, ...)!
2. **Zusammengesetzte Eigenschaftswörter (Adjektive)** – Das Bestimmungswort ist ein Hauptwort (Substantiv): schadenfroh, grasgrün, mondhell, sternklar, federleicht, schachmatt, lebenslustig, taufrisch, feuerheiß, zeitnah, mausgrau, wieselflink, wachsweich, kerzengerade
Verbinde die Hauptwörter (Substantive) „Butter, Finger, Fuchs, Grund, Kirsch, Kristall, Kugel, Marine, Schrift, Schokolade, Stein, Stock" mit den Eigenschaftswörtern (Adjektiven) „blau, braun, breit,

ehrlich, finster, hart, klar, kundig, rot, rund, schlau, weich" und brauche sie als Beifügungen (Attribute)!
(Siehe Beiheft L 151!)
3. **Wortfeld „Verpackung":** Packpapier, Karton, Beutel, Wellpappe, Kiste, Dose, Büchse, Eimer, Tüte, Tonne, Schachtel, Spankörbchen, Kanister, Faß, Kasten, Holzwolle, Papphülse, Cellophanhülle, Stanniolpapier, Sack, Pappbecher, Korbflasche, Kapsel
Ordne alphabetisch!
4. **Komma vor Bindewörtern (Konjunktionen):** Helga lachte nicht mehr schadenfroh, sondern half beim Sortieren der Schuhe. – Irene war gesund, aber ging nicht zur Arbeit. – Das Wetter der letzten Woche war teils regnerisch, teils sonnig. – Nicht nur in diesem Jahr verregnete der Urlaub, sondern auch im vergangenen.
Vor folgenden Bindewörtern (Konjunktionen) steht ein Komma: aber, als, auch, bevor, bis, dann, daß, so daß, damit, darum, deshalb, ehe, indem, nachdem, seitdem, ob, obschon, obwohl, sobald, seit, weil, wenn
Doppelbindewörter: bald – bald, je – um so, je mehr – desto, nicht – sondern, nicht nur – sondern auch, wie – so, teils – teils
Schreibe Beispielsätze mit den angegebenen Bindewörtern (Konjunktionen)!
5. **Komma bei erweiterten Grundformsätzen (Infinitivsätzen):** Oft dachte Helga an die Mahnung der Eltern, recht fleißig zu sein. – Sie bemühte sich täglich, das andere Lehrmädchen mit besseren Leistungen zu überbieten. – Schnell bückte sich Helga, um Ordnung in das Durcheinander zu bringen. – Es war sehr zeitraubend, die richtigen Schuhe paarweise zusammenzufinden.
Beachte: Vor nicht erweiterten Grundformen (Infinitiven) steht kein Komma. (Sie begann zu arbeiten. – Er hoffte zu kommen.)
Bilde Beispielsätze zu beiden Möglichkeiten!

148

Helmuts Hilfsbereitschaft

Im dritten Stockwerk eines Mietshauses wohnt eine alleinstehende Frau, die bedeutend älter als siebzig Jahre und außerdem noch kränklich ist. Wenn sie sich auch müht, die täglichen Arbeiten ihres kleinen Haushalts zu verrichten, ist es ihr doch unmöglich, die vielen Treppenstufen hinunterzusteigen, um Sachen aus dem Keller zu holen oder einzukaufen. Häufig, jedoch unregelmäßig helfen Hausbewohner. Eines Tages hört Helmut, ein zwölfjähriger, aufgeschlossener Schüler, von der Notlage der alten Witwe und beschließt, ihr in seiner Freizeit zu helfen. Zweimal wöchentlich geht er zur festgesetzten Zeit in ihre Wohnung, holt Brennholz und

Briketts aus dem Keller und macht Besorgungen. Nichts kann ihn von dieser freiwillig übernommenen Beschäftigung abbringen. Als ihn heute Kameraden zum Eishockeyspiel abholen wollen, ruft er ihnen zu: „Ich komme gleich nach!" Helmut ist sehr sportbegeistert und möchte gern pünktlich im Eisstadion sein. Doch vorher will er seinen Hilfsdienst erledigen, da ihn die Witwe heute erwartet. Bestürzt sieht er, daß sie ernstlich erkrankt ist. Ohne Zögern holt er einen Arzt herbei und besorgt anschließend die erforderlichen Medikamente aus der Apotheke. Dann beschafft er den notwendigen Vorrat an Lebensmitteln und Brennmaterial und bittet die Nachbarin, sich um die kranke Frau zu kümmern. Für das Eishockeyspiel ist es aber längst zu spät geworden.

Übungsmöglichkeiten:

1. **nn – n:** Brennholz, notwendig, kann, wenn, brenzlig, Kante, Spinne, Anemone, Spindel, Nachbarin, Annemarie, Sonntag, ...
Setze in die Lücken *nn* oder *n* ein: Bra–dstelle, Bra–twein, angebra–t, Re–te, re–en, gö–en, gü–stig, Gewi–de, gewi–en, verwe–den, Nachbari–en, Baumri–de, Läuferi–, geri–en, Ru–zel, Dachri–en, Fi–derlohn, Fi–land, verba–en, Ba–de, spi–en, Spi–del, I–dustrie, I–enseite, Bratpfa–e, Gi–ster, Begi–, Ki–spitze, ki–dlich, Badewa–e, Verwa–dtschaft
(Arbeitshilfe: In 16 Lücken fehlt *nn*. Siehe Beiheft L 152!)

2. **tzt – zt:** festgesetzt, abgenützt, verletzt, jetzt, geschnitzt, abgehetzt, verschwitzt, geblitzt, ...
Arzt, bestürzt, geglänzt, eingepflanzt, es schmerzt, sie tanzt, gewürzt, geheizt, gemünzt, ...
Setze die Reihen fort!

3. **Wörter mit y:** Eishockey, Zylinderhut, Dynamit, Hypnose, Typ, Tyrann, Pony, Hyäne, Synagoge, Gymnasium, Physik, sympathisch, Pyramide
Ordne nach Silben!

4. **Zusammengesetzte Mittelwörter (Partizipien):** sportbegeistert, aufgeschlossen, sonnengebräunt, vorgeschlagen, weitgereist, entstehend, erblindet, nichtssagend, vorwärtsstürmend, abgebremst, tiefbewegt, verzögert, mondbeschienen, eisgekühlt, aufleuchtend, herzzerreißend, verwirrend, windgeschützt, zeitraubend, segenspendend, ferngelenkt, zerbrochen, längsgestreift, schattenspendend, kampferprobt
Ordne die Mittelwörter der Gegenwart und der Vergangenheit (Partizipien im Präsens und im Perfekt) nach der Art ihrer Bestimmungswörter (Vorsilben, Verhältniswörter, Eigenschaftswörter, Hauptwörter)!

5. **Wortfamilie „spielen":** spielen, auf-, ab-, zu-, ver-, vor-, be-, mit-, nach-, aus-, über-, zusammen-, ein-; Spiel, Ab-, Zu-, An-, Bei-, Vor-,

Nach-, Zusammen-, Ball-, Würfel-, Mienen-, Gast-, Wett-, Übungs-, Kampf-, Theater-, Hockey-, Tennis-, Kegel-, Skat-, Karten-, Kinder-, Länder-, End-, Doppel-, Entscheidungs-, Kreis-, Lotto-, Glücks-, Klavier-, Quartett-, Kugel-, Kriegs-, Lauf-, Versteck-, Schau-, Schatten-, Märchen-, Lust-, Brett-, Fernseh-, Schach-, Rate-, Gedulds-, Lieblings-, Trauer-, Unterhaltungs-, Sing-, Zwischen-, Rück-, Heim-, Lotterie-, -schule, -zimmer, -karte, -freund, -ball, -platz, -uhr, -plan, -regel, -raum, -zeug, -puppe, -tisch, -verderber, -wiese, -bank, -trieb, -zeit, -schuld, -beginn, -film, -waren, -feld, -automat, -glück, -freude, -verlängerung, -führer, -sachen; Spiele, Bundesjugend-, Fest-, Heim-; Spieler, Mit-, Theater-, Vor-, Fußball-, Eishockey-, Tennis-, Einzel-, Gegen-, Klavier-, Zither-, Schach-, Schau-, Platten-, Geigen-; Spielerei; Anspielung; spielerisch; verspielt; spielfrei, -müde

149
Weihnachtspakete nach Mitteldeutschland

Alljährlich werden besonders in der Vorweihnachtszeit eine Menge Pakete nach Mitteldeutschland geschickt. Auch Annelieses Eltern haben Bekannte jenseits der Zonengrenze, die sie zu Weihnachten auf diese Weise erfreuen wollen. Zwar ist es erst Anfang Dezember, aber die Geschenke sollen ja rechtzeitig vor den Festtagen eintreffen. Mutter hat auf dem Küchentisch neben einem großen Pappkarton viele Sachen ausgebreitet, die zum Weihnachtspaket zusammengestellt werden sollen. Anneliese darf beim Packen helfen. Auf Mutters Anordnung legt sie den Karton mit einem weißen Bogen aus. Dann hilft sie, alle Gaben in schönes, mit Tannenzweigen und Sternen bedrucktes Weihnachtspapier einzuwickeln. Es ist gar nicht so einfach, Kaffee- und Kakaopackungen, Süßigkeiten und Textilien ordentlich zu verpacken. Doch bald kann es Anneliese genausogut wie ihre Mutter. Es ist ihnen nur mit Mühe möglich, alle Sachen in dem Karton unterzubringen. Obenauf legt Anneliese einen gut gewachsenen Tannenzweig und einen Stern, den sie selbst aus Goldpapier und Strohhalmen gefertigt hat. Bestimmt wird auch dieses Paket viel Weihnachtsfreude bereiten und dazu beitragen, daß Menschen in beiden deutschen Staaten in guter Verbindung bleiben.

Übungsmöglichkeiten:
1. **Aufeinanderfolge gleicher Mitlaute (Konsonanten) bei Zusammensetzungen:** Festtage, Strohhalm, mitteilen, Vorrat, abbeißen, Schulleiter, annehmen, Aufführung, Uferrand, Brotteig, zahllos, Aussicht, Stadttor,

Überraschung, Zuckerrohr, Fahrräder, Abbau, lehrreich, straffrei, verreisen, ...
Bilde noch mehr derartige Zusammensetzungen!
Beachte: Drei gleiche Mitlaute (Konsonanten) werden nicht hintereinander geschrieben. Nur bei der Silbentrennung wird der dritte Mitlaut (Konsonant) sichtbar. (Sperriegel – Sperr-riegel, Ballettänzerin – Ballett-tänzerin, Fußballänderspiel – Fußball-länderspiel, Schiffahrt – Schiff-fahrt, ...)

2. **Hauptwörter (Substantive) mit der Nachsilbe -ung:** Anordnung, Verbindung, Packung, Entscheidung, Vernachlässigung, Überzeugung, Untersuchung, Begrenzung, Zeichensetzung, Rechtschreibung, Bedeutung, ...
Trenne die Wörter nach Silben (An-ord-nung, ...)!
Schreibe Zeitwörter (Verben), die durch die Nachsilbe *-ung* zu Hauptwörtern (Substantiven) verwandelt werden! (beschleunigen – Beschleunigung, belehren – Belehrung, ...)

3. **Großschreibung von Mittelwörtern (Partizipien):** einige Bekannte, alle Verwandten, die Umstehenden, vier Schwerverletzte, alle Erkrankten, ein Gesandter, ein Verunglückter, das Gewohnte, kein Verwundeter, die Besiegten, die Überlebenden
Schreibe Gegenüberstellungen (einige bekannte Kinder – einige Bekannte, ...)!

4. **Zusammensetzungen mit dem Bindungs-s:** Weihnachtspakete, Mitternachtsstunde, Vorweihnachtszeit, Nahrungsmittel, ahnungslos, Entscheidungskampf, Entwicklungshilfe, schonungsvoll, Gerichtssaal, Königspaar, Geburtstagsfeier, arbeitslos, Gesundheitszustand, vertrauenswürdig, arbeitsscheu, hilfsbedürftig, Verpackungsmaterial, Vorratslager, ...
Füge andere zusammengesetzte Wörter mit Bindungs-*s* hinzu!

5. **Wortfeld „Gebiet":** Gebiet (Industrie-, Überschwemmungs-, Kriegs-, Wohn-), Bezirk (Regierungs-, Stadt-, Pfarr-, Schul-, Grenz-), Kreis (Land-, Stadt-, Bann-, Polar-, Erd-, Gesichts-, Um-), Land (Heimat-, Mutter-, Vater-, Öd-, Bundes-, Abend-, Ursprungs-, Flach-, ...), Gelände (Wald-, Berg-), Mark (Feld-, Grenz-), Zone (Klima-, Tropen-, Äquator-), Gau, Provinz, Departement, Kanton, Distrikt, Gemarkung, Region, Bereich (Herrschafts-, Küsten-), Sprengel, Diözese (Erz-), Insel (Halb-), Erdteil, Hemisphäre, Staat (Bundes-, Zwerg-, Binnen-, Stadt-, Kirchen-, Frei-), Grafschaft, Herzogtum, Reich (König-, Kaiser-, Welt-), Dominium, Territorium, Protektorat, Reservat, Feld (Minen-, Gesichts-, Roggen-, ...)
Ordne die Wörter alphabetisch!

150

Weihnachten überall

Als vor den Toren Bethlehems Engel die wunderbare Geburt des Heilandes verkündeten, richteten sie diese Botschaft nicht nur an die Hirten, die in jener Nacht über ihre Schafherden wachten, sondern an alle Menschen, die guten Willens sind. Diese frohe Botschaft hat sich über alle Erdteile ausgebreitet, so daß überall da, wo Christen wohnen, sie das Geburtsfest des Gottessohnes in feierlicher Form und Besinnlichkeit begehen. Wenn auch das Christfest in allen Sprachen einen anderen Namen hat und in den einzelnen Ländern verschiedenartige Weihnachtsbräuche Ausdruck der Freude sind, so feiern doch Menschen aller Rassen und Zonen die Erinnerung an das Geschehen der Heiligen Nacht. Wer aber diesen eigentlichen Sinn des Weihnachtsfestes nicht im Herzen trägt, kann ihn weder mit Lichterglanz und Tannengrün hervorzaubern, noch in aufwendigen Geschenken erwerben. Daher wird jeder, der Weihnachten im echten Sinne begehen will, auch für die innere Vorbereitung sorgen. So rüstet man sich auf das Christgeburtsfest unter der sengenden Sonne Afrikas ebenso wie bei den christlichen Lappländern am Polarkreis, den Bewohnern eines Andendorfes in Südamerika, den Christen in Japan oder in Australien. Millionen Weihnachtsgrüße gehen von Mensch zu Mensch und schaffen Verbindungen sogar über Grenzen und Ozeane hinweg.

Übungsmöglichkeiten:

1. **Das silbentrennende h:** Weihnacht, begehen, verzeihen, verstehen, Drohung, Stroh, wehen, rauh, Uhu, ziehen, reihenweise, wiehern, erhöht, Eichelhäher, roh, sprühen, Frohsinn, Frühling, Brühe, flehentlich, Vieh, Nähseide, Ruhe, flehen, nähen, verbrüht, drohend
   Ordne nach Wortarten (Hauptwort, Zeitwort, Eigenschaftswort, Mittelwort)!
2. **ch am Wortanfang:** Christen, Chor, Chronist, Chrom, Charakter, Chlor, chaotisch, Chemie
   Bilde davon zusammengesetzte oder verwandte Wörter!
3. **t als Gleitelaut vor der Nachsilbe -lich:** eigentlich, gelegentlich, freventlich, namentlich, öffentlich, wöchentlich, hoffentlich, wesentlich, erkenntlich, versehentlich, flehentlich, wissentlich
   aber: verständlich, abendlich, unvermeidlich, jugendlich, endlich, morgendlich, stündlich, mündlich, rundlich
   Ordne die Wörter alphabetisch!
4. **Wortfamilie „schaffen":** schaffen, an-, ab-, be-, herbei-, er-, fort-, mit-, weg-, zurück-; Schaffenskraft, -drang, -freude; Schaffner, Straßenbahn-, Post-, Autobus-, Zug-; Erschaffung, Be-, An-, Ab-; Geschäft,

Lebensmittel-, Schuh-, Verlust-, Geld-, Einzelhandels-; Geschäftsmann, -inhaber, -zeit, -gewinn, -zimmer, -ordnung, -führer, -stelle, -bereich, -abschluß; Beschäftigung, Freizeit-, Lebens-, Abend-, Sonntags-; beschäftigen; geschäftig, -lich; geschäftstüchtig, -fähig, -mäßig; schöpfen, ab-, aus-, er-; Schöpfeimer, -kelle, Ge-; Schöpfer; Schöpfung, Schöpfungswerk, -geschichte; Schöffe; Schöffengericht; schöpferisch; unerschöpflich
Schreibe die Wörter vollständig ab!
5. **Wortfeld „vorbereiten":** vorbereiten, rüsten, planen, errichten, zubereiten, vorsorgen, heranreifen, üben, vorarbeiten, sich anschicken, Vorkehrungen treffen, Tisch decken, bereithalten, sich fertig machen, ausbrüten, zurechtlegen, ausbilden, in Angriff nehmen, anbahnen, einrichten, schulen, zuschneiden
Bilde Sätze!

8. SCHULJAHR

151
Am Jahresanfang

Das neue Jahr ist bereits einige Tage alt. Bekannte und Verwandte haben sich einander Glückwünsche gesandt und, wenn sie sich trafen, „Alles Gute zum neuen Jahr!" zugerufen. Auch wenn am Silvesterabend viele Menschen fröhlich feiern, sind andere zum Jahresschluß recht nachdenklich gestimmt. Manche beten beim Jahreswechsel, denn sie wissen, daß Gott Herr über Zeit und Ewigkeit ist. Wenn auch ein Jahr nur einen kurzen Abschnitt unseres Lebensweges darstellt, so ist es doch für jeden Menschen sehr bedeutungsvoll. Niemand weiß, was das kommende Jahr an Sorgen oder Freuden, an bösen oder frohen Stunden bringen wird. Jeder Tag kann eine lebenswichtige Entscheidung verlangen, Krankheit, Unglück oder Tod bringen. Viele Menschen haben Angst vor Arbeitslosigkeit und einem möglichen Krieg. Daher bitten sie Gott besonders, daß er den Frieden erhalten möge. Trauernde begehren Trost, Kranke erhoffen vom neuen Jahr die Genesung von ihren Leiden. Die Bauern wünschen für ihre Felder Fruchtbarkeit und ertragreiche Ernten. Die Männer von Handel und Industrie erwarten von der Zukunft eine erfolgreiche wirtschaftliche Entwicklung. So hat jeder besondere Wünsche zum Jahreswechsel. Wir alle aber wollen mit Gottes Hilfe in diesem Jahr unsere Pflicht erfüllen.

Übungsmöglichkeiten:

1. **Die Nachsilben -heit und -keit:** Verlegenheit, Krankheit, Ewigkeit, Fruchtbarkeit, Tätigkeit, Lauheit, Gleichgültigkeit, Entschiedenheit, Schnelligkeit, Schwachheit
Ergänze bei folgenden Wörtern die Nachsilben *-heit* oder *-keit*: männlich, kühn, gesund, mutwillig, selten, gemütlich, annehmlich, mühselig, dankbar, reichhaltig, flüssig, trüb, selig, beschränkt, schuldig, wählbar, freundlich, geschwind, hoch, bequem, hell, dunkel, kleinlich, zäh, fröhlich! (Siehe Beiheft L 153!)
2. **Zusammengesetzte Eigenschaftswörter (Adjektive) mit „voll" und „reich":** ertragreich, erfolgreich, friedvoll, gemütvoll, wasserreich, arbeitsreich, bedeutungsvoll, gehaltvoll, mühevoll, sinnreich, gefahrvoll, lehrreich

Bilde aus folgenden Hauptwörtern (Substantiven) durch Anfügen der Wörter „*voll*" und „*reich*" Eigenschaftswörter (Adjektive): Leid, Sieg, Gram, Jammer, Kinder, Ehre, Angst, Unheil, Idee, Geschmack, Pracht, Verlust, Schmach, Wald, Maß, Schwung, Freude, Wild, Zahl, Zucht, Trost, Klang, Gefühl! (Siehe Beiheft L 154!)

3. **Fremdwörter mit v:** Silvester, Violine, Lokomotive, Konserven, Vase, Sklave, Ventil, Kurve, privat, servieren, November, Vulkan, Brevier, Vatikan, Stativ, Universität, Revolver, Provinz, Olive, Advent, evangelisch, Manöver, Lava, Revolution, aktiv, Vene, Malve, Invalide
Schreibe die Wörter in dein Übungsheft!

4. **Wörter mit dt:** Verwandte, gesandt, Stadt, angewandt, sie lädt ein, er ist beredt
Bilde neue Wörter (Gesandtschaft, Bewandtnis, städtisch, ...) und verwende sie in Sätzen! Aber beachte: Gewand, Versand, Versandabteilung, Beredsamkeit

5. **Unterscheidung von nf, nft, mpf, mpft:** Zukunft, kämpfen, Hanf, dumpf, sanft, verkrampft, stumpf, verdampft, Senf, Strumpf, Zunft, Sinfonie, geschimpft, Infanterie, Impfung, empfangen, Trumpf, Ankunft, Sänfte, Rumpf, Vernunft, Konferenz, Sumpf
Ordne die Wörter nach ihrer Schreibung *(nf, nft – mpf, mpft)*! Bilde davon abgeleitete und zusammengesetzte Wörter (zukünftig, Kampfkraft, ...)!
Deutliche Aussprache ist hier besonders wichtig!

6. **Schreibweisen des langen u:** Gut, Huhn, sputen, Truthahn, Spur, Ruhm, Truhe, Rune, Urwald, Aufruhr, Spule, Rute, Schnur, Brotkrumen, Wut, Fuder, Natur, Ruhr, Kultur, entmutigt, Fuhrwerk, Glut, Trubel, Flut, Kanu, Strudel, Kur, Glasur, Mumie, Mus
Suche verwandte Wörter!

Karneval

In vielen Städten und Dörfern Süd- und Westdeutschlands feiern die Leute ausgiebig Karneval. Alljährlich ziehen in diesen Tagen frohe, maskierte Menschen mit Musik durch die Straßen. Besonders in Köln, Mainz, Düsseldorf und München strömen Unzählige zusammen, um die Karnevalszüge anzuschauen. Millionen Menschen verfolgen stundenlang diese Züge daheim an den Fernsehgeräten. Bereits Monate vorher wird mit der Vorbereitung der vielen Festwagen begonnen. Die Ereignisse des letzten Jahres aus Politik, Sport und anderen Bereichen des öffentlichen Lebens werden dabei in humorvoller Weise wiedergegeben. Am prunkvollsten, mit den höchsten Aufbauten versehen, ist stets der Prinzenwagen, denn er soll bei allen Karnevalszügen den Höhepunkt bilden. Viele Musikkapellen in bunten Uniformen spielen Märsche oder Karnevalslieder, die teilweise von mitmarschierenden Gruppen und karnevalsbegeisterten Zuschauern mitgesungen werden. Oft ist das Gedränge der Menschen so groß, daß der Karnevalszug nur mit Mühe vorwärtskommt. Ähnliche Züge wurden bereits im Mittelalter von Zünften und Patriziern durchgeführt, wobei vielfach hölzerne, kunstvolle Masken und vorgeschriebene Kostüme getragen wurden. Ursprünglich waren diese Fastnachtsbräuche Ausdruck der Freude über den nahenden Frühling. Mit Lärm und furchterregenden Masken sollte der Winter, unter dem die Menschen früher sehr litten, endgültig verjagt werden.

Übungsmöglichkeiten:

1. **Wortreihe „Karneval":** Karnevalszug, -tage, -verein, -maske, -lied, -kostüm, -bräuche, -abend, -versammlung, -schlager, -gesellschaft, -programm, -feier, -fest, -zeit, -musik; karnevalistisch
Schreibe die Wörter vollständig ab!
2. **Fremdwörter mit -ik:** Politik, Musik, Klinik, Gotik, Keramik, Leichtathletik, Plastik, Fabrik, Technik, Akustik, Optik, Mathematik, Mechanik, Klassik, Romantik, Astronautik, Kritik, Botanik, Statistik, Graphik, Tragik, Katholik, Gymnastik, Grammatik
Bilde davon neue Wörter! (Politiker, Musikkapelle, Kinderklinik, ...)
3. **Wörter mit sk:** Maske, Muskel, Oskar, Eskimo, Basken, riskieren, Ski, Skorpion, Skelett, Mikroskop, Moskau, Skandinavien, Skabiose (blaue Feldblume), Sklave, Skorbut (Knochenkrankheit), Skat, skizzieren, Eskorte, Obelisk, Askese, Basketball, Skala, Skandal
Ordne die Wörter nach ihrer Silbenzahl! (Beachte beim Trennen: Mikro-skop!)
4. **Zusammensetzungen mit -weise:** teilweise, glücklicherweise, leihweise, ratenweise, probeweise, gleicherweise, sprungweise, dankbarerweise, schrittweise, richtigerweise, klugerweise, stundenweise, tageweise, ...
Spielweise, Kampfweise, Arbeitsweise, Lehrweise, Fahrweise, Schreibweise, Zahlungsweise, Singweise, Sprechweise
Aber: in lustiger Weise, in falscher Weise, in segensreicher Weise, ...
Übe die Zusammenschreibung der Umstandswörter (Adverbien) auch in Sätzen!
5. **Eigenschaftswörter (Adjektive) mit „voll" am Ende:** humorvoll, prunkvoll, schonungsvoll, jammervoll, geheimnisvoll, kummervoll, grauenvoll, hochachtungsvoll, zuchtvoll, wertvoll, geschmackvoll, leidvoll, gramvoll, machtvoll, wundervoll, hoffnungsvoll, liebevoll, angstvoll,

spannungsvoll, ehrfurchtsvoll, maßvoll, gemütvoll, sorgenvoll, stimmungsvoll, gehaltvoll, lebensvoll, rücksichtsvoll, unheilvoll, schamvoll, sinnvoll
Setze passende Hauptwörter hinzu (ein humorvolles Buch, ...) und löse die Eigenschaftswörter auf (voll Humor, voller Prunk, ...)!
6. **Wortfamilie Ende:** endgültig, endlich, endlos, enden, beenden, verenden; Endkampf, -silbe, -lauf, -station, -spurt, -losigkeit, -punkt, -erfolg, -stand, -runde, -bescheid; Spielende, Kampf-, Jahres-, Wurst-, Zeilen-, Wochen-, Monats-, Lebens-; Achtender; Unendlichkeit; Endung; Beendigung
Schreibe die Wörter ohne Ergänzungsstriche ab und vergleiche sie mit folgenden Wörtern: entlaufen, entscheiden, enterben, entwickeln, entstehen, entgleiten, ...!

Neue Hoffnung 153

Den ganzen Winter über war die alte Frau Steinbach bettlägerig gewesen. Ein hartnäckiges Rheuma bereitete ihr schmerzhafte Wochen. Sie sehnte sich nach dem Frühling, denn von ihm erhoffte sie sich eine endgültige Besserung ihres Gesundheitszustandes. An den ersten warmen Frühlingstagen stellten ihre Angehörigen einen bequemen Lehnstuhl an die von der Sonne beschienene Hauswand. Von dort aus konnte die Kranke die Farbenpracht der Frühlingsblumen im Hausgarten sehen. Ganz behutsam wurde Mutter Steinbach zum ersten Male nach langer Zeit in den Garten geführt. Ein paar Decken und ein weiches Kissen sollten ihr das Sitzen im Garten erträglicher machen. „Ach, wie schön ist es hier!" rief sie. Vor ihr leuchtete das Gelb der Narzissen, und die Tulpenkelche prangten in verschiedenen Farben. Einige Kohlweißlinge und Zitronenfalter umgaukelten die Blüten und ließen sich zu kurzer Rast auf ihnen nieder. Ein Summen in den Zweigen des Apfelbaumes erregte gleichfalls die Aufmerksamkeit der Alten. Eine Anzahl Bienen umschwärmte geschäftig die geöffneten Apfelblüten. Der Kirschbaum beim Nachbarn blühte schon seit vorgestern. Das alles sah die alte, kranke Frau mit sichtbarer Freude. Wie oft schon hatte sie dieses Frühlingswunder miterlebt, doch immer wieder war sie davon ergriffen. Fast vergaß sie dabei ihre Schmerzen. Sie glaubte fest, daß dieser Frühling ihr die ersehnte Heilung bringen würde.

Übungsmöglichkeiten:
1. **Das Binde-s bei Zusammensetzungen:** Friedhofsgräber, Frühlingstage, Gesundheitszustand, Frühlingsblumen, Übungsmöglichkeit, Lehrlingsheim, vertrauenswürdig, Bahnhofsvorplatz, Bauersfrau, Leitungs-

wasser, Zukunftspläne, Geschwindigkeitsbegrenzung, Hilfsarbeiter, Gebrauchsanweisung, Schönheitssinn, Namensvetter, Nahrungsmittel, ehrfurchtsvoll, arbeitseifrig
Schreibe zusammengesetzte Haupt- und Eigenschaftswörter (Substantive und Adjektive) und untersuche diejenigen, die ein *Binde-s* besitzen! (Frühlingstage – Tage des Frühlings, vertrauenswürdig – des Vertrauens würdig, . . .)
2. **st und ßt:** fast, fest, vorgestern, bewußt, gefaßt, Faust, flüstern, verblaßt, Ast, Gast, gegrüßt, Gerüst, Fastnacht, verhaßt, verpraßt, Belastung, Pest, gehißt, verrostet, Muster, verrußt, entblößt, gelöst, verpaßt, gespeist, zerreißt, Kleister, Rast, Frist, gesüßt, Lust
Ordne die Wörter nach ihrer Schreibweise!
3. **Wörter mit rh:** Rheuma, Rhein, Katarrh, Rhabarber, Rhythmus, Rhön, Rhone, Rhododendron (Blütenstrauch), Rhombus
Bilde davon neue Wörter! (rheumatisch, rheinisch, . . .)
4. **Schreibweisen des langen a:** Vorjahr, behutsam, Anzahl, paar, Reklame, Haar, madig, Schicksal, Kahn, staatlich, schmal, Maat, Matrose, Saal, Waren, Waage, Schwan, Gemahl, Maar, kahl, Lokal, Stahl, Gefahr, Graf, Salat, Saat, Spaten, Aal, Ahle, zahm, Samen, Limonade, Kanal, Strahl, Paarlauf, Marmelade, Kran, Pfahl, Qual, Schale, Leichnam, herumkramen, namentlich, Annahme, Karfreitag, Marschall, Nachbar, Porzellan, Sahne, Draht, lahm, Saar, Schal, Aas, Schakal, Saale
Ordne die Wörter nach ihrer Schreibweise (ohne Dehnungszeichen, mit Verdoppelung des Selbstlautes, mit Dehnungs-h)!
5. **Die Nachsilbe -keit:** Aufmerksamkeit, Dankbarkeit, Verschiedenartigkeit, Herzlichkeit, Unvorsichtigkeit, Zuverlässigkeit, Gewissenhaftigkeit, Fröhlichkeit, Fruchtbarkeit, Fähigkeit, Furchtsamkeit, Schnelligkeit, Höflichkeit, Wirklichkeit, Unfehlbarkeit, Achtsamkeit, Ängstlichkeit, Mutwilligkeit, Freundlichkeit, Gründlichkeit, Duldsamkeit, Ehrlichkeit, Einigkeit, Unabhängigkeit, Gefälligkeit
Ordne die Wörter nach den Nachsilben, die vor *-keit* stehen!

Der Blumengarten

Von den ersten Frühlingstagen bis zum einsetzenden Frost ist ein ständiges Blühen im Garten. Es erscheint uns fast wie ein Wunder, wenn nach der Winterkälte die Schneeglöckchen durch den noch frostharten Boden brechen und mitten im schmelzenden Schnee zu blühen beginnen. Nicht lange danach entfalten die Krokusse ihre zartfarbenen Blütenkelche, die wie bunte Farbkleckse auf dem grünen Rasenteppich ausschauen. Es ist, als ob nun ein Wetteifern der Frühblüher im Garten einsetzt. Forsythien, Tulpen, Hyazinthen und Narzissen wollen nicht mehr länger warten, durch ihre kräftig leuchtenden Blüten der Natur schon frühe Farbenpracht zu verleihen. Nicht so auffällig wirken die ebenfalls schon frühzeitig erwachten Veilchen. Man muß sie suchen, wenn man sich an ihrem Blütenduft erfreuen will. Dagegen sind die vielfarbigen, großblütigen Stiefmütterchen nicht zu übersehen. Wenn nun auch noch Flieder- und Obstbäume blühen, ist die Pracht kaum zu überbieten. Doch täglich öffnen sich neue Blütenköpfe und wenden sich der Sonne zu. Eine Vielfalt von Gartenblumen gibt es, die Häuser und Straßen in Städten und Dörfern verschönern. Da sind die verschiedenen Nelkenarten, viele Sorten von Rosen, Gladiolen und Dahlien, die an den Zäunen kletternden Wicken und Kressen, die tellergroßen Sonnenblumen, die herbstlichen Astern und all die andern Blumen in ihren verschiedenen Farben und Formen.

Übungsmöglichkeiten:
1. **Wortfamilie „blühen":** auf-, er-, ver-, aus-, ab-; blühend; verblüht, er-; Frühblüher; Blüte, Kelch-, Kirsch-, -zeit; Blütenstand, -honig; blütenweiß, -rein; Blume, Garten-, Feld-, Sonnen-; Blumenwiese, -zier, -strauß, -garten; Blümchen, Gänse-; blumig; geblümt; unverblümt
Suche noch andere Zusammensetzungen (Apfelblüte, Blütenblatt, Blumenvase, ...)!
2. **Rechtschreibschwierige Blumennamen:** Hyazinthe, Forsythie, Narzisse, Krokus, Fuchsie, Chrysantheme, Margeriten, Geranie, Zinnie, Pelargonie, Azalee, Phlox, Skabiose, Lilie, Gladiole, Dahlie, Rhododendron
Übe die Schreibweise der Blumennamen in Sätzen!
3. **Wörter mit cks und ks (X-Laut):** Klecks, Häcksel, Knicks, schnurstracks, links, klecksen, mucksen, Keks, Knacks, Koks
Bilde verwandte Wörter! (Tintenklecks, häckseln, ...)
4. **Zusammengesetzte Wörter mit Aufeinanderfolge gleicher Mitlaute (Konsonanten):** auffällig, abbauen, Mitteilung, Annahme, verregnet, Aussaat, Strohhalm, unterrichten, Zuckerrübe, Kunststück, Baummarder, überreden, Platzziffer, flügellahm, Stadttheater
Suche ähnliche Wörter!
5. **Zusammengesetzte Eigenschaftswörter (Adjektive) – Das Bestimmungswort ist ein Hauptwort (Substantiv):** frosthart, tellergroß, mausgrau, weinrot, turmhoch, stahlhart, gallebitter, essigsauer, todkrank, spiegelglatt, riesengroß, seegrün, jahrealt
Setze die Reihe fort!

6. **Unterscheidung fältig – fällig:** vielfältig, gefällig, auffällig, einfältig, schwerfällig, zufällig, sorgfältig, beifällig, ausfällig, rückfällig, baufällig, anfällig, überfällig
Ordne die Worte nach ihrer Herkunft!

155

Die Bedeutung der Familie

Von Geburt an gehören wir alle irgendeiner Familie an. Nur in der Geborgenheit des Elternhauses, im Schutze der Familie können glückliche, gesunde Kinder heranwachsen. Sie ist die kleinste, aber auch wichtigste menschliche Gemeinschaft. Daher werden alle demokratischen Staaten und die Kirchen bestrebt sein, der Famlie zu helfen. Ohne sie ist weder staatliche noch kirchliche Gemeinschaft möglich. In der Bundesrepublik gibt es ein eigenes Familienministerium, das für das Wohl der Familien zu sorgen hat. Hier werden Vorschläge und Gesetzentwürfe zum Nutzen der Familien ausgearbeitet. Soziale Einrichtungen des Staates und der Kirchen, finanzielle Unterstützungen und Kindergeldzuschüsse sollen besonders kinderreichen Familien helfen. Doch nicht nur Staat und Kirche schützen die Familien. Gott selbst hat in einigen seiner Gebote die Erhaltung der Familiengemeinschaft gefordert. Alle Familienmitglieder müssen aber selbst dafür sorgen, daß das Leben in dieser Gemeinschaft glücklich und reibungslos verläuft. Auch jeder Junge und jedes Mädchen kann entscheidend durch richtiges Verhalten zum Glück der Familie beitragen. Ein einziger, der sich nicht ein- und unterordnen will, stört das Gemeinschaftsleben der Familie verhängnisvoll.

Übungsmöglichkeiten:

1. **Wörter mit der Nachsilbe -ung:** Einrichtung, Unterstützung, Erhaltung, Unterordnung, Reinigung, Empfehlung, Stellung, Beobachtung, Übertreibung
Trenne die Wörter (Ein-rich-tung, ...)!
Bilde aus folgenden Wörtern mit Hilfe der Nachsilbe *-ung* Hauptwörter (Substantive): genehmigen, besorgen, stören, beachten, leisten, bereichern, bemühen, verheiraten, begrüßen, anfertigen, bearbeiten, segnen, bestreben, nähren, kleiden, verzögern, erklären, heilen, erfinden, belohnen! (Siehe Beiheft L 155!)
2. **Unterscheiden der Nachsilben -ig, -isch und -lich bei Eigenschaftswörtern (Adjektiven):** glücklich, demokratisch, wichtig, menschlich, staatlich, kirchlich, mehlig, gefällig, räuberisch, hebräisch, zornig, verräterisch, wollig, regnerisch, herbstlich, bereitwillig

Ordne die Wörter nach ihren Nachsilben! Bilde aus folgenden Wörtern mit Hilfe der Nachsilben *-lich, -isch* und *-ig* Eigenschaftswörter (Adjektive): Eigentum, Italien, Ecke, erfinden, sauber, Afrika, sterben, Welle, Frankreich, genießen, barfuß, Wind, Sturm, schmeicheln, Art, Gott, Fleiß, krank, vergeben, Bauer, Nebel, Öl, Teufel, Winkel, Spanien, Kind, Schrift, wohnen! (Siehe Beiheft L 156!)

3. **Hauptwörter (Substantive) mit der Nachsilbe -heit:** Reinheit, Einheit, Gemeinheit, Eigenheit, Menschheit, Christenheit, Gewohnheit, Bosheit, Überlegenheit, Verschiedenheit
   Setze an folgende Wörter die Nachsilbe *-heit:* dumm, Kind, beliebt, halb, gewandt, gleich, wahr, kühn, gesund, träge, faul, dunkel, schwach, trocken, sicher! (Siehe Beiheft L 157!)

4. **Wortfeld „Familie":** Eltern, Ehemann, Ehefrau, Gemahl, Gemahlin, Gatte, Gattin, Kinder, Sohn, Tochter, Geschwister, Bruder, Schwester, Großeltern, Schwiegereltern, Schwager, Schwägerin, Vetter, Base, Braut, Bräutigam, Enkelkinder, Verwandte; verwandt, verschwägert, familiär; verloben, verheiraten, vermählen, verehelichen, sich trauen lassen; Verlobung, Hochzeit, Vermählung, Trauung, Eheschließung, Kindtaufe, Geburtstag, Tod

5. **Fremdwörter mit -al am Wortende:** sozial, diagonal, Skandal, Kanal, minimal, maximal, Original, real, Portal, brutal, Kapital, normal, Pokal, national, Lokal, Choral, Korporal, General, Personal, Moral, Signal, Fanal, genial, ideal, Quartal
   Bilde davon neue Wörter! (Sozialist, Diagonale, ...)

156

Ein Kinderschicksal in der Dritten Welt

Abseits der verkehrsreichen Prachtstraßen der Millionenstadt Hongkong lebt der achtjährige Wu mit seinen Eltern und drei jüngeren Geschwistern. Vor vier Jahren kamen sie aus ihrer chinesischen Heimatprovinz. Sie wohnen in einer armseligen Bude, die sie aus Blech, Holzabfällen, Pappe und alten Säcken errichtet haben. Der Vater ist eigentlich arbeitslos, doch es gelingt ihm immer wieder, durch kleine Beschäftigungen ein paar Dollars zu verdienen. Das reicht gerade, um das Nötigste einzukaufen. Manchmal findet auch die kränkliche Mutter eine Erwerbsmöglichkeit. Dann ist der kleine Wu den jüngeren Geschwistern Vater und Mutter zugleich.
An manchen Abenden aber läuft Wu flink zwischen den Autos umher, die in fast endloser Reihe an den Landungsbrücken vorfahren. Von dort bringen Fährschiffe vornehm gekleidete Menschen zu den Vergnügungsvierteln oder vorgelagerten Inseln und andere nach Hongkong zurück. Der

kleine Wu winkt den Taxis und dirigiert sie zu wartenden Passanten, die sich durch Trinkgelder erkenntlich zeigen, wenn er ihnen die Wagentür aufreißt. Das tut er sechs bis sieben Stunden lang. Es ist eine anstrengende und auch gefährliche Beschäftigung für den Achtjährigen. Wenn es dann in der Riesenstadt still wird, ist Mitternacht längst vorüber. Erst dann kehrt Wu zu seiner Familie zurück und liefert das Geld ab, das er verdient hat.

Übungsmöglichkeiten:

1. **t als Gleitelaut vor der Nachsilbe -lich:** ordentlich, wissentlich, gelegentlich, eigentlich, wöchentlich, namentlich, versehentlich, öffentlich, hoffentlich, flehentlich, erkenntlich, wesentlich
Bilde mit diesen Wörtern Sätze!

2. **ä – e:** Welt, achtjährig, Eltern, Blech, Abfälle, kränklich, Fährschiffe, Erwerb, gefährlich, erkenntlich, längst
Setze in die Wortlücken *ä* oder *e* ein: Gel–nde, w–rtlos, verst–rken, qu–len, T–rpentin, –hrlich, Getreide–hren, zuverl–ssig, Verl–tzung, besch–digen, H–ringe, P–chter, m–chtig, Untersch–nkel, Verschw–ndung, Kniegel–nk, qu–r, schw–rf–llig, Verst–ndnis, Vertr–tung, Gedr–nge, Gesch–nk, h–rbstlich, –rztlich, gl–nzend, P–ch, schw–chlich (Arbeitshilfe: Je 14 *ä* und *e* sind einzusetzen. Siehe Beiheft L 158!)

3. **Paar – paar:** ein Paar Ohrringe – ein paar Dollars
Schreibe *ein Paar* oder *ein paar* vor die folgenden Wörter: Kilometer, Fußballschuhe, Briefmarken, Bleistifte, Trauringe, Socken, Kirschen, Steine, Strümpfe, Skier, Aufnahmen, Stiefel, Wochen, Sandalen, Streichhölzer! (Siehe Beiheft L 159!)

4. **Komma bei erweiterter Grundform (Infinitiv):** Das Geld reichte gerade, um das Nötigste *einzukaufen*. – Wu bemühte sich, seinen Geschwistern *zu helfen*. – Der Vater versuchte, Arbeit *zu finden*. – Er redete, ohne *zu überlegen*. – Wir schreiben, um *zu üben*.
Steht vor *zu* und der Grundform (Infinitiv) noch ein anderes Wort, muß ein Komma gesetzt werden. Nur bei der reinen Grundform mit *zu* bleibt das Komma fort. Beispiele: Er glaubte zu träumen. Sie versuchte zu schwimmen. Wir hoffen zu kommen. Die Eltern beabsichtigen zu verreisen. Es gelang ihnen zu siegen.
Erweitere die Beispielsätze so, daß Kommas erforderlich werden! (Siehe Beiheft L 160!)

5. **Wortfeld „Wohnung":** Unterkunft, Bude, Zimmer, Raum, Obdach, Zelt, Gehöft, Baracke, Palast, Salon, Gemach, Schlafstelle, Landhaus, Mietskaserne, Hochhaus, Wolkenkratzer, Schuppen, Laube, Mansarde, Kammer, Villa, Behausung, Wohnwagen, Hütte, Saal, Quartier, Not-

wohnung, Wohnküche, Fachwerkhaus, Lager, Pension, Iglu, Höhle, Asyl, Halle, Herberge, Burg, Kloster, Kaserne, Schloß, Bungalow, Heim

Ordne die Wörter nach Bezeichnungen für Wohnräume und Wohnbauten! Sammle die Fremdwörter!

157
Schützt die Nistplätze!

Weithin vernehmbar klingt das Lied einer Amsel von der Spitze der höchsten Fichte in den Frühlingsabend. Plötzlich verstummt das Lied, und in weitem Bogen schwingt sich der Vogel hinab ins Waldesdunkel. In einem Reisighaufen verborgen, sitzt sein Weibchen auf den am Vortage geschlüpften Jungen und umhegt mit wärmender Mutterliebe die noch ganz Hilflosen.

Überall unter dem schützenden Blätterdach der Wälder, im undurchdringlichen Dickicht von Sträuchern und Brombeergerank, im Röhricht der Seen, in der Geborgenheit von Erdmulden und in hohlen Baumstämmen befinden sich die mühsam gebauten, kunstvollen Nester der Vögel. Jeder Vogel nistet dort, wo er die günstigsten Lebensbedingungen findet und wo sich sein Federkleid farblich am besten der Umgebung anpaßt. Auch die Form des Nestes und das zum Nestbau erforderliche Material sind jeder Vogelart vorgeschrieben. Die Natur gibt ihnen die vielfältigsten Schutzmaßnahmen mit, um jede Art zu erhalten. Nicht willkürlich werden von den Vögeln die Nistplätze gewählt, nicht wahllos das Baumaterial für das Nest ausgesucht. Der Instinkt leitet die Tierchen zum richtigen Handeln an. Entdecken wir irgendwo ein Vogelnest, sollten wir Ehrfurcht und Achtung haben vor den Leistungen der kleinen Geschöpfe und nicht ihre Ruhe stören. Jeder sollte Schützer der schwachen Kreatur sein!

Übungsmöglichkeiten:

1. **Fremdwörter, die auf -ur enden:** Natur, Kreatur, Frisur, Diktatur, Politur, Struktur, Reparatur, Korrektur, Klausur, Inventur, Figur, Zensur, Abitur, Glasur, Tinktur, Tortur, Tonsur, Manufaktur
   Schreibe die Wörter in alphabetischer Ordnung ab!

2. **Das lange i in seiner verschiedenartigen Schreibung:** Lied, Wiege, sie gibt, ihnen, vielfältig, ihr, Gefieder, erwidern, Primel, Flieder, Mandoline, Bibel, spazieren, Ventil, Augenlid, Gummi, Batterie, Kilogramm, Schiene, Marine, Symphonie, Genie, Zierrat, Visite
   Ordne die Wörter nach der Schreibweise ihres *I-Lautes* und erweitere die Reihen!

3. **hohl – holen:** hohl (hohle Hand, hohler Zahn, hohle Wangen, hohles Gerede), Hohlweg, -spiegel, -saum, -maß; Höhle, Räuber-, Augen-, Felsen-, Mund-, Tropfstein-; Höhleneingang, -bären, -bewohner; Höhlung; aushöhlen; verhohlen (verborgen), unverhohlen
holen, ab-, aus-, ein-, über-, er-, fort-, nach-, auf-, hervor-, herüber-, wieder-, zurück-; Erholung, Mütter-; Erholungsaufenthalt, -urlaub, -heim, -suchende, -gebiet; erholsam; Überholung; Überholverbot; Wiederholung; Wiederholungsspiel
Schreibe die Wörter vollständig ab!

4. **ä – e:** vernehmbar, vielfältig, Ehrfurcht, Ähre, Lärche (Baum), Schärpe, behende, ätzen, Stengel, sengen, hartnäckig, widerspenstig, Krempe, Schenkel, ausmerzen, März, Gerber, Gebärde, Gelenk, verschwenden, Fräser, Dämon, Schädel, Geländer, kärglich, Bescherung, Terpentin, Schleppe, Scherben, Äcker, Fontäne, ächzen, Sänfte, Senf, spärlich, Sperber, träge, aufsässig, unfähig, Kerker, Pächter, Gräten, quer, Schwemme, Säbel, Äquator, Geständnis
Ordne die Wörter nach ihrer Schreibung!

5. **Eigenschaftswörter (Adjektive) mit den Nachsilben -bar, -haft und -sam:** vernehmbar, mühsam, genügsam, unvorstellbar, gemeinsam, einsam, haltbar, dauerhaft, krankhaft, sonderbar
Bilde aus folgenden Wörtern mit Hilfe der Nachsilben Eigenschaftswörter (Adjektive): Furcht, glauben, Scham, essen, Held, Heil, Wunder, arbeiten, haften, flattern, Stand, verschließen, greifen, kosten, böse, hören, kleiden, Gewalt, danken, Frucht, Schaden, wirken, erreichen, schmecken, streben, trinken, lachen, Schuld, Mann, fassen, Greis!
(Siehe Beiheft L 161!)

6. **Schreibweisen des langen o:** Bogen, hilflos, hohl, Vogel, Boot, Mohn, Alkohol, Frondienst, Moos, Thron, moorig, Zone, Motor, Mohr, Ton, Schote, Brom, Dohle, johlen, Koog, Trog, Bohrer, empor, Person, Bohle, Schonung, Zoo, Telefon, Mole, loten, Monopol, Kanone, Solbad, Fohlen, Rohr, Phosphor, Tor, Rotkohl, Dämon, Chrom, Lohn, Chor, ohnmächtig
Ordne die Wörter nach ihrer Schreibweise *(o, oh, oo)*!

158
Vater, mein bester Kamerad

Von der Wohnzimmerdecke hing ein neuer, achtarmiger Leuchter. Besonders die Mutter war auf diese Neuerwerbung ordentlich stolz. Nun saßen der dreizehnjährige Wolfgang und sein Vater im Wohnzimmer und schauten im Fernsehen einem Fußballspiel der deutschen Nationalmannschaft zu. Gespannt verfolgten beide das Spielgeschehen. Da machte plötzlich Wolfgang voller Begeisterung einen Freudensprung, denn die Deutschen hatten soeben ein Tor erzielt. Doch unglücklicherweise stieß er dabei an die über ihm hängende Lampe. Klirrend zersplitterte eine der Glasschalen auf dem Fußboden. Vater schimpfte nicht, sondern er bremste nur die vom Anstoßen noch pendelnde Lampe. Wolfgang hob sorgfältig alle Glasscherben vom Teppich auf. Für beide war die Fernsehübertragung beendet. Sie wollten versuchen, noch bevor die Mutter vom Einkaufen heimkehrte, die Bruchstücke zusammenzukleben. Es war ihnen klar, daß das eine mühsame Arbeit sein würde. Stück für Stück fügten sie behutsam aneinander. Doch eins fehlte, daher rutschten Vater und Sohn auf den Knien durchs Zimmer. Endlich war die fehlende Glasscherbe gefunden. Mit einer Pinzette gelang es Vater, das letzte Schalenteilchen in die Lücke einzukleben. Die Reparatur war so gut gelungen, daß man die beschädigte Lampenschale von den übrigen kaum unterscheiden konnte.

Übungsmöglichkeiten:
1. **Mit Zahlwörtern (Numeralien) zusammengesetzte Eigenschaftswörter (Adjektive):** achtarmig, dreizehnjährig, viereckig, zweiflammig, vielstimmig, eintönig, dreistellig, doppelzüngig
Bilde ähnliche Wörter und ordne sie passenden Hauptwörtern (Substantiven) zu (der achtarmige Leuchter, . . .)!
2. **Schwierige Eigenschaftswörter (Adjektive) mit der Endung -ig:** knifflig, ölig, wollig, neblig, mehlig, heilig, mutwillig, gefällig, schwindlig, einstellig, drollig, dünnschalig, winklig, eklig, adlig, mollig, billig, hügelig, bucklig, untadelig, eilig, fettig, tranig, aufrichtig, sinnig, holprig
Begründe die Schreibweise der Wörter mit -lig! (knifflig – Kniffelei, ölig – Öl, . . . Das *l* gehört zum Stamm.)
3. **Folgende Zahlwörter (Numeralien) werden auch mit Geschlechtswörtern (Artikeln) immer klein geschrieben:** die beiden, der eine, der andere, die übrigen, das meiste, ein jeder, ein jeglicher
Bilde Sätze!
4. **Zusammenschreibungen mit „einander":** aneinander, zu-, mit-, für-, auf-, über-, durch-, aus-, in-, hinter-, nach-, vor-
Verbinde sie mit Zeitwörtern (Verben)!
(aneinanderkleben, durcheinanderlaufen, auseinanderjagen, . . .)
5. **Mittelwörter der Gegenwart (Partizipien im Präsens):** passend, bedeutend, klirrend, fehlend, singend, schreiend
Schreibe noch andere Mittelwörter der Gegenwart (Partizipien im Präsens) und setze sie vor Hauptwörter (Substantive)! (ein passender Anzug, ein bedeutender Dichter, . . .)

6. **Wörter mit tt:** Pinzette, Gewitter, Quittung, Bettler, satt, rütteln, Trittbrett, Werkstatt, Sattler, Vermittlung, zittern, Mittwoch, schnattern, ritterlich, gestatten, schattig, flattern, flott, Rabatt, platt, füttern, nett, stottern, fettig, zersplittern, Parkett
Schreibe die Wörter in folgender Anordnung ab: Haupt-, Zeit-, Eigenschaftswörter!

Planungen für das Eigenheim **159**

Lange schon plant Herr Müller, ein eigenes Heim zu bauen, in dem sich seine Familie wohlfühlen kann und er genügend Platz für seine Kinder hat. Bei Besuchen in anderen Wohnungen achtet er genau auf die Zimmereinteilung. Er schätzt die Ausmaße der Räume, Türen und Fenster und erkundigt sich nach Einzelheiten. Da und dort sieht er etwas Schönes und Praktisches, das er für sein Eigenheim auch verwerten möchte. Er bespricht alles eingehend mit seiner Frau und den Kindern. Natürlich bewegt sich das Planen im Bereich des zur Verfügung stehenden Kapitals, und mancher Wunsch muß daher unberücksichtigt bleiben. Eine Zeitlang konnte sich das Ehepaar nicht entscheiden, ob das Haus einen Balkon, eine Veranda oder eine Terrasse erhalten soll. Doch der Architekt weiß Rat. Er empfiehlt, eine Terrasse zu bauen, die teilweise durch einen Balkon überdacht wird. Nun sitzen Müllers oft vor dem Bauplan, den der Architekt entworfen hat. Mit dünnen Bleistiftstrichen zeichnen sie maßstabsgetreu in den Plan ein, wo ihre Möbel den günstigsten Platz finden werden. Noch haben die Bauarbeiten nicht begonnen, dennoch träumen sie alle schon vom neuen Heim.

Übungsmöglichkeiten:

1. **Mittelwörter der Vergangenheit (Partizipien im Perfekt) mit -igt und -licht am Wortende:** unberücksichtigt, begünstigt, ermöglicht, gesündigt, bescheinigt, verehelicht, beglaubigt, verdächtigt, verweichlicht, geheiligt, verängstigt, gereinigt, verherrlicht, beruhigt, berichtigt, verständigt, verdeutlicht, gewürdigt, verwirklicht, entschuldigt, erniedrigt, verweltlicht
Ordne die Wörter nach ihrer Schreibung *(igt, -licht)*!
2. **Wörter mit tzt:** geschätzt, jetzt, gehetzt, besetzt, verletzt, geritzt, geblitzt, angespitzt, gewitzt, verdutzt, zerplatzt, gekratzt, gespritzt, geschützt, geätzt, geprotzt, verputzt, getrotzt, gestutzt, aufgeschlitzt, abgestützt, verschmutzt
Schreibe die Wörter mit anderen Vorsilben! (verschätzt, unterschätzt, überhitzt, besprizt, ...)

3. **Fremdwörter mit -on am Ende:** Balkon, Person, Waggon, Ballon, Telefon, Perlon, Dralon, Nylon, Karton, Garnison, Beton, Kanon, Baron, Salon, Diakon, Dämon, Patron
   Bilde zusammengesetzte Hauptwörter (Substantive)!
4. **Wortfamilie „bauen":** auf-, ab-, an-, er-, vor-, um-, zu-, ein-, nach-; erbaulich; Bau, Acker-, Haus-, Kirch-, Um-, Auf-, Wiederauf-, Vor-, Ab-, Neu-, Obstan-, Wohnungs-, Pfahl-, Tief-, Holz-, Schiffs-, Raub-, -plan, -arbeiten, -unternehmer, -amt, -genehmigung, -steine, -kasten, -herr, -meister, -rat, -stil, -stoff, -art, -stelle, -weise, -platz, -arbeiter; Bauer, Vogel-, Groß-, Erbhof-, Eifel-; Bauernhaus, -regel, -schläue; Bauersfrau; Baude (Unterkunft im Riesengebirge); Gebäude, Schul-, Bahnhofs-, Stein-, Neben-, Haupt-; baulich, -fällig; bäurisch
5. **Hauptwörtlicher Gebrauch von Eigenschaftswörtern (Adjektiven) nach Mengenbegriffen:**
   etwas Schönes und Praktisches, etwas Gutes, etwas Neues, ...
   viel Gutes, viel Schlechtes, viel Alltägliches, viel Schweres, ...
   nichts Besonderes, nichts Genaues, nichts Vertrauensvolles, ...
   alles Gute, alles Kranke, alles Mögliche, alles Fette, ...
   allerlei Wertvolles, allerlei Seltenes, allerlei Aufregendes, ...
   Setze die Reihen fort und bilde Sätze!

160
Frühlingsspaziergang an der Neiße

Treue Heimatliebe zieht Herrn Krause fast alljährlich aus dem Rheinland in seinen Geburtsort Görlitz. Als Naturfreund durchstreift er dann die ihm vertrauten Parks und Wälder seiner Heimat. Besonders gern wandert er an der Neiße entlang, die seit dem letzten Weltkrieg die Grenze nach Polen bildet. In Görlitz durchfließt sie ein parkähnliches Tal, das nur von einem Eisenbahnviadukt auf mächtigen, hohen Steinsäulen überbrückt wird. Durch die noch kahlen Bäume sieht er auf der gegenüberliegenden Uferböschung die rot-weißen polnischen Grenzpfähle. Unterwegs trifft er nur einen Menschen auf seinem morgendlichen Spaziergang. Es ist ein älterer Mann, der seine Angel ausgelegt hat und hofft, daß bald ein paar Weißfische, Rotaugen oder Schleien anbeißen. Um so mehr wirkt in dieser Ruhe das fröhliche Zwitschern und Flöten der Finken, Meisen und der ersten Stare. Einige Amseln sind geschäftig auf Futtersuche, indem sie das welke Laub am Boden raschelnd durchstöbern. Auch Veilchen blühen schon unter den von lichtem Grün bedeckten Sträuchern. Einige Wildenten paddeln gemächlich gegen die träge Strömung des Flusses. Früher belebten Ruderkähne und Paddelboote die Neiße. Schon lange darf sich niemand mehr auf dem Grenzgewässer aufhalten. „Staatsgrenze! Passieren verboten!" steht auf den Schildern am Uferrand. Nur eine Nebelkrähe strebt mit kräftigem Flügelschlag der polnischen Seite zu. Für sie gibt es keine Grenzmarkierungen.

Übungsmöglichkeiten:
1. **ä oder e:** alljährlich, gern, Grenzpfähle, geschäftig, bedecken, Gewässer, mehr, Nebel, kräftig, schädlich, quer, verstärken, Hemmung, kämmen, Stengel, Gestänge, Getränk, häßlich, wertvoll, erklären, Buntspecht, lächerlich, prächtig, fertig, Gefährtin, ständig, Bretter, längst, lenkbar
Schreibe zu den Wörtern mit *ä* deren Stammwörter mit *a*! (Siehe Beiheft L 162!)
2. **Schreibweisen des langen ö:** fröhlich, Strömung, Vermögen, Löhnung, stöhnen, König, Lösung, spröde, verhöhnen, dröhnen, Schildkröte, römisch, zögern, Höhle, ölig, Gehör, Störung, Nadelöhr, löten, Möhren, Öse, töricht
Ordne die Wörter nach ihrer Schreibweise des *Ö-Lautes*!
3. **Wörter mit dd:** Paddelboote, Pudding, addieren, Widder, Troddel, Kladde, buddeln
Verwende diese Wörter in Sätzen!
4. **d oder t:** Heimat, entlang, Wald, Geburtsort, Wildenten, Uferrand, niemand, verständlich, morgendlich, wesentlich, Schildkröte, Gurt, ...
Setze in die Wortlücken *d* oder *t* ein! Unterschie–, Wel–rekor–, grun–los, Gewal–, ungemü–lich, Schlüsselbun–, Bun–stif–, Elektroher–, Kinderhor–, blin–, tö–lich, scheinto–, Ra–haus, Fahrra–, Mona–, Bran–stelle, Brann–wein, en–gültig, Verstän–nis, zär–lich, Kun–schaf–, bal–, nirgen–s, wöchen–lich, aben–s, Gehal–, Verban–, Steuerbor–!
(Arbeitshilfe: Je 15 Lücken mußt du *d* und *t* einsetzen. Siehe Beiheft L 163!)
5. **viel – fiel:** viele Bekannte, vielleicht, soviel, zuviel, vielfach, vielerlei, vielseitig, vielfältig, vielsagend, vielstimmig, vielmals, vielmehr, Vieleck, Vielzahl, Vielfraß, vielversprechend, vielschichtig, vervielfältigen; es fiel mir schwer, er fiel mir auf, als es herunterfiel, es gefiel ihm, sie fielen hin
Bilde Sätze!

161

Die Bedeutung des Osterfestes

Ostern ist das höchste und zugleich älteste Fest der gesamten Christenheit. In der Frühzeit der Kirche fand in der Osternacht die einzige Tauffeier des

Jahres statt. Die Dankbarkeit für die empfangene Taufe vermischte sich mit dem Jubel über die Auferstehung des Gottessohnes. Beides war wesentliche Ursache für die innige Osterfreude. Hinzu kommt, daß die aus der Winterstarre erwachte Natur durch das junge Grün und die Fülle von Blüten und Blumen die Herzen der Menschen zur Osterzeit beglückt und ihnen neuen Lebensmut verleiht. Die schon wärmenden Sonnenstrahlen haben Käfer, Bienen, Falter und all die vielen lebensfrohen Geschöpfe geweckt und locken auch die Menschen hinaus ins Freie. Geputzt und in bunten Festtagskleidern kommen sie aus der Enge ihrer Häuser und freuen sich über die zahlreichen Merkmale neuen Lebens. Wenn auch im Laufe der Sommermonate viele Wanderungen, Fahrten und ausgedehnte Reisen unternommen werden, so ist doch der Osterspaziergang etwas Besonderes. Nach der langen Herrschaft des Winters empfindet der Mensch die wohltuende Wärme, das Sprießen und Wachsen als einen Triumph über Kälte und Sterben. So wird es verständlich, daß das Osterfest auch für Ungläubige den Charakter einer Siegesfeier über Untergang und Tod in sich trägt.

Übungsmöglichkeiten:

1. **Eigenschaftswörter (Adjektive) werden Hauptwörter (Substantive):** das junge Grün, ins Freie, aus der Enge, für Ungläubige, ...
   Gebrauche folgende Eigenschaftswörter (Adjektive) in Sätzen als Hauptwörter (Substantive): weiß, dunkel, arm und reich, fromm, starr, edelmütig, brav, rein, gut und böse, mild, blau, still!
2. **Wörter mit ph:** Triumph, Alphabet, Diphtherie, Strophe, Prophet, Sophie, Mikrophon, Phosphor, Katastrophe, Stratosphäre, phlegmatisch, Phantasie, Christoph, Physiker, Pharao, Philharmoniker, Symphonie (Sinfonie), Siphon, Philosoph, Phase, Pharisäer, Typhus, Phrase, Apostroph, Philadelphia, Phon
   (Die Wörter *Photographie, Telephon, Telegraph, Joseph* werden überwiegend mit *f* geschrieben.)
   Schreibe die Wörter ab und trenne sie nach Silben! (*ph* wird nicht getrennt. – Beachte die Trennung von *Strato-sphäre*!)
3. **Der K-Laut in seiner Schreibung mit ch:** Charakter, Chor, Christus, Chronik, Chrom, Chlor, Chaos, Chrysantheme, Chrisam, Chamäleon, Choral, Cholera, Chiemsee
   Suche davon neue Wörter! (charaktervoll, charakterfest, charakteristisch, charakterlos, ...)
4. **Zeitwörter (Verben) werden Hauptwörter (Substantive):** das Wachsen und Sprießen, über das Sterben, beim Läuten der Osterglocken, wäh-

rend des Suchens der Ostereier, zum Schreiben der Osterwünsche, das Anzünden der Osterkerze
Verwende folgende Wörter als Hauptwörter (Substantive) in Sätzen zum Sachgebiet „Ostern": feiern, schmücken, färben, putzen, singen, besuchen, wünschen, pflücken, beten, braten, essen!
5. **Einbuchstabige Anfangssilben werden nicht getrennt:** Ostern, Efeu, Adele, Ida, Abend, Olaf, Uwe, Igel, Elisabeth, Ahorn, Ofen, Eber, Olaf, Adel, Udo, Osten, Aster, Agathe, Elefant, Alexander, Eberesche, Orangen, Uran, Abenteuer, Uferböschung, Ameise, Italien, Orient, Operette, Ägypten, Arena, Irak, Oder, Äquator, Ukraine, Uhu, Edelweiß
Schreibe die Wörter ab und trenne so weit wie möglich! (Siehe Beiheft L 164!)

162

Jeder an seinem Platz

Die beiden Freundinnen Monika und Gisela wurden in diesem Jahr aus der Schule entlassen. Gern wären sie auch im Berufsleben als Friseusen oder Verkäuferinnen beisammengeblieben. Möglichkeiten hätte es in der nahen Kreisstadt gegeben. Aber der Wunsch der beiden Mädchen war unerfüllbar, denn Gisela wurde auf dem elterlichen Hof dringend gebraucht, da die Mutter nicht mehr alle Arbeiten allein schaffen konnte, Monika hat in der Stadt eine Stelle als Verkäuferin angenommen. Während Gisela morgens bereits Stallarbeiten verrichtet, läuft Monika zum Bus, der sie in die Stadt bringen soll. Doch die Sonntage verleben sie gemeinsam. Wenn Monika von ihrer Arbeit im Textilgeschäft und vom abwechslungsreichen Leben in der Stadt erzählt, hört Gisela gespannt zu. Gerne würde sie mit Monika zur Arbeit in die Kreisstadt fahren. „Aber ich darf meine Eltern nicht im Stich lassen. Auf dem Hof ist viel zu tun!" sagt sie sich. Außerdem fällt Gisela auf, daß das Gesicht ihrer Freundin wegen des langen Aufenthaltes in der Zimmerluft recht blaß geworden ist. Aber beide sind mit ihren Aufgaben zufrieden und leisten gute Arbeit. Sie wissen, daß sie dort ihre Pflicht ganz erfüllen müssen, wohin das Leben sie stellt.

Übungsmöglichkeiten:

1. **Fremdwörter mit eu:** Friseuse, Monteur, Spediteur, Chauffeur, Ingenieur, Kontrolleur, Redakteur, Friseur, Souffleuse, Graveur
Vielfach werden diese französischen Fremdwörter mit *ö* geschrieben. Präge dir beide Schreibarten ein!

2. **Wörter mit x:** Textilgeschäft, Hexe, Axt, Explosion, Boxkampf, Examen, Expreß, Fixstern, Nixe, fixieren, Luxemburg, Text, Taxi, Alexander, Kruzifix, Max, Exil, Export, existieren, Xaver, Lexikon, extra, Extrakt, experimentieren, Exempel, Exklave, Exzellenz, Xylophon, Faxen
Bilde davon neue Wörter! (Textilien, verhext, ...)
3. **Hauptwörter (Substantive) mit der Nachsilbe -in:** Freundin, Verkäuferin, Lehrerin, Löwin, Spanierin, Königin, Fürstin, Arbeiterin, Künstlerin, Hündin, Kaiserin, Italienerin, Schneiderin, Schwedin, Bäuerin, Afrikanerin, Berufsschülerin, Schauspielerin, Sportlerin, Teilnehmerin
Bilde von diesen Wörtern die Mehrzahl (Plural)!
(Freundin – Freundinnen, ...)
4. **Unterscheidung Stadt – Statt:** Kreisstadt, Werkstatt, Hauptstadt, Ruhestatt, Regierungsstadt, Lagerstatt, Großstadt, Heimstatt, Hafenstadt, Wohnstatt, Stadttheater, stadtbekannt, stattfinden, anstatt, Altstadt, statthaft, bestatten, Stadtkreis, Erstattung, Stadtdirektor, Stadtplan, Heimatstadt, an Kindes Statt, statthaft, Stadtbibliothek, Statthalter, Stadtpark, stattgeben, Industriestadt, Handelsstadt, Weltstadt, Stadtbezirk, gestatten
Ordne die Wörter!
5. **Wörter mit ss:** verlassen, blasser, küssen, flüssig, verdrossen, vergessen, zerrissen, Russen, Schlösser, Bissen, fassen, Sprosse, zuverlässig, Genosse, Nüsse, Pässe, Schüsse, bissig, Fässer, entschlossen, hassen, vergossen
Schreibe die zugehörigen mit ß geschriebenen Herkunftswörter! (verlassen – Verlaß, blasser – blaß, ... Siehe Beiheft L 165!)

163
Der Maibaum wird aufgerichtet

Am Vorabend des ersten Mai versammeln sich die schulentlassenen Jungen des Dorfes, um den Maibaum herzurichten. Für diesen Zweck haben sie schon einen riesigen Kiefernstamm aus den vergangenen Jahren dafür bereitliegen. Unbeachtet liegt er sonst an der Außenmauer der Schützenhalle. Nun haben ihn zwei Burschen mit Hilfe eines Traktors zum Dorfplatz gezogen. Andere sind schon eine Zeitlang damit beschäftigt, in der Platzmitte eine Grube auszuheben. Sie ist schon fast metertief, doch die Jungen schaufeln noch immer Erde heraus. Inzwischen haben Mädchen mit geschickten Händen aus Tannengrün einen Kranz gewunden und mit bunten Bändern verziert. Dann wird er gemeinsam mit einer Flagge an der Spitze des Maibaums befestigt. Doch die schwerste Arbeit ist das Aufrichten des mächtigen Stammes. Mit Traktor und mit Menschenkraft muß zunächst der Wurzelstock in die Grube gesenkt werden. Die stärksten Jungen stützen dabei den Stamm mit Stangen und Leitern und drücken seine Spitze immer mehr nach oben. Erst nach Einbruch der Dunkelheit ist er vollständig aufgerichtet und tief im Boden befestigt. Das ist notwendig, damit er auch bei Sturm nicht umgerissen wird. Nach Fertigstellung der Arbeit singt die Dorfjugend Frühlingslieder am Maibaum, der nun einen vollen Monat Häuser und Bäume weit überragt.

Übungsmöglichkeiten:
1. **Wortreihe „Mai":** Maibaum, -lied, -monat, -käfer, -luft, -glöckchen, -bowle, -trank, -königin, -andacht, -regen, -feier, -blume, -grün; Maien, -königin, -nacht, -sonne; maienhaft
Schreibe einige Sätze!
2. **Zeitwörter (Verben) mit der Vorsilbe ent-:** entlassen, entstehen, entscheiden, entweihen, entnehmen, entlarven, entbehren, entwenden, entkleiden, entführen, entsagen, entspannen, entgelten, entschließen, entzünden, entwässern, entdecken, entwickeln, entstellen, enthalten, entwerfen, enteignen
Bilde davon Hauptwörter (Substantive)! (Entlassung, Entstehung, ...)
3. **Mittelwörter der Gegenwart (Partizipien im Präsens):** anstrengend, unterstützend, helfend, arbeitend, drückend, blendend, reißend, erfrischend, führend, ...
Schreibe noch andere Mittelwörter (Partizipien) und setze sie in die 2. Steigerungsform! (die anstrengendste Arbeit, das spannendste Spiel, das erfrischendste Getränk, die drückendste Hitze, ...)
4. **Mittelwörter der Vergangenheit (Partizipien im Perfekt):** aufgerichtet, entlassen, zusammengebunden, gedrückt, gewunden, befestigt, überragt, beschäftigt, verziert, gesenkt, verschwunden, gezogen, aufgewachsen, umgerissen, vergangen, gebrannt, gekommen, verlernt, geformt
Ordne die Wörter nach ihren gemeinsamen Kennzeichen! (ge – t, ge – en, ohne die Vorsilbe ge-)
5. **Hauptwörter (Substantive) mit der Endung -heit:** Dunkelheit, Christenheit, Narrheit, Torheit, Kindheit, Einheit, Gelegenheit, Menschheit
Ändere folgende Eigenschaftswörter (Adjektive) in Hauptwörter (Substantive) mit der Endung *-heit* um: rein, dumm, faul, frech, gesund, schwach, krank, schlau, albern, gewandt, gemein, weise, offen, schön, lau, gut, bescheiden, blind, ungleich, fein, eigen, hoch, schlicht, falsch, sicher, roh, neu, wild, trüb, selten, kühn, taub! (Beachte: Roheit, Rauheit, Hoheit – nur mit einem *h*!)

6. **ai oder ei:** Maibaum, bereit, beseitigen, Gitarrensaite, Kaiser, Weisheit, Waisenkind, preiswert, Rain, Treibeis, verleihen, Laie, Emaille, meilenweit, beleidigen, Weizenkeim, Main, Meineid, bleich, Leichtgewicht, Froschlaich
Ordne die Wörter nach ihrer Schreibweise mit *ai* und *ei*! Fülle die Lücken der folgenden Wörter: K–serr–ch, –fersucht, L–enspiel, M–sfeld, R–sig, M–käfer, –trig, W–senhaus, bew–sen, Grießbr–, R–nfarn, Rh–n–ufer, schw–ßen, St–nz–t, H–nbuche, langw–lig, Violins–ten, Blaum–se (Arbeitshilfe: 8 Wörter werden mit *ai* geschrieben. Siehe Beiheft L 166!)

164

Das alte Dorf

Bei der Rückkehr von einem Aufenthalt in der Kreisstadt fragte Franz seinen Vater: „Stimmt es, daß unser Dorf viel älter als die Kreisstadt ist?" „Ja", erwiderte der Vater, „unser Dorf ist eine der ältesten Siedlungen hier." „Weshalb ist die Kreisstadt aber um so viel größer geworden als unser Dorf?" wollte Franz wissen. „Das kannst du nur verstehen, wenn ich dir die Entwicklungsgeschichte unsres Dorfes erzähle", sagte der Vater. „Vor ungefähr tausend Jahren ließ ein fränkischer Gaugraf fast da, wo unser Dorf jetzt steht, einen Hof errichten. Die Lage am wasserreichen Bach und die weiten Wiesen waren für Viehzucht und Landwirtschaft günstig. Aus alten Urkunden wissen wir, daß bereits dieser Hof den Namen unseres Dorfes trug. Im Laufe der Zeit wurden dort noch mehr Menschen seßhaft, rodeten Waldstücke, machten Brachland urbar und schlossen sich zu einer Dorfgemeinschaft zusammen. Für die ersten Generationen war die Arbeit besonders hart und der Ertrag mäßig. Aber sie schafften hartnäckig weiter, und bald lohnte sich die aufgewandte Mühe. Sie wurden reiche und angesehene Bauern. Jedoch verwüsteten durchziehende Truppen während des Dreißigjährigen Krieges das Dorf, plünderten und mordeten. Die wenigen Überlebenden flohen. Später wurde die Niederlassung wieder aufgebaut. Aber die neuen Verkehrswege führten weit am Dorf vorbei, und die aufkommende Industrie ließ Ortschaften mit günstiger Verkehrslage schneller wachsen."

Übungsmöglichkeiten:

1. **Eigenschaftswörter (Adjektive) als Teil von Eigennamen:** Dreißigjähriger Krieg, Atlantischer Ozean, Französische Revolution, Norddeutsche Tiefebene, Friedrich der Große, Westfälischer Frieden, Schwarzes Meer, Goldene Bulle, Thüringer Wald, Oberrheinische Tiefebene, das Heilige Römische Reich Deutscher Nation, Hessisches Bergland, All-

gäuer Alpen, Ludwig der Fromme, Pommersche Seenplatte, Frisches Haff, Großer Belt, die Britischen Inseln, Stiller Ozean, Wiener Kongreß, der Schwäbische Jura, die Vereinigten Staaten von Amerika, das Rheinische Schiefergebirge, die Ungarische Tiefebene
Ordne die Eigennamen nach erdkundlichen und geschichtlichen Begriffen!

2. **Wörter mit der Nachsilbe -tion:** Generation, Reaktion, Organisation, Operation, Komposition, Automation, Spedition, Konfirmation, Portion, Fabrikation, Auktion, Station, Inflation, Reformation, Ration, Produktion, Expedition, Infektion, Installation, Kanalisation, Munition, Dekoration, Nation, Revolution, Bastion
Schreibe die Wörter ab und versuche sie durch deutsche Ausdrücke zu ersetzen!

3. **Das lange e in seiner verschiedenartigen Schreibung:** verstehen, Generation, angesehen, wenig, Überlebende, Verkehr, Wege, Seele, Fehler, zehn, reden, Tee, Bremen, scheel, Kehle, Stachelbeeren, Armeen, Regel, Hefe, Sehnsucht, anlehnen, Abwehr, Lehrgang, entleeren, Schlegel, Demut, ausdehnen, Heer, Herkunft, wertvoll, Speer, See, teeren, Vertreter, Meer, vermehren, Beete, Gebet, Wedel, ekelhaft, Roggenmehl, Gelee, Telefon, Fledermaus, Reh, Reeder, bequem, Emil, Wehmut, Schlehdorn
Ordne die Wörter nach ihrer Schreibweise! (unbezeichnete Dehnung, Verdoppelung des Selbstlautes, Dehnungs-h, silbentrennendes h)

4. **wider – wieder:** erwidern, wiederholen, Widerstand, wiedergeben, auf Wiedersehen, Widerhall, Wiederwahl, widerstrebend, widersetzen, wiederfinden, widerspenstig, zuwider, Wiedertäufer, widerlich, wiederum, Widersacher, Widerwille, Wiederkehr
Setze *wider* oder *wieder* vor folgende Wörter: kommen, Schein, herstellen, willig, Gabe, erzählen, Stand, Aufbau, borstig, legen, erlangen, kauen, Vergeltung, spiegeln, sinnig, Aufnahme, Schlag, Ruf, bringen, Herstellung, natürlich, holen, Haken, Spruch, Belebung, Rede!
(Arbeitshilfe: 13 Wörter werden mit *wider* verbunden. Siehe Beiheft L 167!)

5. **Wörter mit der Vorsilbe ur-:** urbar, Urwald, urwüchsig, Uraufführung, ursprünglich, beurkunden, Urzeit, Urheber, Urgroßeltern
Setze die Silbe *ur-* vor folgende Wörter: Christentum, Kunde, Enkel, Tiere, Einwohner, Zustand, plötzlich, Großvater, Geschichte, eigen, Bild, Teil, schriftlich, Sprung, aufgeführt!

165

Lebensbedrohender Fortschritt

Fast täglich lesen wir in Zeitungsberichten von Erfindungen und Entdekkungen. Das Fernsehen zeigt uns die neuesten Entwicklungen auf technischen und industriellen Gebieten. Menschen haben den Mond betreten, automatische Raumstationen funken Bilder vom Mars zur Erde. Überschallflugzeuge überbrücken in wenigen Stunden die Entfernungen zwischen den Kontinenten. Riesentanker durchqueren die Meere. Immer höher wird die Zahl komfortabler Autos. Neue Kunststoffe schaffen neue Produktionsmöglichkeiten. Alle diese Erfindungen und Verbesserungen bezeichnen wir als Fortschritt. Doch ist der Mensch noch Herr dieser Entwicklung? Als vor Jahren ein Tanker auseinanderbrach und 120 000 Tonnen Öl Teile der englischen und französischen Küste verpesteten, herrschte peinliche Ratlosigkeit. Die Masse der Autos verbraucht riesige Mengen Sauerstoff und vergiftet die Luft über den Verkehrszentren. Ein einziges Düsenflugzeug stößt soviel Abgase aus wie 6 000 Personenkraftwagen. Auch Atombombenversuche und Abfallprodukte der Atomreaktoren verseuchen den Lebensraum der Erde. Abwässer mit gelösten Chemikalien und das abgeleitete Kühlwasser der Kraftwerke bewirken den Tod der Fische und verwandeln Flüsse in Schmutzwasserkanäle. Durch die in Luft und Regen enthaltenen chemischen Giftstoffe werden Bauwerke gefährdet, beginnen Wälder zu sterben und Menschen zu erkranken. Diese Entwicklung ist in Wirklichkeit kein Fortschritt, sondern eine Gefährdung aller Lebewesen.

Übungsmöglichkeiten:

1. **Wörter mit langem ä:** Gefährdung, Drähte, zählen, berufstätig, Sämann, gelähmt, wählen, alljährlich, grämen, gezähmt, abschälen, Fähre, Ernährung, nähen, Währung
Ordne nach der Schreibweise mit *äh* oder *ä* und füge die mit *a* geschriebenen Stammwörter hinzu!
2. **Hauptwörter (Substantive) mit der Vorsilbe ent-:** Entwicklung, Entdeckung, Entscheidung, Entlassung, Entsicherung, Entgegnung, Entführung, Enthaltung, Entsorgung, Enttäuschung, Entleerung, Entwurf
Schreibe die entsprechenden Zeitwörter auf (entwickeln, entdecken, entscheiden, . . .)!
3. **Schwierige Mehrzahlbildungen (Plural):** Verkehrszentrum – Verkehrszentren, Fotoalbum – Fotoalben, Ministerium – Ministerien, Thema – Themen, Radius – Radien
Bilde die Mehrzahl, indem du die Endungen *us, a, um* durch *en* ersetzt:

Museum, Gymnasium, Virus, Villa, Prisma, Drama, Skala, Aquarium, Studium, Kollegium!
4. **g oder k:** Düsenflugzeug, Kraftwerk, Produkt, Möglichkeit, Schwank, Zweig, Gelenk, undenkbar, Andrang, Zwang
Setze *g* oder *k* in die folgenden Wortlücken: Geschen–, Rea–tor, Bauwer–, versen–t, An–st, Betru–, anfan–s, Mar–t, Buchfin–, Unfu–, schrä–, Messin–, Vol–stanz, Pfin–sten, Quar–, Tei–, rin–s, lin–s, Bir–e, lan– weilig, Se–t, win–lig, versen–t, Ran–, Ta–t
(Arbeitshilfe: In 12 Lücken muß *g* eingesetzt werden. Siehe Beiheft L 168!)
5. **ch in Fremdwörtern:** Chemikalien, Christen, Choräle, Chef, Chronik, Chausee, Champignon, Chaos, Chor, chartern, chronologisch, Chrom, charmant
Ordne die Wörter nach ihrer unterschiedlichen Aussprache (*ch* = *k*, *ch* = fast wie *sch*)!
6. **Zusammengesetzte Mittelwörter (Partizipien) – Das Bestimmungswort ist ein Hauptwort (Substantiv):** weltbekannt, verderbenbringend, bombengeschädigt, leidgequält, todgeweiht, kriegsversehrt, handgeschrieben, segenspendend, schmutzlösend, kampferprobt, wassergekühlt, mondbeschienen, preisbindend, handgemalt, furchterregend, fruchtbringend, luftgefüllt, blumengeschmückt, naturliebend, sternenübersät, rauchbedeckt, staatsgefährdend, auswegsuchend, hilfebringend, sporttreibend, neiderfüllt, gedankenverloren, handgeschmiedet, moosbewachsen, strohgedeckt
Ordne die Wörter (Mittelwörter der Gegenwart, Mittelwörter der Vergangenheit) und setze passende Hauptwörter hinzu!

166

Helfer aus aller Welt

Auf der Balkanhalbinsel hat ein Bergrutsch einige Ortschaften völlig zerstört und unsagbares Elend angerichtet. Am selben Tage noch hat die gesamte Welt durch Rundfunk, Presse und Fernsehen Kenntnis von der schrecklichen Katastrophe erhalten. Noch weiß niemand Einzelheiten über das Schicksal der Betroffenen. Keiner kennt auch nur die ungefähre Zahl der Todesopfer. Da dringen bereits Wellen der Hilfsbereitschaft aus allen Himmelsrichtungen zu den Unglücksorten. Kein Mensch fragt, ob das Katastrophengebiet in einem Land der Ostblockstaaten liegt, oder ob es zum Bereich der Westmächte gehört. Die entstandene Notlage in einem Teil der Erde schweißt Menschen verschiedener Völker zu einer einheitlichen Gemeinschaft Hilfswilliger zusammen. Schnelle Maschinen der verschiedensten Fluggesellschaften bringen mit Ärzten und Sanitätspersonal Verbandsmaterial und Medikamente. In vielen Ländern werden Geldbeträge gesammelt. Mit höchster Eile werden Wohnbaracken herantransportiert und aufgebaut. Zahlreiche Wagenladungen mit Wolldecken und Hausrat treffen im Unglücksgebiet ein, um die Lage der obdachlos gewordenen Menschen zu erleichtern. Kolonnen freiwilliger, junger Helfer verschiedener Nationen beginnen mit Aufräumungsarbeiten, suchen nach Verschütteten, bergen Tote und beseitigen die Trümmermassen. Viele Sprachen hört man bei diesem Hilfswerk, und doch verstehen sich alle. Schade, daß das nicht immer so sein kann!

Übungsmöglichkeiten:
1. **Wörter mit nn:** Kenntnis, Kolonnen, beginnen, Gewinn, Tanne, Rinnstein, abonnieren, Tennis, Gerinnsel, Branntwein, Pfanne, Mannschaft, Finnland, Spinngewebe, trennen, jedermann, verbrannt, Vorspann, Zinn, Bekanntschaft, erinnern, innerlich (aber: inwendig), Kinn, brennbar, Stanniol, gönnen, Granne, Kannibale, Tunnel, Antenne, Tonnage, verbannt
Bilde davon neue Wörter! (erkennen, verkannt, ...)
2. **nt oder nd im Auslaut:** Rundfunk, Kenntnis, Medikament, Pfand, blond, Verstand, Gewand, Buntpapier, Zündblättchen, Branntwein, Abend, verbannt, Verband, Garant, Talent, blind, Patent, mündlich, Emigrant, schändlich, Orient, Dutzend, zusehends, geschwind, Agent, jemand, Front, Schlund, Patient, Fundament, Brand, Student, Leutnant, morgendlich, Komödiant
Ordne die Wörter nach ihrer Schreibung und erweitere die Reihen!
3. **Hauptwörter (Substantive) mit der Nachsilbe -schaft:** Ortschaft, Hilfsbereitschaft, Gemeinschaft, Fluggesellschaft, Bekanntschaft, Wirtschaft, Eigenschaft, Kindschaft, Gewerkschaft, Burschenschaft, Rechenschaft, Gefangenschaft
Füge an folgende Wörter die Nachsilbe -*schaft*: Graf, Freund, Feind, Eltern, Sippe, Bürger, Mann, Kamerad, Bürge, Land, Bote, verwandt, gesandt, Beamten, belegen, Arbeiter, Kunde, Turner, Bauern, Lehrer, pflegen, Genosse, Pate! (Siehe Beiheft L 169!)
4. **Wortfamilie „helfen":** ab-, aus-, nach-, auf-, durch-, fort-; Helfer, Helfers-, Kranken-, Not-, Armen-; Hilfe, -ruf, -leistung, Aus-, Nach-, Not-, Finanz-, Auslands-, Alters-; Hilfsbereitschaft, -willige, -gemeinschaft, -dienst, -personal, -werk, -arbeiter, -mittel, -zeitwort, -kreuzer, -zug, -bedürftigkeit; Hilflosigkeit; hilflos, -reich; hilfsbereit, -bedürftig; Gehilfe, Forst-, Amts-, Handwerks-; Gehilfin, Putz-; Gehilfenprüfung;

Behelf, Not-; Behelfsheim, -bett, -wohnung; behelfsmäßig; behilflich
Bilde Sätze!
5. **Hauptwörter (Substantive) mit der Nachsilbe -sal:** Schicksal, Drangsal, Labsal, Mühsal, Scheusal, Rinnsal, Trübsal
Schreibe die Wörter ab und verwende sie in Sätzen!
6. **Zusammensetzungen mit „los":** obdachlos, leblos, ruchlos, sprachlos, zuchtlos, ruhelos, gewissenlos, kampflos, ergebnislos, willenlos, staatenlos, heimatlos, neidlos, wehrlos, heillos
Ändere folgende Hauptwörter (Substantive) durch Anfügen von -los in Eigenschaftswörter (Adjektive) um: Brot, Wohnung, Fehler, Rücksicht, Spur, Geschmack, Ehre, Sorge, Recht, Gefühl, Konzentration, Schmach, Schuld, Witz, Glauben, Zahn, Verlust, Bargeld, Ziel, Ahnung, Widerstand, Arbeit, Scham, Lust, Wolken, Farbe, Vorurteil! (8mal muß hierbei ein Bindungs-*s* geschrieben werden. Siehe Beiheft L 170!)

167

Kapitän Peters

Am sonntäglichen Stammtisch im Wirtshaus „Zur Linde" sitzt heute ein seltener Gast. Franz Peters, Kapitän auf einem großen Luxusdampfer einer norddeutschen Reederei, ist nach mehr als zehn Jahren zum ersten Male wieder in seinem Heimatdorf. In dichter Runde sitzen die Männer und hören ihm zu. Peters hat viel zu erzählen, denn er hat eine Menge erlebt. Die inzwischen grauhaarig gewordenen Bauern können sich noch gut entsinnen, wie er gleich nach der Schulentlassung das Dorf verließ, um auf einem Frachter als Schiffsjunge zu arbeiten. Er wollte die Welt kennenlernen, hatte er gesagt. Über alle Ozeane ist er seitdem gefahren und hat viele große Städte und fremde Länder gesehen. So manchen Sturm hatte Franz Peters auf den Meeren erlebt. Nun fuhr er schon fünf Jahrzehnte lang zur See, und auch sein Lebensschifflein war oft in Bedrängnis geraten. Er war längst nicht mehr Schiffsjunge. Mit Tüchtigkeit und Gewissenhaftigkeit gelang es ihm, sich während dieser Zeit zum Kapitän hochzuarbeiten. Nun hören die Männer seine Erlebnisse, von denen er schlicht, aber spannend berichtet. „Jetzt kenne ich die Welt!" sagt Peters. „Aber glaubt mir, Freunde, nirgends ist es so schön wie in der Heimat."

Übungsmöglichkeiten:

1. **Wörter mit der Nachsilbe -nis:** Bedrängnis, Erkenntnis, Geheimnis, Verständnis, Ereignis, Versäumnis, Zeugnis, Ergebnisse, Wildnis
Bilde aus folgenden Zeitwörtern (Verben) Hauptwörter (Substantive)

und setze sie in die Mehrzahl (Plural): hindern, ersparen, verhalten, fangen, gleichen, verbünden, gestehen, vorkommen, begraben, betrüben, besorgen, wagen, erlauben, faulen, geloben! (Siehe Beiheft L 171!)

2. **Die Anrede wird durch ein Komma getrennt:** Glaubt mir, Freunde! – Peter, komm! – Mutter, darf ich mitkommen? – Los, Inge, lauf schnell! – Leute, helft den Hungernden!
Bilde ähnliche Sätze!

3. **Wörter mit dem Z-Laut:** Ozean, jetzt, nirgends, Sitzplatz, Inhaltsverzeichnis, Skizze, Mütze, Münze, Schmalz, Intermezzo, Gans, Kranz, Trotzkopf, Puls, Pilz, Blitz, Blizzard, kritzeln, Quarz, Hals, winzig, Seufzer, Kapuze, Sülze, Kanzel, zinslos, Arzt, geheizt, sozial, geschätzt, schluchzen, Expedition, Reiz, Hitze, schmunzeln, Kreuz, Käuzchen, Matrize, Station, Felsblock, Portion, herzlich, Metzger, Matratze, Operation, Schlitz, Nation, Dutzend, runzeln, vorwärts, Razzia
Ordne die Wörter nach der Schreibweise des Z-Lautes (*z, zz, tz, s, tion, ts, ds*) und begründe sie!

4. **Wortfeld „Schiff":** Dampfer, Boot, Kahn, Tanker, Kanu, Kutter, Jacht, Frachter, Schoner, Flugzeugträger, Unterseeboot, Kreuzer, Nachen, Barke, Kajak, Floß, Fähre, Zerstörer, Barkasse, Segelboot, Schute, Dschunke, Einbaum, Galeere, Viermaster, Schulschiff, Schnellboot, Kogge, Fregatte, Gondel, Faltboot, Jolle, Walfangmutterschiff
Füge zusammengesetze oder abgeleitete Wörter hinzu (Dampferfahrt, ausbooten, ...)!

5. **Hauptwörter (Substantive) mit -at am Wortende:** Heimat, Konkordat, Salat, Spinat, Konsulat, Diplomat, Inserat, Duplikat, Format, Ornat, Plakat, Zitronat, Karat, Internat, Apparat, Mandat, Spagat, Fabrikat, Automat, Brokat
Bilde davon abgeleitete Wörter (Heimatland, heimatlos, ...)!

168
Spüldienst

Karins Klasse fuhr zum ersten Male für einige Tage zu einem Jugendherbergsaufenthalt in die Eifel. Für einige Kinder war das etwas völlig Neues, da sie noch nie für einen längeren Zeitraum von ihren Eltern getrennt waren. Aber alle freuten sich schon lange auf diese Fahrt. Kurz vor der Abreise sagte der Lehrer zu den Fahrtteilnehmern: „Ich hoffe, daß sich jeder gut in unsere Gemeinschaft einlebt und sich kameradschaftlich verhält!" In der Jugendherberge wurden die Kinder in Gruppen eingeteilt, und jede bekam kleine Aufgaben übertragen. Karin und einige andere Mädchen hatten am ersten Tage Spüldienst. Das behagte Karin gar nicht.

Sie war einziges Kind ihrer Eltern und brauchte zu Hause nie zu helfen. Nun hatte sie zum ersten Male in ihrem Leben ein Spültuch in den arbeitsungewohnten Händen und sollte fast vierzig Teller und Tassen abwaschen. Karin fand diese Arbeit erniedrigend und schlich heimlich aus dem Spülraum. Sie kam nicht eher zum Vorschein, bis alle Arbeit beendet war. Natürlich war ihr plötzliches Verschwinden bemerkt worden. Zur Strafe wurde sie auch für die folgenden drei Tage zum Spüldienst eingeteilt.
„Wenn wir alle hier Freude empfangen wollen, muß sich jeder von uns bereitwillig und froh in den Dienst der Gemeinschaft stellen!" sagte der Lehrer.

Übungsmöglichkeiten:

1. **Wörter mit ent:** Aufenthalt, entwickeln, Entfernung, unentdeckt, entreißen, entblößen, entsichern, Entwurf, Entspannung, entlassen, entweichen, entwürdigend, Entstehung, entfliehen, entbehrlich, entartet
   Setze vor folgende Wörter die Vorsilbe *ent-:* laufen, ziehen, Führung, zwei, erben, sagen, schuldig, rinnen, reißen, schärfen, weichen, senden, warnen, Täuschung, Schluß, Schädigung, Kleidung, Faltung, scheiden, kommen, gleiten, Haltung, Wertung!
2. **Schwierigkeiten bei der Eigenschaftswortendung -ig:** bereitwillig, billig, ölig, wollig, eklig, winklig, adlig, auffällig, mehlig, knifflig, neblig, völlig, schimmlig, drollig, wackelig, baufällig, stachelig, mühselig, willig, gefällig, heilig, selig, eilig, unzählig, schalig
   Schreibe dazu passende Hauptwörter (Substantive)!
   (bereitwillige Helfer, billiges Obst, ...)
3. **Großschreibung von Eigenschaftswörtern (Adjektiven) nach Mengenangaben:** etwas Neues, allerlei Erfreuliches, nichts Böses, viel Gutes, eine Menge Schönes, wenig Süßes, alles Brauchbare
   Bilde Sätze mit ähnlichen Zusammensetzungen! (Siehe Beiheft L 172!)
4. **Wörter mit mpf:** empfangen, schrumpfen, Krämpfe, schimpfen, Klampfe, Rumpf, impfen, versumpfen, Empfindung, glimpflich, sumpfig, verdampfen, Strümpfe, rümpfen, Stampfer, Sauerampfer, Dampfer, Trümpfe, abstumpfen, Kämpfer
   Schreibe die Wörter ab und trenne die mehrsilbigen! (emp-fan-gen, schrump-fen, ...)
5. **Langes ü ohne Dehnungszeichen:** Spüldienst, natürlich, bügeln, üben, trüb, Schüler, drüben, Kübel, müde, lügen, pflügen, Zügel, Rüben, brüten, Blüte, fügen, behüten, wütend, betrügen, Tür, brüderlich, altertümlich, Flügel, Hügel, grübeln, ungestüm, Güterzug, unverblümt, Krümel, Gemüse, Rüge, spüren, Geschwür
   Bilde davon neue Wörter! (abspülen, widernatürlich, ...)

6. **Wortfamilie „fahren":** fahren, an-, ab-, aus-, über-, herunter-, zurück-, ein- , mit-, zusammen-, auf-, be-, vorbei-, vor-, herein-, ver-, heim-, fort-, weg-, hin-, nach-; Fahrrad, -bahn, -weg, -geld, -karte, -weise, -schein, -stuhl, -gast, -gestell, -zeug, -plan, -schule, -spur, -rinne; fahrlässig, -bereit, -bar, -ig; Fahrt, -richtung, -dauer, Schul-, Wander-, Auto-, Rück-, Eisenbahn-, Ein-, Aus-, Autobus-, Motorrad-, Wall-; Fahrer, Rad-, Autobus-, Renn-, Sonntags-, Fernlast-, Selbst-, Bei-; Vorfahren; Gefahr, Lebens-, Einsturz-, Brand-, Explosions-; Gefahrenstelle, -zone; gefahrlos; gefährlich; Gefährdung; Gefährt; Gefährte, Wander-; Fährte; Fähre, Eisenbahn-, Schiffs-, Wagen-; Fährunglück; gefährdet; Erfahrung, Lebens-; erfahren; fertig; anfertigen, ab-, aus-, ver; Fertigkeit; Anfertigung, Ab-, Aus-; führen, durch-, ab-, ein-, über-, mit-, ver-, vor-, herauf-, aus-, hinüber-; Führer, -schein, -stand, -schaft, -haus, Zug-, Fremden-, Berg-, Partei-, Sprach-; Führung, Unter-, Ver-, Auf-, Aus-, Ein-; Führungszeugnis; Fuhre; Fuhrwerk, -lohn, -mann, -park; Furt, Frankfurt, Schweinfurt, Erfurt; Einfuhr, Ab-, Aus-, Zu- Suche noch andere zusammengesetzte Wörter (Rückfahrkarte, Fahrlässigkeit,...)!

169
Im Zeltlager

Auf dem Schulhof stehen die Jungen der Oberklasse und sprechen über ihre Ferienpläne. Günter erzählt, daß er mit einigen Jungen an der Rhön zelten will. „Du, mit Zeltlagern habe ich schlechte Erfahrung!" ruft Franz. „In den letzten Ferien zelteten wir mit unserer Pfarrjugendgruppe im Schwarzwald. Michael, Georg und ich hatten ein Dreierzelt aufgebaut. Es war unser erster Zeltbau, und wir waren sehr stolz auf unser gelungenes Werk. Mit viel Mühe zogen wir rings um das Zelt eine breite, tiefe Regenrinne, denn große dunkle Wolken bedeckten bereits den Himmel. Bald danach goß es in Strömen, und wir waren froh, daß wir uns unter unser Zelt verkriechen konnten. Zum Glück hatten alle ihre Bauarbeiten beendet. Wir fühlten uns recht behaglich unter den schützenden Planen. Doch das Wetter war trostlos. Der starke Wind rüttelte tüchtig an unser Zelt. Mit bedenklichen Gesichtern schauten wir uns an. „Sicherlich hat sich eine Zeltleine gelöst!" meinte Michael und wollte schnell nachsehen. Unglücklicherweise stieß er dabei an den Zeltstock. Nun hatte der Wind gewonnenes Spiel. Die kalten, nassen Planen klatschten auf uns. Beim Versuch, mich aus dieser Lage zu befreien, rutschte ich mitten in die volle Regenrinne. Seitdem ziehe ich Übernachtungen in der Jugendherberge vor."

Übungsmöglichkeiten:
1. **k – ck**: Glück, Zeltstock, dunkel, krank, links, Schmuck, Speck, fleckig, Balken, Imker, Brücke, trocknen, blicken, Henkel, Paket
Ordne die Wörter! Überprüfe die Regel: Nach Mitlauten steht nie ck!
Setze in folgende Wörter *k* oder *ck* ein: Wer–zeug, verschlu–en, Stö–e, verde–t, Rü–kehr, wi–eln, wan–en, Geträn–, ausgestre–t, e–ig, geza–t, Bir–e, geschi–t, Oberschen–el, He–enschere, blan–, Verste–, bü–en, verwel–en, na–t, Quar–, Lü–e, lo–er!
(Arbeitshilfe: 8 Wörter werden nur mit *k* geschrieben. Siehe Beiheft L 173!)
2. **seitdem – seit dem**: Seitdem ziehe ich Jugendherbergen vor. – Seit dem letzten Spiel haben wir viel geübt. – Seit dem 8. Mai habe ich ihn nicht mehr gesehen. – Er ist seitdem verschollen. – Seit dem furchbaren Unglück in der vergangenen Woche ... Seitdem hat sich kein Unfall ereignet.
Bilde ähnliche Gegenüberstellungen!
3. **Zusammensetzungen mit „los"**: trostlos, gedankenlos, planlos, furchtlos, ruchlos, sinnlos, kampflos, achtlos
Verbinde folgende Hauptwörter (Substantive) mit dem Wort „*los*": Glück, Geschmack, Wert, Gefühl, Neid, Sprache, Schaden, Wohnung, Zeit, Arbeit, Kunst, Brot, Hoffnung, Geist, Halt, Takt, Kraft, Kopf, Glauben, Freude, Eltern, Kinder, Ziel, Boden!
4. **Wortfamilie „ziehen"**: ziehen, er-, an-, ab-, aus-, vor-, be-, unter-, über-, fort-, ein-, durch-, ent-, nach-, zurück-, zusammen-, zu-; Ziehbrunnen, -harmonika; Ziehung, Be-, Er-, Ent-, Ein-, An-; Anziehungskraft; Erziehungsanstalt, -wesen, -heim; Kindererziehung, Kunst-, Leibes-, Sprech-; Erzieher, Jugend-; Zug, -tier, -luft, -salbe, -mittel, -vogel, -führer, -brücke, -kraft, Ab-, An-, Vor-, Be-, Rück-, Durch-, Aus-, Ent-, Zu-, Atem-, Vogel-, Fisch-, Schrift-, Raub-, Kriegs-, Hochzeits-, Schnell-, Güter-, Straßenbahn-, Um-, Personen-; Zügel; zügeln; bezüglich, an-, vor-, ab-, rückbe-; Zucht, -tier, -haus, -rute, Pferde-, Vieh-, Auf-, Mannes-, Pflanzen-, Tulpen-, Schul-, Un-; zuchtlos, -voll; züchtig, un-; überzüchtet; züchten, über-; Züchter, Hühner-, Bienen-; Züchtung; Züchtungsergebnis, -erfolg; Herzog, -tum, -in; Zögling, Fürsorge-, Nach-; zögern, ver-; Verzögerung; zücken; entzückt, ver-; Entzückung, Ver-
Ordne die Wörter nach ihren Vorsilben (erziehen, Erziehung, Erzieher, erziehlich, unerzogen, ...)!
5. **Komma zwischen gleichartigen Satzteilen**: eine breite, tiefe Regenrinne – Michael, Georg und ich – die kalten, nassen Planen – Wir benötigen Zeltstangen, Planen und Pflöcke. – Auf dem Lagerplatz sangen, spiel-

ten und turnten wir alle gemeinsam. – Franz suchte seine Taschenlampe im Zelt, an der Feuerstelle, in seinem Rucksack und am Waldrand.
Bilde ähnliche Sätze, in denen mehrere Beifügungen, Umstandsbestimmungen, Ergänzungen, Satzgegenstände oder Satzaussagen vorkommen!

Aufstieg zum Gipfel **170**

Schon frühzeitig waren die Jungen in der Jugendherberge aufgebrochen, da sie bei der geplanten Bergtour den Gipfel noch vor der Mittagshitze erreichen wollten. Die Tagesverpflegung, die ihnen die Herbergseltern mitgegeben hatten, war in Rucksäcken und Brotbeuteln verstaut. Zunächst stieg der Weg nur mäßig an und führte durch weite Wiesen, auf denen unzählige Margeriten blühten. Allmählich wurde der Berghang steiler und der Weg unbequemer. Die Jungen begannen trotz der Morgenkühle zu schwitzen. Aber immer lohnender wurde der Ausblick ins Tal und auf die gegenüberliegenden Bergwände, wenn eine Lücke zwischen den hohen, schlanken Fichten die Sicht zuließ. Recht mühsam wurde jetzt der Aufstieg auf dem schmalen, steinigen Bergpfad. Vielen schmerzten die Füße, und die Kehlen waren trocken. Alle Jungen hatten sich vorgenommen, vor Erreichung des Gipfels nichts mehr zu trinken. Kristallklares, eiskaltes Quellwasser, das aus einer Felswand hervorplätscherte, ließen die Jungen lediglich über Nacken und Puls rinnen. Vom Wasser merklich erfrischt, hatte die Jungengruppe bald die Baumgrenze erreicht. Nur vereinzelte Bergkiefern und zerzauste Wetterfichten erblickten sie hier oben. Unbarmherzig brannte die Sonne auf die Kahlflächen, doch das Gipfelkreuz, das Ziel ihres gemeinsamen Aufstiegs, lag bereits in Sichtnähe. Gleich würden sie ausruhen und sich am mitgeführten Proviant stärken, um dann ausgiebig die Aussicht zu genießen.

Übungsmöglichkeiten:

1. **Zusammengesetzte Eigenschaftswörter (Adjektive) – Hauptwort und Eigenschaftswort:** kristallklar, eiskalt, silbergrau, turmhoch, fingerbreit, moosgrün, zentnerschwer, gallebitter, zuckersüß, steinhart
Verbinde je ein Hauptwort (Substantiv) mit einem Eigenschaftswort (Adjektiv): Aal, Bären, Blüten, Butter, Essig, Feder, Glas, Karmin, Kugel, Marine, Maus, Messer, Orange, Pech, Reh, Riesen, Spindel, Stahl, Stock, Wiesel – blau, braun, dürr, finster, flink, gelb, glatt, grau, groß, hart, leicht, klar, rot, rund, sauer, scharf, schwarz, stark, weich, weiß!
(Siehe Beiheft L 174!)

2. **Eigenschaftswörter (Adjektive) mit der Nachsilbe -sam:** mühsam, gemeinsam, geruhsam, genügsam, grausam, wundersam, seltsam, langsam, gewaltsam, einsam
Bilde aus folgenden Zeitwörtern (Verben) unter Verwendung der Nachsilbe *-sam* Eigenschaftswörter (Adjektive): folgen, wachen, sparen, achten, fürchten, mitteilen, empfinden, gehorchen, fügen, bedeuten, dulden, wirken, heilen, schweigen, enthalten, streben, arbeiten, aufmerken, biegen!
(Siehe Beiheft L 175!)

3. **Beachte das zweite r:** erreichen, erretten, errechnen, erringen, erröten, erregbar, erraten, erraffen, errichten, verreisen, verraten, verregnen, verringern, Vorreiter, Vorrat, vorrücken, Vorrichtung, Vorraum, vorreden, Vorrang, zerreißen, zerreiben, zerronnen
Trenne die Wörter nach der Vorsilbe (er-reichen, er-retten, . . .)!

4. **Fremdwörter mit ou:** Bergtour, Bouillon. Rouleau, Limousine, Patrouille, Cousin, Cousine, Couch, Roulade, Nougat
Versuche diese Wörter durch deutsche zu ersetzen!

5. **Wortfamilie „geben":** geben, ab-, an-, zu-, ver-, aus-, nach-, ein-, über-, er-, wieder-, zusammen-, weiter-, acht-, statt-, zurück-, auf-, mit-; Geber, An-, Arbeit-, Brot-; Eingebung, Ver-; Ergebnis; ergebnislos; vergeblich; vergebens; gebefreudig; Gabe, Auf-, Vor-, Zu-, Ein-, Ab-, Wieder-, Über-, Leih-, Weiter-, Bei-; Gabentisch; ergiebig, aus-, nach-, unnach-; Gift, Mit-, Leichen-, -pilz, -farbe, -mischer, -becher, -schrank, -schlange, -zahn, -pflanze; Vergiftung, Blut-, Fisch-, Fleisch-; Vergiftungserscheinung; giftig; gifthaltig; vergiften
Beachte: Er gibt – ergiebig!

6. **k oder ck:** Bäckerei, bedeckt, schmecken, Rektor, Baracke, Technik, fleckig, Insekten, Werkzeug, lockern, Fabrik, Kuckuck, Traktor
Setze *k* oder *ck* in die Lücken folgender Wörter ein: He–tar, Blo–, erschre–t, Fri–adelle, Scho–olade, zwin–ern, Ta–t, na–t, Sche–buch, vertro–net, la–ieren, Wra–, Zin–, bedrü–end, Do–tor, ele–trisch, di–tieren, verschlu–t, Schi–sal, Taba–, Se–t, zwe–los, Scho–, Re–, Re–ord, He–ti–, fle–ig
(Arbeitshilfe: In 14 Lücken muß *ck* eingesetzt werden. Siehe Beiheft L 176!)

Beobachtungen am Wasser

171

Ulrichs Klasse hatte Wandertag. Die Kinder freuten sich besonders, als sie einen großen, dunklen Waldsee erreichten. Die Stille der Landschaft wirkte auf die Kinder. So gingen sie ganz ruhig den Weg, der dicht am Ufer entlangführte. Plötzlich schwirrten aus dem Dickicht von Schilf, Rohrkolben und Binsen ein paar Wildenten hoch. Den Kindern pochte das Herz, so sehr hatten sie sich erschrocken. An einer Stelle, an der kein Schilf am Uferrand wuchs, lag ein Boot. Nur schade, daß es durch eine lange, verschlossene Kette an einer Birke befestigt war. Trotzdem kletterten einige Kinder hinein. Dicht neben ihnen sprang ein Frosch klatschend ins Wasser. „Der kann aber schwimmen!" riefen ein paar Kinder und verfolgten seine raschen Schwimmbewegungen, mit denen er der Mitte des Sees zustrebte. „Was ist denn das?" fragte Rolf und zeigte auf kleine Tierchen, die mit stelzenartigen, gespreizten Beinen aufgeregt über die Wasserfläche glitten. „Das sind Wasserläufer", erklärte der am Uferrand stehende Lehrer. „Man könnte annehmen, die laufen mit Schlittschuhen", meinte Birgit. Da hörte man mitten im See ein Platschen. Aber niemand hatte einen Stein ins Wasser geworfen. „Dort ist ein Fisch gesprungen?" rief Peter. Alle schauten auf. „Dürfen wir ins Wasser?" fragten die Kinder. Doch der Lehrer sagte: „In fremden Gewässern soll man nicht baden. Das ist zu gefährlich."

Übungsmöglichkeiten:

1. **Nach Doppelselbstlauten (Doppelvokalen) steht niemals tz:** gespreizt, Weizen, Heizer, beizen, gereizt, geizig, Schweiz, geheizt, Schnäuzchen, Kauz, Kreuz
   Bilde ähnliche Wörter! (Spreizgang, Weizenmehl, ...)
2. **Wörter mit tsch:** platschen, Kutsche, rutschen, Peitsche, lutschen, Deutschland, Pritsche, Gletscher, zwitschern, quietschen, watscheln, Quatsch, verhätscheln, patschen, kitschig
   Schreibe davon abgeleitete Wörter!
3. **Langes u:** Ufer, nur, Schlittschuhe, Stuhl, Schnur, Fuhre, Truhe, Ruhm, Brotkrumen, Demut, Schwur, Glut, verbluten, Truthahn, Stute, vermuten, Urlaub, Aufruhr, Eigentum, Literatur, Tugend, Ruhr, Berufung, Spur, Armbanduhr, Frisur, Schurwolle, Flut, Rumänien
   Ordne die Wörter nach ihrer Schreibweise! *(unbezeichnete Dehnung, Dehnungs-h)*
4. **Wörter mit cht, gt und rt:** Beoachtung, Dickicht, pochte, aufgeregt, dicht, stelzenartig, acht, dort, Docht, Furt, Furcht, gehorcht, Fracht, gefragt, Specht, gesperrt, angeregt, recht, gehört, Hecht, Sport, gepflügt, begnügt, Macht, gerügt, Gerücht, gerührt, bedacht, gespart
   Ordne die Wörter nach ihrer Schreibweise!
5. **Wörter mit rr:** Zigarre, knurrig, geknarrt, versperrt, Verwirrung, Zerrung, Gitarre, herrlich, erstarrt, verscharren, irr, Geschirr, Barren, verdorrt, schwirren, Terrasse, Narr, murren, herrschen, Pfarrkirche

Setze in folgende Wörter r oder rr ein: He–zog, Spe–ling, Spe–e, he–isch, Ba–ikade, dü–, Ziga–ette, He–berge, he–aus, Te–or, Behe–schung, veri–t, abgeschwi–t, Wi–tschaft, He–mann, schä–fen, schnu–en, Ke–ker, Ge–ber, su–en, Spe–ber, Hi–t!
(Arbeitshilfe: In 10 Wörter muß rr eingefügt werden. Siehe Beiheft L 177!)

172
Veränderlich

Seit Stunden schien die Sonne vom hellblauen Himmel. Doch jetzt ist sie hinter einer dunklen Wolkendecke verschwunden. Langsam bezieht sich der Himmel. Nur noch aus kleinen Wolkenlöchern lugt der blaue Himmel hervor. Aber auch diese verschwinden bald hinter einer grauen undurchsichtigen Wolkenwand. Schon fallen die ersten Tropfen. Erst noch langsam und vereinzelt, dann immer schneller und dichter, und bald regnet es in Strömen. Der Himmel hat alle seine Schleusen geöffnet. Gewaltige Wassermassen stürzen zur Erde nieder. Überall rauscht der Regen herab. In den Rinnsteinen schwellen kleine Sturzbäche an und strömen zu den Abflußlöchern. Langsam beginnt der Regen wieder nachzulassen. Da reißt soeben die Wolkenwand auseinander, und die Sonne bricht hervor. Aber noch regnet es. Kleine leichte Tropfen tanzen, vom aufkommenden Winde erfaßt, lustig hin und her. Dabei glitzern sie in allen Farben. Von der Sonne angestrahlt, beginnt sich allmählich vor den blaugrauen Wolken ein Regenbogen zu bilden. Seine beiden Enden berühren scheinbar die Erdoberfläche am Horizont. Die fünf Farbstreifen heben sich von der noch dunklen Wolkenwand deutlich ab. Jetzt hört es ganz auf zu regnen. Der Wind jagt die Wolken auseinander. Auch der Regenbogen verblaßt nun langsam.

Übungsmöglichkeiten:
1. **Wörter mit ß:** Abfluß, reißen, erfaßt, verblaßt, bißchen, bloß, Größe, spaßig, Meißel, grüßen, Grieß, verdrießlich, Kompaß, Walnuß, ungewiß, Schloß, Verheißung, Täßchen, Schweiß, vergeßlich, bewußtlos, maßvoll, Floß, naß, schließen, süßlich, Eßbesteck, büßen, Rechtsaußen, Verschluß, entblößen, Fluß, genießbar, gefräßig, Riß, Gußeisen, Vergißmeinnicht, Gießkanne, Gebiß, ausreißen, weiß, Frühlingsstrauß, Straße, häßlich, Schießpulver, fleißig, Troß, Amboß, Schuß, Mißverständnis, geißeln, Gefäß, Gewißheit, faßlich, Müßiggang, Schoß, Geschoß
Ordne die Wörter wie folgt:
a) *ß* nach langem Selbstlaut (reißen, bloß, ...)

b) *ß* nach Silben- oder Wortende (Abfluß, Kompaß, ...)
c) *ß* vor einem *t* (erfaßt, verblaßt, ...)

2. **Fremdwörter mit nt am Wortende:** Horizont, korpulent, Leutnant, interessant, Gratulant, Diskont, Transparent, Student, Kommandant, Elefant, Element, Passant, Dozent, Adjutant, Dirigent, Musikant, Restaurant, Prozent, galant, Zement, elegant, Brillant, Präsident, Intendant, markant, Trabant, prominent, Diamant, Krokant, tolerant, Moment, Parlament, Firmament, dezent, Produzent, Agent, Pergament, Fabrikant, Testament, Sakrament, Patent, Dechant, Praktikant
Sortiere die Wörter nach ihren Endungen auf *ant, ent,* und *ont*!

3. **Wortfamilie „reißen":** reißen, zer- ab-, fort-, weg-, auseinander-, aus-, mit-, auf-, heraus-, ein-, zusammen-, los-, hin-; reißerisch; reißend; Reißen (Rheuma); Reißbrett, -zwecke, -verschluß, -leine, -zeug, -schiene; Zerreißprobe, Abreißkalender; zerreißbar; Riß, Mauer-, Grund-, Um-, Auf-, Seiten-; rissig; zerrissen
Schreibe zu den Zeitwörtern die zugehörigen Mittelwörter (Partizipien) hinzu!
(reißen – reißend, gerissen; zerreißen, ...)

4. **Fremdwörter mit kt:** reflektieren, Insekt, Rektor, Inspektor, Respekt, Direktor, Sekt, Traktor, Konfekt, indirekt, Dialekt, Sekte, Akt, Affekt, Objekt, Instinkt, Konflikt, Viadukt, Lektüre, Pakt, Kontakt, Delikt, Takt, Doktor
Versuche diese Wörter durch deutsche zu ersetzen! (reflektieren – widerspiegeln, zurückstrahlen, erwägen, ...)

5. **Fremdwörter mit ie am Wortende:** Familie, Batterie, Artillerie, Kolonie, Demokratie, Lotterie, Genie, Industrie, Infanterie, Monarchie, Linie, Melodie, Phantasie, Sinfonie (Symphonie), Stenographie, Chemie, Zoologie, Galerie, Astronomie, Theologie, Garantie, Kompanie, Mumie, Harmonie, Kastanie, Regie, Bakterie, Fotografie, Geranie, Energie, Petersilie
Bilde zusammengesetze oder verwandte Wörter! Ordne die Wörter nach der Art ihrer Aussprache (*ië – i:* Familie, Linie, ... Batterie, Artillerie, ...)!

173

Bruder Leichtsinn

Durch ein Mißgeschick hat sich Werner beim Handballspielen die rechte Hand verstaucht. Sein Fahrrad müßte er eigentlich nach Hause schieben, aber das Laufen ist ihm zu langweilig. „Gut, daß ich notfalls freihändig fahren kann!" denkt Werner und schwingt sich auf den Sattel. Je mehr er sich der Innenstadt nähert, desto lebhafter wird der Verkehr. Nun muß Werner von der Berliner Straße nach links in die Bahnhofstraße einbiegen. „Eigentlich müßte ich jetzt mit der linken Hand ein Zeichen geben", denkt er. Aber hier im Stadtverkehr braucht er die gesunde Hand unbedingt zum Lenken. „Soll ich absteigen?" fragt er sich. „Ach was, ich ordne mich ganz allmählich bis zur Straßenmitte ein. Da kann jeder erkennen, daß ich links abbiegen will." Beim Einordnen blickt er rasch nach rückwärts. Dicht hinter ihm folgt ein Autobus. Vor Schreck reißt er den Lenker nach rechts. Doch nur mit der Linken kann Werner das Fahrrad nicht in seine Gewalt bekommen. Er stürzt über die Bordsteinkante auf den Bürgersteig. Ein Mann, der rasch herbeieilt, hilft Werner beim Aufstehen. „Na, das hätte noch schlimmer ausgehen können!" sagt er, als Werner verlegen den Staub vom Anzug klopft und sein blutendes Knie betrachtet. „Mit einer Hand darf man doch nicht radfahren!" Voller Mißmut stellt Werner fest, daß auch das Vorderrad verbogen ist. Nun muß er doch zu Fuß gehen.

Übungsmöglichkeiten:

1. **Die Vorsilbe miß-:** Mißgeschick, Mißmut, mißbilligen, Mißhandlung, mißgünstig, Mißverständnis, mißachten, ... aber: Missetat
Setze die Vorsilbe *miß-* vor folgende Wörter: Klang, brauchen, Gunst, Ernte, vergnügt, trauen, Erfolg, deuten, fallen, Griff, Bildung, gestimmt, gelingen, Ton, Wirtschaft, raten, Wuchs!

2. **Schreibung von Straßennamen:** Bahnhofstraße, Berliner Straße, Neuer Weg, Heinrich-Heine-Allee, Hochstraße, Schillerstraße, Friedrich-Ebert-Platz, Gänsemarkt, Kurfürstendamm, Karl-Goerdeler-Straße, Am Alten Tor, Prager Straße, Königsallee, Ludwig-Richter-Weg, Unter den Linden, Obermarkt, Alter Markt, Friedrichsufer, Krumme Gasse, Hafenstraße, Danziger Platz, Magdalenenweg

Ordne die Straßennamen in folgender Weise:

a) Der Straßenname hat ein Eigenschaftswort (Adjektiv) mit Beugungsendung als Bestimmungswort. Das Eigenschaftswort (Adjektiv) wird dabei getrennt und mit großem Anfangsbuchstaben geschrieben. (Breite Straße, Grüner Weg, ...)

b) Das Bestimmungswort ist ein gebeugter Orts- oder Ländername. Dabei wird der Straßenname getrennt geschrieben. (Breslauer Straße, Deutscher Ring, ...)

c) Das Bestimmungswort ist aus einem mehrteiligen Namen gebildet. Der Übersichtlichkeit wegen werden zwischen die Teile Bindestriche gesetzt. (Freiherr-vom-Stein-Platz, Adolf-Kolping-Straße, ...)

d) Ein Verhältniswort (Präposition) ist Teil eines Straßennamens. Folgt

auf das Verhältnis (Proposition) ein Eigenschaftswort (Adjektiv), so wird auch dieses groß geschrieben. (An der Paulskirche, Am Grünen Graben, ...)
e) Das Bestimmungswort wird mit dem Grundwort zusammengeschrieben. Das geschieht auch, wenn das Bestimmungswort aus einem einteiligen Namen oder aus einem ungebeugten Eigenschaftswort (Adjektiv) besteht.
(Goethestraße, Neumarkt, ...)
Unterscheide: Schlesienstraße – Schlesische Straße, Hochstraße – Hohe Straße, ...)
3. **t als Gleitelaut vor der Nachsilbe -lich:** eigentlich, ordentlich, wesentlich, kenntlich, ...
Setze an folgende Wörter die Nachsilbe -*lich*: wissen, flehen, hoffen, Woche, gelegen, offen, Versehen, Name (Siehe Beiheft L 178!)
4. **Eigenschaftswörter (Adjektive) mit der Nachsilbe -haft:** lebhaft, zaghaft, boshaft, flegelhaft, nahrhaft, ...
Verbinde folgende Wörter mit der Nachsilbe -*haft*: Gewissen, krank, Ekel, Schuld, schmecken, Schaden, dauern, glauben, Meister, Mann, schmeicheln, Ehre, sitzen, lachen, Sünde, Stand, Knabe, Fehler, Bild, naschen, ernst, Kind, wahr, wohnen, Name, träumen, Schmerz, verzagen!
5. **Schwierigkeiten mit dem einfachen s:** Autobus, Bistum, Verlies, Atlas, Preiselbeere, Zirkus, Zeugnis, Kürbis, Globus, Mesner, Radieschen, Diskus, Maske, Muskel, Asbest, Radius, Hindernis, Kursus, Gleis, Paradies, Geständnis
Präge dir die Wörter ein und bilde damit zusammengesetzte Hauptwörter (Autobusfahrt, Erzbistum, ...)! Bilde von den Wörtern, die mit *s* enden, die Mehrzahl! (Siehe Beiheft L 179!)

174
Gewitterschwüle

Es ist Anfang Juli. Drückende Schwüle liegt schwer über der Stadt, und nicht der geringste Luftzug ist wahrnehmbar. Gisela sitzt am weitgeöffneten Fenster und schaut nach draußen. Die Straßen sind fast menschenleer. Nur Erikas Großvater geht langsam im schmalen Schatten der Häuserfront. Sonst ging Gisela immer, wenn sie ihre Schularbeiten beendet hatte, gern nach draußen, um mit ihren Freundinnen zu spielen. Doch heute ist es unerträglich warm auf den sonnenüberfluteten Straßen und Plätzen. Über den Dächern der Häuser und dem Asphalt der Fahrbahn flimmert und zittert die erwärmte Luft. Mohrchen, Giselas Katze, die sonst am liebsten auf dem Fenstersims sitzt, hat sich im Zimmer in die Sofaecke gekuschelt und schläft. Obwohl die geblümten Fenstervorhänge den Sonnenstrahlen das Eindringen in die Zimmer verwehrt haben, ist es überall ungemütlich schwül. Gisela schaut auf das Thermometer. Die Quecksilbersäule ist bis auf 35 Grad geklettert. Da hört Gisela plötzlich von draußen ein dumpfes Rumpeln. Jetzt erst bemerkt sie dicke, zerklüftete Wolkenberge, die sich über den Dächern der gegenüberliegenden Häuserreihe auftürmen und zusehends wachsen. „Na, das gibt ein heftiges Gewitter!" denkt Gisela.

Übungsmöglichkeiten:

1. **Langes ü:** Schwüle, geblümt, ungemütlich, geblüht, prüfen, Frühling, üben, Bühne, eigentümlich, Stühle, brüten, kühl, Kübel, betrübt, Übelkeit, Stübchen, führen, ungestüm, Blüte, Rüpel, Gefühl, wütend, . . .
Fülle die Lücken durch *ü* oder *üh* aus! ungest–m, zerkr–meln, Gef–l, Unget–m, gem–tlich, H–nengräber, K–lschrank, erm–det, Geschw–r, Kirschbl–te, Windm–le, Vor–bung, schw–l, Gem–se, Gew–l, D–nen, m–sam, nat–rlich, Sp–rhund, Geb–r, L–gner
(Arbeitshilfe: In 6 Wörtern fehlt *üh*. Siehe Beiheft L 180!)
2. **Wörter mit äu, die man nicht ableiten kann:** Quecksilbersäule, sträuben, Knäuel, räuspern, räudig, Räude
Bilde allerlei Zusammensetzungen mit „Säule" (Säulengang, Steinsäule, . . .) und präge dir die übrigen Wörter ein!
3. **Nach Empfindungswörtern steht ein Komma:** Na, das gibt ein Gewitter! Oh, ich fürchte mich! – Ach, wir haben keine Angst! – O weh, der erste Blitz!
Schreibe ähnliche Sätze! Beachte: Oh! (alleinstehend mit *h*) – O weh! O nein!
4. **Wörter mit ph:** Asphalt, Graphit, Philosoph, Strophe, Triumph, Pharao, Physiker, Diphterie, Philipp, Phosphor, Prophet, Atmosphäre, geographisch, Alphabet, Apostroph
Bilde zusammengesetzte oder abgeleitete Hauptwörter (Substantive)!
5. **Zusammengesetzte Mittelwörter (Partizipien):** sonnenüberflutet, sternenübersät, moosbewachsen, luftgefüllt, sturmerprobt, leidgewohnt, heimgeholt, sprachgewandt, schmerzverzerrt, kampferfahren, ferngesteuert, dankerfüllt, windgeschützt, eisgekühlt, sonnengebleicht, spannungsgeladen, rußgeschwärzt, handgewebt
Ordne den Mittelwörtern (Partizipien) passende Hauptwörter (Substantive) zu (sonnenüberflutete Felder, . . .) und bilde Sätze!
6. **Wörter mit th:** Thermometer, Katharina, Thron, Theater, Korinthen, Apotheke, Hypothek, Theodor, Leichtathletik, katholisch, Martha,

Thomas, theoretisch, Zither, Thermosflasche, Thermen, athletisch, Elisabeth, Katheten, Lothringen, Elsbeth, Thüringen, Ruth, Edith, Äther, Kathedrale, Bibliothek, Theke, Thema, These, Ethik
Ordne die Wörter alphabetisch!

175
Markttag

Schon seit den frühen Morgenstunden ist der Rathausplatz der Kreisstadt mit Verkaufsständen dicht besetzt, denn heute ist Markttag. Immer mehr Käufer beleben den Markt, so daß in den schmalen Gängen oft ein beängstigendes Gedränge und Geschubse entsteht. Jeder möchte vorteilhaft und preisgünstig seinen Wochenbedarf an Obst und Gemüse einkaufen. Groß ist das Warenangebot, und kritisches Betrachten ist notwendig, um das Beste auszuwählen. Da liegen hohe Berge spanischer, italienischer oder marokkanischer Apfelsinen neben schlanken holländischen Gurken, schneeweißen Blumenkohlköpfen und anderen Gemüsearten. An manchen Tischen gibt es nur Butter, Käse, Quark und Eier, die nach verschiedenen Größen geordnet sind. An einigen Ständen können die Hausfrauen alle Arten von Fleisch und Wurst kaufen. An einer Ecke des Platzes riecht es verlockend nach geräucherten Fischen. Groß ist die Auswahl an den Fischständen. Bücklinge, Kieler Sprotten, Aale, Flundern, Schellfische und noch viele andere Fischsorten werden angeboten. Mehr oder weniger laut preisen die Verkäufer den Vorübergehenden ihre Waren an. Am lautstärksten können das die Obsthändler. Einer ruft schalkhaft: „Selbstgezogene Zitronen, das Stück nur für zehn Pfennige!" Das ist nicht gelogen, denn er hat die Zitronen eigenhändig auf einem Karren hierher gezogen. Die Leute lachen. Viele von ihnen verlassen mit vollen Taschen bereits wieder den Markt.

Übungsmöglichkeiten:

1. **Hauptwörter (Substantive) mit der Vorsilbe ge-:** Gedränge, Geschubse, Gehölz, Geräusch, Gerippe, Geflügel, Geschöpfe, Getränk, Gebälk, Getier, Gewitter, Gelübde, Schneegestöber, Geschoß, Geschwister, Gewehr, Gebirge, Gejohle, Gefälle, Gefieder, Geäst, Gerede, Gepäck, Gehörn, Gebäck, Gestell, Geschick, Gehöft, Gebäude, Geläut, Gespann, Gericht, Geruch, Gebüsch, Gesträuch, Gebiß
Ordne diese Wörter nach ihrer Herkunft (Hauptwort, Zeitwort)!
2. **sch – ch:** marokkanisch, Fleisch, Schellfisch, holländisch, Kirschkern, Büsche, Duschraum, Muschel, Asche, ...
dicht, Gericht, Kirchturm, gleich, Eiche, räuchern, reich, schleichen, Pächter, Blech, gerecht, Pech, leicht, ...
Setze die Reihen fort!

3. **Von Städtenamen abgeleitete Eigenschaftswörter (Adjektive):** Kieler Sprotten, Königsberger Klopse, Stuttgarter Hauptbahnhof, Kölner Dom, Hamburger Hafen, Aachener Rathaus, Bielefelder Leinen
Ordne folgende Begriffe den entsprechenden Städtenamen zu!
Zwinger, Lederwaren, Bier, Frauenkirche, Schwebebahn, Eiffelturm, Marzipan, Roland, Apfelwein, Glas, Bucht, Schloß, Heide, Bücklinge, Lebkuchen, Messe, Opernhaus, Mauer, Münster, Rheinhafen;
Duisburg, Dortmund, Berlin, Offenbach, München, Ulm, Kiel, Paris, Frankfurt, Lüneburg, Wuppertal, Königsberg, Bremen, Danzig, Mailand, Heidelberg, Leipzig, Nürnberg, Dresden, Jena
(Siehe Beiheft L 181!)
4. **Wörter mit der Nachsilbe -ine:** Apfelsine, Mandarine, Maschine, Kantine, Rosine, Lupine, Ruine, Gardine, Margarine, Violine, Sardine, Marine, Kabine, Lawine, Limousine, Gelatine, Christine, Wilhelmine, Hubertine, Vitrine, Trichine, Turbine, Saline, Praline, Mandoline
Ordne die Wörter nach dem Alphabet und bilde zusammengesetzte Hauptwörter (Substantive)!
5. **Unterscheidung von „Ware" und „wahr":** Warenhaus, bewahren, Warenzeichen, Wahrzeichen, Wahrnehmung, Warenangebot, Wahrheit, Warenprobe, wahrscheinlich, Wahrsagerin, Warenlager, wahrhaftig, Warenumsatz, Haushaltswaren, Bewährung, wahrlich, gewähren, Teigware, Währung, unwahr, Aufbewahrung, Handelsware, verwahrlost
Ordne die Wörter!
6. **Wortfamilie „rauchen":** rauchen, ver-, an-, aus-; Rauch, -entwicklung, -abzug, -fang, -gas, -fleisch, -schwalbe, -säule, -fahne, -opfer, -ware, -vergiftung, -verzehrer; Weih-, Tabak-, Zigaretten-; Raucher, Nicht-, Zigarren-, -abteil; rauchig; räuchern, beweih-, ver-, aus-, an-; Räucherschinken, -speck, -faß, -kerze, -aal, -fisch, -kammer

176

Der Wiesenmusikant

Peter liegt ausgestreckt auf der sonnenbeschienenen Wiese und schaut gelangweilt in den blauen Himmel. Hoch über ihm fliegen einige Schwalben. Da hört er dicht neben sich langanhaltendes Zirpen. Vorsichtig drückt er die Grashalme zur Seite. Da erschrickt Peter. Mit einem Satz springt ihm eine Heuschrecke dicht an der Nase vorbei. „Es ist gar nicht so einfach, so ein Tierchen zu fangen!" denkt Peter. Aber endlich hält er es in der geschlossenen Hand. Es ist ein Heupferdchen mit kräftigen Sprungbeinen. Erst in der Vorwoche hat der Lehrer viel von Heuschrecken und Grillen erzählt. Am meisten hat Peter darüber gestaunt, daß Heupferdchen mit den Beinen hören können. Aus nächster Nähe kann er sich nun das Tierchen betrachten. An den Kniegelenken sieht er die dünnen Häutchen, die die Trommelfelle des Heupferdchens sind. Gern hätte Peter jetzt noch eine Fliege oder eine Raupe gefangen, um sein Heupferdchen zu füttern, denn er weiß, diese Tiere sind Fleischfresser. „Na, es wird sich lieber selbst Nahrung suchen", denkt Peter und öffnet die Hand. Mit weitem Sprunge landet es im Gras. „Das war Weltrekord!" ruft Peter in Anerkennung dieser Sprungleistung. Bald danach hört er wieder das eintönige Zirpen.

Übungsmöglichkeiten:

1. **k und g im Auslaut:** Sprungbein, Kniegelenk, Nahrung, flink, Zwang, Rang, rank, Balg, Buchfink, schlank, Talg, schräg, Schlingpflanze, Ehering, Messing, welk, Senklot, Getränk, Werkzeug, ...
Ergänze g oder k: Ber–wer–, Schlin–pflanze, Geträn–, Buchfin–, Sar–, star–, An–st, Anfan–, Trin–wasser, Messin–, Schwun–, Hen–st, Essi–, Blin– licht, Mar–t, Bu–, Geisterspu–, Unfu–, Flu–zeu–, ar–!
Ordne die Wörter nach ihrer Schreibweise!
(Arbeitshilfe: In 8 Lücken muß k eingesetzt werden. Siehe Beiheft L 182!)

2. **d und t im Auslaut:** Musikant, Weltrekord, Hort, Herd, Gewalt, bald, Grund, wund, Wildbret, Geduld, Gradzahl, Rückgrat, Rathaus, Fahrrad, Verband, gebannt, Schlüsselbund, Buntstift, Huld, halt, Spind, hart, Feld, Welt, Schild, Brandstelle, Branntwein, Magd, Markt, Leittier, leidvoll, unermüdlich, gemütlich, Bord, gebohrt, Kassenwart, Pfund, Entgelt, Kleingeld, tot, Tod, Einfalt, Geleit, Unterschied
Bilde davon neue Wörter! (Straßenmusikant, Rekordinhaber, ...)

3. **eu – äu:** Heupferdchen, Häutchen, neulich, Gebäude, gräulich, Räuber, Fäulnis, Zäune, Schnäuzchen, anfeuern, versäumen, betäuben, enttäuschen, säuerlich, Bedeutung, Vogelscheuche, Täubchen, Beule, Keule, Knäuel, Säugling, treu, träumerisch, sträuben, abscheulich, äußerlich, Gemäuer, Zigeuner, Schleuse, Gesträuch, beschleunigen, verdeutschen, vergeuden, verbleuen (schlagen), Meuterei, keusch, Bräutigam, streuen, verleumden, Seufzer, Käuzchen, keuchen, Greueltat, räuberisch, äugen, Efeu, bereuen
Schreibe zu den Wörtern mit *äu* deren Stammwörter mit *au*!

4. **Hauptwörter (Substantive) mit der Endung -ung:** Leistung, Anerkennung, Spannung, Kleidung, Opferung, Sicherung, Gefährdung, Schaltung, Wohnung, Verlobung, Weigerung, Beschreibung
Bilde mit Hilfe der Endung Hauptwörter (Substantive) aus: übertreiben, fügen, spalten, erklären, beruhigen, schließen, befördern, bearbeiten, entlassen, stellen, schieben, anziehen, verkleiden, empfehlen, be-

lehren, berufen, weisen, erkundigen, verschönern, schildern, beachten, unterwerfen, verletzen, vorstellen, reiben, belohnen!
5. **Wörter mit mm:** Himmel, Trommel, Komma, er nimmt, Versammlung, symmetrisch, Telegramm, Kommode, Kommunismus, Kommissar, verschimmelt, gekrümmt, ...
Setze in die Wortlücken *mm* oder *m* ein: Bro–beeren, Ko–andant, Dachka–er, Ka–eradschaft, verda–pfen, Da–, Li–onade, Hi–beere, Gewi–el, nu–erieren, Ru–, Tü–pel, sa–eln, Gerü–pel, Ka–ille, Ko–entar, Ka–era, Ko–ödie, vermu–en, Ko–pott, Ko–ission
(Arbeitshilfe: In 8 Wörtern fehlt *mm*. Siehe Beiheft L 183!)

Der Sieger

Gleich nach den Schularbeiten liefen Peter, Dieter und Friedel zum Wald. Dort spielten sie am liebsten, denn während der Sommermonate war es hier recht angenehm. Friedel trug eine leere Fischdose in der Hand. Sie beabsichtigten, heute Zielwurf zu üben. Ihr Spielplatz war eine kleine Lichtung, wo es viele Kiefernzapfen gab, die sich als Wurfgeschosse gut eigneten. Peter stellte die Blechdose dicht vor einen Kiefernstamm. In der Mitte der Lichtung steckte Dieter einen verdorrten Ast in die Erde. Von hieraus wollten sie werfen. „Wer zuerst in die Büchse trifft, ist Sieger!" rief Friedel. Gerade wollte Dieter mit dem Werfen beginnen, da sprang ein Eichhörnchen über die Waldwiese. „Das will sich die Bratheringsdose ansehen!" meinte Peter. Behende kletterte es an einem Stamm empor und verschwand zwischen den buschigen Kiefernzweigen. „Los, Dieter, wirf!" forderte ihn Friedel auf. Der erste Wurf ging aber fast einen Meter daneben. Jetzt war Peter an der Reihe. Aber er warf viel zu weit. „So, paßt auf", rief Friedel, „wie man das macht!" Friedels Zapfen flog ebenfalls daneben. Da machte es auf einmal „klick". Verwundert schauten die Jungen auf und liefen schnell zur Fischbüchse, in der tatsächlich ein Kiefernzapfen lag. Über ihren Köpfen hörten sie ein Rascheln. „Das ist der Sieger!" rief Peter und wies auf das Eichhörnchen, das neugierig zu den Jungen herunteräugte.

Übungsmöglichkeiten:

1. **Hauptwörtlicher Gebrauch von Zeitwörtern (Verben):** mit dem Werfen beginnen, ein Rascheln, das Klettern, vom Springen, nach dem Spielen, das neugierige Schauen
Bilde Sätze, in denen folgende Zeitwörter (Verben) als Hauptwörter (Substantive) gebraucht werden: zielen, üben, tragen, rufen, beobachten, sehen, zeigen, fallen!

2. **Wörter mit ee:** leer, Meer, Teer, See, Klee, Speer, Gelee, Beet, Heer, Spree, Seele, Lorbeer, Fee, Allee, Komitee, Geest, Schnee, Kaffee, verheeren, Beere, Reeder, Armee, Chausee, Porree, Leeseite
Sammle die Fremdwörter und bilde neue Wörter!
3. **Unterscheidung „leeren – lehren":** Leerung, Lehrling, ausleeren, Lehrzeit, Lehrherr, belehren, Leerzug, Realschullehrer, Leerlauf, Hauptlehrer, leerstehend, Schlosserlehre, Lehrbetrieb, Lehrgang, Leerungszeiten, lehrreich
Ergänze folgende Wörter! Le–rmeister, entle–ren, Le–rgeld, Briefkastenle–rung, Le–rvertrag, menschenle–r, Le–rsatz, Le–rerstelle, le–re Stelle, Le–rjunge, Bele–rung, Luftle–re, Schreinerle–re, Le–rwerkstätten, Le–rauftrag, le–rer Stuhl, Le–rstuhl, gele–rig
(Arbeitshilfe: In 12 Wörtern fehlt *h*. Siehe Beiheft L 184!)
4. **Wortfeld „sehen":** ansehen, beschauen, beobachten, wahrnehmen, spähen, besichtigen, blicken, sichten, äugen, glotzen, entdecken, erkennen, blinzeln, betrachten, anstarren, gaffen, schauen, mustern, hervorlugen, gucken, stieren, gewahren
Bilde alle möglichen Zusammensetzungen von „sehen, schauen, gucken, blicken und spähen"!
5. **Wortfamilie „fallen":** fallen, hin-, ab-, heraus-, herunter-, hinüber-, aus-, zurück-, fort-, über-, zu-, herein-, weg-, auseinander-, be-, auf-, an-, durch-, ein-, vor-, zusammen-; Fall, Ab-, An-, Aus-, Krankheits-, Rein-, Wasser-, Un-, Über-, Zu-, Rhein-, Vor-, Zwischen-, Durch-, Rück-, Bei-; Fallobst, -schirm, -tür, -beil, -grube, -strick; Falle, Mause-; falls, not-, eben-, gleich-; Gefallen, Wohl-; fällen, ab-; Fäller, Holz-; Gefälle; Gefälligkeit; Fälligkeit; fällig, ab-, rück-, aus-, bei-, über-, schwer-, ge-
Bilde von den Zeitwörtern (Verben) Formen der Vergangenheit (Perfekt) und verwende sie in Sätzen! (Er fiel hin. – Die Blätter fielen ab.)
6. **Wortfamilie „Hand":** Handarbeit, -koffer, -gepäck, -gelenk, -schrift, -granate, -schlag, -ball, -werk, -schuh, -griff, -buch, -lung, -geld, -habe, -tuch, -stand; handfest, -breit, -greiflich, -lich; abhanden, vor-; eigenhändig, beid-, links-, aushändigen; allerhand; überhandnehmen; handeln, ver-, ein-, be-, aus-; Handel, Einzel-, Außen-, Groß-, Zwischen-; Handelsmann; Handlung, Wein-, Buch-; Händler, Lebensmittelgroß-, Unter-, Straßen-; behende; Behendigkeit

178

Nachts auf dem Hauptbahnhof

Es ist bald Mitternacht. Doch noch immer ist auf den Bahnsteigen der weiten, hell erleuchteten Halle ein stetes Kommen und Gehen. Vor wenigen

Augenblicken ist ein Eilzug mit einer schweren, wuchtigen Diesellokomotive in den Hauptbahnhof eingerollt. „Düsseldorf, Hauptbahnhof! Alles aussteigen! Der Zug endet hier! Der Schnellzug nach Aachen steht abfahrbereit auf Gleis 4!" verkündet der Lautsprecher. Die vielen Aussteigenden streben den nach unten führenden Treppenausgängen zu. Ein Stimmengewirr schallt über den Bahnsteig. Dazwischen hört man das Zuschlagen der Wagentüren. Zwei Männer beeilen sich beim Entladen des Packwagens. Auf dem bereitgestellten Karren türmen sich die Pakete immer höher. Da kommt eins ins Rutschen und fällt mit dumpfem Aufprall auf den Bahnsteig. Ein grüner Zettel mit der Aufschrift „Bitte nicht werfen! Glas!" ist auf diesem Paket aufgeklebt. Ein Bahnarbeiter hebt es auf und packt es wieder auf den Paketberg. Da setzt wieder das Brummen der Diesellok ein, und der Leerzug rollt fast geräuschlos aus der Halle. Bald ist auch das rote Schlußlicht im Dunkel der Nacht nicht mehr zu sehen. Bis auf einen Mann, der auf einer Bank eingenickt ist, ist niemand mehr auf diesem Bahnsteig. Hoffentlich wollte der Schlafende nicht mit dem Schnellzug nach Aachen fahren, der sich jetzt auf dem übernächsten Bahnsteig in Bewegung setzt.

Übungsmöglichkeiten:

1. **Hauptwörtlich gebrauchte Zeitwörter (Verben):** das Zuschlagen, beim Entladen, ins Rutschen, das Brummen, beim Abfahren, das Vorzeigen der Fahrkarten, das Öffnen der Türen, beim Einsteigen beeilen, ein stetes Kommen, das Rangieren
Bilde ähnliche Zusammenstellungen zum Sachgebiet „Eisenbahn" und verwende sie in Sätzen!
2. **Hauptwörtlich gebrauchte Mittelwörter (Partizipien):** die vielen Aussteigenden, einige Mitreisende, die Wartenden, ein Schlafender
aber: die vielen aussteigenden Leute, einige mitreisende Frauen, die wartenden Kinder, ein schlafender Mann
Stelle ähnliche Gegenüberstellungen zusammen!
3. **Wortfamilie „packen":** an-, ver-, aus-, zu-, zusammen-, auf-, be-, ein-; Pack, -eis, -esel, -papier, -sattel, -wagen, -tasche; Packung, Ver-; Gepäck, -stück, -netz, -wagen, -ständer, -träger, -raum, -abfertigung, Reise-, Hand-; Päckchen, Verbands-, Geschenk-, Weihnachts-; Paket, -wagen, -post, -annahme, -zustellung, -berg, -beförderung, Geburtstags-, Lebensmittel-, Geschenk-
Schreibe die Wörter vollständig ab!
4. **Wörter mit ent-, -ent, end- und -end:** führend, entladen, aussteigend, hoffentlich, endgültig, entstehen, Endstation, entgleisen, eigentlich, haltend, versehentlich, endlich, Endpunkt, Entwurf, wissentlich, folgend,

Endbahnhof, entrollen, dröhnend, gelegentlich, Entschluß, Endziel, wöchentlich, endlos, singend, Wochenendfahrt, Medikament
Setze in folgende Wörter *end* oder *ent* ein: nam–lich, –schlossen, helf–, –geschwindigkeit, un–schieden, fleh–lich, –stufe, kämpf–, frev–lich, schleich–, –stehung, un–lich, spiel–, ord–lich, –lassen, –täuschung, Fußball–spiel, umfass–, –spannt, Präsid–, –silbe, Testam–!
(Arbeitshilfe: 11 Wörter werden mit *ent* geschrieben. Siehe Beiheft L 185!)

5. **Zusammengesetzte Hauptwörter (Substantive):** Hauptbahnhof, Lautsprecher, Packwagen, Ausgänge, Aufprall, Schnellzug, Aufschrift, Leerzug, Nebengleis, Wartehalle, Fahrkarte, Vorsignal, Einfahrt, Schlafwagen, Fensterplatz, Gehsteig, Rolltreppen, Ferienreise, Stellwerk, Leichtmetall, Bahnbeamter
Ordne nach Art des Bestimmungswortes (Haupt-, Zeit-, Eigenschafts- oder Verhältniswort)!

Fahrt über die Zonengrenze   **179**

Während der Sommerferien war Detlef mit seinem Vater zu den Großeltern nach Mitteldeutschland eingeladen. Die Aufenthaltsgenehmigung hatten die Großeltern schon vor Wochen geschickt. Nun warteten Vater und Sohn auf den Interzonenzug, der soeben in die Bahnhofshalle rollte. Da der Zug nur schwach besetzt war, konnten sie sich Fensterplätze aussuchen. Nach langwieriger Nachtfahrt durchs Ruhrgebiet, durch Hannover und Braunschweig näherte sich der Zug der Zonengrenze. Detlef schaute aus dem geöffneten Zugfenster in die anbrechende Morgendämmerung. An den gespensterhaft wirkenden Wachttürmen, an dem kahlen, öden Todesstreifen mit dem sperrenden Stacheldraht erkannte Detlef, daß sie die Grenze erreicht hatten. „Eine Grenze mitten in Deutschland!" bemerkte der Vater. Die Fahrgeschwindigkeit verlangsamte sich. Der durch Scheinwerfer fahlhell erleuchtete Bahnhof Marienborn wurde sichtbar. Bewaffnete Grenzposten und Polizisten schritten an den D-Zugwagen entlang. „Wir begrüßen Sie in der Deutschen Demokratischen Republik!" dröhnte es aus einem Lautsprecher. Die Reisenden wurden aufgefordert, ihre Sitzplätze während der Ausweiskontrolle einzunehmen. In allen Abteilen überprüften uniformierte Beamte die Reisepässe, tauschten Geldbeträge um und kontrollierten stichprobenartig Gepäckstücke. Eine Frau, deren Paß ungültig war, hastete den Bahnsteig entlang zu einer Baracke. Bald danach fuhr der Zug weiter.

Übungsmöglichkeiten:

1. **Wortfamilie „wachsen":** wachsen, an-, zu-, ver-, zusammen-, be-, über-, heran-, nach-, aus-, ent-; Wachstum, Breiten-; Zuwachs; Erwachsene; Wuchs, Pflanzen-, Blatt-, Haar-, Zwerg-, Nach-; Auswüchse; Gewächs, Treibhaus-, Zimmer-, -haus; schnellwüchsig; wuchern, über-; Wucher, -zinsen, -preis, -geld; Wucherung
Schreibe die Wörter vollständig ab!
2. **Kein ck in Fremdwörtern:** Republik, Fabrik, Detektiv, Rektor, Pazifik, Tragik, Mathematik, Optik, Mechanik, Statistik, Panik, Inspektor, Direktor, Botanik, Technik, Rubrik, Katholik, Leichtathletik, Chronik, Aktion, Paket, Tabak, Traktor, Hektoliter, Musik, Sekt, Schokolade, Kontakt, Oktober, Produkt, Kautschuk, Elektrizität, Insekt, Diktat, Architekt, Doktor, Hektar, Takt, Viadukt, Spektakel, Kritiker, Politik
Ordne die Wörter nach dem Alphabet!
3. **Die lateinische Vorsilbe „inter":** Interzonenzug, Interesse, Intervall, Interview, Intermezzo, international (Silbentrennung: Inter-esse)
Erkläre die Wortbedeutungen! (inter = zwischen)
4. **Wortreihe „Baracke":** Barackenlager, -siedlung, -dach, -tür, -wohnung, -eingang; Wellblech-, Holz-, Wohn-, Sanitäts-, Mannschafts-, Sportplatz-, Flüchtlings-, Werks-; barackenartig
Trenne die Wörter nach Silben! Verwende die Wörter in Sätzen!
5. **Der F-Laut:** Fahrt, Ferien, Vater, Verspätung, Detlef, voll, froh, Hannover, zusammenpferchen, fahlhell, fordern, verlassen, fortsetzen, vorfahren, Pfahl, Philosoph, Phosphor, Dampfer, Detektiv, Sumpf, Philipp, schimpfen, Veilchen, feilen, Physiker, Vers, Pfingsten, sanft, Pharisäer, Ferse, Volk, verfolgen, Strophe, Torf, Grammophon, vielleicht, flott, Graphiker, vierzig, Triumph, Hafen, brav, Senf, Vogt, strafbar, Cuxhaven, stumpf, Larve, kampflos, Gruft, Schilf
Ordne die Wörter nach der Schreibung ihres *F-Lautes (f, v, ph, pf)* und vervollständige die Wortsammlung!
6. **Wortfeld „Wagen":** Wagen, Droschke, Kutsche, Karre, Fuhrwerk, Auto, Omnibus, Waggon, Kraftfahrzeug, Lastwagen, Lore, Straßenbahn, Kinderwagen, Anhänger, Limousine, Rennwagen, Wohnwagen, Schienenfahrzeug, Kübelwagen, Sulky, Panzerwagen, Landauer, Leiterwagen, Kipper, Handwagen, Kalesche, Puppenwagen, Taxi, Güterwagen, Autobus, Zugmaschine, Kabriolett, Lieferwagen, Schnellzugwagen, Tender, Dreitonner, Triebwagen, Kombiwagen, Einspänner
Ordne die Wörter (Antriebsart, Verwendungszweck, ...)!

180

Eine Autobahn wird gebaut

Quer durch die grünenden Wiesen und Felder verläuft ein breiter, brauner Streifen. Hier soll das letzte Teilstück der neuen Autobahn fertiggestellt werden. Immer wieder rollen schwere Lastwagen heran. Die einen werden mit dem Sand, der durch Raupen fortbewegt wird, beladen. Die anderen bringen Schotter von den nicht weit entfernten Steinbrüchen. Auf den Zufahrtswegen werden Staubwolken durch die schwerbeladenen Fahrzeuge aufgewirbelt. Allmählich ist eine glatte Unterlage für die Autobahn geschaffen. Nun werden die Schotterberge, die am Rande der Baustelle liegen, abgetragen und gleichmäßig auf den noch weichen Untergrund verteilt. Schwere Walzen drücken das Gestein fest in den Sand. Immer neue Schichten des harten Schotters werden zusammengepreßt. Schon erkennt man die Umrisse der entstehenden Autobahn. Der Grünstreifen ist durch schwere, quaderförmige Steine von der eigentlichen Bahn getrennt. Auch die Außenseiten der Straße sind bereits ebenso markiert. Große Lastkraftwagen schaffen den Asphalt herbei. Während dieser gleichmäßig durch Spezialwagen über die Bahn verstreut wird, drücken schwere Walzen die Schicht fest. Viele Wochen sind inzwischen vergangen. Das noch sperrende Band wird zerschnitten, und die ersten Wagen rollen über die Autobahn. Sie ist für den Verkehr freigegeben und beginnt nun ihr unruhiges Dasein.

Übungsmöglichkeiten:

1. **Wörter mit qu:** quer, quaderförmig, quälen, Quartett, quetschen, Quark, quietschen, Quarz, Äquator, quittieren, quellen, Quecksilber, einquartieren, Bequemlichkeit, quirlen, Erquickung, quadratisch
Bilde davon abgeleitete Wörter!
2. **Wörter mit ph:** Asphalt, alphabetisch, Katastrophe, Phlox, triumphieren, Prophet, Pharaonen, Strophe, Mikrophon, Philosoph, physisch, Atmosphäre, Saphir, Symphonie, Philadelphia, Stephan, phlegmatisch, Philippinen, Pharisäer
Verwende die Wörter in Sätzen!
3. **Trennen von zusammengesetzten Wörtern in ihre Bestandteile:** her-an, Ob-acht, her-un-ter-rei-ßen, auf-at-men, dar-auf, hin-ein-wer-fen, Diens-tag, ...
Bilde zusammengesetzte Zeitwörter (Verben) mit *herab, herein, herauf, herunter, herüber, heraus, hinein, hinab, hinauf, hinunter, hinüber, hinaus* und trenne sie!

4. **Mann – man:** Mann, Bergmann, Mannschaft, bemannt, männlich, mannbar, mannhaft, jedermann, übermannt, mannigfaltig – man, niemand, jemand
Erweitere die Wortfamilie! (ermannen, Fachmann, ...)
5. **Zeitwörter (Verben) mit der Nachsilbe -ieren:** markieren, spezialisieren, explodieren, importieren, trainieren, radieren, frisieren, multiplizieren, addieren, dividieren, internieren, sortieren, kassieren, blockieren, probieren, subtrahieren
Schreibe die Wörter ab und setze persönliche Fürwörter (Personalpronomen) davor!

181

Der Mühlenturm von Zons

Zwischen Köln und Neuss liegt Zons, ein kleines Städtchen am Rhein. Seine mittelalterlichen Befestigungsanlagen haben die Zeiten überdauert und sind sehenswert. Täglich kommen viele Fremde in diesen Ort. Oft sieht man Künstler in den engen Straßen, die Bilder von den alten Häusern, den mächtigen Mauern und den trutzigen Türmen malen. Einer dieser Türme schaut recht eigenartig aus. Dickes Mauerwerk und schmale Schießscharten sind auch bei ihm Merkmale der Wehrhaftigkeit. Doch dieser Turm wurde nicht nur zur besseren Verteidigung der Stadt errichtet, sondern war gleichzeitig Windmühle mit drehbarem Turmkranz und hölzernem Mahlwerk. Hier wurde jahrein und jahraus das Korn der Zonser Bauern zu Mehl gemahlen. Doch noch einen dritten Zweck hatte der Mühlenturm zu erfüllen. In einem tiefen, unterirdischen Gewölbe war ein Verlies für die Feinde der Stadt. Hier konnte ihnen kein Strahl der Sonne Licht und Wärme schenken. Wenn oben fröhlich die Mühle klapperte, um wertvolles Mehl zum Leben der Menschen herzustellen, starben vor Hunger und Elend die Gefangenen in der Tiefe. Frohsinn und Hoffnungslosigkeit, Überfluß an Korn und bitterste Entbehrung, Leben und Tod barg der Mühlenturm oft gleichzeitig in seinen Mauern. So ist dieser Turm nicht nur ein mittelalterliches Denkmal, sondern auch ein auffälliges Zeichen für die krassen Gegensätze im Leben der Menschen.

Übungsmöglichkeiten:

1. **Wortfamilie „mahlen":** mahlen, zer-, durch-, aus-; Mahl, -zeit, -geld, -gut, -werk, -gang, Gast-, Abend-, Mittags-, Fest-, Nacht-, Opfer-, Freuden-, Ge-, Oster-; Mehl, Weizen-, Grieß-, Mais-, Roggen-, Kartoffel-, Hafer-, Reis-, Brot-, Kuchen-, -sack, -brei, -beutel, -kleister, -suppe, -sorte, -sieb, -speise, -beere, -staub, -vorrat, -kiste; Mühle, Wind-, Wasser-, Bock-, Kaffee-, Pfeffer-, Zement-, Öl-, Säge-, Papier-,

-spiel; Mühlstein, -rad, -bach; Mühlenflügel, -turm, -haus, -graben, -besitzer; Müller, -bursche, -in; Malter
Schreibe die Wörter vollständig ab!
2. **Vorsilben er-, ver- und Verhältniswort (Präposition) „vor" mit nachfolgendem r:** errichten, erreichen, verrechnen, erröten, Erregung, Verrat, verroht, verregnen, vorragen, hervorrufen, vorrücken, erringen, verrutschen, Vorrecht, erraten, verrammeln, Vorrunde, verrühren, Vorrang, erretten, Verruf
Bilde ähnliche Wörter (verrichten, Errichtung, vorreichen, ...) und trenne sie nach der ersten Silbe!
3. **Wortfamilie „malen":** be-, ab-, an-, über-, aus-, vor-; malerisch; malenswert; Mal, -kasten, -stift, -buch, Denk-, Merk-, Grab-, Schand-, Sieges-, Mahn-, Brand-; Maler, Kunst-, Landschafts-, Aquarell-, -kittel, -pinsel, -ei; Gemälde, Öl-, -galerie, -ausstellung
Schreibe die Wörter vollständig ab!
4. **Wörter mit der Vorsilbe erz-:** Erzbischof, Erzengel, Erzmärtyrer, Erzfeind, Erzpriester, Erzherzog, Erzlump, Erzschelm, Erzgauner, erzfaul, erzdumm, Erzbistum, Erzfehler
5. **Dehnungs-h nach e:** Wehrhaftigkeit, Entbehrung, Mehl, unversehrt, mehr, Fehler, Ehre, Sehne, Hehler, stehlen, kehren, Fehde, begehren, verzehren, zehn, dehnen, Lehne, benehmen, Lehrer, Kehle, Lehm
Bilde davon abgeleitete Wörter! (verwehren, Wehrgang, ...)
6. **Das silbentrennende h:** sehenswert, drehbar, fröhlich, roh, Reh, früh, zäh, rauh, Stroh, gehen, ziehen, ruhig, Vieh, Schuh, bejahen, Brühe, Höhe, nähen, flehen, glühen, stehen, Floh, wehen, fliehen, gedeihen, leihen, mähen, Reiher, verzeihen, Geweih, Kuh, Mühe, weh, nah, krähen, lohen, drohen, Ehe
Vor der Nachsilbe *-heit* fällt das silbentrennende *h* fort: Roheit, Rauheit, Hoheit (beim Trennen: Ro-heit, Rau-heit, Ho-heit)!
Bilde zusammengesetzte oder abgeleitete Wörter! (Sehwinkel, verdreht, ...)

182

Unsere Nahrungsmittel

Eine große Auswahl verschiedenartiger Lebensmittel wird uns heute vom Handel angeboten. Welche man davon aus dieser Fülle bevorzugt, hängt weitgehend vom persönlichen Geschmack und den verschiedenen landesüblichen Gewohnheiten ab. So werden beispielsweise in Süddeutschland bedeutend mehr Teigwaren als in nördlichen Gebieten gegessen. Noch stärkere Unterschiede finden wir beim Vergleich der Ernährungsweisen verschiedener Völker. Fleisch und Fett der Polartiere sind fast die einzige Nahrung der Eskimos; sie nehmen überwiegend tierische Nahrungsmittel zu sich. Angehörige zahlreicher indischer Kasten leben nur von pflanzlicher Kost und die Chinesen vorwiegend von Reis. Der menschliche Körper ist also offenbar in der Lage, seinen Nährstoffbedarf aus völlig verschiedenen Nahrungsmitteln zu entnehmen. Daß er dies kann, liegt daran, daß alle aus einer begrenzten Anzahl verdaulicher und unverdaulicher Bausteine bestehen. Die verdaulichen Bestandteile der Nahrungsmittel sind Nährstoffe. Man kann sie einteilen in solche, die einen Brennwert besitzen, der in Kalorien angegeben wird, und in solche, die nicht zur Energieversorgung beitragen können. Energieträger sind Fette, Eiweiß und Kohlehydrate. Nährstoffe, die keine Kalorien liefern, sind die Vitamine, die Mineralstoffe und Wasser. Alle diese Bestandteile der Nahrungsmittel sind für unser Leben notwendig.

Übungsmöglichkeiten:

1. **ie am Wortende:** Energie, Fotografie, Batterie, Chemie, Lotterie, Kavallerie, Garantie, Stenographie, Industrie, Genie, Kompanie, Melodie, Magie, Demokratie, Despotie, Monarchie, Partie, Sympathie, Phantasie, Symphonie (Sinfonie), Zoologie, Geometrie, Galerie
aber: Gummi, Kali und alle Kosenamen (Hansi, Hanni, . . .)
Bilde zusammengesetzte Hauptwörter (Substantive)!
2. **Wortfamilie „nähren":** ernähren; Nährwert, -zucker, -mittel, -stoffe, -salze, -boden; Ernährer; Ernährung; Ernährungsweise; Nahrung; Nahrungsweise, -mittel, -mittelindustrie; nahrhaft; unterernährt
3. **Bindungs-s:** Lebensmittel, beispielsweise, Ernährungsweise, Nahrungsmittel, Volksschule, Geduldsprobe, Geschichtsunterricht, Wohnungswechsel, Schiffsreise, Gerichtssaal, Bevölkerungszahl, Wirtshaus, Bestandsaufnahme
Verbinde folgende Wortpaare: Schiff – Junge, Hering – Salat, Zwilling – Schwester, Liebling – Sport, Gehalt – Zahlung, Schönheit – Fehler, Urlaub – Stimmung, Kalb – Zunge, Leben – Lauf, König – Schloß, Wohnung – Tür, Schädling – Bekämpfung, Wind – Stille, Gewicht – Abnahme, Eigenschaft – Wort, Mannschaft – Sport, Frühling – Wetter, Rat – Haus, Gesellschaft – Zimmer! (In 2 Zusammensetzungen fehlt das Bindungs-s. Siehe Beiheft L 186!)
4. **Gegenüberstellung Reis – Reise – reißen:** Reisfeld, Tannenreis, reißen, Brühreis, Reißverschluß, Reisigbesen, Propfreis, Reissuppe, zerreißen, Reisigbündel, Reisschüssel, Abreise, Schiffsreise, Reisbrei, Gliederreißen, Reispflanze, Blütenreis, Reisstärke, Reißbrett, Reismehl, Reiß-

zeug, zugereist, Reisepaß, ausreißen, verreisen
Ordne die Wörter (Reis, reisen, reißen)!
5. **Wörter mit y:** Kohlehydrate, Gymnasium, Hypothek, Olympiade, Polyp, Pyramide, Typ, Zylinder, Hyäne, Dynamit, Hyazinthe, Tyrann, Märtyrer, Symphonie, Ägypten, Cypern, Hydrant, Typhus, Pony, Hymne, symbolisch, Sympathie, Forsythie, Babylon, Nymphe, Asyl
Ordne die Wörter alphabetisch!
6. **Wörter mit langem a:** Nahrung, Polargebiet, zahlreich, Mineral, Aal, mühsam, Walnuß, Auswahl, Haar, paarweise, Salat, Saal, Kran, mager, Holzspan, Orkan, Ruderkahn, Strahl, Draht, schmal, Zahnarzt, qualvoll, Maler, Gastmahl, zahm, staatlich, Portal, Saat, Pfahl, Reklame, Tragbahre, lahm, Lama
Ordne die Wörter nach der Schreibweise des A-Lautes!

183
Besuch in einer Tuchfabrik

Auf Grund einer Anfrage wurde die Klasse zur Besichtigung einer Tuchfabrik eingeladen. Nun stehen Mädchen und Jungen auf dem Fabrikhof, auf dem große Ballen mit gepreßter ägyptischer Baumwolle liegen. Bald erscheint ein Ingenieur, begrüßt die Klasse und führt sie durch die Fabrikgebäude. Im ersten Werkraum sehen die Schüler Maschinen, die die gepreßte Baumwolle zerzupfen, mit anderen Fasern mischen und zu einem dünnen Gewebeschleier verbinden. Der zu dicken Rollen aufgewickelte Wollflor wird später zu großräumigen Spinnmaschinen gebracht, die aus weichem Wollflausch starke Fäden zwirnen. Durch maschinelles Drehen erhalten gleichzeitig Hunderte weicher Wollfäden die erforderliche hohe Reißfestigkeit. Hohe Kisten sind bereits mit vollen Spulen angefüllt und warten darauf, zur Weberei abgeholt zu werden. In einer weiten Fabrikhalle sind in langen Reihen die Webstühle aufgestellt, die durch das Hinundherschlagen der Schiffchen einen ohrenbetäubenden Lärm verursachen. Faden auf Faden wird quer zu den Längsfäden geschossen und ergibt festes Tuch, das einem dichten Flechtwerk ähnlich sieht. Interessiert verfolgen die Schüler die blitzschnell sausenden Schiffchen mit den eingelegten Spulen. Ein Webstuhl kann an einem Tag mehr als zwanzig Meter Tuch herstellen. In der Färberei stehen riesige Bottiche, in denen die fertigen und überprüften Tuche den gewünschten Farbton erhalten. Nach dem Trocknen werden die Tuche nochmals auf Fehler kontrolliert. Erst dann werden sie abtransportiert.

Übungsmöglichkeiten:

1. **Zeitwörter (Verben) mit der Nachsilbe -ieren:** interessieren, kontrollieren, abtransportieren, studieren, rasieren, diktieren, buchstabieren, spazieren, fotografieren, frisieren, servieren, radieren, dirigieren
   Bilde aus folgenden Wörtern mit Hilfe der Nachsilbe *-ieren* Zeitwörter (Verben): Zensur, Regierung, Laut, Marke, Operation, Torpedo, Subtraktion, Mission, Marsch, Kur, Komponist, Dressur, Probe, Garantie!
2. **Zusammengesetzte Zeitwörter (Verben):** einladen, aufwickeln, verbinden, abholen, erhalten, hinundherschlagen, anfüllen, herstellen, fortlaufen, vorsagen, einlegen
   Setze vor die angegebenen Zeitwörter andere Vorsilben und Verhältniswörter!
3. **Wortfamilie „Fabrik":** Tuchfabrik, Schokoladen-; -schornstein, -gelände, -betrieb, -ation, -at, -ant; fabrikmäßig, -neu; fabrizieren
   Erweitere die Wortfamilie!
4. **Zusammengesetzte Mittelwörter der Gegenwart (Partizipien im Präsens):** ohrenbetäubend, kraftstrotzend, haltsuchend, unheildrohend, kraftsparend, prachtliebend, heimkehrend, glückbringend, weitreichend, fetttriefend, sporttreibend, naturliebend, überholend
   Sprachgefühl und Betonung entscheiden oft, ob Mittelwörter (Partizipien) zusammen- oder auseinandergeschrieben werden (hell leuchtend oder helleuchtend).
5. **Ungleichartige Beifügungen:** gepreßte ägyptische Baumwolle, ein großer deutscher Dampfer, neue saure Gurken, das alte Kölner Rathaus, die erste elektrische Straßenbahn
   Zwischen ungleichartigen Beifügungen steht kein Komma! Bilde ähnliche Zusammenstellungen!
6. **Hauptwörtlich gebrauchte Zeitwörter (Verben):** das Hinundherschlagen, nach dem Trocknen, beim Heruntergleiten, vom Reinigen, mit dem Besichtigen, das Färben, beim Weben
   Verwende hauptwörtlich gebrauchte Zeitwörter (Verben) in Sätzen!

184
Am Hochofen

Wir sind zur Besichtigung einer Eisenhütte ins Industriegebiet gefahren. Riesenhafte Hochöfen, mächtige Schlackenhalden, hohe Berge von Eisenerzen und ein ohrenbetäubender Lärm sind unsere ersten Eindrücke. Ein Betriebsingenieur führt uns über Gleisanlagen, auf denen eigenartige, eiserne Kübelwagen zu einem Hochofen fahren. Er ist ein Ungetüm, aus feuerfestem Gestein errichtet und von einem Gewirr von Rohren, Eisenträgern, Stahlverstrebungen und Treppen umgeben. „In solch einem Hochofen werden bei etwa 1700 Grad täglich mehr als tausend Tonnen Roheisen erzeugt. Ständig zugeführte, erhitzte Luft bringt den für diese hohe Temperatur notwendigen Sauerstoff. Dazu sind tausend Tonnen Koks und mehr als die doppelte Menge Eisenerz, das aus dem Siegerland, aus Schweden oder Lothringen stammt, erforderlich", erklärt der uns führende Ingenieur. Arbeiter öffnen gerade mit langen Stangen den Verschluß des Abstichloches. Eine wie Höllenglut brodelnde Masse schießt hervor. Brausend und zischend ergießt sich der glühende, flüssige Eisenstrahl in die bereitgestellten Pfannenwagen. Wir müssen fortblicken, so blendet uns der weißglühende Strom. „Wo wird denn die Schlacke abgelassen?" fragt ein Junge. Der Ingenieur zeigt uns auf der gegenüberliegenden Seite des Hochofens die Stelle des Schlackenabstiches und sagt uns, daß das Roheisen auch im eigenen Werk zu Stahl verarbeitet wird.

Übungsmöglichkeiten:

1. **Grad – Grat:** Wärmegrad, Kälte-, Längen-, Breiten-, Winkel-, Null-, Dienst-; Gradeinteilung, -messer, -zahl, -bogen; gradieren; Gradierwerk; Gradual; Grat (schmaler Gebirgskamm), Rück-, Berg-, Fels-, -wanderung; Fischgräte
Bilde Sätze!
2. **Fremdwörter mit -eur:** Ingenieur, Monteur, Friseur, Dompteur, Installateur, Masseur, Spediteur, Jongleur, Redakteur, Kontrolleur, Kommandeur, Dekorateur, Konstrukteur, Amateur
Bilde zusammengesetzte Hauptwörter! (Betriebsingenieur, Monteuranzug, ...)
3. **Wortfamilie „glühen":** glühen, aus-, an-, ver-, nach-; Glühwürmchen, -birne, -lampe, -strumpf (bei Gasbeleuchtung), -wein, -licht; Glut, Feuers-, Sonnen-, Höllen-, Kohlen-, Ofen-, Weiß-, -hitze; weißglühend, glutrot
Schreibe die Wörter vollständig ab!
Beachte: Glut ohne *h*!
4. **Zusammengesetzte Eigenschaftswörter (Adjektive) – Das Bestimmungswort ist ein Hauptwort (Substantiv):** feuerfest, notwendig, erzhaltig, riesengroß, spindeldürr, ellenlang, meterbreit, essigsauer, wieselflink, todtraurig, bärenstark, fingerlang, taufrisch, karminrot, smaragdgrün, kugelrund, spottbillig, butterweich, dottergelb, knietief
Schreibe passende Hauptwörter hinzu (feuerfestes Glas, ...)!
5. **Mittelwörter der Gegenwart (Partizipien im Präsens):** qualmend, ohrenbetäubend, führend, schützend, brodelnd, brausend, zischend,

weißglühend, gegenüberliegend, erhitzend, taumelnd, strahlend, ergießend, besänftigend, kochend, prüfend, überwältigend
Bilde weitere Mittelwörter (Partizipien) und schreibe Sätze, in denen die Mittelwörter (Partizipien) als Beifügungen, Umstandsbestimmungen der Art und Weise oder als Teil der Satzaussage verwendet werden!

185

Geld auf dem Schrottplatz

Im Hinterhof einer Großstadt hatte ein Schrotthändler seinen Lagerplatz eingerichtet. Beim Aufschichten verrosteter Eisenteile, sperriger Stangen und verbeulter Kanister rollte ihm plötzlich eine Blechbüchse vor die Füße. Sie hatte einmal zur Aufbewahrung von Kaffee gedient. Mit einem kräftigen Fußtritt wollte er die angerostete, unansehnliche Büchse auf den Schrotthaufen befördern. Aber vorher sprang der Deckel auf, und ein Bündelchen zusammengerollter Geldscheine wurde sichtbar. Ihm gingen die Augen über. Rasch hob er es auf und zählte hastig nach. Es waren zehn gültige Hundertmarkscheine. Oh, das Geld konnte er gut für seine Familie gebrauchen. Selbst wenn er es wollte, konnte er unmöglich den rechtmäßigen Eigentümer ermitteln. Doch seltsam, richtig glücklich wurde der Schrottsammler nicht. Er wurde den Gedanken nicht los, daß vielleicht eine arme Witwe mit diesem Geld ihren gesamten Besitz eingebüßt haben könnten. Er wollte dem Verlierer die Möglichkeit bieten, das Geld zurückzuerhalten. Deshalb ging der Mann zum Fundamt. Leicht war ihm dieser Entschluß nicht gefallen. Oft blieb er auf dem Wege stehen, bereit umzukehren. Doch die unbedingte Ehrlichkeit hatte in ihm gesiegt. Nach einem Jahr konnte er sich die tausend Mark vom Fundamt abholen, denn der Eigentümer des Geldes hatte sich nicht gemeldet. Nun war der Schrotthändler rechtmäßiger Besitzer des Geldes.

Übungsmöglichkeiten:

1. **Wörter mit tt:** Schrott, Fußtritt, ermitteln, erstatten, Krawatte, Otter, Wetter, Matte, Futter, Gitter, Drittel, Zettel, Bettler, schattig, platt, Mittwoch, unerbittlich, Zigarette, Quittung, Attentat, Lazarett, Bottich, Flotte, Attest, vermitteln, Rabatt, Rettich, Batterie, splittern, Parkett, Kadett, Stafette, Operette, Brikett, Florett, Tablette, verkitten, Plakette, zerknittert, Kotelett, Lotterie, sittsam
Bilde davon neue Wörter! (verschrotten, Trittbrett, . . .)
2. **Der X-Laut in der Schreibung mit chs:** Blechbüchse, herausgewachsen, Füchse, Achsel, Deichsel, Dachse, Luchse, drechseln, Gewächse, Ochse, Lachse, wechseln, Eidechse, Auswüchse, Achse, Schuhwichse, Weichsel, sechs, Wachs, Flachs

aber: sechzig, sechzehn, ächzen, krächzen
Schreibe die Wörter ab und trenne sie nach Silben!
3. **Hauptwörter (Substantive) mit der Nachsilbe -tum:** Eigentum, Brauchtum, Königtum, Besitztum, Volkstum, Christentum, Herzogtum, Heiligtum, Fürstentum, Reichtum, Heldentum, Kaisertum, Bürgertum, Papsttum, Judentum, Priestertum, Irrtum, Bistum
Ordne die Wörter nach Sachgebieten „Religion" und „Staat")
4. **Hauptwörter (Substantive) mit der Nachsilbe -keit:** Ehrlichkeit, Seligkeit, Großmütigkeit, Ewigkeit, Unvorsichtigkeit, Zweckmäßigkeit, Offenherzigkeit, Zuverlässigkeit, Unverletzlichkeit, Fröhlichkeit
Bilde aus folgenden Eigenschaftswörtern (Adjektiven) mit Hilfe der Nachsilbe *-keit* Hauptwörter (Substantive): zuverlässig, übel, reinlich, öffentlich, einig, gewissenhaft, gläubig, schuldig, kurzsichtig, schwerfällig, gründlich, heiter, neu, schnell, gemütlich, ängstlich, unwürdig, haltbar, unfreundlich, dankbar, pünktlich, gefühllos, redlich, hilflos!
5. **d oder t im Auslaut:** Bund, Geld, hundert, seltsam, gesamt, absolut, Fundamt, tausend, Rand, Braut, Pfand, Schild, Zelt, Erdteil, Transport, Faltboot, Wildbret, Geduld, Gewalt, Sold, Bord, Gestalt
Setze in folgende Wörter *d* oder *t* ein! jugen–lich, En–lassung, sel–sam, Lei–tier, Unhol–, Fal–boo–, Zel–bahn, unwissen–, blin–, Abschie–, wöchen–lich, mona–lich, to–krank, jensei–s, mil–, En–kampf, Kobol–, Rückgra–, Konzer–, Spal–, Gerhar–, Wun–fieber, Gewan–, Gur–, hei–nisch, Gewal–, grun–los, Quadra–
(Arbeitshilfe: In 14 Wörtern fehlt *d*. Siehe Beiheft L 187!)

186
Am Laacher See

Mit einem Autobus sind die Mädchen und Jungen des achten Schuljahres zum Laacher See gefahren. Nach einer schönen Fahrt über die Höhen der Eifel haben sie ihr Ziel erreicht. Ein fast kreisrunder See mit ganz klarem Wasser liegt vor ihnen. Schnell verlassen sie den Autobus und gehen zum Ufer. Vieles gibt es hier zu fragen. Der Lehrer erklärt: „Der Laacher See ist das größte Maar der Eifel und über fünfzig Meter tief." Von der Entstehung der Maare haben die Kinder bereits im Unterricht viel gehört. So wissen sie, daß diese Seen kraterartige Vertiefungen erloschener Vulkane sind, die sich mit Wasser gefüllt haben. Einige Jungen nehmen Steinchen und werfen sie in flachem Winkel auf die Wasseroberfläche, so daß sie einige Male aufspringen. Dann erzählt der Lehrer die Sage von der Entstehung des Laacher Sees, bei der alle interessiert zuhören. Nach einer Wanderung um das Maar wollen sie die Benediktinerabtei Maria Laach besichtigen. Sie brauchen nicht weit zu wandern, da stehen sie am Portal der sechstürmigen romanischen Abteikirche. Die Mönche sind gerade zum Chorgebet versammelt. Still betrachten die Schülerinnen und Schüler das Innere des ehrwürdigen Gotteshauses. Dann wird es Zeit, zum wartenden Autobus zurückzukehren.

Übungsmöglichkeiten:
1. **Wörter mit langem a:** Schuljahr, Maar, Fahrt, Portal, Sage, klar, Haar, Vulkan, Kahn, romanisch, Mahnung, Saal
Ergänze folgende Wörter durch Einsetzen von *a, ah* oder *aa:* schm–l, k–l, K–d–ver, P–r, Sch–le, D–lie, verst–tlichen, Kr–n, m–ger, M–t, N–t, T–t, w–ten, beh–rt, F–s–n, Vorn–me, Ann–me, B–n–ne, Miner–l, Mehrz–l, Pfa–l, w–gerecht, erm–nen, Pl–n, Blumens–men, Taufp–ten, Fluß–l, W–rheit, S–rbrücken, W–lzettel, S–tbeet, W–lfang, M–lzeit!
(Arbeitshilfe: In 15 Wörter muß *a*, in 10 Wörter *ah* und in 8 Wörter *aa* eingesetzt werden. Siehe Beiheft L 188!)
2. **Zusammengesetzte Eigenschaftswörter (Adjektive), deren erster Teil ein Hauptwort (Substantiv) ist:** kreisrund, kraterartig, ehrwürdig, glasklar, schneeweiß, eiskalt, abgrundtief, steinhart, stahlblau
Bilde noch andere derartig zusammengesetzte Eigenschaftswörter (Adjektive) und schreibe passende Hauptwörter (Substantive) hinzu (die kreisrunde Scheibe, ...)!
3. **Mehrzahlbildung (Pluralbildung) bei Fremdwörtern (-e):**
a) ohne Umlaut: Vulkan, Autobus, Portal, Balkon, Rekord
b) mit Umlaut: Abt, Altar, Palast, General, Choral
Setze folgende Wörter in die Mehrzahl (Plural): Akkord, Admiral, Rezept, Baron, Zirkus, Kaplan, Baß, Kompaß, Prozeß, Orkan!
4. **Fremdwörter mit v:** Vulkan, Karneval, Proviant, Vase, Vatikan, Violine, Vanille, Klavier, Vision, Olive, Volontär, Veranda, Villa, Ventil, Vagabund, violett, Vitrine, November, Lokomotive, Sklave, Lava, Silvester, Universität, Konserven, Kurve, Nerven, servieren, Advent, Evangelium, Revier, oval, Revolution, Provinz, Revolver, Manöver, Oktave, Malve, Invalide, Visite, Division, Viper
V wird in Fremdwörtern wie *w* ausgesprochen, wenn es nicht am Wortende steht (Detektiv, positiv, ...).
Bilde verwandte und zusammengesetzte Wörter!
5. **Wortreihe „See":** Seegras, -muschel, -ufer, -gang, -macht, -fisch, -bad, -warte, -hund, -fahrt, -reise, -wasser, -rose, -lachs, -räuber, -stern, -mann, -löwe, -klima, -recht, -pferdchen, -schwalbe, -meile, -not, -krieg, -beben, Ost-, Binnen-, Süd-, Nord-, Wald-, Bade-, Tief-; seekrank; Be-

sonderheiten: Seeaal, Seeigel, Seeelefant, seeerfahren – Diese Wörter schreibt man zur besseren Übersicht mit Bindestrich (See-Igel, See-Elefant).
6. **Der K-Laut in seiner Schreibung mit ch:** Chor, Chronik, Chlor, Christus, Chrom, Charakter, Cherubim, Choral, Chrysantheme, Chaos, Chrisam, Cholera, Cherusker, Chiemsee
Ordne die Wörter nach der Anzahl ihrer Silben!

Am Bau der Waldameisen

187

Kurt und Manfred sind mit ihren Rädern zu einem Hochwald gefahren. Um besser beobachten zu können, schieben sie ihre Räder die lange Waldschneise entlang. Sie bleiben oft stehen und schauen, ob nirgendwo ein Reh oder sonst ein Waldtier sichtbar wird. Plötzlich krabbelt es Kurt in der Kniekehle. Rote Waldameisen sind an seinem linken Bein hochgeklettert. Da merken die Jungen, daß sie genau auf einer Ameisenstraße stehen, auf der ein reger Betrieb herrscht. „Dort hinter den Fichtenstämmen ist der Ameisenhaufen!" ruft Kurt. Nun stehen sie staunend vor dem Gewimmel der emsigen Insekten. Jedes Tierchen hat eine bestimmte Aufgabe zu erfüllen. Einige sind dabei, eine Schmetterlingsraupe in einen der Nesteingänge zu ziehen. Manfred wundert sich, daß die Ameisen die Kraft aufbringen, größere Tiere in ihren Bau hinaufzuziehen. „Ich habe einmal gelesen", sagt Kurt, „daß sie in der Lage sind, das Vielfache ihres eigenen Gewichtes zu bewegen. Außerdem sind sie nützlich, da sie eine Unmenge von Schädlingen vertilgen." Manfred hätte Lust, mit einem Stock in dem Bau herumzustochern. Kurt sieht das nicht gern. „Das wäre eine Roheit!" meint er. Noch lange schauen die beiden Jungen dem Treiben der fleißigen Arbeiterinnen zu.

Übungsmöglichkeiten:

1. **Hauptwörter (Substantive) mit der Nachsilbe -ling:** Schmetterling, Schädling, Jüngling, Lehrling, Pfifferling, Zögling, Mischling, Erstling, Bückling, Engerling, Schierling, Sperling, Sonderling
Bilde mit Hilfe der Nachsilbe neue Wörter: neu, stecken, prüfen, saugen, feige, Gunst, impfen, lieben, flüchten, finden, eindringen, rund, wild, Haupt, zwei, roh, weich! (Siehe Beiheft L 189!)
2. **Wortfeld „Tierwohnungen":** Bau, Höhle, Unterschlupf, Hütte, Stall, Nest, Erdloch, Kuhle, Nistkasten, Grube, Horst, Kobel, Käfig
Bilde damit zusammengesetzte Hauptwörter (Substantive)!
(Fuchsbau, Kaninchenbau, . . .)

3. **Wörter mit bb:** krabbeln, Ebbe, knabbern, Robbe, Schrubber, Krabben, Ebbe, Sabbat, verebben, babbeln
   Stelle sie den Wörtern mit *b, p, pp* gegenüber (grob, trippeln, ...)!
4. **Einbuchstabige Silben werden nicht getrennt:** Ameise, Igel, Adel, Uhu, oben, Eberhard, Irene, Ewald, Orient, Ofenrohr, edel, Ostern, Efeu, Abendrot, elend, Adam, Eva, Oder, Emil, Übelkeit, Aschenbecher, Öse, Ute, Agathe, Aberglauben, Abenteuer, Edelweiß, Evangelium, Asien, egal, oval, Alarm, ideenreich, Oberkellner
   Führe die möglichen Silbentrennungen durch! (Siehe Beiheft L 190!)
5. **Trenne zusammengesetzte Wörter nach ihren Bestandteilen:** hin-auf, her-umstochern, war-um, Sams-tag, hier-auf, beob-achten, voll-enden, dar-über, wieder-um, über-all, neben-ein-ander, dar-in
   Bilde zusammengesetzte Zeitwörter (Verben) mit *hinein, hinaus,* ... und trenne sie!

Der rote Räuber **188**

Der Wald liegt im Dunkeln, denn die Nacht ist schon hereingebrochen. Man hört das Flügelschlagen einer Eule und zugleich ihren durch Mark und Bein dringenden Schrei. Trotz der Nacht herrscht bei vielen Tieren noch keine Ruhe. Einige gehen jetzt erst im Schutze der Dunkelheit auf Jagd. Auch Reineke Fuchs verläßt, vorsichtig witternd, seinen Bau und verschwindet dann im Dickicht. Lautlos schleicht er wie auf Samtpfoten durch das Gebüsch. Nur ab und zu fällt ein silbriger Mondstrahl auf sein Fell. Plötzlich knackt es. Sofort erstarrt der Fuchs. Nur noch seine Lauscher spielen. Unhörbar saugt er die Luft in seine Nase, und seine Augen funkeln beutegierig. Er hat ein Kaninchen gewittert. Tief duckt er sich in das dichte Unterholz. Das verirrte Kaninchen hoppelt ahnungslos auf Reinekes Versteck zu. Noch tiefer preßt sich dieser ins Gras, so daß sein Körper den kühlen Waldboden berührt. Alle seine Muskeln sind angespannt. Hat das Kaninchen etwas bemerkt? Es stutzt und bleibt witternd auf der vom Monde beschienenen Waldwiese sitzen. Jetzt wartet Reineke nicht mehr, sondern mit mächtigem Satz springt er das ahnungslose Tier an. Erschrocken und angstvoll klingt der Todesschrei des Kaninchens. Mit aufgerissenen Lichtern verendet es. Schnell packt der Fuchs das Tier und schleppt es zum Bau.

Übungsmöglichkeiten:

1. **Reimwörter auf -icht:** Dickicht, dicht, Kehricht, Gericht, Schicht, Gesicht, Gicht, Pflicht, Licht, töricht, schlicht, Bericht, licht, Wicht, erpicht (gierig), nicht, zerbricht, Sicht

Bilde verwandte und zusammengesetzte Wörter! Stelle eine neue Reimreihe auf (dichten, richten, ...)!
2. **Wortfeld „Wald":** Wald, Waldung, Wäldchen, Hochwald, Mischwald, Nadelwald, Laubwald, Bergwald, Urwald, Hain, Busch, Forst, Tann, Gehölz, Unterholz, Dickicht, Horst, Schonung, Hardt, Hag, Jagen, Schlag, Revier
Ordne die Wörter nach dem Alphabet!
3. **Langes i ohne Dehnungszeichen:** Kaninchen, Tiger, Bibel, Giraffe, Biber, Krokodil, Petersilie, Primel, Liter, Benzin, Linie, Kilogramm, Anis, Sirup, Prise, Maschine, Medizin, Saline, Fibel, Vitamine, Lokomotive, Terpentin, Rosinen, Stativ
Setze in die Wortlücken *i* oder *ie* ein: Detekt–v, Verz–rung, marsch––ren, appet–tlich, z–mlich, Kr–se, Baust–l, Blattst–l, Melod–, Gumm–, l–fern, Masch–ne, Sch–ne, Gard–ne, K–no, Fl–der, kl–matisch, tr–fend, W–derholung, w–derlich, Benz–n, Garant–!
(Arbeitshilfen: In je 11 Lücken fehlt *i* und *ie*. Siehe Beiheft L 191!)
4. **Wörter mit sk:** Muskel, Diskus, Skandal, Skandinavien, Teleskop, Skizze, skalpieren, Ski, Oskar, Maske, Skelett, riskieren, Obelisk, Skala, Skorpion, Skunk (nordam. Pelztier), skrupellos, skeptisch, Basken, Kiosk, Muskat, Eskimo, Skonto
Bilde neue Wörter! (Muskelriß, Diskuswurf, ...)
5. **Langes ü:** Flügel, kühl, berühren, Gefühl, Blüten, Ungetüm, Gestühl, Kür, Gestüt, wühlen, betrübt, Düne, Geschwür, Hüne, schwül, Führung, kühn, Gebühr, Schüler, spülen, verblüht, natürlich, sühnen, Mühle, vergüten, Gemüse, gemütlich, brüten, ausführlich, behütet, wütend, verschnüren, Brühe, früh, Grünspan, Führer, für, müde, demütig, Parfüm, Krümchen, Hühnchen, Bühne, Drüse, Kostüm, ungestüm, berühmt, Übel, bügeln, rühren
Ordne die Wörter (unbezeichnete Dehnung, *hl, hn, hm, hr,* silbentrennendes *h*)!
6. **Schreibweisen des langen ö:** Setze in die Lücken ö oder öh ein! unh–rbar, Kr–te, H–le, Kr–nung, st–ren, dr–nen, gew–nlich, t–richt, l–ten, M–re, –se, st–nen, vers–nen, gr–len, Nadel–r, Verm–gen, Z–gling, P–bel, Man–ver, K–ler, str–men
(Arbeitshilfe: 8mal muß *öh* eingesetzt werden. Siehe Beiheft L 192!)

189

Im Herbstwald

An einem sonnigen Herbstnachmittag streifen Jochen und Hans durch den Wald zum Pilzesammeln. Jochen kennt Stellen, wo viele Pfifferlinge und

Steinpilze wachsen. In den letzten Tagen hat es stark geregnet. Die beiden Jungen hoffen, daß sie ihre mitgebrachten Taschen füllen können. Es ist schon recht herbstlich im Wald. Die Buchen sind teilweise schon rotbraun gefärbt. Einige Birken und Ahornbäume haben schon völlig gelbes Laub. Lautlos schwebend, sinken viele bunte Blätter zur Erde, wenn ein Windstoß über die Baumkronen streicht. Die auf dem Boden liegenden, braunen Blätter täuschen die beiden Pilzsammler oft. Sich wie Propeller drehend, trudeln die Ahornfrüchte zur Erde. Jochen und sein Freund Hans kleben sich zwei auf ihre Nasen. „Nun können wir vielleicht besser die Pilze riechen", meint Hans. Da sieht Jochen einen mächtigen Steinpilz. Vorsichtig schneidet er den Stiel vom Boden ab. „Da sind Pfifferlinge!" ruft Hans freudig. Rasch will er den ersten Pilz ausreißen, da reicht Jochen ihm sein Taschenmesser und mahnt: „Du mußt sie abschneiden, sonst zerstörst du das Pilzgewebe." Beiden macht das Pilzesammeln viel Spaß, und nach einiger Zeit sind ihre Taschen schon ziemlich gefüllt.

Übungsmöglichkeiten

1. **Wörter mit ll (Schwierigkeiten):** Propeller, Kapelle, Allee, Kellnerin, Zwilling, Metall, Porzellan, Ballade, Kristall, Parallele, Flanell, Wallfahrt, Forelle, Kastell, Marschall, Pille, Nachtigall, Schellfisch, Drillich, Zöllner, Karussell, Libelle, Ballon, Milliarde, Schnellauf, Kamille
Bilde davon abgeleitete Wörter! (Flugzeugpropeller, Musikkapelle, . . .)
2. **Unterscheiden von sch und ch:** täuschen, riechen, vorsichtig, Taschenmesser, Küchenschrank, prächtig, Echtheit, rascheln, Fächer, Pächter, huschen, wischen, Blech, Gericht, Bottich, Muschel, Kranich, gerüscht, Gerücht, aufweichen, Frechheit, Schläuche, hübsch, Hecht, Köcher
Ordne die Wörter nach ihrer Schreibung (*sch – ch*)!
3. **ß am Wort- oder Silbenende:** Windstoß, Spaß, blaß, er muß, Strauß, Geschoß, Täßchen, weiß, Haß, Gebiß, Kuß, Riß, Fraß, Eßbesteck, Fuß, Fluß, naß, Kloß, Spieß, Ruß, Gefäß, Gruß, Gewißheit, Fleiß, bloß, Paß, Schuß, Schloß, Baß, Schluß, Gießkanne, bißchen, Grieß
Sammle die Wörter, die in allen Formen das *ß* beibehalten! (Siehe Beiheft L 193!)
4. **Wortfeld „Baumarten":** Ahorn, Birke, Buche, Fichte, Pappel, Linde, Eiche, Akazie, Kiefer, Esche, Espe, Tanne, Weide, Douglasie, Ulme, Kastanie, Lärche, Erle, Platane, Zeder, Eukalyptusbaum, Affenbrotbaum, Mammutbaum, Zypresse, Palme, Magnolie, Apfelbaum, Eibe, Kirschbaum, Pflaumenbaum, Ölbaum, Birnbaum, Mandelbaum, Taxus
Ordne die Baumnamen nach naturkundlichen Gesichtspunkten!

5. **Zusammengesetzte und hauptwörtlich gebrauchte Zeitwörter (Verben):**
das Pilzesammeln, beim Stillstehen, das Radfahren, das Blumenpflükken, vom Kuchenbacken
Suche ähnliche Wortzusammenstellungen und bilde damit Sätze!
6. **Stiel – Stil:** Stiel, Apfel-, Blatt-, Blüten-, Besen-, Löffel-, Spaten-, -stich; gestielt; stielig, lang-, kurz-;
Stil, Bau-, Kunst-, Schreib-, Lauf-, -möbel, -art, -form, -blüte; stilecht, -gerecht, -voll; stilistisch, stilisieren
Schreibe die Wörter vollständig ab!

190

Der neue Stundenplan

Vor einigen Tagen hat Gerhard den neuen Stundenplan diktiert bekommen. Da er nun in die 8. Klasse versetzt ist, hat er wöchentlich schon mehr als 30 Unterrichtsstunden. Gerhard ist ein sicherer, schneller Rechner, daher freut er sich, daß auch in diesem Jahr 4 Stunden Mathematik auf seinem Plan stehen. Sein Lieblingsfach ist jedoch Zeichnen, darin hatte er im Zeugnis sogar eine Eins. Aber singen kann Gerhard gar nicht gut, daher gefallen ihm Musikstunden am wenigsten. Am Donnerstag hat Gerhards Klasse in der letzten Vormittagsstunde Schwimmen. Gerhard kann noch nicht gut schwimmen. Aber er will noch in diesem Schuljahr das Freischwimmerzeugnis erwerben. Alle seine Klassenkameraden sind bereits tüchtige Schwimmer. Jeden Dienstagnachmittag hat die Klasse Sport. Im Sommerhalbjahr werden sie hauptsächlich Laufen, Springen und Werfen üben, damit sie im Herbst bei den Bundesjugendspielen gute Ergebnisse erzielen und vielleicht sogar eine Ehrenurkunde bekommen. Am liebsten spielen die Jungen natürlich Fußball. Nach der Schulentlassung möchten Gerhard und einige Klassenkameraden in einen Sportverein eintreten. Doch jetzt bleibt für das Spielen nicht mehr allzuviel Zeit, denn alle Jungen und Mädchen müssen in den letzten beiden Schuljahren tüchtig lernen, damit die kommenden Zeugnisse noch besser werden.

Übungsmöglichkeiten:
1. **Zusammensetzungen mit „allzu":** allzuoft, allzusehr, allzulange, allzugern, allzufrüh, allzusammen, allzumal
aber: Er hatte allzu viele Schulden. (Achte auf die Betonung!)
2. **Schreibweise der Tagesnamen:** am Donnerstag, der nächste Samstag, zum Sonntag, an einem Feiertag, des Sonntags, am Freitagabend, in der Sonntagnacht, Mittwoch vormittag, Dienstag mittag, Donnerstag nacht – sonntäglich, werktags, donnerstags, freitags abends, mittwochs früh

Ordne nach der Schreibweise und bilde zusammengesetzte oder verwandte Wörter!
Beachte: Tagesnamen und Tageszeiten werden klein geschrieben, wenn sie als Umstandswort (Adverbien) gebraucht werden (freitags, morgen mittag – aber: am Freitag, zu Mittag essen)
3. **Hauptwörtlicher Gebrauch von Zeitwörtern (Verben):** Wir haben Zeichnen. Sein Lieblingsfach ist Turnen. Wir werden Laufen, Springen und Werfen üben. Im Schwimmen bekam Fritz eine gute Note.
Bilde ähnliche Sätze!
4. **Hauptwörtlicher Gebrauch von Zahlwörtern (Numeralien):** im Zeugnis eine Eins, das Dreifache des Umsatzes, der Erste im Ziel, ein Achtel, die böse Sieben, Heinrich der Erste, vor dem Nichts stehen, Tausende und aber Tausende, er ist Mitte Dreißig
Bilde Sätze mit diesen und ähnlichen Begriffen!
5. **Unterscheidung von b und p:** Herbst, hauptsächlich, Gips, hübsch, Knirps, einkapseln, Rebhuhn, Raps, Propst, Abtei, Papst, einstöpseln, September, hopsen, Reptil, Dompteur, Optiker, Obdach, Krebs
Setze *b* oder *p* in die folgenden Wörter ein: Reze–t, Sie–, Oberhau–t, Rau–tier, Schna–s, Ka–lan, Schwäbische Al–, der–, Lau–baum, tau–, Kla–s, Re–u–lik, Klem–ner, gro–, Rollmo–s
(Arbeitshilfe: Je 8mal fehlt *b* und *p*. Siehe Beiheft L 194!)

191

Pucki, der Wellensittich

Seit einigen Monaten gehört Pucki, ein gelbgrüner, munterer Wellensittich, zur Familie. Wenn er auch anfangs ziemlich scheu war, ist er doch allmählich recht zutraulich geworden. Bald hatte er mit allen Familienmitgliedern Freundschaft geschlossen. Sein bester Kamerad wurde aber bald ein kleiner Spielzeugvogel aus Kunststoff, der im Bauer an einer der hölzernen Sitzstangen befestigt ist. Oft ist Pucki damit beschäftigt, ihn liebevoll zu füttern oder ihm Küßchen zu geben. Jeden Tag bekommt der Wellensittich frische Körner in seinen Futternapf, und ein- oder zweimal in der Woche wird neuer Sand in seinen Käfig gestreut. Zur Steigerung seines Wohlbefindens planscht Pucki häufig in seinem Badehäuschen, daß das Wasser nach allen Seiten spritzt. Damit er auch die notwendige Bewegung bekommt, darf er täglich einige Male seinen Vogelkäfig verlassen und im Zimmer umherschwirren oder auf Schränken und anderen Möbeln entlangspazieren. Wenn man ihn mit seiner Vogelpuppe oder einem Apfelstückchen anlockt, fliegt er auf die Hand und läßt sich die Federn kraulen.

Neulich hat sich Pucki aber bei seinem Zimmerausflug sehr erschrocken. Als er an den isolierten Kabeldrähten der Deckenlampe herumknabberte, zischte plötzlich eine kleine Stichflamme heraus. Entsetzt flüchtete er in sein Vogelgehäuse und schimpfte wie ein Rohrspatz. Seitdem meidet er jede Berührung mit dieser Hängelampe, denn durch Schaden wird auch ein Wellensittich klug.

Übungsmöglichkeiten:
1. **Komma zwischen Hauptsätzen:** Jeden Tag bekommt der Wellensittich neues Futter, und ein- oder zweimal wöchentlich wird frischer Sand in das Bauer gestreut. – Plötzlich zischte eine Stichflamme, und Pucki flog entsetzt davon. – Gern planscht der Vogel in seinem Badehäuschen, und das Wasser spritzt dabei nach allen Seiten.
Trotz Bindewörtern (und, oder, ...) wird zwischen Hauptsätzen ein Komma gesetzt. Schreibe ähnliche Satzverbindungen!
2. **Der Beisatz wird von Kommas eingeschlossen:** Pucki, ein munterer Wellensittich, gehört zur Familie. – Die Zugspitze, der höchste Gipfel Deutschlands, ist 2964 m hoch. – Berlin, die ehemalige Reichshauptstadt, ist durch eine Sperrmauer geteilt. – Irene und Gisela, zwei gute Freundinnen, verbrachten ihre Ferien gemeinsam. – Arno, ein sportbegeisterter Junge, ist der beste Schwimmer unsrer Klasse.
Bilde selbst derartige Sätze!
3. **Wörter mit mm:** Zimmer, bekommen, Versammlung, Kommandant, Programm, Kommission, Trommler, unbestimmt, grimmig, Klammer, Krümmung, Kümmel, symmetrisch, Telegramm
Setze in die Wortlücken mm oder m ein: Ka–eradschaft, Ka–er, Gerü–pel, schi–lig, Ka–in, Gesa–theit, Hi–beeren, Ka–era, kü–erlich, sta–eln, Sa–t, Dro–edar, Autogra–, stu–, tra–peln, Ko–entar, verschli–ern, Zi–t, Nu–er, ja–ervoll
(Arbeitshilfe: In 10 Lücken fehlt mm. Siehe Beiheft L 195!)
4. **g oder ch:** Wellensittich, Vogelkäfig, notwendig, beschäftigt, neulich, Kranich, Zeisig, Herzog, Habicht, Predigt, Docht, arg, Burgtor, König, ölig, örtlich, zeitig, Storch, sorglos, Pfennig, Pfirsich, Honig, heilig, Essig, Rettich, Zwerchfell, Zwerghühner, schräg, Teppich, ruhig, Kuchenteig
Ordne die Wörter nach ihrer Schreibweise mit g oder ch!
5. **Wörter mit rr:** umherschwirren, Irrtum, starr, Barrikade, knurren, Pfarrer, knarren, knorrig, scharren, närrisch, beherrschen, Gitarre, dürr, Zigarre, Barriere, zerren, Terrasse, versperren, Terror, Geschirr, korrekt
Ordne nach Wortarten!

6. **Hauptwörter (Substantive) mit ff:** Kartoffel, Hoffnung, Pantoffel, Griff, Offizier, Schiff, Kaffee, Treffer, Schaffner, Öffnung, Koffer, Stoff, Riff, Staffel, Affe, Pfiff, Löffel, Pfeffer
Schreibe davon zusammengesetzte oder abgeleitete Wörter!

Kirmes **192**

Kirmes war ursprünglich ein religiöses Fest, das an den Tag der Kirchweihe erinnerte. Seit Beginn des vierten Jahrhunderts ist bekannt, daß nach Fertigstellung eines Kirchenneubaues ein Bischof ihn in feierlicher Form weiht. Erst nach vollzogener Weihe darf in einer Kirche Gottesdienst gehalten werden. Zur Erinnerung an diesen Tag, an dem auch das Gotteshaus den Namen eines Heiligen erhielt, wird in vielen Städten und Dörfern das Kirchweihfest gefeiert. Mehr und mehr ist daraus ein Volksfest geworden. So sind die Kirmestage unsrer Zeit angefüllt mit Jahrmärkten, Festzügen, Kinderbelustigungen und Tanzveranstaltungen. An vielen Orten wird auch ein Feuerwerk abgebrannt. In manchen Dörfern ermittelt man außerdem beim Vogelschießen den neuen Schützenkönig. Alt und jung möchte an Kirmestagen alle Sorgen vergessen und ungetrübt fröhlich sein. Doch am Sonntagmorgen wird der ursprüngliche Sinn der Kirmestage wieder deutlich. In der festlich geschmückten Kirche haben heute besonders viele Menschen Platz genommen. Mit Musik und Fahnen ziehen Männer in Schützenuniformen zur Kirche, um am feierlichen Gottesdienst teilzunehmen. Es ist der Auftakt des Festes, das in der Gemeinde alljährlich zwei oder drei Tage lang gefeiert wird.

Übungsmöglichkeiten:

1. **Wörter mit ks und cks:** Volksfest, links, Keks, Koks, murksen, Klecks, Knicks, Knacks, Häcksel, schnurstracks, glucksen, Schicksal, mucksen
Ordne die Wörter alphabetisch!
2. **Schwierige Eigenschaftswörter (Adjektive) mit der Endung -ös:** religiös, nervös, porös, skandalös, strapaziös, muskulös
Setze die Eigenschaftswörter (Adjektive) vor passende Hauptwörter (Substantive)!
3. **Fremdwörter mit k:** Musik, Fabrik, Mechaniker, Chemiker, Doktor, Rektor, Inspektor, Panik, Direktor, Tragik, Chronik, Diktat, Mathematik, Gotik, Insekt, Tabak, Kautschuk, Statistik, Hektoliter, Hektar, Physik, Oktober, Produkt, Kontakt, Architekt, elektrisch
Bilde verwandte oder zusammengesetzte Wörter!
4. **Die Vorsilbe ur-:** ursprünglich, Urwald, Urzustand, uralt, Urahne, Urlaub, Urteil, Urstoff, Urgroßvater, Urenkel, Ursache, Urtier, Urauffüh-

rung, urbar, Urkunde, urwüchsig, Urgeschichte
Bilde abgeleitete oder zusammengesetzte Wörter!
5. **Schreibweise der Tageszeiten:** am Sonntagnachmittag, den ganzen Nachmittag, nachmittags, heute nachmittag, von gestern früh bis übermorgen nachmittag, sonntags nachmittags, zum frühen Nachmittag
Schreibe ähnliche Zusammenstellungen mit anderen Tageszeiten und verwende sie auch in Sätzen!
6. **Wortreihe „Bischof":** Erzbischof, Fürst-, Weih-, Landes-, Bischofssitz, -kirche, -stab, -ring, -mütze, -hut, -stuhl; Bistum, Erz-; bischöflich
Schreibe die Wörter vollständig ab!

193
Fußball auf der Mattscheibe

Wolfgang und sein jüngerer Bruder Klaus hocken vor dem Fernsehgerät, das sie soeben eingeschaltet haben. Sie wollen die Fußballspiele in der Sportschau sehen. Aber es ist noch ein paar Minuten Zeit bis zum Sendebeginn. „Toll, daß wir hier im Zimmer die Bundesligaspiele in Ausschnitten mitbekommen! Wie ist das eigentlich möglich?" fragt Klaus. Durch den Physikunterricht weiß Wolfgang Bescheid und versucht zu erklären: „Fernsehkameras und Mikrofone geben Bild- und Tonaufnahmen zum Übertragungswagen. Von dort werden sie zum Sendehaus gefunkt. In den Fernsehkameras wird dabei jede Aufnahme in mehrere hundert Zeilen zerlegt, die aus vielen Bildpunkten bestehen. Je nach seinem Helligkeitsgrad wird jeder einzelne Punkt in einen mehr oder weniger starken Stromstoß umgewandelt. Elektrische Wellen, die sich nach allen Richtungen ausbreiten, tragen die Bildpunkte und Töne als Stromstöße zum Sendehaus. Aus den Fußballkämpfen werden die interessantesten Spielabschnitte ausgewählt, die dann auf den Bildschirmen erscheinen sollen. Die Antennen fangen die Stromstöße auf und geben sie an die Fernsehgeräte weiter. Hier werden die Stromstöße wieder in helle oder dunkle Punkte umgewandelt, aus denen sich auf der Mattscheibe das Bild ergibt. Interessiert hat Klaus zugehört. Aber jetzt gilt seine ganze Aufmerksamkeit der beginnenden Sportschau.

Übungsmöglichkeiten:

1. **Wörter mit nn:** Sendebeginn, Kenntnis, Mannschaft, Gewinn, Branntwein, verrinnen, Zinn, spannend, Trennung, sinnlos, Kolonne, Tonnage, Stanniol, Pfennig, Antenne
Setze in die Wortlücken nn oder n ein: Eri–erung, I–, i–haltlich, I–enseite, I–dien, fi–ster, Fi–land, Verba–d, verba–en, ma–chmal, ma–haft,

jema–d, Fußballma–schaft, Ka–te, erka–t, Milchka–e, kö–en, Kü–stler, Baumri–de, Wasserri–e, verbre–en, Bra–dstiftung, Spi–e, Gespe–st (Arbeitshilfe: In 13 Lücken fehlt *nn*. Siehe Beiheft L 196!)

2. **Wörter mit langem o:** Mikrofon, Ton, Stromstoß, gewohnt, Zoo, belohnen, Erprobung, Lob, Moos, Person, Enkelsohn, Fohlen, bohren, Schote, Eilbote, Segelboote, Krone, hohl, Motorrad, Ledersohle, Solbad, Phosphor, Rohr, moorig, Chor, Alkohol, Zone, Schonung, Ohnmacht
Ordne die Wörter nach ihrer Schreibweise (*o, oh, oo*)!

3. **Wörter mit ss:** interessiert, Kassierer, zuverlässig, Verfassung, Gewissen, Rasse, massieren, Passage, bissig, Flüssigkeiten, zerrissen, Vermessung, Interesse, lassen, Sparkasse, unwissend, anfassen, rassig, passieren, Bissen, Massage, abmessen, rissig, zerflossen
Je 2 Wörter gehören zu einer Familie. Suche sie heraus und schreibe sie auf!

4. **Wörter mit langem i:** Bundesliga, Fußballspiele, er gibt, verschwiegen, Bibel, Lieferung, Klima, Lawine, Liter, radieren, Oliven, niedrig, ihnen, Gardinen, ihr, wir, ziemlich
Setze in die Wortlücken *i* oder *ie* ein: K–lometer, Betr–b, Kan–nchen, Viol–ne, garn–ren, N–te, Fl–der, verl–ren, Ölsard–nen, schm–ren, Tar–f, Benz–n, Zw–bel, erw–dern, S–b, Juwel–r, d–r, Pr–mzahl, Rad–schen, Phantas–, Vent–l
(Arbeitshilfe: 10 Wörter mit i geschrieben. Siehe Beiheft L 197!)

5. **Komma zwischen Haupt- und Relativsatz:** Die Jungen hocken vor dem Fernsehgerät, das sie soeben eingeschaltet haben. – Die Stromstöße werden wieder in viele Punkte umgewandelt, aus denen sich auf der Mattscheibe das Bild ergibt. – Die Sportschau bringt Übertragungen von den Bundesligaspielen, für die sich viele interessieren. – Wir schreiben dem Onkel, der verreist ist. – Ich traf den Mann, der uns die Zeitung bringt. – Beim Laufen siegte das Mädchen, das im Nachbarhaus wohnt.
Schreibe ähnliche Sätze, aber beachte, daß das bezügliche Fürwort (Relativpronomen) so nah wie möglich bei seinem Beziehungswort steht, da sonst Sinnwidrigkeiten entstehen können. Beispiel: Der Mann suchte ein einfaches Zimmer mit Bett, Tisch und Schrank, in dem er auch Besuch empfangen kann. (Im Schrank?)

Beim Apotheker

Schon seit Jahren erledigte Gisela alle Besorgungen für die Eltern flink und gewissenhaft. Eines Tages wurde sie zur Apotheke geschickt, um Kamillen- und Pfefferminztee zu holen. Diesmal mußte sie allerdings etwas warten, denn in der Apotheke standen schon mehrere Männer und Frauen, um Arzneimittel für Kranke zu kaufen. Auf Rezepten waren die Arzneien aufgeschrieben, die die Kranken bekommen sollten. Die Apotheker entnahmen den Regalen und Schubfächern die erforderlichen Döschen, Fläschchen und Tuben. Gisela staunte, daß die verschiedenen Arzneimittel in den großen Schränken und hohen Regalen so schnell gefunden werden konnten. Nun war sie an der Reihe. „Ich möchte bitte für eine Mark Kamillen- und Pfefferminztee!" sagte Gisela. Lächelnd antwortete der Apotheker: „Kamillenblüten und Pfefferminzblätter kannst du bekommen, jedoch den Tee mußt du selbst herstellen." Am nächsten Tage wurde für den erkrankten Großvater Nierentee benötigt. Zufälligerweise wurde Gisela vom selben Apotheker bedient. Sie mußte an gestern denken: „Ob er auch heute diese Bemerkung machen würde?"

Übungsmöglichkeiten:
1. **Wörter mit th:** Apotheke, Thron, Theater, Thermometer, Katharina, athletisch, Kathedrale, Bibliothek, Thema, Panther, Asthma, Äther, Diphtherie, Katholik, Korinthen, Hyazinthe, Forsythie, Martha, Edith, Zither, Elisabeth, Thomas, Thunfisch, Theodor, Thüringen, Lothringen, Ruth, Prothese, Theologe, Lothar, Mathilde, Katheder, Ethik, Kathete, Hypothek
Schreibe die Eigennamen heraus und bilde von den übrigen Wörtern abgeleitet zusammengesetzte Hauptwörter (Apotheker, Thronfolger, ...)!
2. **Wörter mit ff:** Pfefferminz, Kaffee, Riff, hoffentlich, Griff, Schaffner, Haff, Pantoffel, schlaff, treffen, Stoff, Schliff, Büffel, Affe, Offizier, Puffer, Pfiff, Offensive, Hoffart, Kartoffel, Giraffe, Waffeln, öffnen, Raffinesse, Muff, schnüffeln, Trüffel, Löffel, Kniff, Erschaffung, Scheffel, Karaffe, Griffel, knuffen, straff, Koffer, kläffen, Ziffer, bewaffnen, aufriffeln, betreffs, Raffinerie, Chauffeur
Ordne die Wörter nach dem Alphabet! Sammle die Fremdwörter!
3. **Der Ergänzungsstrich:** Kamillen- und Pfefferminztee; Textil- und Eisenindustrie; Laub- und Nadelwald; Leder-, Stoff- und Basttaschen; Wohn-, Schlaf- und Arbeitszimmer
Suche weitere Beispiele und verwende sie in Sätzen!
4. **Wortfeld „Behälter":** Dose, Tube, Flasche, Schachtel, Netz, Pokal, Korb, Faß, Tiegel, Pfanne, Vase, Büchse, Tasche, Sack, Trog, Truhe, Becken, Schüssel, Glas, Kelch, Becher, Tasse, Kanne, Karton, Eimer, Kiste, Kästchen, Bottich, Beutel, Topf, Schale, Krug, Tüte, Wanne,

Hülse, Mappe, Tonne, Koffer, Lade, Kapsel, Tank, Gefäß, Mörser, Fach, Bowle, Ampulle, Tresor, Boiler, Kanister, Kassette
Ordne (Behälter für Flüssigkeiten – Behälter für feste Gegenstände)!
5. **Wörter mit b oder p, die nicht ableitbar sind:** Rezept, Knirps, Abt, Stöpsel, Haupt, Herbst, Papst, Propst, Obst, Schnaps, Sirup, Klub, Kapsel, Klops, Krebs, Gips, September, Republik, Mops, Mob (Pöbel), Mop (Reinigungsgerät), Raps, Rebhuhn, Rips, Schlips, Publikum, Kaplan, Erbse, hopsen
Ordne die Wörter nach ihrer Schreibung und bilde neue Wörter (rezeptpflichtig, Abtei, . . .)!
6. **Fremdwörter mit ll:** Kamille, Porzellan, Metall, Ballast, Wallfahrt, Modell, Ellipse, Million, Flanell, Nachtigall, Vanille, Karussell, Milligramm, Schatulle, Pullover, Frikadelle, Pupille, Medaille, Billard, Drillich, Marschall, Protokoll, Sellerie, Hellebarde, Forelle, Parallele, Appell, Kristall, Kapelle, Ballon, Rebell, Flottille, Ballett, Billion, Kastell, Kontrolle, drollig, Ballade, Brillant, Milliarde, Libelle, Krawall, Allee, Emaille, Pavillon, Gazelle, Patrouille, Pastellfarbe, Zitadelle, prinzipiell, Propeller, Illustrierte, Mirabelle, materiell
Ordne die Wörter nach dem Alphabet und suche Reimwörter (*-ell, -elle, -ille, -all*)!

195

Ob arm, ob reich, im Tode gleich

Ein bekannter Großindustrieller war gestorben. Mit seinem Privatflugzeug war er vor Tagen abgestürzt und schwer verletzt worden. Trotz aller medizinischen Künste hatten die Ärzte nicht vermocht, ihm das Leben zu erhalten. Großflächige Todesanzeigen in vielen Zeitungen verkündeten der Welt seinen Tod. Unzählige Menschen von nah und fern kamen zur Beerdigung. Dicht gedrängt standen sie während des Trauergottesdienstes in der viel zu kleinen Kirche. Die Ortsansässigen konnten sich nicht entsinnen, jemals einen so langen Leichenzug gesehen zu haben. Ganz vorn schritten Abgesandte verschiedener Vereine, die trauerbeflorte Fahnen und Banner trugen. Eine stattliche Musikkapelle spielte einen Trauermarsch. Die große Anzahl der Kränze hatte auf dem Leichenwagen nicht Platz und wurde auf besonderen Fahrzeugen mitgeführt. Fast endlos war die lange Schlange der Trauergäste. Viele von ihnen dachten mit ernstem Gesicht daran, daß auch sie von all ihren liebgewordenen Reichtümern auf dieser Fahrt gar nichts werden mitnehmen können. Ohne Taschen ist das Totenhemd, und Rang und Titel sind im Totenreich bedeutungslos. Die offene Grube auf dem Friedhof wartete schon. Sie lag neben dem Grab eines einfachen Arbeiters, der seine Frau und vier Kinder auf dieser Erde zurückgelassen hatte.

Übungsmöglichkeiten:
1. **Wortfamilie „sitzen"**: sitzen, be-, ab-, auf-, durch-, fest-, nach-, still-; Sitz, -platz, -bad, -bank, -fläche, -kissen; Vor-, Rück-, Bischofs-, Regierungs-, Be-, Not-; Besitzer, Nach-; Sitzung, Gemeinderats-, Be-; zweisitzig; setzen, auf-, aus-, ab-, nach-, über-, zu-, wider-, zusammen-, er-, bei-, vor-, zurück-, an-, auseinander-, durch-, ein-, herab-, be-, zu-, hinzu-, fort-, um-, hinweg-; Setzling; Gesetz, -gebung, -entwurf, -esvorlage, Grund-, Straßenverkehrs-, Not-, Straf-buch; gesetzlich, uner-, wider-, ent-; seßhaft; versessen, be-; Sessel, Polster-, Club-; Setzer, Schrift-, -ei, -lehrling; Setzung, Be-, Ver-, Über-, Aus-, Ein-, Fort-, Zurück-, Bei-; Satz, Auf-, An-, Ab-, Zu-, Vor-, Aus-, Er-, Ein-, Bei-, Haupt-, Neben-, Schrift-, Kaffee-, Gewichts-, Grund-, Lehr-, Ton-, -aussage, -zeichen, -bau, -teil, -verbindung; Satzung, Be-, Ent-; satzungsgemäß; Gesäß; ansässig, orts-; Sattel, Reit-, Berg-, -tasche, -gurt, -zeug; Sattler, -meister, -werkstatt
Ordne nach Vorsilben (besitzen, Besatz, Besitz, Besetzung, ...)!
2. **Tod – tot**: Tod, -feind, -sünde; todblaß, -ernst, -krank, -sicher-, -bringend, -unglücklich; Totschlag, -geburt; totschießen, -treten, -quälen, -lachen, -stellen, mause-
Fülle bei folgenden Wörtern die Lücken aus: To–sünde, to–, tö–lich, to–fahren, to–müde, to–schlagen, to–geweiht, to–quetschen, to–stechen, scheinto–, to–matt, To–schläger, to–getreten, to–bereit, to–bleich, Herzto–, to–wund, to–gesagt, to–arbeiten!
(Arbeitshilfe: In 9 Lücken muß *d* eingesetzt werden. Siehe Beiheft L 198!)
Beachte, daß die zusammengesetzten Zeitwörter (Verben) mit *tot*, die zusammengesetzten Eigenschaftswörter (Adjektive) meist mit *Tod* gebildet werden!
3. **Eigenschaftswörter (Adjektive) mit den Nachsilben -ig, -lich und -isch**: medizinisch, großflächig, unzählig, stattlich, sterblich, gebieterisch, verständlich, ewig, himmlisch, selig, seelisch, veränderlich, heilig, vergänglich, neblig, regnerisch, ölig, wollig, bläulich
Bilde von folgenden Wörtern mit Hilfe der genannten Nachsilben Eigenschaftswörter (Adjektive): Reich, Teufel, Hölle, Sünde, Welt, Mensch, Gott, Vater, trauern, Tod, sterben, Gefahr, Heil, grün, Gewalt, Majestät, Herr, krank, Kirche, Erde, Sturm! (Siehe Beiheft L 199!)
4. **Zusammengesetzte Mittelwörter der Vergangenheit (Partizipien im Perfekt)**: trauerbeflort, liebgewonnen, zurückgelassen, ferngelenkt, handgemalt, sternenbedeckt, sichergestellt, warmgehalten, aufgeschreckt, heimgezahlt, fettgedruckt, quergestreift, kampferfahren, sieggewohnt, schmerzverzerrt, eisgekühlt, windgeschützt, naturverbunden

Bilde Sätze, in denen diese Wörter als Beifügungen oder als Teile der Satzaussage verwendet werden (Die sieggewohnte Mannschaft ... Die Mannschaft ist sieggewohnt.)!
5. **Wörter mit chts:** nichts, rechts, rücksichtsvoll, Geschlechtswort, nachts, Geschichtsunterricht, Gerichtsakten, Vorsichtsmaßnahme, Gesichtsfeld, Gewichtsabnahme, Habichtsfeder, Rechtsanwalt
Vergiß bei diesen Wörtern das eingeklemmte *t* nicht!

196
Die wertvolle Briefmarke

Vor Jahren hatte Franz viele Briefmarken geschenkt bekommen, die sein Onkel doppelt hatte. Nun waren sie beide eifrige Briefmarkensammler. Natürlich hatte der Onkel in seinem Album bedeutend mehr und auch viel wertvollere Marken, denn er sammelte schon seit seiner Jugend. So gab es manche Seite in seinem Album, die lückenlos mit bunten Marken bedeckt war. Auch viele altdeutsche Marken besaß der Onkel, die zu den Seltenheiten europäischer Briefmarken gehören. Eine alte sächsische Marke hatte einen Katalogwert von fast tausend Mark. Wieder einmal durfte sich Franz die Briefmarkensammlung seines Onkels ansehen. Diesmal war er allein im Zimmer. Da lockte es ihn, die seltene sächsische Marke herauszunehmen. Er glaubte, daß seinem Onkel das Fehlen einer Marke nicht auffallen würde. „Wie schön wird diese Marke in meinem Album aussehen!" dachte Franz. Vorsichtig nahm er sie heraus und legte sie sorgfältig in sein kleines Einsteckalbum. „Der Onkel hat so viele wertvolle Marken!" Mit diesem Gedanken wollte er sein aufbegehrendes Gewissen beruhigen. Aber es gelang ihm nicht. Es wollte sich auch keine rechte Freude über den kostbaren Besitz einstellen. Selbst nachts fand Franz keine Ruhe. Zwei Tage später brachte er die seltene Sachsenmarke zurück. Erleichtert kehrte er heim. Es war ihm, als ob eine Zentnerlast von seiner Seele gefallen wäre.

Übungsmöglichkeiten:

1. **Zusammengesetzte Zeitwörter (Verben) mit Vorsilben oder Verhältniswörtern (Präfixe oder Präpositionen):** bekommen, entstehen, erfinden, gehören, empfehlen, mißfallen, verrechnen, zerbeißen (alle untrennbar!) – abstellen, ansehen, aufpassen, ausschütten, durchstoßen, entgegenkommen, entlanglaufen, mitsingen, nachholen, untertauchen, umfallen, vortanzen, zubinden (alle trennbar!)
Setze die beiden Reihen fort!

2. **Von Ländernamen abgeleitete Eigenschaftswörter (Adjektive):** europäisch, sächsisch, deutsch, französisch, italienisch
   Bilde die zugehörigen Eigenschaftswörter (Adjektive): Rußland, China, Spanien, Portugal, Österreich, Polen, Dänemark, Griechenland, Rom, Tibet, Afrika, Mexiko, Persien, Westfalen, Bayern, Schlesien, Ostpreußen, Neuseeland, Sizilien, Korsika, Israel, Sibirien!
3. **s oder z im Auslaut:** Franz, nachts, Klebefalz, ebenfalls, Hans, Pelz, Hals, Schmalz, Schmerz, Erz, Salz, Kranz, Glanz, Puls, Herz, abends, Schwanz, links, bereits, Pfefferminz, anfangs, morgens, Milz
   Ordne die Wörter nach ihrem Auslaut und setze in die folgenden Wortlücken s oder z ein: Prin–, vergeben–, Fel–, Konkurren–, Gip–, Quar–, Pil–, Klap–, Har–, Schnap–, recht–, Wirt–haus, Gewür–, Rap–, kur–, Stur–, zeitleben–, Tran–port, Scher–, Gan–, ergän–t, Mal–, Glan–, al–!
   (Arbeitshilfe: Je 12mal muß *s* und *z* eingesetzt werden. Siehe Beiheft L 200!)
4. **Mehrzahlbildungen (Pluralbildungen) bei Fremdwörtern mit –en:**
   a) Die Endung *-en* wird angehängt: Rektor, Doktor, Inspektor, Motor, Insekt, Architekt, Diamant, Juwel, Typ, Plastik, Fabrik, Portion, Verb
   b) Die Endungen *-us, -a, -um* werden gegen *-en* ausgetauscht: Album, Museum, Aquarium, Basilika, Radius, Drama, Thema, Rhythmus, Kollegium, Veranda, Villa, Skala, Prisma, Ministerium, Regatta
5. **Wörter mit pp:** doppelt, Rappen, Kappe, Läppchen, Appetit, galoppieren, Schlepper, Teppich, schlapp, Steppe, Gerippe, Appell, knapp, ruppig, Stoppuhr, Apparat, struppig, Truppe, geschnappt
   Ergänze folgende Wörter: Wa–en, Ra–s, Kli–en, La–land, Tem–el, Schli–s, umkla–en, stru–ig, kna–, Pu–ille, Ka–elle, A–otheke, Ka–itän, Viehko–el, Klum–en, schna–en, o–erieren, Pro–eller, Stö–sel, Ka–e, Ka–sel, sto–elig, Ka–ital
   (Arbeitshilfe: In 10 Lücken muß *pp* eingesetzt werden. Siehe Beiheft L 201!)
6. **Wortfamilie „merken":** merken, be-, an-, ver-; merklich, un-; bemerkenswert; merkbar; merkwürdig; Merkbuch, -wort, -satz, -würdigkeit, -mal; Bemerkung, Rand-; Mark, -stück, -graf, -grafschaft, -scheider, Reichs-, Pflanzen-, Knochen-, Renten-, Gold-, Feld-, Grenz-, Ost-, Steier-, Däne-; Markierung; Markierungszeichen, -stein, -tafel; markieren; Marke, Brief-, Sonder-; Briefmarkensammler, -album, -tausch, -händler
   Ordne die Hauptwörter (Substantive) alphabetisch!

197

Tierfreunde

In Günters Klasse haben sich viele Jungen und Mädchen zu einer Gruppe zusammengeschlossen. Sie wollen Helfer der im Winter hungernden Tiere sein. Diese Aufgabe erfüllt sie so, daß sie ihre gesamte Freizeit dafür opfern. In den letzten Tagen haben sie bereits ein Dutzend Futterhäuschen für Vögel gebastelt und an günstigen, ruhigen Stellen im Freien aufgebaut, Klugerweise haben die Kinder ihre Hilfsgemeinschaft schon im Herbst gegründet, so daß damals schon mit dem Sammeln von Sonnenblumenkernen und anderen Samen für die Vogelfütterung begonnen werden konnte. Außerdem haben sie schon Säcke voll Eicheln, Bucheckern und Kastanien für die Wildfütterung gesammelt. Sobald die erste dichte Schneeschicht den Waldboden bedeckt, werden sie unter Anleitung des Försters die Baumfrüchte an die Rehe verfüttern. Vorläufig haben sie noch eine andere vorbereitende Aufgabe. Die Mädchen haben Rindertalg erhitzt. In das flüssige Fett schütten sie Hanf- und Sonnenblumenkerne und gießen es dann in leere Blumentöpfe. Nun besitzen sie viele Futterglocken, die sie an den Bäumen befestigen können. Meisen und Finken werden in futterarmer Zeit hier die notwendige Nahrung finden und dem Hungertode entgehen. Auf ihre Arbeit dürfen die jugendlichen Tierfreunde mit Recht stolz sein.

Übungsmöglichkeiten:

1. **Wortfamilie „fließen":** ab-, zu-, aus-, über-, nach-, fort-, ein-, zusammen-; Fließband, -arbeit, -papier; fließend; Fluß, Ab-, Zu-, Aus-, Ein-, Über-, Zusammen-, Gebirgs-, Neben-, -lauf, -ufer, -pferd, -bett, flußaufwärts, -abwärts; flüssig, über-; Flüssigkeit; Flut, -welle, Sturm-, Spring-; fluten, zurück-, vor-, über-, ab-; Floß, Baum-, -boot; flößen, ein-, ab-, an-; Flößer; Flosse, Schwanz-, Rücken-, Schwimm-; Flotte, Kriegs-, Handels-; Flottille; Flottenstützpunkt, -basis; flott, -machen
Schreibe die Wörter vollständig ab!
2. **Unterscheiden von äu und eu:** Futterhäuschen, vorläufig, Scheune, Bäume, Tierfreund, Schleuse, Zäume, Leumund, sträuben, eingezäunt, Greuel, keuchen, Knäuel, abscheulich, Seufzer, betäuben, Käuzchen, Bedeutung, verträumt, Säule, verräuchert, beschleunigen, Keule, kräuseln, verbeult, Säure, Häuptling, leugnen
Ergänze folgende Wörter durch *äu* oder *eu*: Hasenk–le, Kr–ter, vertr–mt, ern–ern, übersch–men, Bel–chtung, Glockengel–t, L–tnant, Bed–tung, verstr–t, s–fzen, Bet–bung, Spr–, Beschl–nigung, Schl–se, F–erwehr, –ter, m–tern, –ßerlich, Vergnügungsst–er, erb–ten, gl–big, Vers–mnis, ber–en, t–er

(Arbeitshilfe: 8 Wörter werden mit *äu* geschrieben. Siehe Beiheft L 202!)
3. **Daß-Sätze:** Die Aufgabe erfüllt sie so, daß sie ... Sie haben eine Hilfsgemeinschaft gegründet, so daß sie ... Er betrat den Raum, ohne daß ... Alle befürchteten, daß ... Sie sparten, so daß ... Sie gaben sich Mühe, ohne daß es ... Sie wissen, daß ...
Bilde Sätze mit den Bindewörtern (Konjunktionen) *daß, so daß, ohne daß!*
4. **recht – Recht:** Er hat recht. Wir haben recht behalten. Das ist nicht recht. Es geschieht ihm recht! – Er ist im Recht. Sie sind mit Recht stolz. Von Rechtswegen müßte er arbeiten. Er hat nichts Rechtes gelernt. Er sucht sein Recht.
Bilde Sätze mit folgenden Begriffen und Redewendungen: recht haben, recht bekommen, es ist recht und billig, es einem recht machen, rechtzeitig, rechtfertigen; ohne Recht, im Recht sein, nach Recht und Gewissen, ein Recht haben, zu Recht bestehen, Recht finden, mit Recht!
5. **Wörter mit der Nachsilbe -ung:** Fütterung, Anleitung, Nahrung, Bedeutung, Verständigung, Überredung, Schonung, Vertretung, Belehrung, Erfahrung, Begleitung
Bilde aus folgenden Wörtern mit Hilfe der Nachsilbe *-ung* Hauptwörter und trenne sie nach Silben: reifen, führen, schalten, versuchen, verändern, gründen, bekleiden, wenden, pflanzen, stellen, erheben, rechnen, teilen, senden, spalten, stark, beschäftigen, schwach, vergrößern, berufen, falten, beachten, sauber, prüfen, gefährdet, erhitzen, belasten!
(Siehe Beiheft L 203!)

198
Die große Sternenwelt

In den klaren, frostigen Winternächten funkeln und glitzern die Sterne am allerschönsten. Es ist, als ob sie uns Grüße aus fernen Welten zublinzeln wollen. Unzählbar sind die Sterne, denn je länger wir zum Himmel aufblicken, desto mehr vermögen wir von ihnen zu erkennen. Wer ein gutes Fernglas besitzt oder sogar die Möglichkeit hat, einmal auf einer Sternwarte durch ein Fernrohr zu blicken, der wird viele Sterne sehen, die er mit bloßem Auge nicht wahrnehmen kann. Allein in der Milchstraße, die sich wie ein großes, breites Nebelband quer über den Nachthimmel hinzieht, gibt es Milliarden von Sternen. Die Fixsterne sind zu Sternbildern zusammengefaßt, da man sie so am besten einteilen kann. Das bekannteste Sternbild ist der Große Wagen. In seiner Nähe blinkt der Polarstern. Wer nachts in seiner Richtung wandert, wird durch ihn nach Norden gewiesen. Die Entfernung zu den Sternen übersteigt bei weitem unser Vorstellungsvermögen. Der erdnächste Fixstern ist der Sirius, der aber auch noch 8,5 Lichtjahre von uns entfernt ist. Wenn wir wissen, daß das Licht innerhalb einer Sekunde achtmal den Erdäquator umkreisen kann, können wir uns keine Strecke vorstellen, für die ein Lichtstrahl mehrere Jahre benötigt. Hier stehen wir staunend vor der Größe Gottes und seiner Schöpfung.

Übungsmöglichkeiten:

1. **Wortfamilie „kennen":** kennen, er-, be-, aus-, aner-, ver-; erkenntlich; erkennbar; kenntlich; kennerisch; kennzeichnen; Kenner, -blick, -miene; Kennwort, -zeichen, -zeichnung, -karte; Kenntnis, -nahme, Menschen-, Sprach-, Be-, Er-, Fach-; Kenntlichmachung; Erkenntlichkeit; Erkennbarkeit; bekannt, er-, ver-, aner-, ge-; Bekannte; Bekanntschaft, -machung, -gabe; bekanntlich; bekanntermaßen
Ordne nach der Art der Vorsilben (erkennen, Erkenntnis, . . .)!
2. **Zusammengesetzte Mittelwörter der Vergangenheit (Partizipien im Perfekt):** zusammengefaßt, vorübergefahren, heruntergefallen, auseinandergegangen, ausgesperrt, hausgehalten, radgefahren, handgearbeitet, selbstgemacht, aufgebaut, vorgestellt, ferngesteuert, eisgekühlt, quergestreift, liebgewonnen
Ordne nach Art des Bestimmungswortes (Hauptwort, Verhältniswort, . . .) und bilde Sätze, in denen die Mittelwörter Beifügungen oder Teil der Satzaussage sind!
3. **Wörter mit qu:** quer, Äquator, Qualle, Quark, Quartier, Quecke, quaken, Quelle, quälen, erquicken, bequem, Quittung, Quirl, quietschen, Quaste, Aquarium, Quarz, Qualität, Quecksilber, quetschen, Qual, Quadrat, Quader, quatschen, quieken, quicklebendig
Leite davon andere Wörter ab! (überqueren, äquatorial, . . .)
4. **daß – das:** 1. Bindewort (Konjunktion): Wir wissen, daß . . . Ich hoffe, daß . . . Er befürchtet, daß . . . Sie vermuten, daß . . . Niemand glaubte, daß . . . Du sagtest gestern, daß . . .
2. Geschlechtswort (Artikel): das Sternbild, das Jahr, das Licht, . . .
3. Rückbezügliches Fürwort (Relativpronomen): Das Kind, das . . . Das Band, das . . .
4. Hinweisendes Fürwort (Demonstrativpronomen): Das geht nicht! Das ist der Sieger!
Schreibe noch mehr Beispiele und bilde Sätze!
5. **Wörter mit dem X-Laut:** Fixstern, Wechsel, Praxis, rücklings, Koks, Wachs, Max, Achsel, Text, Gewächs, Klecks, Textilwaren, Büchse, rings, links, schnurstracks, Examen, Alexander, knicksen, flugs

Setze in die Wortlücken *x, chs, cks, ks* oder *gs* ein: Ke–, verwe–eln, E–istenz, He–e, Schi–sal, –ylophon, Eide–e, O–e, La–, kra–eln, unterwe–, bo–en, Dei–sel, Ple–iglas, Dre–ler, A–t, rücklin–, zwan–weise, Sa–en, Ma–imum, A–e, Kni–, Lin–kurve
(Arbeitshilfe: Je 8mal muß *x* und *chs*, je 2mal *cks* und *ks* und 3mal *gs* eingesetzt werden. Siehe Beiheft L 204!)

199

Vorbereitender Krippenbau

Allmählich wird es Zeit, mit dem Krippenbau zu beginnen. Schon bei unseren letzten Herbstwanderungen haben wir dafür Rindenstücke, bunte Steine, Binsen und verschiedene Äste gesammelt. Aus dem Walde holen wir noch Moos und einige Kiefernzweige. In diesem Jahr wollen wir unsere Krippe etwas umgestalten oder ganz erneuern. In der vergangenen Weihnachtszeit haben wir bei anderen Krippen manches Schöne gesehen und Anregungen bekommen, die wir nun verwerten können. Die langen Winterabende sind zum Basteln günstig. Jeder gibt sich viel Mühe, eine recht schöne Krippe herzustellen. Zunächst sägen wir die gesammelten Äste so zurecht, daß sie sich wie bei einem Fachwerkhaus zusammenfügen lassen. Über die Zwischenräume der Rückwand und der Seitenflächen kleben wir in der Längsrichtung unsere Rindenstücke. Das Dach bilden wir aus Stroh oder Binsen. Kurz vor Weihnachten belegen wir es noch mit einigen kleinblättrigen Efeuranken. Als Untergrund suchen wir ein passendes Brett, das wir olivgrün anstreichen oder dicht mit Moos belegen. Dazwischen legen wir Steine als Felsblöcke und stellen Kiefernzweige als Bäumchen auf. Neben dem Stall befestigen wir Binsengräser und anderes Grün, das wir noch im Walde finden. Wer will, bemalt Packpapier mit grauen Farben und befestigt es als Felsenwand im Hintergrund des Stalles. Am Heiligen Abend werden dann die Krippenfiguren aufgestellt.

Übungsmöglichkeiten:

1. **Wörter mit langem a:** allmählich, zunächst, sägen, unfähig, Weizenähre, quälen, Eisbär, Prämie, Sämann, erklären, gären, ernähren, Fährmann, Rätsel, nämlich, während, Mähne, jährlich, zähmen, Kapitän, Träne, abschälen, Mähdrescher, Lähmung
Schreibe die Wörter heraus, die sich nicht von einem mit *a* geschriebenem Wort ableiten lassen!

2. **Wörter mit langem o:** holen, Moos, Stroh, hohl, betonen, Boot, Bohne, Solbad, Sohle, Moor, Verbot, Knoten, Postbote, Mohn, Mohrenkopf, Schonung, bohnern, Zoo, verlobt, Wohnung, Verlosung, Kanone, Thron, moorig, Belohnung, Kohlweißling, Patrone, Alkohol, Fronleich-

namsfest, Polarzone, Enkelsohn, Person, Koog, Trog, Dohle, Kommode, Telefon, katholisch, Lotse
Ordne die Wörter nach der Schreibung ihres *O-Lautes*!
3. **Zusammengesetzte Eigenschaftswörter (Farbenbezeichnungen):** olivgrün, zitronengelb, karminrot, marineblau, seegrün, mausgrau, schokoladenbraun, zinnoberrot, lichtgrün, schiefergrau, weinrot, preußischblau, zartrosa, himmelblau, moosgrün, kaffeebraun, smaragdgrün, orangeort, hellbraun, purpurrot, schwarzbraun, dunkelgrün, scharlachrot, kanariengelb, blaugrau
Ordne nach Grundfarben!
4. **Wortfamilie „heilen":** heilen, ver-, ab-, an-, aus-, zu-; heilbar; -los, -sam, -kräftig, -kundlich; Heil, -kunde, -pflanze, -anstalt, -butt, -kräuter, -praktiker, -and, -sgeschichte, -verfahren, -mittel, -ung, -quelle, Seelen-, Un-; heilig, -mäßig; heiligen; Heiligsprechung, -tum, -keit, -abend
Ordne nach Wortarten!
5. **k – ck – kk:** Ranken, Fachwerk, verwelkt, Balkon, Paket, Rückwand, Stücke, Felsblöcke, Packpapier, wackeln, Akkord, Makkaroni, Akkumulator, ... (kk in Fremdwörtern)
Setze in die Lücken folgender Wörter *k*, *ck* oder *kk* ein: Di–tat, Bal–on, Fli–zeug, ungeschi–t, A–ordeon, Li–ör, Ra–ete, Politi–, ti–en, Techni–, Geni–, Sa–o, Fabri–, Pla–at, geschma–voll, fle–ig, A–ordarbeiter, Gepä–, Schla–e, Maro–o, Re–tor, musi–alisch, a–urat
(Arbeitshilfe: In 10 Lücken fehlt *k*, in 8 *ck* und in 5 *kk*. Siehe Beiheft L 205!)

200
Der Wald kommt in die Häuser
Bereits gestern abend wurde eine Menge Christbäume beim Gärtner abgeladen. Die meisten Bäume sind Fichten, die aus den Wäldern des Sauerlandes stammen. Sie haben eine weite Reise zurückgelegt und lehnen nun in dichter Reihe am hohen Drahtzaun der Gärtnerei. Allmählich stellen sich die ersten Käufer ein. Kritisch betrachten sie einen Baum nach dem anderen. Es dauert oft lange, bis die Leute einen passenden, gut gewachsenen Christbaum gefunden haben. Der eine ist ihnen zu groß, der andere zu klein, der dritte zu schmal und der vierte zu breit. In der ersten Zeit ist ja auch noch genügend Auswahl vorhanden. Dann aber wird das Aussuchen schon schwieriger, da oft nur noch ungleichmäßig gewachsene Bäume übriggeblieben sind. Es gibt wohl kaum ein Haus in unserem Land, für das nicht ein Christbaum zum Weihnachtsfest beschafft wird.

Zunächst stehen sie noch schmucklos in einer Hof- oder Gartenecke, damit sie frisch bleiben. Doch es dauert nicht mehr lange, bis sie in Ständer geschraubt und in die Weihnachtszimmer gestellt werden. Das Schmücken der Christbäume ist für viele Menschen eine Beschäftigung, die sie in stiller Freude verrichten. Gemeinsam mit der Krippe wird der Christbaum zum hauptsächlichen Blickpunkt während der Weihnachtszeit, besonders wenn er im Lichterglanz das ganze Zimmer erhellt.

Übungsmöglichkeiten:

1. **Zusammengesetzte Mittelwörter der Gegenwart (Partizipien im Präsens):** silberglänzend, schattenspendend, grünschimmernd, wutschnaubend, teilnehmend, radfahrend, wohlmeinend, glückbringend, hellleuchtend, siegbringend, weitreichend, hilfesuchend, wärmespendend, zeitsparend
Suche ähnliche Wortzusammensetzungen und ordne sie nach Art des Bestimmungswortes (Hauptwort, Eigenschaftswort)!
2. **Groß- und Kleinschreibung von Zahlwörtern (Numeralien):** Der eine Baum ist zu groß, der andere ist zu klein, der dritte zu schmal und der vierte zu breit – ein paar tausend Mark – Tausende von Zuschauern – Heinrich der Erste – eine Drei – das Zehnfache – ein Viertel – ein Zehnmarkschein – zwölfmal – zweitausenddreihundertfünfzig (Ausschreiben von Zahlen in Buchstaben bei Formularen des Geldverkehrs) – eine halbe Million
Schreibe andere Zahlwörter!
3. **Wörter mit ts:** Weihnachtszeit, andachtsvoll, vorwärts, stets, bereits, Ratsherr, Gehaltszahlung, nachts, rechts, Hochzeitskleid, Wirtshaus, Geburtstag, nichts, abseits, Rückwärtsgang, Sportsmann, Geschäftsraum, Rechtsanwalt, Gutshof, Ortsausfahrt
Beachte den Z-*Laut* und schreibe die Wörter ab!
4. **Eigenschaftswörter (Adjektive) mit der Nachsilbe -isch:** kritisch, kindisch, herrisch, diebisch, tierisch, barbarisch
Bilde aus folgenden Hauptwörtern (Substantiven) mit Hilfe der Nachsilbe *-isch* Eigenschaftswörter (Adjektive): Räuber, Sklave, Technik, Sibirien, Mörder, Telegraf, Italien, Musik, Literatur, Politik, Narr, Demokratie, Heiden, Laune, Schule, Europa, Diplomat, Rechnen, Fotografie, Japan, Sturm, Verräter!
5. **Wörter mit pp:** Krippe, Apparat, Kuppe, Klapptisch, doppelt, stoppen, Teppich, Treppchen, trippeln, schlapp, Appetit, galoppieren, Steppe, Grippe, Rippen, Stoppelfeld, Sippschaft, Pappe, zappelig, Schleppzug, foppen, umkippen, schippen, suppig, Koppel, ruppig, tippen
Ergänze folgende Wörter durch *pp* oder *p*: Kom–onist, Ka–itel, ta–en,

verdo–elt, Gru–e, hum–eln, A–rikose, zerlum–t, Ta–ete, Tru–en, Ku–el, Schna–s, Ka–elle, A–etit, Li–e, Ka–ital, a–elieren, anko–eln, absto–en, ra–eln, ta–sen, Ste–decke!
(Arbeitshilfe: In 9 Lücken muß *pp* eingesetzt werden. Siehe Beiheft L 206!)

6. **Schreibweisen des langen ä:** Setze in die Wortlücken *ä* oder *äh* ein: allm–lich, w–rend, Kapit–n, h–misch, –re, Gr–te, G–rung, –nlichkeit, g–nen, sch–men, M–ne, Tr–ne, F–rte, sch–len, z–men, str–nig, W–rung, Sch–del, n–mlich, S–mann, –ther, Gef–rten, Geb–rde, M–rchen, Schl–fe, unf–ig, S–gesp–ne, Verr–ter, Aff–re, Rheinf–re, Font–ne, Pr–mie!
(Arbeitshilfe: In 13 Wörtern fehlt *äh*. Siehe Beiheft L 207!)

9. und 10. SCHULJAHR

201
Beim Jahreswechsel

Schon einige Male hatte Jürgen mit seinen Eltern, mit Verwandten und Bekannten die Silvesternacht erlebt. Immer hatte er sich dabei gefreut über die oft ohrenbetäubende Knallerei auf den Straßen seines Heimatortes, über die zahlreichen Raketen, die durch die Luft zischten und vielfarbige Sternchen zur Erde herniederschweben ließen. Beim vergangenen Jahreswechsel hatte Jürgen unter Anleitung seines Vaters sogar einige Feuerwerkskörper abbrennen dürfen. Das hatte ihm damals besonders viel Freude bereitet.
Nun war wieder der letzte Tag eines Jahres herangerückt. Eine Menge Knallfrösche lagen für Jürgen schon griffbereit. Wie in den vergangenen Neujahrsnächten wollte er auch diesmal zum Lärm und zur Ausgelassenheit in dieser Mitternachtsstunde beitragen. Auch für das Bleigießen hatte Jürgen alles Notwendige vorbereitet. Ein Glas, mit Pfirsichbowle gefüllt, stand vor ihm. Plötzlich dachte Jürgen daran, daß das kommende Jahr für ihn sehr bedeutungsvoll würde, da er bald von der Schule ins Berufsleben überwechseln sollte. Nun drängte es ihn gar nicht mehr nach draußen, um seine Knallfrösche dort loszulassen. Als ihm um zwölf Uhr seine Eltern und die übrigen Verwandten besonders Glück für den neuen Lebensabschnitt wünschten, dachte Jürgen: „Was mag die Zukunft mir in diesem Jahr bringen?" Noch bei keinem Jahreswechsel hatte er einer solchen Ungewißheit gegenübergestanden. Die Mutter sah am Gesichtsausdruck, was für Gedanken den Jungen beschäftigten. Daher sagte sie: „Sei nur immer pflichtbewußt und hilfsbereit, dann bist du an jedem Arbeitsplatz gern gesehen!"

Übungsmöglichkeiten:

1. **Der X-Laut:** Jahreswechsel, drechseln, Wuchs, Achse, ... Luxus, Exil, Textilingenieur, Marxismus, ... blindlings, anfangs, neuerdings, rings, ... Klecks, Häcksel, knicksen, hinterrücks, ... Keks, Koks, links
Setze die Reihen der Wörter mit *chts, x, gs, cks* fort und bilde von den Wörtern mit *ks* zusammengesetzte Wörter!

2. **Der S-Laut:** Silvesternacht, ließen, Ausgelassenheit, Glas, gießen, draußen, Ungewißheit, verläßlich, Grießklöße, bißchen, lästig, lässig
Setze in die Lücken folgender Wörter *s, ss,* oder *ß* ein: Pa–tete, Pa–tor,

Alpenpa–, verpa–t, Fa–ade, Weinfa–, Verfa–ung, fa–t (beinahe), gefa–t, Fa–tnacht, wi–begierig, bewu–tlo–, Unwi–enheit, Wei–heit, Karo–erie, ro–tig, ru–isch, ru–ig, Ru–land, Geno–enschaft, genie–en, Genu–, Pu–ta, pu–ten, Kürbi–, bi–chen, Imbi–, Kroku–, Kü–ter, Dre–ur, Sportdre–, Dre–den, grie–grämig, Grie–brei, Gro– (12 Dutzend), Grö–enwahn, fri–tgemä–, gemä–tet, Me–ing, Me–opfer!
(Arbeitshilfe: In 16 Lücken fehlt *s*, in 8 *ss* und in 18 *ß*. Siehe Beiheft L 208!)

3. **Schärfung mit nn** (mit 3 Schreibfehlern): Bekannte, abbrennen, erkenntlich, gerinnen, Mannschaft, niemannd, Branntwein, Antenne, Tonnage, Tunnel, Kannister, Handwerksinnung, Feuersbrunnst, Stanniol, besinnlich
   Suche die drei fälschlich mit *nn* geschriebenen Wörter heraus!
   (Kontrollmöglichkeit im Beiheft L 209.)

4. **Schärfung mit tt:** Mitternacht, Lebensabschnitt, Herrgott, Bettler, Zigarette, quittieren, Fischkutter, Marionettentheater
   Setze in die Lücken folgender Wörter *tt, th, dt* oder *t* ein: Gi–arre, Bru–o, Ma–ema–ik, Industriesta–, Gesan–er, Klarine–e, Nouga–, kri–isch, ermi–eln, Re–ich, Hagebu–e, Schli–schuh, Kabare–, Wildbre–, A–est, Li–era–ur, Parke–fußboden, Wi–we, verwan–, Werksta–, Dri–el, Zi–erspieler, Kapi–el, Ka–arina, Scho–land, Kilowa–, Edi–, Gewan–heit, Jü–land!
   (Arbeitshilfe: In 13 Lücken fehlt *tt*, in 10 *t* und in je 4 *th* und *dt*. Siehe Beiheft L 210!)

5. **Komma vor erweiterten Grundformen (Infinitiven):** Nun drängte es ihn gar nicht mehr nach draußen, um seine Knallfrösche dort loszulassen. – Lerne leiden, ohne zu klagen! – Er vertrödelte die Zeit, anstatt zu arbeiten. – Es ist ratsamer vorzusorgen, als später Mangel zu leiden. – Um sich ein Tonbandgerät zu kaufen, sparte Franz schon seit einigen Wochen. – Ohne sich ordentlich zu waschen, ging sie zur Schule.
   Beachte: Vor den Grundformen (Infinitiven) mit *um zu , ohne zu, anstatt zu* und *als zu* steht immer ein Komma!
   Bilde ähnliche Sätze!

6. **Kommas schließen erweiterte Mittelwortsätze (Partizipialsätze) ein:** Ein Glas, mit Pfirsichbowle gefüllt, stand vor ihm. – Vom Regenschauer völlig durchnäßt, bemühten sich die Kinder, rasch nach Hause zu kommen. – Laut pfeifend, lief der Junge auf die Straße.
   Beachte: Das Mittelwort (Partizip) muß wenigstens durch einen Satzteil erweitert sein, sonst wird kein Komma gesetzt. (Pfeifend lief der Junge auf die Straße. Fröhlich pfeifend, lief der Junge auf die Straße.)
   Schreibe Beispiele zu beiden Möglichkeiten!

202
Der Mensch in der Schöpfung

Aus den Gesteinsarten und Schichten der Erdkruste haben Forscher und Wissenschaftler das Alter der Erde auf etwa 5 Milliarden Jahre geschätzt. Mannigfaltige Arten von Pflanzen und Tieren, die größtenteils längst ausgestorben sind, haben zunächst spärlich, dann aber in üppiger Fülle die Erdoberfläche belebt. Erst ganz zum Schluß dieser langen Entwicklungsgeschichte entstand der Mensch. Die Zeitspanne von der Entstehung menschlichen Lebens bis zur Gegenwart ist, gemessen an der Entwicklungsgeschichte der anderen Lebewesen, sehr kurz. Könnte man von der Gesamtentwicklung der Erde einen Film herstellen, der eine Vorführzeit von 30 Stunden erforderte, so zeigte er erst in der letzten Minute die Entwicklung des Menschen. Eine längere Zeit könnten die 500 Jahrtausende, die vom ersten Auftreten des Menschen bis zur Gegenwart vergangen sind, in diesem Film nicht beanspruchen. In diesem verhältnismäßig kurzen Zeitraum hat sich der Mensch, das jüngste Geschöpf Gottes, den Erdball erobert und sich alle anderen Lebewesen dienstbar gemacht. Ausgestattet mit Geist und freiem Willen, hat er Staunenswertes vollbracht und sich zum Beherrscher der Erde emporgearbeitet. Dennoch bleibt er seinem Schöpfer für all sein Tun und Lassen verantwortlich.

Übungsmöglichkeiten:

1. **Zusammengesetzte Umstandswörter (Adverbien):** größtenteils, verhältnismäßig, zunächst, seinerzeit, außerordentlich, glücklicherweise, einstmals, überall, abseits, vielmals, schlimmstenfalls, keineswegs, deswegen, mittlerweile, nimmermehr, beizeiten, demnach, vorhin, dorthin, wochentags, zuweilen, manchmal, keinesfalls, allerdings, kurzerhand, allzeit, andernfalls, trotzdem, beinahe, einstweilen, herunter, zeitlebens, kopfüber, gegenüber, mitunter, irgendwohin, dazwischen, demnach, dreimal, heimwärts, allerorts
Ordne nach Umstandswörtern (Adverbien) der Zeit, des Ortes, der Art und Weise und des Grundes!

2. **Als Hauptwörter (Substantive) gebrauchte Zeitwörter (Verben):** vom ersten Auftreten, für all sein Tun und Lassen, das Forschen, das Herstellen des Filmes
Wandle die im Diktat vorkommenden Zeitwörter (Verben) in Hauptwörter um und bilde damit Sätze innerhalb des Sachgebietes „Mensch"!

3. **Schwer oder nicht ableitbare Wörter mit ä:** spärlich, zunächst, verhältnismäßig, Schärpe, Schädel, Fähigkeit, Gräte, Trägheit, Ähre, ätzen,

Gebärde, allmählich, ansässig, schäbig, beträchtlich, Sänfte, März, bändigen, Geplänkel, Käfig, gräßlich, rückwärts, Mähne, gähnen, Säbel
Schreibe dazu verwandte Wörter!

4. **Wortfelder „Menschengruppen":** Volk, Rasse, Gesellschaft, Verein, Stamm, Sippe, Mannschaft, Gemeinde, Kaste, Orden, Sekte, Gemeinschaft, Kongregation, Belegschaft, Konzern, Kollegium, Familie, Fraktion, Partei, Bürgerschaft, Ensemble, Kompanie, Spielschar, Klub, Besatzung, Gewerkschaft, Staffel, Bande, Genossenschaft, Verband, Union, Liga, Bruderschaft, Freundeskreis, Jugendgruppe, Aktionäre, Verwandtschaft, Horde, Innung, Klasse
Bilde zusammengesetzte Hauptwörter (Volksstamm, Aktiengesellschaft, ...)!
Ordne die Begriffe nach politischen, wirtschaftlichen und religiösen Vereinigungen!
Stelle Arten von Gemeinschaften und Gesellschaften zusammen!

5. **Redewendungen vom Menschen:** von Mensch zu Mensch – auch nur ein Mensch sein – eine Seele von einem Menschen sein – ein anderer Mensch werden – zum Abschaum der Menschheit gehören – nach menschlichem Ermessen – eine menschliche Schwäche haben – einen gesunden Menschenverstand besitzen – seit Menschengedenken – ein Satan in Menschengestalt sein – das Menschenmögliche versuchen – der äußere Mensch – Übermenschliches leisten – in einen Menschen hineinschauen können – einen Menschen zu nehmen wissen
Bilde Sätze!

6. **Herr – her – Heer:** Herr, Rats-, Guts-, Haus-, Bau-, Dienst-, Landes-, -lichkeit; Herrscher; Beherrschung, Selbst-; Herrschaft, Vor-, Dienst-; Herrgott; -swinkel, -schnitzer; Herrenschnitt, -pilz, -sitz; herrenlos; herrschen, be-, vor-; herrisch, -lich
her, -ab, -vor, -ein, -aus, -auf, -unter, -um, -über, -nieder, -nach, -kommen, -schauen, ... Hersteller, Herkunft, ...
Heer, Kriegs-, Reiter-, Volks-, Land-, -führer, -bann, -schar, -lager, -schau; Heeresstraße, -flieger; verheeren (ebenfalls von „Heer" abgeleitet: Herzog, Herberge, Herold, Hermann, Herbert)
Schreibe die Wörter vollständig ab und führe die Reihe mit *her* fort!

Das Wesen des Menschen

Der Mensch ist die Krone der Schöpfung. Er unterscheidet sich von allen anderen Wesen der Erde grundlegend durch seinen Geist. Zwar kann man den Geist weder sehen noch hören und auch nicht mit anderen Sinnen wahrnehmen. Dennoch ist er eine Wirklichkeit, die durch Reden und Handeln des Menschen deutlich wird. Unser gesamtes menschliches Wesen empfängt von ihm seine eigentliche Prägung. Auf Grund des Geistes ist jeder Mensch ein einmaliges, selbständiges Geschöpf, das jedoch nur in der Gemeinschaft voll lebensfähig ist. Der Wert des einzelnen ist davon abhängig, wie weit er bereit ist, seine Fähigkeiten in den Dienst der Gemeinschaft zu stellen. Weil der Mensch einen Leib besitzt, braucht er eine Fülle materieller Güter. Diese stehen ihm aber nicht unmittelbar zur Verfügung; er muß sie oft durch harte Arbeit erwerben. Auf diese Weise erfüllt der Mensch mit Hilfe seines Körpers und Geistes göttlichen Auftrag, indem er sich die Erde untertan macht, eine Vielfalt von Werten schafft und somit selbst zum Schöpfer wird. Diese Schaffenskraft, die der Mensch auf Grund seines Geistes und seines Willens besitzt, erhebt ihn weit über alle anderen Lebewesen.

Übungsmöglichkeiten:

1. **Eigenschaftswörter (Adjektive) mit der Endung -ell:** finanziell, reell, rationell, konfessionell, kulturell, aktuell, formell, kriminell, industriell, materiell, ministeriell, speziell, originell, ideell, maschinell, generell, offiziell, sensationell, notariell
Ordne den Eigenschaftswörtern (Adjektiven) Hauptwörter (Substantive) zu (ein materieller Verlust, der ministerielle Erlaß, . . .)!
2. **Hauptwörter (Substantive) mit der Nachsilbe -schaft:** Gemeinschaft, Belegschaft, Bereitschaft, Wirtschaft, Gesandtschaft, Gewerkschaft, . . .
Verbinde folgende Wörter mit der Nachsilbe -schaft: Bruder, Geselle, Meister, Lehrer, Mann, Genosse, Nachbar, Gefolge, Vater, Freund, Feind, Pflege, Kind, Herr, Kamerad, Gastwirt, Pate, Eltern, Arbeiter, Sippe, Studenten, Schüler, Graf, Bauern, Kunde, Turner, Bürge, Beamter, Bote, Bekannter, Schwestern, Ort, Verwandter, Land, Bürger, Einwohner, Gefangener, Mutter, Ärzte, Anwärter, Ritter, Kaufmann, Künstler, Urheber, Sänger!
Ordne die Wörter alphabetisch!
3. **Gleitelaut -t vor der Nachsilbe -lich:** eigentlich, hoffentlich, ordentlich, versehentlich, gelegentlich, kenntlich, . . .
aber: morgendlich, unendlich, feindlich, . . .
Setze in folgende Lücken d oder t ein: aben–lich, wissen–lich, jugen–-lich, namen–lich, flehen–lich, unvermei–lich, öffen–lich, befrem–lich, en–lich, vermein–lich, stün–lich, grün–lich, verstän–lich, wesen–lich!
(Arbeitshilfe: In 8 Wörtern muß d eingesetzt werden. Siehe Beiheft L 211!)

4. **d oder t als Auslaut:** grundlegend, Ebenbild, Wert, Jahrtausend, Feind, Entwicklung, Pfad, Heimat, Planet, verantwortlich, ...
Ergänze folgende Wörter durch Einfügen von *d* oder *t*: Spin–, lei–lich, Brann–wein, Gedul–, en–gültig, Hor–, Gewal–, Bran–stelle, En–fernung, jugen–lich, nieman–, blin–, bal–, Splin–, öffen–lich, sei–lich, En–spur–, blon–, sel–sam!
(Arbeitshilfe: In 11 Lücken muß *d* eingesetzt werden. Siehe Beiheft L 212!)
5. **Wortfamilie „Mensch":** Mensch, Un-, Über-, Mit-, Ur-, Gott-, Gemüts-, Natur-; -werdung, -heit, -lichkeit; Menschenrasse, -schicksal, -werk, -rechte, -paar, -leben, -würde, -umgang, -wille, -verstand, -bild, -kraft, -gedenken, -sohn, -gestalt, -menge, -masse, -alter, -affe, -feind, -kenner, -freund, -tum, -scheu, -herz, -raub; menschlich, un-, über-; menschenmöglich, -würdig, -freundlich, -feindlich, -scheu; entmenscht
6. **Das Semikolon:** Materielle Güter stehen ihm aber nicht unmittelbar zur Verfügung; er muß sie oft durch harte Arbeit erwerben. – Der Mensch ist die Krone der Schöpfung; durch seinen Geist überragt er alle anderen Wesen der Erde. – Der Mensch ist bemüht, sich die Erde untertan zu machen; damit erfüllt er den göttlichen Auftrag.
Beachte: Zwischen längeren Hauptsätzen, die gedanklich zusammengehören, steht ein Semikolon, das stärker als das Komma, aber weniger als der Punkt trennt. Es steht hauptsächlich vor den Bindewörtern (Konjunktionen) *denn, daher, darum, doch.*
Schreibe derartige Satzverbindungen!

204
Nur ein Menschenleben

Die gegenwärtige Zeit ist reich an aufsehenerregenden Ereignissen. Aus allen Teilen der Erde dringen täglich Nachrichten durch Funk, Fernsehen und Presse in unsere Wohnungen, lassen die Menschen aufhorchen, lösen manchmal Freude aus, beunruhigen und bestürzen aber auch recht oft. Meldungen von Unfällen und Katastrophen erregen Anteilnahme und von Herzen kommendes Mitgefühl. Fast tagtäglich erreichen uns Nachrichten von Verkehrsunfällen, Flugzeugabstürzen und Grubenunglücken, von blutigen Unruhen und Kämpfen, bei denen häufig viele Menschen zu Tode kommen. Infolge dieser ununterbrochenen traurigen und erschütternden Meldungen besteht leicht die Möglichkeit, daß die Menschen sich an derartige Nachrichten gewöhnen und gegenüber Elend und Tod ihrer Mitbürger abstumpfen und teilnahmslos werden. Als in einem Vorortbahnhof ein Fernschnellzug in eine rangierende Lokomotive hineinraste, war ein erheblicher Sachschaden entstanden, zwölf Personen wurden verletzt, und der Lokomotivführer konnte nur noch tot aus den Eisentrümmern geborgen werden. – Werden angesichts einer solchen Meldung nicht viele Leute nüchtern denken: „Nur ein Menschenleben!" Im Verkehrsgewoge, in den Arbeitsstätten und allen anderen Bereichen des Lebens hält der Tod oft reiche Ernte. Katastrophen, die eine Vielzahl von Todesopfern forderten, sind bereits nach wenigen Wochen vergessen. Was wiegt da noch der Tod eines einzelnen? Jedoch hinterläßt der Tod eines Menschen stets eine Lücke, denn jeder Mensch ist ein einmaliges Wesen und nicht in gleicher Weise zu ersetzen.

Übungsmöglichkeiten:

1. **Tod – tot:** Tod, -sünde, -feind; todernst, -traurig, -müde, -wund, -elend; tot, -stechen, -trampeln, -schießen, -stellen, schein-, ...
   Setze in die Lücken d oder t ein: to–schlagen, to–matt, To–geburt, to–krank, to–geweiht, tö–lich, scheinto–, to–lachen, to–geglaubt, mauseto–, to–arbeiten!
   (Arbeitshilfe: In 7 Wörtern muß t eingesetzt werden. Siehe Beiheft L 213!)
2. **Wörter mit ph:** Katastrophe, Asphalt, Strophe, Triumph, Philosoph, Physiker, Graphit, Alphabet, Stratosphäre, Mikrophon, Pharisäer, Apostroph, Symphonie (auch: Sinfonie), Phosphor, Seismograph, Seraphin, Phase, Phantasie, Paragraph
   Schreibe verwandte Wörter (Schiffskatastrophe, katastrophal, ...)!
   Bei Vornamen und häufig gebrauchten Fremdwörtern setzt sich die Schreibweise mit *f* immer mehr durch: Fotograf, telefonieren, telegrafisch, Josef, Stefan, Sofie, ...
3. **Städte – Stätte:** Arbeitsstätte, Werkstätte, Opferstätte, ...
   Großstädte, Landeshauptstädte, Küstenstädte, ...
   Verbinde folgende Wörter mit *Stätte* oder *Städte*: Klein, Ruhe, Sport, Schulung, Hafen, Industrie, Kampf, Gast, Brand, Handel, Geburt, Pflege, Opfer, Kreis, Lager, Grenze, Schlaf, Grab, Haupt, Garnison!
   (Siehe Beiheft L 214!)
4. **Wortfamilie „leben":** leben, ab-, auf-, sich aus-, be-, dahin-, er-, sich ein-, nacher-, über-, ver-, vor-, weiter-, wiederbe-; lebendig; lebensfroh, -fremd, -fähig, -tüchtig, -voll, -wahr, -wert, -wichtig, -widrig, -erfahren, -echt, -nahe, -groß, -länglich, -gefährlich, -müde; lebhaft, -los; leichtlebig, schnell-; Leben, Menschen-, Vor-, Ab-, Hunde-, Schul-, Berufs-, Stadt-, Nacht-, Pflanzen-, Wirtschafts-, Familien-, Dorf-, Er-, Tier-; Lebensgefahr, -abend, -gefährte, -freude, -wandel, -führung, -gemeinschaft, -lauf, -beschreibung, -frage, -weise, -art, -abschnitt, -stellung, -mittel, -versicherung, -ende, -unterhalt, -lage, -saft, -bild, -retter,

-raum, -weg, -licht, -entscheidung, -größe, -regel, -kraft, -frage, -nähe, -nerv, -standard, -geister, -haltungskosten, -wahrheit, -ziel, -kampf, -mut, -recht, -dauer, -wille, -jahr, -lust, -zeichen, -zeit, -baum, -erwerb, -alter; Lebewesen, -mann, -wohl; Lebzeit, -tag, -kuchen, -haftigkeit

5. **Der F-Laut:** Funk, Fernsehen, fast, Flugzeugabsturz, infolge, ...
   Kampf, abstumpfen, empfindlich, versumpft, Pfau, ...
   Vorort, Lokomotivführer, olivgrün, vollständig, Vogt, ...
   Katastrophe, Physik, Philosoph, phlegmatisch, Typhus, ...
   Setze die Reihen fort!

6. **Schärfung mit ss:** Ereignisse, Presse, vergessen, Karussell, Geldkassette, passiv, Leitersprossen, hessisch, abmessen, Dressur, Gewissen, ...
   Fülle die Lücken folgender Wörter durch Einsetzen von *ss*, *s* oder *ß*:
   fe–eln, Fe–tung, flü–ig, flü–tern, Flo–e, flie–end, Streu–elkuchen, Preu–en, Rü–el, Gerü–t, Wei–blech, Verwei–, Intere–e, re–tlos, wä–rig, verge–lich, Me–gesang, Me–ner, Verme–enheit, unablä–ig, Krei–el, ri–ig, verbla–en, Sü–igkeiten, mei–tens, Pri–ma, Mei–el, kurzfri–tig, Kompa–e!
   (Arbeitshilfen: In 11 Wörtern fehlt *s*, in 10 Wörtern *ss* und in 8 Wörtern fehlt *ß*. Siehe Beiheft L 215!)

205

Der Lebensraum der Menschheit

Nach dem gegenwärtigen Stand der Forschungen ist anzunehmen, daß das Ursprungsland der Menschheit in Asien gelegen hat. Viele Wissenschaftler meinen, die menschliche Urheimat wäre das Gebiet zwischen Euphrat und Tigris gewesen, da dort für die Lebensmöglichkeiten der Menschen wahrscheinlich schon früh genug besonders günstige Gegebenheiten bestanden. Neuerdings behaupten einige Forscher, Südafrika sei das Ursprungsland der Menschheit, da sie in einigen Funden hier die ältesten menschlichen Reste zu erkennen glaubten. Auf jeden Fall kommt dafür nur ein Gebiet in Frage, in dem die Entwicklung der Menschheit durch Klima, Bodenart und Lage begünstigt wurde. Man nimmt an, daß auf vorgeschichtlichen Landbrücken die Einwanderung in andere Erdteile erfolgte. Sicherlich waren die durch die Eiszeit hervorgerufenen Temperaturstürze und andere Störungen Ursache für diese gewaltigen Wanderbewegungen in neue, ferne Lebensräume, in denen völlig andere Lebensbedingungen herrschten. Durch klimatische und geologische Unterschiede, durch andere Ernährungsweise und Lebenshaltung bedingt, bildeten sich die körperlichen Merkmale der heutigen Rassen. Hautfarbe, Körpergestalt, Schädelform und Gesichtsausdruck wurden im Laufe vieler Jahrhunderte durch die Eigenarten der Umwelt verändert. Voneinander isoliert, entwickelte sich bei den Völkern in den einzelnen Erdteilen eine arteigene Kultur. Erst in unserer Zeit werden die entfernten Lebensräume durch die modernen Verkehrsmittel einander nahegebracht.

Übungsmöglichkeiten:
1. **Die Vorsilbe ur-:** Urheimat, Ursache, Ursprung, Urzeit, Uraufführung, uralt, verursachen, urbar, Urgroßeltern, Urkunde, Urenkel, Urahnen, Urwald, Urwelt, Urmensch, Urtiere
Erkläre an diesen Wörtern die Bedeutung der Vorsilbe ur-!
2. **Das lange i im Wortstamm der Fremdwörter:** Klima, Liter, Kilometer, Silo, Sisal, isolieren, Linie, Tarif, Prise, Sirup, Brise, Fibel, Baustil, Zigarre, Medizin, Kino, Kritik, Klinik, Primel, Spiritus, Militär, appetitlich, Bibel, Zigarette, Präsident, Giraffe, Anis
Bilde davon neue Wörter (klimatisch, Hektoliter, . . .)!
3. **Von Fremdwörtern gebildete Eigenschaftswörter (Adjektive) mit der Endung -isch:** klimatisch, geologisch, alkoholisch, militärisch, technisch, architektonisch, harmonisch, demokratisch, telefonisch, politisch, . . .
Bilde aus folgenden Fremdwörtern Eigenschaftswörter (Adjektive) mit der Nachsilbe -isch: Stenografie, Musik, Evangelium, Republik, Kritik, Bibel, Medizin, Athlet, Sklave, Olympiade, Gymnastik, Alphabet, Elektrizität, Literatur, Humor, Testament, Atom, Mode, Chemie, Botanik, Aroma, Physik!
4. **Wortfeld „Gebiet":** Land, Staat, Reich (Kaiser-, König-), Staatenbund, Erdteil, Insel, Fürstentum, Herzogtum, Grafschaft, Kanton, Gau, Mark, Bereich, Gebiet, Bezirk (Regierungs-, Stadt-), Kirchspiel, Bauernschaft, Gemeinde, Kreis, Diözese, Revier, Bistum, Provinz, Distrikt, Liegenschaft, Gemarkung, Pfarrei, Zone, Departement
Ordne die Wörter alphabetisch!
5. **Schreibweisen des langen ö** (mit 4 Schreibfehlern): Störung, Strömung, stöhnen, gewöhnlich, Öse, verhöhnen, dröhnen, Nadelöhr, löhten, Krönung, Felsenhöle, Getöse, fröhlich, ertönen, unnötig, spröde, Röhricht, öhlig, aufstöbern, Likör, Gehör, trösten, Schildkröte, Möhre, Ödland, ungehörig, höhnisch, Föhre, Flötenkonzert, römisch, aushöhlen, persönlich
Berichtige die Wörter mit der falschen Schreibweise des *Ö-Lautes!*
(Kontrollmöglichkeit im Beiheft L 216.)
6. **Komma bei Aufzählungen:** Das Land ist durch Klima, Bodenart und Lage für die Entwicklung der Menschheit besonders geeignet. – Durch klimatische und geologische Unterschiede, durch andere Ernährungs-

weise und Lebenshaltung bedingt, bildeten sich die Merkmale der heutigen Rassen. – Hautfarbe, Körpergestalt, Schädelform und Gesichtsausdruck wurden durch die Eigenarten der Umwelt verändert. – Die Menschen jagten, fischten, sammelten genießbare Pflanzen und Früchte.
Schreibe ähnliche Sätze zum Sachgebiet mit verschiedenartigen Aufzählungen (Subjekte, Prädikate, Objekte, Attribute, adverbiale Bestimmungen)!

206

Hilfeleistung zwischen den Fronten

Der zweite Weltkrieg hatte sich auch auf nordafrikanisches Gebiet ausgedehnt, wo sich am Rande der Wüste deutsche, italienische und britische Soldaten in erbittertem Ringen gegenüberstanden. Tag und Nacht tobte der Kampf auf der Erde und in der Luft. Mit heftigen Bombenangriffen versuchten die Engländer die gegnerischen Stellungen zu zerstören. Während eines nächtlichen Fliegerangriffes beobachteten deutsche Kanoniere, wie zwei Männer, vom Feuerschein ihres abgeschossenen Bombers angestrahlt, herniederschwebten und mitten in ein deutsches Minenfeld fielen. Als der feindliche Bomberverband abgeflogen war, entschlossen sich zwei Mann einer deutschen Geschützbedienung, mit einem Jeep zu dem immer noch brennenden Flugzeugwrack zu fahren, bei dem beide Besatzungsmitglieder gelandet sein mußten. Die Kanoniere ließen sich durch das ihnen unbekannte Minenfeld, das nachts noch tückischer war als tagsüber, nicht davon abhalten, nach den abgesprungenen Fliegern Ausschau zu halten. In der steten Gefahr, durch Minenexplosion das eigene Leben zu verlieren, glückte es ihnen, die beiden Soldaten zu finden. Sie lagen im Wüstensand und waren verwundet. Sofort leisteten die zwei Deutschen Erste Hilfe und brachten den weniger verletzten Briten im Fahrzeug zu ihrem Militärarzt. Anschließend lotsten sie einen Sanitätswagen durch die Minensperre und halfen, daß auch der zweite, der sehr schwer verwundet war, in ärztliche Behandlung kam. Ohne die beherzte Hilfestellung der zwei Kanoniere, die ihr eigenes Leben dabei aufs Spiel setzten, wären die beiden abgeschossenen Flieger verblutet.

Übungsmöglichkeiten:
1. **Mine – Miene:** Mine, See-, Teller-, Tret-, Luft-, Flieger-, Schützen-, Bleistift-; Minenfeld, -sperre, -suchboot, -leger, -suchgerät; minieren, unter-
Miene, Gesichts-, Trauer-; Mienenspiel
Schreibe die Wörter vollständig ab!

2. **Fremdwörter mit der Endung -ier:** Kanonier, Klavier, Spalier, Pionier, Kavalier, Kürassier, Manier, Passagier, Quartier, Barbier, Polier, Furnier, Kurier, Scharnier, Papier, Juwelier, Revier – Vegetarier, Proletarier, Parlamentarier, Agrarier, Arier – Hotelier, Portier, Finanzier, Brigadier
Beachte die unterschiedliche Aussprache der Endung und setze die Wörter in die Mehrzahl (Plural)!

3. **Schreibweisen des Z-Lautes:** Geschütz, Verletzung, Besatzung, ... ärztlich, beherzt, sozial, ... nachts, lotsen, Sanitätswagen, ... Munition, national, Revolutionär, ...
Setze die Reihen fort und ergänze folgende Wörter: vorwär–, Hei–ung, Opera–ion, zin–los, Pul–, Matri–e, nirgend–, seuf–en, Schwei–, Matra–e, erhi–t, Kapu–e, bereit–, schluch–en, Ak–ionär, Bre–el, Konkurren–, vergeben–, kri–eln, Por–ion, gerei–t, gli–ern, Ra–ion, absei–, Hal–schmer–en!
(Arbeitshilfe: In 10 Lücken fehlt *z*, in 3 *ts*, in 5 *s*, in je 4 *t* und *tz*. Siehe Beiheft L 217!)

4. **Wortfamilie „Arzt":** Arzt, Fach-, Nerven-, Kinder-, Tier-, Haus-, Augen-, Ohren-, Militär-, Frauen-, Amts-, Kassen-, Haut-, Zahn-, Werks-, Chef-, Ober-, Stabs-, Truppen-, -helfer, -praxis, -rechnung; Ärzteschaft, -kammer; Ärztin; Arznei, -pflanze, -mittel, -buch, -schrank; ärztlich, fach-; verarzten
Ordne die Wörter alphabetisch!

5. **Die Vorsilbe ex-:** Minenexplosion, Export, exerzieren, Expreß, Examen, Exemplar, exotisch, existieren, Exzellenz, Extrakt, Expedition, Exklave, Exil, Exekution, Expansion, Experiment, extra, Exkursion, exkommunizieren
Schreibe davon abgeleitete Wörter (explodieren, Exporteur, ...) und versuche die Fremdwörter durch deutsche Ausdrücke zu ersetzen!

6. **Als Verhältniswörter (Präpositionen) gebrauchte Hauptwörter (Substantive):** mitten, dank, kraft, inmitten, mittels, statt, seitens, infolge, zufolge; zugunsten, angesichts, um – willen, trotz
Bilde Sätze! (Sie fielen mitten in ein Minenfeld. – Die Verletzten konnten dank der schnellen Hilfe gerettet werden.)

207

Gefährliche Hilfsbereitschaft

In den Märztagen des Jahres 1966 wurden einige Bürger der Bundesrepublik vom israelischen Botschafter mit der höchsten Auszeichnung geehrt, die sein Staat zu vergeben hat. Weil sie unter Einsatz des eigenen Lebens jüdische Mitbürger während der nationalsozialistischen Herrschaft vor dem Tode gerettet hatten, erhielten sie als Zeichen der Anerkennung eine sehr wertvolle Medaille. Für kurze Zeit standen vier schlichte Menschen im Blickpunkt der Öffentlichkeit. Rundfunk, Fernsehen und Zeitschriften berichteten über die Ordensverleihung, die in einer würdigen Feierstunde im israelischen Botschaftsgebäude erfolgte. Herzliche Worte der Hochachtung sprach der jüdische Diplomat und lobte in seiner Rede diese Hilfeleistungen an seinen verfolgten, verängstigten und gequälten Glaubensbrüdern als hervorragende Beweise menschlicher Größe. Während der Botschafter redete, mögen die vier Deutschen an die Zeit vor mehr als zwei Jahrzehnten zurückgedacht haben, als sie damals eine jüdische Familie heimlich in ihrem Hause aufnahmen und dort monatelang verbargen, um ihr das Schrecklichste zu ersparen. Sie wußten, daß es lebensgefährlich war, Juden auch nur eine kleine Gefälligkeit zu erweisen. So teilten sie mit ihren Schützlingen nicht nur die geringen, auf Lebensmittelkarten erstandenen Vorräte, sondern auch die tägliche Angst vor dem Entdecktwerden. Unbarmherzig wurden alle bestraft oder gar hingerichtet, wenn festgestellt wurde, daß sie Juden halfen. Erst das Kriegsende beseitigte die ständige Not und Unruhe dieser Menschen, die in dieser bitteren Zeit zu einer Schicksalsgemeinschaft zusammengewachsen waren.

Übungsmöglichkeiten:

1. **Wörter mit der Nachsilbe -sal (-sel):** Schicksal, Drangsal, Scheusal, Mühsal, Labsal, Rinnsal, Trübsal, Gerinnsel, Mitbringsel, Rätsel, Überbleibsel, Schnipsel, Anhängsel, Häcksel, Gemengsel
2. **-igt und -licht als Mittelwortwendungen (Partizipendungen):** beseitigt, verdächtigt, genehmigt, beglaubigt, verständigt, entschuldigt, gereinigt, beerdigt, beschädigt, verängstigt, berücksichtigt, ermäßigt, ...
verweichlicht, verwirklicht, verherrlicht, verdeutlicht, verniedlicht, verweltlicht, verstaatlicht, veranschaulicht, ...
Setze die Reihen fort!
3. **Hauptwörter (Substantive) mit der Nachsilbe -ling:** Schützling, Engerling, Schmetterling, Pfifferling, Zwilling, Sperling, Sonderling, Erstling, ...
Bilde mit der Nachsilbe *-ling* neue Wörter aus: lieb, flüchten, Lehre, Taufe, feige, Gunst, Miete, wüst, mischen, finden, Haupt, roh, prüfen, neu, Same, eindringen, weich, saugen, Schaden, jung, wild, früh, Silber, Haft, Strafe!
4. **Wortfeld „Hilfe":** Hilfe, Beistand, Hilfeleistung, Beihilfe, Unterstützung, Entsatz, Beitrag, Ausweg, Förderungsmaßnahme, Belehrung, An-

leitung, Anweisung, Beisteuer, Befreiung, Hilfestellung, Zuschuß, Unterrichtung, Halt; Zuflucht, Schutz, Geborgenheit
Ordne alphabetisch!
5. **k oder ck** (mit 4 Schreibfehlern): Bundesrepublik, Blickpunkt, Rundfunk, schrecklich, entdecken, Schicksal, Packet, Hektar, Diktator, Insekt, Perücke, Zinkblech, Seckt, Trockendock, Oktober, Trick, geschmacklos, Takt, Hecktoliter, Nervenschock, Schokoladenpudding, Genick, Direktor, Wrack, Öltank, Aktien, Eispickel, Tabak, Kontackt, Optiker, Lakritz, Plakat, Barock, Lektüre, Baracke
Berichtige die 4 Schreibfehler!
(Kontrollmöglichkeit im Beiheft L 218)
Ordne die Wörter nach der Schreibweise des *K-Lautes*!
6. **Hauptwörtlicher (substantivischer) Gebrauch von Zeitwörtern (Verben):** vor dem Entdecktwerden, das Bestrafen, beim Verleihen des Ordens, das Verbergen, im Gedenken, bereitwilliges Helfen, . . .
Vermehre die Beispiele und bilde damit zum Sachgebiet passende Sätze!

208
Die Anfänge des Christentums

Daß sich das Christentum in seinen Anfängen so rasch ausbreitete, war zum großen Teil der hingebenden Arbeit einer kleinen Schar von Männern zu danken, die trotz heftiger Bedrängnisse vor immer neuen Zuhörern predigten. Begünstigt wurde die Verbreitung der christlichen Lehre durch die Weiträumigkeit des römischen Weltreiches, das sich fast über das gesamte Abendland erstreckte. Jedoch unterdrückten diejenigen Herrscher, die sich von ihren Untertanen selbst als Gott verehren ließen, das Christentum mit allen Mitteln. Ihre Erlasse gegen die neue Religion stellten radikale Vernichtungspläne dar: Alle Gebäude, in denen Christen Gottesdienste abhielten, waren niederzureißen; ihr Land sollte verkauft und der Erlös an die Staatskasse abgeliefert werden. Sämtliche christlichen Schriften waren unverzüglich den Ortsbehörden zu übergeben, die sie öffentlich verbrennen sollten. Jeder, der als Christ bekannt war, sollte außerhalb der Gesetze stehen. Gegen ihn konnten Klagen erhoben werden, während ihm selbst kein Rechtsmittel gegen erlittenes Unrecht zustand. Auch vor den grausamsten Folterungen und Todesqualen schreckten die frühen Christen nicht zurück, und Tausende starben todesmutig als Märtyrer. Trotz der Verfolgungen wuchs und erstarkte die Kirche und war bald im ganzen Imperium verwurzelt. Der Missionsauftrag, den Christus seinen Jüngern erteilte, wurde bereits in den ersten Jahrhunderten nach seinem Kreuzestod hingebungsvoll und zielstrebig ausgeführt.

Übungsmöglichkeiten:
1. **Gebräuchliche Wörter mit y:** Märtyrer, Zylinder, Nymphe, anonym, Gymnasium, Tyrann, Typ, Dynamit, idyllisch, unsympathisch, Symbol, Hypothek, Synagoge, Hymne, Pyramide, symmetrisch, Symphonie, hypnotisieren, Labyrinth, Hyäne, Hyazinthe, Myrthe, hydraulisch, Xylophon, Zypresse, Hydrant, Myrrhe, Typhus, synchronisieren, Dynamomaschine
2. **Langes a mit unbezeichneter Dehnung:** Schar, Untertan, radikal, Klage, Todesqual, Kran, Kanal, aufmerksam, Samen, Blauwal, offenbaren, Reklame, Denkmal, Kathedrale, ...
   Merke: Nur vor *l, m, n, r* steht das Dehnungs-h. Nach mehreren Mitlauten, nach *sch* und *qu* steht kein Dehnungs-h.
   Setze in folgende Wörter *a* oder *ah* ein: k–l, Lok–l, Sch–m, ide–l, Gr–n–te, Qu–dr–t, Limon–de, Sch–l, Pf–l, schm–l, ov–l, Dr–m–, Pl–ge, Sign–l, kl–r, P–r–de, M–lzeit, Porzell–n, Or–kel, pl–nlos, K–thedr–le, St–l, Vorn–me, f–l, Abn–me, B–n–ne, Tr–n, Orn–t, Line–l!
   (Arbeitshilfe: Nur in 6 Wörtern fehlt *ah*. Siehe Beiheft L 219!)
3. **igt – icht:** Predigt, erledigt, gereinigt, berichtigt, begradigt, beerdigt, entschuldigt – Dickicht, Habicht, Gicht, verehelicht, Kehricht, Röhricht, schlicht, Gericht, töricht, Schicht
   Bilde aus folgenden Wörtern Zeitwörter (Verben) und schreibe davon die Mittelwörter der Vergangenheit (Partizipien im Perfekt): sanft, Last, Schuld, Kreuz, rein, Schein, Not, ruhig, kräftig, Fähigkeit, fleißig, Gunst, heilig, Sünde, Erde, lustig (sanft – besänftigen – besänftigt, ...)
4. **Schwierige Fremdwörter innerhalb des Sachgebietes „Religion":** Gläubige: Katholik, Buddhist, Hindu, Mohammedaner, Lutheraner, Methodist, Quäker, Calvinist
   Kirchliche Ämter: Theologe, Propst, Papst, Abt, Metropolit, Rabbiner, Novize, Prälat, Diakon, Levit, Katechet, Mesner, Ministrant, Bischof, Superintendent, Missionar, Prior, Presbyter, Nuntius, Patriarch
   Liturgische Gewänder und Geräte: Talar, Barett, Soutane, Mitra, Paramente, Monstranz, Ziborium, Reliquienschrein, Baldachin
   Religiöser Lebensbereich: Prozession, Sakrament, Konfirmation, Kommunion, Evangelium, Märtyrer, Dogma, Liturgie, Konfession, Missionierung, Konzil, Synode
   Kirchliche Bereiche: Vatikanstaat, Bistum, Diözese, Dekanat, Präfektur, Nuntiatur, Ökumene
   Gotteshäuser und ihre Teile: Kathedrale, Synagoge, Basilika, Kapelle, Moschee, Pagode, Chor, Krypta, Sakristei, Kapitell, Tabernakel, Minarett

Ordne die Wörter innerhalb der Gruppen in alphabetischer Reihenfolge!
5. **Wortfamilie „Kirche":** Kirche, Bischofs-, Pfarr-, Kloster-, Abtei-, Landes-, Staats-, Schloß-, Ost-, Stab-, Ordens-, Berg-, Wallfahrts-, Not-, Holz-, Hof-, Dorf-, Barock-, Hallen-, Wehr-; Kirchturm, -spiel, -gang, -hof, -platz, -bau, -weihfest, -tür, -gasse; Kirchenamt, -bann, -chor, -besuch, -verfolgung, -jahr, -kampf, -gebot, -lied, -zeitung, -patron, -diener, -schweizer, -vorstand, -gebet, -lehrer, -recht, -staat, -geschichte, -gemeinde, -steuer, -austritt, -fenster, -sprache, -gesang, -fahne, -musik, -bänke, -gestühl, -baumeister, -licht, -reform, -bücher, -präsident, -tag, -provinz, -rat, -grundstück, -maus, -versammlung, -portal, -besuch, -schiff, -verfassung, -tonarten, -trennung, -spaltung; Kirmes; kirchlich
6. **Kommas trennen Haupt- und Gliedsätze:** Daß sich das Christentum in seinen Anfängen so rasch ausbreitete, war der hingebenden Arbeit einiger Männer zu verdanken. – Jeder, der als Christ bekannt war, sollte außerhalb der Gesetze stehen. – Gegen ihn konnten Klagen erhoben werden, während ihm selbst kein Rechtsmittel gegen erlittenes Unrecht zustand. – Sie wußten oft nicht, wohin sie sich flüchten konnten.
Bilde ähnliche Satzgefüge zum Sachgebiet. Beachte dabei die Einleitungsmöglichkeiten der Gliedsätze!
a) Gliedsätze können durch Bindewörter (Konjunktionen) eingeleitet werden (als, daß, so daß, seit, seitdem, obgleich, während, da, nachdem, weil, ...).
b) Gliedsätze können durch rückbezügliche Fürwörter (Relativpronomen) eingeleitet werden (der, die das, welcher, welche, ...).
c) Gliedsätze können durch ein abhängiges Fragewort eingeleitet werden (wo, wohin, wann, welche, ...).

209

Gesundheit, ein kostbarer Besitz

Es gehört zu den Alltäglichkeiten auf den Großstadtstraßen, daß das Signal des Martinshorns ertönt, Blaulicht aufblitzt und sich ein Krankenwagen in rascher Fahrt durch den Verkehr bahnt. Ein Schwerverletzter, vielleicht das Opfer eines Betriebsunfalls oder eines Verkehrsunglückes, ein altersschwacher Mensch, der irgendwo auf der Straße zusammengebrochen ist, oder ein lebensgefährlich Erkrankter braucht schnellstens ärztliche Hilfe. Daher machen die Kraftfahrer bereitwillig Platz und geben dem Krankenwagen die Fahrbahn frei. Wenige Minuten können für die Rettung eines Hilfsbedürftigen von entscheidender Bedeutung sein. Auch in der Krankenanstalt läßt man keine Zeit ungenutzt verstreichen und trifft möglichst noch vor Ankunft des Krankentransportes die Vorbereitungen für die notwendige Blutübertragung oder die erforderliche Operation. Ein Chirurg oder Internist steht mit Helfern bereit, um die Gesundheit eines Menschen möglichst vollständig und rasch wiederherzustellen. Oft sind fast alle Betten eines Krankenhauses belegt, so daß es nicht leicht ist, genügend Platz für alle Neuzugewiesenen zur Verfügung zu stellen. Angesichts der zahlreichen Unfälle und der vielen verschiedenen Krankheiten werden immer wieder Krankenhauserweiterungen und -neubauten erforderlich. Doch trotz technischer Neuerungen, hoher ärztlicher Kunst und aufopferungsvoller Arbeit des Pflegepersonals sind Leid und Elend in Kranken- und Siechenhäusern nicht zu übersehen. Wer hier gelegentlich gewesen ist oder viel Umgang mit Kranken hat, wird empfinden, welch kostbares Gut die Gesundheit ist. Er wird sie dankbaren Herzens schätzen und sie zu erhalten trachten.

Übungsmöglichkeiten:

1. **Fremdwörter aus dem Bereich des Gesundheitswesens:** Chirurg, Internist, Operation, Apotheke, Medizin, Klinik, Pharmazeut, Medikament, Diphterie, Infarkt, Infektion, desinfizieren, Typhus, Therapie, Psychiater, Dermatologe, Migräne, Patient, Narkose, Diät, Attest, Rezept, Transplantation, Epidemie, Neuralgie, Hormon, Vitamin, Amputation, Hygiene, Homöopathie, Bakterien, Serum
Kläre unbekannte Ausdrücke mit Hilfe eines Wörterbuches!

2. **Eigenschafts- und Mittelwörter (Adjektive und Partizipien) werden Hauptwörter (Substantive):** ein Schwerverletzter, ein lebensgefährlich Erkrankter, ein Hilfsbedürftiger, alle Neuzugewiesenen, viele Genesende, die Gesunden und Kranken, ein Überlebender, die Verwundeten, etwas Stärkendes, alles Gute, nichts Aufregendes, das kostbare Gut, ein Armer
Ordne nach Mittel- und Eigenschaftswörtern (Partizipien und Adjektiven)! Bilde Sätze!

3. **Hauptwörter (Substantive) mit der lateinischen Vorsilbe trans-:** Transport, Transparent, Transformator, Transmission, Transvaal, Transjordanien, die Transsibirische Eisenbahn, Transozeandampfer, Transatlantikflug, Transitverkehr
Erkläre die Bedeutung der Wörter (trans = jenseits, hindurch)!

4. **Wortfamilie „Körper":** Körper, Himmels-, Beleuchtungs-, Heiz-, Knall-, Feuerwerks-, Holz-, Klang-, Hohl-, Lehr-, Glas-, Flug-, Tier-, Ober-, Truppen-, -pflege, -gewicht, -fülle, -länge, -größe, -maß, -teil, -form, -bau, -kraft, -schaden, -verletzung, -verstümmelung, -schwäche, -schaft, -fehler, -inhalt, -umfang, -haltung, -kultur, -schule, -wärme, -temperatur, -schaftssteuer, -organ, -lichkeit, -behinderung; Verkörperung; ver-

körpern; körperlich, -los, -behindert; Korpus; Korpulenz; korpulent; Korps, Armee-, Offiziers-, -geist; Korporation; korporativ
Ordne die Wörter innerhalb der Gruppen alphabetisch!
5. **Wortfeld „Heilbehandlung":** operieren, verarzten, kurieren, quacksalbern, heilen, pflegen, behandeln, impfen, über den Berg bringen, ärztlich betreuen, einreiben, Schmerzen lindern, wieder auf die Beine bringen, untersuchen, desinfizieren, eine Spritze setzen, etwas verordnen, ins Krankenhaus einliefern, bestrahlen, röntgen, durchleuchten, einbalsamieren, betäuben, ätzen, Wunde reinigen, einspritzen, einpudern, injizieren, ein Rezept verschreiben, verpflastern, massieren, verbinden, eine Bruchstelle schienen, Blut übertragen
Ordne alphabetisch und füge abgeleitete Wörter hinzu (operieren – Operation, ...)!
6. **Wortfeld „Kranken- und Pflegeanstalten":** Krankenhaus, Hospital, Spital, Lazarett, Klinik, Sanatorium, Kurhaus, Siechenhaus, Unfallstation, Blindenheim, Krankenanstalt, Heilanstalt, Altersheim; Klinik, Poli-, Kinder-, Frauen-, Augen-, Nerven-; Krankenrevier; Operationssaal, Infektionsabteilung, Behandlungsraum, Arztpraxis
Ordne nach deutschen und fremden Wörtern!

210

Lohnender Einsatz

Fast alljährlich hatte Gerd während seiner Schulzeit bei den Bundesjugendwettkämpfen eine Ehrenurkunde errungen und besonders durch das Laufen eine beachtlich hohe Punktzahl erreichen können. Das brachte ihn zu dem Entschluß, sich als Langstreckenläufer zu spezialisieren. Nach zähem Training siegte Gerd bei den Jugendmeisterschaften seines Landes. Da es ihm gelang, seine Laufzeiten auch weiterhin erheblich zu verbessern, wurde er bereits als Neunzehnjähriger bei einem Leichtathletikländerkampf eingesetzt, bei dem er sogar den Favoriten dieses Laufwettbewerbs, einen bekannten Olympiasieger, in einem aufsehenerregenden Endspurt schlagen konnte. Nach diesem unerwarteten Triumph nahm Gerd an vielen Leichtathletikländerkämpfen teil und wurde einer der erfolgreichsten europäischen Langstreckenläufer. Doch leicht war ihm dieser Aufstieg zur sportlichen Meisterschaft nicht geworden. Energie, Selbstüberwindung und mancher Verzicht haben diese Erfolge erst ermöglicht. Seit jeher hat Gerd sich nach dem Grundsatz gerichtet, daß ein junger Sportler auf einige vielfach beliebten Dinge verzichten muß. Dazu gehören in erster Linie Alkohol und Zigaretten. Wer ein guter Läufer, Schwimmer oder Fußballspieler werden möchte, der erreicht sein Ziel nur mit gesunder Lunge und beweglichen Gliedern. Alkohol und Nikotin sind unüberwindbare Hindernisse auf dem Weg zum Erfolg. Wer Raubbau an seinem Körper treibt und seinen Platz nicht auf Sportstätten, sondern an der Theke sucht, wird sich vergeblich um den Siegespreis bemühen. Das gilt aber nicht nur für den Sport, sondern trifft auch für alle anderen Bereiche des Lebens zu. Jeder, der etwas Großes erstrebt, braucht einen ungeschwächten Körper.

Übungsmöglichkeiten:

1. **Wörter mit y:** Olympiade, Zylinder, Symbol, Gymnasium, Typ, Tyrann, Polyp, Pyramide, Symphonie, Märtyrer, Dynamit, Hypothek, Hydrant, Asyl, Hyäne, anonym, Typhus, lynchen, synchronisieren, Elektrolyse, Dynamo, Chlorophyll, Boykott, oxydieren, Analyse, Mythos, mysteriös, Pony, Nymphe, Sympathie, System, Synode, Idyll, Hymne, Hyazinthe, Forsythie, Synagoge, Labyrinth, Myrte, Myrrhe, Ägypten, Babylon, Cypern, Glyzerin, Syrien, Symmetrie, synthetisch, Nylon, Physik
Bilde davon abgeleitete oder zusammengesetzte Wörter (olympisch, Olympiasieger, Olymp, . . .)!

2. **Fremdwörter mit der Endung -in:** Nikotin, Vitamin, Paraffin, Termin, Ruin, Magazin, Trampolin, Benzin, Kamin, Disziplin, Glyzerin, Medizin, Pinguin, Anilin, Koffein, Vaselin, Rubin, Mandarin, Harlekin, Rosmarin, Jasmin, Karmin, Chinin, Stearin, Paladin
Ordne die Wörter alphabetisch!

3. **Wörter mit th:** Leichtathletik, Apotheke, Thermometer, Theater, Thron, Bibliothek, Panther, Thema, Kathedrale, These, Rhythmus, Kathete, Diphtherie, Äther, Hyazinthe, Forsythie, Katholik, Asthma, Ethik, Katheder, Theologie, Thunfisch, Prothese, Mathematik, . . .
Setze *th* oder *t* in die folgenden Lücken ein: -erese, Por–al, –ermosflasche, –erminkalender, Korin–en, Kome–, Ru–, Hypo–ek, Prozen–, –üringen, Niko–in, Lo–ringen, –omas, mu–ig, Zi–er, Me–ode, Pa–ien–, Edi–, a–men, ka–olisch!
(Arbeitshilfe: In 12 Wörtern fehlt *th*. Siehe Beiheft L 220!)
Beachte: *th* wird nicht getrennt (Apo-theke, Rhyth-mus, . . .)!

4. **Schreibweisen des langen u** (mit 3 Schreibfehlern): Ehrenurkunde, Spur, Fuhrwerk, Nougat, Bouillon, Kuhle, Garnitur, Uran, Bergtour, gruselig, Spuhle, Urheber, Schubkarre, Ruhmestaten, Kuhrfürst, Truthahn, Glut, Weidenrute, Tunika, Figur, Reiseroute, Uhrwerk, Trubel, Limousine, Natur, Patrouille, Halbschuh, Frisur, Rulade, Rumänien
Berichtige die drei fehlerhaften Wörter und ordne nach der Schreibweise des *U-Lautes!*
(Kontrollmöglichkeit im Beiheft L 221!)

5. **Schreibweisen des langen o:** Alkohol, Nikotin, Zone, hohl, Rosine, katholisch, Rom, Motorboot, ...
Setze in die Lücken folgender Wörter *o*, *oo* oder *oh* ein: B–nerwachs, Pr–be, Anem–ne, S–lbad, Sch–nung, Briefb–te, M–rgebiet, B–rer, K–g, P–l, Eichenb–le, Pfirsichb–wle, Weißk–l, Harm–nium, –nmächtig, M–s, Patr–ne, –r, –rakel, Chl–r, Dr–ne, Ch–ral, M–nblumen, T–ntopf, Z–, Segelb–t, unbew–nt, Telef–n!
(Arbeitshilfe: 14 Wörter werden mit *o*, 5 mit *oo* und 9 mit *oh* geschrieben. Siehe Beiheft L 222!)
6. **Mit Hauptwörtern (Substantiven) zusammengesetzte Zeitwörter (Verben):** teilnehmen, haushalten, heimfahren, eislaufen, notlanden, übelnehmen, wehklagen, wohltun, wundernehmen, rechtfertigen, radfahren, notschlachten, kopfstehen, hohnlachen, überhandnehmen, achtgeben, heimzahlen, standhalten
Setze persönliche Fürwörter (Personalpronomen) davor! (Wir nehmen teil, ...) Beachte die Ausnahme: Ich fahre Rad.

211
Vor dem Wiedersehen mit Dresden

Seit einigen Tagen wirkte die alte Frau Baumann spürbar aufgeregt und nervös. Von Verwandten hatte sie per Einschreiben die Aufenthaltsgenehmigung für die beabsichtigte Reise nach Dresden erhalten. Immer wieder hatte sie die Fahrt in ihre Heimatstadt verschoben. Sie befürchtete nämlich, daß durch den Besuch ihre furchtbaren Erlebnisse bei der Bombardierung Dresdens wieder zu stark ins Bewußtsein treten könnten. Damals war ihre Mutter getötet und das Wohnhaus vollständig vernichtet worden. Auch wenn nach diesen schrecklichen Ereignissen bereits Jahrzehnte vergingen, vergessen konnte Frau Baumann sie nicht. Am Fastnachtsdienstag des letzten Kriegsjahres hatten feindliche Fliegerverbände die gesamte Stadt mit Unmengen von Spreng- und Brandbomben in ein Flammenmeer verwandelt. Innerhalb weniger Stunden wurden berühmte Bauwerke und Kunstschätze vernichtet. Zwinger, Schloß, Oper, Schauspielhaus und viele wertvolle Kirchen wurden mit Tausenden von Wohnhäusern völlig zerstört. Unzählbare Menschen verbrannten in den Straßen oder wurden unter den Trümmern ihrer Heimstätten begraben. Das schöne Dresden war in einer Nacht zur Ruinenstadt geworden. Inzwischen wurden der weltbekannte Zwinger und die meisten der anderen Gebäude in langwieriger Arbeit wieder aufgebaut, wie Frau Baumann von Berichten und Bildern aus Dresden wußte. „Freust du dich nicht auf die Reise und das Wiedersehen mit deiner Heimat?" fragten Frau Baumanns Angehörige. „Eine Fahrt dorthin war doch schon seit langem dein Wunsch." – „Natürlich freue ich mich, jedoch mit gemischten Gefühlen. Selbst wenn Dresden wieder vollständig aufgebaut wäre, es ist doch nicht mehr die Stadt meiner Kinderzeit."

Übungsmöglichkeiten:

1. **ß**t **oder st:** Bewußtsein, Fastnachtsdienstag, gerüstet, gefaßt, fast (beinahe), er mußte, verrußt, Pußta, pusten, verwaist, kostbar, gefirnißt, eingeflößt, abgelöst, ...
Setze in die Lücken *ßt* oder *st* ein: Kani–er, re–los, verpa–, vermi–, Verlu–, verbla–, Pfla–er, belä–igen, entblö–, verbü–, Qua–e, Ra–platz, bewu–los, flü–ern!
(Arbeitshilfe: 6 *ßt* und 8 *st* müssen eingesetzt werden. Siehe Beiheft L 223!)

2. **Der Ergänzungsstrich:** Spreng- und Brandbomben, Bier- und Saftflaschen, Apfel-, Pflaumen- und Kirschkuchen, Obst- und Gemüsesorten, Rhein-, Nahe-, Ahr- und Moselweine, Samt- und Seidenstoffe, Gartentische und -stühle, hell- und dunkelblau – aber gelbe und rote Rosen, nahe und entfernte Verwandte
Beachte: Nur bei zusammengesetzten Wörtern wird der wiederkehrende Teil durch einen Ergänzungsstrich ersetzt!

3. **Wortfamilie sehen:** sehen, ab-, an-, aus-, auf-, be-, durch- ein-, er-, her-, herab-, hin-, nach-, über-, um-, ver-, vor-, voraus-, vorher-, weg-, wieder-, zu-; Sehstärke, -vermögen, -kraft, -winkel, -rohr, -nerv, -störung, -probe, -test, -achse, -schwäche; Seher, Hell-; sehenswert, -würdig, unver-; ansehnlich, unan-; unbesehen, abge-; sichten; Sicht, Ab-, An-, Auf-, Aus-, Durch-, Ein-, Hin-, Um-, Nach-, Weit-, Fern-, Rück-, Zuver-, Über-, Vor-, Voraus-; -verhältnisse, -vermerk, -weite, -barkeit; Gesicht, An-, Mond-; Gesichtsfeld, -ausdruck, -farbe, -punkt, -züge, -kreis; sichtlich, ab-, hin-, nach-, offen-, um-, über-, voraus-, zuver-; sichtig, ein-, um-, nach-, vor-, weit-, kurz-, schwach-; aussichtsreich, ein–voll, rück–voll, rück–los, ange–; besichtigen; Besichtigung, Stadt-
Versuche noch weitere Zusammensetzungen zu finden (Aussichtsturm, Nachsichtigkeit, Werksbesichtigung, ...)!

4. **Zusammengesetzte Zeitwörter (Verben) mit a) Vorsilben oder b) Verhältniswörtern (Präfixe oder Präpositionen):**
a) bedeuten, erhalten, zerbeißen, entlassen, verbringen, gehören, mißfallen, empfehlen, ...
b) ansehen, herausnehmen, auffallen, einstellen, zurückbringen, wiedergeben, rückwärtsfahren, fortlaufen, hinsetzen, hinaufkriechen, abstürzen, zukleben, entgegengehen, danebenlegen, ...

Die mit Vorsilben zusammengesetzten Zeitwörter sind untrennbar (Wir bekommen Besuch. Er erhält nichts.)
Die übrigen zusammengesetzten Zeitwörter sind trennbar (Ich sehe dich an. Wir nehmen nichts heraus.), wenn die Betonung auf dem Bestimmungswort liegt (<u>ab</u>fahren, <u>auf</u>schreiben). Liegt der Ton aber auf dem Grundwort, bleibt die Zusammenschreibung erhalten (Beispiele: Er über<u>leg</u>te lange. – Ich über<u>setze</u> den Text ins Englische. – Der Arzt unter<u>such</u>t uns.).
Setze die Reihen bei a) und b) fort!

5. **Schreibweisen des langen ö:** nervös, zerstört, Angehörige, verwöhnt, unmöglich, dröhnen, löten, Köder, Empörung, stöhnen, Likör, unpersönlich, Heizöl, unnötig, verzögern, ...
Fülle die Lücken durch einsetzen von *ö* oder *öh*: Verh–r, aush–len, Fl–te, Tagel–ner, tr–sten, spr–de, Bl–dsinn, t–richt, verh–nen, str–men, Vers–nung, gew–nlich, K–der, r–misch, Nadel–r, fr–lich, t–dlich, ungeh–rig, F–nwind, l–ten, Verm–gen!
(Arbeitshilfe: 8 Wörter schreibt man mit *öh*. Siehe Beiheft L 224)!

6. **Gleichartige Satzteile und die Zeichensetzung:** Zwinger, Schloß, Oper, Schauspielhaus und viele wertvolle Kirchen – Bauwerke und Kunstschätze – Berichte oder Bilder – der weltbekannte Dresdner Zwinger – die kleinste, aber wichtigste menschliche Gemeinschaft – weder junge noch alte Menschen
Beachte: Zwischen gleichartigen Beifügungen (Attributen) steht nur dann ein Komma, wenn sie gleichwertig sind, d. h. wenn sie durch „und" verbunden oder in ihrer Reihenfolge verändert werden können.
(nicht gleichwertige Beifügungen: wichtigste menschliche Gemeinschaft)
Stehen zwischen gleichartigen Satzteilen folgende Bindewörter (Konjunktionen), so bleibt das Komma fort: und, oder, als, wie, sowohl – als auch, weder – noch, entweder – oder (weder staatlich noch kirchlich)
Ein Komma wird zwischen gleichartigen Satzteilen trotz folgender Bindewörter (Konjunktionen) gesetzt: aber, auch, also, besonders, hauptsächlich, schließlich, ferner, vor allem, wie (die kleinste, aber wichtigste Gemeinschaft)
Schreibe Beispielsätze, in denen gleichartige Satzteile durch Bindewörter (Konjunktionen) verbunden sind!

212

Rascher Aufstieg

Als am 8. Mai 1945, am Tage der bedingungslosen Kapitulation des Deutschen Reiches, die letzten Schüsse und Granateinschläge verhallten, schien das Schicksal unseres Volkes endgültig besiegelt zu sein. Mehr als 4 Millionen Tote und Vermißte hatte der blutgierige Krieg allein an deutschen Menschen gefordert. Ein erheblicher Teil der Wohnhäuser, Arbeitsstätten und Verkehrswege war zerstört. In den in Trümmermassen versunkenen Städten herrschte chaotisches Grauen, und die Menschen, meist ohne ausreichende Nahrung, Kleidung und Wohnung, waren völlig hoffnungslos. Infolge der Zerreißung Deutschlands und der aus Ostgebieten einströmenden Millionen obdachloser Heimatvertriebener wurde die bereits bestehende Notlage noch wesentlich verschlimmert. Mittel- und Westdeutschland wurden in vier Besatzungszonen aufgeteilt, in denen ausländische Kommissare die alleinige Regierungsgewalt ausübten. Trotz dieser bedrückenden Zustände bestand bei vielen Deutschen ein unbeugsamer Wille, für eine bessere Zukunft zu arbeiten. Für unlösbar gehaltene Probleme wurden beherzt angefaßt und Schwierigkeiten behoben. Das Aufbauwerk begann mit Enttrümmerung der Wohngebiete sowie mit Ausbesserung von Straßen und Schienenwegen. Täglich spürte man, daß das Leben wieder kräftiger pulsierte. Besonders nach der von den westlichen Besatzungsmächten angeordneten Währungsreform war der wirtschaftliche Aufstieg in den Westzonen so offensichtlich, daß ihre Bewohner wieder lebensfroh der Zukunft entgegenschauten. Bald danach übergaben Amerikaner, Briten und Franzosen ihre Besatzungsgebiete der Verantwortung einer vom Volk gewählten deutschen Regierung. Heute ist der freie Teil Deutschlands, die Bundesrepublik, eine der bedeutendsten Wirtschaftsmächte der Welt und ein wichtiges Mitglied internationaler Gemeinschaften. Dieser rasche Wandel vom Ruinenland zum blühenden Industrie- und Handelsstaat hatte ein solches Aufsehen erregt, daß man in allen Teilen der Erde vom deutschen Wirtschaftswunder sprach.

Übungsmöglichkeiten:

1. **Zeitwörter (Verben) mit der Nachsilbe -ieren:** pulsieren, regieren, ruinieren, radieren, marschieren, kurieren, ...
   Setze die Reihe fort und bilde zu folgenden Wörtern die dazugehörigen Zeitwörter (Verben): Infektion, Export, Montage, Isolierung, Massage, Rasur, Gratulation, Musik, Operation, Explosion, Adresse, Pension, Kanal!
2. **ll – l:** Allianz, Parallele, Kapelle, Koralle, ... Almosen, Kulisse, Kapitel, Walnuß, ...
   Setze die Reihen fort und fülle die Lücken folgender Wörter: Karusse–, Ko–onie, He–mut, Ho–stein, Krista–, A–uminium, Kaste–, E–ipse, Porze–an, Wa–fahrt, Medai–e, Protoko–, industrie–, A–kohol, Tunne–, Po–itur, Schatu–e, Se–erie, A–tar, Sate–it!

(Arbeitshilfe: In 12 Lücken muß *ll* eingesetzt werden. Siehe Beiheft L 225!)

3. **Schreibweisen des Z-Lautes:** beherzt, Allianz, Franzosen, ... Besatzung, erhitzt, Verletzung, ... bereits, abseits, Sanitätswagen, ... international, Aktien, Operation, ... Puls, nirgends, Fels, ...
Setze in die Lücken folgender Wörter *z*, *tz*, *t* oder *s* ein: är–tlich, Zin–satz, Schwi–packung, Matra–e, Finan–minister, Kapu–e, nacht–, Medi–in, gli–ern, vergeben–, Seuf–er, Muni–ion, seitwärt–, Schwä–er, Mar–ipan, verdu–t, Aka–ie, Pro–eß, Me–gerei, Matri–e, Revolu–ionär, Bre–el, gei–ig, Por–ion!
(Arbeitshilfen: In 11 Wörtern fehlt *z*, in 6 *tz*, in 4 *s* und in 3 *t*. Siehe Beiheft L 226!)

4. **Wörter mit der Nachsilbe -tion:** Kapitulation, Nation, Organisation, Generation, Revolution, Inflation, Konfirmation, Station, Expedition, Munition, Kanalisation, Infektion, Portion, Gratulation, Destillation, Reaktion, Installation, Auktion, Ration, Produktion, Dekoration, Situation, Kombination, Illustration, Delegation, Tradition, Information, Kalkulation, Injektion.
Versuche die Fremdwörter durch deutsche zu ersetzen!

5. **Schreibweisen des langen i in Fremdwörtern:** Ruine, Medizin, Zivilisation, Spezialist, Klinik, Motorisierung, Energie, Klima, Phantasie, garnieren, Kantine, Division, Industrie, Scharnier, Tarif, Appetit, Isolierung, Präsidium, Demokratie
Bilde davon abgeleitete oder zusammengesetzte Wörter (Ruine, Ruinenland, ruinieren, ...)!

6. **Schärfung mit mm** (mit 4 Schreibfehlern): Kommissar, Programm, Briefmarkensammlung, gesammt, Kommode, Abstimmung, Kommunismus, grimmig, Kommandant, Dammhirsch, stämmig, Prommenade, Grammatik, schlammig, dämmerig, gekrümmt, Autogramm, Kammerad
Berichtige die 4 Schreibfehler und füge abgeleitete Wörter hinzu!
(Kontrollmöglichkeit im Beiheft L 227)

213
Die beiden gesetzgebenden Gewalten in der Bundesrepublik

In unserer Bundesrepublik gibt es zwei parlamentarische Körperschaften, den Bundestag und den Bundesrat. Wenn man die Aufgabenbereiche dieser beiden gesetzgebenden Staatsgewalten miteinander vergleicht, stellt man fest, daß der Deutsche Bundestag das eigentliche „Beschlußorgan" ist, da von ihm allein die Gesetze beschlossen werden. Die diesem Hause

angehörenden Abgeordneten sind die vom Volke gewählten Vertreter der großen Parteien. Sie sind als Volksvertreter in all ihren Entscheidungen nur ihrem Gewissen unterworfen und nicht verpflichtet, den Weisungen ihrer Parteiführung zu folgen.
Der Bundesrat hat die Aufgaben zu erfüllen, die ihm auf Grund des Artikels 50 unserer Verfassung übertragen wurden. Darin heißt es: „Durch den Bundesrat wirken die Länder bei der Gesetzgebung und Verwaltung des Bundes mit." Die vom Bundestag beschlossenen Gesetze werden dem Bundesrat zugeleitet, der sie billigen oder ablehnen kann. Stimmt der Bundesrat nicht zu, verweist er sie an den Bundestag zurück. Die Mitglieder des Bundesrates werden nicht wie die Bundestagsabgeordneten unmittelbar vom Volk gewählt, sondern durch die Landesregierungen berufen. Somit setzt sich der Bundesrat nur aus Regierungsmitgliedern der Länder zusammen.
Diese Gewaltenteilung bei der Gesetzgebung spiegelt die Struktur unseres Staates wider. Er ist ein Bundesstaat, dessen einzelne Länder weitreichende Hoheitsbefugnisse besitzen, die aber auch zum Wohle der gesamten Bundesrepublik beitragen müssen.

Übungsmöglichkeiten:

1. **Fremdwörter mit -ik:** Bundesrepublik, Statistik, Politik, Klinik, Technik, Tragik, Dynamik, Astronautik, Gymnastik, Grammatik, Plastik, Graphik, Leichtathletik, Kritik, Statik, Gotik, Botanik, Panik, Romantik, Optik, Akustik, Katholik, Fabrik, Keramik, Mathematik, Physik
2. **Eigenschaftswörter (Adjektive) als Teil von Eigennamen:** Deutscher Bundestag, Französische Revolution, Heiliges Römisches Reich Deutscher Nation, Goldene Bulle, ... Rotes Meer, Friesische Inseln, Rheinisches Schiefergebirge, Fränkischer Jura, ...
Führe die Reihen der geschichtlichen und erdkundlichen Begriffe weiter und entscheide bei den folgenden über Groß- und Kleinschreibung:
–ritische Inseln, –estfälischer Frieden, –ayerische Alpen, –olnische Hauptstadt, –ächsische Schweiz, –ranzösischer Botschafter, –uropäische Wirtschaftsgemeinschaft, –eutsches –otes Kreuz, –rüner Plan, –estfälischer Schinken, –talienische Regierungsvertreter, –urgundische Pforte, –merikanische Flugzeuge
(Arbeitshilfe: Nur in 5 Fällen ist ein kleiner Anfangsbuchstabe erforderlich. Siehe Beiheft L 228!)
3. **Die Dehnung:**
a) Verdoppelung des Selbstlautes (Vokal): Staat, Haar, Tee, Heer, Boot, Moor, ...
(Beachte die Schreibung bei Umlautbildung: Säle, Bötchen, ...)

b) Dehnungs-h steht nur vor *l, m, n, r*: kahl, Mehl, zahm, lehmig, Sohn, Kühnheit, jährlich, Gefahr, ...
c) Unbezeichnete Dehnung bei Wörtern mit *sch* und *qu*: Schale, Bescherung, verschönern, Schüler, ... quälen, bequem, quer, ...
d) Unbezeichnete Dehnung, wenn vor dem langen Selbstlaut (Vokal) zwei oder mehr Mitlaute (Konsonanten) vorkommen: schmal, Geschwür, strömen, Krone, sparsam, Tran, ...
(Ausnahmen: prahlen, Strahl, strähnig, Drohne, dröhnen – Hier werden *pf* und *st* als ein Mitlaut angesehen: Pfahl, stehlen, ...)
e) Unbezeichnete Dehnung bei Fremdwörtern: Karawane, Vulkan, Generator, Atom, Kapital, Patrone, Regal, Thema, ...
Suche zu den 5 Reihen (a–e) weitere Beispiele!

4. **d – dt – t – th:** Grund, Bund, redlich, Todfeind, Heumahd, endgültig, bald, ... beredt, Verwandter, Gesandtschaft, ... Gewalt, Bundesrat, Schultheiß, Totschlag, Entgelt, Kinderhort, ... Thron, Theater, Thermostat, Theologe, ...
Setze in die Lücken folgender Wörter die richtigen Buchstaben ein: Kobol–, Bewan–nis, A–mosphäre, Rückgra–, Pan–er, rhy–misch, unermü–lich, Industriesta–, Gemü–lichkeit, zusehen–s, wissen–lich, Gewand–heit, Hypo–ek, Gesan–er, Wil–nis, Labyrin–, gewan–, Zi–er, scheinto–, Wei–mann, stä–isch, Bor–stein, Brann–wein, Ka–edrale
(Arbeitshilfe: Je 6 Lücken müssen mit *d, dt, t* und *th* ausgefüllt werden. Siehe Beiheft L 229!)

5. **Die Nachsilbe -bar:** unmittelbar, versenkbar, offenbaren, sichtbar, Fruchtbarkeit, heizbar, Dankbarkeit, unverkennbar, genießbar, undurchführbar, spürbar, unheilbar, ...
Setze die Reihe fort!

6. **Die Endung -ment bei sächlichen Hauptwörtern (Substantiven):** Parlament, Testament, Firmament, Dokument, Pergament, Monument, Experiment, Medikament, Pigment, Temperament, Ornament, Sediment, Postament, Sakrament, Instrument, Fundament
Ordne die Wörter in alphabetischer Folge und erkundige dich nach ihrem Sinngehalt!

Eine Grenze mitten durch Deutschland

Von der Lübecker Bucht bis zum westlichsten Zipfel der Tschechoslowakei verläuft die fast 1 400 km lange Demarkationslinie zwischen der Bundesrepublik und der Deutschen Demokratischen Republik. Sie ist eine der verhängnisvollsten Grenzen, die je bestanden haben. Sie unterbricht nicht nur 171 Straßen, 3 Autobahnen und 32 Eisenbahnlinien sondern sie trennt willkürlich Brüder und Schwestern eines Volkes. Nur noch wenige Straßenübergänge und Schienenverbindungen sind für den Verkehr zwischen den beiden deutschen Teilgebieten geöffnet. Hauptsächlich sind es Reisende aus der Bundesrepublik, die diese wenigen Grenzstellen passieren, da es den arbeitsfähigen Bewohnern aus den mitteldeutschen Gebieten untersagt ist, nach Westdeutschland einzureisen. Lediglich Invaliden und Rentner erhalten die Genehmigung, jährlich einmal Verwandte oder Bekannte diesseits der Zonengrenze zu besuchen. Die Machthaber in den mitteldeutschen Gebieten beabsichtigen nämlich, alle menschlichen Verbindungen zwischen der Bevölkerung der Bundesrepublik und der Sowjetzone endgültig zu zerstören. Daher haben sie diese Demarkationslinie zu einem undurchdringlichen Hindernis ausgebaut. Ein 500 m breiter Sperrstreifen mit mehreren Stacheldrahtverhauen, die sogar teilweise vermint sind, mit Wachttürmen und Befestigungsgräben zieht sich quer durch deutsches Land. Dennoch konnte diese unselige Sperrlinie die Verbundenheit von Mensch zu Mensch bisher nicht zerreißen. Täglich überqueren unzählige Briefe, Päckchen und Pakete die Zonengrenze als sichtbares Zeichen der Zusammengehörigkeit von Mittel- und Westdeutschland.

Übungsmöglichkeiten:

1. **Schwierige Ländernamen:** Tschechoslowakei, Sowjetunion, Skandinavien, Großbritannien, Ägypten, Äthiopien, Libyen, Marokko, Afghanistan, Philippinen, Paraguay, Bolivien, Ekuador, ...
Setze die Reihe fort und bilde zugehörige Eigenschaftswörter (tschechisch, sowjetisch,...) oder erdkundliche Namen. Benutze dazu den Atlas oder ein Wörterbuch!

2. **Umstandswörter (Adverbien) mit -weise:** teilweise, leih-, paar-, stück-, zeit-, dutzend-, stapel-, möglicher-, richtiger-, probe-, raten-, sprung-, schritt-, ruck-, ausnahms-, glücklicher-, kluger-, beispiels-, meter-, merkwürdiger-, tage-, stunden-, dankbarer-, beziehungs-, bedauerlicher-, vernünftiger-, gerechter-, freundlicher-, heimlicher-, ...
Versuche die Reihe fortzusetzen und bilde Sätze!
Beachte die Schreibweise: in geschickter Weise, in gleicher Weise, in fahrlässiger Weise, ... Arbeitsweise, Zahlungsweise, Fahrweise, ...

3. **Wortfeld „Sperre":** Hindernis, Grenze, Stacheldrahtverhau, Zaun, Tür, Hürde, Hecke, Schranke, Mauer, Gatter, Wassergraben, Gitter, Riegel, Schlagbaum, Trennwand, Sperrkette, Barrikade, Barriere, Minengürtel, Demarkationslinie, Lettner (Scheidewand in der Kirche), Blockade, Oxer (Hindernis bei Pferderennen), Palisade, Stakete

4. **Wortfamilie „Staat":** Staat, Bundes-, National-, Sozial-, Beamten-, Militär-, Kirchen-, Stadt-, Zwerg-, Klein-, Hof-, Binnen-, Rechts-, Kultur-, Volks-, Frei-, Stände-; Staatsbürger, -theater, -beamter, -form, -vertrag, -trauer, -begräbnis, -mann, -anwalt, -streich, -sekretär, -rat, -präsident, -kerl, -akt, -angehörigkeit, -bank, -anleihen, -gebiet, -prüfung, -feiertag, -haushalt, -dienst, -kunst, -wissenschaft, -kirche, -eigentum, -güter, -gewalt, -gefährdung, -feind, -geheimnis, -schatz, -aktion, -examen, -oberhaupt, -kosten, -hoheit, -bürgerkunde, -bahn, -führung, -bankrott, -schulden; staatsmännisch, -feindlich, -gefährlich, -politisch, -eigen, -schädigend; staatlich, über-, inner-; Staatenkunde, -bund; staatenlos; Kleinstaaterei; verstaatlichen
Schreibe die Wörter vollständig ab!

5. **Aus vielen Sprachen stammen die Teile des Wortfeldes „Staat".** Aus dem Lateinischen: Minister, Regierung, Staat, Partei, Kanzler, Republik, Präsident, Fraktion, Residenz, Nation, Diktatur, Militär, Opposition, Koalition, Sanktion, Resolution, Revolution, Prinz, Delegation, Union, Kongreß, Konsulat, Konferenz, sozial, radikal, Sekretär, Agent, Autorität, Kapitulation, Provinz, Regent, liberal, konservativ, Propaganda, Mandat, Krone, Repräsentant, Zepter
Aus dem Griechischen: Monarch, Demokratie, Aristokratie, Tyrann, Politik, Diplomat, Despot, Polizei, Protokoll, Patriot, Archiv, Zone, Dynastie, Chaos, Anarchie
Aus dem Deutschen: König, Fürst, Herzog, Heer, Graf, Friede, Krieg, Flotte, Fahne, Waffe, Volk, Wahl, Steuer, Feind, Flagge, Eid, Mark (Gebiet), Landtag, Reich
Aus dem Französischen: Armee, General, Offizier, Regiment, Garnison, Leutnant, Bajonett, Granate, Artillerie, Kavallerie, Infanterie, Karabiner, Kanton, Kabinett, Blockade, Sabotage, Komitee, Kommandant, Koalition, Allianz
Aus dem Italienischen: Geschwader, Finanzen, Kaserne, Partisanen, Rakete, Zitadelle, Fregatte
Aus dem Englischen: Parlament, Debatte, Boykott, Streik
Aus dem Slawischen: Grenze, Dolmetscher, Zar, Haubitze, Sklave
Aus dem Arabischen: Admiral, Arsenal, Magazin, Kadi, Razzia, Scheich, Scherif, Sultan, Rasse
Ordne die Wörter innerhalb ihrer Gruppe in alphabetischer Reihenfolge!

6. **Wortfamilie „Grenze":** Grenze, Landes-, Staats-, Zonen-, Kreis-, Stadt-, Reichs-, Schnee-, West-, Tarif-, Baum-, Wald-, Zoll-, Leistungs-, Sprach-, Flur-, Rassen-, Alters-, Belastungs-, Volkstums-, Spielfeld-, Grundstücks-; Grenzfall, -mark, -gänger, -ziehung, -pfahl, -gebiet,

-weg, -fluß, -stein, -wall, -verletzung, -land, -nachbar, -übertretung, -wert, -streitigkeiten, -linie, -wächter; Grenzer; Grenzenlosigkeit; Begrenzung, Geschwindigkeits-, Flächen-; Begrenzungslinie; Abgrenzung; angrenzen, ab-, ein-, be-, um-; grenzenlos

Zwei Gebiete – zwei Welten 215

Schon seit Jahrzehnten leben deutsche Menschen in zwei verschiedenen Staatsgebilden getrennt. Eine Grenze, die die Länder Mecklenburg, Pommern, Brandenburg, Thüringen und Sachsen von den übrigen deutschen Gebieten trennt, wurde mitten in unserem Land zu einer Trennungslinie. Sie scheidet Bekannte, Freunde, Nachbarn und Verwandte voneinander. Auf der einen Seite durfte die Bevölkerung ihre politische Einstellung in freien Wahlen äußern und die ihr gemäße Regierung bilden, die nach demokratischen Grundsätzen arbeitet. Den Menschen in Mitteldeutschland blieb dieses Recht versagt. Sie mußten sich einer von den Russen eingesetzten, ihnen völlig wesensfremden Regierung beugen. Während in Westdeutschland nach der Währungsreform ein von niemandem geahnter wirtschaftlicher Aufstieg begann, der Elend und Entbehrungen der letzten Jahre rasch vergessen ließ, blieb die Not noch lange als täglicher Gast bei den Bewohnern der Gebiete zwischen Elbe, Oder und Neiße. Sehnsüchtig blickten diese Menschen nach den für sie paradiesischen Zuständen jenseits der Zonengrenze. Kein Wunder, daß immer wieder Männer und Frauen aus Mitteldeutschland Hab und Gut, Angehörige und Heimat im Stich lassen, um das gefährliche Abenteuer zu wagen, trotz Stacheldrahtabsperrungen und Minengürtel ihr Heil im Westen zu suchen. Nicht nur Demokratie und Parteidiktatur, sondern der östliche und westliche Mächteblock stoßen an dieser Grenze zusammen. Je länger diese Spaltung Deutschlands andauert, desto fremder werden sich die Menschen hüben und drüben und desto schwieriger wird die Wiedervereinigung.

Übungsmöglichkeiten:

1. **eu – äu:** deutsch, Abenteuer, Greuel, schneuzen, verleumden, ...
äußern, erläutern, Knäuel, Säule, versäumen, ...
Setze die Reihe fort und fülle die Lücken in folgenden Wörtern:
Beschl–nigung, L–tewerk, B–le, haarstr–bend, tr–feln, Sch–sal, Erl–terung, l–tselig, S–fzer, Spr–, ohrenbet–bend, K–le, ber–en, kr–seln, Vers–mnis, n–lich, gel–fig, getr–lich, r–spern, Entt–schung!
(Arbeitshilfe: In 10 Lücken fehlt *eu*. Siehe Beiheft L 230!)

2. **nn – n:** Schreibe zu folgenden Wörtern abgeleitete oder verwandte hinzu: Bekannte, Kante; Zinkwanne, Verwandte; Mannschaft, manchmal; Inland, Innenseite; spinnen, Spind; trennen, trainieren; Finnland, Findling; Gewinn, Gewinde; verbrannt, Brandschaden; verbannen, Verband; Stanniol, Standplatz; zerrinnen, verringern; besinnlich, sündig; Antenne, Tenor; Panne, Pantoffel; Rennbahn, Rente; Binnenhafen, Verbindung

3. **Schreibweisen des langen ä:** gefährlich, während, Kapitän, hämisch, Ähre, Gräte, Gärung, Ähnlichkeit, gähnen, schämen, Mähne, Träne, Fährte, schälen, zähmen, strähnig, Währung, Schädel, nämlich, Sämann, Äther, Gefährten, Gebärde, Märchen, Mähre, Schläfe, unfähig, allmählich, erklären, Säge, Fähre, Verspätung
Ordne die Wörter nach der Schreibweise ihres *Ä-Lautes*!

4. **Schreibweisen des langen e:** selig, verwehrt, wesensfremd, Elend, Entbehrung, sehnsüchtig, Verheerung
Setze in die Lücken folgender Wörter *e, eh* oder *ee* ein: s–lisch, L–ne, Z–bra, Frikass–, S–nenzerrung, Th–ma, Livr–, K–lkopf, All–, po–tisch, S–mikolon, S–lilie, S–stärke, Klisch–, Sch–ma, l–rreich, Gal–re, P–gel, M–rheit, M–rrettich, Kr–m, M–t–or, Weizenm–l, Bek–rung, st–len, Kl–, Frott–tuch, l–mig, Schiffsr–der, Abw–r, W–rmut, Lorb–rblätter!
(Arbeitshilfe: In 10 Lücken fehlt *e*, in 11 *eh* und in 12 *ee*. Siehe Beiheft L 231!)

5. **Schreibweisen des langen o** (mit 3 Schreibfehlern): Zonengrenze, desto, Bewohner, Bungalow, Operation, Alkohohl, Torpedoboot, Schote, Stola, Globus, Verlosung, Honig, Diplom, Erholung, Bibliothek, Stratosphäre, ausbooten, erobern, moorig, komisch, verchromt, Pilot, Kaffeebohne, Moos, Thron, Fernrohr, Moonblumen, Gramophon, Silo, Atom, Patriot
Berichtige die 3 Schreibfehler und ordne die Wörter nach der Schreibweise des *O-Lautes*!
(Kontrollmöglichkeit im Beiheft L 231a!)

6. **k, ck oder kk:** Mecklenburg, Diktatur, Mächteblock, Technik, Bakterien, Mokka, Scheckheft, Taktik, Rucksack
Setze in die Lücken folgender Wörter *k, ck* oder *kk* ein: Ma–aroni, Que–silber, Bri–ett, Fabri–dire–tor, Bara–e, Barri–ade, di–fellig, Physi–, Wra–, win–elig, zwi–en, Ma–o, A–usti–, A–azie, Kerami–, Zwieba–, Maro–o, Bis–uit, Li–ör, versi–ern, A–ord, Im–er, A–umulator, fla–ern, A–robat, ele–trisch, Nervenscho–, A–tion!
(Arbeitshilfe: In 16 Lücken fehlt *k*, in 9 *ck* und in 5 *kk*. Siehe Beiheft L 232!)

Das Leben in demokratischen Staaten

Unter verschiedenen Staatsformen ist die demokratische die einzige, bei der jeder volljährige Bürger in gleicher Weise die Möglichkeit und das Recht hat, über Lebensgestaltung und Gesetzgebung in seinem Volke mitzubestimmen. Der wichtigste Grundsatz jeder echten Demokratie heißt nämlich: „Alle Staatsgewalt geht vom Volke aus." In kleineren Gemeinschaften ist ein direktes Mitspracherecht des einzelnen möglich. So versammelten sich bei den germanischen Stämmen alle Freien zum Thing, um gemeinsam über wichtige Angelegenheiten zu beraten und abzustimmen. Noch heutzutage treffen sich in einigen kleinen Schweizer Kantonen die wahlberechtigten Bürger zur gesetzgebenden Versammlung. In großen Staaten mit vielen Millionen Einwohnern sind derartige Volksentscheidungen nicht durchführbar. Daher entsenden die Bürger in geheimen Wahlen ermittelte Volksvertreter ins Parlament, die in ihrem Auftrag die Gesetze beraten und beschließen. Jedoch darf Demokratie nicht nur eine äußerliche Form des Staates sein, sondern sie muß zu einer Lebensform werden, die sich im täglichen Verhalten ihrer Bürger äußert und sich in einem hohen Maß von Hilfsbereitschaft, Ritterlichkeit, Höflichkeit und der Fähigkeit, die demokratischen Freiheiten in rechter Weise zu nutzen, auswirkt. Wie es der für alle Zeiten gleichbleibende Zweck des Staates ist, das Wohl des Volkes zu sichern und zu erhalten, so soll auch der einzelne das Seine dazu beitragen.

Übungsmöglichkeiten:

1. **Hauptwörtlicher (substantivischer) Gebrauch von Zahlwörtern (Numeralien):** viele Millionen, eine Zwei im Zeugnis, ein Viertel des Geldes, Hunderte von Menschen, der Erste in der Klasse (der Tüchtigkeit nach), ein halbes Dutzend, er ist Mitte Vierzig, das Dreifache, sein Letztes geben, am Ersten jeden Monats, der Dritte im Bunde, das Nichts, zu Hunderten und Tausenden, Tausende und aber Tausende
Nur als Hauptwörter (Substantive) werden gebraucht: Dutzend, Mandel, Schock, Gros, Million, Milliarde, Billion, ...
Bilde Sätze! – Aber beachte: der erste, der zweite, ... in der Reihe!
2. **Zahlwörter (Numeralien), die immer klein geschrieben werden:** der einzelne, der eine – der andere, ein jeder, die beiden, ein bißchen, ein paar (unbestimmte Menge), das meiste, alles übrige, das mindeste
Bilde Sätze!
3. **Wörter mit th:** Thing, Bibliothek, Theater, Theologie, theoretisch, Leichtathletik, Hypothek, Thema, Thomas, Edith, Thunfisch, Theodo-

lit, Äthiopien, Atheist, Martha, Zither, Thermometer, Prothese, Methode

Setze in folgende Wörter *t* oder *th* ein: Ka–edrale, Op–ik, –ermalbad, Elisabe–, –üringen, Ka–eder, Pla–in, –ibet, Lo–ringen, Phan–asie, –eodor, ka–olisch, Kinderhor–, Rhy–mus, Ä–er, Krö–e, Pan–er, –eke, Sympa–ie, Grani–, Apo–eke, Hyazin–e, –ragödie, –ermin, Korin–en, Li–era–ur, Königs–ron, Diph–erie, As–ma, e–isch, –resor
(Arbeitshilfe: In 20 Wörter muß *th* eingesetzt werden. Siehe Beiheft L 233!)

4. **Wortfeld „Staatsformen":** Demokratie, Monarchie, Despotie, Aristokratie, Republik, Absolutismus, Diktatur, Theokratie, Triumvirat, Oligarchie; Fürstentum, Kaiserreich, Königreich, Militärregierung, Ständestaat
Ordne alphabetisch!

5. **Wortfeld „Staatsoberhäupter":** Staatspräsident, Kaiser, König, Pharao, Saladin, Großherzog, Fürst, Zar, Sultan, Mogul, Maharadscha, Schah, Scheich, Emir, Kalif, Häuptling, Regent, Staatsverweser, Statthalter; Majestät, Monarch, Landesvater, Diktator, Despot, Tyrann
Schreibe zu den Wörtern passende Ländernamen! (Staatspräsident – Frankreich, Kaiser – früher in Abessinien)

6. **Fremdwörter aus dem Bereich des politischen Lebens:** Republik, Demokratie, Parlament, Diktator, Kabinett, Parteisekretär, Koalition, Plenarsitzung, Bundespräsident, Ministerium, Nation, Sozialismus, Fraktion, Souveränität, Kommunismus, Majorität, Minorität, Diplomatie, Liberalismus, Monarchie, Regierungskrise, Aristokrat, Koexistenz, konservativ, Revolution, Neutralität, Föderalismus, Politik, Union, Senat, Opposition, Autonomie, Mandat, Wahlkandidat
Ordne alphabetisch!

217
Pressefreiheit im demokratischen Staat

Zweifellos gehört die Pressefreiheit zu den am heißesten umkämpften Rechten. Sie ist ein Teil des in allen echten Demokratien selbstverständlichen Rechtes auf freie Meinungsäußerung. Daher ist die Pressefreiheit auch im Grundgesetz der Bundesrepublik Deutschland verankert und wird in unserem Staat sorgfältig beachtet. Im Verlauf der letzten Jahrzehnte haben sich Umfang und Einfluß von Presse, Funk und Fernsehen in nicht vorauszusehender Weise erhöht. Sie sind zu einer Macht im Staate geworden, der kaum eine wirksame Kontrolle gegenübersteht. Woche für Woche werden Millionen von Menschen meinungsbildend beeinflußt.

Von ihrer Information und politischen Einstellung kann die Sicherheit eines Staates abhängen. Das bedeutet, daß Presse, Funk und Fernsehen eine Demokratie festigen, aber auch gefährden und sogar zerstören können. Was geschieht, wenn die gewährte Pressefreiheit von Journalisten aus Geltungsstreben, Gewinnsucht oder Sensationsgier mißbraucht wird, wenn Staatsgeheimnisse preisgegeben oder das sittliche Empfinden großer Teile des Volkes verletzt werden? Einige Sensationsblätter und eine Reihe von Illustrierten mit hoher Auflagenziffer müssen uns wegen der Art und Auswahl ihrer Veröffentlichungen oft bedenklich stimmen. So wichtig eine echte Pressefreiheit für das Werden unserer jungen Demokratie sein mag, so notwendig ist das Verantwortungsbewußtsein derer, die diesen Vorzug nützen dürfen. Freiheit ohne Verantwortung führt ausweglos ins Chaos. Daher ist es zum Wohle des Volkes erforderlich, daß nur der als Journalist und als Verleger tätig ist, der ein großes Maß menschlicher Reife besitzt, die Größe seiner Verantwortung sieht und danach handelt.

Übungsmöglichkeiten:

1. **mpf – nf:** Empfindung, stumpf, impfen, ... sanft, Senf, vernünftig, ...
Ergänze folgende Wörter durch Einsetzen von *mpf* oder *nf*: Kla–e, une–indlich, Ha–, abstu–en, Si–onie, e–ehlenswert, I–anterie, Ko–erenz, Zuku–t, schru–en, Sä–te, gli–lich, verkra–t, schi–en (Arbeitshilfen: In 8 Wörtern fehlt *mpf*. Siehe Beiheft L 234!)

2. **Wortfamilie „legen":** legen, ab-, an-, auf-, aus-, auseinander-, be-, bei-, bereit-, dar-, er-, ein-, daneben-, herein-, hin-, hinter-, hoch-, nieder-, nach-, frei-, fort-, fest-, nahe-, um-, über-, trocken-, vor-, ver-, zer-, zurück-, zu-, zwischen-, zusammen-; Verleger, Ab-, Fliesen-, Minen-; Auslegung, Ab-, Be-, Still-, Hinter-, Trocken-, Landzusammen-, Bei-, Frei-, Um-, Über-, Zer-; Gelegenheit, An-, Ab-; Verlegenheit; Legemehl, -röhre, An-stelle, Ge-; gelegen, un-, ab-; entlegen; gelegentlich; liegen, brach-, ob-, fest-, unter-; näherliegend, an-, bei-, zurück-, um-, bereit-; Liege, -wiese, -wagen, -stuhl, -halle, -stütz, -kur, -platz; Anliegen; Liegenschaft; liegenbleiben, -lassen; lagern, ab-, aus-, be-, ein-, ver-; Lager, Waren-, Wein-, Tuch-, Vorrats-, Ruhe-, Nacht-, Wider-, Munitions-, Zelt-, Zigeuner-, Sommer-, Ferien-, Jugend-, Gefangenen-, Kugel-, Straf-, Stroh-, Heer-, Soldaten-, Verpflegungs-, Ersatzteil-, Lebensmittel-, Kranken-, Konzentrations-, Baracken-, -leiter, -raum, -obst, -stätte, -schuppen, -bier, -haus, -bestand, -pflanzen, -ist, -verwalter, -schein, -speicher; Lage, Auf-, Wohn-, Aus-, Ein-, Körper-, Bei-, Um-, Vor-, Zu-, Zwischen-, Bauch-, Rücken-, Orts-, Kriegs-, Nieder-, Schwimm-, Grund-, Not-, Ruhe-, Wetter-, Wolken-, Schnee-, Bau-, Verkehrs-, Lebens-, Finanz-, Rück-, Mittel-, Arbeits-, Preis-, Ton-, Ge-

schäfts-, Höhen-, Unter-; Anlage, Erb-, Hafen-, Licht-, Garten-, Park-, Sport-, Klär-, Geld-; Ablage, Kleider-, Hut-, Bücher-; Gelage, Fest-, Trink-, Wein-; Lageplan, -besprechung, -bericht; Lagerung, Ab-, Ver-, Über-; Belag, Brot-, Schutz-; Verlag, Jugendbuch-, Zeitschriften-; Verlagsleiter, -direktor, -arbeit, -druckerei; lagerfähig; postlagernd, bahn-
3. **ent – end:** öffentlich, gelegentlich, versehentlich, ... entziehen, entgegen, Enthaltung, ... Endsilbe, Endpunkt, unendlich, ... bildend, vermögend, unwissend, ...
Vervollständige folgende Wörter durch Einsetzen von *end* oder *ent*: –runde, –gegnen, hoff–lich, eil–s, eig–lich, –gültig, ruf–, –erfolg, –scheidung, –los, ergreif–, –silbe, –führen, wöch–lich, –schuldigung, –ergebnis, bild–, –lastung, Fußball–spiel, wiss–lich, voll–s, Wochen–fahrt, wes–lich, –stehung, –sieg!
(Arbeitshilfe: In 14 Wörtern fehlt *end*. Siehe Beiheft L 235!)
4. **Wortfamilie „drucken":** drucken, ab-, auf-, be-, beein-, nach-, über-, ver-, vor-; druckreif, -fertig, -los; Druck, -sache, -schrift, -buchstabe, -maschine, -legung, -taste, -luft, -fehler, -knopf, -posten, -mittel, -stelle, -kasten, -welle, Ein-, Nach-, Vor-, Über-, Buch-, Probe-, Hand-, Stempel-, Hoch-, Tief-, Aus-, Ab-, Auf-, Hände-, Wasser-, Luft-, Offset-, Linol-, Stein-, Kursiv-; Drucker, Buch-, -schwärze; drucksen, herum-; drücken, auf-, ab-, an-, aus-, be-, er-, ein-, herunter-, hoch-, gegen-, nach-, nieder-, weg-, vor-, zer-, zu-, zusammen-; nachdrücklich, aus-; Drücker, Tür-; Drückeberger
5. **Wortfamilie „pressen":** pressen, auf-, aus-, ab-, hervor-, nach-, um-, zer-, zusammen-; Presse, -stelle, -freiheit, -meldung, -chef, -feldzug, -ball, -fest, -amt, -bild, -zensur, -bericht, Tages-, Fach-, Auslands-, Sport-, Abend-, Partei-, Hand-, Buch-, Pflanzen-, Obst-, Rüben-, Drukker-, Sensations-; Erpressung; Preßhefe, -kohle, -stoff, -wurst, -kopf
Schreibe die Wörter vollständig ab!
6. **Wortfamilie „schreiben":** schreiben, auf-, ab-, an-, aus-, be-, durch-, auseinander-, ein-, gut-, hin-, um-, mit-, nieder-, unter-, über-, vor-, ver-, zu-, zusammen-; Schreiben, Entschuldigungs-, Bewerbungs-, Dank-, Beileids-, Rund-, An-, Ein-, Bitt-, Schön-, Fern-, Preisaus-, Empfangs-, Hand-; Schreiblinie, -fläche, -heft, -zeug, -tafel, -tisch, -maschine, -papier, -block, -mappe, -waren, -fehler, -feder, -kraft, -gerät, -fertigkeit, -krampf; Schreiber, Kugel-, Amts-, Himmels-, Gerichts-, -ling, -seele; Schreibung, Recht-, Groß-, Klein-, Aus-, Über-, Be-, Ein-, Getrennt-; Schrift, -setzer, -steller, -gelehrter, -deuter, -probe, -zug, -stück, -zeichen, -führer, -sprache, -tum, -wechsel, -stil, An-, Ab-, Auf-, Gut-, Steil-, Vor-, Über-, Nieder-, Nach-, Rein-, Zu-, Bitt-, Kurz-, Eil-, Bilder-, Morse-, Hand-, Latein-, Künstler-, Kinder-, Zeit-, Kunst-,

Doktor-, Block-, Maschinen-, Druck-; Schriftenzeichner; beschriften; schriftlich, vor-; schriftstellerisch, -deutsch; schreibfaul, -gewandt, -kundig

218
Die Massenmedien und wir

„Alles, was uns begegnet, läßt Spuren zurück", hat Goethe in tiefer Erkenntnis schon zu einer Zeit ausgesprochen, da sich das Leben noch viel ruhiger, gemächlicher und sensationsloser vollzog als heute. Welch eine Fülle von Begegnungen stürmt Tag für Tag auf uns ein: Menschen, Ereignisse, Sensationen, Filme, Plakate, Zeitschriften, Bücher, Radio- und Fernsehsendungen. Nach den Worten des großen Dichters sollen all diese Begegnungen Spuren in uns zurücklassen. Stimmt das überhaupt? Hat nicht diese Dauerberieselung verschiedenster Einwirkungen zur Folge, daß uns das nicht wesentlich beeindruckt? Sind wir nicht gegen viele Eindrücke gefeit, die einen Menschen vor einem Jahrhundert aus dem seelischen Gleichgewicht gebracht hätten? Es mag sein. Aber sind solche Zustände des Abgebrühtseins und der Gewöhnung nicht deutliche Folgen des Zuviels all dieser Einwirkungen? Besonders in unserer Zeit hat es den Anschein, als ob die Einrichtungen öffentlicher Meinungsbildung unter Ausnutzung der ihr in der Demokratie gewährten Freiheit sich bemühten, Menschen anzulocken und festzuhalten, um sie in ihrem Sinne zu beeinflussen. Presse, Film, Rundfunk und Fernsehen sind nicht nur wichtige, aus dem modernen Leben nicht mehr fortzudenkende Nachrichtenübermittler, sondern sie sind Weltmächte geworden. Gewiß, wir können uns nicht den Begegnungen mit diesen Massenmedien entziehen oder vor ihnen fliehen. Aber wir müssen Herz und Sinn kritisch bewahren und aufpassen, daß unsere eigene Meinung, ein wesentlicher Bestandteil unserer Persönlichkeit, nicht verlorengeht oder Schaden leidet.

Übungsmöglichkeiten:
1. **Fremdwörter mit -at am Wortende:** Plakat, Inserat, Mandat, Akrobat, Diplomat, Advokat, Kandidat, Konkordat, Ornat, Karat, Diktat, Apparat, Automat, Fabrikat, Soldat, Quadrat, Konsulat, Reservat, Kohlehydrat, Pensionat, Zitat, Muskat, Passat, Brokat
Kläre unbekannte Fremdwörter und bilde Sätze!
2. **Mehrzahlbildung (Pluralbildung) bei Fremdwörtern auf -en** (Medium – Medien): Einzahlendungen -um: Museum, Studium, Ministerium, Präsidium, Evangelium, Aquarium, Terrarium, Martyrium, Kollegium,

Podium, Sanatorium, Oratorium, Kuratorium, Stadium, Praktikum, Zentrum, Album
Einzahlendungen -us: Radius, Rhythmus, Virus, Diskus
Einzahlendungen -a: Basilika, Thema, Drama, Villa, Skala, Prisma, Regatta, Razzia, Veranda
Schreibe die Wörter in der Mehrzahl (Plural)!
3. **Komma bei verkürzten Sätzen:** Gewiß, wir können uns den Begegnungen nicht entziehen. (Es ist gewiß, wir können uns . . .) – Glücklich, wer den rechten Weg gefunden hat. (Der ist glücklich, wer . . .) – Wenn möglich, äußert eure Meinung. (Wenn es möglich ist, äußert . . .) – Schrecklich, wie er litt. (Es war schrecklich anzusehen, wie . . .) – Es blieb, wie vorausgesagt, bei der naßkalten Witterung. (Es blieb, wie vorausgesagt worden war, bei . . .)
4. **Wortfeld „Nachricht":** Nachricht, Mitteilung, Meldung, Kunde, Botschaft, Überlieferung, Aussage, Information, Bekanntgabe, Veröffentlichung, Bericht, Wiedergabe, Brief, Telegramm, Depesche, Zeitungsente, Flugblatt, Flüsterpropaganda, Reportage, Urkunde, Zeugnis, Ankündigung, Zeitungsartikel, Statistik
Ordne alphabetisch!
5. **Fremdwörter aus den Bereichen von Presse, Film, Funk und Fernsehen:** Presse: Redaktion, Redakteur, Reporter, Theaterkritiker, Pressefotograf, Abonnement, Illustrierte, Magazin, Journal, Manuskript, Matrize, Lokales, Klischee, Aktuelles, Offerte, Ressort, Korrektur, Feuilleton, Inserat, Annonce, Karikatur, Kommentar
Film: Filmatelier, Regisseur, Regieassistent, Produktionsleiter, Filmarchitekt, Filmstar, Statist, Komparse, Kopie, Negativ, Kopieranstalt, Mikrophon (Mikrofon), Kamera, Filmkulisse, Filmprojektor, Kinoreklame, Trickaufnahme, Diapositiv, synchronisieren, Fotolabor
Rundfunk und Fernsehen: Hörspielstudio, Toningenieur, Radiotechniker, Regieraum, Reportage, Ultrakurzwelle, Frequenzbereich, Einstellskala, Relaisstation, Radioprogramm, Videotext, Regionalprogramm, Recorder
Ordne die Wörter innerhalb der Gruppen nach dem Alphabet!
6. **Die Technik schafft neue Wortverbindungen:** Plattenspieler, Schallplatte (Schlager-, Langspiel-), Tonband, Tonbandgerät, Tonabnehmer, Rundfunk (Schul-, Kinder-, -hörer, -gebühr, -station, -sender, -sprecher, -programm, -zeitung), Sendeleiter (-mast, -pause, -folge, -saal), Ultrakurzwelle (Mittel-, Kurz-), Langwellensender, Kopfhörer, Hörspiel, Übertragungswagen, Kofferradio, Fernsehgerät (-antenne, -film, -sender, -apparat), Bildschirm (-röhre, -störung), Werbefernsehen, Tagesschau (Programmvor-), Gemeinschaftssendung, Tonfilm (Wildwest-,

Farb-, -spule, -kopie, -leinwand, -theater), Lichtspielhaus, Drehbuch, Trickaufnahme (Außen-, Film-, Groß-), Bildaufnahmekamera, Schnittmeister, Wochenschau, Werbevorspann

Der Reiseprospekt **219**

Heute hat der Postbote einen Reiseprospekt ins Haus der Familie Richter gebracht. Zwar liegt die Urlaubszeit noch in weiter Ferne, dennoch blättert Frau Richter sogleich interessiert im bunt bebilderten Katalog. Da sind so viele Reiseziele innerhalb und außerhalb der Bundesrepublik angepriesen, daß man beträchtliche Zeit braucht, um alles eingehend durchzusehen. Die beiden Kinder, vor wenigen Minuten aus der Schule heimgekehrt, erblicken den aufgeschlagenen Reiseprospekt. „Fahren wir etwa im Sommer nach Venedig oder Neapel?" fragt Dieter; denn die beiden Heftseiten zeigen Sehenswürdigkeiten dieser Städte. „Oh, wir müssen mit Vaters Monatsgehalt sorgsam haushalten", sagt die Mutter. „Außerdem kann man sich in heimatlichen Gebieten ebenfalls gut erholen." Auf anderen Seiten finden die Kinder noch mehr Abbildungen berühmter Städte und bekannter Ferienaufenthalte Italiens. Da sehen sie farbenprächtige Aufnahmen vom Mailänder Dom, von Triumphbögen der römischen Kaiserzeit, vom Strandbetrieb an der Mittelmeerküste. Doch auch außereuropäische Ferienziele empfiehlt die Reisegesellschaft mit verlockenden Fotoaufnahmen und Beschreibungen. Kulturstätten am Nil, am Euphrat und am Ganges können in komfortablen Passagierdampfern oder in schnellen Flugzeugen erreicht werden. Im vorderen Teil des Fahrtenkatalogs sind Ferienvorschläge abgedruckt, die dem Geldbeutel der Familie Richter besser entsprechen. Hier sind Fahrt- und Pensionskosten mit den Abbildungen vieler Nord- und Ostseebäder, von Luftkurorten der Eifel und des Sauerlandes, von Feriengebieten des Bayerischen Waldes und der Alpen. Aus diesen reichhaltigen Angeboten werden sie in Anwesenheit des Vaters etwas für sie Geeignetes auswählen.

Übungsmöglichkeiten:

1. **Die Vorsilbe pro-** (für, vor): Reiseprospekt, Programm, Provinz, Prozent, protestieren, Protest, prominent, Produkt, Professor, Problem, Prophet, Projektor, Prolog, Propaganda, improvisieren, Protokoll, provisorisch, Prognose, Proviant, Prozeß, Propeller, Prokurist, Prozession, Provision, produzieren, Prothese, Promille
Beachte die Silbentrennung! (Pro-spekt, Pro-blem, . . .)
Ermittle die Bedeutung unbekannter Wörter und bilde Sätze!

2. **Schreibweisen des langen ü** (mit 4 Schreibfehlern): berühmt, schwül, brüten, Kajüte, Hüne, verblüht, mühselig, rührig, Asyl, Gebühr, Kostühm, Krümel, Assyrer, Tribüne, aufwühlen, Typhus, betrübt, Hydrant, Blütezeit, sümpathisch, fügsam, Tyrannei, Geschwühr, Kürübungen, Wanderdühne, Labyrinth, verbrüht, Hypothek, Sühne, Syrien, eigentümlich, Hyäne, Thüringen, Myrrhe, Dynamit, Parfüm, übermütig
Berichtige die 4 Schreibfehler, und ordne die Wörter nach der Schreibweise des *Ü-Lautes (ü, üh, y)*!
(Kontrollmöglichkeit im Beiheft L 236.)

3. **g oder k:** Reiseprospekt, Bundesrepublik, Talk, Scharniergelenk, Getränk, Zink, Werkmeister, Schwank, Blinklicht, versenkt, eingeschränkt, Öltank, Strunk, Kork, ...
Katalog, bevorzugt, Sehenswürdigkeit, Teigwaren, Flugzeug, seitlings, Messingring, Rangliste, Betrug, Hengst, engstirnig, ...
Setze die Reihen fort!

4. **g oder ch:** Orangenbäume, Passagierdampfer, beschädigt, Teig, Werkzeug, wollig, Seligkeit, ...
Dickicht, Wasserbottich, Trachtenfest, Pächter, reichlich, Gewicht, Verdacht, Sprichwort, bleich, ...
Setze die Reihen fort und fülle die Lücken folgender Wörter mit *g* oder *ch*: Wüteri–, Reisi–, Essi–, mehli–, weibli–, Habi–t, verständi–t, Kehri–t, Predi–t, beruhi–t, öli–, Zwer–fell, Treibja–d, Segelja–t, Pfirsi–baum, Krani–, Pfenni–, Teppi–, Röhri–t, Fitti–, Bienenhoni–, Planta–e, bescheini–t, Mane–e, Enteri–, Reporta–e, Retti–!
(Arbeitshilfe: 14 Wörter werden mit *g*, 13 mit *ch* geschrieben. Siehe Beiheft L 237!)

5. **Der F-Laut:** Triumphbogen, Ferienvorschläge, Familie, Passagierdampfer, Euphrat, Eifel, Riviera, komfortabel, Fotoaufnahmen, bevorzugt, vervielfältigen, erforderlich, Pfau, ...
Setze in die Lücken folgender Wörter *f, pf, ph* oder *v* ein: Paragra–, –lieder, Ankun–t, geim–t, bra–, Le–koje, zusammenschrum–en, passi–, –jord, Archi–, Kali–, –orderung, –orstand, Ty–us, –ers–orm, –ersenbein, Em–ehlung, Atmos–äre, –re–el, Katastro–e, Eisen–eile, –erpul–ern, Kram–, –etternwirtschaft, sum–ig, –iloso–, Ner–, Baumstum–, Lar–e, E–eu, –lanke, Cuxha–en, –arramt, –os–or!
(Arbeitshilfe: In 11 Lücken fehlt *f*, in 7 *pf*, in 8 *ph*, und in 13 Lücken fehlt *v*. Siehe Beiheft L 238!)

6. **Wortfamilie „reisen":** reisen, ver-, aus-, ein-, ab-, mit-, an-, fort-, nach-; Reise, -ziel, -zeit, -koffer, -tasche, -beutel, -gesellschaft, -büro, -korb, -leiter, -gruppe, -gast, -vorbereitung, -unterbrechung, -fieber, -begleiter,

-bekanntschaft, -scheck, -plan, -wagen, -beschreibung, -dauer, -weg, -führer, -kosten, -gepäck, -zug, -paß, Ab-tag, Sommer-, Ferien-, Dienst-, Geschäfts-, Erholungs-, Ab-, Aus-, Ein-genehmigung, Auslands-, Flug-, Schiffs-, Rund-, Übersee-, Hochzeits-, Vergnügungs-, Heim-, Rück-, Urlaubs-; Reisender, Handlungs-, Mit-; reiselustig, -fertig; weitgereist
Stelle diese Wörter denen der Wortfamilie „reißen" gegenüber (ausreisen – ausreißen, . . .)!

220
Ausreichende Lebensmöglichkeiten für alle?

Bei einem Museumsbesuch blieben Andreas und sein Vater staunend vor einer der ältesten Weltkarten stehen. Wie die Erklärungstafel besagte, handelte es sich dabei um die Wiedergabe einer Karte des Griechen Homer, die das Weltbild der vorchristlichen Zeit um das Jahr 700 wiedergab. Es war im wesentlichen eine Darstellung des Mittelmeergebietes, das noch lange danach Mittelpunkt der damals bekannten Welt blieb. Aus dem Geschichtsunterricht wußte Andreas, daß erst durch den Vorstoß wagemutiger Seefahrer im Zeitalter der Entdeckungen Wege zu neuem Lebensraum für die abendländischen Menschen gewiesen wurden. „Noch am Anfang unseres Jahrhunderts deuteten weiße Flecken auf den Kartenbildern auf unerforschte Gebiete der Erde hin. Unterdessen ist der Mensch überall vorgedrungen und bemüht, die Erträge der Erde voll auszuschöpfen", bemerkte der Vater. Nachdenklich fragte Andreas: „Wird infolge der starken Bevölkerungszunahme der Lebensraum der Erde noch ausreichend sein, da schon jetzt zwei Drittel der Menschheit nicht genügend Nahrung erhalten?" – „Ich habe erst kürzlich gelesen", erwiderte der Vater, „daß die Erde 8 bis 10 Milliarden Menschen zu ernähren vermag, wenn die Trockengebiete bewässert, Sümpfe in fruchtbaren Boden umgewandelt und die Lebensgüter richtig verteilt würden."

Übungsmöglichkeiten:

1. **Lehn- und Fremdwörter, die aus dem Lateinischen zu uns kamen:** Museum, Reproduktion, Tafel, Straße, Fenster, Kiste, Kalender, Datum, Staat, Minister, Wein, Mauer, Kammer, Meile, Schule, Messe, Aula, Lokomotive, Villa, Propeller, Präsident, Republik, Pfund, Ziegel, Krone, Bibel, Fenster, Portal, Teppich, Keller, Rose, Pfirsich, Fest, Rektor, Viadukt, Fabrik, Zirkus, Religion, Pflanze, Rekord, Familie, Motor, Palast, Kalk, Rettich, Klasse, Meister, Rezept, Kohl, Tinte,

Doktor, Pflaume, Altar, Dom, Dozent, Konfirmation, Kaiser, Konvikt, Professor, Student, Regierung, Pastor, Partei
Ordne die Wörter nach Sachgebieten (Hauswesen, Gartenbau, Schulwesen, Staatswesen, Technik, Religion) und versuche, die Reihen zu erweitern!

2. **Wagen – Waage – wagen:** wagen; abwägen, erwägen, Wagnis, Wagemut, Wagehals, wagemutig, waghalsig
Wagen, -rad, -schuppen, ... Kraft-, Last-, Hand-, Wohn-, ...
Waage, Fuhrwerks-, Dezimal-, Tafel-, Brief-, Apotheker-, Personen-, -balken, -meister; Waagschale; waagerecht
Schreibe die Wörter vollständig ab und versuche, die Reihen zu verlängern!

3. **k in Fremdwörtern:** Reproduktion, Direktor, Chronik, diktieren, Tabak, Insekt, Konflikt, Architekt, Statistik, Kontakt, Hektoliter, Gotik, Panik, Kautschuk, Inspektor, Elektrizität, aktiv, Traktor, Oktave, Technik, Lektüre, Fabrikation, Tragik, Dialekt, Dokument, Mechanik, Optiker, Konfekt, Atlantik, Botaniker, Keramik
Bilde davon abgeleitete Wörter (Produkt, Rektor, ...)!

4. **Das Geschlecht geographischer Namen:**
a) Länder- und Gebietsnamen werden meist ohne Geschlechtswort (Artikel) gebraucht. Es gibt jedoch zahlreiche Ausnahmen, zumal wenn ein Eigenschaftswort (Adjektiv) hinzugefügt wird (das sonnige Italien, das inselreiche Griechenland).
Im allgemeinen haben diese Namen sächliches Geschlecht (Neutrum): das geteilte Deutschland, das tropische Afrika, das waldreiche Thüringen, das südliche China, ...
Namen mit *ie, ei* oder *e* am Ende sind weiblich (Femininum): die Normandie, die Tschechoslowakei, die Türkei, die Bretagne, die Ukraine, ... außerdem: die Eifel, die Pfalz, die Pußta, die Riviera, die Sahara, die Arktis, die Krim, die Schweiz
Nur sehr wenige sind männlich (Maskulinum): der Balkan, der Jemen, der Sudan, der Iran, der Irak, der Peloponnes
b) Gebirgsnamen sind meist männlich (Maskulinum): der Taunus, der Spessart, der Harz, der Kaukasus, der Ural, der Atlas, der Himalaja, ...
Ausnahmen: die Rhön, die Eifel, die Hardt
Häufig kommen Gebirgsnamen nur in der Mehrzahl (Plural) vor: die Sudeten, die Vogesen, die Alpen, die Anden, die Karpaten, die Kordilleren, die Appalachen, ...
c) Bergnamen sind fast immer männlich („der Berg", als gedachter Wortbestandteil), wenn das Grundwort nicht weiblich oder sächlich ist (die Schneekoppe, die Zugspitze, das Matterhorn, ...): der Brocken,

der Kahle Asten, der Großglockner, der Vesuv, der Olymp, der Krakatau, der Fudschijama, der Kilimandscharo, ...

d) Deutsche Flußnamen sind überwiegend weiblich (Femininum), ausländische meist männlich (Maskulinum), wenn sie nicht auf *e* oder *a* enden (Marne, Themse, Wolga, Lena): die Elbe, die Oder, die Neiße, die Weser, die Ems, die Donau, die Saale, die Ruhr, ... aber: der Rhein, der Main, der Neckar, der Lech, der Inn; der Don, der Ob, der Nil, der Niger, der Amazonas, der Euphrat, der Mississippi, ...

e) Ortsnamen werden mit sächlichem Geschlechtswort (Neutrum) gebraucht: das zweigeteilte Berlin, das ewige Rom, das alte Mainz, ...

Schreibe zu den angegebenen Beispielen zu a) bis e) weitere hinzu!

5. **Wortfamilie „Land":** Land, Acker-, Brach-, Moor-, Weide-, Sumpf-, Agrar-, Kultur-, Geest-, Wald-, Weizen-, Wiesen-, Garten-, Tief-, Hoch-, Gebirgs-, Berg-, Bundes-, Heide-, Flach-, Schwemm-, Bau-, Marsch-, Neu-, In-, Vater-, Mutter-, Grenz-, Aus-, Abend-, Morgen-, Traum-, Märchen-, Niemands-, Siedlungs-, Schlaraffen-, Kinder-, Heimat-, Versuchs-, Industrie-, Frei-, Pacht-, Gras-, Bauern-, Fest-, Öd-, Ei-, Binnen-, Küsten-, Hügel-, -bestellung, -zusammenlegung, -bezirk, -bote, -brücke, -richter, -butter, -spitze, -aufenthalt, -jugend, -haus, -arbeiter, -bevölkerung, -enge, -rat, -streicher, -straße, -mann, -wirt, -ratte, -zunge, -junker, -kreis, -besitz, -heim, -gut, -karte, -vogt, -gewinnung, -luft, -rücken, -plage, -sitz, -schule, -gericht, -friede, -tag, -lehrer, -funk, -brot, -strich, -maschine, -heer, -flucht, -fahrzeug, -jäger, -gemeinde, -frau, -graf, -pfleger, -messer, -regen, -volk, -sturm, -wehr; Landschaft, Park-, Gebirgs-, Winter-, Schnee-; Landschaftsbild, -maler, -schutz; Landwirtschaft; Landwirtschaftsschule, -rat, -minister, -ausstellung, -kammer, -statistik; Landsleute, -mann, -knecht, -mannschaft; Landesbehörde, -amt, -herr, -fürst, -teil, -verband, -trauer, -theater, -flagge, -verrat, -regierung, -hauptstadt, -produkte, -sitte, -recht, -kirche, -bischof, -jugendplan, -farben, -verteidigung, -vater, -vermessung, -schützen, -sprache, -verwaltung, -bank, -planung; Länderei; Länderkampf, -spiel, Bundes-; Landung, Flugzeug-, Bauch-, Not-, Bruch-, An-, Blind-, Truppen-; Landungsbrücke, -steg, -boot, -fahrzeug, -manöver; Landeplatz, -bahn, -klappen, -geschwindigkeit, -stelle; Gelände, Berg-, Übungs-, Messe-, Werks-, Bau-, Privat-, Versuchs-, Ausstellungs-, -lauf, -spiel, -ritt, -gang, -fahrt, -marsch, -wagen, -fahrzeug; Ländler; landen, an-, ver-; ländlich; landeinwärts, -fremd, -schaftlich, -wirtschaftlich, -läufig; landesüblich, -herrlich, -eigen; hierzulande; geländegängig
Geographische Namen: Grönland, England, Deutschland, Jütland, Rheinland, Sudetenland, Hessisches Bergland, Helgoland, ...
Ordne die Zusammensetzung mit dem Wort „Land" nach geographischen, kulturellen und politischen Gesichtspunkten!

6. **Wortfeld „Lebensraum":**
   a) Gebiete: Erde, Erdteil, Kontinent, Heimat, Land (Acker-, ...), Gelände, Gebiet (Industrie-, Wohn-, Siedlungs-), Ebene, Niederung, Hochfläche, Insel, Heide, Oase, Ufer, Küste, Hang, Alm, Ort, Ortschaft, Dorf (Reihen-, Hufen-), Stadt (Groß-, Klein-, Hafen-, Industrie-, -teil, -bezirk, ...), Siedlung (Wald-, Stadtrand-, An-, ...)
   b) Gebäude: Haus (Hoch-, Einfamilien-, Fachwerk-, Land-, Block-, Forst-, ...), Villa, Herberge, Baracke, Wolkenkratzer, Bungalow, Schloß, Palast, Burg, Kaserne, Kloster, Pfahlbau, Schuppen, Eigenheim
   c) Räume: Zimmer, Stube, Halle, Gemach, Kammer, Wohngrube, Zelt, Asyl, Salon, Saal, Zelle, Unterkunft, Iglu, Höhle, Wohnung
   Ordne die Wörter innerhalb der 3 Gruppen alphabetisch!

221

Die gewaltige Aufgabe der Landwirtschaft in der Gegenwart

Infolge des raschen Anwachsens der Weltbevölkerung müssen immer höhere Anforderungen an die Landwirtschaft gestellt werden, zumal noch immer zwei Drittel der Menschheit unzureichend ernährt werden. Da nur noch geringe Möglichkeiten zur Gewinnung und Kultivierung von Neuland bestehen, müssen Bauern und Farmer versuchen, eine noch größere Ertragssteigerung auf dem bereits bearbeiteten Land zu erreichen. In vielen Gebieten Europas ist die Flächenaufteilung in Acker, Wiese und Wald so harmonisch gelöst und der Boden so sorgsam bebaut worden, daß hier eine wesentliche landwirtschaftliche Produktionssteigerung kaum denkbar ist. Es mag sogar schwierig sein, den hohen Leistungsstand in der europäischen Agrarwirtschaft zu halten. Die fortschreitende industrielle Entwicklung, der Verlust von Acker- und Weideland für Siedlungen und Straßenbau bringen spürbare Verschlechterungen der Agrarlage mit sich. Obwohl unsere Bauern infolge intensiver Bodenbearbeitung und Verwendung von hervorragendem Saatgut erstaunlich hohe Hektarerträge erzielen, muß dennoch ein Drittel der erforderlichen Lebensmittel vom Ausland eingeführt werden. Die meisten Lieferungen kommen aus Übersee. Doch in vielen außereuropäischen Ländern ist die Landwirtschaft noch stark verbesserungsfähig. In manchen Gebieten bearbeiten die Bauern den Boden noch wie ihre Urahnen mit Holzpflug und Hackstock. Daher ist die Organisation für Ernährung und Landwirtschaft der Vereinten Nationen bemüht, die Nahrungsmittelerzeugung in diesen Gebieten zu steigern, um den noch Hungernden bessere Lebensbedingungen zu schaffen. Aber nur in der Zusammenarbeit aller Völker wird dieses hohe Ziel erreicht werden können.

Übungsmöglichkeiten:
1. **Kein Komma bei ungleichwertigen Beifügungen (Attributen):** ausreichende landwirtschaftliche Arbeitskräfte; die fortschreitende wirtschaftliche Entwicklung, die ehemaligen ostdeutschen landwirtschaftlichen Überschußgebiete; frische dänische Butter; eine neue elektrische Melkmaschine; junge grüne Bohnen
Nur Beifügungen (Attribute) zwischen die „und" eingesetzt oder deren Reihenfolge geändert werden kann, sind gleichwertig. Nur zwischen gleichwertigen Beifügungen (Attributen) steht ein Komma.
Bilde ähnliche Beispiele in Sätzen!
2. **Eigenschaftswörter (Adjektive) mit der Endung -iv:** intensiv, passiv, aktiv, oliv, subjektiv, objektiv, instinktiv, massiv, dekorativ, impulsiv, offensiv, defensiv, qualitativ, naiv, aggressiv, konservativ, negativ, positiv, instruktiv, explosiv
Setze passende Hauptwörter (Substantive) hinzu (intensives Arbeiten, passive Mitglieder, ...)!
3. **Fremdwörter mit kt:** Punkt, Dialekt, Insekt, Respekt, Kontakt, Delikt, Takt, Lektüre, Pakt, Sekt, Konflikt, Affekt, Konvikt, Konfekt, Inspektor, Instinkt, Objekt, Extrakt, Prospekt, Viadukt, Doktor, Traktor, Rektor, Infarkt
Bilde die Mehrzahl (Plural)!
4. **Wortfeld „Bodenbearbeitung":** roden, umgraben, pflügen, entwässern, dränieren, grubbern, düngen, Dünger streuen, ackern, das Feld bestellen, das Land bebauen, aufforsten, pflanzen (be-, an-, aus-, ver-, ein-, auseinander-, zwischen-), säen (be-, aus-, ein-), harken, eggen, jäten, Unkraut ausreißen, gegen Unkraut spritzen, Rüben einzeln, furchen, häufeln, walzen, mähen, ernten, hacken, fräsen
Schreibe die Wörter in der Reihenfolge der Bodenbearbeitungen (roden – ernten)!
5. **Redewendungen von der Landwirtschaft:** jemanden über den grünen Klee loben (jemanden mehr loben, als der grüne Klee im Volkslied gepriesen wird) – da ernten, wo man nicht gesät hat – jemanden sticht der Hafer – sein Weizen blüht (seine Sache steht gut) – sein Feld behaupten – in die Binsen gehen (zugrunde gehen) – sich die Hörner abstoßen – Schwein haben (Das Schwein war das Glückstier bei heidnischen Stämmen.) – mit fremdem Kalbe pflügen (die Leistung eines anderen für sich verwenden) – Ochsen hinter den Pflug spannen (eine Sache falsch anpacken) – wie ein Ochse am Berge stehen – wie ein Pfingstochse geputzt sein (Früher wurden für das Pfingstfest bestimmte Schlachtochsen mit bunten Bändern geschmückt.) – die Schafe von den Böcken scheiden – sein Schäfchen (eigentlich: Schepken – Schiffchen)

ins Trockene bringen – der Hahn im Korbe sein – mit jemandem ein Hühnchen zu rupfen haben – mit den Hühnern zu Bett gehen – jemandem auf die Hühneraugen treten – eine Gänsehaut bekommen – im Gänsemarsch laufen – wie eine bleierne Ente schwimmen – einen üblen Kuhhandel treiben – Das geht auf keine Kuhhaut!
Schreibe vollständige Sätze!

6. **Hauptwörtlicher (substantivierter) Gebrauch von Mittelwörtern (Partizipien):** um Hungernden bessere Lebensmöglichkeiten zu schaffen – um Trauernde zu trösten – den Sterbenden beistehen – den Verletzten helfen – mit Bekannten und Verwandten sprechen – einem Gestürzten aufhelfen – Gefundenes zurückgeben – ein Pfund Gehacktes – etwas Erfrischendes

Erweitere die Beispiele und bilde Satzpaare! (Die Organisation ist bemüht, Hungernden bessere Lebensmöglichkeiten zu schaffen – Die Organisation ist bemüht, den hungernden Obdachlosen zu helfen.)

222
Wunderbares Keimen und Wachsen

Wer die harten, trockenen Roggen- oder Weizenkörner eingehend betrachtet, glaubt nicht, daß in ihren Hüllen noch keimfähiges Leben enthalten ist. Wenn so ein Getreidekorn jedoch in feuchten, warmen Boden gelegt wird, erwacht es aus seiner todesähnlichen Starrheit. Allmählich dringt die Erdfeuchtigkeit durch die Schutzhülle des Kornes und läßt es aufquellen. Aus der unterdessen aufgeplatzen Schale tritt eine feine Wurzelspitze hervor und arbeitet sich kraftvoll in den nährstoffreichen Boden. Bald danach dringt ein zweites Spitzchen, der Sproß, aus dem Korn heraus und schiebt sich lichthungrig nach oben. Es ist erstaunlich, daß diese zarten Triebe die Kraft aufbringen, sich durch die oft recht harte Erde zu zwängen. Infolge Zellteilung entstehen an den Wurzelspitzen ständig neue Zellen, die sich vergrößern und dabei einen so heftigen Quelldruck erzeugen, daß sogar festes Gestein gesprengt werden kann. Da das Getreidekorn dabei all seine Kräfte für die Bildung und das Wachstum der jungen Pflanze abgibt, schrumpft das Samenkorn zusammen und geht zugrunde. Für das neue Leben hat es sich ganz verzehrt. Das neue Pflänzchen ist nun selbst in der Lage, mit den feinen Wurzelhärchen dem Boden Nährstoffe zu entnehmen. Der Pflanzensprößling, der nach dem Durchstoßen der Erde durch den Einfluß des Sonnenlichtes ergrünt ist, wächst zu einem schlanken Halm, reift und trägt schließlich selbst eine ernteschwere Getreideähre, in deren Körnern Nährstoffe aufgespeichert werden, bis das Wunder der Keimung von neuem beginnt.

Übungsmöglichkeiten:

1. **Bei Umlautbildung gibt es keinen doppelten Selbstlaut (Vokal):** Wurzelhaar – Wurzelhärchen, Saal – Säle – Sälchen, Paar – Pärchen, Ruderboot – Ruderbötchen

2. **Wortfamilie „säen":** säen, aus-, ein-, an-, über-, hinein-, zwischen-, nach-; Sämann, -maschine, -kasten; Säer; Saat, Aus-, Reihen-, Breit-, Früh-, Winter-, Spät-, Kleeunter-, -gut, -beet, -krähe, -zucht, -getreide, -furche, -korn; Saatenpflege, -grün; Sämerei; Samen, Blumen-, Gemüse-, Unkraut-, -handlung, -anlage, -kapsel, -korn; Sämling; bedecktsamig, nackt-, viel-

3. **Hauptwörter (Substantive) in festen Verbindungen mit Zeitwörtern (Verben):** zugrunde gehen, teilnehmen, preisgeben, stattfinden, kopfstehen, radschlagen, haushalten, standhalten, weh tun, radfahren, maßhalten, überhandnehmen, hohnsprechen, teilhaben, instand setzen, zutage treten, zuwege bringen, zustatten kommen, zumute sein, zuteil werden, beiseite legen, vonstatten gehen, zunutze machen, in acht nehmen, außer acht lassen, schuld sein, einem angst und bange sein, achtgeben, außerstande sein, vonnöten sein, zustande bringen, zuliebe tun, zuleide tun, gram sein
Auch in der Trennung vom Zeitwort (Verb) erfolgt Kleinschreibung. (Ausnahme: er fährt Rad, er schlägt Rad.) Schreibe die Wörter vollständig ab!
In folgenden Fällen ist die Bedeutung des Hauptwortes (Substantivs) noch erhalten geblieben (daher Großschreibung): Ski laufen, Auto fahren, Kahn fahren, Bezug nehmen, in Frage kommen, zu Werke gehen, zu Willen sein, Leid tragen, Geduld haben, in Betracht kommen, zu Ende gehen, im Recht sein, Anteil nehmen, Not leiden, von Belang sein

4. **ss oder ß:** Fleiß, Sproß, vergrößern, zuverlässig, bewußt, außerdem, äußern, maßlos, flüssig, Eßgeschirr, bißchen, Grieß, verdrossen, gefräßig, entblößen, Kessel, Gewissen
Ordne die Wörter nach ihrem *S-Laut* und füge verwandte Wörter hinzu (Fleiß, fleißig, befleißigen, beflissen, . . .)!

5. **Wortfeld „wachsen":** wachsen, sich entfalten, sich entwickeln, wuchern, sich ausdehnen, gedeihen, emporranken, hochkommen, sich ausbreiten, überhandnehmen, keimen, sprießen, aufgehen, hervorbrechen, in die Höhe schießen, groß werden, sich hochwinden, hochklettern, Wurzeln schlagen, sich verbreiten, sich bestocken (Gras, Getreide) kümmern, zunehmen
Ordne alphabetisch!

6. **Wortfamilie „Pflanze":** Pflanze, Nutz-, Zier-, Zimmer-, Blatt-, Wald-, Schling-, Wasser-, Heil-, Wiesen-, Topf-, Unkraut-, Sumpf-, Moos-, Tomaten-, Salat-, Kohl-, ... Pflanzloch, -holz, -garten, -stätte, -beet, -stock, -wetter; Pflanzenname, -anbau, -bestimmung, -fresser, -fett, -wuchs, -reich, -zucht, -krankheit, -abdruck, -gift, -familie, -butter, -teil, -öl, -kunde, -kenner, -kost, -nahrung, -welt, -schutzmittel, -faser, -leben, -art; Pflanzer; Pflanzung, Forst-, Tabak-, Baumwoll-, ...; pflanzen, an-, aus-, ein-, nach-, ver-, fort-, zusammen-, auf-; pflanzlich; pflanzenkundig, -arm, -reich, -fressend, -kundlich

223

Der alte Bauer

Die Hände auf dem Krückstock gefaltet, sitzt der alte Bauer auf der Bank vor seinem Wohnhaus und blickt versonnen über den Hof, auf dem schon seine Vorfahren seit fast zehn Generationen gewirtschaftet haben. Hart haben die Bauern Jahr für Jahr auf Hof, Weiden und Äckern schaffen müssen, um hier in der Voreifel zufriedenstellende Erträge zu erhalten. Bereits seit langem hat sein Sohn die Verantwortung für den Hof übernommen, und er, der alte Bauer, darf ausruhen und beim täglichen Arbeitsgeschehen zuschauen. Aber viel lieber ist er mit draußen bei der Feldarbeit und hilft seinem Sohn mit Rat und Tat. Doch im Laufe der letzten Jahrzehnte hat sich die Arbeitsweise in der Landwirtschaft durch die Technisierung so stark verändert, daß er ihr oft beziehungslos, fast hilflos gegenübersteht. Soeben ist sein Sohn mit dem Traktor zum Pflügen hinausgefahren. Da denkt der Alte an die schier unzählbaren Furchen, durch die er hinter dem pferdebespannten Pflug geschritten ist. Inzwischen ist auch Fuchs, sein Lieblingspferd, verkauft worden. Längst hat der Pferdestall einer geräumigen Fahrzeughalle weichen müssen, in der nun der neue Mähdrescher, die Rübenerntemaschine, der Düngerstreuer, der Heuwender und die Kartoffelpflanzmaschine mit den anderen landwirtschaftlichen Geräten abgestellt sind. Obwohl der alte, ergraute Landwirt weiß, daß diese Maschinen in der modernen Arbeitswelt notwendig sind, bleiben sie ihm doch wesensfremd. Er freut sich, daß sein und seiner Vorfahren Werk mit Hilfe der Technik und unter der fachmännischen Leitung seines Sohnes sich weiterhin aufwärtsentwickelt.

Übungsmöglichkeiten:

1. **Komma bei erweiterten Mittelwortsätzen (Partizipsätzen):** Die Hände auf dem Krückstock gefaltet, sitzt der alte Bauer auf der Bank vor seinem Wohnhaus. – Der alte Bauer sitzt, die Hände auf dem Krückstock gefaltet, auf der Bank vor seinem Wohnhaus. – Der alte Bauer sitzt auf

der Bank vor seinem Wohnhaus, die Hände auf dem Krückstock gefaltet. – Ursprüngliche Form: Der alte Bauer, der die Hände auf dem Krückstock gefaltet hat, sitzt auf der Bank vor seinem Wohnhaus. (Mittelwortsätze sind also verkürzte Gliedsätze!)
2. **Kommas schließen den Beisatz (Apposition) ein:** Er, der alte Bauer, darf nun ausruhen. – Inzwischen ist auch Fuchs, sein Lieblingspferd, verkauft worden. – Die Arbeitserleichterung durch Einsatz eines Mähdreschers, der vollautomatischen Erntemaschine, ist sehr bedeutend. – Viele Generationen haben auf dem Bauerngut, einem alten Erbhof, tatkräftig gewirkt.
Der Beisatz (Apposition) steht immer im gleichen Fall wie sein Beziehungswort und wird durch Kommas vom Hauptsatz abgetrennt. Auch der Beisatz (Apposition) ist ein verkürzter Gliedsatz: Franz, ein erfahrener Landwirt, wird überall im Dorf geachtet. – Franz, der ein erfahrener Landwirt ist, wird überall im Dorf geachtet.
3. **Zeitwörter (Verben) in der Verbindung mit „zu":**
a) Zusammengesetzte Zeitwörter: Er will beim täglichen Arbeitsgeschehen zuschauen. – Du mußt die Tür zuschließen! – Wir wollen ihm gut zureden. – Wir lassen den Brief mit Eilboten zustellen.
b) Mit „zu" erweiterte Nennform: Sie müssen tüchtig schaffen, um gute Erträge zu erhalten. – Vergiß nicht, die Tür zu schließen! – Wir bemühten uns, viel Gutes zu tun. – Er vermochte nicht, das Pferd am Zügel zu führen.
Achte auf die Betonung!
Schreibe zu a) und b) eigene Beispielsätze und achte auf die Betonung!
4. **Wortfeld „Landwirtschaftliche Geräte und Maschinen":** Spaten, Schaufel, Harke, Rechen, Sense, Sichel, Dreschflegel; Pflug, Egge, Bodenwalze, Kartoffelroder, Bodenfräse, Drillmaschine, Sämaschine, Dreschmaschine, Mähdrescher, Heuwender, Strohpresse, Schlepper, Frontlader, Stallmiststreuer
Ordne die Wörter alphabetisch!
5. **Wortfamilie „Feld":** Feld, Getreide-, Roggen-, Weizen-, Kartoffel-, Tulpen-, Klee-, Sport-, Vor-, Schach-, Arbeits-, Blick-, Betätigungs-, Magnet-, Kraft-, Schnee-, Fußball-, Kampf-, Schlacht-, Spiel-, -bestellung, -flasche, -stuhl (eigentlich Faltstuhl), -arbeit, -küche, -blume, -stiefmütterchen, -hase, -scheune, -bestellung, -dienst, -polizei, -kreuz, -bahn, -hühner, -sperling, -lerche, -bett, -post, -gottesdienst, -herr, -marschall, -lazarett, -zug, -weg, -webel, -rain, -stein, -spat, -schlacht, -zeichen, -lager, -stecher, -früchte, -mark, -maus, -ahorn, -geschütz, -haubitze, -geistlicher; feldgrau, quer-ein, -marschmäßig; Dreifelderwirtschaft

Ortsnamen: Krefeld, Coesfeld, Hersfeld, Alfeld, ...
Geographische Namen: Feldberg, Lechfeld, Eichsfeld, ...

6. **Wortreihe „Kartoffel":** Kartoffel, Saat-, Pflanz-, Pell-, Speise-, Brat-, Salz-, Röst-, Futter-, -acker, -pflanze, -knolle, -kraut, -blüte, -staude, -schale, -blätter, -keim, -stärke, -mehl, -sorte, -ernte, -roder, -säcke, -korb, -käfer, -schüssel, -vorrat, -keller, -händler, -kiste, -klöße, -messer, -reibe, -brei, -feuer, -suppe, -puffer, -kuchen, -auflauf, -salat, -schnitzel, -knödel, -plätzchen, -gericht, -fäule, -dämpfer, -flocken, -bovist, -sortiermaschine, -pflanzmaschine, -verarbeitung, -verbrauch

Natur in Gefahr

224

Überall in der Welt schreitet die Industrialisierung immer weiter fort. Wälder und Wiesen müssen für den Bau neuer Fabriken, Wohnhäuser und Verkehrswege mehr und mehr Platz machen. Doch die Naturlandschaften werden nicht nur beträchtlich eingeengt, sie sind auch in ihrer Existenz bedroht. Industrieabgase beeinflussen Wachstum und Leben nahe gelegener Obstbäume und Kulturpflanzen. In letzter Zeit schlagen immer mehr Forstleute Alarm, weil viele gesunde Fichten plötzlich ihre Nadeln verlieren und absterben. Große Baumbestände im Bayerischen Wald, im Sauerland und anderen waldreichen Gebieten sind in ihrer Existenz durch den sauren Regen bedroht, der durch Industrieabgase verursacht wird. Giftige Abwässer verschmutzen unsere Flüsse und verursachen oft ein erhebliches Fischsterben. Um tiefer gelegene Braunkohlenflöze zu nutzen, wird der unterirdische Wasserspiegel durch Abpumpen des lebensnotwendigen Grundwassers gesenkt. In Amerika wollte man durch Rodung ausgedehnter Waldungen neue Weizenanbaugebiete gewinnen und schuf verstepptes, ausgedorrtes Land. Selbst von der Natur völlig abhängige Bauern zerstören mit chemischen Spritzmitteln die natürlichen Lebensgemeinschaften des Feldes. Naturschutzverbände weisen immer wieder auf die damit verbundene Gefährdung unseres Lebensraumes hin.
Je dichter die Menschen ihre Siedlungen bevölkern, je zahlreicher und großflächiger die Industriezentren werden, desto notwendiger ist es, Kraft aus der Natur zu schöpfen. In der Stille der Wälder, inmitten der Wiesen, auf den Höhen der Berge und an den Ufern der Gewässer findet der ermattete, abgearbeitete Mensch wieder neue Kraft und innere Ruhe. Auch die Grünanlagen in den Städten werden immer bedeutungsvoller für die Gesundheit der Menschen. Daher sollte jeder einzelne dazu beitragen, die Natur zu schützen und sie für das Wohl der Menschheit zu erhalten.

Übungsmöglichkeiten:
1. **Kleinschreibung unbestimmter Zahlwörter (Numeralien):** jeder einzelne, der eine, der andere, die beiden, ein jeder, einige wenige, alle übrigen, kein einziger, ein paar, das meiste, dies alles, ein bißchen, in manchem, vor allem, die wenigsten
Bilde Sätze!
2. **Fremdwörter mit der Endung -ur:** Natur, Kultur, Konjunktur, Zensur, Muskulatur, Glasur, Struktur, Statur, Frisur, Rasur, Tinktur, Politur, Korrektur, Inventur, Positur, Montur, Figur, Dressur, Literatur, Architektur, Diktatur, Temperatur, Reparatur, Karikatur, Tortur
Schreibe abgeleitete oder zusammengesetzte Wörter hinzu (Natur – natürlich – Naturereignis, ...)!
3. **Wortfamilie „Industrie":** Industrie, -zentrum, -betrieb, -bahn, -güter, -zeitalter, -verband, -gebiet, -staat, -erzeugnis, -bau, -landschaft, -abgase, -abwässer, Textil-, Grundstoff-, Eisen-, Nahrungsmittel-, Schwer-, Konsumgüter-, Papier-, ...; Industrialisierung; Industrieller, Groß-; industrialisieren; industriell
Schreibe die Wörter vollständig ab!
4. **Wortfamilie „Natur":** Natur, Herren-, Über-, Menschen-, -forscher, -mensch, -volk, -kunde, -wissenschaft, -erscheinung, -kraft, -zustand, -trieb, -recht, -gewalt, -heilkundiger, -freund, -liebe, -talent, -kind, -schutz, -stoffe, -geschichte, -schutzgebiet, -seide; Naturalismus; Naturalist; Naturalien; naturalistisch; natürlich, un-, wider-, über-; naturgemäß, -getreu, -wüchsig, -widrig, -wissenschaftlich, -kundlich, -liebend, -rein, -notwendig; naturalistisch; naturalisieren
5. **Wortfamilie „wachsen":** wachsen, an-, auf-, zu-, ver-, zusammen-, be-, über-, heran-, nach-, fest-, aus-, ent-, dazwischen-; Zuwachs; Wachstum, Längen-, Breiten-; Erwachsene; Gewächs, -haus, Blatt-, Ranken-, Treibhaus-, Zimmer-, Efeu-; Wuchs, Pflanzen-, Blatt-, Haar-, Körper-, Miß-, Aus-, Nach-, Zwerg-, Bart-; Wucher, -zinsen, -preis, -blume, -geld; Wucherer; Wucherung; wuchern, über-, empor-, ver-; schnellwüchsig, ur-
Schreibe die Wörter vollständig ab!
6. **tz oder z** (mit 3 Schreibfehlern): Existenz, Platz, Braunkohlenflöze, Weizenanbaugebiete, Spritzmittel, Naturschutz, trotz, Skizze, protzen, reitzvoll, Kapuze, Haubitze, Spatziergang, Blizzard, Razzia, nutzlos, ärtztlich, Metzgerei, Mazedonien, Nizza, Matratze, Matrize, Abruzzen, nutzlos, verletzt, Götzendienst, Quarz, Hyazinthe, Dutzend, spreizen, Glyzerin, Hitzschlag, Intermezzo, verschmutzt, Brezel, Horizont, Bauklotz

Berichtige die Schreibfehler und ordne die Wörter *(tz, zz, z)*!
(Kontrollmöglichkeit im Beiheft L 239.)

225

In unseren Mittelgebirgen

Deutschland ist unendlich reich an großartigen Landschaften und Naturschönheiten. Wenn auch die Ballungsräume des Fremdenverkehrs an den Küsten und in der alpinen Hochgebirgswelt liegen, so bieten doch die oft weniger beachteten deutschen Mittelgebirge eine besonders liebliche, abwechslungsreiche Landschaft mit Tälern und Höhen, Bergen und Seen, Wäldern und Wiesen. Alle paar Schritte erhält hier der wandernde Naturfreund ein völlig anderes Landschaftsbild. Lichtungen inmitten bewaldeter Höhen geben den Blick frei auf sonnenüberflutete Täler mit Blumenwiesen und klaren Bächen. Zwischen dem Braun, Grün und Gelb der Felderstreifen scheinen die Dörfer versonnen zu träumen. In der Ferne erheben sich bewaldete Bergrücken, die im Dunst des Horizonts nur schwach zu erkennen sind. Es ist der eigenartige, immer wieder bezaubernde Reiz der deutschen Mittelgebirge, daß sie bei aller Verwandtschaft landschaftlicher Grundformen in ihrem Charakter so völlig verschieden sind. Welch jäher Unterschied liegt beispielsweise zwischen dem sanften Odenwald und der rauhen Rhön! An der Bergstraße am Fuße des Odenwaldes gedeihen in fast südlichem Klima Aprikosen, Mandeln und Edelkastanien. Auf den Hochflächen der Rhön, über die stürmische Winde brausen, suchen Schafherden ihre kärgliche Nahrung. Oder wer möchte den ernsten Schwarzwald mit dem heiteren Elbsandsteingebirge gleichsetzen? So vielfältig die Formen, so verschieden sind die Kräfte, die am Aufbau unserer Mittelgebirge gewirkt haben, bis sie nach vielen Jahrtausenden ihre heutige Gestalt erhielten. Unerschöpflich sind Formenreichtum, landschaftliche Besonderheiten und die Fülle der Naturschönheiten für Menschen, die das alles zu sehen vermögen.

Übungsmöglichkeiten:

1. **Die Schreibung des F-Lautes:** Fremdenverkehr, völlig, überflutet, vielfältig, unerschöpflich, Triumph, Pfau, sanft, empfindsam
   Fülle die Lücken in folgenden Wörtern durch Einsetzen von *f, v, ph*
   und *pf*: trium–ieren, Stati–, –ers, kram–haft, Em–ehlung, –orderung, Mikro–on, –ertigkeit, bra–, Sen–, Tro–en, –ahlhell, Katastro–e, –öllig, –ogt, As–alt, Cuxha–en, Friedrichsha–en, Trum–, Pro–et, Lar–e, Paragra–, ab–eilen, Fre–el, Ge–ieder, –ilipp, –ehde, ge–legt!
   (Arbeitshilfe: In je 8 Lücken muß *f* und *v* ergänzt, in 7 Lücken *ph* und in 5 *pf* eingesetzt werden. Siehe Beiheft L 240!)

2. **Sammlung von Berg- und Gebirgsnamen, die aus mehreren Wörtern bestehen:** Rheinisches Schiefergebirge, Schwäbischer Jura, Bayerischer Wald, Sächsische Schweiz, Teutoburger Wald, Salzburger Alpen, Niedere Tauern, Iberisches Gebirge, ... Hohe Acht, Großer Arber, Kahler Asten, Hoher Dachstein, ...
Führe die Reihen fort!
3. **Fremdwörter mit ch:** Charakter, Chronik, Christ, Chrom, Chlor, Chronometer, Cherubin, Chrysantheme, Chaos, Chrisam, Cholera, Choral, chronologisch, Chlorophyll – Champignon, Champion, Chauffeur, Chemiker, Chef, Chaussee, Charme, chiffrieren, chartern
Schreibe abgeleitete oder zusammengesetzte Wörter!
4. **Hauptwörter (Substantive), die als Verhältniswörter (Präpositionen) gebraucht werden (Kleinschreibung):** inmitten bewaldeter Höhen – kraft seiner Sendung – dank seiner Geschicklichkeit – zeit seines Lebens – angesichts der Gefahr – mangels Beweises – namens der Eltern – zwecks Überprüfung – zufolge der Anordnung – um Gottes willen – zugunsten der Kinder – anstatt zu kommen – seitens der Angehörigen – statt des Meisters
Bilde daraus Sätze!
5. **b oder p:** alpin, lieblich, Elbsandsteingebirge, Schwäbische Alb, Krebs, Abteikirche, Knoblauchwurst, Publikum, Plombe
Setze in die Lücken folgender Wörter *b* oder *p*: Klo–s, Re–huhn, Re–u––lik, Al–traum, Rau–tier, Ra–s, Pro–st, Manuskri–t, Hau–tmann, Ka–sel, O–dach, Du–likat, Reze–t, erwer–stätig, Schna–s, Schu–lade, Klem–ner, Gelü–de, le–los, Re–stock, Stö–sel, Schrau–stock, Gi–s, der–, Pa–st, Tra–rennen, Schli–s, gewöl–t, Häu–chen!
(Arbeitshilfe: In 14 Lücken fehlt *b*, in 16 *p*. Siehe Beiheft L 241!)
6. **Das silbentrennende h:** jäher, Höhe, mähen, leihen, weihen, mühsam, Ehe, Reihe, krähen, rauh, Stroh, fröhlich, zäh, flehen, Brühe, fliehen, nähen, Zähigkeit, ziehen, Ruhe, blähen, glühen, Vieh, bejahen, gedeihen, Verzeihung, Frühling, Geweih, Drohung
Suche noch andere derartige Wörter!
Beachte: Vor der Nachsilbe *-heit* fällt das silbentrennende *h* fort (Roheit, Rauheit, Hoheit); auch bei Silbentrennung (Ro-heit, ...)!

Eine teure Reissuppe 226

Eine Gruppe fünfzehnjähriger Jungen hatte frohgemut mit ihren Rädern eine Wochenendfahrt ins Sauerland unternommen. Am Rande einer schützenden Fichtenschonung hatten sie ihre Zelte aufgebaut und hockten nun um die Kochstelle, über der die Reissuppe bereits munter brodelte und verheißungsvoll duftete. Peter, der Gruppenkoch, hatte soeben den Inhalt zweier Fleischkonservendosen in die Suppe geschüttet und probierte noch einmal das fast fertige Mittagessen. Sein Gesichtsausdruck verriet, daß er mit der Suppe völlig zufrieden war. Während zwei Jungen den rußigen, schweren Fahrtentopf vom Feuer hoben, holten die anderen ihre Eßgeräte aus den Zelten. Da fuhr plötzlich ein Windstoß in die nicht mehr abgedeckte Feuerstelle, so daß ein starker Funkenflug entstand, der trockenes Gras und dürres Unterholz entzündete. Behende versuchten die Jungen den entstehenden Brand auszuschlagen. Aber trotz aller verzweifelten Bemühungen gelang es ihnen nicht, das sich rasch ausbreitende Feuer einzudämmen. Bald stand ein Großteil der angrenzenden Fichtenschonung in lichten Flammen. Prasselnd und knisternd stob das Feuer, weithin sichtbar, über die Baumkronen. Sirenengeheul ertönte in der Ferne und alarmierte etliche Löschkommandos. Doch auch Feuerwehrleute und Forstarbeiter konnten nicht verhindern, daß trotz heldenhaften Einsatzes zahlreiche Hektar wertvollen Baumbestandes vernichtet wurden. Das Abkochen der Reissuppe war den Jungen teuer geworden, da sie wegen fahrlässiger Brandstiftung von einem Jugendgericht bestraft wurden.

Übungsmöglichkeiten:

1. **Eigenschaftswörter mit „voll" am Ende:** verheißungsvoll, erwartungsvoll, hochachtungsvoll, ehrfurchtsvoll, schmachvoll
   Folgende Hauptwörter lassen sich durch Verbindung mit „voll" in Eigenschaftswörter umwandeln: Angst, Gram, Schmerz, Wehmut, Leid, Spannung, Stimmung, Sinn, Rücksicht, Maß, Hoffnung, Unheil, Gehalt, Geschmack, Macht, Zucht, Geheimnis, Kummer, Grauen, Kunst, Humor

2. **Wortfamilie „brennen":** brennen, an-, ab-, aus-, nieder-, ver-, durch-, auf-, ein-; Brenner, Gas-, Alles-, -ei; Brennstoff, -punkt, -nessel, -glas, -schere, -stelle, -holz; Einbrenne; brennbar; brenzlig (brenzlich); Branntwein, -hersteller, -erzeugung, -brennerei; Brand, -mal, -schaden, -ursache, -stiftung, -meister, -salbe, -stelle, -mauer, -stätte, -brief, -wache, -rodung, -schatzung, -bombe, Feld-stein, Wein-, Haus-, Wald-, Steppen-, Keller-, Gruben-; branden, heran-, zurück-; Brandung; Brunst, In-, Hirsch-, Feuers-, -zeit

3. **ä – e Schwierigkeiten:** behende – eigenhändig, Schlegel – Beschläge, Krempel – Kram, Schenke – Ausschank, Wildbret – Wildbraten, überschwenglich – Überschwang, Schwemmland – Schwamm, Stengel – Gestänge, Eltern – älter
   Einsetzen von e oder ä in die Lücken folgender Wörter: Kr–mpe, vor-

m–rken, D–mmerung, br–nzlig, Kal–nder, Sch–rpe, T–rpentin, eink–rkern, widersp–nstig, rückw–rts, H–rmelin, g–rben, Sch–lle, ans–ssig, vielf–ltig, Glassch–rben, verd–rblich, schw–tzen
(Arbeitshilfen: In 6 Lücken muß *ä* eingesetzt werden. Siehe Beiheft L 242!)

4. **Schwierigkeiten bei der Schreibung des S-Lautes:** Reissuppe, verheißungsvoll, rußig, Eßgeräte, fahrlässig, prasseln, Forstarbeiter, Muskel, verblassen, bißchen, Grieß
Setze in die Lücken folgender Wörter *s, ss* oder *ß* ein: prei–wert, nachlä–ig, Rei–brett, Kürbi–s, Karu–ell, Pa–ierschein, Qua–te, wi–begierig, mei–tens, grie–grämig, Grie–pudding, Nutznie–ung, Kohlengru–, Flie–enleger, Streu–elkuchen, verpa–en, Bu–ard, Mu–keln, Firni–, Bi–tum, Prei–elbeeren, Profe–or, ru–isch, ru–ig
(Arbeitshilfe: In 12 Wörtern fehlt *s*, in 7 *ss* und in 5 *ß*. Siehe Beiheft L 243!)

5. **Wortfamilie „spielen":** spielen, ab-, an-, auf-, aus-, ein-, mit-, nach-, über-, ver-, vor-, zu-, zusammen-; Spiel, Ab-, An-, Ball-, Bei-, Bundesjugend-, Glücks-, Versteck-, Gedulds-, Lieblings-, Lotterie-, Roulett-, Karten-, Skat-, Quartett-, Mühle-, Dame-, Brett-, Halma-, Schach-, Würfel-, Kegel-, Kugel-, Wett-, Kampf-, Lauf-, Golf-, Zu-, Hockey-, Tennis-, Fang-, Rate-, Versteck-, Unterhaltungs-, Übungs-, Puppen-, Kreis-, Stegreif-, Rollen-, Sing-, Kinder-, Schul-, Märchen-, Theater-, Schau-, Lust-, Trauer-, Laien-, Schatten-, Zwischen-, Vor-, Fernseh-, Bühnen-, Orgel-, Flöten-, Gast-, Mienen-, Wind- (Zwergwindhund), Kirch-, (Pfarrbezirk), -schule, -ball, -schrank, -zeug, -leidenschaft, -schuld, -geld, -beginn, -dauer, -film, -marke, -figur, -puppe, -karte, -uhr, -plan, -ordnung, -weise, -führer, -zeit, -trieb, -gruppe, -sachen, -platz, -tisch, -art, -glück, -tag, -automat, -feld, -zimmer, -kasino, -brett, -laune, -kamerad, -gefährte, -regel, -stand, -dose, -kiste, -hölle, -verderber, -waren, -oper, -raum, -saal, -wiese, -bank, -leute, -mannszug; Spieler, Klavier-, Geigen-, Glücks-, Gegen-, Ersatz-, Zither-, Theather-, Fußball-, Laien-, Schau-, Platten-, Mit-; Spielerei; Anspielung; spielmüde, -frei, kost–ig, -entscheidend, -erfahren; spielerisch; verspielt

6. **Wortfeld „Fortbewegungsmöglichkeiten in der Freizeit":** reisen, wandern, spazieren, stolzieren, gehen, bummeln, schlendern, schreiten, marschieren, umherstrolchen, tippeln, stapfen, pilgern, zotteln, klettern, laufen, erklimmen, ersteigen, pirschen, strolchen; rudern, segeln, gondeln, paddeln, waten, gleiten, schwimmen; reiten, galoppieren, traben, fahren, rollen, radeln, kutschieren, kurven; fliegen, schweben, aufsteigen, segeln, landen, surfen, joggen

Ordne die Wörter innerhalb der Gruppen (im Fahrzeug, zu Fuß, zu Pferd, im Wasser, in der Luft) alphabetisch!

227

Durch Nacht zum Licht

Kurz nach Mitternacht war eine Gruppe fünfzehnjähriger Jungen in der Garmischer Jugendherberge aufgebrochen, um von einem günstigen Gipfel den Sonnenaufgang mitzuerleben. Zunächst war es der Anblick des sternklaren, mondlosen Nachthimmels, an dem sogar einige Sternschnuppen entlanghuschten, der bei den Großstadtjungen echte Bewunderung auslöste. Dann nahm der Bergwald die jungen Nachtwanderer auf, die ihre Aufmerksamkeit auf den schmalen, grasbewachsenen Pfad richten mußten, da er nur schwach im matten Lichtkegel einiger Taschenlampen zu erkennen war. Steiler und steiniger wurde der serpentinenreiche Weg, so daß trotz der Nachtkühle auf mancher Jungenstirn Schweiß perlte. Das Marschtempo durfte nicht verlangsamt werden, wenn man rechtzeitig bei Sonnenaufgang am Gipfel sein wollte. Allmählich wurde der Bergwald lichter. Nur noch einzelne Fichten und Krüppelkiefern hoben sich schwarz gegen den sich langsam aufhellenden Himmel ab. Unmerklich verblaßten die Sterne. Ein orangeroter Streifen wurde hinter der grauvioletten Bergsilhouette sichtbar und verbreiterte sich. Undurchdringliche, weißgraue Nebelschwaden sammelten sich im Tal. Endlich hatten die Jungen den Gipfel erreicht. Bald war der Zeitpunkt des Sonnenaufgangs gekommen. Gebannt schauten die Jungen, als die Sonne orangefarben aus der am Horizont befindlichen Wolkenwand auftauchte. Ihre Strahlen wärmten die frierende Jungenschar und ließ die obersten Bergkuppen in lichtem Rot erstrahlen. Doch beim Höhersteigen der Sonne wurde die Färbung der Felswände rasch fahler. Nur wenige Sekunden hatte diese Pracht gedauert. Dennoch waren die Jungen froh, einmal einen Sonnenaufgang im Gebirge miterlebt zu haben.

Übungsmöglichkeiten:

1. **Wortfamilie „Berg":** Berg, -bau, -arbeiter, -fried, -geist, -steiger, -kuppe, -wald, -bahn, -besteigung, -gipfel, -kapelle, -kette, -knappe, -fahrt, -ahorn, -land, -schafe, -wiese, -hang, -kiefer, -rücken, -werk, -mann, -wacht, -rutsch, -kristall, -sturz, -kegel, -bewohner, -spitzen, -ziege, -wand, -leder, -kreuz, -lehne, -rat, -predigt, -führer, -ingenieur, -schuhe, -wind, -straße, Tafel-, Eis-, Wein-, Schiefer-, Aussichts-, Insel-, Schnee-; Gebirge, Küsten-, Ketten-, Rand-, Hoch-, Mittel-, Scheide-, Grenz-, Vor-, Falten-, Felsen-, Schiefer-, Schollen-, Decken-, Horst-, Kamm-, Vulkan-, Kalkstein-; Gebirgsklima, -pfad, -jäger, -dorf, -land-

schaft, -wanderung, -schlucht, -truppen, -zug, -bewohner, -tour, -massiv, -stock, -kamm, -paß, -grat; Gebirgler; bergig, bergauf, -ab; gebirgig
Sammle geographische Namen auf „Berg" und „Gebirge" (Vogelsberg, Kreuzberg, ... Elbsandsteingebirge, Erzgebirge, ...)!

2. **Zusammengesetzte Eigenschaftswörter (Adjektive)** – Farbbezeichnungen:
a) Zusammensetzung zweier Farbbezeichnungen – Das Grundwort gibt die Grundfarbe an: weißgrau, orangerot, rotorange, blaurot, grauviolett, schwarzbraun, ...
aber: blau-rot, gelb-grün (jeweils zwei Farben)
b) Zusammensetzung mit Eigenschaftswörtern (Adjektiven), die den Helligkeitsgrad angeben: hellgelb, lichtgrün, mittelbraun, tiefblau, dunkelrot, mattrosa, blaßgrün, hochrot, ...
c) Zusammensetzung mit Hauptwörtern (Substantiven): kanariengelb, karminrot, moosgrün, veilchenblau, purpurlila, rostbraun, schiefergrau, ...
Setze die Reihen fort!

3. **Fremdwörter mit ou:** Silhouette, Bergtour, Soutane, Patrouille, Roulade, Souffleur, Couch, Rouleau, Ragout, Potpourri, Ouvertüre, Gouverneur, Bouillon, Cousin, Nougat, souverän, Douglasfichte, Roulett, Journalist, Limousine
Ordne die Wörter alphabetisch!

4. **Schreibweisen des langen a:** Schar, P–r, kl–r, H–r, M–r, St–r, Not–r, J–r, Honor–r, Gef–r, B–r, S–r, r–r, ... schmal, T–l, –l, k–l, Pok–l, Pf–l, Str–l, Merkm–, Z–l, Festm–l, Kan–l, Port–l, Karnev–l, ... Pfad, St–t, Dr–t, Orn–t, N–t, Sal–t, Zitron–t, S–t, B–d, Aggreg–t, Plak–t, priv–t, ... Schwan, W–n, Tr–n, Ork–n, H–n, Marzip–n, Holzsp–n, B–n, Kr–n, Porzell–n, Fas–n, ... lahm, z–m, Sch–m, ... Schale, Sand–le, –le, Ped–le, S–le, Kathedr–le, ... Regenplane, F–ne, S–ne, Ban–ne, Ur–ne, Li–ne, Karaw–ne, ...
Fülle die Wortlücken (8 Wörter werden mit *aa*, 16 mit *ah* geschrieben) und setze die Reimreihen fort! Siehe Beiheft L 244!

5. **Schärfung mit pp** (mit 3 Schreibfehlern): Gruppe, Krüppelkiefer, knapp, Krappe, Stoppelfeld, Kaulquappe, verdoppeln, Pappel, appetitlich, üppig, galoppieren, Tappete, ertappt, klappern, rappeln, schlapp, schnuppern, struppig, zappelig, Sirupp, Apparat, knapp, Teppich, verschleppen, suppig
Berichtige die 3 Schreibfehler und ordne nach Wortarten!
(Kontrollmöglichkeit im Beiheft L 244a)

6. **Schärfung mit tt:** Mitternacht, Silhouette, matt, Krawatte, Ringelnatter, Ballett, flattern, ermitteln, kaputt, Parkett, Kompott

Setze in die Lücken folgender Wörter *tt* oder *t*: Kapi–el, spö–isch, Table–, Schni–lauch, Na–ur, Ersta–ung, Gi–arre, Kilowa–, A–entat, Kri–ik, Zigare–e, Ba–erie, A–rappe, A–oll, Karo–en, Konfe–i, Ma–erial, Qui–ung, Me–all, Ku–sche, Ku–e, E–age!
(Arbeitshilfe: In 13 Wörtern fehlt *tt*, in 9 *t*. Siehe Beiheft L 245!)

An der Isarquelle

228

Peter und Norbert, zwei Natur- und Wanderfreunde, haben während der Sommerferien einen Teil des Karwendelgebirges durchwandert. Dabei sind sie durch ein wildromantisches Hochtal zum Quellgebiet der Isar gekommen. Sie hätten die Quelle bestimmt nicht gefunden, wenn sie nicht ein Ortskundiger geführt hätte. Halb unter einem Baumstumpf versteckt, entdecken sie ein unscheinbares, sprudelndes Rinnsal. Munter plätschert das Quellwasser über Felsen und Geröll und bahnt sich schon recht kraftvoll und eigenwillig seinen Weg. Schmelzwasser von den schneebedeckten Gipfeln des Karwendelmassivs und Wasserfälle lassen die Isar rasch zu einem schäumenden Wildbach anwachsen. Nicht weit unterhalb der Quelle stärken sich die Jungen in einer Hütte, dessen Wirt das Wildwasser zur Stromerzeugung nutzt. Während die Wanderer ihre Erbsensuppe löffeln, erzählt der Hüttenwirt von seinen Wildwasserfahrten auf der Isar, die bis zur Mündung einen Höhenunterschied von 1 500 Metern überwindet. Jahrhundertelang haben Flößer das Gefälle genutzt, die im Gebirge gefällten Baumstämme zur Verarbeitung bis München oder sogar nach Passau und Wien zu transportieren. Norbert denkt an die warmen Sommertage des Vorjahrs, als er nahe der bayerischen Hauptstadt in der Isar oftmals gebadet hat. Dort ist aus dem tosenden Wildwasser ein gemächlich dahinziehender Fluß geworden. Wehre, Kraftwerke und Stauseen haben ihn gezähmt und ihm die ursprüngliche Kraft genommen. Bevor die beiden Jungen zum Abstieg aufbrechen, füllen sie ihre Feldflaschen mit dem kristallklaren Bergwasser der Isar.

Übungsmöglichkeiten:

1. **b oder p:** unterhalb, Abstieg, Erbsensuppe, Hauptstadt, geprobt, Herbsttag, Stoppelfelder, Betrieb, schwebt, Obstbaum, hopsen, zerlumpt, Körbchen, Schlips, Abt, Krebs, Papst
   Ordne nach der Schreibweise und füge verwandte Wörter hinzu (Herbst, herbstlich, ...)!
   Fülle die Lücken in den folgenden Wörtern durch Einsetzen von *b* oder *p*: ster–lich, Gi–s, verder–lich, Re–huhn, hü–sch, Ra–s, Er–se, betäu–t, Sie–, Häu–tling, Gelü–de, Schu–karre, O–dach, Poly–, O–tiker, Schwä–

bische Al–, Repu–lik, Ze–ter, Ter–entin, Kla–s, belau–t, geträu–t, schu–sen!
(Arbeitshilfe: In 8 Wörtern muß *p* eingesetzt werden. Siehe Beiheft L 246!)

2. **Wörter mit qu:** Quelle, Quartier, quer, bequem, Quark, Qual, Quartett, Quittung, qualmen, Quarz, Quadrat, Quirl, Quaste, quetschen, quietschen, Quiz, Kaulquappe, Quartal, quatschen, Quecksilber
In Wörtern mit *qu* gibt es kein Dehnungs-h. Schreibe zusammengesetzte und verwandte Wörter hinzu!

3. **Wörter mit ff:** löffeln, hoffentlich, zutreffend, Pfiff, Karaffe, raffiniert, Riff, offiziell, Affekt, Koffer
Setze in die Lücken *ff* oder *f* ein: In–ektion, o–ensiv, Beschä–tigung, Erscha–ung, Geschä–t, Tre–punkt, Ö–nung, Pfe–erkörner, Angri–, vergrei–en, Eiswa–eln, Gira–en!
(Arbeitshilfe: In 8 Wörtern muß *ff* eingesetzt werden. Siehe Beiheft L 247!)

4. **s oder ß:** Flößer, Imbiß, Kürbis, Griesgram, Grießsuppe, bißchen, Muskeln, vergeßlich, vorgestern, Fließband, Atlas, Iltis, Reisfeld, Reißbrett, Verschleiß, Bahngleis, Ausland, außen, Gewißheit, Weisheit, Weißlack, bloß, Absolutismus, preiswert, fleißig
Ordne die Wörter nach der Schreibung des S-Lautes!

5. **Zusammengesetzte Eigenschaftswörter (Adjektive):** wildromantisch, kraftvoll, eigenwillig, kristallklar, vorlaut, dunkelbraun, eiskalt, überglücklich, todmüde, aufrichtig, schneefrei, knöcheltief, einarmig, purpurrot, zweistellig, dünnschalig, essigsauer, goldgelb, überreif
Setze passende Hauptwörter dazu (eine wildromantische Schlucht, . . .)!

6. **Zusammengesetzte Mittelwörter (Partizipien):** schneebedeckte Gipfel (mit Schnee bedeckt), moosbewachsene Steine (von Moos bewachsen), kampferprobte Männer (im Kampf erprobt), eine eisgekühlte Erfrischung (durch Eis gekühlt)
Bilde zusammengesetzte Mittelwörter aus: vor Schmerz verzerrt; mit der Hand gearbeitet; im Schreiben gewandt; von Dank erfüllt; mit Blut befleckt; vor Wind geschützt; mit Schuld beladen

Ebbe und Flut

Für einen Teil der Sommerferien hatte sich Sabine in einer Jugendherberge an der deutschen Nordseeküste einquartiert. Doch als sie am nächsten Morgen schwimmen wollte, war kein Wasser zu sehen. Es war Ebbe. Barfuß wanderten einige Leute am Strand entlang oder stapften durch das

Watt. Als Sabine im Vorjahr an der Ostsee war, hatte sie die durch die Gezeiten bedingten Unterschiede nicht bemerkt. Wegen der umschließenden Landmassen kann sich die atlantische Flutwelle in diesen Randmeeren kaum auswirken. Hier aber sieht Sabine die Wirkung der gegenseitigen Anziehung von Erde und Mond sehr deutlich. Auf der dem Mond zugewandten Seite bildet sich auf dem Ozean eine verstärkte Wasseransammlung. Infolge der Erddrehung und der Fliehkraft wiederholt sich dieser Vorgang nochmals während eines Tages. Dabei zieht sich das Wasser von den Küsten zurück, um nach sechs Stunden in der Gegenrichtung zu fluten. Infolge des Mondumlaufes verzögert sich dieser Vorgang täglich um fast fünfzig Minuten. So wechseln Ebbe und Flut mit exakter Regelmäßigkeit. Damit Sabine die Badezeiten in ihren Tagesablauf einplanen kann, hat sie sich einen Tidenkalender besorgt, auf dem die Zeiten von Hoch- und Niedrigwasser für die nächsten Wochen eingetragen sind. Bis zur einsetzenden Flut will sie ein Stück an dem von den Wellen gerillten und von Muschelschalen bedeckten Strand entlangwandern und es sich am Deich bequem machen. Doch sie freut sich jetzt schon auf das Schwimmen bei Flut am frühen Nachmittag.

Übungsmöglichkeiten:

1. **Wörter mit tsch:** Lutscher, rutschen, Kutscher, latschen, quietschen, deutsch, tratschen, patschen, fletschen, klatschen, quetschen, zwitschern, Peitsche, watscheln, plätschern, Pritsche, quatschen
   Schreibe die Wörter ab und trenne sie dabei! (Lut-scher, ...)
   Bilde davon verwandte Wörter!

2. **äu – eu:** bedeutungsvoll, Handelshäuser, Kaufleute, kreuzen, heute, verträumt, säuerlich, beschleunigen, Gebäude, Scheune, verräuchert, läuten, keuchen, Geräusch, Zigeuner, Spreu, betäubt, häufig, Beule, kräuseln, meutern, bläulich, neulich, heulen, träufeln, Knäuel, seufzen, scheu, säuseln, vergeuden, Säule, erläutern, scheußlich, sträuben, steuern, Greueltat, häuten, schäumen, ungläubig
   Ordne die Wörter nach ihrer Schreibweise (*äu – eu*)!
   Ergänze folgende Wörter: vers–men, Bed–tung, L–chter, S–gling, Verl–mder, r–spern, h–cheln, M–terei, S–re, T–schung, verstr–en, H–ptling, ohrenbet–bend, K–chhusten, Schl–der, Wollkn–el, versch–chen, R–ber, Gestr–ch, anf–ern, S–fzer, Kr–ter, Kr–zer, s–bern, d–tlich!
   (Arbeitshilfe: 13 Wörter werden mit *eu* geschrieben. Siehe Beiheft L 248!)

3. **Unterscheiden von end – ent:**
   a) **Wortfamilie „Ende":** Ende, Lebens-, Monats-, Jahres-, Kriegs-, Spiel-, Zug-, Wurst-; Endpunkt, -silbe, -kampf, -runde, -station, -lauf,

-spiel, -spurt, -zweck, -ung; Unendlichkeit; Beendigung; Zwölfender; endlich; endlos; endgültig; enden, be-, ver-
b) **Mittelwörter der Gegenwart:** singend, laufend, springend, kämpfend, wissend, ringend, schützend, gestaltend, ...
c) **Vorsilbe ent-:** entfernt, entdeckt, entehrt, entzwei, Entführung, Entscheidung, entreißen, entkommen, unentwegt, unentbehrlich, unterentwickelt, Entstehung, ...
d) **ent vor der Nachsilbe -lich:** versehentlich, hoffentlich, gelegentlich, öffentlich, wesentlich, eigentlich, wöchentlich, ...
e) **ent am Ende der Fremdwörter:** Student, Advent, Zement, Talent, Dozent, Testament, Regiment, Patent, Dirigent, Patient
4. **Die Nachsilbe -ung bei der Silbentrennung:** Ansamm-lung, Wanderung, Gegenrich-tung, Anzie-hung, Beschaf-fung, Schlie-ßung, Sitzung, Fe-stung, Verteidi-gung
Bilde aus folgenden Zeitwörtern (Verben) Hauptwörter (Substantive) und schreibe sie nach Silben getrennt: beschreiben, bestellen, vertreten, erfassen, belasten, entscheiden, prüfen, versetzen, retten, pflanzen, strecken!
5. **Schreibweisen des langen u:** Minute, Uhr, Schule, Schwur, Ruhm, Spule, Huhn, Truhe, Urlaub, Krume, ruhen, Kurort, Ruhrgebiet, Nudel, Blut, Stuhl, Fuder, Fuhrwerk, Natur, Kuhstall, Kuhle, Wut, Rute, Schuhmacher, Flur, Glut, Christentum, Spur, Aufruhr
Ordne die Wörter nach ihrer Schreibweise!
6. **Wörter mit bb:** Ebbe, krabbeln, Robben, Schrubber, Krabben, knabbern, Rabbiner
Verwende diese Wörter in Sätzen!

230

Zum erstenmal im großen Rathaus

Vor einigen Tagen hatte Gerd sein sechzehntes Lebensjahr vollendet. Nun sollte er im Einwohnermeldeamt seinen Personalausweis gegen eigenhändige Unterschrift in Empfang nehmen. Da Gerd das Rathaus noch nie zuvor betreten hatte, mußte er sich dort zunächst gründlich umschauen, um sich in diesem weiträumigen Verwaltungsgebäude zurechtzufinden. Neben dem Eingang beförderte ein Fahrstuhl fast geräuschlos zwei Rathausbesucher in die oberen Stockwerke. Gerd schaute sich zunächst die große Hinweistafel an, auf der er alle Verwaltungsstellen des Rathauses verzeichnet fand. Er stellte fest, daß das Einwohneramt im zweiten Stock untergebracht war. Es hatte die Zimmernummer 218. Gerd stieg in die bereitstehende, noch leere Fahrstuhlkabine, drückte auf einen Schaltknopf und wurde sacht emporgehoben. Mit kurzem Ruck hielt der Fahrstuhl, und Gerd stieg aus. Richtungspfeile an den Wänden erleichterten das Auffinden der verschiedenen Behörden in diesem Stockwerk. Da Gerd aber nirgends einen Hinweis zum Einwohnermeldeamt erblicken konnte, ging er den langen Flur entlang. Doch wie er an den Türaufschriften feststellte, gehörten alle Zimmer entweder zum Hochbau- oder zum Vermessungsamt. Auch in den angrenzenden Fluren suchte er vergeblich nach dem Einwohnermeldeamt und gelangte nach minutenlangem Umherirren zum Fahrstuhl zurück. Einen Mann mit blauen Aktendeckeln unter dem Arm, dem er hier begegnete, bat Gerd um Auskunft. „Im zweiten Stock, eine Etage tiefer", sagte der Beamte freundlich. Anscheinend hatte Gerd versehentlich den falschen Knopf im Fahrstuhl gedrückt.

Übungsmöglichkeiten:

1. **g in Fremdwörtern und seine unterschiedliche Aussprache:** Etage, Loge, Strategie, Gitarre, Sergeant, Garage, Massage, Regal, Tragödie, Legion, Gage, Genie, Vagabund, Galerie, Montage, Gymnasium, Kollege, Manege, Energie, Gelee, Passage, Magistrat, Synagoge, Legende, Gelatine, Plantage, Delegation, Page, Jongleur
Ordne die Wörter nach der unterschiedlichen Aussprache!

2. **mal – Mal, Male:** Kleinschreibung (dann Zusammenschreibung als Umstandswort): zum erstenmal, jedesmal, keinmal, manchmal, diesmal, etlichemal, mehrmals, tausendmal, vielmal, unzähligemal, dutzendmal, verschiedenemal, mit einemmal, ein für allemal, ein paar hundertmal, beim letztenmal, vom zweitenmal, das drittemal
Großschreibung (Getrenntschreibung als Hauptwort): das erste Mal, vom vergangenen Mal, beim letzten Mal, zum allerletzten Mal, voriges Mal, kein einziges Mal, letztes Mal, manches Mal, viele hundert Mal, ein ums andere Mal, dieses Mal, übernächstes Mal, zum soundsovielten Mal, zum wiederholten Mal
Mit den Endungen -e oder -en muß „Mal" mit großem Anfangsbuchstaben geschrieben werden: etliche Male, beim vorigen Male, nach dem zehnten Male, viele Male, zu wiederholten Malen, bei verschiedenen Malen
Bilde Sätze!

3. **Wortfamilie „Rat":** Rat, Vor-, Un- Ver-, Haus-, Hei-, Betriebs-, Arbeiter- und Soldaten-, Oberbau-, Forst-, Zoll-, Stadt-, Gemeinde-, Bundes-, Regierungs-, Schul-, Vermessungs-, Justiz-, Amtsgerichts-, Geheim-, Verwaltungs-, Staats-, Ministerial-, -haus, -geber, -schluß, -schlag, -losigkeit; Ratskeller, -sitzung, -diener, -schreiber, -herr, -beschluß; Beratung, Haushalts-; Beratungsstelle; Rätsel, -heft, -lösung,

-raten, Preis-, Bilder-, Kreuzwort-, Silben-; rätselhaft; Gerät, Arbeits-, Küchen-, Schreib-, Film-, Lichtbild-, Garten-, Turn-, Sport-, -schaft; Geräteturnen, -schuppen; raten, ab-, be-, er-, ver-, an-, zu-; ratsam, -los
Vergleiche diese Wörter mit der Wortfamilie „Rad"!
4. **Wortfeld „Behörden":** Verwaltung, Stadt-, Gemeinde-, Kreis-, Bezirks-, Amts-, Polizei-, Justiz-, Forst-, Friedhofs-, Schul-, Eisenbahn-, Hafen-, Finanz-, Theater-; Amt, Gesundheits-, Wohlfahrts-, Straßenverkehrs-, Jugend-, Schul-, Hochbau-, Wehrmelde-, Gewerbeaufsichts-, Telegraphen-, Fernmelde-, Pfarr-, Vormundschafts-, Forst-, Tiefbau-, Vermessungs-, Gartenbau-, Sport-, Ordnungs-, Kultur-, Standes-, Flüchtlings-, Wohnungs-, Einwohnermelde-, Wahl-, Presse-, Versicherungs-, Rechnungsprüfungs-, Liegenschafts-, Wirtschafts-, Sozial-, Kataster-, Zoll-, Post-, Personal-, Patent-, Wehrersatz-; Stelle, Polizeidienst-, Zweig-, Posthalter-; Handwerkskammer; Magistrat; Ministerium, Außen-, Verkehrs-, Landes-, Reichs-, Bundes-; Polizeipräsidium; Konsulat; Botschaft; Gesandschaft; Generalvikariat; Kurie, Kommandantur
5. **Wortfeld „Aufgaben der Behörden":** überwachen, verfügen, anordnen, erlassen, bestimmen, regieren, beaufsichtigen, bestätigen, ermächtigen, beauftragen, berechtigen, berufen, kontrollieren, genehmigen, zustimmen, bevollmächtigen, betreuen, delegieren, bescheinigen, beglaubigen, beurkunden, verleihen, übertragen, verhandeln, beraten, abstimmen, berufen, befördern, anstellen, pensionieren, vermitteln, ernennen, abordnen, einsetzen, repräsentieren, verwalten, überprüfen, verbieten, fördern, versteuern, registrieren, begutachten, vertreten, anweisen, untersuchen, berichten, planen, weiterleiten
Wandle diese Tätigkeiten in Hauptwörter um (Überwachung, ...)!
6. **weise, weisen – Waise – weiß:** Weissagung, Weisheit, Weisheitszahn, Beweis, Ausweis, Nachweis, Hinweis, Verweis, Überweisung, Zuweisung, weissagen, jemandem etwas weismachen, weisen, anweisen, abweisen, vorweisen, zurückweisen, einweisen, ausweisen, wohlweislich
Waise, Waisenhaus, Waisenkind, Vollwaise, verwaisen
weiß, weißlich, Eiweiß, Deckweiß, Edelweiß, Kohlweißling, Weißlack, Weißwein, Weißwaren, Weißnäherin, Weißbrot, Weißkäse, Weißglut, Weißdorn, Weißbuche, Weißkohl, Weißwurz, Weißfisch, Weißgerber, Weißrusse, Weißwurst, Weißblech, weißen
Diktiere die Wörter auszugsweise deinem Nachbarn!

Ein verlockendes Angebot

Schon zum dritten Male nacheinander war Peter Schulte zum Bürgermeister einer westfälischen Kreisstadt gewählt worden. Diesmal war seine

Wiederwahl bei der letzten Stadtratssitzung sogar einstimmig erfolgt. Mit Recht konnte Schulte darauf stolz sein, daß ihm auch sonst seine Mitbürger voll vertrauten. Immer wieder kamen sie mit ihren Anliegen und Schwierigkeiten zu ihm, um Rat und Hilfe zu finden. In seiner Amtszeit als Bürgermeister war es in der Kreisstadt beachtlich aufwärts gegangen. Alle Kriegsschäden waren längst beseitigt, ein Gymnasium und drei andere Schulen wurden errichtet. Das Rathaus hatte den notwendigen Erweiterungsbau erhalten, und eine gepflegte Parkanlage verschönte mit ihrer Blumenpracht seit Jahren die Stadt. Es war vorgesehen, auch den längst fälligen Krankenhausneubau nun durchzuführen. Über die bereits vorliegenden Baupläne verschiedener Architekten sollte in der nächsten öffentlichen Stadtratssitzung entschieden werden. Wenige Tage vorher erschien einer der Architekten beim Bürgermeister und versprach ihm, falls er die Ratsmitglieder zur Annahme seines Planes beeinflussen könnte und ihm die Bauleitung übertragen würde, einen ansehnlichen Geldbetrag oder den kostenlosen Umbau seines Eigenheims in ein behagliches, neuzeitliches Einfamilienhaus. Das war ein verlockendes Angebot. Schulte wußte, daß es ihm nicht schwerfallen würde, den Stadtrat, der sich hauptsächlich aus Fraktionskollegen zusammensetzte, für diesen Architekten zu gewinnen. Aber er war sich sofort im klaren, daß er auch diesmal aus seinem Ehrenamt als Bürgermeister keinen materiellen Nutzen ziehen würde.

Übungsmöglichkeiten:

1. **Recht – recht:** Großschreibung: mit Recht, nach Recht und Gewissen, ohne Recht, im Recht sein, Recht sprechen (suchen, finden), sein Recht fordern (erhalten, begehren), ein Recht haben (verleihen, verteidigen), von Rechts wegen, zu Recht bestehen (erkennen, behaupten), das Recht des Stärkeren, ein Unrecht verhüten (tun, eingestehen), mit der Rechten, auf sein Recht bestehen (pochen, hinweisen), Unrecht leiden, zu Unrecht, an den Unrechten kommen
Kleinschreibung: recht haben (erhalten, bekommen, behalten), recht sein, es jemanden recht machen, recht tun, nichts recht machen, sich zurecht finden, unrechtmäßig, rechtmäßigerweise
Bilde Sätze!
2. **Schärfung mit ll:** Kollege, materiell, Prozellan, Karussell, Flanell, Medaille, Ballon, Kastell, Allianz, Ellipse, Parallele, Alliierte, Pullover, Grill, Emaille, Pupille, Krawall, Cellophan, Bagatelle
Setze in folgende Wörter *l* oder *ll* ein: A–uminium, Krista–, Wa–nuß, Gese–schaft, Geschwu–st, Me–odie, Nachtiga–, Gefä–igkeit, Ko–onie, A–kohol, Gori–a, A–arm, Tunne–, Mode–, Sche–fisch, A–mosen, Mo–kerei, gre–, Po–itik, He–mut, Mi–itär, Mi–igramm!

(Arbeitshilfe: In 9 Wörter muß ll eingesetzt werden. Siehe Beiheft L 249!)

3. **Fremdwörter mit kt:** Architekt, Rektor, Konfekt, Sekt, Kontakt, Pakt, Traktor, Insekt, Konflikt, Infektion, Direktor, Akten, Viadukt, Takt, Instinkt, Objekt, Reflektor, Dialekt, Sekte, Affekt, Inspektor, Lektüre, Delikt, Trakt, Hektoliter, diktieren, Fraktion, Extrakt, Aktionär, Doktor, Aquädukt, Konvikt, Produkt
Ordne die Wörter alphabetisch und versuche sie durch deutsche zu ersetzen!

4. **Wortfamilie „helfen":** helfen, ab-, auf-, aus-, be-, fort-, hinauf-, herunter-, mit-, nach-, ein-, durch-, ver-, weiter-, zurück-; Helfer, Not-, Helfers-, Pfarr-, Flucht-, Seelsorgs-, Schul-, Kranken-, Armen-, Geburts-; Behelf, Not-; Behelfsheim, -mittel; behelfsmäßig; Hilfe, Kranken-, Alters-, Nach-, Aus-, Bei-, Ab-, Not-, Mit-, Arbeits-, Entwicklungs-, Sprechstunden-, Putz-, Selbst-, Sofort-, Wirtschafts-, Ernte-, Büro-, Land-, Küchen-, Schreib-, -ruf, -stellung, -leistung; Hilfsquelle, -schule, -arbeiter, -bereitschaft, -dienst, -zeitwort, -werk, -aktion, -mittel, -kreuzer, -gelder, -truppen, -gemeinschaft, -mannschaft, Aus-kraft; Gehilfe, Forst-, Heil-, Handlungs-; Gehilfin, Haus-; Gehilfenprüfung; hilflos, -reich, be-lich; hilfsbereit, -bedürftig, aus-weise; hilfebringend, -suchend, -flehend; unbeholfen

5. **Wörter mit ts:** bereits, Ratssitzung, abseits, Hochzeitsreise, stets, nichts, aufwärts, Geburtstag, nachts, jenseits, Rätsel, Arbeitstag, Wirtshaus, ...
Setze die Wortreihe fort!

6. **Die Nachsilbe -tum:** Eigentum, Brauchtum, Heiligtum, Volkstum, Christentum, Heidentum, Bistum, Fürstentum, Reichtum, Königtum, Papsttum, Judentum, Priestertum, Herzogtum, Kaisertum
Ordne in alphabetischer Reihenfolge und untersuche, wieviel dieser Wörter sich in die Mehrzahl (Plural) setzen lassen!

Die Notwendigkeit unabhängiger Gerichte

Bereits in den Anfängen menschlichen Gemeinschaftslebens hat es, wie wir aus der Kulturgeschichte wissen, Richterämter gegeben. Kein Staat kann auf Gerichte verzichten, da sonst das Recht des Stärkeren Gültigkeit hätte. Müßte jeder einzelne selbst für sein Recht sorgen, herrschte das Faustrecht, und chaotische Zustände gefährdeten die Existenz jeder menschlichen Gemeinschaft. Allerdings wurden die richterlichen Aufgaben nicht immer von Personen wahrgenommen, die ausschließlich für die

Rechtsprechung eingesetzt waren. In früheren Zeiten war oft der König gleichzeitig Herrscher und Richter. Noch im vergangenen Jahrhundert war in Deutschland vielerorts der Posten des Landrats mit dem des Amtsrichters vereinigt. Eine Koppelung des Richteramtes mit den Aufgaben von Gesetzgebung und Verwaltung widerspricht aber den geltenden demokratischen Grundsätzen und könnte die Unabhängigkeit der Rechtsprechung in Frage stellen. Sie verlangt, daß Richter in ihren Entscheidungen völlig unbeeinflußt sind und an keinerlei Weisungen von Staat, Parteien oder Vorgesetzten gebunden sind. Früher entschied der Richter in Streitfällen oft zugunsten des Vornehmeren, oder man erzwang durch Quälereien und Folterungen Geständnisse. Beim mittelalterlichen Gottesurteil blieb die Urteilsfindung sogar dem Zufall überlassen. Oft wurden dabei völlig Unschuldige als Verbrecher grausam hingerichtet. Eine derartige Rechtsprechung ist in einem modernen Staat nicht mehr denkbar. In einem Rechtsstaat hat jeder ohne Rücksicht auf Herkunft, Rasse, Besitz, Stellung, religiöser oder politischer Zugehörigkeit Anspruch auf Gerechtigkeit. In gleichem Maße wahren Gesetze die Rechte aller Bürger in sämtlichen Lebenslagen.

Übungsmöglichkeiten:

1. **Wortfamilie „wahr":** wahr, für-, un-, -haft, -haftig, -scheinlich, -lich, -heitsliebend, -heitsgemäß; wahren, aufbe-, be-, ver-; wahrnehmen, -sagen, -haben, sich be-heiten; Wahrheit, -scheinlichkeit, -nehmung, -sager, -haftigkeit, -zeichen, -ung, Be-, Aufbe-ung, Ver-ung, Sicherheitsver-ung, Ge-sam, -heitsliebe; bewähren; Bewährung; Bewährungsfrist, -helfer; Bewährtheit
Schreibe die Wörter vollständig ab!
2. **Wörter mit x:** Existenz, Textilien, Explosion, Examen, Experiment, Lexikon, exportieren, Taxe, Fixstern, Xylophon, Expreß, exerzieren, Axt, verhexen, Exil, Text, Boxe, Exempel, Saxophon, kraxeln, Exekution, Extrakt, expulsiv, fixieren, Exzellenz, Foxtrott, Plexiglas, Oxyd
Bilde davon abgeleitete oder zusammengesetzte Wörter!
3. **Wörter mit qu:** Quälerei, Äquator, Quark, quer, Quartier, erquicken, Aquarium, quadratisch, Quaste, quietschen, Quecksilber, Quelle, quieken, Bequemlichkeit, Quantität, Qualität, quatschen, quirlen, Quarz, Quäker, quetschen, Quadrille, Quader, Kaulquappe, Quittung, Quartett, qualifiziert, bequem, hervorquellen
Ordne nach Wortarten!
4. **Die Nachsilbe -nis:** Geständnisse, Wildnis, Erkenntnisse, Geheimnis, Ergebnisse, Bündnis, Gleichnis, ereignisreich
Bilde aus folgenden Zeitwörtern (Verben) mit Hilfe der Nachsilbe *-nis*

Hauptwörter (Substantive) und setze sie in die Mehrzahl (Plural): erlauben, ersparen, erleben, begraben, hindern, faulen, betrüben, gestehen, wagen, versäumen, bewenden, verhalten, vorkommen, geschehen, bekennen!
5. **Schärfung mit ss:** wissen, Geständnisse, Rasse, Fassade, Bissen, hassen, interessant, zuverlässig, unentschlossen, verblassen, massenhaft, flüssig, rasseln, Missetat, vergessen, kassieren, Essig, Verfassung, essen, unschlüssig, Kürbisse
Füge zugehörige Wörter hinzu (Gewißheit, Gewissen, wißbegierig, Wissenschaft, wissentlich, ...)!
6. **Die Nachsilbe -sam:** grausam, langsam, ehrsam, biegsam, gemeinsam, einsam, sparsam, ...
Setze die Reihe fort und füge passende Hauptwörter hinzu (ein grausames Vergehen, ...)!

Hohe Verantwortung

233

Wieder wird ein Angeklagter in den großen, weißen Sitzungsaal des Landgerichts hereingeführt. Alle Anwesenden warten gespannt auf die Eröffnungsworte des Richters. Der Verteidiger und der Staatsanwalt überschauen noch einmal flüchtig die vor ihnen liegenden Akten oder überdenken ihre Reden. Der Gesichtsausdruck einiger Zeugen spiegelt das Verantwortungsbewußtsein wider, da sie zwischen Wahrheit und Trug unterscheiden und dem Richter zur richtigen Entscheidung verhelfen sollen. Jede noch so unbedeutend erscheinende Nebensächlichkeit kann plötzlich eine hohe Bedeutung bekommen. Sie alle fühlen sich verantwortlich für das Schicksal ihres Mitmenschen, auch wenn er gegen die Ordnung des gesellschaftlichen Lebens verstoßen hat. Auf diese Verantwortung weist der Richter nochmals alle Zeugen hin, die versprechen müssen, nichts als die reine Wahrheit zu sagen. Dadurch soll Intrigen und Verleumdungen wirksam vorgebeugt werden. Die größte Macht hat der Richter, jedoch ist mit diesem Amt eine hohe Verpflichtung gegenüber seinen Mitmenschen verbunden. Daher muß er ein unparteiisches, gerechtes Urteil fällen, das den Belangen der menschlichen Gemeinschaft wie auch denen des Angeklagten gerecht wird. Bevor der Richter auf seinem verantwortungsvollen Posten das schicksalsschwere Urteil fällt, hört er sich, Recht und Unrecht dabei sorgsam gegeneinander abwägend, die Rede des Verteidigers und des Anklagevertreters an und fordert die Zeugen gegebenenfalls zu weiteren Stellungnahmen auf. Dann liegt die Entscheidung allein beim Richter und den anwesenden Schöffen. Welchen Weg der Angeklagte künftig einschlagen wird, hängt wesentlich vom Urteilsspruch ab, den der Richter mit seinen menschlichen und juristischen Fähigkeiten treffen muß.

Übungsmöglichkeiten:

1. **i oder ie:** Intrige, widerspiegeln, Prinzip, Symphonie, Marine, spazieren, Kiellinie, Revier, Gummi, Genie, Krankenvisite
   Setze in folgende Wörter *i* oder *ie* ein: Kompan–, erw–dern, W–derholung, Med–z–ner, Blütenst–l, Baust–l, Pr–mel, Detekt–v, Vert–fung, Kam–n, Gesichtsm–ne, Bleistiftm–ne, Kal–ber, Augenl–d, Rept–l, F–bel, Vent–l, Gard–ne
   (Arbeitshilfe: in 5 Wörter muß *ie* eingesetzt werden. Siehe Beiheft L 250!)

2. **Die Eigenschaftswortendungen (Adjektivendungen) -ig, -isch und -lich:**
   flüchtig, richtig, verantwortungsfreudig, schuldig, mächtig, ölig, ...
   verantwortlich, gesellschaftlich, menschlich, richterlich, gefährlich, ...
   parteiisch, rechthaberisch, teuflisch, italienisch, herrisch, ...
   Setze die Reihen fort!

3. **Zusammengesetzte Mittelwörter der Vergangenheit (Partizipien im Perfekt):** hereingeführt, vorgebeugt, ferngelenkt, radgefahren, sturmerprobt, warmgehalten, windgeschützt, abgehärtet, fettgedruckt, ...
   Setze die Reihe fort und ordne nach Art des Bestimmungswortes (Hauptwort, Eigenschaftswort, Verhältniswort)!

4. **Wortfamilie „Recht":** Recht, An-, Vor-, Erb-, Land-, Haus-, Stand-, Un-, Straf-, Zivil-, Kriegs-, Schul-, Kirchen-, Staats-, Wohn-, Faust-, Heimat-, Gast-, Eltern-, Familien-, Natur-, Gewohnheits-, Mitsprache-, Münz-, Markt-, Völker-, Wahl-, Vorschlags-, -losigkeit, -schreibung, -sprechung, -gläubigkeit, -fertigung, -eck, -schaffenheit, -mäßigkeit, -haber; Menschenrechte, Lebens-, Ehren-, Grund-, Bürger-; Rechtsanwalt, -lage, -pfleger, -grundlage, -sicherheit, -mittel, -staat, -streit, -kraft, -wissenschaft, -wesen, -weg, -schutz, -beistand, -fall, -gelehrter, -empfinden, -gefühl, -geschäft, -mißbrauch; Gerechtigkeit; Berechtigung, Spiel-, Fahr-; recht, un-, ge-, auf-, waage-, senk-, -schaffen, -haberisch, -mäßig, -gläubig, -winkelig, -zeitig, -lich, -los, -fertigen, widerlich; rechtskräftig, -gültig; entrechten; be-igen; Richter, Amts-, Jugend-; Scharf-, Preis-, Schieds-, Untersuchungs-, Grundbuch-, Laien-, Linien-, Kampf-, Ring-, Gleich-, -amt, -spruch; Bericht, Nach-, -schnur, -fest, -kranz, -linie, -stätte, -strahler, -preis, -spruch, -maße, -feuer, -fernrohr, -kreis; Richtung, Grund-, Hin-, Vor-, Aus-, Ein-, Marsch-, Fahrt-, Himmels-, Wind-, Kunst-, Glaubens-; Richtungsänderung, -pfeil, -anzeiger; Berichtigung; Gericht, Amts-, Land-, Oberlandes-, Reichs-, Bundesverfassungs-, Bezirks-, Verwaltungs-, Kammer-, Schöffen-, Sozial-, Jugend-, Kriegs-, Vormundschafts-, Arbeits-, Schwur-, Stand-, Bezirks-, Militär-, Prisen-, Handels-, Zivil-, Straf-, Jugendschöffen-; Gerichtssitzung, -präsident, -herr, -gefängnis, Bundes–hof, -verhandlung, -gebäu-

de, -diener, -vollzieher, -saal, -schreiber, -person, -barkeit, Amts–rat, -kasse; Bericht, -erstatter, Jahres-, Klassen-, Polizei-; richten, be-, er-, an-, ver-, auf-, ein-, zu-, ab-, aus-; berichtigen, benach-; richtig, auf-, un-; richtigstellen, -machen, -gehen; Richtigstellung
Ordne die verschiedenen Gerichte in alphabetischer Reihenfolge und schreibe deren Zuständigkeitsbereich hinzu (Amtsgericht im Stadt- oder Landkreis, ...)!

5. **Wortfeld „Recht sprechen":** richten, verurteilen, freisprechen, bestrafen, für schuldig erklären, eine Schuld nachweisen, die bürgerlichen Ehrenrechte aberkennen, jemanden einer Tat überführen, einen Untersuchungsgefangenen entlassen, einen Urteilsspruch überprüfen, verhandeln, vernehmen, anklagen, vereidigen, begnadigen, verwarnen, ermitteln, Zeugen vorladen, verhören, entscheiden, beraten, Angeklagte vorführen lassen, beurkunden, den Eid vorsprechen, ermahnen, ein Verfahren einstellen, ein Urteil revidieren, einen Vergleich vorschlagen, eine Klage abweisen, auf freien Fuß setzen, den Prozeß machen, zur Verantwortung ziehen, begutachten, ins Kreuzverhör nehmen, brandmarken, die Verhandlung vertagen, beschließen, einen neuen Termin festsetzen, die Beweisaufnahme abschließen, das Urteil verlesen, das Strafmaß bestimmen, schlichten, belehren, jemanden die Härte des Gesetzes spüren lassen
Ordne in die Bereiche „Gerichtsverhandlung" und „Urteilsspruch"!

6. **Fremdwörterbereich aus dem Rechtswesen:** Gerichtsassessor, Justizbeamter, Juristen, Protokollführer, Advokat, Notar, Landgerichtspräsident; Kriminalistik, Delikt, Attentat, Sabotage, Spionage; Prozeß, Akten, Revision, Disziplinarverfahren, Amnestie, Plädoyer, Strafregister, Indizienbeweis, Lokaltermin, Paragraphen, Zivilkammer, Präzedenzfall, Bagatellsache, Berufungsinstanz, Konkursverfahren
Ordne die Wörter innerhalb der Gruppen in alphabetischer Reihenfolge!

Der Totogewinn

Mit großen Schritten eilt der sechzehnjährige Gerhard zu seinem gleichaltrigen Freund. „Rolf, stell dir vor, ich habe beim Fußballtoto fast vierhundert Mark gewonnen!" Rolf starrt sprachlos seinen Freund an und macht ein ungläubiges Gesicht. Erst als Gerhard seinen Tippschein aus der Tasche zieht, sind alle Zweifel beseitigt, und Rolf gratuliert mit einem kräftigen Schlag auf die Schulter. „Ich möchte mir davon ein Moped auf Teilzahlung anschaffen, doch meine Eltern sind dagegen und wollen das Geld auf meinem Sparkonto gutschreiben lassen. Ich kann doch mit dem gesamten Betrag machen, was ich will; denn den Tippzettel habe ich ausgefüllt und den Einsatz von meinem Taschengeld bezahlt!" erzählt Gerhard in sichtlicher Erregung. Rolf weiß Rat: „Wir fragen meinen Vater, der kennt sich in Rechtsangelegenheiten gut aus." Tatsächlich kann Rolfs Vater genaue Auskunft geben. „Nach den geltenden Bestimmungen kannst du, Gerhard, erst nach deinem achtzehnten Lebensjahr über das Geld frei verfügen. Da du ohne elterliches Einverständnis noch keinen Kaufvertrag abschließen darfst, haben Vater und Mutter das Recht, deinen Gewinn bis zu deiner Volljährigkeit zu verwalten. Das geschieht nicht, um dich in deinen Rechten oder in deiner persönlichen Freiheit einzuengen. Der Jugendliche, dem es oft noch an ausreichender Erfahrung mangelt, soll vor Ausbeutung und Schaden bewahrt werden."

Übungsmöglichkeiten:

1. **Getrennt- und Zusammenschreibung von Zeitwörtern (Verben):** auf einem Konto gutschreiben lassen – in der Schule gut schreiben; einen Schaden feststellen – ein wackeligen Stuhl fest stellen; von einer Schuld freisprechen – bei einem Vortrag frei sprechen
Bilde Gegenüberstellungen mit Hilfe von Satzpaaren: zusammenlaufen (Milch) – zusammen laufen (Wandergefährten); richtigstellen (falsche Behauptung) – richtig stellen (Tassen); freihalten (Sitzplätze) – frei halten (Jongleur); bekanntmachen (Erlaß) – bekannt machen (Gäste); leerlaufen lassen (Faß) – leer laufen lassen (unbeladener Wagen); wiedergutmachen (Fehler) – gut machen (Arbeit)
Die starke Betonung des ersten Wortes weist auf Zusammenschreibung hin. Bilde Sätze!

2. **Wortfamilie „sammeln":** sammeln, ver-, an-, auf-, ein-; Sammelstelle, -linse, -büchse, -name, -surium, -ergebnis, -nummer, -auftrag; Sammler (Akkumulator), Pilz-, Briefmarken-; Sammlung, An-, Ver-, Geld-, Münzen-, Bilder-, Kunst-, Wohltätigkeits-; Sammlungserlaubnis, -gesetz; zusammen, -laufen, -kommen, -schreien, -stoßen, -treffen, -finden, -führen; Zusammenhang, -bruch, -setzung, -kunft, -stellung, -fassung, -spiel; zusammenhanglos; beisammen; Beisammensein;
aber: gesamt, ins-; samt und sonders; sämtlich; Gesamteindruck, -schuld, -heit, -ergebnis, -leitung
Schreibe die Wörter vollständig ab!

3. **p oder pp:** Tippzettel, tippen, Stoppuhr, Apparat, Kapitel, operieren, Galopp, Stöpsel, Sirup, Kapelle, Kapital
Setze in die Lücken folgender Wörter *p* oder *pp* ein: Te–ich, La–land, Kre–, Ta–ete, Hä–chen, za–elig, A–etit, Ka–sel, A–ell, verdo–eln, Ra–s,

Pa–el, Mo–s, Geri–e, ü–ig, A–otheke, hy–notisieren, Attra–e, O–tiker, A–ostel, sto–elig, Pro–eller, Tru–!
(Arbeitshilfe: In 14 Lücken muß *pp* eingesetzt werden. Siehe Beiheft L 251!)

4. **d oder t** (mit 5 Schreibfehlern): Gerhard, Moped, gesamt, jugendlich, Taschengeld, Entgelt, Branndwein, Gewalt, öffentlich, totwund, Versandabteilung, Endspiel, abendlich, wöchendlich, Rückgrat, Gradzahl, Soldbuch, Weidmann, Widerstand, Blindschleiche, schuldlos, entgültig, blond, Gurt, Brandgeruch, Bussard, Segeljacht, unermütlich, Gemütlichkeit, Totschlag, eilends, Backbord, Leitwerk, Spalt, zusehends
In 5 Wörtern wurde *d* mit *t* verwechselt.
(Kontrollmöglichkeit im Beiheft L 252)
Suche die Fehler und ordne die Wortreihe (*d – t*)!

5. **Zeichensetzung bei Grundformsätzen (Infinitivsätzen):**
a) Erweiterte Grundformsätze (Infinitivsätze) werden durch ein Komma vom Hauptsatz getrennt.
Das geschieht nicht, um die Rechte einzuengen. – Gerhard eilte zu seinem Freund, um ihm von seinem Glück zu erzählen.
b) Bei nicht erweiterten Nennformsätzen bleibt das Komma fort.
Er hofft zu gewinnen. – Der Freund riet nachzugeben.
c) Die Verhältniswörter (Präpositionen) *um, ohne, als, anstatt* gelten als Erweiterungen der Grundformsätze (Infinitivsätze); deshalb wird ein Komma gesetzt.
Rolf kam, um zu helfen. – Der Junge schwieg, anstatt zu reden.
d) Folgen dem Hauptsatz zwei reine Grundformen (Infinitive), so steht ein Komma. Die Eltern bemühten sich, zu raten und zu helfen. – Die Kameraden rieten, nachzugeben oder abzureisen.
e) Steht im Hauptsatz ein auf die Grundform (Infinitiv) hinweisendes Wort (es, das, daran, damit, ...), so wird ein Komma gesetzt.
Der Junge bevorzugte **es**, zu fahren. – Er dachte **daran**, zu kommen.
f) Wird die Satzaussage durch ein Hilfszeitwort (Hilfsverb) ausgedrückt, so steht vor dem nachfolgenden Grundformsatz (Infinitivsatz) kein Komma.
Er pflegt sonntags lange zu schlafen. – Sie hatten nichts zu versäumen.
Schreibe zu den Beispielen in a) bis f) andere Sätze hinzu!

6. **Das Semikolon vor den Bindewörtern (Konjunktionen) aber, außerdem, darum, denn, doch, dennoch, deswegen, deshalb, jedoch:** Ich kann doch mit dem Geld machen, was ich will; denn den Tippzettel habe ich ausgefüllt. – Gerhard hatte vierhundert Mark gewonnen; jedoch traute er seinem Glück noch nicht. – Rolf konnte ihm keine Auskunft geben; daher fragte er die Eltern.
Bilde ähnliche Satzverbindungen!

235

Von der Metallmünze zum bargeldlosen Zahlungsverkehr

In den griechischen Städten und an der kleinasiatischen Küste wurden bereits sieben Jahrhunderte vor Christi Geburt die ersten Metallmünzen geprägt. Infolge des lebhaften Handels besaßen schon kurze Zeit später fast alle Länder des Mittelmeeres eigene Münzen. In Persien prägte man damals Gold- und Silbermünzen mit Herrscher- und Götterbildern. Da sich mit Hilfe des neuen Zahlungsmittels günstigere Handelsmöglichkeiten als auf dem bisher üblichen Tauschwege ergaben, stellten bald alle anderen Länder derartige Münzen her, die sich allmählich zum heutigen Geld entwickelten. Längst aber besitzt die Geldmünze nicht mehr den materiellen Wert, den sie anzeigt. So ist auch das besonders für hohe Werte überall eingeführte Papiergeld lediglich ein Ersatzmittel, das jederzeit gegen stofflich viel wertvollere Gegenstände eingetauscht werden kann. Dennoch ist das Geld ein allgemein anerkanntes Tausch- und Zahlungsmittel, das außerdem ein genauer Wertmaßstab für Güter und Leistungen darstellt. Durch Sparen führt das Geld zu einer Vermögensbildung, das den Besitzer zu Privateigentum verschiedenster Art verhelfen kann. Das Kapital, das der Sparer einem Geldinstitut übergibt, bringt ihm Zinsen und kommt dann irgendeinem Wirtschaftsbetrieb zugute. Immer mehr wird in der Wirtschaft der bargeldlose Zahlungsverkehr bevorzugt. Nicht nur Geschäftsleute, sondern in zunehmendem Maße auch Lohn- und Gehaltsempfänger verfügen bei einer Bank oder Sparkasse über ein Konto, von dem sie mit Hilfe von Schecks Zahlungen vornehmen können, die als Gutschriften bei anderen Kontoinhabern verbucht werden. Das ist besonders bei hohen Geldbeträgen eine sehr bequeme Zahlungsweise, wobei der ordnungsmäßig ausgefüllte Scheck gleichwertiges Zahlungsmittel an Stelle von Münzen und Banknoten ist.

Übungsmöglichkeiten:

1. **gut – Gut:**
   a) Kleinschreibung: zugute kommen, sich etwas zugute tun, jemandem etwas zugute halten, etwas im guten sagen, etwas gut machen, kurz und gut, gut und gern, guten Tag sagen
   b) Großschreibung: jenseits von Gut und Böse, Gutes und Böses, alles Gute, des Guten zuviel, zum Guten wenden, Gutes tun, Hab und Gut, nichts Gutes
   Bilde Sätze!
2. **Fremdwörter mit der Endung -al:** Kapital, Personal, Kriminalroman, Pedal, Skandal, Lineal, Futteral, Tribunal, Kanal, Portal, Regal, Quar-

tal, Journal, Karneval, Arsenal, Hospital, Lokal, Spital, Choral, Pokal, Original, Moral, Fanal, Signal, Kardinal, Mineral, Material, General, Admiral, Schakal, Korporal, katastrophal, neutral, diagonal, national, fatal, prozentual, sozial, frontal, zentral, oval, radikal, horizontal, brutal, liberal, triumphal, regional, genial, vital, normal, minimal, individual, real, ideal
Schreibe davon abgeleitete oder zusammengesetzte Wörter (kapitalistisch, Personalbüro, ...)!

3. **Schreibweisen des langen ä:** allmählich, Strähne, Währung, ... nämlich, Gebärde, gären, ...
Setze die Reihen fort und fülle die Lücken folgender Wörter mit *ä* oder *äh*: w–rend, sp–rlich, M–re, M–rchen, Versp–tung, Kapit–n, Gef–rdung, –nlichkeit, Verm–lung, h–misch, s–en, ausw–len, g–nen, str–nig, erw– nen, Font–ne, L–mung, Tr–ne, qu–len!
(Arbeitshilfe: In 10 Lücken fehlt *äh*. Siehe Beiheft L 253!)

4. **Wortfamilie „gelten":** gelten, ab-, ent-, ver-; Entgelt; unentgeltlich; Geltung, Welt-, Ver-, Wiederver-; Geltungsdrang, -streben, -trieb, -bedürfnis, -sucht; Geld, Klein-, Wechsel-, Falsch-, Kriegs-, Fahr-, Papier-, Hart-, Hand-, Spar-, Not-, Eintritts-, Buß-, Stand-, Reise-, Haushalts-, Sonntags-, Taschen-, Lehr-, Steuer-, Schmerzens-, Kranken-, Fersen-, Trink-, Bar-, Pacht-, Miet-, Wohnungs-, Kinder-, Schul-, Spiel-, Tage-, -wert, -börse, -kassette, -menge, -währung, -brief, -buße, -strafe, -schein, -stück, -schrank, -katze, -geber, -markt, -gewinn, -entwertung, -erwerb, -quelle, -ausgaben, -summe, -mittel, -opfer, -institut, -transport, -beutel, -wirtschaft, -spende, -überweisung, -wesen, -mangel, -reserve, -betrag, -zuteilung, -sammlung; geldlich, -gierig, bar-los; gültig, gleich-, un-; Gültigkeit
Ordne die Wörter nach ihrer Schreibweise mit *d* oder *t*!

5. **Wortfamilie „sparen":** sparen, ab-, an-, auf-, aus-, ein-, er-, vor-, zusammen-; Spargeld, -betrag, -buch, -büchse, -dose, -samkeit, -kasse, -bank, -guthaben, -konto, -prämie, -strumpf, -vertrag, -maßnahme, -flamme, -quote, -pfennig, -rate, -zinsen; sparsam; spärlich
Schreibe die Wörter vollständig ab!

6. **Wortfamilie „kaufen":** kaufen, ab-, an-, auf-, ein-, er-, los-; verkaufen, aus-, weiter-, wieder-; Kauf, -mann, -haus, -halle, -laden, -wert, -preis, -kraft, -hof, -vertrag, -fahrtei, -mannschaft, Raten-, Bar-, Ein-, An-; Verkauf, Aus-, Wieder-, Sommerschluß-, Winterschluß-; Vorkaufsrecht; Käufer, Ein-; Verkäufer, Wieder-, Lebensmittel-; käuflich, unver-; kauflustig, -männisch

236
Der Hamburger Hafen, ein wichtiger Handelsplatz

Es lohnt sich, in Hamburg an Bord eines Motorschiffes zu gehen, um eine Hafenrundfahrt zu beginnen. Doch schon von den Landungsbrücken aus bekommt man einen unvergeßlichen Eindruck von dem geschäftigen Treiben im Hafenbereich. Hier liegen Fährschiffe und Motorboote für den Personenverkehr bereit. Flinke Barkassen flitzen vorüber, und kleine wendige Schlepper ziehen riesige Ozeandampfer zu den Anlegestellen. Hinter geräumigen Lagerhallen und den Gebäuden der Hafenverwaltung ragt der Michel auf, das Wahrzeichen Hamburgs. Er grüßt schon von weitem die ein- und ausfahrenden Seeleute. Soeben wird ein großer Frachter in ein Schwimmdock geschleppt, um nach langen Fahrten überholt zu werden. An den Kaimauern liegen Frachtschiffe der verschiedensten Nationen. Unmengen von Gütern werden mit elektrischen Kränen aus dem Schiffsinnern gehoben. Immer wieder greifen die Kranarme tief in die Laderäume der Dampfer und bringen Ballen, Fässer und Kisten ans Tageslicht, um sie dann wieder in Güterzüge und Lastwagen abzusetzen, die pünktlich zum Verladen bereitstehen. Ein Teil der Ladungen wird in weiträumigen, am Hafenbecken befindlichen Lagerhallen oder Kühlhäusern aufbewahrt. Es vergeht vom frühen Morgen bis zur einbrechenden Dunkelheit keine Stunde, in der nicht Frachtschiffe ein- und auslaufen. Geschäftig nehmen flinke Motorboote und tuckernde Schlepper ihren Kurs kreuz und quer durch die Hafenbecken. Der Lärm dieses unruhigen Treibens reißt nicht einen Augenblick ab. Oft hallt es im Hafengebiet wider vom Heulen der Sirenen und vom Rasseln der Ankerketten. Diese Eindrücke lassen uns die Bedeutung erahnen, die Hamburg als Umschlaghafen zukommt.

Übungsmöglichkeiten:
1. **Die Schreibung des X-Lautes:** bugsieren, ringsum, wechseln, Achsel, Keks, volkstümlich, Klecks, explodieren, Xylophon
Schreibe noch andere Wörter mit dem X-Laut und fülle die Wortlücken durch *x, chs, ks, cks* oder *gs*: T–tilien, Hä–el, Dre–ler, rücklin–, schnurstra–, Fi–stern, Blechbü–e, Ko–, e–istieren, Kni–, Dei–el, flu–, kra–eln, rin–, E–port, glu–en, Gewä–, Le–ikon, Eide–e, A–e, A–tstiel, Hen–t, Ple–iglas, Bu–baum, ta–ieren, sä–isch, lin–!
(Arbeitshilfe: In 9 Wörtern fehlt *x*, in 8 *chs*, in 4 *gs*, in 4 *cks*, in 2 *ks*. Siehe Beiheft L 254!)
2. **Hauptwörtlich (substantivisch) gebrauchte Zeitwörter (Verben):** zum Verladen, vom Heulen, vom Rasseln, beim Ein- und Auslaufen, wäh-

rend des Überholens, im unruhigen Treiben, trotz des raschen Entladens, ohne das Aufbewahren der Güter in Kühlhäusern
Bilde Satzpaare! (Die Waren werden pünktlich verladen. – Lastwagen stehen zum Verladen bereit.)

3. **ei – ai:** Setze in folgende Wörter *ei* oder *ai* ein: K–mauer, H–denmission, ver–digen, M–sfelder, k–serlich, Wegw–ser, b–zen, R–nfarn, Blaum–se, Violins–te, s–twärts, L–enspielschar, k–men, aufsp–chern, Froschl–ch, L–chnam, Korbw–de, W–zenkl–e, R–sig, Vollw–se, W–ssagungen, Lak–, H–delerche, H–nbuche, t–lw–se, W–dmann, R–sez–t, B–, W–hrauch, Brotl–b, Eingew–de, H–, M–n–d, Verst–gerung, M–schbottich, Rh–nw–n, Vert–digung, –fersüchtig, m–grün!
(Arbeitshilfe: In 15 Lücken muß *ai* eingesetzt werden. Siehe Beiheft L 255!)

4. **Wortfamilie „handeln":** handeln, ab-, aus-, be-, ein-, herunter-, ver-; Handel, Gemüse-, Devisen-, Groß-, Zwischen-, Einzel-, Vieh-, Kuh-, Außen-, Binnen-, Interzonen-, Schwarz-, Menschen-, Tausch-; Handelsstraße, -mann, -ware, -schiff, -marine, -gesellschaft, -gesetzbuch, -recht, -platz, -dampfer, -vollmacht, -vertrag, -leute, -schule, -kammer, -register, -vertreter, -flagge, -frau, -bilanz, -flotte, -klasse, -spanne, -niederlassung, -waren, -stand, -gericht, -firma, -herr, -vereinigung, -lager, -wagen; handelseinig, -üblich; Handlung, Ab-, Ver-, Wein-, Gemischtwaren-, Buch-, Schreibwaren-, ... Handlungsgehilfe, -art, -weise, -reisender, -vollmacht, -fähigkeit; Händler, Einzel-, Groß-, Obst-, Pelz-, Vieh-, Pferde-, Eier-, Tuch-, Milch-, Möbel-, Zeitungs-, Leder-, Altwaren-, Holz-, Kartoffel-, ... Händel

5. **Wortfeld „Verkaufsstätten":** Fachgeschäft, Juweliergeschäft, Pelzgeschäft, Schreibwarenhandlung, Elektrohandlung, Briefmarkenhandlung, Fischladen, Milchladen, Kaufhaus, Möbelhaus, Großhandelsfirma, Weinlokal, Stehbierhalle, Milchbar, Eisdiele, Spielwarenmesse, Tankstelle, Fahrkartenschalter, Reisebüro, Zeitschriftenkiosk, Sargmagazin, Ersatzteillager, Bastlerzentrale, Würstchenbude, Obststand, Gastwirtschaft, Imbißstube, Restaurant, Konditorei, Bäckerei, Gärtnerei, Drogerie, Apotheke, Parfümerie, Optiker, Boutique, Antiquariat
Setze die Wörter „Bäcker, Bier, Blumen, Buch, Einzelhandel, Eisen, Erfrischung, Fleischer, Garten, Gast, Gemüse, groß, Jahr, Kauf, Lebensmittel, Leder, Markt, Musikalien, Reform, Reiseandenken, Schuh, Selbstbedienung, Speise, Sportartikel, super, Süßwaren, Tabakwaren, Versand, Versteigerung, Waren, Wein, Wochen, Zeitung, Zigaretten" mit den passenden Hauptwörtern (Substantiven) „Geschäft, Handlung, Halle, Haus, Kiosk, Laden, Lokal, Markt, Stand" zusammen!
(Bäckerladen, Bierlokal, Bierhalle....)

6. **Wortfeld „fahren":** fahren, rollen, kutschieren, kurven, rattern, starten, sausen, flitzen, huschen, losbrausen, abdampfen, losgondeln, rudern, kreuzen, paddeln, navigieren, segeln, staken, in See stechen, den Anker lichten, treiben, gleiten, fliegen, aufsteigen, hochschrauben, Höhe gewinnen, schweben, trudeln, kreisen, Tempo erhöhen, zurücksetzen, Fahrt beschleunigen, transportieren, bugsieren, abschleppen
Ordne die Wörter (allgemeine Ausdrücke, Tätigkeiten der Land-, Luft- und Wasserfahrzeuge)!

237

Die Verkehrslage in der Bundesrepublik

Das Bundesgebiet ist das Land der größten Verkehrsdichte in Europa. In keinem anderen europäischen Teil finden wir eine so starke Verkehrsbelastung wie auf den von Norden nach Süden führenden Reisewegen der Bundesrepublik. Das gilt für die Schienenstrecken, für den Rhein, den bedeutendsten europäischen Schiffahrtsweg, und für die deutschen Fernverkehrsstraßen. Überbelastet sind nicht nur die Autobahnen, sondern auch die Bundesstraßen. Daher bemühen sich Bund, Länder, Kreise und Gemeinden durch ständigen Ausbau des Straßennetzes, den Wettlauf mit der raschen Zunahme der Motorisierung zu gewinnen.

Die Deutsche Bundesbahn hat in den vergangenen Jahren erhebliche Anstrengungen unternommen, ihren umfangreichen Betrieb zu modernisieren. Durch erhöhten Einsatz von Diesellokomotiven und elektrischen Zugmaschinen wurde eine wesentliche Beschleunigung und Verbesserung des Eisenbahnverkehrs erzielt.

Der Ausbau der Bundeswasserstraßen wird weiterhin nach festgelegten Plänen durchgeführt. Laufend müssen die Binnenschiffahrtswege erhalten und durch Kanalneubauten verbessert werden. Im Küstenbereich ist es erforderlich, die Seewege zu unseren Häfen an Trave, Elbe, Weser, Jade und Ems für die immer größer werdenden Ozeanriesen noch weiterhin zu vertiefen.

Auch im Luftverkehr konnte die Bundesrepublik einen hoffnungsvollen Anfang finden. Die Deutsche Lufthansa hat sich trotz erheblicher Schwierigkeiten ein gutes Ansehen im Weltverkehr erworben und verbindet nun die Bundesrepublik mit allen wichtigen Flughäfen der Welt.

Übungsmöglichkeiten:

1. **Aufeinanderfolge gleicher Mitlaute (Konsonanten) bei Zusammensetzungen:** Schiffahrt, Kreppapier, Metalleiste, Fußballänderspiel, Wollappen, Schwimmeister, Stilleben, Brennessel, Eisschnellauf, Rolladen, Stoffülle, Wetturnen, stilliegen, vollaufen, Bettuch, Stallaterne

(Nur bei Silbentrennung wird der weggelassene Buchstabe geschrieben: Schiff- fahrt)
ck und k bleiben in der Zusammensetzung erhalten: Steckkontakt, Scheckkonto, Druckknopf, Dickkopf, Rockkragen, Hackklotz
Folgt drei gleichen Mitlauten noch ein anderer, so fällt keiner fort: Stofffleck, Pappplakat, Sauerstoffflasche, Balletttruppe, fetttriefend, Auspuffflamme, Fetttropfen, Betttruhe, Stopppreis
Trenne die zusammengesetzten Wörter!

2. **Eigenschaftswörter (Adjektive) als Bestandteile von Namen:** Deutsche Bundesbahn (aber: deutsche Autobahn, deutsche Eisenbahnen, ...), Deutsche Lufthansa, Württembergische Metallwarenfabrik, Rheinische Post, Westfälische Rundschau, Bayerische Staatsbank, Badische Anilin- und Soda-Fabrik, Kölnisch Wasser
Führe die Reihe fort!

3. **Der Ergänzungsstrich:** Straßen-, Schienen- und Wasserstraßennetz; Privat- und Staatsbahnen; Elektro-, Diesel- und Dampflokomotiven, Güter- und Personenwagen; Fahrrad- und Fußgängerwege
Schreibe ähnliche Beispiele!

4. **Wortfamilie „fahren":** fahren, an-, ab-, auf-, aus-, be-, ein-, heim-, herein-, hinauf-, fort-, nach-, mit-, nebeneinander-, rad-, weg-, ver-, vor-, vorbei-, vorüber-, zurück-, zusammen-, zwischen-, über-, dazwischen-, hoch-, zu-, nieder-; gefährden; Fahrrad, -bahn, -weg, -geld, -karte, -gelegenheit, -gestell, -weise, -ausweis, -schein, -stuhl, -gast, -zeug, -plan, -schule, -spur, -rinne, -zeit, -lehrer, -dienstleiter, -lässigkeit, -werk, -wasser, -straße; Fahrt, -richtung, -wind, -dauer, Auto-, Autobus-, Rad-, Eisenbahn-, Motorrad-, Wander-, Schul-, Wochenend-, Gesellschafts-, Himmel-, Berg-, Tal-, Rück-, Aus-, Ab-, Auf-, Ein-, Sonder-, Vor-, Über-, See-, Schiff-, Dampfer-, Kahn-, Boots-, Luft-, Nacht-, Hin-, Wall-, Rhein-, Schlitten-, Droschken-, Weltraum-; Fahrtenmesser, -buch; Fahrer, -flucht, Selbst-, Fernlast,-, Sonntags-, Bei-, Rad-, Ski-, Renn-, Autobus-, Werks-, Kraft-, Meister-; Erfahrung, Lebens-; Vorfahren, Ver-, Nach-; Gefahr, Brand-, Lebens-, Kriegs-, Explosions-, -losigkeit; Gefahrenstelle, -zone, -herd; gefahrdrohend, -los, -voll; gefährlich; fahrlässig, -ig, -bar, -bereit, -untüchtig; erfahren, welt-, lebens-; Gefährdung; Gefährt; Gefährte, Lebens-, Weg-, Wander-; Gefährtin; Fährte, Fuchs-; Fähre, Eisenbahn-, Schiffs-, Auto-, Wagen-, Rhein-; Fährunglück; fertig, fried-, leicht-, un-; fertigen, an-, ab-, aus-, ver-; fertigbringen, -stellen, -machen; Fertigkleidung, -stellung, -ware, -keit; Fertigung, An-, Ab-, Aus-; führen, durch-, ab-, fort-, an-, ein-, herauf-, hinunter-, mit-, ver-, vor-, zu-, über-; Führer, -schein, -stand, -sitz, -schaft, -besprechung, Gruppen-, Heer-, Zug-, Lokomotiv-, Fremden-,

Berg-, Reise-, Flugzeug-, Partei-, Wander-, Ver-, Ent-, Betriebs-, Geschäfts-, Straßenbahn-, Fahrzeug-, Sprach-, Rädels-; Führung, Auf-, Unter-, Ver-, Aus-, Ein-, Stadt-, Fremden-, Betriebs-, Durch-, Vor-, Über-, Fort-, Weiter-; Führungszeugnis, -anspruch, -leiste, -schiene; Fuhre, Holz-; Fuhrlohn, -mann, -werk, -park, Ein-, Aus-, Zu-, Ab-; Furt

5. **Wortfeld „Fahrzeuge":** Straßenfahrzeuge: Auto, Last-, Personen-; Wagen, Pferde-, Kraft-, Last-, Hand-, Kinder-, Leiter-, Möbel-, Liefer-, Straßenbahn-, Personen-, Ernte-, Flach-, Tank-, Kohlen-, Milch-, Post-; Karre, Schub-, Pferde-, Ochsen-; Rad, Fahr-, Motor-, Drei-; Autobus, Omnibus, Obus, Traktor, Trecker, Sattelschlepper, Fuhrwerk, Moped, Tandem, Roller, Tieflader, Anhänger, Droschke, Kutsche, Beiwagenmaschine, Einspänner, Limousine, Fuhre, Staatskarosse, Jeep
Eisenbahnfahrzeuge: Lokomotive, Dampf-, Elektro-, Diesel-, Schnellzug-; Wagen, Trieb-, Personen-, Güter-, Pack-, Post-, Schlaf-, Liege-, Speise-, Salon-, Schnellzug-, Spezial-, Bananen-, Kran-, D-Zug-, Tank-, Rungen-, Langholz-, Kühl-, Vieh-, Kohlen-, Kübel-, Kipp-, Kraftfahrzeugtransport-, Flach-, Selbstentlade-, Tieflade-, Kessel-
Wasserfahrzeuge: Boot, Segel-, Rettungs-, Renn-, Torpedo-, Untersee-, Paddel-, Ruder-, Schlauch-, Motor-, Fischer-, Falt-, Schnell-; Dampfer, Rad-, Fracht-, Fisch-, Schnell-, Handels-, Schrauben-, Passagier-, Ozean-, Fluß-; Schiff, Feuer-, Walfangmutter-, Handels-, Segel-, Tank-, Schlacht-, Fahrgast-, Leucht-, Passagier-, Fähr-, Kriegs-; Kahn, Stoß-, Schlepp-; Barke, Dschunke, Dogger, Dreimaster, Eisbrecher, Einbaum, Floß, Frachter, Fregatte, Galeere, Gondel, Heringsfänger, Jacht, Jolle, Kogge, Korvette, Kutter, Leichter, Nachen, Ponte, Schoner, Schute, Kanu, Kajak, Transporter, Flugzeugträger
Luftfahrzeuge: Flugzeug, Segel-, Motor-, Düsen-, Kampf-, Jagd-, Wasser-, Verkehrs-, Windmühlen-, Transport-; Ballon, Heißluft-, Luft-, Frei-, Fessel-; Eindecker, Doppel-, Tief-, Hoch-; Aeroplan, Hubschrauber, Düsenjäger, Lastensegler, Luftschiff, Zeppelin, Rakete, Mondfähre
Ordne die Wörter innerhalb der 4 Gruppen alphabetisch!

6. **Wortfamilie „Wasser":** Wasser, -straße, -kessel, -fläche, -tier, -pest, -lilie, -nixe, -waage, -fahrzeug, -hose, -jungfer, -ball, -behälter, -rad, -pocken, -ratte, -ski, -kraft, -hahn, -huhn, -quelle, -schlauch, -bombe, -mann, -zeichen, -stand, -kuppe, -glas, -werk, -büffel, -suppe, -kanne, -leitung, -stoff, -träger, -fall, -eimer, -strahl, -rutschbahn, -stelle, -sucht, -bad, -becken, -schüssel, -rinne, -flugzeug, -kur, -treten, -tropfen, -flut, -ader, -weg, -uhr, -farbe, -rohr, -sport, -spiele, -höhe, -welle, -burg, -linse, -schloß, -pfeife, -spiegel, -verdrängung, -kopf, -blase, -krug, -haushalt, -floh, -speicher, -vögel, -speier, -pfützen, -minze, -läufer,

-schutzpolizei, -not, -messer, -spülung, -lache, -faß, -mühle, -kunst, -wirtschaft, -turm, -bauch, -nutzung, -dampf, -frosch, -graben, -gehalt, -käfer, -loch, -massen, -menge, -pflanzen, scheide, -schnecke, -turbine, -rübe, -blase, -bottich, -pumpe, -temperatur, -verunreinigung, -versorgung, -vorrat, -wacht, -wagen, -ballmannschaft, -straße, -strudel, -speier, -geld, -spinne, -zähler, -verbrauch, -tonne, -verschmutzung, -lauf, -tank, -stelle, -abfluß, -fleck, -mangel, -kühlung, -stiefel, -pistole, -tiefe, -tümpel, -schaden, Warm-heizung, Grund-, Regen-, Bade-, Salz-, Fluß-, Meer-, See-, Lösch-, Tauf-, Weih-, Leitungs-, Mineral-, Selters-, Kühl-, Trink-, Schmutz-, Wasch-, Spül-, Seifen-, Kirsch-, Hoch-, Wild-, Ober-, Quell-, Schmelz-, Süß-, Mund-, Niedrig-, Moor-, Gletscher-, Gebirgs-, Bor-, Brunnen-, Eis-, Schwitz-; Abwässer; Gewässer, Binnen-, -schutz; wassern; wässern, be-, ver-, ein-; wasserscheu, -arm, -reich, -haltig, -süchtig, -löslich, -durchlässig, -abstoßend, -dicht; wässerig; wäßrig

Die Entwicklung des Luftverkehrs 238

Die ersten Versuche der Menschen, den Luftraum fliegend zu erobern, haben uns bereits die Griechen schriftlich überliefert. Wenn es sich hierbei zwar nur um eine Sage und ein Wunschbild der Menschheit handelte, so ist doch dieser Traum innerhalb zweier Jahrtausende von der Technik verwirklicht worden. Zahlreich waren die vergeblichen Versuche, mit von Muskelkraft bewegten Schwingen sich wie die Vögel in die Lüfte zu erheben. Erst im achtzehnten Jahrhundert gelang mit Hilfe eines Heißluftballons ein erfolgreicher Flug. Nach diesem ersten Beginnen ging es in der Luftfahrttechnik unaufhaltsam vorwärts. Fessel- und Freiballons wurden weiterentwickelt und führten zum Bau lenkbarer Luftschiffe, mit denen erstmals zahlreiche Passagiere und Postsachen auf dem Luftwege befördert wurden. Aber der bahnbrechendere Erfolg war dem Flugzeug beschieden, das schon wenige Jahre nach dem 1. Weltkrieg den Zeppelin an Leistungsfähigkeit übertraf. Seit den Flügen der Gebrüder Wright wandelte sich die Form der Flugzeuge stetig. Schon bald sorgten stärkere Motoren und günstigere Verkleidungen für stärkere Leistungskraft, größere Schnelligkeit und erhöhte Sicherheit. Besonders im letzten Weltkrieg wurde die Weiterentwicklung und Vervollkommnung sehr rasch vorangetrieben. Düsentriebwerke verdrängen mehr und mehr die Propellerturbinen. Jedes Verkehrsflugzeug ist so komfortabel ausgestattet, daß es höchsten Ansprüchen genügt. Gegenwärtig werden Maschinen gebaut, die ein Vielfaches der Schallgeschwindigkeit erreichen können. Ein dichtes Netz von Fluglinien umspannt den Erdball und verbindet die Kontinente. In letzter Zeit hat die Weiterentwicklung der Raketentechnik der Luftfahrt neue Möglichkeiten erschlossen, die den Menschen sogar in den Weltraum vordringen lassen.

Übungsmöglichkeiten:

1. **Fremdwörter mit der Endung -on:** Luftballon, Balkon, Waggon, Beton, Kokon, Kanon, Bonbon, Kanton, Elektron, Patron, Person, Baron, Garnison, Natron, Bouillon, Mammon, Karton, Hormon, Saxophon, Pavillon
Schreibe die möglichen Pluralformen! (Siehe Beiheft L 256!)
2. **Wörter mit ll** (Schwierigkeiten): Propeller, Fesselballon, Kapelle, Porzellan, Wallfahrt, Rebell, Nachtigall, Forelle, Emaille, Pupille, Sellerie, Feldmarschall, Parallele, Pullover, Karussell, Kristall, Protokoll, Medaille, Milliarde, Flanell, Gefälligkeit, Ballast, allmählich, Kamille, gerillt, Satellit, Ellipse
Ordne alphabetisch!
3. **Fremdwörter mit den Endungen -in und -ine:** Benzin, Stearin, Kamin, Paraffin, Nikotin, Medizin, Disziplin, Glyzerin, Musselin, Turbine, Maschine, Saline, Limousine, Mandoline, Margarine, Apfelsine, Violine, Sardine, Rosine, Gardine, Marine, Kabine, Gelatine, Lawine, Ruine, Kantine, Clementine, Mandarine, Praline
Bilde zusammengesetzte Substantive (Benzinkanister, Stearinkerze)!
4. **Wortfamilie „fliegen":** fliegen, ab-, auf-, an-, aus-, durch-, herein-, ein-, hin-, hinaus-, fort-, nach-, heimwärts-, weg-, über-, vor-, ver-, vorüber-, vorbei-, zurück-, hoch-; Fliege, Eintags-, Schmeiß-; Fliegenpilz, -schnäpper, -fänger, -klappe, -gewicht, -fenster, -draht, -schwarm; Flieger, -horst, -bombe, -ei, -angriff, Kunst-, Jagd-, Segel-, Sport-, Kriegs-, Tief-, Marine-, Heeres-; Flug, -platz, -abwehr, -bahn, -linie, -gesellschaft, -hafen, -schrift, -blatt, -gast, -tag, -verkehr, -wesen, -stützpunkt, -post, -kapitän, -schüler, -lehrer, -wetter, -dauer, -reise, -karte, -wart, -basis, -sand, -taxi, -route, -asche, -geschwindigkeit, -saurier, -sicherung, -boot, Nacht-, Blind-, Tief-, Ab-, An-, Ein-, Sturz-, Gleit-, Segel-, Vogel-, Landstrecken-; Flugzeug, -träger, -führer, -absturz, -unglück, -besatzung, -halle, -konstrukteur, -rumpf, -industrie, -werk, -bau, Raketen-, Überschall-, Strahlen-, Düsen-, Motor-, Segel-, Wasser-, Bomben-, Kampf-, Kriegs-, Sport-, Verkehrs-, Transport-; Flügel, -spannweite, -altar, -haube, -rad, -samen, -tür, -mann, -schraube, Gänse-, Hühner-, Windmühlen-, Tür-, Fenster-, Konzert-, Vogel-, Trag-, Seiten-; Hautflügler, Starr-; flügellahm, -schlagend; flügelig, ein-, mehr-; geflügelt; beflügeln; Geflügel, -farm; flügge; Flocke, Schnee-, Seifen-; flockenförmig, -weise; flockig, groß-

5. **Wörter mit sk:** Muskel, Skorpion, Mikroskop, Diskus, Skandinavien, Ski, Maske, Skizze, Skalp, Skelett, Sklave, Kiosk, Muskat, Oskar, Baske, diskutieren, skeptisch, Skandal, skrupellos, Obelisk, riskieren, Moskau, Omsk, Skunk, Baskenmütze, asketisch, Eskimo, Skorbut, Skat, Eskorte, Skonto, Diskont, Skala, Skulptur, Minsk, Skutari, Hygroskop, Cherusker
Bilde abgeleitete oder zusammengesetzte Wörter!
6. **Mit „reich" zusammengesetzte Eigenschaftswörter (Adjektive):** erfolgreich, zahlreich, ideenreich, fettreich, vitaminreich, volkreich, fischreich, geistreich, trostreich, waldreich, verlustreich, siegreich, glorreich, ruhmreich, regenreich, ...
aber: Weltreich, Gottesreich, Tierreich, Pflanzenreich, Kaiserreich
Setze die Reihen fort!

In der Halle des Frankfurter Flughafens

239

Vor wenigen Minuten ist Melanie mit ihren Eltern vom Frankfurter Hauptbahnhof am Rhein-Main-Flughafen angekommen. Sie haben zum ersten Male eine Flugreise gebucht. Jetzt stehen sie in der weiträumigen Empfangshalle des größten deutschen Flughafens. „Ist das hier ein Betrieb", denkt Melanie und schaut etwas verwirrt auf das Menschengewimmel. Fluggäste aller Hautfarben aus den verschiedensten Ländern sieht sie hier und auf den Rolltreppen, die zum Untergrundbahnhof, zu den Tiefgaragen und den oberen Stockwerken führen. Dicht neben Melanie stehen einige Inderinnen, ganz in lange, seidige, farbenfrohe Umhänge gehüllt, und eine Delegation aus Zentralafrika. Dazwischen drängen sich die Spieler einer pakistanischen Hockeymannschaft. Sicherlich wollen sie mit der Linienmaschine nach Paris, auf deren Abflug soeben durch den Lautsprecher in Deutsch und Englisch hingewiesen wurde. „Bleibt hier an dieser Säule stehen, damit wir uns nicht in diesem Gedränge verlieren", sagt der Vater und bringt die Koffer zur Gepäckannahme am Lufthansa-Schalter. Interessiert schaut Melanie auf die Informationstafeln, auf der laufend neue Flüge der etwa sechzig Fluggesellschaften angezeigt werden, die Frankfurt täglich im Liniendienst anfliegen. Häufig leuchten auch Namen von Charterflugzeugen auf, die besonders in der Ferienzeit an große Reiseunternehmen vermietet werden. Von den kilometerlangen Pisten hört man das Dröhnen der Triebwerke landender oder startender Maschinen. Inzwischen hat der Vater die letzten Formalitäten erledigt und sich nach dem Weg zu ihrem Flugsteig informiert. Bald werden auch sie in die Luft gehen.

Übungsmöglichkeiten:

1. **ch in Fremdwörtern:** Charterflugzeug, Choral, Chemie, Chlor, Chance, Charakter, Chef, Chronik, Christen, verchromt, Chor, Chips, Chaos, synchronisieren, Chaussee
Ordne die Wörter nach ihrer Aussprache (sch - ch - k)!

2. **Wortfamilie Mann:** Kaufmann, Sports-, Hinter-, Vorder-, See-; Mannschaft, Hockey-, National-, Olympia-, Vereins-, Jugend-; Mannschaftsbetreuer, -aufstellung; Männerstimmen, -gesangverein, Männlichkeit; Männchen, Heinzel-, Strich-; mannhaft, männlich, mannshoch, bemannt, unbemannt
Bilde Zusammensetzungen mit folgenden Wörtern: Berg, Amt, Schnee, Haupt, Tor, neben, Geschäft, Verbindung, Handel, Eis, wandern, Schutz, Medizin, leben, Dienst, Land, Ersatz, Fähre
Setze die Zusammensetzungen mit dem Grundwort „Mann" in die Mehrzahl! (Bergleute, ... Schneemänner, ...)

3. **Komma bei wörtlicher Rede:** „Bleibt hier an dieser Säule stehen, damit wir uns nicht in diesem Gedränge verlieren", sagt der Vater. - „Bleibt hier an dieser Säule stehen", sagt der Vater, „damit wir uns nicht in diesem Gedränge verlieren." - Der Vater sagt: „Bleibt hier an dieser Säule stehen, damit wir uns nicht in diesem Gedränge verlieren."
Stelle ähnliche Sätze mit wörtlicher Rede in die verschiedenen Möglichkeiten um, und beachte dabei das folgende Schema:
Ansagesatz: „Wörtliche Rede."
„Wörtliche Rede", Ansagesatz.
„Teilsatz der wörtlichen Rede", Ansagesatz, „Weiterführung der wörtlichen Rede."

4. **Mal – Mahl:** Denkmal, Malheft, Kunstmaler, Ölgemälde, Malerei, abmalen – Mahlzeiten, Gemahl, Mehl, mehlig, zermahlen, Mühle, Mühlrad, Müller
Verbinde folgende Wörter mit *Mal* oder *Mahl*: Erkennung, Buch, Gast, Grab, Mittag, merken, Fest, Werk, Schande, Brand, Stifte, Hochzeit! (Siehe Beiheft L 257!)

5. **g in Fremdwörtern:** Garage, Etage, Regie, Manege, Massage, Passagier, Jongleur, Sabotage, Genie, Dränage, Plantage, Ingenieur, Gage, Montage, Loge, Gelee
Bilde davon zusammengesetzte Hauptwörter (Tiefgarage, Etagendusche, ...)!

6. **ei – ai:** Main, Rhein, Feldrain, gegenseitig, neidisch, Waisenhaus, anseilen, Futtermais, Weidezaun, erweitern, beleibt, Brotlaib, laienhaft,

seicht, Befreiung, entleihen, Maiwuchs, vereidigen, Beileid, Kaiser, Buchenhain, Laichzeit, Weiher, heimlich
Schreibe die Wörter geordnet nach *ei* und *ai* ab!

Künstliche Satelliten **240**

Eine Sensationsmeldung überraschte im Oktober 1957 die gesamte Weltöffentlichkeit. Den Russen war es gelungen, mit einem künstlichen Satelliten die Erde in einer elliptischen Bahn zu umkreisen. Für eine Umlaufzeit brauchte Sputnik, wie die Russen den neuen Erdtrabanten nannten, annähernd hundert Minuten. Viele Menschen reckten damals ihre Hälse oder griffen zu Ferngläsern, um den künstlichen Stern als regelmäßig wiederkehrendes Lichtpünktchen zu erspähen. Mit dem Start dieses Satelliten hatte das Zeitalter der Raumfahrt begonnen. Seitdem umkreisen weit mehr als fünfzig winzige Monde unseren Planeten in unterschiedlicher Höhe auf genau vorbestimmter Bahn. Allerdings hatten manche dieser Satelliten nur eine kurze Lebensdauer von nur wenigen Stunden, Tagen oder Wochen. Sie verschwanden spurlos im All oder wurden zur Erde zurückgeholt. Diese künstlichen Erdtrabanten haben die verschiedensten technischen oder wissenschaftlichen Aufgaben zu erfüllen. Daraus erklären sich auch die großen Unterschiede in ihrer Gestalt und Ausrüstung. Aber alle sind mit einer Sendeanlage ausgerüstet, die von einer Stromquelle gespeist wird. Die ersten Satelliten waren mit Batterien ausgerüstet, deren Lebensdauer jedoch beschränkt ist. Schließlich gelang es, die im Weltraum in unbegrenzter Menge vorhandene Sonnenenergie für den Betrieb der Apparaturen und der Sendeanlagen zu nutzen. So entstanden Sonnenbatterien, die durch die Fähigkeit mancher Stoffe das Licht unmittelbar in elektrischen Strom umwandeln. Die Wissenschaftler sind überzeugt, daß diese Flugkörper auf diese Weise noch nach hundert Jahren die Erde umkreisen und als Wetter-, Nachrichten- oder Fernsehsatelliten der Menschheit unschätzbare Dienste erweisen.

Übungsmöglichkeiten:

1. **wieder – wider:** wiederkehren, anwidern, wiederfinden, erwidern, widerlich, Wiederholung, wiederkommen, widersinnig, wiederstehen
Verbinde folgende Wörter mit *wieder* oder *wider*: Belebung, Stand, Hall, Aufnahme, holen, borstig, Haken, geben, Spruch, Wahl, Ruf
(Siehe Beiheft L 258!)

2. **Zusammensetzungen mit „los":** spurlos, schmucklos, erbarmungslos, neidlos, sprachlos, arbeitslos
Schreibe ähnliche Zusammensetzungen mit: Sieg, Kampf, Vorurteil, Wohnung, Brot, Rat, Hoffnung, Klang, Schlaf, Ergebnis, Stellung, Bargeld!
3. **Zusammengesetzte Hauptwörter (Substantive):** Erdtrabant, Ferngläser, Lichtpünktchen, Sendeanlagen, Weltraum, Anbau, Stromquelle, Gutschrift, Rennrad, Funkturm, Leseheft, Vorgang, Nahkampf, Malstifte, Sonnenenergie, Rechtschreibung, Trinkgefäß, Ausrüstung, Flugkörper, Umlauf, Lebensdauer, Eßbesteck
Ordne die Zusammensetzungen nach der Art des Bestimmungswortes (Haupt-, Zeit-, Eigenschafts-, Verhältniswort)!
4. **ss – ß:** Wissenschaftler, Russen, Vermessung, genießen, Schlüssel, Wasser, blaß, anfassen, reißen, Haß, Flüssigkeit, eßbar, Rußland, abmessen, Schließfach, Genuß, wäßrig, Gefäß, Blässe, rissig, hassen, Fluß, Eßbesteck, wißbegierig, russisch, Meßband, Schlosser, Genossenschaft, erblassen, Gewässer, Fassung, Riß, häßlich, fließen, Mittagessen, Gewissen
Je 3 Wörter gehören zu einer Familie. Suche sie zusammen und schreibe sie in dieser Reihenfolge auf!
5. **Fremdwörter und Begriffe aus dem Bereich der Raumfahrt:** Satellit, Trabant (Begleiter), Astronaut (Sternenfahrer), Kosmonaut (Weltraumfahrer), Countdown (Herunterzählen), Ballistik (Lehre von der Flugbahn der Geschosse), Atmosphäre (Lufthülle), Orbit (Erdumlaufbahn außerhalb der Atmosphäre), Sensor (Gerät für Messungen im Weltraum), Silizium (Hauptbestandteil der Sonnenbatterien), Kosmos (Weltall) – Rakete, Düse, Schub, Brennkammer, Steuerpult, Abschußrampe, Sonde, Mondfähre, Raumschiff, Sonnenbatterie, Erdtrabant
6. **Zusammengesetzte Mittelwörter (Partizipien):** wiederkehrend, wegweisend, ferngelenkt, eingefahren, windgeschützt, welterfahren, voraussehend, weitgereist, aufbrausend, hilfesuchend, heilbringend, stadtbekannt, luftgekühlt, verwarnt, ausgewiesen, wasserabstoßend, blutbefleckt, tierliebend
Ordne die Wörter (Partizipien im Präsens, im Perfekt)!

241

Freizeit – Zeit für Lieblingsbeschäftigungen

Niemand wird Langeweile empfinden, wenn er für die freie Zeit eine Lieblingsbeschäftigung hat, von denen es so viele gibt, daß man sie kaum aufzuzählen vermag.

Ohne beträchtliche Geldausgaben, nur mit Interesse und Ausdauer ist es möglich, sich beachtliche Sammlungen zuzulegen. Manche bevorzugen das Sammeln von Bierdeckeln oder Streichholzschachteln, andere sind leidenschaftliche Briefmarkensammler. Auch Pflanzen, Schmetterlinge und Versteinerungen werden liebevoll zusammengetragen, selbst wenn sie nur mühsam zu finden sind. Viele Jungendliche verbringen ihre Freizeit mit Basteln. Sie bauen Schiffs- oder Flugzeugmodelle, fertigen Radiogeräte an und suchen als Funkamateure Verbindungen auf den verschiedenen Wellenlängen. Manche stellen aus Bast, Stroh, Papier oder Folie Schmuck und Gebrauchsgegenstände her. Andere formen mit Ton und Gips, haben Geschick für Holz- und Metallarbeiten oder bringen es im Malen mit Farben, Kohle oder Tusche zu erstaunlichen Leistungen. Ungenutzte Fertigkeiten, die in jedem Menschen schlummern, kommen dabei zur Entfaltung. Auch Instrumental-, Singe- oder Laienspielgruppen waren stets unzähligen aufgeschlossenen Menschen Quellen zur Freude und Entspannung. Vielerorts gibt es Näh- und Kochkurse, Wandervereine, Jugendbüchereien, Filmklubs für Jugendliche, Gruppen, die selbst Filme drehen, ihre fotografischen Erzeugnisse ohne fremde Hilfe entwickeln und vergrößern. Sportvereine aller Art gliedern gern Jugendliche in ihre Reihen ein, die Leichtathletik treiben wollen, schwimmen, aktiv an Fußballkämpfen teilnehmen möchten oder sich auf einem anderen sportlichen Gebiet zu betätigen wünschen. Angesichts dieser mannigfaltigen Möglichkeiten der Freizeitgestaltung sollte es nicht vorkommen, daß jemand durch Nichtstun oder minderwertige Zerstreuung lediglich Zeit totschlagen will.

Übungsmöglichkeiten:

1. **Mehrzahlbildung (Pluralbildung) bei Fremdwörtern durch -e und -en:**
Die Endung -*e* wird ohne Umlautbildung angehängt: Kurs, Metall, Ballon, Balkon, Akkord, Admiral, Rezept, Prozeß, Kompaß, Revier, Portal, Autobus, Ventil
Die Endung -*e* wird angehängt, außerdem Umlautbildung: General, Choral, Abt, Altar, Kaplan, Baß, Palast, Chor
Die Endung -*en* wird angehängt: Typ, Athlet, Rektor, Doktor, Insekt, Plastik, Fabrik, Nation, Professor, Operation
Die Einzahlendungen (Singularendungen) -*us,* -*a,* -*um* werden gegen -*en* ausgetauscht: Gymnasium, Museum, Album, Ministerium, Radius, Rhythmus, Virus, Regatta, Villa, Prisma, Basilika, Skala, Thema, Drama
Schreibe die Pluralformen auf!
2. **Fremdwörter mit -eur:** Amateur, Redakteur, Masseur, Monteur, Dekorateur, Konstrukteur, Kontrolleur, Dompteur, Friseur, Spediteur, Inge-

nieur, Jongleur, Installateur, Kommandeur, Gouverneur
Ordne alphabetisch!

3. **Wortfeld „spielen":** spielen, musizieren, aufspielen, Musik machen, Klavier spielen, klimpern, begleiten, geigen, harfen, blasen, flöten, pfeifen, trompeten, trommeln, pauken, Orgel spielen, ein Konzert geben, konzertieren; Karten spielen, karten, würfeln, wetten, losen; ein Theaterstück aufführen, Theater spielen, darstellen, eine Rolle übernehmen, inszenieren, mimen, nachahmen, kopieren, imitieren; den Ball werfen, Fußball spielen, schießen, fangen, stürmen, verteidigen; sich verstekken, fangen, kegeln, haschen, jagen, mit Ton formen, mit Plastilin kneten, mit Steinen bauen, etwas zusammensetzen, Soldaten (Schule, Kaufmannsladen, Eisenbahn, Sand, Versteck, Kugel, Kreisel, ...) spielen

4. **Redewendungen vom Spielen:** Katz und Maus spielen – eine Rolle spielen – die erste Geige spielen – die große Dame spielen wollen – den wilden Mann spielen – einen Streich spielen – jemandem etwas in die Hände spielen – seine Künste spielen lassen – mit dem Tode spielen – den Beleidigten spielen – etwas spielend bewältigen – mit offenen Karten spielen – mit einem Gedanken spielen – eine klägliche Figur spielen – alles aufs Spiel setzen – gewonnenes Spiel haben – seine Hand im Spiele haben – gute Miene zum bösen Spiel machen – ein gefährliches Spiel treiben – das Spiel machen – vom Spielteufel besessen sein – genügend Spielraum haben
Erkläre die Bedeutung der Redewendungen!

5. **Fremdwörter aus dem Bereich des Sports:**
Wintersport: Ski, Slalom, Kombinationslauf, Bob, Eishockey, Puck
Leichtathletik: Stafette (aber: Staffel), Marathonlauf, Stoppuhr, Diskuswurf
Schwerathletik: Jui-Jitsu, Judo, Boxen, Sekundant, Manager, Gong, Bantamgewicht, Weltergewicht
Wassersport: Kraulschwimmen, Bassin, Kanu, Kajak, Jolle, Regatta, Paddel, Delphinstil, surfen
Spiele: Hockey, Match, Billard, Basketball, Rugby, Tennis, Golf, Volleyball
Pferdesport: Jockei, Derby, Sulky, Box, Turf, Polo, Oxer
Allgemeines: Stadion, Tribüne, Gymnastik, Olympiade, Rekord, Amateur, Pokal, Klub, Liga, Medaille, Trainer, Trikot, Start, Favorit

6. **Kommas zwischen einander untergeordneten oder gleichwertigen Gliedsätzen:** Niemand wird Langeweile empfinden, wenn er für die freie Zeit eine Lieblingsbeschäftigung hat, von denen es so viele gibt, daß man sie kaum aufzuzählen vermag. (einander untergeordnete Gliedsät-

ze) – Vielerorts gibt es Jugendgruppen, die selbst Filme drehen, die ihre fotografischen Erzeugnisse ohne fremde Hilfe entwickeln und vergrößern. (gleichwertige Gliedsätze)
Bilde andere Satzgefüge mit mehreren Gliedsätzen!
Beachte: Zwischen Gliedsätzen, die nicht durch „und" oder „oder" verbunden sind, steht jeweils ein Komma.

Vom Sinn der Freizeit **242**

Die in vielen Berufsgruppen verkürzte Arbeitszeit hat zur Folge, daß Menschen oft nicht recht wissen, was sie in ihrer Freizeit anfangen sollen, obwohl dafür zahlreiche Möglichkeiten geboten werden, wie an Anschlagsäulen und Zeitschriftenständen, aus Kinoreklamen, Rundfunk- und Fernsehprogrammen ersichtlich wird. Zudem bringt jede Jahreszeit zusätzliche Abwechslungen in reichem Maße. Trotz der vielen Angebote wissen auch viele Jugendliche oft nicht, wie sie freie Nachmittage oder Wochenenden am günstigsten verbringen sollen. Nicht jeder mag gern stundenlang vor dem Fernsehgerät oder in einem Kinosessel sitzen, um auf spannende Filmszenen zu warten. Viele wollen sich nicht nur die Zeit vertreiben, sie suchen für ihre freien Stunden eine gewinnbringende, sinnvolle Beschäftigung. Büchereien und Lesehallen stehen allen offen, die ihr Wissen bereichern möchten, denn wertvolle Literatur gibt es in reicher Auswahl. Wer aber auf seinem Arbeitsplatz wenig Gelegenheiten zu körperlicher Arbeit vorfindet, an Verkaufsständen oder an Schreibtischen schafft, muß besonders darauf bedacht sein, daß er sich in der Freizeit ausreichend bewegt. Vernünftig betriebener Sport ist das sicherste Mittel, körperlich gesund und gewandt zu bleiben. Vor allem Stadtmenschen sollten an Wochenenden und Urlaubstagen durch unser schönes Heimatland wandern; denn hier in der Natur finden sie am besten Erholung von aller Betriebsamkeit in Berufs- und Stadtleben. Das ist der eigentliche Sinn der Freizeit, den Menschen zur Bewältigung des Alltags neue Energien zu schenken.

Übungsmöglichkeiten:

1. **Wortfamilie „Szene":** Szene, Film-, Opern-, Theater-, Spiel-, Gerichts-, Familien-; Szenenwechsel, -bild; Szenerie; Inszenierung; inszenieren; szenisch – auf offener Szene; jemandem eine Szene machen; in Szene setzen
Schreibe die Wörter vollständig ab und diktiere sie deinem Nachbarn!
2. **Wörter mit dt:** Stadt, städtisch, verstädtert; gewandt, Gewandtheit, angewandt, verwandt, Verwandtschaft, Bewandtnis; gesandt; Gesandtschaft, Gesandter; beredt

aber: Gewand, Versand, Versandabteilung, beredsam, Beredsamkeit
Bilde Sätze!
3. **m – mm** (Schwierigkeiten): Programm, numerieren, Nummer, Damhirsch, Bahndamm, Kompaß, Kommunismus, sämtlich, Dromedar
Fülle die Lücken folgender Wörter durch Einsetzen von *m* oder *mm* aus: Ko–ode, A–boß, Tro–ler, Ko–et, Bräutiga–, Versa–lung, Gesa–theit, Zi–t, Ko–andant, Hi–beere, gekrü–t, Ka–eradschaft, tra–peln, Bro–beere, Ra–pe, ru–oren, E–igrant, Bu–erang, Ku–pan, schi–lig, Kre–pe, ko–ponieren, Ko–pott
(Arbeitshilfe: in 6 Wörtern muß *mm* eingesetzt werden. Siehe Beiheft L 259!)
4. **Wortfeld „Freizeit":** Freizeit, Ferien, Urlaub, Muße, Mußestunden, Feiertag, Sonntag, Feierabend, Rast, Ruhezeit, Ausspannung, Wochenende, Pause, Ruhepause, Erholungspause, Erholungsurlaub, Dienstbefreiung, Arbeitsunterbrechung, Nichtstun, Feierschicht
Ordne die Wörter alphabetisch!
5. **Wortfeld „Zeitvertreib":** Unterhaltung, Zeitvertreib, Kurzweil, Steckenpferd, Hobby, Vergnügen, Geselligkeit, Plauderei, Gedankenaustausch, Diskussion, Gespräch, Ablenkung, Lustbarkeit, Spiel, Sport, Wandern, Spaziergang; Freude, Scherz, Erheiterung, Belustigung, Spaß, Heiterkeit, Fröhlichkeit, Frohsinn, Ausgelassenheit
Bilde zusammengesetzte oder abgeleitete Wörter!
6. **Wortfamilie „frei":** frei, -willig, -mütig, -gebig, -händig, -religiös, -sinnig, -beruflich, -zügig, -heitlich, -heraus, vogel-, schul-, un-, knie-; freistellen, -geben, -halten, -legen, -stehen, -sprechen, -lassen, -schwimmen, -machen; Freizeit, -lauf, -marke, -bank, -staat, -stadt, -maurer, -stil, -gehege, -betrag, -ballon, -luftmuseum, -gebigkeit, -brief, -gabe, -hafen, -fahrschein, -los, -bier, -tisch, -schütz, -kirche, Kriegs-williger, -korps, -herr, -frau, -beuter, -denker, -geist, -fahrt, -karte, -lassung, -schar, -mut, -lichtbühne, -spruch, -tod, -zügigkeit, -treppe, -bad, -übungen, -stelle, -handel, -stunde, -tag, -stück, -exemplar, -handzeichnung, -schwimmer, -stoß, -wurf, -wild, -land, -leitung; Freiheit, Straf-, Rede-, Gedanken-, Glaubens-, Handlungs-, Un-, Entscheidungs-, Religions-, Meinungs-, Gewerbe-, Presse-; Freiheitskriege, -statue, -kämpfer, -strafe, -entzug, -dressur, -baum, -beraubung, -drang, -symbol, -glocke, -liebe, -held; Befreiungskrieg, -tat, -griff, -armee; Befreier; freien, be-; Freier

Auf der Suche nach Erdöl

243

Erdöl ist einer der allerwichtigsten Rohstoffe für die moderne Technik. Es liefert nicht nur die Antriebsenergie für unsere Maschine in Form von Petroleum, Benzin, Heizöl, Dieselkraftstoff und Düsentreibstoff. Erdöl wird auch zur Herstellung von mehr als 5 000 verschiedenartigsten Erzeugnissen benötigt. Bei dem ständig steigenden Bedarf werden aber die bisher bekannten Erdölreserven in einigen Jahrzehnten aufgebraucht sein. Daher ist man eifrig bemüht, noch unentdeckte Lager zu finden. Seitdem man weiß, wie sich das Öl in der Erdkruste gebildet hat, bohrt man nicht mehr auf gut Glück wie in den Anfängen der Erdölsuche. Vor den Probebohrungen horcht und tastet man mit Spezialinstrumenten den Boden ab und macht Luftaufnahmen. Dazu holen die Ölsucher Gesteinsproben oft sogar aus mehreren tausend Meter Tiefe. Ist nach langwierigen und kostspieligen Voruntersuchungen endlich die Stelle gefunden, an der eine Bohrung erfolgversprechend zu sein scheint, wird ein Bohrturm errichtet. An seiner Spitze hängt an Drahtseilen ein riesiger Flaschenzug, der das Bohrgestänge hält. Dieses besteht aus einzelnen etwa zehn Meter langen Stahlrohren, die zusammengeschraubt werden. Je nach Art des Gesteins, das durchstoßen werden muß, wählt man den entsprechenden Bohrkopf, der manchmal sogar mit Diamanten besetzt ist. Fernsehaugen an der Bohrspitze ersparen das Hochziehen und Zerlegen der Gesteinsproben. Zur Kühlung des Bohrmeißels muß ständig eine Spülflüssigkeit durch das hohle Gestänge hinuntergepumpt werden. Sobald die Erdölschicht erreicht ist, wird das Bohrgestänge gegen ein Abflußrohr ausgewechselt, dessen Meßgeräte eine genaue Kontrolle des Ölstromes ermöglichen.

Übungsmöglichkeiten:

1. **Wortfamilie „Ende":** Ende, Orts-, Wurst-, Dorf-, Ferien-, Lebens-, ... Endspiel, -kampf, -silbe, ... enden, be-, ver-; endlich, un-, Unendlichkeit, endgültig, endlos
   Setze noch mehr Wörter in die Wortfamilie ein! (Ziel, Erfolg, Lauf, Station, Jahr, Punkt, ...)
2. **Wortfamilie „stellen":** stellen, auf-, ab-, an-, aus-, be-, ein-, er-, ent-, fest-, frei-, her-, heraus-, anheim-, dar-, hin-, nach-, vor-, ver-, fertig-, zurück-, zu-, zusammen-, unter-, um-, bereit-; Stelle, Halte-, Bau-, Arbeits-, Schrift-, Post-, Grab-, Bett-, Schlaf-, Neben-, Dienst-, Brand-, Zahl-, Prüf-, Unfall-, Pfarr-, Außen-, Gefahren-, Naht-, Frei-, Lauf-, Wasser-, Geldwechsel-, Bild-, Abwehr-, Beförderungs-, Anlege-, Sammel-, Koch-; Stellenangebot, -vermittlung, -gesuch, -ausschreibung;

Stellvertreter, -macher, -werk, -age; Gestell, Holz-, Bett-, Bretter-, Bücher-; Schriftsteller, Weichen-, Fest-; Stellung, Ein-, An-, Be-, Zu-, Vor-, Um-, Aus-, Auf-, Fest-, Frei-, Fertig-, Her-, Lebens-, Ab-, Grund-, Bereit-, Schlüssel-, -nahme; Stellungskrieg, -bau; Angestellter; Stall, Hühner-, ... -tür; Stallung; Anstalt, Schwimm-, Lehr-, Heil-, Straf-, Pflege-; Anstaltsleiter; stellungslos; stellenweise, -mäßig; stellvertretend; einstellig, mehr-, viel-, an-; Stellage

3. **Wörter mit langem o:** Probebohrung, Stroh, hohl, betonen, Boot, Bohne, Solbad, Sohle, Moor, Verbot, Knoten, Postbote, Mohn, Mohrenkopf, Schonung, bohnern, Zoo, verlobt, Wohnung, Verlosung, Kanone, Thron, moorig, Belohnung, Kohlweißling, Patrone, Alkohol, Fronleichnamsfest, Sowjetzone, Enkelsohn, Person, Koog, Trog, Dohle, Kommode, Telefon, katholisch, Lotse, holen, Moos
Ordne die Wörter nach der Schreibung ihres *O-Lautes*!

4. **Wörter mit ff:** Pfefferminz, Kaffee, Riff, hoffentlich, Griff, Schaffner, Haff, Pantoffel, schlaff, treffen, Stoff, Schliff, Büffel, Affe, Offizier, Puffer, Pfiff, Offensive, Hoffart, Kartoffel, Giraffe, Waffeln, öffnen, Raffinesse, Muff, schnüffeln, Trüffel, Löffel, Kniff, Erschaffung, Scheffel, Karaffe, Griffel, knuffen, straff, Koffer, kläffen, Ziffer, bewaffnen, aufriffeln, betreffs, Raffinerie, Chauffeur, Souffleur
Ordne die Wörter nach dem Alphabet! Sammle die Fremdwörter!

5. **Langes ü:** Flügel, kühl, berühren, Gefühl, Blüte, Ungetüm, Gestühl, Kür, Gestüt, wühlen, betrübt, Düne, Geschwür, Hüne, schwül, Führung, kühn, Gebühr, Schüler, spülen, verblüht, natürlich, sühnen, Mühle, vergüten, Gemüse, gemütlich, brüten, ausführlich, behütet, wütend, verschnüren, Brühe, früh, Grünspan, Führer, für, müde, demütig, Parfüm, Krümchen, Hühnchen, Bühne, Drüse, Kostüm, ungestüm, berühmt, Übel, bügeln, rühren
Ordne die Wörter (unbezeichnete Dehnung, *hl, hn, hm, hr*, silbentrennendes *h*)!

6. **Aufeinanderfolge gleicher Mitlaute bei Zusammensetzungen:** errichten, auffangen, Strohhut, mitteilen, annehmen, Abbau, auffällig, unterrichten, verringern, vorrechnen, Erregung, Verrat, aussuchen, abblättern, forttragen, Ausstellung
Bei 3 gleichen Mitlauten fällt im allgemeinen einer davon fort:
Bettuch, Schiffahrt, Fußballänderspiel, Kreppapier, Brennessel, Schnellauf, Schwimmeister, Wollappen, Rolladen, vollaufen, stilliegen, Stoffülle, Kontrollampe, Schlammassen, programmäßig, Stammiete, Stallaterne, Stillegung, Ballettänzerin. (Beachte aber, daß beim Silbentrennen der 3. Mitlaut geschrieben wird! Bett-tuch, Schiff-fahrt, ...)
Schreibe diese Wörter nach Silben getrennt!

Verbinde *er-, ver-, zer-* oder *vor-* mit folgenden Wörtern: raten, rechnen, reißen, riegeln, rücken, Raum, rinnen, Richtung, retten, Ruf!

244

Die Jugendzeit großer Künstler

Recht aufschlußreich ist es, sich über die Jugendzeit bedeutender Frauen und Männer zu informieren. Dabei stellen wir fest, daß die meisten von ihnen als Kinder genauso unbeschwert und fröhlich waren, wie es in dieser Altersstufe üblich ist. In den meisten Fällen ist noch kein Anzeichen einer außergewöhnlichen Begabung oder Geschicklichkeit in ihren Kinder- und Jugendtagen erkennbar. Ebenso selten ist es, daß Reichtum und das Ansehen des Elternhauses die noch schlummernden Talente gefördert hätten. Es hat den Anschein, daß Armut und Entbehrungen in zahlreichen Fällen den jungen Menschen zu Großem angespornt und beflügelt haben. Wie Friedrich Hebbel mögen manche der noch heute Unvergessenen bitter die Geringschätzung und Verachtung empfunden haben, die man oft Besitzlosen angesichts ihrer abgeschabten, vielfach geflickten Kleidungsstücke spüren läßt. Hunger und unvorstellbare Not sind die steten Weggefährten durch die Kinder- und Jugendzeit des anfangs jahrelang blinden Karl May. Andere sind bereits in früher Jugend genötigt, in emsiger Arbeit Sorge und Elend in ihrem Elternhaus mildern zu helfen. Dabei entfalten sie ihr bisher unbekanntes Talent. Auf diese Weise wird aus einem zeichnerisch begabten Jungen der berühmte Maler Adolph von Menzel. Nur dem kleineren Teil bedeutender Menschen ist beschieden, schon früh zu höchster Vollendung zu gelangen und Triumphe zu feiern. Allerdings werden diese Frühvollendeten oft in tragischer Weise von ihrem Lebenswerk zu einer Zeit abberufen, wo andere erst am Beginn des steilen Weges zu Ruhm und Ehre stehen. Ein ergreifendes Beispiel dafür ist Mozart. Obwohl er bereits als Kind überall in Europas Kulturzentren und an den Fürstenhöfen bewundert wird, beschließt er dennoch sein Leben nach unermüdlichem Schaffen arm und verlassen.

Übungsmöglichkeiten:

1. **Fremdwörter mit -ent am Wortende:** Talent, Medikament, Dokument, Transparent, Student, Regent, Experiment, Parlament, Patent, Dozent, Kontinent, Firmament, Testament, Fundament, Ferment, Zement, Patient, Advent, Produzent, Prozent, Pergament, Inspizient, Dirigent, Monument, Orient, Postament, Okzident
Ordne die Wörter alphabetisch!
2. **Wörter mit ph:** Triumph, Katastrophe, Alphabet, Mikrophon, Prophet, Strophe, Philosoph, Asphalt, Pharao, Atmosphäre, Physiker, Saphir,

Symphonie (oder: Sinfonie), Phase, Pharisäer, Philipp, Pharmazeut, Photographie (oder: Fotografie), Philharmoniker, Phosphor, Phantasie, Stenographie, Graphit, Phrase, Sphinx (ph wird nie getrennt!)
Schreibe zusammengesetzte oder abgeleitete Wörter (triumphieren, Triumphzug, ...)!

3. **Zusammengesetzte Umstandswörter (Adverbien):**
   a) Umstandswörter (Adverbien) der Zeit: jahrelang (aber: viele Jahre lang), unterdessen, stundenweise, zeitlebens, einstweilen, mittlerweile, fortwährend, nachher, abermals, beizeiten, nimmermehr, seinerzeit
   b) Umstandswörter (Adverbien) des Ortes: überall, allerorts, allenthalben, irgendwohin, hinweg, heimwärts, diesseits, gegenüber, dazwischen, überallhin, hinauf
   c) Umstandswörter (Adverbien) der Art und Weise: vielfach, glücklicherweise, kurzerhand, kopfüber, dergestalt, paarweise, gleichfalls, überaus, ebenso, keineswegs, möglicherweise, allerdings
   Bilde Sätze!

4. **Wortfamilie „Kunst":** Kunst, -handlung, -honig, -richtung, -reiter, -licht, -schmied, -stoff, -stätte, -griff, -wert, -geschichte, -druck, -pause, -fertigkeit, -kritiker, -lied, -flieger, -leder, -seide, -betrachtung, -handwerk, -schlosser, -werk, -stück, -verständnis, -maler, -radfahren, -turnen, -stil, -stopfen, -erziehung, -dünger, -ausstellung, -faser, -akademie, -gewerbe, -eis, -sammlung, -schütze, Zirkus-, Staats-, Mal-, Koch-, Bau-, Fecht-, Dicht-, Ton-, Reit-, Schnitz-, Volks-, Fahr-, Eis-lauf, Schauspiel-, Tanz-; Künstler, Vortrags-, Zauber-, Trapez-, Film-, Hunger-, Lebens-, Rechen-, Gesangs-, -pech, -fest, -kreis, -stolz, -blut, -natur, -mähne, -name, -vereinigung; künstlich; künstlerisch; gekünstelt; kunstvoll, -los, -liebend, -fertig, -gerecht, -verständig, -gewerblich, -sinnig; kund, -geben, -machen, -tun; kundig, un-, wege-; Kunde, Ur-, Himmels-, Erd-, Natur-, Lebens-, Glaubens-, Schul-, Heimat-, Karten-, Pflanzen-, Tier-, Stern-, Heil-, Boden-, Gesteins-, Wirtschafts-, Sprach-, Vogel-, Völker-, Menschen-, Betriebswirtschafts-, Wetter-; Naturkundler; Kundschaft, -gebung, -schafter; Kundendienst; Erkundigung; Kündigung, An-, Auf-, Ver-; Kündigungsfrist, -termin, -schutz; Naturheilkundiger; bekunden, er-, beur-; auskundschaften; verkünden; kündigen, an-, ver-; Könner, Alles-, Nichts-; kennen, aus-, ver-, be-; erkennen, an-, ab-, wieder-, zu-; Kenner, -blick; Kennzeichen, -karte, -ziffer, -wort; Kenntnis, -nahme, Er-, Be-, Vor-, Sprach-, Fach-; Kenntlichmachung; kenntnisreich; gekennzeichnet; können

5. **Fremdwörter aus dem Bereich der Kunst:** Musik: Orchester, Komponist, Dirigent, Pianist, Solist, Kapelle, Jazzband, Melodie, Takt, Rhythmus, Akkord, Harmonie, Intervall, Kanon, Arie, Duett, Terzett,

Quartett, Chor, Symphonie, Rhapsodie, Serenade, Ouvertüre, Musikinstrument, Klavier, Orgel, Saxophon, Akkordeon, Cello, Klarinette, Oboe, Flöte, Trompete, Fanfare, Posaune, Violine, Bratsche, Kontrabaß, Zither, Banjo, Fagott, Pauke, Mandoline, Gitarre, Xylophon, Lyra, Triangel, Kastagnetten, Sopran, Baß, Tenor, Bariton, Potpourri
Theater: Intendant, Regisseur, Dramaturg, Statist, Komparse, Star, Soubrette, Komiker, Mime, Souffleur, Ballett, Ensemble, Drama, Komödie, Oper, Operette, Tragödie, Sketch, Einakter, Revue, Laienspiel, Prolog, Szene, Kulisse, Requisiten, Podium, Loge, Rang, Parkett, Foyer, Marionette, Theaterfriseur, Maskenbildner
Dichtung: Poet, Lyriker, Literat, Autor, Ballade, Fabel, Anekdote, Legende, Novelle, Roman, Satire, Vers, Strophe, Kapitel, Prosa, Manuskript, Poesie, Bibliothek, Antiquariat, Broschüre, Buchtitel
Malerei und Bildhauerei: Aquarell, Porträt, Original, Skizze, Mosaik, Ornament, Karikatur, Transparent, Freske, Modell, Staffelei, Palette, Atelier, Pastellfarbe, Linolschnitt, Plakatmaler, Plastik, Figur, Skulptur, Statue, Relief
Stelle die Herkunftsländer dieser Wörter fest!

6. **Wortfeld „Künstler":** Künstler, Virtuose, Meister, Wunderkind, Akrobat, Dichter, Poet, Schriftsteller, Kunstmaler, Reklamezeichner, Karikaturist, Bildhauer, Holzschnitzer, Musiker, Komponist, Organist, Dirigent, Kapellmeister, Geiger, Cellist, Harfner, Pianist, Musikalclown, Opernsänger, Heldentenor, Bariton, Sopranistin, Schauspieler, Regisseur, Solotänzer, Ballettänzerin, Maskenbildner, Bühnenbildner, Artist, Jongleur

Job oder Beruf?

Auch im Arbeitsleben scheiden sich die Geister; die einen sind bemüht, in einem Beruf eine dauerhafte Lebensstellung zu finden, die anderen suchen sich lediglich einen günstigen Job. Mit diesem amerikanischen Modewort bezeichnet man eine Beschäftigung, die keine Ausbildung voraussetzt, keine allzu große Anstrengung erfordert, die aber oft sehr gut bezahlt wird. Manche halten beständig Ausschau nach einem solchen Job und wechseln bei jeder sich bietenden Gelegenheit ihre Arbeitsstelle. Sie sind Gelegenheitsarbeiter und müssen jederzeit damit rechnen, daß eines Tages ein Tüchtigerer sie vom Arbeitsplatz verdrängt. Ein Job hat nur wenig mit einem Beruf zu tun. Zu einem Beruf gehört, daß man etwas gelernt hat. Dabei spielt es keine wesentliche Rolle, welchen Beruf man ergriffen hat; denn jeder hat seinen Wert für die Allgemeinheit. Für die Berufswahl sollten hauptsächlich Veranlagung und Interesse bedeutsamvoll sein, nicht aber die Höhe der Verdienstmöglichkeiten den Ausschlag geben. Es ist jedenfalls besser, beispielsweise ein tüchtiger Bauhandwerker als ein schlechter Architekt zu sein. Immer, in guten und schlechten Zeiten, wird im Berufsleben der Fachmann begehrt, der auf Grund seines Könnens Qualitätsarbeit zu leisten vermag. Alle, die es in ihrem Beruf zu Großem gebracht haben, können auf eine harte, mühevolle Lehrzeit und auf zielstrebiges, emsiges Schaffen zurückblicken. So wird nur der auf die Dauer zu Ansehen und Wohlstand kommen, der nicht der Augenblicksgunst eines Jobs verfällt, sondern der, der bereits in seiner Lehrzeit gelernt hat, zuverlässig und pflichtbewußt seine Berufsaufgaben zu erfüllen.

Übungsmöglichkeiten:
1. **e – ä:** Anstrengung, emsig, zielstrebig, Schlegel, ausmerzen, überschwenglich, Schenke, Hutkrempe, ... Beschäftigung, beständig, verdrängt, Qualität, Schärpe, schäbig, selbständig, erklären, besänftigen
Setze die Wortreihen fort und fülle die Lücken folgender Wörter durch Einsetzen von *e* oder *ä*: kr–chzen, –nglisch, h–ftig, g–ren, G–rte, Verh–ngnis, absp–nstig, D–mmerung, k–ntern, S–nfte, Geb–rde, hartn–ckig, m–rkwürdig, Kr–mpel, tr–ge, verg–llen, ver–chtlich, Schneeschm–lze, F–lge, Schnürs–nkel, verh–rmt, Schw–ngel, ans–ssig, f–cheln, –quator, hebr–isch, beh–nde!
(Arbeitshilfe: In 14 Wörtern fehlt *ä*. Siehe Beiheft L 260!)
2. **Fremdwörter mit der Vorsilbe -inter:** Interesse, Intermezzo, Interview, international, Intervall, Interzonenabkommen, intervenieren, interkontinental (Beachte die Silbentrennung: Inter-esse!)
Bilde abgeleitete Wörter (interessant, interessieren, ...)!
3. **t als Gleitlaut vor der Nachsilbe -lich:** wesentlich, Öffentlichkeit, eigentlich, vermeintlich, unkenntlich, gelegentlich, geflissentlich
Setze an folgende Wörter die Nachsilbe *-lich*: Name, wissen, flehen, Woche, offen, hoffen, Versehen, Ordnung!
Aber beachte die Schreibung folgender Wörter (*d* gehört zum Wortstamm): jugendlich, freundlich, befremdlich, abendlich, verständlich, unvermeidlich, schändlich, endlich, stündlich, unhandlich, ländlich
Bei „morgendlich" ist ausnahmsweise ein *d* anstelle des ursprünglichen *t* eingeschoben.
4. **Wortfeld „Arbeitsstätten":** Fabrik (Tuch-, Zucker-, Papier-, Schuh-, Essig-, ...), Werk (Wasser-, Elektrizitäts-, Säge-, Stahl-, Gas-, ...), Werkstatt (Schreiner-, Schlosser-, Schneider-, Maler-, ...), Lager (Rohstoff-, Ersatzteil-, Lebensmittel-, ...), Halle (Maschinen-, Montage-, Lager-, ...), Amt (Post-, Bau-, Pfarr-, Schul-, ...), Betrieb (Handwerks-, Fabrik-, Groß-, Rüstungs-, ...), Schuppen (Wagen-, Lokomotiv-,

Werk-, ...), Hütte (Bau-, Schmelz-, Glas-, Senn-), Hof (Bauern-, Schlacht-, Bahn-), Hafen (Flug-, Binnen-, Umschlags-, ...), Raum (Pack-, Klassen-, Dienst-, ...), Stube (Näh-, Back-, Schneider-, ...), Gebäude (Verwaltungs-, Schul-, Wirtschafts-, ...), Haus (Brau-, Rat-, Handels-, ...), Bäckerei, Druckerei, Molkerei, Buchbinderei, Färberei, Gießerei, Metzgerei, Brauerei, Weberei, Spinnerei, Seilerei, Gärtnerei, Kürschnerei, Schlosserei, Glaserei, Zwirnerei, Sattlerei, Polsterei, Schreinerei, Wäscherei, Branntweinbrennerei; Schiffswerft, Fliegerhorst, Atomreaktor, Bau (Straßen-, Neu-, ...), Mühle (Wasser-, Öl-, Papier-, Säge-, ...), Dock (Trocken-, Schwimm-), Stelle (Bau-, Bohr-, Tank-, ...), Steinbruch, Stall, Scheune, Feld, Acker, Weide, Wald; Büro (Konstruktions-, Lohn-, ...), Kontor, Laboratorium, Raffinerie, Institut, Akademie, Schule (Hoch-, Baum-, Handels-, Volks-, ...), Universität, Geschäft (Lebensmittel-, Schuh-, ...), Handlung (Leder-, Blumen-, ...), Laden (Milch-, Gemüse-, ...), Atelier, Küche (Hotel-, Spül-, ...), Saal (Zeichen-, Hör-, ...), Studio (Fernseh-, Film-, ...), Wache (Polizei-, Feuer-, ...), Dampfer (Fisch-, Handels-, ...)

5. **Wortfeld „Arbeit"**: Arbeit, Beruf, Job, Aufgabe, Auftrag, Dienst, Amt, Beschäftigung, Tat, Geschäft, Verrichtung, Tagewerk, Tretmühle, Erwerbstätigkeit, Gewerbe, Posten, Stellung – Last, Bürde, Mühe, Pflicht, Schinderei, Plage, Plackerei, Fron, Joch, Strapaze, Betätigung
Ordne alphabetisch!

6. **Wortfeld „Der Mensch und die Arbeit"**: Fachmann, Tatmensch, Praktiker, Theoretiker, Meister, Könner, alter Fuhrmann, Alleskönner, Aktivist, Kraftmeier, Ehrgeizling, Pedant, Streber, Draufgänger, Gehilfe, Werktätiger, Arbeiter, Handlanger, Diener, Kuli, Knecht, Tagelöhner, Mädchen für alles, Geselle, Lehrling, Neuling, Federfuchser, Sklave, Roboter, Lückenbüßer, Anfänger, Laie, Arbeitsloser, Arbeitsscheuer, Bummelant, Müßiggänger, Nichtstuer, Faulpelz, Faulenzer, Drückeberger, Gelegenheitsarbeiter, Schulschwänzer, Landstreicher, Tagedieb, Vagabund, Taugenichts, Strolch, Gammler, Auszubildender, Teilzeitarbeiter

Die industrielle Revolution und ihre Auswirkungen

Ein in der Menschheitsgeschichte bisher noch nie erlebter wirtschaftlicher Aufschwung setzte ein, als in England die Dampfmaschine erfunden wurde. Der Kohlenreichtum des Inselstaates mag dazu beigetragen haben, daß diese bahnbrechende Erfindung rasch und vielseitig ausgenutzt werden konnte. Bis dahin waren Fabriken unbekannt, und alle benötigten Waren wurden von Handwerkern oder in eigener Heimarbeit hergestellt.

Nun erzeugten Webstühle, von Dampfmaschinen betrieben, schneller und billiger Tuche, als es bei der üblichen Handarbeit möglich war. Die englischen Fabrikanten führten ihre Waren so preisgünstig nach dem Festland aus, daß die hier hergestellten Erzeugnisse nicht mehr abzusetzen waren. Um wieder konkurrenzfähig zu sein, wurden jetzt auch in anderen europäischen Ländern Spinnmaschinen und mechanische Webstühle für die Textilherstellung verwendet. Auch viele andere Gebrauchsgüter, die bisher handwerksmäßig hergestellt wurden, entstanden jetzt in Spezialfabriken. Viele möglichst billige Arbeitskräfte wurden benötigt, daher wurden Frauen und sogar Kinder Fabrikarbeiter. Die Menschen zogen scharenweise aus den ländlichen Gebieten in die Nähe der Fabriken, so daß innerhalb weniger Jahrzehnte in den Industriezentren eine Menge Großstädte entstanden. Immer größer und vollkommener wurden die Maschinen, die von Ingenieuren entworfen und in besonderen Maschinenfabriken gebaut wurden.
Zunächst war England die auf dem Weltmarkt führende Nation. Doch allmählich gelang es den Industriestaaten auf dem Festland, diesen Vorsprung aufzuholen und das Mutterland der Maschinen auf verschiedenen Gebieten der Produktion zu überflügeln. So hatte auch Deutschland bald eine leistungsfähige Industrie und erarbeitete sich die eindeutige Führung in den Bereichen der Chemie und der Elektrotechnik.

Übungsmöglichkeiten:

1. **r – rr** (Schwierigkeiten): Setze *r* oder *rr* in die Lücken folgender Wörter ein: Konku–enz, behe–bergen, Verwi–ung, he–aus, Ba–ikade, Ba–acke, He–mann, Te–asse, Ziga–ette, Ziga–e, Ka–awane, O–ient, Kata–h, unbehe–scht, verdo–t, Ko–idor, Ka–ussell, nä–isch, I–land, i–tümlich, Fi–nis, mü–isch, Te–or, He–zog, Mo–ast, ko–igieren, sta–sinnig, Po–ee, Ka–osserie, Konku–s
(Arbeitshilfe: In 16 Lücken muß *rr* eingesetzt werden. Siehe Beiheft L 261!)
2. **Wortfamilie „weben":** weben, ver-, durch-, ein-; Webstuhl, -garn, -stoffe, -maschine, -kante, -schule, -waren, -meister, -kunst; Weber, -aufstand, -baum, -schiffchen, -knecht, -vogel, -karde, -knoten, -distel; Weberin; Weberei, Hand-, Teppich-, Bild-; Gewebe, Spinnen-, Knochen-, Muskel-, Zell-, Tüll-; Wabe, Bienen-, Honig-; Wespe, Gall-; Wespennest, -schwärmer, -stich
3. **Wörter mit x:** Textilwaren, existieren, Examen, Fixstern, Taxe, Luxus, Text, Kruzifix, Praxis, kraxeln, feixen, verhext, boxen, Cuxhaven, Xylophon, Plexiglas, Taxushecke, Axt
Ordne die Wörter alphabetisch!

4. **v oder w in Fremdwörtern:** Revolution, Krawall, Karawane, Skalve, Ventil, Graveur, Juwelier, Visier, Whisky, Wadi, olivgrün, Provinz, Wacholder, Devisen, Krawatte, Novelle, Vene
Verwende die Wörter als Partnerdiktat und setze in die Lücken folgender Wörter *v* oder *w* ein: Uni–ersität, Pa–ian, Ju–elen, eingra–ieren, Ad–entszeit, –it–e, La–ine, –eranda, –entilator, Forstele–e, Mö–e, Oli––enöl, ner–ös, –rack, –iolett, Kur–e, Di–an, –ulkan, –olontär, Pa–illon, Sla–en, I–an, –agabund, Re–ue, –illa, –atikan, Eisenbahn–aggon, Sil–esternacht, –ideofilme, So–jetrußland!
(Arbeitshilfe: 20 *v* und 11 *w* müssen in die Lücken eingesetzt werden. Siehe Beiheft L 262!)

5. **Fremdwörter mit -ie am Wortende:** Chemie, Industrie, Batterie, Partie, Drogerie, Lotterie, Bürokratie, Monarchie, Demokratie, Garantie, Kolonie, Harmonie, Philosophie, Telegraphie, Phantasie, Theologie, Melodie, Energie, Fotografie, Sympathie, Kompanie, Genie, Zoologie, Despotie, Aristokratie, Symphonie, Gemäldegalerie
aber: Gummi, Wadi, Kali
Ordne die Wörter alphabetisch!

6. **Schreibweisen des langen ä** (mit 4 Schreibfehlern): allmählich, konkurrenzfähig, europäisch, Nähe, Quarantäne, Rarität, Kapitän, Gährung, verjährt, wärend, Haarsträne, Träne, spährlich, Währung, unerklärlich, Mähne, nämlich, schädlich, quälen, ähnlich, verschämt, hebräisch, Äthiopien, wählerisch, hoffärtig, Äther, jäten, dämonisch, Kornähre, Prämie, Domäne, Ernährung, Endmoräne, Autofähre
Berichtige die 4 Schreibfehler (Kontrollmöglichkeit im Beiheft L 263) und ordne die Wörter nach ihren Schreibweisen (*ä, äh*)!

Neuer Lebensraum in den Trockengebieten der Erde

Große Gebiete der Erdoberfläche sind menschenleer, weil sie völlig unfruchtbar sind. Riesige Landstriche sind Trockenzonen. Das größte dieser Gebiete erstreckt sich von der atlantischen Afrikaküste quer durch die Sahara bis nach Arabien und weiter von Pakistan bis nach China. Aus der Geschichte wissen wir, daß manche dieser Gebiete einst bedeutendes Kulturland waren. Die Täler des Euphrats und Tigris, des Nils und des Indus sind heute weitgehend versandet, und doch haben hier früher mächtige Völker Wohnraum und Nahrung gefunden. Das jetzt ausgedörrte Nordafrika war die Kornkammer des römischen Weltreiches. Ausgrabungen in Wüsten beweisen, daß es eine Zeit gegeben hat, in der dort Elefanten und Flußpferde gelebt haben. Durch Raubbau und radikale Rodungen der

Wälder, durch falsche Bearbeitung oder Vernachlässigung des Bodens ist wertvolles Land verödet.
Zur Zeit wird nur etwa ein Zehntel der Oberfläche aller Kontinente landwirtschaftlich genutzt. Menschen vieler Staaten sind unterernährt und hungern. Durch die rasche Zunahme der Weltbevölkerung um täglich mehr als hunderttausend Menschen wächst der Bedarf an Lebensmitteln und Wohnraum in erheblichem Maße. Daher müßten die Völker in gemeinsamen Bemühungen versuchen, die Trockengebiete zu bewässern, indem sie das Grundwasser aus tiefen Schichten hochpumpen oder entsalztes Meerwasser nutzen. Die dazu erforderlichen Energien könnten Wind, Sonne oder Atomkraft liefern. Nur in weltumfassender Forschertätigkeit und internationaler Zusammenarbeit wird es schließlich gelingen, Nahrung aus einem Erdboden zu gewinnen, auf dem seit Jahrhunderten nicht einmal mehr spärliches Gras gedeihen kann. Hierbei würde ein wichtiger Beitrag zur Existenzsicherung künftiger Generationen geleistet.

Übungsmöglichkeiten:
1. **Die Vorsilbe ver-:** versandet, Vernachlässigung, versuchen, versalzen, Verwaltung, verstehen, Ausverkauf, Verständnis, Vertrauen, Vermessung, vergelten, verzeihen, vergeblich, Verbrauch, Verteidigung, ...
Setze die Reihe fort!
2. **Komma bei gleichartigen Satzteilen:**
a) Mehrere Subjekte: Wind, Sonne oder Atomkraft könnten die erforderlichen Energien liefern.
b) Mehrere Prädikate: Viele Menschen hungern, verelenden und sterben.
c) Mehrere Attribute: Die Täler des Tigris und Euphrats, des Nils und des Indus sind weitgehend versandet. – In zielstrebiger, weltumfassender Forschertätigkeit kann ein Wandel geschaffen werden.
d) Mehrere Objekte: Die Menschen benötigen Nahrung, Kleidung und Wohnraum.
e) Mehrere adverbiale Bestimmungen: Durch Raubbau und radikale Rodungen der Wälder, durch falsche Bearbeitung oder Vernachlässigung des Bodens ist wertvolles Land verödet. – Das Land liegt ausgedörrt, unfruchtbar und völlig versandet in der prallen Sonne.
Schreibe zu den angegebenen 5 Arten andere Beispiele!
3. **z oder tz:** genutzt, entsalzen, Existenz, Dutzend, Filz, beschützen, Medizin, Lizenz, Verletzung, sozial, Prozeß, plötzlich, Residenz, Steinpilz, Schlitz, schmerzhaft, Gewürz, erhitzt, ...
Ergänze folgende Wörter durch *tz* oder *z*: Pel–, schwi–en, gli–ern, Schwei–, Bli–, Ar–t, Hei–ung, Mär–, wi–ig, Kan–ler, tro–ig, ri–en,

nü–lich, Klo–, Pfeffermin–, Ta–e, Ker–e, Kau–, zerpla–t, fli–en, Grü–e, Matra–e, abbei–en, gekra–t, glän–end, beher–t!
(Arbeitshilfe: 14 Wörter werden mit *tz* geschrieben. Siehe Beiheft L 264!)

4. **Schreibweisen des langen e:** Lebensraum, Generation, Demut, Ger, Wermut, Sirene, Seligkeit, ...
angenehm, lehmig, unversehrt, Ehrfurcht, Naturlehre, sehnsüchtig, ...
Meerwasser, verheerend, Allee, Komitee, seelisch, Pappelallee, ...
Setze die Reihen fort und fülle folgende Lücken mit *e*, *eh* oder *ee*:
H–rzog, Probl–m, Z–bra, Arm–führer, s–lig, Himb–rsaft, Schiffsr–der, R–be, Gel–, L–rling, Sch–mel, F–de, Beschw–rde, Lorb–rblätter, Klisch–, unbequ–m, pr–digen, G–stland, Entb–rung, L–seite, Briefkastenl–rung, Ausd–nung, W–rdienst, sch–l, Empf–lung, S–ne, T–leobjektiv, L–rmeister!
(Arbeitshilfe: In 8 Wörtern fehlt *eh* und in je 10 *e* und *ee*. Siehe Beiheft L 265!)

5. **s oder z im Auslaut:** Existenz, Fels, Konkurrenz, als, gleichfalls, Malzbier, Eisenerz, Audienz, Hals, Schmerz, abends, vergebens, Weihnachtsgans, Raps, reizvoll, März, rechts, abseits, Pulsader, Mainz, Schweiz, Differenz, ...
Ordne nach der Schreibweise (s – z)!
Setze *s* oder *z* in die Lücken ein: Bestand–aufnahme, Glan–, Schmal–, nacht–, bereit–, Gip–, Schwan–, Konsequen–, Fil–hut, Stur–helm, Arbeit– tag, anfang–!
(Arbeitshilfe: Je 6mal ist *s* und *z* erforderlich. Siehe Beiheft L 266!)

6. **Wortfamilie „nehmen":** nehmen, ab-, an-, auf-, aus-, auseinander-, be-, ein-, ent-, entgegen-, durch-, fest-, fort-, gefangen-, herab-, hin-, hinauf-, hoch-, mal-, mit-, teil-, übel-, über-, unter-, ver-, vor-, vorweg-, wahr-, weg-, zu-, zurück-, zwischen-; Benehmen, Unter-, Abschied; Arbeitnehmer, Ab-, Auf-, Ein-, Unter-, Teil-; Vernehmung, Wahr-; Unternehmungsgeist, unternehmungslustig; Abnahme, An-, Auf-, Aus-, Ein-, Einsicht-, Ent-, Fest-, Fühlung-, Gefangen-, Kenntnis-, Maß-, Nach-, Stellung-, Teil-, Über-, Zu-; abnehmbar, an-, ver-; ausnahmsweise, -los
Erweitere die Wortfamilie durch zusätzliche Zusammensetzungen (Fernsprechteilnehmer, Gewichtsabnahme, ...)!

248
Verdrängt die Technik die menschliche Arbeitskraft?

Schon vor Jahrtausenden verwendeten die Menschen zur Erleichterung schwerer körperlicher Arbeit Hilfsmittel. So verstanden sie, mit Hebeln,

Rollen und Rädern bereits in der Frühzeit erstaunliche Leistungen zu erreichen. Als aber später die Dampfmaschine Tier- und Menschenkraft zu ersetzen begann und die ersten Maschinen aufgestellt wurden, zerstörten Arbeiter und Handwerker das vermeintliche Teufelswerk. Sie befürchteten, dadurch ihre Existenz zu verlieren. Ein Leben ohne Maschinen ist inzwischen auf keinem Arbeitsplatz mehr denkbar. In Handwerk und Industrie, im öffentlichen und privaten Leben erleichtern sie den Alltag. Wissenschaft und Technik arbeiten laufend an der weiteren Vervollständigung der Maschinen, die immer mehr die Menschen entlasten sollen. Sie helfen nicht nur bei der Güterherstellung, sie schreiben, vervielfältigen, rechnen, sortieren und beginnen sogar schon für die Menschen zu denken. Daher befürchten viele, daß die Automation große Teile der arbeitenden Bevölkerung erwerbslos machen könnte. Wenn auch manche Berufe an Bedeutung einbüßen oder sogar aussterben, so gibt es doch immer wieder neue Arbeitsmöglichkeiten. Auch künftig wird man Häuser und Straßen bauen und instand halten, Lebensmittel und Gebrauchsgüter herstellen, Maschinen und Fahrzeuge schaffen. Trotz zunehmender Mechanisierung und Automation werden immer tüchtige Facharbeiter und Handwerker dringend benötigt. Jede Maschine bedarf nämlich des Menschen, der über sie Herr ist.

Übungsmöglichkeiten:

1. **Fremdwörter mit der Endung -enz:** Existenz, Konkurrenz, Konferenz, Exzellenz, Eminenz, Intelligenz, Potenz, Reagenzglas, Abstinenz, Lizenz, Essenz, Audienz, Korrespondenz, Kompetenz, Tendenz, Referenz, Karenzzeit, Prominenz
aber: Regens, Dispens
Schreibe die Wörter im Plural (Existenzen)!
2. **Mit Hauptwörtern (Substantiven) zusammengesetzte Zeitwörter (Verben):** teilnehmen, notlanden, überhandnehmen, handhaben, stattgeben, stattfinden, radfahren, maschineschreiben, achtgeben, heimgehen, haushalten, eislaufen, preisgeben, haltmachen, teilhaben, heimkehren, heimzahlen
Bilde die Mittelwörter der Vergangenheit (Partizipien im Perfekt), die Grundformen mit „zu" und verwende sie in Sätzen!
(teilnehmen: teilgenommen, teilzunehmen – Wir hätten gern bei deiner Feier teilgenommen.)
3. **Wortfamilie „drängen":** drängen, an-, ab-, auf-, be-, hinein-, nach-, weg-, heraus-, vor-, ver-, zurück-; drängeln, auf-, dazwischen-, vor-; drangsalieren; dringen, ein-, hervor-, durch-, empor-; Drang, An-, Freiheits-, Taten-, -sal; Drängelei; Gedränge; Gedrängtheit; Bedrängnis;

Bedrängung; Dringlichkeit; Eindringling; drangvoll; dringlich, auf-, ein- vor-; dringend, -lich (auch: dringentlich)
4. **Wortfamilie „arbeiten":** arbeiten, ab-, auf-, aus-, be-, bei-, durch-, ein-, er-, empor-, entgegen-, hinauf-, herunter-, hinein-, hoch-, mit-, nach-, um-, ver-, vor-, zusammen-; Arbeit, Berufs-, Schul-, Haus-, Fabrik-, Heim-, Hand-, Land-, Feld-, Stall-, Kinder-, Garten-, Sonntags-, Vor-, Lohn-, Nacht-, Schicht-, Holz-, Schmutz-, Jahres-, Lebens-, Wert-, Qualitäts-, Schreib-, Rechen-, Übungs-, Bau-, Lohn-, Mit-, Straf-, Prüfungs-, -geber, -nehmer, -samkeit; Arbeitsamt, -buch, -bereich, -dienst, -einsatz, -ergebnis, -einstellung, -führer, -feld, -plan, -eifer, -niederlegung, -ruhe, -pause, -stelle, -stätte, -fähigkeit, -gang, -gemeinschaft, -gericht, -freude, -kraft, -kleid, -ausschuß, -kamerad, -haus, -losenunterstützung, -lust, -lage, -lager, -lohn, -losigkeit, -markt, -platz, -gebiet, -ort, -pflicht, -nachweis, -anweisung, -raum, -teilung, -schutz, -tag, -stunden, -tier, -zeit, -vermittlung, -weise, -erfolg, -vertrag, -minister, -zweig; Arbeiter, Gelegenheits-, Fach-, Saison-, Hilfs-, Vor-, Schwer-, Gast-, Fremd-, Land-, Fabrik-, Industrie-, Straßen-, Wald-, Dock-, Chemie-, Berg-, Bau-, -siedlung, -wohlfahrt, -stand, -wochenkarte, -dichter, -partei, -schaft, -gewerkschaft, -versammlung; arbeitseifrig, -willig, -scheu, -müde, -ungewohnt, -unfähig, -los, -freudig
Versuche, die Wortfamilie zu erweitern!
5. **Wortfeld „arbeiten":** arbeiten, schaffen, herstellen, erzeugen, werken, wirken, sich beschäftigen, handeln, sich anstrengen, sich regen, sich rühren, zupacken, etwas leisten, sich plagen, sich mühen, sich abschinden, bewältigen, schuften, sich abquälen, sich placken, sich betätigen, sich abrackern, sein Brot verdienen, einen Beruf ausüben, produzieren, anfertigen, seinen Dienst versehen, ein Gewerbe betreiben, ein Geschäft führen, eine Arbeit ausführen, einen Posten ausfüllen – bauen, tragen, schleppen, graben, eggen, pflügen, säen, beschneiden, vulkanisieren, betonieren, drechseln, reinigen, jäten, roden, umbrechen, fällen, schmieden, hämmern, schweißen, löten, feilen, fräsen, schleifen, verzinken, vernieten, schrauben, nageln, hobeln, bohren, leimen, sägen, polieren, abbeizen, lackieren, tapezieren, anstreichen, weißen, kalken, mischen, kehren, putzen, wischen, spülen, wringen, waschen, bügeln, messen, zuschneiden, heften, nähen, sticken, häkeln, stricken, weben, färben, spinnen, kneten, mengen, formen, backen, garnieren, schlachten, hacken, wursten, räuchern, verkaufen, bedienen, sortieren, stapeln, lagern, ernten, kochen, dünsten, rösten, rechnen, schreiben, überprüfen, beaufsichtigen, lehren, predigen, unterrichten, anweisen, anleiten, üben, studieren, lernen
Schreibe von den Verben das Partizip Perfekt (gearbeitet, geschaffen, ...)!

6. **Die Vorsilbe auto-:** Automation, Autogramm, Autobus, autonom, Automobil, autogen, Autokratie, Autodidakt, Automat, Autonomie, automatisieren
Schreibe die Bedeutung der Wörter hinzu!

249

In einem Chemielabor

Wer erstmals in seinem Leben ein großes Laboratorium eines chemischen Werkes besucht, hat zunächst nur den einen Wunsch, recht schnell wieder ins Freie zu kommen. Die meist nicht sehr angenehmen Gerüche verschlagen dem Besucher den Atem. Außerdem ist er verwirrt über die Menge Menschen in weißen Kitteln, die auf langen, marmornen Tischplatten Flüssigkeiten mischen, filtern, destillieren oder an hochempfindlichen Waagen arbeiten. Eine Fülle von Glaskolben, Standzylindern und Reagenzgläsern sind an jedem Arbeitsplatz griffbereit. Verschiedenfarbige Rohrleitungen durchziehen den Raum. In Gefäßen, die über Bunsenbrennern erhitzt werden, brodelt und knattert es. Dampf wird abgelassen, Druckluft zischt, Behälter klappern. Der Uneingeweihte glaubt sich in eine moderne Hexenküche versetzt. Die hier schaffenden Menschen spüren die dem Fremden auffallenden Unannehmlichkeiten längst nicht mehr. Sie wissen, daß das Labor die Herzkammer jeder chemischen Fabrik ist. Hier wird erfunden, untersucht, gemischt und zusammengesetzt, was im Werk erzeugt wird. Viel Geduld und Ausdauer sind dazu erforderlich, denn oft sind Tausende von Versuchen notwendig, bis das gewünschte Ergebnis vorliegt. Außerdem werden den Produkten des Werkes im Labor nach allen Regeln der chemischen Kunst Stichproben entnommen und Fertigwaren auf ihre Bestandteile überprüft. Von der Kopfschmerztablette bis zum Pflanzenschutzmittel, vom Kunstleder bis zum Plastikbeutel werden die vielfältigen in chemischen Werken hergestellten Gegenstände ausprobiert und kontrolliert. Ohne die gewissenhafte Kleinarbeit der im Labor tätigen Menschen wären viele Dinge nicht vorhanden, die uns im alltäglichen Leben zur Selbstverständlichkeit geworden sind.

Übungsmöglichkeiten:

1. **Schreibweisen des langen a:** Waage, verstaatlichen, Maar, Saal, ...
Strahl, Wahrzeichen, Mahnung, Bundestagswahl, Stahl, prahlen, ...
Atem, Fertigware, schmal, Marmelade, Denkmal, Schicksal, ...
Setze die Reihen fort und fülle die Lücken folgender Wörter durch Einfügen von *a*, *aa* oder *ah*: –sgeier, Rauchschw–den, Abendm–l, Kapl–n, Port–l, S–tbeet, Ork–n, gef–rvoll, Holzsp–n, Dr–t, M–t, Tom–te, f–l,

Kr–n, Skl–ve, w–gerecht, w–gemutig, pr–lerisch, qu–lvoll, Kapit–l, K–rfreitag, W–nsinn, h–rig, –nungslos!
(Arbeitshilfe: In 12 Wörtern fehlt *a*, in 7 *ah* und in 5 *aa*. Siehe Beiheft L 267!)

2. **Wortfamilie „Fabrik":** Fabrik, Tuch-, Schokoladen-, Papier-, Zucker-, -schornstein, -betrieb, -besitzer, -zeichen, -marke, -arbeiter, -anlage, -gebäude; Fabrikat, Marken-, Auslands-, Fertig-, Halbfertig-; Fabrikant, Leder-, Textil-; Fabrikation; Fabrikationsart, -geheimnis, -mängel, -fehler; fabrikmäßig, -neu; fabrizieren
Schreibe die Wörter vollständig ab!

3. **Schreibung des langen i in Fremdwörtern:** destillieren, kontrollieren, explodieren, informieren, subtrahieren, ...
Chemie, Garantie, Batterie, Industrie, Geologie, ...
Maschine, Kantine, Draisine, Gardine, Limousine, ...
Olive, Stativ, aktiv, Lokomotivführer, explosiv, ...
Kaliber, Invalide, Tarif, Ventil, Dirigent, Frisur, ...
Setze die Reihen fort!

4. **Wortfamilie „schaffen":** schaffen, an-, ab-, be-, bei-, er-, herbei-, fort-, herauf-, hin-, mit-, ver-, zurück-, weg-; Schaffensdrang, -freude, -kraft; Schaffner, Straßenbahn-, Autobus-, Zug-, Post-; Anschaffung, Ab-, Er-, Be-; Geschäft, Lebensmittel-, Einzelhandels-, Discount-, Schuh-, Blumen-, Tausch-, Geld-, Verlust-, Dienst-; Geschäftsleben, -inhaber, -mann, -zeit, -gewinn, -zimmer, -führer, -bereich, -bücher, -stelle, -freund, -grundlage, -träger, -verbindung; Geschäftemacher; rechtschaffen; geschäftlich, -ig; geschäftsfreudig, -fähig, -kundig, -mäßig; schöpfen, er-, aus-, ab-; Schöpfeimer, -brunnen, -werk, -kelle; Schöpfer; Schöpfung, Ton-; Schöpfungswerk, -geschichte; Geschöpf; schöpferisch; Schöffe; Schöffengericht, -stuhl
Schreibe die Verben als Partizipien im Perfekt (angeschafft, ...) und die Substantive im Plural!

5. **Wortfamilie „Werk":** Werk, Bau-, Fach-, Busch-, Fahr-, Stell-, Berg-, Stahl-, Betriebs-, Vor-, Mund-, Hilfs-, Elektrizitäts-, Gas-, Wasser-, Meister-, Hand-, Hammer-, Schuh-, Pelz-, Feuer-, Uhr-, Bildungs-, Bild-, Schnitz-, Festungs-, Boll-, Lebens-, Zähl-, Kunst-, Flecht-, Säge-, Back-, Zucker-, Tage-, Bei-, Leit-, Strauch-, Gradier-, Rettungs-, Mach-, Läute-, Schlag-, Lauf-, Gemeinschafts-, Stock-, Schöpfungs-, -stoff, -statt, -meister, -tag, -stück, -lehrer, -student, -unterricht, -zeug, -arbeit, Ge-schaft; Werksgelände, -küche, -gemeinschaft, -anlage; werktätig, -tags, ge-schaftlich; werken; wirken, aus-, durch-, ein-, er-, mit-, nach-, fort-, ver-; Wirkstoff, -waren, -leistung, -lichkeit, -samkeit; Wirkung, Ein-, Aus-, Mit-, Nach-, Heil-, Dauer-, Rück-; Wirkungskreis, -losigkeit; wirklich, -sam; wirkungsvoll, -los, -reich

6. **rr – r** (mit 5 Schreibfehlern): verwirrt, Korektur, Gitarre, Beherrschung, sperrig, verdorrt, Parkett, Arrak, Katarrh, Terror, knurren, Zigarrette, Karrabiner, Kardinal, mürrisch, Garrage, Forelle, Terrasse, Starrsinn, Irrlicht, Irland, Foxterrier, Pyramide, Perücke, Periskop, Barriere, Autorität, Koridor, Perlon, Arrest, Keramik
Berichtige die 5 Schreibfehler! Ordne die Wörter nach der Schreibweise des *R-Lautes* und füge verwandte und zusammengesetzte Wörter hinzu!
(Kontrollmöglichkeit im Beiheft L 268.)

250

Der erste Morgen in der Lehrwerkstatt

Fast zwei Jahrzehnte war Erichs Vater schon in einem großen Stahlwerk tätig; denn Arbeitsweise und Betriebsklima behagten ihm hier. Daher hatte sich Erich um eine Lehrstelle in diesem Werk beworben und war nach einer kurzen Eignungsprüfung angenommen worden. Nun stand Erich heute zum erstenmal mit einigen anderen Jungen in der weiten, geräumigen Lehrwerkstatt, in der reihenweise Werkbänke und Maschinen aufgestellt waren. Noch etwas scheu schaute Erich den Leiter der Lehrwerkstatt an, der ihm zunächst seinen Spind und anschließend den künftigen Arbeitsplatz zeigte. Mit einem aufmunternden Klaps sagte der Ausbilder zu Erich: „Ich hoffe, daß du auch so ein tüchtiger, zuverlässiger Qualitätsarbeiter wie dein Vater wirst." Dann reichte ihm der Ausbildungsleiter ein Werkstück aus Stahl, dessen Schnittflächen er glattfeilen sollte. „Na, das machst du schon recht geschickt", meinte der Meister, der ihm eine Zeitlang beim Arbeiten zuschaute. Erich, durch dieses Lob angespornt, bemühte sich nun noch mehr, seinen ersten Auftrag sorgfältig und gewissenhaft auszuführen; denn er wollte von Anfang an einen guten Eindruck machen. Außerdem wußte er, daß eine einzige Unachtsamkeit beim Feilen das Werkstück unbrauchbar machen konnte. Besonders war Erich bedacht, daß keine Rillen oder gar Einkerbungen entstanden. Schließlich zeigte er seine Erstlingsarbeit dem Meister, der sie von allen Seiten kritisch betrachtete und mit der Schieblehre die Ausmaße überprüfte. „Bis auf ein paar kleine Unebenheiten schon ganz gut. Aber jetzt machen wir erst einmal Mittag, und dann weiter so!" sagte der Ausbildungsleiter. Froh über den guten Start folgte Erich den übrigen Lehrlingen in die Kantine.

Übungsmöglichkeiten:

1. **Schreibung der Tageszeiten:** Mittag machen; zu Mittag essen; gegen Mittag; bis zum Mittag; es ist Mittag; des Mittags; am Sonntagmittag – mittags; heute mittag; von morgens bis mittags; seit gestern mittag; Freitag mittag
Übe auch mit anderen Tageszeiten!

2. **Wortfamilie „leiten":** leiten, an-, ab-, über-, zu-, ge-, ver-, fehl-, um-; Leitwerk, -tier, -artikel, -feuer, -linie, -stern, -faden, -gedanke, -hammel, -motiv, -fähigkeit; Geleit, -zug; Leiter, -wagen, -sprosse, Steige-, Treppen-, Ausbildungs-, Reise-, Schul-, Bau-, Schiebe-, Strick-, Betriebs-, Feuerwehr-, Holz-, Amts-, Bezirks-, Chor-, Sende-, Feuer-, Expeditions-; Leitung, Wasser-, Reise-, Flug-, Bau-, Gas-, Strom-, Hochspannungs-, Überland-, An-, Zu-, Um-, Fehl-, Ein-, Ab-, Ober-; Leitungsbau, -wesen, -netz, -kabel
Ordne die Wörter nach ihrer Bedeutung (Leiter = Klettergerät – Leiter = Führer)!

3. **Wortfeld „Industriebetriebe":**
Werk: Stahl-, Flugzeug-, Volkswagen-, Elektro-, Großkraft-, ...
Fabrik: Farben-, Lack-, Strumpf-, Lampen-, Waggon-, Textil-, ...
Hütte: Glas-, Kupfer-, Eisen-, Blei-, Zink-, Schmelz-, ...
Halle: Werks-, Montage-, Maschinen-, Lager-, ...
Werkstatt: Lehr-, Reparatur-, Schlosser-, Schreiner-, ...
Porzellanmanufaktur, Weberei, Spinnerei, Färberei, Eisengießerei, Siederei, Raffinerie, Schiffswerft, Laboratorium, Ziegelei
Setze die Reihen fort!

4. **Fremdwörter aus dem Bereich der Industrie:**
 -or: Motor, Generator, Labor, Kontor, Transformator, Reaktor, Ventilator, Kondensator, Traktor, Kompressor, Phosphor
 -ik: Fabrik, Technik, Mechanik, Optik, Keramik, Statik, Physik, Dynamik
 -al: Mineral, Kapital, Material, Potential, Windkanal
 -ine: Maschine, Turbine, Margarine, Vaseline, Limousine, Draisine
 -tät: Kapazität, Elektrizität, Stabilität, Elastizität
 -il: Textil, Automobil, Ventil, Profil
 -ie: Industrie, Energie, Batterie, Chemie, Maschinerie, Aktie, Raffinerie
 -eur: Konstrukteur, Patroneur, Monteur, Installateur, Graveur
 -ent: Patent, Element, Zement, Transparent, Ferment, Produzent
 -tion: Konfektion, Fabrikation, Produktion, Kalkulation, Konstruktion, Automation, Rotation
 -on Ballon, Perlon, Nylon, Dralon, Waggon, Karton, Elektron
 -ur: Reparatur, Glasur, Tinktur, Politur, Manufaktur
 -at: Apparat, Automat, Fabrikat, Inserat, Format, Plakat
 -ieren: vulkanisieren, fabrizieren, konstruieren, produzieren, isolieren, konservieren, transportieren, rotieren, montieren, galvanisieren, mechanisieren

5. **Industrie und Technik erweitern den Wortschatz**
   Fabrik: Walzenstraße, Lötkolben, Drehbank, Schutzbrille, Schneidbrenner, Preßlufthammer, Stahlblock, Lehrlingswerkstatt, Winderhitzer, Hochofen, Schlackenabstich, Rohstoff, Fließband
   Energie: Hochspannung, Stromleitung, Großkraftwerk, Kokerei, Atommeiler, Kernspaltung, Elektrizitätserzeugung, Strahlungsmeßgeräte, Geigerzähler
   Verkehr: Kabinenroller, Düsenjäger, Hubschrauber, Straßenkreuzer, Flugzeugträger, Außenbordmotor, Blinklicht, Gaspedal, Auspuff, Vergaser, Zündkerze, Hubraum, Stoßdämpfer, Volkswagen, Rolltreppe, Rollfeld, Verkehrsampel, Tieflader, Raupenfahrzeug, Raumschiff, Mondfähre
   Wohnungswesen: Kühlschrank, Musiktruhe, Fernsehgerät, Rundfunkantenne, Spülmaschine, Durchreiche, Teewagen, Plattenspieler, Steckkontakt, Ölheizung, Anbaumöbel, Rauhfasertapete
   Gebrauchsgegenstände: Kugelschreiber, Konservenbüchse, Staubsauger, Füllhalter, Entsafter, Mixgerät, Schreibmaschine, Bleistiftspitzer, Lockenwickler, Feuerzeug, Zigarrenabschneider, Serviettenständer, Doppelstecker, Fernglas
   Kleidung: Reißverschluß, Manschettenknöpfe, Kleiderkonfektion, Perlonstrümpfe, Skischuhe, Sonnenbrille, Pullover, Anorak, Selbstbinder, Astronautenanzug
   Waffen: Maschinengewehr, Pistole, Handfeuerwaffe, Flammenwerfer, Panzerfaust, Panzerkampfwagen, Sturmgeschütz, Handgranate, Granatwerfer, Düsenjäger, Nachtbomber, Sprengbombe
   Ordne die Wörter innerhalb der Gruppen alphabetisch und setze die Reihen fort!

6. **Wortfeld „sprechen":** sprechen, sagen, erwidern, erkundigen, fragen, vortragen, antworten, entgegnen, schimpfen, fluchen, schreien, rufen, flüstern, tuscheln, jammern, beteuern, bemerken, klagen, plaudern, unterhalten, erzählen, berichten, stottern, meinen, bekräftigen, schwatzen, schelten, murren, jubeln, einwenden, prahlen, erwähnen, reden, äußern, lallen, babbeln, lispeln, schluchzen, bedauern, fordern, behaupten, bekunden, zustimmen, schwören, ergänzen, zu Bedenken geben, seufzen, vorschlagen, empfehlen, grölen, lügen, feilschen, verbieten, abstreiten, erklären, danken, murmeln, nörgeln, raunen, soufflieren, schnauzen, quatschen, zetern, raten, zitieren, unterrichten, vorlesen, debattieren, betteln, bitten, bestreiten, tratschen, sabbeln, verurteilen, entschuldigen, diskutieren, mahnen, quasseln, nennen, kommandieren, befehlen
   Du kannst die Wörter alphabetisch ordnen!

Tabelle der Rechtschreibschwierigkeiten

5. Schuljahr

Selbstlaute

Dehnung durch aa	12
Dehnung durch ee	3, 37
Dehnung durch oo	33
Dehnung durch ie	9, 34
Dehnung durch ah	6, 22
Dehnung durch äh	1, 44
Dehnung durch eh	12, 42
Dehnung durch oh	3, 43
Dehnung durch öh	37
Dehnung durch uh	16
Dehnung durch üh	9, 42
Unbezeichnete Dehnung bei a	8, 41
Unbezeichnete Dehnung bei ä	36
Unbezeichnete Dehnung bei e	25
Unbezeichnete Dehnung bei i	33
Unbezeichnete Dehnung bei o	22, 35
Unbezeichnete Dehnung bei ö	4, 36
Unbezeichnete Dehnung bei u	23
Unbezeichnete Dehnung bei ü	27, 50
ä oder e	15, 17, 39
äu oder eu	3, 49
ai oder ei	16

Mitlaute

b oder p	13, 32
chs	7
d oder t	11, 29, 43
dt	27
f oder v	17, 36
f oder pf	12
mpf	33
pf	12
g oder k im Auslaut	26, 41
ng oder nk im Auslaut	13
k oder ck	11, 40
qu	21
sch oder ch	30, 40
ss oder ß	5, 28, 48
st oder ßt	27
ß	1, 29
s oder z im Auslaut	31, 45
tz oder z	17, 48
tzt	41
v oder w	5
v	32
x	5
Schärfung mit bb	1
Schärfung mit ff	10, 43
Schärfung mit gg	2
Schärfung mit ck	3
Schärfung mit ll	10, 39
Schärfung mit mm	15
Schärfung mit nn	20, 47
Schärfung mit pp	2, 7
Schärfung mit rr	22
Schärfung mit ss	22
Schärfung mit tt	6, 43
Schärfung mit tz	32
Das silbentrennende h	44

Wortbildung

Vorsilbe ent-	2, 39
Vorsilbe miß-	46
Vorsilbe ver-	34
Vorsilbe un-	37
Vorsilbe ur-	38
Nachsilbe -haft	16
Nachsilbe -heit	19
Nachsilbe -keit	34
Nachsilbe -ig	25, 40

Nachsilbe -isch	27, 40
Nachsilbe -lich	40
Nachsilbe -ling	25
Nachsilbe -in	15
Nachsilbe -nis	29
Nachsilbe -sam	19
Nachsilbe -schaft	21
Nachsilbe -ung	26
Schwierige Mehrzahlbildungen	14
t als Gleitelaut vor -lich	18
Zusammensetzungen mit dem Bindungs-s	23
Silbentrennung	14, 35
Von Tageszeiten und Tagesnamen abgeleitete Umstandswörter	14, 42
Mitlauthäufungen	12
Aufeinanderfolge gleicher Mitlaute	13, 26
Zusammensetzungen mit „fort"	8
Zusammensetzungen mit „los"	29
Zusammensetzungen mit „vor"	8
Zusammensetzungen mit „-weise"	24
Zusammengesetzte Eigenschaftswörter	11, 18, 35
Zusammengesetzte Zeitwörter	47, 49
Großschreibung von Zeitwörtern	13, 25, 50
Großschreibung von Eigenschaftswörtern	6, 23, 30
Von Städtenamen abgeleitete Eigenschaftswörter	20
Eigenschaftswörter als Teile erdkundlicher Namen	34
Großschreibung der Anredefürwörter im Brief	28
Kleinschreibung von Mengenbezeichnungen	19

Gegenüberstellungen

als – wie	46
fast – faßt	49
fertig – ver...	5
fort – vor	8
lehren – leeren	9
mal – Male	1
malen – mahlen	7
Mann – man	38
mit – Mitte	28
Paar – paar	41
seid – seit	15
Städte – Stätte	21
wahr – war	20
Weise – weise	24
wieder – wider	48

Wortfamilien und Wortreihen

Angst	19
Draht	18
Ehre	46
Ende	32
fahren	45
Form	17
Futter	4
hacken	4
Haupt	23
Herr	9
hören	28
Industrie	21
jagen	20
lassen	39
nennen	36
packen	50
Papier	7
pflanzen	10
schieben	10
sehen	8
spazieren	6
sperren	26
Stadt	35
wahr	20

Wortfelder

Abgrenzungen	8
ängstlich	19

Beleuchtungskörper	43
fallen	2
Gewässer	30
höflich	48
leichtsinnig	47
Spaß	45
Wasserfahrzeuge	33
Weihnachtsschmuck	50
Wurfgegenstände	46
verjagen	4
zerkleinern	44

Zeichensetzung

Die wörtliche Rede	24, 38, 47
Komma bei Aufzählungen	11, 24
Komma beim Beisatz	16
Komma in der Anrede	44
Komma vor „als"	31
Komma vor „daß"	37
Komma vor „denn"	30
Komma vor „was"	45
Komma vor „weil"	49
Komma vor „wenn"	14
Komma vor „wo"	40

6. Schuljahr

Selbstlaute

Schreibweisen des langen a	54, 56, 67, 84, 96, 99
Schreibweisen des langen ä	89, 99
Schreibweisen des langen e	61, 68, 81, 90, 98
Schreibweisen des langen i	58, 73, 74, 78
Schreibweisen des langen o	60, 62, 68, 76, 81
Schreibweisen des langen ö	63
Schreibweisen des langen u	59, 86, 91
Schreibweisen des langen ü	59, 63, 64
Umlautbildung bei verdoppelten Selbstlauten	63
ä oder e	73, 74, 90
äu oder eu	56, 85
ai oder ei	64

Mitlaute

b oder p	69, 95
d oder t	54, 56, 61, 97
ds oder ts	54, 91
end oder ent	53, 75, 91, 94
gt oder cht	62, 81, 98
g oder k	66, 84
ng oder nk	52, 82
k oder ck	69, 78, 91, 100
sch oder ch	72, 90
st oder ßt	63, 67, 80
tz oder z	60, 93
Der F-Laut	68, 69, 71, 80
Der S-Laut	63, 67, 80, 86, 92, 97
Der X-Laut	55, 59, 75, 77, 90
Der Z-Laut	55, 60, 93, 96
Das silbentrennende h	60, 79
Schärfung mit bb	64, 93
Schärfung mit ff	65, 80
Schärfung mit gg	57
Schärfung mit ll	53, 59, 87
Schärfung mit mm	64, 66
Schärfung mit nn	72, 95
Schärfung mit pp	93, 94
Schärfung mit ss	67, 86
Schärfung mit rr	72, 85
Schärfung mit tt	52, 65
ch im Anlaut	77
chs	77, 90
dt	56, 92
mpf	73
pf	69, 80
ps	70
qu	63, 64, 79
tsch	55, 61
th	94
ts	54
t als Gleitlaut vor -lich	53, 94

Wortbildung

Vorsilbe ent-	75, 91
Vorsilbe miß-	57
Vorsilbe ver-	92
Nachsilbe -bar	71, 85, 99
Nachsilbe -haft	68
Nachsilbe -heit	76
Nachsilbe -ieren	53, 85
Nachsilbe -ig	76, 83
Nachsilbe -in	90
Nachsilbe -ine	100
Nachsilbe -isch	59, 83, 84
Nachsilbe -keit	52
Nachsilbe -lich	54, 76, 83
Nachsilbe -nis	58, 84
Nachsilbe -sam	79, 88
Nachsilbe -schaft	70
Nachsilbe -ung	80, 92
Nachsilbe -wärts	78
Schwierige Mehrzahlbildung	80, 90
Zusammengesetzte Zeitwörter	53, 55, 68, 78, 99
Zusammengesetzte Eigenschaftswörter	61, 77, 86, 89
Zusammengesetzte Mittelwörter	51, 60, 96
Zusammensetzungen mit Bindungs-s	97
Zusammensetzungen mit „los"	98
Zusammensetzungen mit „reich"	99
Zusammensetzungen mit „voll"	98
Der Ergänzungsstrich	96
Silbentrennung	66, 80, 81, 100
Aufeinanderfolge gleicher Mitlaute bei Zusammensetzungen	61, 69

Groß- und Kleinschreibung

Großschreibung von Zeitwörtern	71, 76, 82, 88
Großschreibung von Eigenschaftswörtern	57, 66, 87, 88
Eigenschaftswörter als Namen	87
Großschreibung von Mittelwörtern	85
Tagesnamen und Tageszeiten	57, 82, 98
Großschreibung von Zahlwörtern	51

Gegenüberstellungen

das – daß	86, 87, 88
fast – faßt	69
holen – hohl	62
mal – Mal, Male	72, 82
Miene – Mine	53
Paar – paar	84
Päckchen – Paket	65
rein – Rhein	83
seid – seit	65
Stadt – Statt – Staat	56, 82
wieder – wider	93

Wortfamilien und Wortreihen

Arzt	71
Berg	75
blühen	67
brennen	70
Christ	100
Ende	75
essen	62
gelb	99
Hand	60
Hof	73
jagen	79
Kirmes	92
lang	77
Nachbar	93
reißen	51
rot	70
sammeln	75
senden	84
schließen	54
Schnee	52
tauschen	98
wandern	74
Weihnachten	100
Wetter	89

Wortfelder

arbeiten	58
Bindemittel	95
entbehren	77
fliegen	81
Gepäckstücke	73
Gotteshäuser	96
laufen	51
leuchten	99
schnell	78
sehen	95
sprechen	57
Tierwohnungen	74
wachsen	76
Wald	74
Wege	94

Zeichensetzung

Die wörtliche Rede	83
Anführungszeichen	88
Komma	
bei Anreden	51
bei Empfindungswörtern	72
vor „daß"	88
bei Vergleichen	70
bei eingeschobenen Nebensätzen	66
bei Nennformsätzen	71, 89
und der Beisatz	87
zwischen gleichartigen Satzteilen	55, 67, 97
zwischen Hauptsätzen	91, 95, 98
nach verkürztem Hauptsatz	94

7. Schuljahr

Selbstlaute

Schreibweisen des langen a	109, 139
Schreibweisen des langen ä	112, 144
Schreibweisen des langen e	131, 146
Schreibweisen des langen i	126, 137
Schreibweisen des langen o	114, 137
Schreibweisen des langen ö	102, 111
Schreibweisen des langen u	133, 143
Schreibweisen des langen ü	109, 117
Umlautbildung bei verdoppelten Selbstlauten	102
ie am Wortende	102, 134
ä oder e	111, 119, 124, 146
äu oder eu	102, 129
ai oder ei	116, 126
i, ü oder y	133

Mitlaute

b oder p	123
d oder t	113, 132, 143
g oder ch	122, 134
g oder k	110, 120
k oder ck	107, 121
st oder ßt	144
sch oder ch	113, 122
tzt oder zt	148
v oder f	111
v oder w	101, 128
Der F-Laut	115, 141
Der S-Laut	111, 133, 145
Der X-Laut	101, 137
Der Z-Laut	124, 138
Schärfung mit bb	144
Schärfung mit dd	135
Schärfung mit ff	119, 126
Schärfung mit gg	133
Schärfung mit ll	114, 130
Schärfung mit mm	112, 125

Schärfung mit nn	128, 148
Schärfung mit pp	108, 131
Schärfung mit rr	132, 140
Schärfung mit ss	124, 139
Schärfung mit tt	102, 144
ch am Wortanfang	133, 150
cht	118
dt	106, 134
mpf	126
ph	110, 127
qu	112, 126
ts	116, 129
tsch	104
th	107, 138
Das silbentrennende h	150
v	132, 136
x	135
y	105, 148

Wortbildung

Vorsilbe ent-	103, 123
Vorsilbe miß-	101, 123
Vorsilbe un-	121
Vorsilbe ur-	129
Vorsilbe ver-	124
Nachsilbe -bar	105, 134
Nachsilbe -haft	115
Nachsilbe -heit	104, 139
Nachsilbe -ig, -isch, -lich	115, 117, 142
Nachsilbe -ik	141
Nachsilbe -ieren	112
Nachsilbe -in	125
Nachsilbe -ine	129, 136
Nachsilbe -keit	106, 142
Nachsilbe -nis	110, 128
Nachsilbe -sal	107
Nachsilbe -sam	122
Nachsilbe -schaft	130, 136
Nachsilbe -tum	110
Nachsilbe -ung	131, 149
Nachsilbe -ur	110, 137
Schwierige Mehrzahlbildung	125, 132, 144
Mittelwörter	131, 143

Zusammengesetzte Mittelwörter	103, 104, 122, 148
Zusammengesetzte Eigenschaftswörter	108, 113, 142, 147
Zusammengesetzte Zeitwörter	103, 107, 130, 141, 143
Zusammensetzungen mit „los"	101
Zusammensetzungen mit „mäßig"	134
Zusammensetzungen mit „reich"	106
Zusammensetzungen mit „voll"	140
Zusammensetzungen mit „-weise"	117
Aufeinanderfolge gleicher Mitlaute bei Zusammensetzungen	121, 129, 149
Mitlauthäufungen	125, 143
Zusammensetzungen mit Bindungs-s	148, 149
Silbentrennung	145, 146
Der Ergänzungsstrich	103, 123
Straßennamen	140

Groß- und Kleinschreibung

Großschreibung von Zeitwörtern	102, 106, 135, 142
Großschreibung von Eigenschaftswörtern	106, 108, 120, 127
Großschreibung von Mittelwörtern	123, 130, 149
Großschreibung von Zahlwörtern	118
Hauptwörter als Umstandswörter	138
Schreibung von Tagesnamen und Tageszeiten	141
Von Ländernamen abgeleitete Eigenschaftswörter	132
Von Städtenamen abgeleitete Eigenschaftswörter	126

Gegenüberstellungen

das – daß	128
das gleiche – dasselbe	115

Ende – ent-	115
Grad – Grat	120
Leid – Leit-	127
mal – Mal, Male	145
Paar – paar	116
seid – seit	124
selig – seelisch	110
Stadt, Städte – Statt, Stätte	114
Tod – tot	144

Wortfamilien

Abend	135
Arbeit	137
Baum	135
dienen	138
Fabrik	127
falten	116
fertig	139
glauben	118
halten	104
heilen	122
Holz	113
krank	138
Körper	101
Land	136
nehmen	119
Nummer	118
schaffen	150
schließen	125
schneiden	145
schreiben	131
spielen	148
Stamm	109
Stange	108
Stock	107
Strahl	109
Tag	117
Werk	139

wider	105
zwei	147

Wortfelder

Blütenteile	103
Gebiet	149
helfen	136
Helfer	146
Kirmesstände	141
klopfen	114
Luftfahrzeuge	130
nachlässig	145
ruhen	119
Stange	108
Straßenfahrzeuge	127
streiten	105
Verpackung	147
vermuten	118
Wetter	120

Zeichensetzung

Der Ergänzungsstrich	103, 123
Die wörtliche Rede	117
Hervorhebung durch Anführungszeichen	142
Der Beisatz	104, 140
Komma bei Aufzählungen	116, 133
Ungleichwertige Beifügungen	105
Komma zwischen Hauptsätzen	121
Komma nach verkürztem Hauptsatz	119, 127
Zeichensetzung bei Bindewörtern	121
Komma vor „und"	146
Komma nach Empfindungswörtern	125
Komma bei erweiterten Nennformsätzen	138, 147

8. Schuljahr

Selbstlaute

Schreibweisen des langen a	153, 182, 186
Schreibweisen des langen ä	165, 199, 200
Schreibweisen des langen e	164, 177, 181
Schreibweisen des langen i	188, 193, 196
ie in Fremdwörtern	172, 182
Schreibweisen des langen o	157, 193, 199
Schreibweisen des langen ö	160, 188
Schreibweisen des langen u	151, 171
Schreibweisen des langen ü	168, 174, 188

ä oder e	156, 157, 160
äu oder eu	174, 176, 197
eu, eur in Fremdwörtern	162, 184
ou in Fremdwörtern	170
y in Fremdwörtern	182
ei oder ai	163

Mitlaute

b oder p	190, 194
d oder t	160, 176, 185
nd oder nt	166
end oder ent	163, 168, 178
dt	151
d bei Mittelwörtern der Gegenwart	158, 163, 174
t als Gleitelaut	156, 173
th	174, 194
g oder k	165, 176
k oder ck	169, 170, 199
Der K-Laut bei Fremdwörtern	161, 186
kt in Fremdwörtern	172
ch in Fremdwörtern	165
ch oder g	191
ch oder sch	175, 189
cht, gt oder rt	171
chts	195
icht	188
-igt und -licht bei Mittelwörtern	159
Der F-Laut	151, 161, 179
mpf oder nf	151, 168
nt in Fremdwörtern	172
ph	161, 174, 180
v in Fremdwörtern	151, 186
qu	180, 198
rh	153
Der S-Laut	162, 172, 173, 189
s oder z	196
ß	189
ßt oder st	153
sk	152, 188
tsch	171
ts	200
Der X-Laut	154, 162, 185, 192, 198
Der Z-Laut	159, 167, 171, 196
tzt	159
Das silbentrennende h	181
Schärfung mit bb	187
Schärfung mit dd	160
Schärfung mit ff	191, 194
Schärfung mit ll	189, 194
Schärfung mit mm	176
Schärfung mit nn	166, 193
Schärfung mit pp	196, 200
Schärfung mit rr	171, 191
Schärfung mit ss	162, 193
Schärfung mit tt	158, 185

Wortbildung

a) **Vorsilben**

ent-	163, 165
er-	181
erz-	181
ge-	175
inter-	179
miß-	173
ur-	164, 192
ver-	181

b) **Nachsilben und Endungen**

-al	155
-at	167
-bar	157
-ell	183
-ent und -nt	172, 193
-haft	157, 173
-heit	151, 155, 163
-ie	172, 182
-ieren	180, 183
-ig	155, 158, 168, 195
-ik	152
-in	162
-ine	175
-isch	155, 195, 196, 200
-keit	151, 153, 185
-lich	155, 195
-ling	187
-nis	167
-nt bei Fremdwörtern	193
-ös	192
-on	159
-sal	166
-sam	157
-schaft	166
-tion	164
-tum	185
-ung	155, 176, 197
-ur bei Fremdwörtern	157

c) **Wortumgestaltungen und Zusammensetzungen**
Schwierige Mehrzahlbildungen
    165, 186

Mittelwörter der Gegenwart	158, 163, 184
Mittelwörter der Vergangenheit	159, 163
Zusammengesetzte Hauptwörter	153, 178
Zusammengesetzte Mittelwörter	165, 174, 183, 195, 198, 200
Zusammengesetzte Zeitwörter	158, 180, 183, 196
Zusammengesetzte Eigenschaftswörter	154, 158, 170, 184, 199
Zusammensetzungen mit „zu"	190
Zusammensetzungen mit „einander"	158
Zusammensetzungen mit „los"	166, 169
Zusammensetzungen mit „reich"	151
Zusammensetzungen mit „voll"	151, 152
Zusammensetzungen mit „vor"	181
Zusammensetzungen mit „weise"	152, 169
Zusammensetzungen mit Bindungs-s	153, 182
Aufeinanderfolge gleicher Mitlaute bei Zusammensetzungen	154, 170, 181
Der Ergänzungsstrich	194
Silbentrennung	155, 161, 180, 187
Straßennamen	173

Groß- und Kleinschreibung

Eigenschaftswörter	159, 161, 164, 168, 175
Mittelwörter	178
Zahlwörter	158, 190, 200
Zeitwörter	161, 177, 178, 183, 189, 190
Tagesnamen und Tageszeiten	190, 192

Gegenüberstellungen

das – daß	197, 198
fältig – fällig	154
Grad – Grat	184
hohl – holen	157
leeren – lehren	177
Mann – man	180
Paar – paar	156
Recht – recht	197
Reis – Reise – reißen	182
seitdem – seit dem	169
Stadt – Staat	162
Stiel – Stil	189
Tod – tot	195
viel – fiel	160
Ware – wahr	175
wieder – wider	164

Wortfamilien und Wortreihen

Baracke	179
bauen	159
Bischof	192
blühen	154
Ende	152
Fabrik	183
fahren	168
fallen	177
fließen	197
geben	170
glühen	184
Hand	177
heilen	199
helfen	166
Karneval	152
kennen	198
mahlen	181
Mai	163
malen	181
merken	196
nähren	182
packen	178
rauchen	175
reißen	172
See	186
sitzen	195
wachsen	179
ziehen	169

Wortfelder

Bäume	189
Behälter	194
Schwierige Blumennamen	154
Familie	155
Schiffe	167
sehen	177
Tierwohnungen	187
Wagen	179

Wald	188	Komma bei erweiterter Grundform		156
Wohnungsunterkünfte	156	Eingeschobene Gliedsätze		178
		Komma nach Empfindungswörtern		174
Zeichensetzung		Der Beisatz		191
		Gleichartige Satzteile		169
		Ungleichwertige Beifügungen		183
Komma bei Anrede	167	Komma in Relativsätzen		193
Komma zwischen Hauptsätzen	191			

9. und 10. Schuljahr

Selbstlaute

Dehnung (Regeln)	213	kt		221
Schreibweisen des langen a	208, 227, 249	sk		238
Schreibweisen des langen ä	215, 235, 246	mpf oder nf		217
Schreibweisen des langen e	215, 228, 247	Der F-Laut	204, 219, 225
Schreibweisen des langen i	205, 212, 233	ph		204, 244
Langes i in Fremdwörtern	249	qu		228, 232
Schreibweisen des langen o	210, 215, 243	Der S-Laut	201, 222, 226
Schreibweisen des langen ö	205, 211	s oder z		247
Schreibweisen des langen u	210, 229			
Schreibweisen des langen ü	219, 239, 243	**noch Mitlaute**		
ä oder e	202, 226, 245	st oder ßt		211
äu oder eu	215, 229	ss oder ß		222, 229
ai oder ei	236, 239	s oder ß		228
eur	241	v oder w in Fremdwörtern	243, 246
ou	227	x		232, 246
y	208, 210	Der X-Laut	201, 232, 236
Umlautbildung bei verdoppelten		Der Z-Laut		206, 212
Selbstlauten	222	tz oder z		224, 247
		ts		231
		Schärfung mit bb		229
Mitlaute		Schärfung mit ff		228, 243
		Schärfung mit ll	212, 231, 238
b oder p	225, 228	Schärfung mit mm		212, 242
d oder t	203, 213, 234	Schärfung mit nn		201, 215
end- oder ent-	217, 229	Schärfung mit pp		227, 234
dt	213, 242	Schärfung mit rr		246, 249
t als Gleitelaut	203, 245	Schärfung mit ss		204, 232
th	210, 216	Schärfung mit tt		201, 227
Das silbentrennende h	225			
g oder ch	219, 231	**Wortbildung**		
igt oder icht	207			
ch in Fremdwörtern	225, 239	a) **Vorsilben**		
g in Fremdwörtern	230, 239	auto-		248
g oder k	219, 243	ex-		206
k oder ck	207, 215, 239	inter-		245
Der K-Laut	215, 220	pro-		219
		trans-		209
		ur-		205
		ver-		247
		zer-		211

b) **Nachsilben und Endungen**

-al	235
-at	218
-bar	213
-ell	203
-ent	244
-enz	248
-heit	250
-ie	246
-ier	206
-ieren	212
-ig	233
-in	210, 238
-ine	238
-ik	213
-isch	205, 233
-iv	221
-keit	250
-lich	233
-ling	207
-ment	213
-nis	232
-on	238
-sal	207
-sam	232
-schaft	203
-tion	212
-tum	231
-ur	224
-ung	229

c) **Zusammensetzungen**

mit „los"	240
mit „reich"	238
mit „voll"	226
mit „-weise"	214
mit „zu"	223
Zusammengesetzte Eigenschaftswörter	211, 227, 228
Zusammengesetzte Zeitwörter	210, 211, 222, 223, 234, 248
Zusammengesetzte Mittelwörter	228, 233
Zusammengesetzte Umstandswörter	202, 240, 244
Aufeinanderfolge gleicher Mitlaute	237, 243
Schwierige Mehrzahlbildungen	218, 241
Schwierige Ländernamen	214
Das Geschlecht geographischer Namen	220

Der Ergänzungsstrich	211
Silbentrennung	229, 237

Groß- und Kleinschreibung

Großschreibung von Eigenschaftswörtern	209, 225
Eigenschaftswörter als Teile von Namen	213, 237
Großschreibung von Zeitwörtern	202, 207, 236
Großschreibung von Mittelwörtern	209, 221
Schreibung von Zahlwörtern	216, 224
Schreibung von Tagesnamen und Tageszeiten	250
Kleinschreibung von Hauptwörtern	206, 222
Hauptwörter als Verhältniswörter	225

Gegenüberstellungen

das – daß	240
Gut – gut	235
Herr – her – Heer	202
mal – Mal, Male	230
Mal – Mahl	239
Mine – Miene	206
Recht – recht	231
Städte – Stätte	204
Tod – tot	204
Waage – Wagen – wagen	220
Weise – weise – Waise – weiß	230
wieder – wider	240

Wortfamilien und Wortreihen

arbeiten	248
Arzt	206
Berg	227
brennen	226
drängen	248
drucken	217
Ende	243
fahren	237
Fabrik	249
Feld	223
fliegen	238

frei	242	Fortbewegungsmöglichkeiten	226
gelten	235	Freizeit	242
Grenze	214	Gebiet	205
handeln	236	Heilbehandlung	209
helfen	231	Hilfe	207
Industrie	224	Industriebetriebe	250
Kartoffel	223	Kranken- und Pflegeanstalten	209
kaufen	235	Künstler	244
Kirche	208	Landwirtschaftliche Geräte und	
Körper	209	Maschinen	223
Kunst	244	Lebensraum	220
Land	220	Menschengruppen	202
leben	204	Nachricht	218
legen	217	Rechtsprechung	233
leiten	250	Sperre	214
Mann	239	sprechen	250
Mensch	203	spielen	241
Natur	224	Staatsformen	216
nehmen	247	Staatsoberhäupter	216
pressen	217	Technik (neue Wortschöpfungen)	218
Pflanze	222	Verkaufsstätten	236
Rat	230	wachsen	222
Recht	233	Zeitvertreib	242
reisen	219		
säen	222		
sammeln	234		

Fremdwortbereiche

Gesundheitswesen	209
Industrie	250
Kunst	244
Politik	216
Presse	218
Raumfahrt	240
Rechtswesen	233
Religion	208
Sport	241
Staat	214
Lehn- und Fremdwörter aus dem Lateinischen	220

schaffen	249		
schreiben	217		
sehen	211		
sparen	235		
spielen	226		
Staat	214		
stellen	243		
Szene	242		
wachsen	224		
wahr	232		
Wasser	237		
weben	246		
Werk	249		

Wortfelder

Redewendungen

Landwirtschaft	221
Mensch	202
Religion	208
Spiel	241

Arbeit	245
arbeiten	248
Arbeitsstätten	245
Der Mensch und die Arbeit	245
Behörden	230
Aufgaben der Behörden	230
Bodenbearbeitung	221
fahren	236
Fahrzeuge	237

Zeichensetzung

Komma beim Beisatz	223
Komma bei Aufzählungen	205

Komma bei gleichartigen Satzteilen 211, 247	Komma bei erweiterten Mittelwortsätzen 201, 223
Gleichartige, aber ungleichwertige Satzteile 221	Komma bei Nebensätzen 208, 241
	Komma bei verkürzten Sätzen 218
Kommastellung bei wörtlicher Rede 239	Das Semikolon 203, 234
Komma bei Grundformsätzen 201, 234	

Verzeichnis der Diktate

5. Schuljahr

1. Die Silvesternacht
2. Beim Schiffsmodellbau
3. Die Futterstelle am Fenster
4. Drei Tauben
5. Eine Maske für die Karnevalstage
6. Weidenkätzchen
7. Ostervorbereitung
8. An der Baustelle
9. Die gelbe Wiese
10. Heilpflanzen für Großmutter
11. Gartenschnecken
12. Das Wunder der Verwandlung
13. Katzenbesuch in der Klasse
14. Die verschwundenen Eintrittskarten
15. Der Dackel als Friedensstifter
16. Rehkitz in Pflege
17. Marienkäfer
18. Hansi ist für Körperpflege
19. Fliegende Laternchen
20. Die Schwanenburg in Kleve
21. Städte im Ruhrgebiet
22. Vor dem Kölner Dom
23. Blick vom Drachenfels
24. Zum ersten Male in einer Jugendherberge
25. Die schwere Arbeit der Winzer
26. An der Rurtalsperre
27. Eine westfälische Wasserburg
28. Ein Kartengruß vom Teutoburger Wald
29. Unverhofft kommt oft
30. Im Wattenmeer
31. Mit dem Wagen auf den Dachboden
32. Fahrt in die Bayerischen Alpen
33. Im Fährschiff auf dem Bodensee
34. Steigungsregen im Harz
35. Im Interzonenzug nach Berlin
36. Dampferfahrt ins Elbsandsteingebirge
37. Rübezahl
38. Bernstein aus Ostpreußen
39. Der Freiballon
40. Im Herbstwald
41. Hubertusjagd
42. Erstmals Menschen auf dem Mond
43. Die wertvolle Fundsache
44. Suppenknochen für die Frau Bürgermeister
45. Ein übler Scherz
46. Ehrlichkeit ist wichtiger
47. Leichtsinniger Gedanke
48. In der Straßenbahn
49. Der Brötchenwecker
50. Ein Weihnachtspaket für Großvater

6. Schuljahr

51. Der 32. Januar
52. Auf der Rodelbahn
53. Vater kann alles!
54. In der Buchhandlung
55. Ein feiger Indianer
56. Die alte Stadt
57. Ein Haus für einen Fremden
58. Der Großvater erzählt
59. Textilfasern
60. Eine Fahrt durch das Industriegebiet
61. Eine große Osterüberraschung
62. Tonis Gartenarbeiten
63. Peters Starkasten
64. Der erste Maikäfer
65. Klaus und das Muttertagsgeschenk

66. Gestörte Ruhe
67. Der Löwenzahn
68. Am Vogelfreigehege
69. Der Kirschenhagel
70. Freßgierige Hühner
71. Nur Regenwürmer
72. So ein Pech!
73. Reisefieber
74. Der Fischreiher
75. Bergschafe
76. Das jährliche Wunder der Brotvermehrung
77. Viele hungern
78. Kein Parkplatz
79. Auf Jagd am Weiher
80. Kinderbelustigung
81. Die Dohlen und der Wetterhahn
82. Gewitter
83. Wetterpropheten
84. Vorbereitungen für das Schulfest
85. Alarm auf der Feuerwache
86. Berufspläne
87. Zuerst dienen
88. Der Neue
89. Die gelähmte Mitschülerin
90. Heimweh
91. Im letzten Augenblick
92. Wolfgang spart
93. Erschwerter Hausputz
94. Auf der Straße
95. Verdiente Strafe
96. Erntedank
97. Die Friedhofsmauer
98. So fährt kein Auto!
99. Die erste Mondlandung
100. Weihnachtsbäckerei

7. Schuljahr

101. Übler Neujahrsunfug
102. Peter und das hungrige Buchfinkenpärchen
103. Schneeglöckchen
104. Glück gehabt!
105. Unnützer Streit

106. Ohne Fleiß kein Preis
107. Wilma
108. Heilpflanzen auf dem Schuttplatz
109. Frühling im Walde
110. Österliches Brauchtum aus alter Zeit
111. Oasen der Großstadt
112. Leichtsinn ist kein Beweis von Mut
113. Sturzkampfflieger Wanderfalke
114. Der Schwarzspecht
115. Unterricht für Jungfüchse
116. Die Blumenfreundin
117. Schlagfertigkeit
118. Die böse Dreizehn
119. Mißlungener Gespensterspuk
120. Wetterstation auf dem Kahlen Asten
121. Glück im Unglück
122. Ein gefiederter Patient
123. Eichhörnchen im Stadtpark
124. Peters Kampf gegen die Kirschendiebe
125. Freischwimmerin mit Wespenhilfe
126. Ein Ferientag im Hamburger Hafen
127. Auf der Autobahnbrücke
128. Bergstraßen
129. Auffahrt zur Zugspitze
130. Auf dem Flughafen
131. Im Flugzeug über Afrika
132. Der veränderte Erdteil
133. Als Arbeiter beim Bau des Assuan-Staudammes
134. Post aus New York
135. Auf Forschungsfahrt im Amazonasgebiet
136. Hilfe für Indien
137. Steinzeitmenschen auf Neuguinea
138. Freiwilliger Sonntagsdienst
139. Im Edelstahlwerk
140. Fremdgewordene Heimat
141. Herbstkirmes

142. Todesfahrer auf dem Kirmesplatz
143. Die verunglückte Quarktorte
144. Die Herbstzeitlose
145. Bestrafte Nachlässigkeit
146. Keiner ist zu klein, Helfer zu sein
147. Übereifer schadet nur!
148. Helmuts Hilfsbereitschaft
149. Weihnachtspakete nach Mitteldeutschland
150. Weihnachten überall

8. Schuljahr

151. Am Jahresanfang
152. Karneval
153. Neue Hoffnung
154. Der Blumengarten
155. Die Bedeutung der Familie
156. Ein Kinderschicksal in der Dritten Welt
157. Schützt die Nistplätze!
158. Vater, mein bester Kamerad
159. Planungen für das Eigenheim
160. Frühlingsspaziergang an der Neiße
161. Die Bedeutung des Osterfestes
162. Jeder an seinem Platz
163. Der Maibaum wird aufgerichtet
164. Das alte Dorf
165. Lebensbedrohender Fortschritt
166. Helfer aus aller Welt
167. Kapitän Peters
168. Spüldienst
169. Im Zeltlager
170. Aufstieg zum Gipfel
171. Beobachtungen am Wasser
172. Veränderlich
173. Bruder Leichtsinn
174. Gewitterschwüle
175. Markttag
176. Der Wiesenmusikant
177. Der Sieger
178. Nachts auf dem Hauptbahnhof
179. Fahrt über die Zonengrenze
180. Eine Autobahn wird gebaut
181. Der Mühlenturm von Zons
182. Unsere Nahrungsmittel
183. Besuch in einer Tuchfabrik
184. Am Hochofen
185. Geld auf dem Schrottplatz
186. Am Laacher See
187. Am Bau der Waldameisen
188. Der rote Räuber
189. Im Herbstwald
190. Der neue Stundenplan
191. Kartoffelfeuer
192. Kirmes
193. Fußball auf der Mattscheibe
194. Beim Apotheker
195. Ob arm, ob reich, im Tode gleich
196. Die wertvolle Briefmarke
197. Tierfreunde
198. Die große Sternenwelt
199. Vorbereitender Krippenbau
200. Der Wald kommt in die Häuser

9. und 10. Schuljahr

201. Beim Jahreswechsel
202. Der Mensch in der Schöpfung
203. Das Wesen des Menschen
204. Nur ein Menschenleben
205. Der Lebensraum der Menschheit
206. Hilfeleistung zwischen den Fronten
207. Gefährliche Hilfsbereitschaft
208. Die Anfänge des Christentums
209. Gesundheit, ein wertvoller Besitz
210. Lohnender Einsatz
211. Vor dem Wiedersehen mit Dresden
212. Rascher Aufstieg
213. Die beiden gesetzgebenden Gewalten in der Bundesrepublik
214. Eine Grenze mitten durch Deutschland
215. Zwei Gebiete – zwei Welten
216. Das Leben in demokratischen Staaten
217. Pressefreiheit im demokratischen Staat
218. Die Massenmedien und wir
219. Der Reiseprospekt
220. Ausreichende Lebensmöglichkeiten für alle
221. Die gewaltige Aufgabe der Landwirtschaft in der Gegenwart
222. Wunderbares Keimen und Wachsen

223. Der alte Bauer
224. Natur in Gefahr
225. In unseren Mittelgebirgen
226. Eine teure Reissuppe
227. Durch Nacht zum Licht
228. An der Isarquelle
229. Ebbe und Flut
230. Zum erstenmal im großen Rathaus
231. Ein verlockendes Angebot
232. Die Notwendigkeit unabhängiger Gerichte
233. Hohe Verantwortung
234. Der Totogewinn
235. Von der Metallmünze zum bargeldlosen Zahlungsverkehr
236. Der Hamburger Hafen, ein wichtiger Handelsplatz
237. Die Verkehrslage in der Bundesrepublik
238. Die Entwicklung des Luftverkehrs
239. In der Halle des Frankfurter Flughafens
240. Künstliche Satelliten
241. Freizeit – Zeit für Lieblingsbeschäftigungen
242. Vom Sinn der Freizeit
243. Auf der Suche nach Erdöl
244. Die Jugendzeit großer Künstler
245. Job oder Beruf?
246. Die industrielle Revolution und ihre Auswirkungen
247. Neuer Lebensraum in den Trockengebieten der Erde
248. Verdrängt die Technik die menschliche Arbeitskraft?
249. In einem Chemielabor
250. Der erste Morgen in der Lehrwerkstatt

Königs Erläuterungen und Materialien

Die umfangreichste Sammlung von Interpretationen in deutscher Sprache.
Millionenfach bewährt und laufend erneuert und verbessert.
Wertvolle Hilfen beim Erarbeiten von Aufsätzen und Referaten.
Jeder Band mit biographischem Abriß, Dokumentation, Materialsammlung, Charakteristiken, Wort- und Sacherklärungen und ausführlichen Interpretationen.
In den neuen Bänden Hinweise zur Unterrichtsgestaltung.

Absurdes Theater, 206/207
Aischylos, Perser 24
Althochdeutsche und mittelhochdeutsche Literatur 268
Amphitryon, (Plautus - Moliére - Dryden - Kleist - Giraudoux - Kaiser) 18
Andersch, Sansibar oder Der letzte Grund / Fahrerflucht 334/335
Anouilh, Becket 114/115
Beckett, Warten auf Godot/ Endspiel 206/ 207
Benn, Lyrik 99
Bergengruen, Großtyrann und das Gericht 276
– Hornunger Heimweh 282
– Feuerprobe / Teufel im Winterpalais / Drei Falken / Spanischer Rosenstock 271
Biermann, Loblieder und Haßgesänge 260/261
Böll, Ansichten eines Clowns 301
– Romane und Erzählungen 70
– Die verlorene Ehre der Katharina Blum 308/309
Borchert, Draußen vor der Tür / Erzählungen 299
Bradbury, Fahrenheit 451 – **Huxley,** Brave neue Welt (Brave New Word) 338
Brecht, Mutter Courage / Kaukasischer Kreidekreis 277
– Der gute Mensch von Sezuan 186
– Heilige Johanna 187/187a
– Kalendergeschichten 82
– Leben des Galilei 293/293a
– Lehrstücke: Jasager – Neinsager / Maßnahme / Ausnahme-Regel / Rundköpfe - Spitzköpfe / Das Badener Lehrstück vom Einverständnis 310/311
– Herr Puntila und sein Knecht Matti 306
– Mutter Courage und ihre Kinder 318
Büchner, Dantons Tod / Woyzeck 235
– Hessischer Landbote / Lenz / Leonce und Lena 236
Camus, Der Fremde / Der Fall 61
– Die Pest / Sysiphos / Mensch in der Revolte 165
Droste-Hülshoff, Judenbuche 216
Dürrenmatt, Physiker/Besuch der alten Dame 295
– Richter/Verdacht 42
– Romulus/Engel kam nach Babylon/Meteor 211
Edda 259
Eichendorff, Taugenichts 215
– Schloß Durande / Marmorbild 248
Eliot, Mord im Dom 114/115
Eschenbach, Parzival 1. Teil 152/153
Expressionismus und Impressionismus 267
Faust-Motiv, (Volksbuch, Marlowe - Lessing, Urfaust, Valéry) 105
Fontane, Irrungen, Wirrungen/ Frau Jenny Treibel 330
– Effi Briest/Grete Minde/ Unterm Birnbaum 253

Frisch, Andorra / Biedermann und die Brandstifter 145
– Don Juan oder Die Liebe zur Geometrie 25
– Stiller / Homo Faber / Gantenbein 148
– Chinesische Mauer 221
Goethe,
– Egmont 12
– Faust 1. Teil 21/22
– Faust 2. Teil 43/44
– Gedichte 1. Band 20/20a
– Gedichte 2. Band 158/158a
– Gedichte 3. Band 287
– Götz von Berlichingen 8
– Hermann und Dorothea 7
– Iphigenie auf Tauris 15/15a
– Leiden Werthers 79
– Torquato Tasso 14
– Wahlverwandtschaften 298
– Wilhelm Meisters Lehrjahre/ Wilhelm Meisters Wanderjahre 226/227
Gogol, Der Mantel / Der Revisor 136/137
Golding, Herr der Fliegen (Lord of the Flies) 332
Gotthelf, Spinne / Elsi / Besenbinder / Erdbeeri-Mareili 272
Grabbe, Napoleon oder die 100 Tage / Hannibal 131/132
Grass, Katz und Maus 162/163
– Blechtrommel 159
Grillparzer, Ahnfrau 48
– Weh dem, der lügt 146
Grimmelshausen, Simplicissimus 149
Handke, Publikumsbeschimpfung / Kaspar 324
– Angst des Tormanns / Der kurze Brief / Wunschloses Unglück 326
Hartmann von Aue, Dichtungen 290
Hauptmann, Bahnwärter Thiel/ Michael Kramer 270/270a
– Biberpelz 188
– Fuhrmann Henschel 244
– Ratten 284
– Rose Bernd 245
– Weber 189
Hebbel, Agnes Bernauer 123
– Gyges und sein Ring /
– Judith / Herodes und Mariamne 143/144
– Maria Magdalena 176
– Nibelungen 77/78
Heine, Wintermärchen / Gedichte 62
– Die Harzreise 340
Hemingway, Der alte Mann und das Meer 256
Hesse, Das Glasperlenspiel 316/317a
– Narziß und Goldmund 86
– Peter Camenzind / Unterm Rad / Knulp 17/17a
– Der Steppenwolf / Siddhartha/Demian 138/139
Hochhuth, Stellvertreter / Soldaten 166/167
Hoffmann, Das Fräulein von Scuderi / Ritter Gluck / Der goldene Topf 314

Königs Erläuterungen und Materialien

Hofmannsthal, Jedermann / Kleines Welttheater 278
Homer, 68/69 Ilias
Huxley, Brave neue Welt (Brave New World)
- Bradbury, Fahrenheit 451 – 338
Ibsen, Nora / Hedda Gabler 177 / 178
- Stützen der Gesellschaft/Volksfeind 101/102
- Wildente / Gespenster 178
Ionesco, Die Nashörner 206/207
Die Jungfrau von Orleans im Wandel der Literatur 197
Kafka, Kleine Prosa: Gib' auf! / Kübelreiter / Nachbar / Stadtwappen / Jäger Gracchus / Prüfung / Schlag ans Hoftor 320
- Urteil / Verwandlung / Landarzt / V. d. Gesetz / A. d. Galerie / Hungerkünstler / Kais. Botschaft 279
- Amerika / Der Prozeß / Das Schloß 209
Kaiser, Bürger von Calais 289
Keller, 3 gerechte Kammacher 181
- Fähnlein der 7 Aufrechten 180
- Grüner Heinrich 182/183
- Hadlaub / Landvogt von Greifensee 274
- Kleider machen Leute 184
- Romeo und Julia auf dem Dorfe 251/251a
Kipphardt, In der Sache Oppenheimer 160/161
Kleist, Erdbeben / Verlobung / Zweikampf / Findling / Bettelweib / heilige Cäcilie u. a. 280
- Käthchen von Heilbronn 29
- Michael Kohlhaas / Robert Guiscard 87
- Penthesilea 212
- Prinz von Homburg 151
- Zerbrochener Krug 30
Kudrun 54
Le Fort, Letzte am Schafott / Consolata / Gericht des Meeres 286
Lenz, Feuerschiff / Lukas d. s. Knecht / Stimmungen der See / Jäger des Spotts / Der Läufer / Drüben auf den Inseln / Nur auf Sardinien / Suleiken / Einstein 90/91
- Deutschstunde 92/92a
Lessing, Emilia Galotti 16
- Minna von Barnhelm 312/313
- Nathan der Weise 10
- Minna von Barnhelm 9
Mann, Thomas, Buddenbrooks 264/265
- Mario und der Zauberer / Tonio Kröger / Tristan 288
- Tod in Venedig / Der kleine Herr Friedemann 47
Meier Helmbrecht 292
Meyer, C. F., Amulett 273
- Gustav Adolfs Page 208
- Der Heilige 228
- Hochzeit des Mönchs / Richterin / Schuß von der Kanzel 257/258
- Huttens letzte Tage 217
- Jürg Jenatsch 218
- Versuchung des Pescara 210
Miller, Der Tod des Handlungsreisenden / Hexenjagd 142

Moliére, Der Geizige / Der Menschenfeind / Der eingebildete Kranke 291/291a
Musil, Nachlaß zu Lebzeiten: Maus / Fliegenpapier / Fischer an der Ostsee / Affeninsel / Inflation / Erweckte / Triëdere / Die Amsel 322
Nibelungenlied 94/95
Orwell, Farm der Tiere (Animal Farm) 109
- Neunzehnhundertvierundachtzig 108
Plenzdorf, Die neuen Leiden des jungen W. 304
Poe, Die Verabredung / Ligeia / Monos und Una / Der entwendete Brief / William Wilson 11/11a
Priestley, Ein Inspektor kommt (An Inspector Calls) 336
Raabe, Else von der Tanne 220
- Schwarze Galeere 205
- Hungerpastor 200
Realismus des 19. und 20. Jahrhunderts 275
Rilke, Cornet und Gedichte 285
Romantik, deutsche 266
Salinger, Der Fänger im Roggen 328/329
Sartre, Fliegen / Bei geschlossenen Türen / Die schmutzigen Hände / Die ehrbare Dirne / Die Troerinnen des Euripides 302/303
Schiller, Gedichte
- 3. Band 93
- Don Carlos 6/6a
- Fiesko 23
- Glocke 36
- Jungfrau von Orleans 2
- Kabale und Liebe 31/31a
- Maria Stuart 5/5a
- Räuber 28/28a
- Wallensteins Lager / Piccolomini 3/3a
- Wallensteins Tod 4
- Wilhelm Tell 1
Shakespeare, Hamlet 39/39a
- Julius Caesar 27
- Kaufmann von Venedig 32/32a
- König Lear / Der Sturm 65/66
- Macbeth 117/118
- Richard III. 58
- Romeo und Julia 55
Shaw, Pygmalion 237
Sophokles, Antigone 41
- König Oedipus 46
Stifter, Brigitta 249
- Heidedorf / Bergkristall 250
Storm,
- Bötjer Basch 195
- Gedichte / Viola tricolor / Hans und Heinz Kirch / Beim Vetter Christian 199
- Immensee / Söhne des Senators 193
- Pole Poppenspäler 194
- Schimmelreiter 192
Walther von der Vogelweide, Gedichte 88
Wilder, Wir sind noch einmal davongekommen / Unsere kleine Stadt 116
Zeitgenössische deutsche Literatur 269
Zuckmayer, Hauptmann von Köpenick 150
- Teufels General 283

Interpretationen zeitgenössischer Kurzgeschichten
Bisher sind **10 Einzelbände** mit den gängigsten Kurzgeschichten deutscher und ausländischer moderner Schriftsteller erschienen.

Fordern Sie über den Inhalt der einzelnen Bände und über weitere Lernhilfen Prospekte beim Buchhandel oder direkt beim Verlag an.

C. Bange Verlag Tel. 09274/372 8607 Hollfeld

Dichtung in Theorie und Praxis

Texte für den Unterricht

Jeder Band zwischen 120 und 196 Seiten, kart., Taschenbuchformat

Mit dieser neuen Serie von Einzelheften legt der BANGE Verlag Längs- und Querschnitte durch Dichtungs-(Literatur-)Gattungen für die Hand des Schülers der Sekundarstufen vor.

Jeder Band ist – wie der Reihentitel bereits aussagt – in die Teile THEORIE und PRAXIS gegliedert; darüber hinaus werden jeweils zahlreiche Texte geboten, die den Gliederungsteilen zugeordnet sind. Ein Teil ARBEITSANWEISUNGEN schließt sich an, der entweder Leitfragen für die einzelnen Abschnitte oder übergeordnete oder beides bringt. Lösungen oder Lösungsmöglichkeiten werden nicht angeboten.

Wir hoffen bei der Auswahl der Texte eine ,,ausgewogene Linie'' eingehalten und die Bände für die Benutzer wirklich brauchbar gestaltet zu haben.

Es handelt sich um **Arbeits**bücher, die durch**gearbeitet** sein wollen; dem, der die Texte nur flüchtig ,,überliest'', erschließt sich nichts.

Bei der Gestaltung der Reihe wird und wurde darauf geachtet, daß sie breit einsetzbar im Unterricht ist.

450 **Die Lyrik**
451 **Die Ballade**
452 **Das Drama**
453 **Kriminalliteratur**
454 **Die Novelle**
455 **Der Roman**
456 **Kurzprosa**
   (Kurzgeschichte, Kalendergeschichte/ Skizze/Anekdote)
457 **Die Fabel**
458 **Der Gebrauchstext**
459 **Das Hörspiel**
460 **Trivialliteratur**
461 **Die Parabel**
462 **Die politische Rede**
463 **Deutsche Lustspiele und Komödien**
   weitere Bände in Vorbereitung
   Kurzgeschichte, Kalendergeschichte/ Skizze/Anekdote

C. Bange Verlag Tel. 09274/372 **8607 Hollfeld**